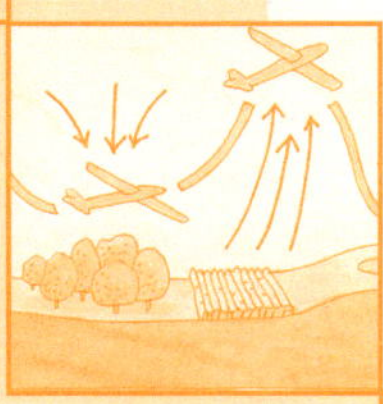

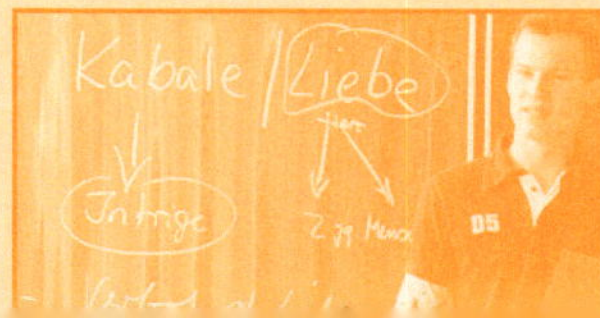
Kabale / Liebe
Intrige

Gymnasium Bayern

# Deutschbuch

## Sprach- und Lesebuch

# 9

Herausgegeben von
Wilhelm Matthiessen, Bernd Schurf
und Wieland Zirbs

Erarbeitet von
Johann Anetzberger (Passau),
Gertraud Fuchsberger-Zirbs (Pfaffenhofen),
Martin Hann (München),
Andrea Mahlendorff (Geretsried),
Wilhelm Matthiessen (München),
Christl Ostertag (München),
Ute Reutin-Hoffmann (Vaterstetten),
Gerhard Ruhland (Freyung),
Johanna Schlagbauer (Ingolstadt),
Annegret Schneider (München),
Katrin Türk (Haar),
Stephan von Weinrich (Simbach am Inn) und
Wieland Zirbs (Passau)

Unter Beratung von
Kurt Finkenzeller (Ingolstadt)
und Rainer Meisch (Würzburg)

Cornelsen

1

2

3



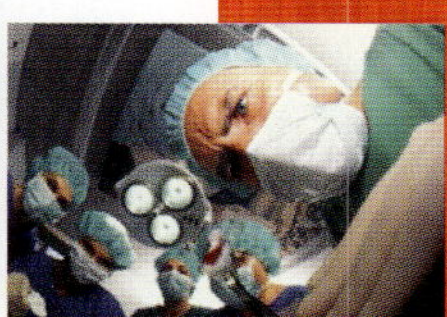

4

5

8

9

# 10

# 11

# 12

12



UMGEHEN MIT TEXTEN

13



ARBEITSTECHNIKEN UND METHODEN · ARBEITSTECHNIKEN UND METHODEN



GRUNDWISSEN

# Wie ihr mit dem „Deutschbuch" arbeiten könnt

**Lernbereiche**

Damit ihr euch leicht zurechtfindet, ist das Buch übersichtlich in Lernbereiche eingeteilt:

- SPRECHEN UND SCHREIBEN
- NACHDENKEN ÜBER SPRACHE
- UMGEHEN MIT TEXTEN UND MEDIEN
- ARBEITSTECHNIKEN UND METHODEN

**Kapitelaufbau im Dreischritt**

Beispiel:
*3 Dem Täter auf der Spur – Erweiterte Inhaltsangaben*

Jedes Kapitel besteht aus drei Teilen:

**Hauptlernbereich**

Im ersten Teil wird das Thema des Kapitels erarbeitet.
*3.1 Mit Meisterdetektiven auf Spurensuche – Erweiterte Inhaltsangabe von literarischen Texten*

**Verknüpfung mit einem weiteren Lernbereich**

Im zweiten Teil werden die Kenntnisse und Fertigkeiten, die ihr euch erworben habt, mit einem anderen Lernbereich verbunden.
*3.2 Auf der richtigen Fährte – Erweiterte Inhaltsangabe von Sachtexten*

**Üben, Vertiefen und Intensivieren des Gelernten**

Der dritte Teil eines jeden Kapitels enthält Übungen zur Wiederholung, Vertiefung und Intensivierung des Gelernten. Mit diesem Teilkapitel könnt ihr auch allein arbeiten .
*3.3 Beweise sichern – Textbelege richtig zitieren*

**Grundwissen**

! Wichtige Inhalte und Begriffe sind in den Kapiteln deutlich hervorgehoben.

TIPP Die Tipps geben euch Hilfestellungen, wie ihr an bestimmte Aufgaben herangehen könnt.

Am Ende des Buchs ist das Grundwissen der Klasse 5–9 noch einmal zusammengefasst, damit ihr nachschlagen könnt, wenn ihr etwas schon vor längerer Zeit gelernt habt und euch nicht mehr genau erinnert (▷ S. 332–375).

**Piktogramme**

Die folgenden Piktogramme treten im Buch immer wieder auf und geben euch Hinweise, wie ihr mit den Materialien und Aufgaben arbeiten könnt.

- Partnerarbeit
- Gruppenarbeit
- Rollenspiel
- Arbeiten mit dem Computer
- fächerverbindende Aufgabe
- methodisches Arbeiten

# 1 Angewandte Rhetorik – Kommunikationssituationen meistern

## 1.1 Reden will gelernt sein – Reden und Vorträge halten

**1** *Betrachtet die verschiedenen Redesituationen auf den Bildern und beantwortet dann folgende Fragen:*
- ☐ *Welche Art von Veranstaltung findet jeweils statt?*
- ☐ *Wer hält hier eine Rede?*
- ☐ *Was könnte der Inhalt der Rede sein?*
- ☐ *Was beabsichtigt der Redner? Welche Reaktion will er erzielen?*
- ☐ *Wer ist das Publikum?*
- ☐ *Was erwarten die Zuhörer?*

**2** *Vergleicht die Redesituationen auf den Bildern und besprecht die Unterschiede, die sich in Redegegenstand, Redeabsicht und Redeplanung ergeben.*

## Redeanlass und Redeziel festlegen

Die Rhetorik (Lehre von der wirkungsvollen Gestaltung der Rede) ordnet die verschiedenen Formen der Rede in drei große Gruppen:

| Redeform | Ziel/Absicht der Rede | Beschreibung der Redeform |
|---|---|---|
| Informationsrede (Sachvortrag) | Rede soll Zuhörern Informationen vermitteln. | Bei den Zuhörern wird in erster Linie der Verstand angesprochen. Die Inhalte werden (weit gehend) wertfrei dargeboten; der Redner trennt zwischen eigener Meinung und Fremdmeinung. |
| Überzeugungsrede (Meinungsrede) | Rede will die Zuhörer zum Handeln bewegen. | Die Überzeugungsrede hat ein Tatziel, auf das die gesamte Rede ausgerichtet wird. Die Argumentation wird in der Regel nur einseitig geführt, um dieses Ziel zu erreichen. Am Ende der Überzeugungsrede wird ein Appell ausgesprochen. Durch die Überzeugungsrede werden vor allem der Wille und das Gefühl der Zuhörer angesprochen. |
| Lob- oder Festrede | Rede dient zur Ehrung eines bestimmten Anlasses oder einer bestimmten Person. | Die Lob- oder Festrede richtet sich vor allem an Herz und Gefühl der Zuhörer, weniger an den Verstand. Vom Redner wird erwartet, dass er auf die dem Anlass entsprechende Stimmung (Trauer, Freude etc.) eingeht. |

Obwohl zwischen diesen drei Grundtypen auch Mischformen möglich sind, wird in den meisten Fällen eine Redeform dominieren.

**1** *Ordnet die folgenden Redebeispiele den jeweiligen Redeformen zu bzw. führt aus, wenn eurer Meinung nach eine Mischform vorliegt. Beschreibt möglichst genau das Ziel bzw. die Absicht der jeweiligen Rede.*

Wahlkampfrede | Referat | Neujahrsansprache des Bundespräsidenten

Rede anlässlich einer Trauerfeier | Geburtstagsrede | Hochzeitsrede

Werberede | Fachvortrag | Rede anlässlich einer Preisverleihung

Rede anlässlich der Abiturfeier | Vorlesung | Verteidigungsrede vor Gericht

Rede des Fußballtrainers an die Mannschaft nach einem verlorenen Spiel | Antrag einer Schülervertreterin/eines Schülervertreters auf der Schulkonferenz

## Wissen, worüber man spricht – Informationen sammeln und ordnen

Wer vor Zuhörern redet, der muss wissen, worüber er spricht, zu wem er spricht und was er erreichen möchte.

**1** *Plant einen Vortrag zum Thema „Das Deutsche Jugendrotkreuz stellt sich vor". Lest den folgenden Informationstext zum Jugendrotkreuz und klärt dann folgende Fragen:*
- *Was will ich den Zuhörern sagen? Was ist für die Zuhörer interessant und wichtig?*
- *Wo finde ich weiteres Material für meine Rede oder meinen Vortrag?*

# Das Jugendrotkreuz

### Wer wir sind

Das Deutsche Jugendrotkreuz (JRK) ist der eigenständige Jugendverband des **Deutschen Roten Kreuzes** (DRK), eines der größten Wohlfahrtsverbände in Deutschland.
Über 100 000 Kinder und Jugendliche im Alter von 6 bis 27 Jahren engagieren sich beim JRK ehrenamtlich in über 5 500 JRK-Gruppen. Ob Erste Hilfe, Rettungsschwimmen, Streitschlichtung oder Spendensammeln: Anderen Menschen zu helfen, steht ganz oben auf unserem Programm, denn mit unserer Arbeit wollen wir uns sozial engagieren, uns für Gesundheit, Umwelt, Frieden und Völkerverständigung einsetzen und politisch mitmischen.
Wir treffen uns regelmäßig zu Gruppenstunden und beschäftigen uns mit Erster Hilfe, den JRK-Kampagnen oder Themen wie Gesundheit oder den Grundsätzen des Roten Kreuzes. Außerdem organisieren wir Ferienfreizeiten, gehen gelegentlich zusammen ins Freibad oder führen ein eigenes Theaterstück auf – Engagement soll schließlich Spaß machen. Wer dann immer noch nicht genug vom Jugendrotkreuz hat, kann sich bei uns zum Gruppenleiter oder zur Gruppenleiterin ausbilden lassen und eine eigene JRK-Gruppe gründen.
Herkunft, Nationalität, Religion oder Geschlecht spielen bei uns keine Rolle, denn Menschlichkeit ist unser oberster Grundsatz. Und weil es überall auf der Welt Menschen gibt, die sich im Namen des Roten Kreuzes oder Roten Halbmondes für Andere engagieren, haben wir Kontakte zu Jugendrotkreuzlern und Jugendrotkreuzlerinnen aus allen Teilen der Welt.
Außerschulische Jugendarbeit ist das eine, Schularbeit unser anderes Standbein. In den letzten Jahren haben wir unsere Angebote für Schulen, beispielsweise den Schulsanitätsdienst oder unser Streitschlichter-Programm, ausgebaut. Schularbeit hat bei uns schließlich Tradition: Bei Gründung unseres Verbandes 1925 fand JRK-Arbeit vorwiegend in der Schule statt.

### Was wir tun

#### National

+ **Erste Hilfe:** Im Jugendrotkreuz ist Erste Hilfe mehr als Pflaster kleben. Engagement im Schulsanitätsdienst, Unfallverhütung, Schminken bei der realistischen Unfalldarstellung und spannende Wettbewerbe – all das gehört mit dazu.
+ **Verbandsentwicklung:** Das Jugendrotkreuz setzt sich momentan intensiv mit dem Thema Verbandsentwicklung auseinander. Dabei geht es darum, Probleme im Jugendrotkreuz zu analysieren, Lösungen vorzuschlagen und Zukunftsvisionen zu erarbeitet.

#### International

+ **Internationale Begegnungen:** Jugendrotkreuzler kennen Menschen aus anderen Ländern nicht nur aus dem Fernsehen: Sie haben intensive Kontakte zu Rotkreuz- und Rothalbmondgesellschaften in aller Welt und organisieren jedes Jahr internationale Begegnungen.
+ **Aufbauhilfe:** Das Jugendrotkreuz unterstützt andere Länder beim Aufbau eigener Jugendrotkreuzstrukturen. Jugendrotkreuzler aus Deutschland gehen ins Ausland, um vor Ort ihr Wissen weiterzugeben und zu helfen.

+ **JRK-Spendenprojekte:** Jugendrotkreuzler helfen Menschen in anderen Ländern, beispielsweise Kindern in Afghanistan oder Ruanda.

KAMPAGNEN DES DEUTSCHEN JUGENDROTKREUZES

Das Jugendrotkreuz entwickelt seit den 1990er Jahren regelmäßig bundesweite Kampagnen zu Themen, die junge Leute betreffen. Hier ein Überblick über einige Kampagnenthemen:

**„Bleib COOL ohne Gewalt!"**

Gewalt hat viele Gesichter. Ob Mobbing in der Schule, Jackenabziehen beim Sport oder Schlägereien auf offener Straße: Gewalt ist an der Tagesordnung. Doch mit Gewalt löst man keine Probleme. Wir setzen uns dafür ein, dass Konflikte offen und nicht mit Faust oder Messer ausgetragen werden.

**Trainingsprogramme zur Gewaltprävention**
(Coolness-Training, Anti-Aggressions-Training)

+ Wir geben Konfliktsituationen vor und lassen Jugendliche abwechselnd Opfer- und Täterrollen übernehmen: Wie verhalte ich mich, wenn mich jemand provoziert oder gewalttätig angreift? Wie kann ich mich geschickt wehren? Wie erhöhe ich meine eigene Hemmschwelle?
+ Wir bilden Multiplikatorinnen und Multiplikatoren aus. Denn: Coolness und der Umgang mit Aggressionen können trainiert werden.

**Kindersoldaten – Youth must act!**

Auch wenn die Rekrutierung von Kindern als Soldaten weltweit verboten ist, gibt es nach wie vor in vielen Ländern Kindersoldaten. Kinder werden verschleppt und in der Armee als anspruchslose Handlanger missbraucht, die von Kanonenfutter bis Prostitution für alles herhalten müssen. Wir wollen das nicht akzeptieren und setzen uns dafür ein, dass Kinder überall auf der Welt friedlich aufwachsen können.

**Armut: Schau nicht weg!**

Armut raubt Kindern und Jugendlichen ein Stück Zukunft. Und in Deutschland ist heute jedes siebte Kind arm. Das wollen wir vom Jugendrotkreuz nicht länger hinnehmen. Deshalb machen wir uns für arme Kinder und Jugendliche in Deutschland stark – und du kannst mitmachen.

**2** *Legt eine Stoffsammlung für euren Vortrag zum Thema „Das Deutsche Jugendrotkreuz stellt sich vor" an. Wertet dazu den Informationstext über das Jugendrotkreuz aus (▷ Informationsmaterial auswerten auf S. 372). Weitere Informationen zum Jugendrotkreuz findet ihr unter www.djrk.de.*

**3** *Erstellt für den Hauptteil eures Vortrags eine Grobgliederung. Formuliert dazu Leitfragen, die euch wichtig sind, und sucht gezielt nach Antworten.*

*Wer ist das Deutsche Jugendrotkreuz?*
*- eigenständiger Jugendverband des Deutschen Roten Kreuzes*
*- ...*
*Was macht das Deutsche Jugendrotkreuz?*
*- ...*
*Warum sollte man Mitglied beim Deutschen Jugendrotkreuz werden?*
*- ...*

## Die Einleitung eines Vortrags

Die Einleitung eines Vortrags muss „sitzen“, denn hier entscheidet sich, ob die Zuhörerinnen und Zuhörer dem Vortrag folgen oder von vornherein „abschalten“. Dabei gibt es verschiedene Varianten zur Gestaltung der Einleitung.
Zum Thema „Das Deutsche Jugendrotkreuz stellt sich vor“ haben einige Schülerinnen und Schüler unterschiedliche Einleitungen formuliert:

*„Seid mal ehrlich: Wird heute nicht viel zu viel Theater um Hilfe und Mitmenschlichkeit gemacht? Es geht uns doch nichts an, wenn jemand verletzt auf der Straße liegt oder nach einem Erdbeben in Pakistan viele Menschen leiden.“*

*„Neulich im Sportunterricht stürzte eine Mitschülerin vom Balken und verletzte sich dabei. Sie war ganz bleich im Gesicht und blutete. Die Anderen schauten bloß oder riefen aufgeregt nach der Lehrerin. Ich legte dem Mädchen die Beine hoch, deckte sie mit einer Jacke zu und versorgte ihre Wunde. Und wisst ihr, woher ich wusste, was zu tun war?“*

*„Es ist großartig, ein bedeutender Mensch zu sein, aber es ist großartiger, ein menschlicher Mensch zu sein“ (Will Rogers, amerikanischer Humorist, 1879–1935).*

*„Vielleicht kennt ihr dieses Plakat? Es thematisiert auf humorvolle Weise den Einsatz von Rotkreuzhelfern, die bei sportlichen Anlässen Fans und Spielern aller Mannschaften gleichermaßen zur Seite stehen. Der Slogan „Für jeden im Einsatz“ ist Programm, denn Unparteilichkeit und Neutralität gehören zu den Grundideen der Rotkreuzbewegung.“*

**4** *Vergleicht die verschiedenen Einleitungen miteinander.*
- *In welchen Punkten unterscheiden sie sich?*
- *Wie wird das Interesse der Zuhörerinnen und Zuhörer geweckt?*

**5** *Begründet, welche Einleitung euch am besten gefällt.*

**6** *Überlegt euch mit Hilfe des Tippkastens auf Seite 14 eine Einleitung für euren Vortrag.*

TIPP

**Möglichkeiten für die Einleitung eines Vortrags**

- Schildert ein **aktuelles Ereignis** oder erzählt eine kurze Geschichte, die zum Thema passt.
- Stellt eine **provozierende** oder eine **persönliche Frage.**
- Stellt eine **rhetorische Frage,** d. h. eine Frage, auf die keine Antwort erwartet wird, da sie insbesondere durch die Betonung bereits eine Antwort enthält oder nahelegt, z. B.: „Wollt ihr in einer Notsituation einfach links liegen gelassen werden?"
- Beginnt mit einem **Zitat,** von dem aus ihr eure Gedanken zum Thema entwickeln könnt.
- Zeigt für alle gut sichtbar **Anschauungsmaterial** (Karikatur, Bild, Gegenstand etc.), das zum Thema passt.

## Der Schluss

Der Schluss eines Vortrags kann das Wichtigste noch einmal zusammenfassen. Ihr könnt aber auch an die Zuhörerinnen und Zuhörer appellieren, indem ihr sie zur Veränderung ihrer Position auffordert. Einige Schülerinnen und Schüler haben es wie folgt probiert:

*„Wollt ihr nicht auch an der richtigen Stelle richtig helfen? Dann lasst euch zur Schulsanitäterin oder zum Schulsanitäter ausbilden und macht mit beim Jugendrotkreuz!"*

*„Ich habe mir vorgenommen, ein ‚menschlicher Mensch' zu sein, und werde beim Jugendrotkreuz mitmachen."*

*„Das Jugendrotkreuz bietet euch also nicht nur die Möglichkeit, euch in Erster Hilfe weiterzubilden, sondern es ist eine weltweite Organisation, die es euch ermöglicht, neue Freunde zu finden, fremde Kulturen kennen zu lernen und euch sozial zu engagieren."*

*„Ich bin davon überzeugt, dass das Jugendrotkreuz uns allen eine gute Möglichkeit gibt, aktiv zu werden und uns für Gleichheit und Gerechtigkeit einzusetzen."*

**7** *Erläutert die Unterschiede und die Funktionen der einzelnen Schlussvarianten.*

**8** *Durch die Verwendung von Verben und Wendungen, die eure Aussageabsicht deutlich benennen, könnt ihr hervorheben, was euch besonders wichtig ist, und an die Zuhörerinnen und Zuhörer appellieren.*

Hieraus ergibt sich für mich nur die Schlussfolgerung ...

Ich möchte noch einmal meine Meinung zum Thema ... zusammenfassen: ...

Ich möchte euch dazu auffordern, in den nächsten Wochen ...

Deutsches Rotes Kreuz

Jugendrotkreuz

*a) Formuliert selbst einen Schluss für euren Vortrag. Probiert mehrere Varianten aus.*
*b) Tragt eure Schlussteile vor und besprecht, welche Wirkung die jeweiligen Beispiele auf die Zuhörerinnen und Zuhörer haben.*

**TIPP**

**Möglichkeiten für den Schluss eines Vortrags**

- Fasst die wichtigsten Informationen eures Vortrags zusammen.
- Zieht ein Fazit (persönliche Stellungnahme) aus dem bisher Gesagten.
- Appelliert an eure Zuhörerinnen und Zuhörer, ihre Einstellung zu ändern.
- Greift die Einleitung noch einmal auf, z. B. indem ihr eine Antwort auf die rhetorische Frage in der Einleitung gebt.

## Einen Vortrag oder eine Rede halten

Von dem Franziskanermönch Capitano wird erzählt, er habe, wie damals üblich, in lateinischer Sprache gepredigt. Seine Zuhörer, die kein Latein verstanden, spendeten ihm trotzdem regelmäßig lang anhaltenden Beifall. Nach dem Ende der Predigten wurden diese von einem Dolmetscher übersetzt. Nun liefen aber die Leute desinteressiert davon.

**1** *Erklärt die Reaktion der Zuhörer und schließt daraus, was eine wirkungsvolle Rede ausmacht.*

## Hugo Ball

*Hugo Ball (* 1886 in Pirmasens; † 1927 in Montagnola, Schweiz) war als Regisseur und Dramaturg ein Wegbereiter des expressionistischen Theaters und gehörte zu den wichtigsten Vertretern des Dadaismus. Bekannt wurde er vor allem mit seinen Lautgedichten, deren Texte keine fassbare Bedeutung mehr aufweisen und sich rigoros auf den klanglichen Reiz des Sprachmaterials beschränken.*

Hugo Ball

### Wolken

elomen elomen lefitalominal
wolminuscaio
baumbala bunga
acycam glastula feirofim flinsi

elominuscula pluplubasch
rallalalaio

endremin saxassa flumen flobollala
feilobasch falljada follidi
flumbasch

cerobadadrada
gragluda gligIodaglodasch
gluglamen gloglada gleroda glandridi

elomen elomen lefitalominai
wolminuscaio
baumbala bunga
acycam glastala feirofim blisti
elominuscula pluplusch
rallabataio

**2** *Übertragt das Lautgedicht „Wolken" in euer Heft und bereitet es als emotionale Rede vor. Versucht dabei, allein durch die Art eures Vortrags eine bestimmte Wirkungsweise zu erzielen, z. B.: freudig, begeistert, langweilig, ängstlich, bedrohlich oder traurig.*

*a) Gliedert den Text in Einleitung, Hauptteil und Schluss und markiert entsprechende Textstellen für euren Vortrag. Berücksichtigt dabei Tempo, Pausen, Betonung, Lautstärke und Stimmführung etc.*

*b) Übt eure „Rede" für den Vortrag. Überlegt, wie ihr das Gesagte durch eure Körpersprache (Mimik und Gestik) unterstreichen könnt. Lernt die Schlussworte auswendig und stellt am Ende eures Vortrags noch einmal einen längeren Blickkontakt zum Publikum her.*

**3** *Tragt den Text als Rede in der Klasse vor. Beachtet dabei folgende Hinweise:*

**Tipps für den Vortrag**

- Gehe gelassen und selbstbewusst zum Rednerpult.
- Lege deine Unterlagen zurecht, stehe aufrecht und fest auf beiden Beinen.
- Atme tief in den Bauch ein und nimm den Blickkontakt zu deinen Zuhörerinnen und Zuhörern auf. Suche in jeder Ecke und in der Mitte des Raums nach einem Gesicht.
- Warte, bis Ruhe und Aufmerksamkeit eingekehrt sind.
- Sprich deutlich und mit Überzeugung in den Raum hinein.
- Bleibe nach dem letzten Wort stehen, blicke noch einmal deine Zuhörerinnen und Zuhörer an und gehe dann ruhig auf deinen Platz zurück.

**4** *Tauscht euch anschließend über die Wirkung der jeweiligen Rede aus. Was ist euch positiv aufgefallen, was könnte man noch verbessern?*

**5** *a) Erstellt nun euren Vortrag zum Thema „Das Deutsche Jugendrotkreuz stellt sich vor“. Nutzt dazu eure Ergebnisse aus den Aufgaben 1–8 (▷ S. 11–15).*
*b) Haltet eure Vorträge und besprecht anschließend, was euch gut gefallen hat und was ihr noch verbessern könnt.*

**TIPP**

**Eine Rede/einen Vortrag vorbereiten und halten**
In einer Rede oder in einem Vortrag wendet man sich mit einer bestimmten Absicht an sein Publikum. Eine Rede oder ein Vortrag sollte daher das Interesse der Zuhörerinnen und Zuhörer treffen, verständlich sein und sie weder überfordern noch langweilen.

**Schritte zur Erarbeitung einer Rede/eines Vortrags:**
1. **Vorüberlegungen:**
   - Worüber will ich sprechen? (Thema/Anlass)
   - Zu wem spreche ich? (Zuhörerinnen und Zuhörer und ihre Erwartungen/Interessen)
   - Was möchte ich mit meiner Rede/meinem Vortrag erreichen? (Ziel/Absicht)
2. **Informationen** zum Thema **einholen** und **auswerten.**
3. Die Rede oder den Vortrag gliedern: **Einleitung** (kurz), **Hauptteil** (ausführlicher), **Schluss** (kurz).
4. Die Rede oder den Vortrag **sprachlich gestalten:** passende Wortwahl und kurze, verständliche Sätze (keine Schachtelsätze).
5. Die **Rede** oder den **Vortrag üben:** Wer so frei wie möglich sprechen möchte und Blickkontakt zu seinem Publikum halten will, der muss seine Rede/seinen Vortrag weit gehend im Kopf haben.
6. Der Vortrag: Sprich möglichst frei, langsam und klar und nimm mit den Zuhörern Blickkontakt auf.

**6** *Legt einen zeitlichen Rahmen fest und erarbeitet dann Schritt für Schritt Reden zu folgenden Themen und Anlässen:*

*Opas 80. Geburtstag*

*Für eine Sportart oder einen Sportverein werben*

*Für eine Mitgliedschaft im Schulchor oder Schulorchester werben*

*Eröffnungsrede zu einer Veranstaltung, z.B. einer literarischen Lesung oder einer Ausstellung in der Schule/Klasse*

*Laudatio (Lobrede) auf eine Person, z. B. eine bekannte Persönlichkeit aus Vergangenheit oder Gegenwart*

# 1.2 Miteinander reden – Gespräche und Interviews führen

Gespräch mit Freunden

Smalltalk

Vorstellungsgespräch

Unterrichtsgespräch

Verkaufsgespräch

Prüfungsgespräch

Diskussion

Beratungsgespräch

Streitgespräch

Interview

**1** *Besprecht, zu welchen Gelegenheiten und in welchen Situationen Gespräche geführt werden.*

**2** *Jede Gesprächsform hat ihre eigenen Regeln, Ziele und Inhalte. Außerdem kann die Beziehung der Gesprächspartner sehr unterschiedlich sein.*

*a) Charakterisiert in Partnerarbeit die Gesprächsformen auf Seite 18 möglichst genau und haltet eure Ergebnisse in einer Übersicht fest. Berücksichtigt folgende Aspekte:*
- *Wer sind die Gesprächspartner?*
- *Welchen Inhalt hat das Gespräch?*
- *Mit welcher Absicht bzw. mit welchem Ziel wird das Gespräch geführt?*
- *In welcher Beziehung stehen die Gesprächspartner zueinander?*
- *Welche Regeln müssen die jeweiligen Gesprächspartner einhalten?*
- *Welche Folgen ergeben sich aus dem Gespräch?*

*b) Präsentiert eure Ergebnisse in der Klasse.*

## Almaz Böhm

*Almaz Böhm wurde in Jijiga im Osten Äthiopiens geboren. 1978 floh ihre Familie vor dem äthiopisch-somalischen Krieg nach Addis Abeba. Nach dem Studium an der Landwirtschaftshochschule und einer Tätigkeit im Ministerium kam sie 1986 als Viehzuchtexpertin zu der Hilfsorganisation „Menschen für Menschen“, die Projekte in Äthiopien betreut.*
*1991 heiratete sie deren Gründer Karlheinz Böhm, mit dem sie zwei Kinder hat.*
*Sie ist stellvertretende Vorsitzende der Stiftung „Menschen für Menschen“ und designierte Nachfolgerin von Karlheinz Böhm.*

## „Es hat keinen Sinn, mit Geld etwas diktieren zu wollen“

### Almaz Böhm über Entwicklungshilfe und einen Promi-Gatten

Das Gespräch führte ANDREAS JUNGBAUER

**Sie ist studierte Viehzuchtexpertin, fürsorgliche Mutter und starke Führungsfrau der Hilfsorganisation „Menschen für Menschen“. Ihre Bekanntheit aber verdankt Almaz Böhm ihrem prominenten Gatten, dem Schauspieler und Entwicklungshelfer Karlheinz Böhm. Wir sprachen mit der 41-jährigen Wanderin zwischen Afrika und Europa bei einem Besuch in Würzburg.**

*Immer mehr Afrikaner lassen bei der Flucht nach Europa ihr Leben. Wie empfinden Sie als Äthiopierin diese dramatischen Szenen in Marokko oder an den Küsten Italiens?*

ALMAZ BÖHM: Es ist eine menschliche Tragödie, wenn im 21. Jahrhundert Menschen, die um Hilfe schreien, so abgewiesen werden. Diese Szenen sind aber auch Ansporn, weiter gegen die Armut als Fluchtursache zu kämpfen. Wir müssen den Menschen in ihren Heimatländern eine Perspektive geben. Das ist eine bessere Hilfe, als Barrieren zu errichten. Die jüngeren Menschen in Afrika brauchen Chancen auf Bildung und Arbeit. Wenn wir diese Fundamente nicht heute legen, zahlen wir morgen den doppelten Preis.

*Als 13-Jährige mussten Sie mit Ihrer Familie vor dem Krieg flüchten. Wie weit hat Sie diese Erfahrung geprägt?*

**BÖHM:** Es ist schlimm, wenn man alles verliert und fortgehen muss. Aber zum Glück konnte ich zumindest in meinem Land bleiben und habe dort Schutz gefunden. Wenn man dagegen seine eigene Kultur aufgeben muss, ist das viel härter.

*Was hat Sie in den 1980er Jahren zu einer Nichtregierungsorganisation geführt?*

**BÖHM:** Ich kam motiviert von der Uni und wollte meine Fachkenntnisse einsetzen. Doch alles war anders: Politiker, nicht die Fachleute, haben entschieden. Das hat mich sehr enttäuscht. Für mich war es deshalb ein Glück, eine Organisation zu finden, die auch in der Landwirtschaft tätig ist. Da konnte ich mich mit meinem Fachwissen einbringen und Dinge zum Positiven verändern.

*Bereitet Ihnen die aktuelle Lage in Äthiopien Sorge? Es gibt politische Spannungen und sogar Tote …*

**BÖHM:** Generell versteht „Menschen für Menschen" seine Arbeit ja unabhängig von Politik, Wirtschaft oder Religion. Wir wollen gemeinsam mit den Menschen in Äthiopien Fortschritte für die so genannte Graswurzel-Bevölkerung erreichen. Es tut mir aber doppelt weh, wenn Menschen einen vermeidbaren Tod sterben.

*Wie weit muss die Entwicklungspolitik Einfluss nehmen auf die Rahmenbedingungen in den Armutsländern?*

**BÖHM:** Als Hilfsorganisation haben wir nicht über das politische oder wirtschaftliche System Äthiopiens zu bestimmen. Es hat keinen Sinn, mit Geld etwas diktieren zu wollen. Die Äthiopier wissen selbst, welches System für sie das beste ist. Wir sollten die Menschen unterstützen, dass sie ihren Weg selbstbestimmt gehen können. Jedes Land hat seine eigene Entwicklung. Es ist gar nicht lange her, da waren die Staaten Afrikas europäische Kolonien. Man muss den Menschen Zeit geben, Demokratie zu erlernen. Viele von ihnen können nicht einmal lesen und schreiben.

*Im Frühjahr wurde die 100. Schule von „Menschen für Menschen", die Main-Post-Schule in Wolkebela, eröffnet. Ist Bildung der Schlüssel zur Entwicklung?*

**BÖHM:** Auf jeden Fall. Nach einer neuen Statistik haben nur 47,5 Prozent der äthiopischen Kinder und Jugendlichen Zugang zu einer Schule. Wie soll die andere Hälfte den Teufelskreis der Armut verlassen? Wir müssen mit jungen Menschen die verschiedenen Fachbereiche wie Landwirtschaft, Handwerk oder Gesundheitsversorgung aufbauen.

*Als Sie Karlheinz Böhm kennen und lieben lernten, war er 59 Jahre alt, Sie waren 23 Jahre jung. Verraten Sie unseren Lesern, wie's gefunkt hat?*

**BÖHM:** Ich hatte bei „Menschen für Menschen" als Abteilungsleiterin für Rinderzucht angefangen. Als Karl aus Europa zurückkam, sah er mich im Kuhstall. Er war überrascht, dass zum ersten Mal eine Frau für diesen Posten genommen worden war, und zollte mir seinen Respekt. Eines der Kamele hatte gerade gekalbt und ich wollte ihm das Kälbchen zeigen. Wie er mir nachher erzählte, hatte er in diesem Moment aber mehr Augen für mich als für das Kalb …

***Fühlen Sie sich heute als äthiopische Österreicherin oder als österreichische Äthiopierin?***

**BÖHM:** Ich lebe gerne in Österreich, habe auch die Staatsbürgerschaft. Im Herzen aber bleibe ich Äthiopierin.

***Wie schwer hat man es an der Seite eines so prominenten Mannes wie Karlheinz Böhm?***

**BÖHM:** Die Frage müsste lauten, wie leicht man es hat. Seine Prominenz hat mir nur geholfen. Ich habe in Österreich und Deutschland so viele offene Türen gefunden, wie ich sie mir für alle anderen Ausländerinnen und Ausländer nur wünschen kann.

***Ihre Organisation versucht in Äthiopien gezielt, Frauen zu stärken. So gibt es eine Kampagne gegen die brutale Mädchenbeschneidung. Wie weit können und sollen sich Entwicklungshelfer in kulturelle Traditionen einmischen?***

**BÖHM:** Eine der Hauptursachen für die Armut in Äthiopien ist die Rolle der Frau in der Gesellschaft. Es gibt schlechte Traditionen wie Beschneidung oder Frühverheiratung, die Frauen in ihrer Entwicklung behindern. Wenn man alle Traditionen behalten soll, dann könnten Sie auf dem Würzburger Marktplatz wieder einen Scheiterhaufen errichten und Hexen verbrennen wie im Mittelalter. Es geht nicht um Einmischung, sondern um Menschenrechte.

**1** *Untersucht das Interview mit Almaz Böhm und berücksichtigt dabei folgende Fragen:*
- *Für welches Medium wurde das Interview durchgeführt?*
- *Welches Ziel hat das Interview?*
- *Welche Fragen sind personen-, welche sachbezogen, welche sprechen beide Bereiche (Person und Sache/Thema) an?*
- *Wie sind die Fragen formuliert:*
  - *Sachfragen (W-Fragen),*
  - *Entscheidungsfragen (Ja-/Nein-Antworten),*
  - *Suggestivfragen („Meinen Sie nicht auch … ?"),*
  - *motivierende Fragen (dem Interviewten wird vermittelt, dass er weitererzählen soll),*
  - *provozierende Fragen (Übertreibungen)?*
- *Wie geht die Interviewte auf die Fragen ein?*
- *Wie hat sich der Fragesteller vorbereitet?*

**2** *Überlegt, welche Fragen ihr anders stellen, bei welchen ihr nachhaken und welche ihr selbst noch gerne ergänzen würdet.*

## Interviews vorbereiten und durchführen

**1** *a) Überlegt, in welchen Medien Interviews erscheinen. Welche Funktion haben diese Interviews jeweils und in welcher Form erscheinen sie?*
*b) Besprecht, welche Besonderheiten bei einem Interview für die verschiedenen Medien jeweils zu berücksichtigen sind.*

**2** *Wer ein gutes Interview durchführen will, muss gut vorbereitet sein.*
*a) Bildet Gruppen und ergänzt weitere Fragen zur Interviewvorbereitung.*

Interview-vorbereitung
- Will ich etwas über die Person erfahren und/oder über ein bestimmtes Thema?
- Was weiß ich über meinen Interviewpartner?
- Welchen Bezug hat mein Interview-partner zum Thema?
- Was genau will ich wissen?

*b) Bei den Vorbereitungen zu einem Interview müsst ihr auch berücksichtigen, ob euer Interviewpartner eher extrovertiert (kontaktfreudig, aufgeschlossen) oder eher introvertiert (verschlossen) ist. Wie könnt ihr darauf reagieren?*

**3** *Bereitet in Gruppenarbeit ein Interview vor. Der Interviewleitfaden hilft euch dabei.*
*a) Findet mögliche Interviewpartner und -themen. Notiert, was euch an der Person und/oder dem Thema besonders interessiert, und informiert euch über das Thema, über das ihr sprechen wollt.*
*b) Überlegt, in welcher Form ihr das Interview präsentieren wollt.*
*c) Bedenkt die Rahmenbedingungen, unter denen ihr das Interview durchführen könnt (Ort, Zeitpunkt, Dauer des Interviews, Möglichkeiten des Aufzeichnens oder Mitschreibens etc.). Entwerft einen sinnvollen Fragenkatalog für das Interview.*

### Interviewleitfaden
- ☐ Stellt **offene Fragen** (W-Fragen), keine Entscheidungsfragen, die mit Ja oder Nein beantwortet werden können.
- ☐ Stellt zu Beginn des Interviews eine **unproblematische Einleitungsfrage,** die es dem Gegenüber ermöglicht, ins Reden zu kommen.
- ☐ Schafft eine **angenehme Atmosphäre.**
- ☐ Nehmt euch als Interviewer zurück und **hört** eurem Interviewpartner **gut zu** und zeigt Interesse, z. B. Blickkontakt, Nicken usw.
- ☐ Stellt **keine Fragenketten.**
- ☐ **Fragt nach,** wenn euch etwas unklar ist oder euch etwas besonders interessant erscheint.
- ☐ **Seid flexibel** und stellt euch auf euer Gegenüber ein, d. h.: Seid nicht darauf fixiert, euren Fragenkatalog „abzuarbeiten".

**4** *Führt eure Interviews durch und tauscht euch anschließend über eure Erfahrungen aus. Folgende Aspekte könnt ihr dabei berücksichtigen:*
- ☐ *Was war besonders gut? Begründet.*
- ☐ *Gab es Probleme? Welcher Art waren sie und wie könnte man sie vermeiden?*
- ☐ *Wie reagierte euer Interviewpartner?*

# 1.3 Lange Rede, kurzer Sinn? – Eine Rede analysieren und selbst entwerfen

## Loriot

*Loriot, geboren 1923 als Bernhard Victor Christoph-Carl von Bülow, kurz Vicco von Bülow, ist ein deutscher Komiker, Zeichner, Schriftsteller und Regisseur. Das Pseudonym „Loriot" geht auf die französische Bezeichnung des Wappentiers seiner Familie, den Pirol, zurück.*
*Er beschäftigt sich hauptsächlich mit zwischenmenschlichen Kommunikationsstörungen. (Zitat Loriot: „Kommunikationsgestörte interessieren mich am allermeisten. Alles, was ich als komisch empfinde, entsteht aus der zerbröselten Kommunikation, aus dem Aneinander-Vorbeireden.") Sein Werk wurde mit zahlreichen Preisen ausgezeichnet.*

Loriot

## Der Vampyr

Meine Damen und Herren!
Haben Sie sich schon einmal Gedanken darüber gemacht, daß es in unserem Wohlstandsstaat eine notleidende Bevölkerungsgruppe gibt, an der sogar die Reformpläne einer sozialistischen Regierung vorübergegangen sind?
Der Vampyr gehört in der Bundesrepublik zu einer Minderheit. Als Wähler ist er somit uninteressant. Noch vor wenigen Jahren in aller Munde, ist er heute nahezu in Vergessenheit geraten. Was wird für alternde oder unverschuldet in Not geratene Vampyre getan? Nichts! Im Gegenteil: Wir werden unter Mißachtung des Grundgesetzes in der freien Ausübung unserer Lebensgewohnheiten vorsätzlich behindert. Es sind Fälle bekannt, in denen unbescholtene Vampyre öffentlicher Verfolgung ausgesetzt wurden, weil sie nächtlichen Straßenpassanten, in netter Form, Blut entnommen hatten. Ein gesunder Vampyr benötigt pro Nacht ein bis zwei Liter frisches Damen- oder Herrenblut. Dafür verzichtet er aber auch auf Teigwaren, Obst, Käse und Gemüse.
Durch die ablehnende Haltung der Bevölkerung greifen schwere Depressionen und Ernährungsschäden gerade unter jugendlichen Vampyren in erschreckendem Maße um sich. Allein in Rheinland-Pfalz waren im Jahre 1970 mehr als 2000 Vampyre zwischen zwei- und dreihundert Jahren bettlägerig.
Was ist das für ein Staat, der in jedem Jahr Milliarden für die Rüstung ausgibt und keinen Tropfen Blut für seine Vampyre übrig hat. Da stimmt doch was nicht!
Es ist kurz vor 12. Wir wenden uns an die Öffentlichkeit. Wer spendet Blut, Särge, warme Decken und Zahnersatz? Wer nimmt junge Vampyre in den Ferien auf? Wer schnell hilft, hilft doppelt. Geldspenden erbeten auf Postscheckkonto Baden-Baden 22648. R

**1** *a) Lest euch die Rede mehrmals durch und bereitet sie für einen Vortrag vor. Überlegt, wie ihr das Gesagte überzeugend und wirkungsvoll vortragen und durch eure Körpersprache unterstreichen könnt.*
*b) Haltet die Rede vor der Klasse. Besprecht, was bei dem jeweiligen Vortrag besonders gelungen war.*

**2** *Beschreibt möglichst genau, warum diese Rede komisch wirkt. Belegt eure Aussagen anhand des Textes.*

**3** *Untersucht einige sprachliche Gestaltungsmittel der Rede.*
*a) Formuliert die Einleitung in einen Aussagesatz um und vergleicht eure Lösung mit dem Originalsatz. Welche Unterschiede in der Wirkung könnt ihr feststellen?*
*b) Untersucht, wie der Schlussteil der Rede gestaltet ist. Bestimmt die sprachlichen Gestaltungsmittel und erläutert deren Wirkung.*
*c) Beschreibt, wie der zweite Textabschnitt (▷ Z. 7–23) ausgearbeitet ist. Wie wird die eigene Position, wie die Gegenposition dargestellt? Welche sprachlichen Mittel (Wortwahl, rhetorische Figuren) fallen euch auf?*

**4** *a) Untersucht die gesamte Rede in Gruppen- oder Partnerarbeit genau. Berücksichtigt dabei folgende Gesichtspunkte:*

**Ziel/Absicht der Rede**
- Was will der Redner bei seinen Zuhörern erreichen?
- Welche Redeform (Informationsrede, Überzeugungsrede, Lob- oder Festrede) liegt vor?

**sprachlich-rhetorische Gestaltungsmittel**
- Welche sprachlichen Besonderheiten kennzeichnen die Rede?
- Mit welcher Absicht werden sie eingesetzt und welche Wirkung haben sie?

(▷ sprachlich-rhetorische Gestaltungsmittel auf S. 341/342; 363)

**eine Rede analysieren**

**Wie ist die Rede aufgebaut**
- Einleitung: Wie wird die Rede eröffnet?
- Hauptteil: Welche zentralen Thesen enthält die Rede? Werden die Thesen durch Argumente und Beispiele untermauert? Werden mögliche Gegenargumente berücksichtigt?
- Schluss: Welche Funktion hat der Schluss?

*b) Präsentiert eure Ergebnisse in der Klasse. Wenn ihr zu unterschiedlichen Ergebnissen gekommen seid, nehmt zur Klärung den Text zu Hilfe.*

**5** *Erarbeitet in Partner- oder Gruppenarbeit eine Überzeugungsrede im Stile von Loriot zu vergleichbaren „Nonsensthemen", z. B.:*

| Mehr Lebensraum für ... | Keine Macht den ... |
|---|---|

a) *Plant zuerst eure Rede mit Hilfe des unten stehenden Erarbeitungsbogens. Übertragt ihn in euer Heft und verändert oder ergänzt ihn dabei nach euren Bedürfnissen.*

## Erarbeitungsbogen für eine Rede

**Mein Thema lautet:**

**Äußere Bedingungen:**
*Welchen Anlass gibt es für meine Rede?*
*Wo werde ich die Rede halten?*
*Wie viel Zeit steht mir zur Verfügung?*

**Redeabsicht:**
*Was will ich bei meinen Zuhörerinnen und Zuhörern erreichen?*

**Meine Zuhörer/-innen:**
*Wer sind meine Zuhörer/-innen, wie muss ich sie ansprechen?*
*Was könnten sie über das Thema wissen?*

**Der Aufbau meiner Rede:**
*Einleitungsgedanke:*
*Hauptteil: These, Argumente und Beispiele*
1.
2.
3.
...

*Schlussappell:*

**Unterlagen/Hilfsmittel:**

**Was muss ich außerdem berücksichtigen, z. B. Weg zum Rednerpult, Mikrofon, Kleidung?**

*b) Schreibt nun mit Hilfe eures Erarbeitungsbogens eine Überzeugungsrede. Bedenkt, dass ihr eure Zuhörer/-innen beeinflussen bzw. zum Handeln bewegen wollt. Macht dies durch den Aufbau der Rede und durch sprachlich-rhetorische Gestaltungsmittel deutlich.*

**Gestaltungsmittel für eine Überzeugungsrede**

**Textebene und Wortwahl**

- persönliche Erlebnisse schildern, die Emotionen bei den Zuhörern wecken und den Appell wirkungsvoll unterstreichen
- Aufwertung des eigenen Anliegens, z. B. durch die Wahl von „Hochwertwörtern" (Wörter, die positive Werte transportieren), bei gleichzeitiger Abwertung der Gegenposition, z. B.:
  „[...] unverschuldet in Not geratene Vampyre [...] werden unter Mißachtung des Grundgesetzes [...] vorsätzlich behindert" (Der Vampyr, S. 23, Z. 11–16).

**Rhetorische Figuren (Auswahl)**

- **Anapher** (Wiederholung eines Wortes oder einer Wendung an Satzanfängen), z. B.: Endlich ist Frühling, endlich blüht es überall.
- **Appell** (Aufforderung), z. B.: Gebt uns die Chance, unsere Unschuld zu beweisen!
- **Klimax** (Reihung, die sich steigert), z. B.: Er ist ein Schurke, ein Dieb, ja ein Mörder!
- **Parallelismus** (Wiederholung gleicher syntaktischer Figuren), z. B.: Ich wollte Vieles lernen. Ich wollte viel reisen. Ich wollte viel erleben.
- **rhetorische Frage** (Scheinfrage, die nur eine Antwort zulässt), z. B.: Redet man so über Freunde?

(▷ mehr Informationen zu rhetorischen Figuren auf S. 341/342)

**6** *Entwerft gemeinsam einen übersichtlichen Beobachtungsbogen, mit dem ihr die Stärken und Schwächen eurer Reden und jedes Redners beurteilen könnt, z. B.:*

**Beobachtungsbogen** — Name der Rednerin / des Redners:
Thema:

| Punkte | 0 | 1 | 2 | 3 | 4 | 5 | 6 |
|---|---|---|---|---|---|---|---|
| Einleitung | | | | | | | |
| Hauptteil (Aufbau und Überzeugungskraft) | | | | | | | |
| Schluss | | | | | | | |
| sprachlich-rhetorische Gestaltung | | | | | | | |
| Stimmführung | | | | | | | |
| Sprechtempo | | | | | | | |
| Lautstärke | | | | | | | |
| Gestik und Mimik | | | | | | | |
| Körperhaltung | | | | | | | |

**7** *a) Haltet eure Reden vor der Klasse. Die Zuhörerinnen und Zuhörer hören aktiv zu und machen sich mit Hilfe des Bogens Notizen.*
*b) Gebt euch mit Hilfe eurer Notizen gegenseitig Feedback. Stellt heraus, was jeweils besonders gut war und was ihr noch verbessern könnt.*

# 2 Mit allen Mitteln zum Ziel? – Erörtern

## 2.1 Schlank macht krank – Die steigernde Erörterung

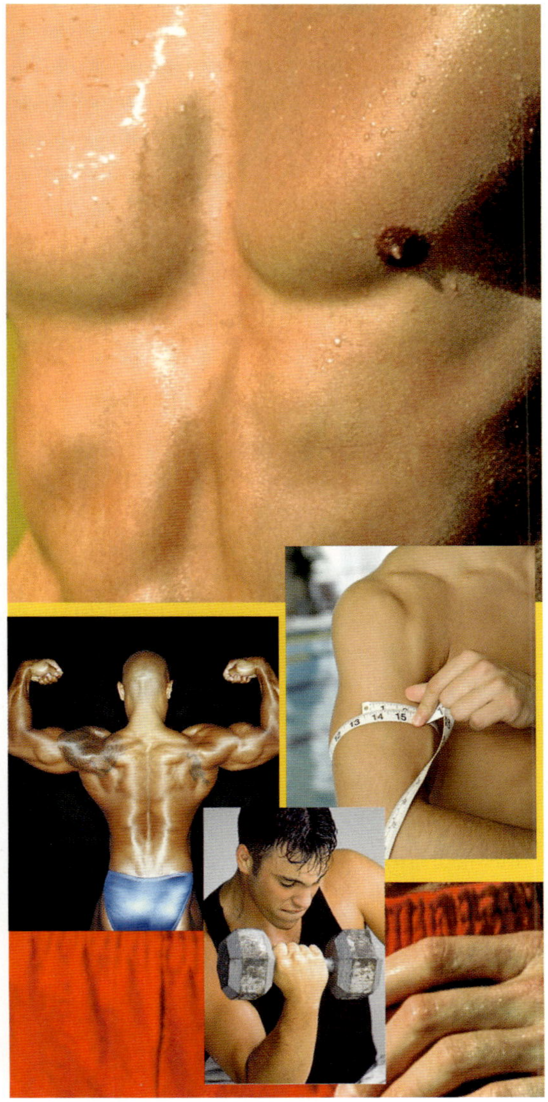

**1** *Schaut euch die obigen Collagen an und beschreibt, wie die Frauen und Männer dargestellt werden.*

**2** *Diskutiert darüber, wie die „ideale" Frau bzw. der „ideale" Mann aussieht und ob jeder diesem Ideal nacheifern sollte.*

J. K. Rowling

# Ist „dick" schlimmer als „nachtragend", „neidisch", „oberflächlich", „eitel", „langweilig" oder „grausam"?

*J. K. Rowling, die Autorin der Harry-Potter-Bücher, hat sich in einem Essay auf ihrer Website ihre Wut über den Schlankheitswahn von der Seele geschrieben. Der folgende Text ist eine Übersetzung des englischen Originals.*

Schlank sein, das ist vermutlich kein Thema, das ihr auf dieser Webseite erwartet hättet, aber meine letzte Reise nach London brachte mich zum Nachdenken.

Es begann im Auto auf dem Weg zu den Leavesden-Filmstudios. Ich vertrieb mir die Zeit damit, ein Magazin zu lesen, das verschiedene Hochglanzfotografien einer sehr jungen Frau zeigte, die entweder ernsthaft krank war oder an einer Essstörung litt (was natürlich das Gleiche ist). Egal, wie man es betrachtet, es gibt keine andere Erklärung für ihre Figur. Sie kann darüber reden, bis ihr die Zunge abfällt (Hurra! Wieder einige Gramm weniger!), sie kann sagen, dass sie unglaubliche Mengen esse, fürchterlich beschäftigt sei und den schnellsten Stoffwechsel der Welt habe, aber ihr nach innen gewölbter Bauch, ihre hervorstehenden Rippen und steckendürre Arme erzählen eine andere Geschichte. Dieses Mädchen braucht Hilfe, aber weil die Welt ist, wie sie ist, setzt man sie stattdessen auf die Titelseite eines Magazins. All dies ging mir durch den Kopf, während ich das Interview las, dann schob ich diese schrecklichen Gedanken zur Seite.

Aber nein, kaum stieg ich aus dem Auto, kam das Thema „Mädchen und Schlanksein" wieder auf. Ich sprach mit einem der Schauspieler und irgendwie kamen wir auf ein Mädchen, das er kannte (keine der Potter-Schauspielerinnen), die von bestimmten „bezaubernden" Klassenkameradinnen als dick bezeichnet wurde. (Könnte es sein, dass diese eifersüchtig waren, dass sie den in Frage kommenden Jungen kannte? Bestimmt nicht!)

„Aber", sagte der Schauspieler ehrlich verwundert, „sie ist wirklich überhaupt nicht dick."

„‚Dick' ist üblicherweise die erste Beleidigung, die ein Mädchen einem anderen Mädchen an den Kopf wirft, wenn es dieses verletzen möchte", sagte ich. Ich erinnerte mich daran, dass das schon so war, als ich noch zur Schule ging, und dass ich es unter Jugendlichen beobachtet hatte, die ich unterrichtet hatte. Ich konnte sehen, dass das für ihn, einen ganz modernen jungen Mann, ein völlig bizarres Verhalten war, so als ob jemand Stephen Hawking als „Fettwanst" titulieren würde.

Seine Verwunderung über diesen alltäglichen Aspekt weiblicher Existenz erinnerte mich daran, wie seltsam und krankhaft diese Art der Beleidigung ist. Ich frage mich, ob „dick" wirklich das Schlimmste ist, was einem Menschen vorgeworfen werden kann? Ist „dick" schlimmer als „nachtragend", „neidisch", „oberflächlich", „eitel", „langweilig" oder „grausam"? Nicht für mich. Aber – möchtet ihr vielleicht erwidern – was weiß ich vom Druck, schlank zu sein? Als Schriftstellerin, die ihr Geld damit verdient, ihr Hirn zu nutzen, werde ich nicht nach meinem Aussehen beurteilt.

An diesem Abend ging ich zu einer Buchpreisverleihung. Nach den Feierlichkeiten traf ich eine Frau, die ich über drei Jahre lang nicht gesehen hatte. Und was war wohl das Erste, was sie zu mir sagte?

„Du hast viel abgenommen, seit ich dich zum letzten Mal gesehen habe!"

„Ja", sagte ich etwas verblüfft, „als du mich das letzte Mal sahst, hatte ich gerade ein Kind bekommen!" Viel lieber hätte ich jedoch gesagt: „Ich habe mein drittes Kind geboren und meinen sechsten Roman geschrieben, seit ich dich zum letzten Mal sah. Sind diese Dinge nicht viel wichtiger, viel interessanter als mein Gewicht?" Aber nein – meine Taille sah schlanker aus! Vergiss das Kind und das Buch: Endlich etwas zum Feiern!

Vielleicht scheint all dies lustig oder trivial, aber das ist es in Wirklichkeit nicht. Es geht darum, was Mädchen sein wollen, was man ihnen erzählt, wie sie zu sein haben, und wie sie sich selbst sehen. Ich habe zwei Töchter, die ihren Weg machen müssen in dieser schlankheitswahnsinnigen Welt. Das macht mir Sorgen, denn ich möchte nicht, dass sie hohle, von sich selbst besessene, abgemagerte Klone werden. Ich würde mir wünschen, sie würden unabhängig, interessant, idealistisch, freundlich, engagiert, kreativ, lustig sein – tausend Dinge, die wichtiger sind, als „schlank" zu sein.

**1** *Tauscht euch darüber aus, ob ihr die Erfahrungen von J. K. Rowling aus eurem eigenen Umfeld kennt.*

**2** *a) Manchmal werden Thesen in Texten nicht eindeutig ausgewiesen, sondern man muss sie als Leserin oder Leser erschließen. Welche zentrale These enthält der Text von J. K. Rowling? Formuliert sie in einem Satz.*
*b) Untersucht, ob die Autorin ihre These begründet. Führt sie auch Gegenargumente an?*
*c) Formuliert in eigenen Worten, zu welcher Schlussfolgerung sie kommt.*

**3** *Bezieht Stellung zu J. K. Rowlings Bewertung des Schlankheitswahns.*

**4** *Informiert euch über Ursachen, Erscheinungsformen, Verlauf und Behandlung von Essstörungen. Interessantes Material findet ihr bei der Bundeszentrale für gesundheitliche Aufklärung (BZgA), den Krankenkassen oder im Internet unter www.lizzynet.de und www.lzg-bayern.de.*

## Das Thema erschließen

Bevor ihr euch zum Inhalt der Erörterung Gedanken macht, müsst ihr das Thema genau erschließen. Beispiel:

*Themabegriff (Kernbegriff): Schlankheitswahn = krankhafte Einbildung/Illusion, schlank sein zu müssen*

*Zeige die Nachteile des Schlankheitswahns auf.*

*Schlüsselbegriffe: Nachteile (= negative Aspekte) aufzeigen → eingliedrig steigernd*

*Themafrage: Welche negativen Aspekte bringt der gegenwärtige Wahn, schlank sein zu müssen, mit sich?*

**1** *Untersucht die folgenden Themen nach dem obigen Muster. Die Fragen im Tippkasten helfen euch dabei.*

**A** Immer wieder fordern Ärzte und Politiker, dass Models mindestens Konfektionsgröße 38 haben sollten. Was spricht für diese Forderung?

**B** Lege die Ursachen von Essstörungen dar.

**C** Erörtere den Stellenwert des Aussehens in unserer Gesellschaft.

**D** Nach welchen Gesichtspunkten werden Mitmenschen beurteilt? Äußere dich zur Zuverlässigkeit dieser Maßstäbe.

**E** Stelle dar, welche Eigenschaften deiner Meinung nach einen „schönen" Menschen auszeichnen.

**TIPP**

**Das Thema erschließen**

Um die Anforderungen eines Themas richtig zu erfassen, muss man die Themenstellung genau untersuchen. Dabei helfen folgende Fragen:

1. Welche/-r Themabegriff/-e (Kernbegriff/-e) und welche Schlüsselbegriffe stecken in dem Thema?
2. Wonach fragt das Thema?
3. Welche Einschränkungen gibt es bei dem Thema?
4. Welche Art der Erörterung (steigernd oder antithetisch) liegt vor?

**Schlüsselbegriffe** geben die Aspekte des Themas an und verweisen darauf, ob eine steigernde oder eine antithetische Erörterung vorliegt.

- Schlüsselbegriffe, an denen man eine **steigernde Erörterung** erkennen kann: W-Fragen (Warum ...?; Was ...?; Welche ...?); „Begründe ..."; „Zeige auf ..."; „Erkläre ..."; „Untersuche ..." etc.
- Schlüsselbegriffe, an denen man eine **antithetische Erörterung** erkennen kann: „Vor- und Nachteile"; „Für und Wider"; „Ja oder Nein"; „positive und negative Aspekte"; „Setze dich kritisch auseinander mit ...".

## Eine Stoffsammlung anlegen

Wenn ihr ein Thema gründlich untersucht habt (Themaerschließung), wisst ihr, wie die Themafrage genau lautet. Um sie ausführlich beantworten zu können, müsst ihr vorher eine Stoffsammlung anlegen. Die Stoffsammlung kann z. B. als **Brainstorming** oder als **Cluster** erstellt werden.

*Thema: Zeige die Nachteile des Schlankheitswahns auf*
- *Gewicht als Bewertungsmaßstab eines Menschen*
- *wichtigere Wertvorstellungen gehen verloren*
- *Mangel- und Unterernährung, Magersucht*
- *krankhafter Schlankheitswahn verursacht Kosten für das Gesundheitswesen*
- *unerreichbares Ideal*
- *die meisten Frauen erreichen ihr Traumgewicht nicht*
- *Medikamentenmissbrauch (Abführmittel, Entwässerungstabletten, Appetitzügler)*
- *...*

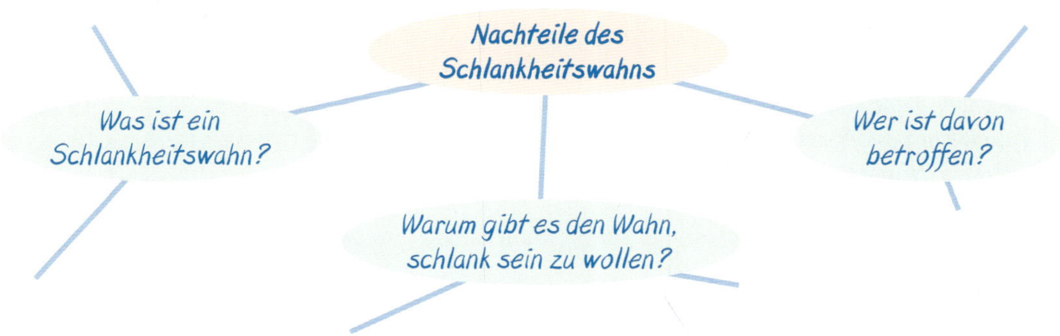


**2** a) *Ergänzt die obige Stoffsammlung zum Thema „Zeige die Nachteile des Schlankheitswahns auf". Erstellt eure Stoffsammlung als Brainstorming oder als Cluster.*
b) *Tauscht eure Stoffsammlungen untereinander aus. Ergänzt weitere Ideen oder markiert die Stichpunkte (z. B. mit einem Fragezeichen), die eurer Meinung nach nicht zum Thema passen.*

**TIPP**

**Eine Stoffsammlung anlegen**
In einer Stoffsammlung werden zu einem Thema möglichst viele Stichpunkte (Informationen, Gedanken und Ideen) gesammelt. Folgende Tipps können euch helfen, eine ausführliche Stoffsammlung anzulegen:
- Notiert, was euch zum Thema spontan einfällt.
- Stellt **W-Fragen** zum Thema (Wer ...?, Was ...?, Wo ...?, Wie ...?, Warum ...?).
- Fragt den **Themabegriff** ab (Definition, Wortfeld, Gegenteil, Ursache und Folge), z. B.: Schlankheitswahn:
  Schlankheit → jemand, der unter dem Idealgewicht liegt
  Wahn → krankhafte Vorstellung, Hirngespinst, Einbildung
  → Schlankheitswahn: krankhafte Vorstellung von Schlankheit → Essstörung

## Den Stoff ordnen

Die Stoffordnung ist die **Vorstufe zur Gliederung.** Es geht darum, aus den gesammelten Ideen die brauchbaren Gedanken herauszufiltern und diese nach Oberbegriffen zu ordnen.

**Thema: Zeige die Nachteile des Schlankheitswahns auf**

- Gewicht als Bewertungsmaßstab eines Menschen
- wichtigere Wertvorstellungen gehen verloren
- Mangel- und Unterernährung, Magersucht
- krankhafter Schlankheitswahn verursacht Kosten für das Gesundheitswesen
- unerreichbares Ideal
- die meisten Frauen erreichen ihr Traumgewicht nicht
- Medikamentenmissbrauch (Abführmittel, Entwässerungstabletten, Appetitzügler)
- Selbstwertgefühl geht verloren
- gesundheitliche Schäden entstehen
- 50 % aller Jugendlichen bis 18 Jahre haben bereits eine Diät gemacht
- Diät als Einstiegsdroge für Essstörungen
- Wandel der Schönheitsideale
- Körper nicht unendlich formbar
- Gewicht genetisch bestimmt
- Brad Pitt wäre gemessen am BMI übergewichtig
- ...

**3** *a) Übertragt die Stoffsammlung in euer Heft und ergänzt sie mit euren eigenen Ideen.*
*b) Überarbeitet die Stoffsammlung in Partnerarbeit. Streicht alle Punkte, die nicht zum Thema passen, und markiert zusammengehörige Punkte auf die gleiche Weise.*

**4** *Ordnet die Stoffsammlung nach inhaltlich zusammengehörigen Gesichtspunkten. Orientiert euch dabei an dem Tippkasten auf Seite 33.*

| Oberbegriffe | Unterpunkte |
|---|---|
| Nachteile für die Gesellschaft | - Überbewertung des Gewichts als Wertvorstellung<br>- ... |
| Nachteile für das Individuum: seelische Schäden | - ... |
| ... | - Ergreifen von gesundheitsschädigenden Maßnahmen zur Gewichtsreduzierung<br>- Mangel- und Unterernährung, Magersucht<br>- ... |

**5** *Für die gedankliche Ordnung der Stoffsammlung kann die Begriffsreihen-Methode hilfreich sein, z. B.:*

**Thema:** Zeige die Nachteile des Schlankheitswahns auf.

| Nachteile | Nachteile | Nachteile |
|---|---|---|
| 1. für die Gesellschaft | 1. seelisch (psychisch) | 1. ideell |
| 2. für den Einzelnen | 2. körperlich (physisch) | 2. materiell |

*a) Notiert zu den folgenden Themen jeweils Begriffsreihen, die sich aus der Themenstellung ergeben. Der unten stehende Tipp hilft euch dabei.*

*Thema 1: Lege die Ursachen von Essstörungen dar.*

*Thema 2: Erörtere den Stellenwert des Aussehens in unserer Gesellschaft.*

*b) Vergleicht eure Ergebnisse und erklärt, wie ihr vorgegangen seid.*

**6** *Erschließt das folgende Thema und erstellt dann eine Stoffsammlung und eine Stoffordnung. Probiert bei der Stoffordnung die Begriffsreihen-Methode aus.*

*Thema: Stelle dar, welche Eigenschaften deiner Meinung nach einen „schönen“ Menschen auszeichnen.*

**TIPP**

**Den Stoff ordnen**

Um den gesammelten Stoff **nach inhaltlich zusammengehörenden Gesichtspunkten** zu ordnen, könnt ihr folgendermaßen vorgehen:

- Streicht alle Begriffe durch, die nicht exakt zum Thema passen.
- Sucht aus der Stoffsammlung alle zusammengehörenden Punkte heraus.
- Fasst die Punkte, die sich inhaltlich überschneiden, zusammen.
- Sucht passende Oberbegriffe.
  Tipp: Überprüft auch, ob es Punkte in eurer Stoffsammlung gibt, die ihr als Oberbegriffe verwenden könnt.

Für die gedankliche Ordnung der Stoffsammlung kann die **Begriffsreihen-Methode** hilfreich sein. Mögliche Begriffsreihen sind:

- körperlich (physisch), seelisch (psychisch)
- materiell, ideell
- Gesellschaft, Familie, Freunde, der Einzelne
- politisch, wirtschaftlich, kulturell, sozial, persönlich
- Erscheinungsformen, Ursachen, Wirkungen, Folgen
- Ziele, Möglichkeiten, Grenzen

## Die Gliederung erstellen

Die Gliederung ist das **Inhaltsverzeichnis** der Erörterung. Sie gibt dem Verfasser und dem Leser eine Übersicht über Einleitung (Hinführung zum Thema), Hauptteil (Argumentationsgang) und Schluss (Abrundung des Themas).
Eine Gliederung zum Thema „Zeige die Nachteile des Schlankheitswahns auf" könnte so aussehen:

A. Mitten im Überfluss verhungern junge Menschen.

B. Der heutige Schlankheitswahn hat Nachteile.
   I. Der Schlankheitswahn hat Nachteile für die Gesellschaft:
      1. Das Gewicht ersetzt wichtigere Wertvorstellungen.
      2. Die gesellschaftliche Gestaltungskraft wird geschwächt.
      3. Der Schlankheitswahn verursacht Kosten für das Gesundheitswesen.
   II. Nachteile für das Individuum: seelische Schäden:
      1. Die Lebenslust wird vermindert.
      2. Das Selbstwertgefühl geht verloren.
      3. Essstörungen entstehen.
   III. Nachteile für das Individuum: körperliche Schäden:
      1. Zur Gewichtsreduzierung werden gesundheitsschädliche Maßnahmen ergriffen.
      2. Es kommt zu Mangel- und Unterernährung.
      3. Organschäden und Tod sind mögliche Folgen.
   IV. Übertriebener Schlankheitswahn schadet der Gesellschaft und dem Individuum.

C. Das Selbstbewusstsein eines Menschen muss gestärkt werden.

**7** *Erläutert mit eigenen Worten, wie die Gliederung aufgebaut ist.*

**8** *Die Gliederung muss einheitlich erstellt werden: entweder nummerisch oder traditionell (Kombination aus Buchstaben und Ziffern).*
*Die Gliederungspunkte müssen einheitlich formuliert werden: entweder im Nominalstil (als Stichpunkte) oder im Verbalstil (ganze Sätze oder Satzteile).*
*a) Formuliert die obige Gliederung in den Nominalstil um und verwendet dabei das numerische Gliederungsprinzip, z. B.*

1 Verhungern junger Menschen mitten im Überfluss

2 Nachteile des Schlankheitswahns
   2.1 Nachteile für die Gesellschaft
      2.1.1 ...

*b) Vergleicht eure Gliederungen und korrigiert sie gegebenenfalls.*

**9** *Erarbeitet aus eurer Stoffsammlung und -ordnung zum Thema „Stelle dar, welche Eigenschaften deiner Meinung nach einen ‚schönen' Menschen auszeichnen" (*▷ *Aufgabe 6, Seite 33**) eine Gliederung.*

TIPP

**Steigernde Erörterung: Die Gliederung**

Die Gliederung ist das **Inhaltsverzeichnis** der Erörterung. Sie gibt dem Verfasser und dem Leser eine Übersicht über Einleitung (Hinführung zum Thema), Hauptteil (Argumentationsgang) und Schluss (Abrundung des Themas).
Bei der steigernden Erörterung wird im **Hauptteil** zur Themafrage eine These aufgestellt und die Argumente werden dann steigernd angeordnet, d. h.: das weniger wichtige Argument zuerst, das wichtigste am Schluss.
Die Gliederung muss in jedem Teil mit der Ausführung der Erörterung übereinstimmen.

- Die Gliederungspunkte müssen einheitlich formuliert werden, entweder im **Nominalstil** (als Stichpunkte) oder im **Verbalstil** (ganze Sätze oder Satzteile).
- Die Gliederung muss einheitlich erstellt werden: entweder **nummerisch** oder **traditionell**.
  - Bei der nummerischen Gliederung steht der Punkt nur zwischen den Ziffern. Nach der jeweils letzten Ziffer wird kein Punkt gesetzt.
  - Bei der traditionellen Gliederung steht ein Punkt nach Großbuchstaben und nach römischen und arabischen Ziffern.
    Beispiele:

**traditionelle Gliederung**

A. Einleitung

B. These des Hauptteils
  I. Argument
    1. …
    2. …
    3. …
  II. Argument
    1. …
    2. …
    …
  …
  IV. Fazit

C. Schluss

**nummerische Gliederung**

1 Einleitung

2 These des Hauptteils
  2.1 Argument
    2.1.1 …
    2.1.2 …
    2.1.3 …
  2.2 Argument
    2.2.1 …
    2.2.2 …
    …
  …
  2.4 Fazit

3 Schluss

## Der Hauptteil der Erörterung: Die Argumentation schreiben

Der **Hauptteil** enthält die **Argumentation.** Nur wer ausführlich und zusammenhängend argumentiert, wird andere überzeugen können. Deshalb müssen Behauptungen begründet und mit Beispielen veranschaulicht werden.
Eine **Rückführung zum Thema** als Abrundung oder eine Folgerung, die zugleich zum nächsten Argument überleitet, ist häufig sinnvoll.

Auszug aus dem Hauptteil einer Erörterung zum Thema „Zeige die Nachteile des Schlankheitswahns auf".

*...*
*Zunächst hat der Schlankheitswahn Nachteile für die Gesellschaft, denn das Gewicht ersetzt zunehmend andere, sozial wichtigere Wertvorstellungen. So berichtet die Autorin J. K. Rowling zum Beispiel auf ihrer Website von einer Begegnung, bei der ihr Gewichtsverlust, nicht aber ihr drittes Kind oder das Erscheinen ihres letzten Buches kommentiert wurden. Das heißt, das Gewicht wird anderen, wichtigeren Werten wie Familie und Beruf, auf denen Fortbestand und Leistungsfähigkeit einer Gesellschaft beruhen, vorgezogen.*
*Damit eng verknüpft ist die Tatsache, dass durch den Schlankheitswahn die Gestaltungskraft der Gesellschaft geschwächt wird. Das liegt daran, dass Jugendliche untergewichtige Models zu Vorbildern machen. In diesem Zusammenhang berichtet die FAZ in einem Artikel, dass der Schlankheitswahn längst Einzug in amerikanische Mädchenzimmer gehalten habe. Hunderte von Websites böten „Thinspiration", die Inspiration für das Abnehmen. Auf den Seiten würde jeder Gewichtsverlust eines Stars gelobt und als Ermutigung des eigenen Weiterhungerns interpretiert. Durch die Fixierung auf diese vermeintlichen Ideale wird auf Dauer das Selbstwertgefühl der Jugendlichen beschädigt, sodass sich viele Jugendliche ihrer Potenziale und Stärken nicht mehr bewusst sind und damit diese letztendlich auch der Gesellschaft verloren gehen.*
*Der gesellschaftliche Druck, dem Schlankheitsideal zu entsprechen, belastet die Gesellschaft aber auch finanziell. Der Wahn, schlank sein zu müssen, führt dazu, dass 70 Prozent aller Jugendlichen unter 18 Jahren sich als zu dick empfinden und 50 Prozent bereits eine Diät gemacht haben. Diäten gelten jedoch als die Einstiegsdroge für Essstörungen, sodass 21 Prozent aller Jugendlichen daran erkranken. Die notwendige Behandlung dieser Erkrankung und ihrer Folgen belastet das Gesundheitswesen jährlich mit 290 Millionen Euro.*
*Besonders schwerwiegend sind jedoch die Nachteile für den einzelnen Menschen, die oben bereits angeklungen sind. ...*

**10** *Erschließt den Inhalt und den Aufbau der Argumentation und untersucht folgende Punkte:*
- ☐ *Entspricht die Reihenfolge der Argumente der der Gliederung (▷ vgl. Gliederung auf Seite 34)?*
- ☐ *Mit welchen sprachlichen Mitteln werden die Argumente und Beispiele miteinander verknüpft?*
- ☐ *An welchen Stellen ist eine Rückführung zum Thema oder eine Folgerung erkennbar?*
- ☐ *Mit welchen sprachlichen Mitteln wird zum nächsten Argumentationsschritt übergeleitet?*

**11** *Formuliert den Gliederungspunkt III. zur These „Der heutige Schlankheitswahn hat Nachteile“ zu einer überzeugenden Argumentationskette aus.*
*Dabei könnt ihr auf folgende Informationen zurückgreifen:*

*B. Der heutige Schlankheitswahn hat Nachteile.*
*...*
*III. Nachteile für das Individuum: körperliche Schäden:*
*1. Zur Gewichtsreduzierung werden gesundheitsschädliche Maßnahmen ergriffen.*
*2. Es kommt zu Mangel- und Unterernährung.*
*3. Organschäden und Tod sind mögliche Folgen.*

- Bei Diäten erfolgt die Nahrungsaufnahme nur durch die willentliche Steuerung, unabhängig vom natürlichen Hunger- und Sättigungsgefühl.
- Kontrollverlust und Essanfälle können eine Folge eines gestörten Hunger- und Sättigungsgefühls sein.
- Die Einnahme von abführenden und entwässernden Medikamenten zur Gewichtsreduzierung kann zu chronischen Nierenschädigungen führen.
- Essstörungen gehen mit Störungen und Schäden im Bereich verschiedener Organsysteme einher: Zu den kurzfristigen körperlichen Folgen von Essstörungen gehören das Absinken des Stoffwechsels, des Pulses, des Blutdrucks und der Körpertemperatur, was zu Müdigkeit und Frieren sowie trockener Haut und brüchigen Haaren führen kann. Zu den langfristigen körperlichen Folgen von Essstörungen gehören z. B. geringere Knochendichte (Osteoporose) und die Beeinträchtigung des Körperwachstums.
- August 2006: Während einer Modenschau in Uruguay ist das Model Luisel Ramos an Herzversagen gestorben. Die 22-Jährige hatte vor dem Defilee mehrere Tage lang nichts gegessen. Beim Gang vom Laufsteg in die Garderobe brach sie zusammen.

**12** *Oft überzeugt eine Argumentation noch mehr, wenn sie mögliche* ***Gegenargumente*** *nennt und diese widerlegt. Ergänzt eure Argumentationskette aus Aufgabe 11 durch ein Gegenargument und dessen Widerlegung. Ihr könnt dabei folgende Informationen aufgreifen:*

- Nach einer Umfrage sind in Deutschland 41 Prozent der erwachsenen Frauen und 58 Prozent der Männer übergewichtig.
- Übergewicht ist ein globales Problem. Nach Schätzungen der Weltgesundheitsorganisation (WHO) leben erstmals ebenso viele übergewichtige wie unterernährte Menschen auf der Erde – jeweils rund 1,2 Milliarden.
- Übergewicht erhöht das Risiko für erhöhten Blutdruck, Gallen- und Venenleiden, Arteriosklerose, Herzinfarkt, Schlaganfall, Diabetes und Gelenkdeformationen – von den psychischen Erkrankungen, die schlecht messbar sind, ganz abgesehen.
- Jeder dritte Todesfall ist laut Bundesministerium für Bildung und Forschung eine Folge von Über- oder Fehlernährung.

**13** *Formuliert als letzten Punkt des Hauptteils ein zusammenfassendes Fazit. Orientiert euch dabei an der Gliederung auf Seite 34 und beachtet den Tippkasten auf Seite 38.*

**14** *Im Folgenden findet ihr einige Behauptungen zum Thema „Stelle dar, welche Eigenschaften deiner Meinung nach einen ‚schönen' Menschen auszeichnen". Formuliert sie zu vollständigen Argumentationsketten aus. Der unten stehende Tipp hilft euch dabei.*

**A** Man muss nicht superschlank sein, um auf andere Menschen schön und attraktiv zu wirken.

**B** Zu einem „schönen" Menschen gehört auch ein guter Charakter.

**C** Schön ist, was natürlich ist.

**D** Als schön gilt, wer gesund aussieht.

**E** Schönheit hat auch etwas mit Wohlstand zu tun.

**F** Schönheit kommt von innen.

**G** Erfolg macht schön.

**TIPP**

**Der Hauptteil der Erörterung: Die Argumentation schreiben**
Der Hauptteil der Erörterung enthält die Argumentation. Nur wer ausführlich argumentiert, wird andere überzeugen können. Deshalb muss eine Behauptung (These) durch eine Kette von Argumenten und Beispielen gestützt werden (Argumentationskette). Beim Schreiben des Hauptteils solltet ihr Folgendes beachten:

- Die **Reihenfolge der Argumentationsschritte** muss mit der Reihenfolge in der Gliederung übereinstimmen. Innerhalb eines Argumentationsschritts ist die Reihenfolge von Begründungen und Beispielen jedoch frei.
- **Rückführungen zum Thema, Folgerungen** und **Überleitungen** verdeutlichen die Zusammenhänge der Argumentation.
- Die gedankliche Gliederung eurer Erörterung wird durch **Absätze** zwischen den einzelnen Argumentationsschritten deutlich gemacht.
- Am **Ende des Hauptteils** fasst man das **Ergebnis der Erörterung** als **Fazit** zusammen. Bei der steigernden Erörterung muss dieses Ergebnis der These vom Anfang des Hauptteils entsprechen. Hierbei kann man wichtige Argumente des Hauptteils zwar wieder aufgreifen, sollte sie aber nicht wörtlich wiederholen.

**Die sprachliche Gestaltung einer Argumentation**
Wenn eure Erörterung überzeugen soll, dann müsst ihr die Zusammenhänge eurer Argumentation auch sprachlich gut darstellen.

- **Sprachliche Wendungen**
  „daraus folgt"; „ein weiterer Gesichtspunkt ist"; „das gilt auch"; „des Weiteren"; „dazu kommt noch"; „eng damit verknüpft ist"; „darüber hinaus"; „aus diesem Grund"; „außerdem lässt sich noch anführen, dass"; „das zeigt"; „dies belegt"; „wie das Beispiel zeigt"; „das zeigt sich daran, dass ..."; „Tatsache ist, dass ..."; „beispielsweise"
- **Die steigernde Anordnung der Argumente** könnt ihr durch folgende Wendungen verdeutlichen: „Zunächst steht außer Frage, dass ..."; „Dazu kommt noch, dass ...; „Ein weiterer Gesichtspunkt ist ..."; „Noch wichtiger ist, dass ..."; „Besonders schwer wiegend ist ..."
- **Mögliche Gegenargumente** könnt ihr folgendermaßen einleiten: „Sicherlich ist es ein berechtigter Einwand, wenn ..., dennoch ..."; „Dem kann man entgegenhalten, dass ..."; „obwohl"; „zwar"; „allerdings"; „trotzdem"; „dennoch"; „dagegen"

## Einleitung und Schluss gestalten

Für die Gestaltung der **Einleitung** gibt es verschiedene Möglichkeiten.

**15** *a) Übertragt folgende Übersicht im Querformat in euer Heft und ergänzt die Leerstellen. Orientiert euch dabei am Tippkasten auf Seite 40.*
*b) Markiert in den ausformulierten Einleitungen den Einleitungsgedanken, die Überleitung und die Themafrage mit unterschiedlichen Farben.*

| Art der Einleitung | Formulierung in der Gliederung (Verbalstil) | Einleitung in der Ausführung |
|---|---|---|
| ... | Meine Kleiderkäufe enden häufig in Frustration. | ... |
| ... | Die Mutter einer Magersüchtigen macht Schlankheitswahn für den Zustand ihrer Tochter verantwortlich. | Nachdem ein „zu dickes" Model von 52 kg bei 1,76 m Größe aus Heidi Klums Nachwuchsshow „Germany's next Topmodel" geworfen wurde, machte die Mutter einer magersüchtigen Tochter in der Bild-Zeitung den medienvermittelten Schlankheitswahn verantwortlich für die seelischen und körperlichen Schäden ihrer Tochter. Ist dieser Vorwurf berechtigt? Um diese Frage zu beantworten, werden im Folgenden die Nachteile des Schlankheitswahns erörtert. |
| Definition des Themabegriffs | ... | ... |
| Annäherung über das Gegenteil | Die seelischen und gesundheitlichen Schäden des Übergewichts sind bekannt. | ... |
| Annäherung über ein verwandtes Thema | ... | Von 200 000 Schönheitsoperationen im Jahr spricht die Statistik. Darunter ist vor allem das Fettabsaugen an Bauch, Po und Schenkeln besonders gefragt. Dies ist Ausdruck des herrschenden Schlankheitswahns, dessen Nachteile im Folgenden erörtert werden. |
| ein historischer Rückblick | ... | ... |
| allgemeine Feststellung | Viele Jugendliche machen sich ständig Gedanken um ihr Aussehen. | ... |

**TIPP**

**Eine Einleitung schreiben**
Die Einleitung soll das Interesse des Lesers für das Thema wecken und gezielt zum Thema hinführen, jedoch keine Argumente aus dem Hauptteil vorwegnehmen.
Eine Einleitung beginnt mit dem **Einleitungsgedanken** und leitet **(Überleitung)** dann zur **Themafrage** über, die die Einleitung abschließt.
Für die Einleitung gibt es verschiedene Möglichkeiten:
- ein aktuelles Ereignis,
- ein persönliches Erlebnis,
- eine allgemeine Feststellung,
- die Annäherung über ein verwandtes Thema,
- die Annäherung über das Gegenteil,
- ein historischer Rückblick,
- eine Definition des Themabegriffs.

Der **Schluss** sollte sich sinnvoll an den Hauptteil anschließen und die Erörterung abrunden. Der Schlussgedanke kann ebenfalls unterschiedlich gestaltet sein:

*A Meiner Meinung nach ist der Schlankheitswahn nur dann gefährlich, wenn man nicht genug Selbstbewusstsein hat. Deshalb sollten Eltern ihren Kindern beibringen, wie sie mit negativen Bemerkungen umgehen können und von den Bildern aus den Medien unabhängig werden.*

*B Wie bereits eingangs erwähnt ist das Schlankheitsideal historisch gesehen eine relativ junge Entwicklung, die stark mit der Emanzipation der Frau verbunden war. Vielleicht ist es an der Zeit, sich nun von dem Diktat eines krank machenden Schlankheitsideals zu emanzipieren und das eigene Wohlfühlgewicht zu entdecken. Dann kommen Schönheit und Gesundheit wieder zusammen, wie das jahrtausendelang der Fall war.*

*C Angesichts dieser Nachteile kann man sich darüber freuen, dass immer mehr Hersteller den Normalverbraucher als Reklamestar entdecken. Sie werben mit Darstellerinnen, die von den Idealmaßen weit entfernt sind, die Makel zeigen und sich trotzdem gut fühlen. Eine Kosmetikfirma kämpft sogar im Internet mit der „Initiative für wahre Schönheit" gegen überzogene Schönheitsideale und ihre Folgen.*

*D Der Schlankheitswahn setzt den Glauben voraus, der Körper sei unbegrenzt formbar. Nur deshalb nehmen die Menschen die oben geschilderten Nachteile in Kauf. Die Wissenschaft ist sich aber inzwischen nahezu einig, dass die Neigung zum Dick- oder Dünnsein zu weit über 50 % genetisch bedingt ist. Wir sollten also lernen, unsere Figur mit ihren individuellen Proportionen zu akzeptieren. Dann blieben uns viele der oben geschilderten seelischen und körperlichen Schäden des Schlankheitswahns erspart.*

**16** *Lest die ausformulierten Schlussteile zum Thema „Zeige die Nachteile des Schlankheitswahns auf" und ordnet sie jeweils den im Tipp auf Seite 41 aufgeführten Gestaltungsmöglichkeiten zu.*

TIPP

**Den Schluss formulieren**

Der Schluss soll das Thema abrunden, indem die dargelegten Gedanken in einen größeren zeitlichen oder thematischen Zusammenhang eingeordnet werden. Auch der Schluss muss sich auf das Thema beziehen, darf aber keine neuen Argumente beinhalten. Einleitung und Schluss sollten sich vom Umfang her ungefähr entsprechen. Zur Gestaltung des Schlusses gibt es z. B. folgende Möglichkeiten:

- ein persönlicher Wunsch oder eine Forderung,
- einen Ausblick auf künftige Entwicklungen oder ein weiterführender Gedanke,
- ein Hinweis auf ein verwandtes Thema,
- das Aufgreifen des Einleitungsgedankens, sodass Einleitung und Schluss einen Rahmen bilden,
- die eigene Stellungnahme zum Thema.

**17** *Formuliert einen eigenen Schlussgedanken zum Thema „Zeige die Nachteile des Schlankheitswahns auf“ und verweist darin auf eines der folgenden verwandten Themen:*

wahre Schönheit | Schönheitsoperationen | Fitnesswahn

Übergewicht | gesunde Ernährung

**18** *Schreibt eine Erörterung (mit Gliederung) zu einem der folgenden Themen.*

Was spricht für ein Rauchverbot in Gaststätten?

Erläutere die Vorzüge eines Benimmunterrichts an der Schule.

Erörtere, inwiefern ein Tanzkurs auch heute noch Sinn macht.

Worin liegt die Bedeutung der Schülerzeitung? Erörtere Sinn und Zweck dieser Einrichtung.

Immer mehr Angehörige verschiedener Nationen und Kulturen leben in Deutschland zusammen. Welche Chancen ergeben sich durch diese Entwicklung?

Welchen Beitrag leistet der Fußball für die Völkerverständigung?

Zeige die Notwendigkeit der Verantwortung im Straßenverkehr auf.

Umweltschutz ist auch eine Aufgabe jedes Einzelnen. Welche Möglichkeiten siehst du für dich selbst, am Umweltschutz mitzuwirken?

Welche Vorteile hat das Informationsangebot der Tageszeitungen im Vergleich zum Fernsehen?

# 2.2 Siegen um jeden Preis? – Die antithetische Erörterung

## Kieferbruch, WM-Titel, Flüssignahrung

*von Gert Glaner*

*Schwer gezeichnet, aber voller Siegeswillen: Arthur Abraham*

***In einem Kampf voller Blut und Emotionen hat Arthur Abraham seinen WM-Titel im Mittelgewicht verteidigt. Der Deutsche hatte sich in Runde vier den Kiefer gebrochen – und trotz höllischer Schmerzen gegen Edison Miranda bis zum Punktsieg weitergekämpft.***

Blut, überall Blut: Die Boxer in Rot getränkt, das Blau des Ringrichter-Hemdes rosa gefärbt, Ringboden und Seile verschmiert. Ende einer Ringschlacht. Boxweltmeister Arthur Abraham bezahlte den größten Sieg seiner Karriere Samstagnacht in Wetzlar mit einer schweren Verletzung. Der 26 Jahre alte Berliner musste nach eindeutigem Punktsieg über den Herausforderer Edison Miranda (Kolumbien) mit einem Kieferbruch sofort in ein Krankenhaus eingeliefert und operiert werden.

Zuvor hatte der in nunmehr 22 Kämpfen unbesiegte Champion im Mittelgewicht eine starke Willensleistung abgeliefert. „Ich kann mich nicht an Vergleichbares erinnern und ich habe schon einiges gesehen. Das war sensationell von Arthur", sagte Promoter Wilfried Sauerland nach dem Boxereignis des Jahres in Deutschland.

**1** *a) Unterscheidet im obigen Artikel berichtende und meinungsbildende Passagen und bezieht Stellung zur Meinung des Autors.*
*b) Hätte der Kampf bereits in Runde vier abgebrochen werden müssen? Begründet eure Position.*

**2** *Kennt ihr andere Sportarten, bei denen das Verletzungsrisiko ähnlich hoch ist wie beim Boxen? Stellt solche Sportarten in Kurzreferaten vor und diskutiert über die Frage, ob man sie betreiben sollte oder nicht.*

**3** *Fasst in einem Resümee zusammen, wann der Slogan „Sport ist Mord!" zutrifft und wann nicht.*

## Das Thema erschließen

**A** Sieg um jeden Preis? Sollten Boxwettkämpfe nach schweren Verletzungen der Sportler generell abgebrochen werden? Beziehe dazu Stellung.

**B** Mit Michael Schumacher hat der Motorsport in Deutschland an Popularität gewonnen. Erörtere, ob man Motorsport betreiben sollte, indem du die Vor- und Nachteile darlegst.

**C** Erörtere den Stellenwert des Fußballs in unserer Gesellschaft.

**D** Immer wieder wird die Durchführung der Skilager an Schulen in Frage gestellt. Was spricht deiner Meinung nach für und was spricht gegen Skilager?

**E** Immer wieder kommt es im Zusammenhang mit Fußballspielen zu Zuschauerkrawallen. Kann man daher behaupten, dass der Fußball Gewaltbereitschaft weckt?

**F** Viele Jugendliche engagieren sich in einem Sportverein. Lege die Gründe dar, die dafür sprechen, einem Sportverein beizutreten.

**G** „Sport ist Mord!“, sagte Winston Churchill. Beziehe zu dieser Aussage kritisch Stellung.

**1** *Untersucht die obigen Themen genau. Erschließt die Thema- und Schlüsselbegriffe, entscheidet, welche Art der Erörterung vorliegt, und formuliert anschließend jeweils die Themafrage (▷ weitere Tipps zur Themaerschließung findet ihr auf Seite 30).*

**2** *a) Macht zum Thema „Sport“ eigene Themenvorschläge und ordnet sie den Entscheidungs- oder Sachfragen zu.*
*b) Korrigiert gegenseitig eure Ergebnisse. Orientiert euch dabei an dem unten stehenden Tipp.*

**TIPP**

**Das Thema erschließen**
Aus der Formulierung des Themas ist zu erkennen, um welche Art der Erörterung (steigernde oder antithetische Erörterung) es sich handelt:

1. Der **steigernden Erörterung** liegt eine **Sachfrage** zu Grunde. Sie verlangt die Darlegung der verschiedenen Aspekte, Ursachen und Folgen eines Problems, der möglichen Maßnahmen, die ergriffen werden können, in steigernder (linearer) Anordnung. **Beispiel:** Lege die Risiken des Boxsportes dar.
   → Sachfrage: Welche Risiken birgt der Boxsport?
2. Der **antithetischen Erörterung** liegt eine **Entscheidungsfrage** zu Grunde. Sie verlangt eine Stellungnahme zu einem Problem, die aus einem Erwägen des Für und Wider **(Pro und Kontra)** hervorgeht. Dabei muss sich der Verfasser auch in die Position eines möglichen Kontrahenten versetzen, der Einwände vorbringen könnte. **Beispiel:** Sieg um jeden Preis? Sollten Boxwettkämpfe nach schweren Verletzungen der Sportler generell abgebrochen werden? Beziehe dazu Stellung.
   → Entscheidungsfrage: Sollten Boxwettkämpfe nach schweren Verletzungen der Sportler generell abgebrochen werden oder nicht?

(▷ Weitere Tipps zur Themaerschließung findet ihr auf Seite 30.)

## Stoffsammlung und Stoffordnung

Bei einem antithetischen Erörterungsthema kann die Stoffsammlung als **zweispaltiges Brainstorming** angelegt werden, z. B.:

*Thema: Sollten Boxwettkämpfe nach schweren Verletzungen abgebrochen werden?*

| *Gründe für die Fortsetzung des Kampfes* | *Gründe für den Abbruch des Kampfes* |
|---|---|
| *– Sieg hat große Bedeutung* | *– lebensgefährliche Verletzungen* |
| *– …* | *– …* |

**3** *Übertragt die Stoffsammlung zum Thema „Sollten Boxwettkämpfe nach schweren Verletzungen abgebrochen werden?" in euer Heft und ergänzt sie.*

**4** *a) Überarbeitet in Partnerarbeit eure Stoffsammlung zum Thema „Sollten Boxwettkämpfe nach schweren Verletzungen generell abgebrochen werden?" aus Aufgabe 3.*
*Geht dabei folgendermaßen vor:*
- ☐ *Streicht alle Begriffe durch, die nicht exakt zum Thema passen.*
- ☐ *Sucht aus der Stoffsammlung alle zusammengehörenden Punkte heraus und markiert sie auf die gleiche Weise, z. B. mit der gleichen Farbe.*
- ☐ *Sucht für die zusammengehörigen Punkte jeweils einen passenden Oberbegriff.*
  **TIPP:** *Überprüft auch, ob es Punkte in eurer Stoffsammlung gibt, die ihr als Oberbegriffe verwenden könnt.*
- ☐ *Fasst die Punkte, die sich inhaltlich überschneiden, zusammen.*

*b) Ordnet eure Stoffsammlung übersichtlich.*

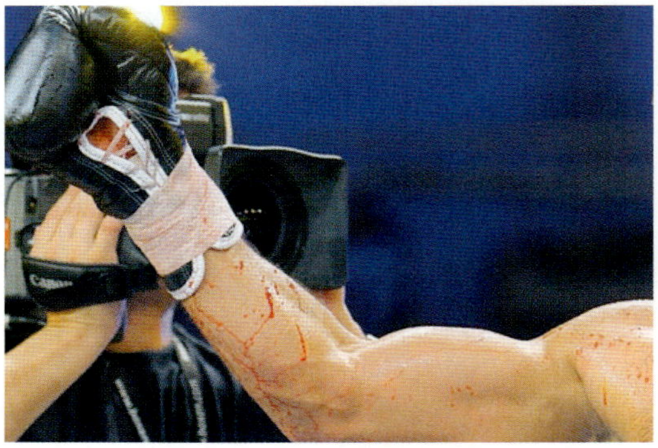

| *Gründe für die Fortsetzung des Kampfes* | *Gründe für den Abbruch des Kampfes* |
|---|---|
| *für den Sportler*<br>*– Chance eines Sieges sehr bedeutsam für die Karriere*<br>*– Respekt vor der Entscheidung des Sportlers*<br>*– …* | *für den Sportler*<br>*– mangelnde Einsichtsfähigkeit des Sportlers*<br>*– Verantwortung für das Wohl des Sportlers*<br>*– …* |
| *für den Boxsport*<br>*– …* | *für den Boxsport*<br>*– …* |

Eine weitere Möglichkeit der Stoffsammlung ist die **Mind-Map,** bei der das Sammeln und Ordnen der Ideen in einem Vorgang geschieht.

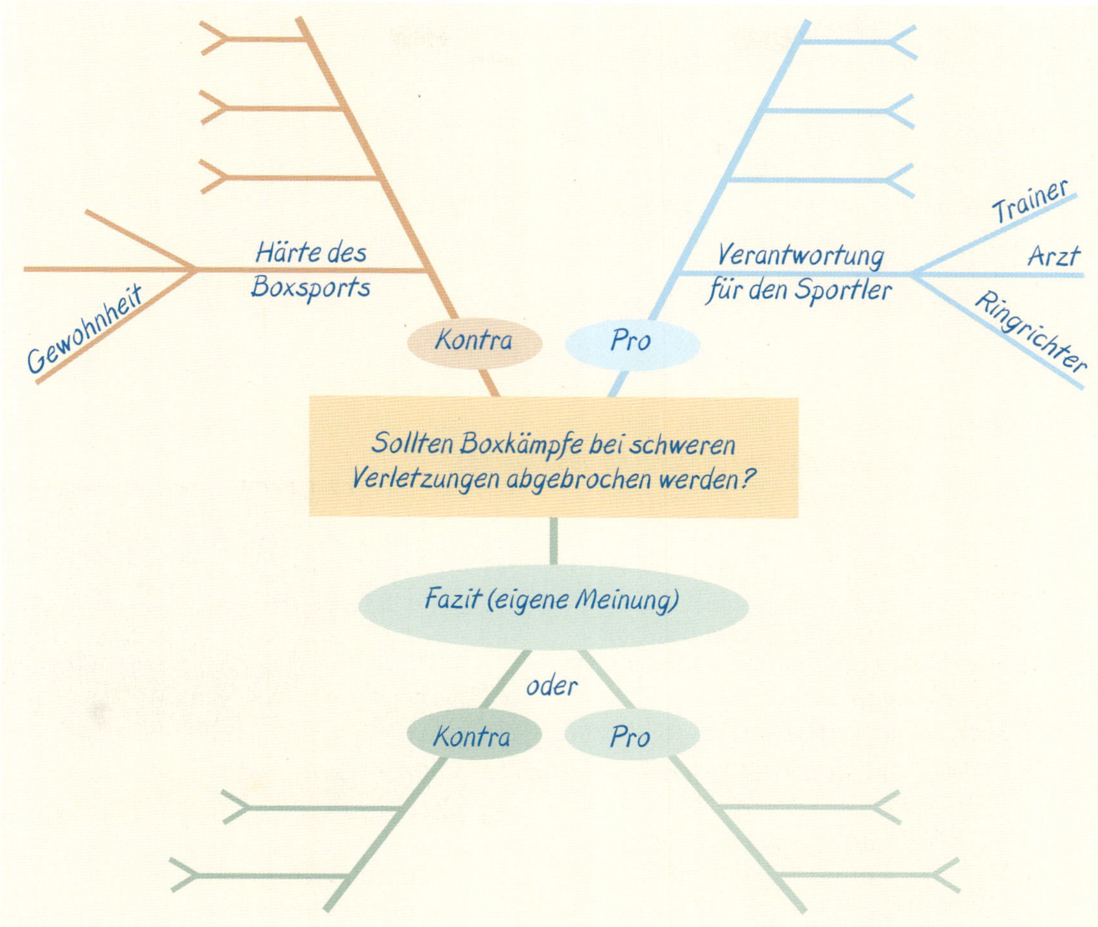


**5** *Übertragt die Mind-Map in euer Heft und ergänzt eure Gedanken und Ideen an den entsprechenden Stellen.*

**6** *Erstellt selbstständig eine geordnete Stoffsammlung zum Thema „‚Sport ist Mord!', sagte Winston Churchill. Beziehe zu dieser Aussage kritisch Stellung." Legt eure Stoffsammlung als zweispaltiges Brainstorming oder als Mind-Map an.*

**TIPP**

**Eine Stoffsammlung anlegen**

Nach der Erschließung des Themas sammelt man Ideen für den Aufsatz. Bei einem antithetischen Erörterungsthema bietet es sich an, die Stoffsammlung als zweispaltiges Brainstorming (Vorteile – Nachteile; Chancen – Gefahren etc.) anzulegen oder die Gedanken und Ideen in einer Mind-Map (engl. Gedankenlandkarte) gleichzeitig zu ordnen und vorzustrukturieren.
(▷ Weitere Tipps zur Stoffsammlung findet ihr auf Seite 31.)

## Die Gliederung erstellen

**7** *Erläutere mit eigenen Worten den Aufbau der folgenden Gliederung zum Thema: „Sieg um jeden Preis? Sollten Boxwettkämpfe nach schweren Verletzungen der Sportler generell abgebrochen werden? Beziehe dazu Stellung“. Verwende dabei folgende Begriffe:*

Schluss | Einleitung | Themafrage | These (Gegenposition) | These (eigene Position) | Oberbegriff | Unterpunkt | Fazit (eigene Meinung)

A. …

B. …
- I. Gründe für die Fortsetzung des Kampfes
  - 1. Gründe für den Sportler
    - a) …
    - b) …
    - c) …
  - 2. Gründe für den Boxsport
    - a) …
    - b) …
    - c) …
- II. Gründe für den generellen Abbruch bei schweren Verletzungen
  - 1. …
    - a) …
    - b) …
    - c) …
  - 2. …
    - a) …
    - b) …
    - …
- III. …

C. …

Bauprinzip für den Hauptteil der antithetische Erörterung:

These
(Gegenposition)
Argument 1
Argument 2
Argument 3

These
(eigene Position)
Argument 1
Argument 2
Argument 3

Fazit

**8** *a) Erarbeitet aus eurer Stoffordnung aus Aufgabe 4 (▷ Seite 45) eine Gliederung. Formuliert die Gliederungspunkte einheitlich, entweder im Nominalstil (als Stichpunkte) oder im Verbalstil (ganze Sätze oder Satzteile).*

*b) Korrigiert gegenseitig eure Gliederungen und überarbeitet sie gegebenenfalls.*

**9** *Die folgende Gliederung zum Thema „„Sport ist Mord!", sagte Winston Churchill. Nimm zu dieser Aussage kritisch Stellung." ist fehlerhaft. Überarbeitet die Gliederung mit Hilfe des Tippkastens.*

VORSICHT FEHLER!

A. Tod des Boxers Davey Moore
B. Hauptteil
   I. Gesundheitliche Risiken des Sports
      1. Risikosportarten
      2. Leistungssport
      3. Breitensport
         a) unvernünftiges Training
         b) leichtsinniges Verhalten
   II. Gesundheitliche Chancen des Sports
      1. Sport fördert soziale Fähigkeiten.
         a) Im Sportverein knüpft man soziale Kontakte.
         b) Im Sportverein lernt man, sich in die Gemeinschaft einzufügen.
      2. Kräftigung der Gesundheit
         a) durch regelmäßiges Training
         b) durch maßvolles Training
      3. Stärkung des Selbstbewusstseins
      4. Schaffung von Erfolgserlebnissen
      5. Förderung von Schlüsselkompetenzen
         a) Teamfähigkeit
         b) Durchhaltevermögen
         c) Frustrationstoleranz
   III. Sport ist eine sinnvolle Freizeitgestaltung.
C. Ausblick in die Zukunft

**Davey Moore** war ein amerikanischer Federgewicht-Boxer, der nach einem Kampf mit Sugar Ramos 1963 in ein Koma fiel und nach wenigen Tagen verstarb. Der Vorfall hatte eine große öffentliche Debatte über den Boxsport ausgelöst.

TIPP

**Antithetische Erörterung: Die Gliederung erstellen**
Auch die antithetische Erörterung besteht aus **Einleitung, Hauptteil** und **Schluss.** Anders als bei der steigernden Erörterung gliedert sich die Darlegung der Argumente im **Hauptteil** in **zwei Blöcke:** einen **Pro- und** einen **Kontra-Teil.**
Bevor man die Gliederung erstellt, muss man sich für Pro oder Kontra entscheiden, denn die Argumente für die eigene Position stellt man ans Ende des Hauptteils, weil die zuletzt genannten Begründungen dem Leser besser im Gedächtnis bleiben.
Innerhalb der Pro- und Kontra-Blöcke geht man in der Regel folgendermaßen vor:
- Bei der Darstellung der Gegenposition (Gegenthese) beginnt man mit dem stärksten Argument und geht Schritt für Schritt zu den schwächeren über.
- Bei der Darlegung der eigenen Position fängt man mit dem schwächsten Argument an und lässt dann immer stärkere folgen.

Auch für die antithetische Gliederung gilt:
- Die Gliederungspunkte müssen einheitlich formuliert werden, entweder im **Nominalstil** (als Stichpunkte) oder im **Verbalstil** (ganze Sätze oder Satzteile).
- Die Gliederung wird einheitlich erstellt: entweder **nummerisch** oder **traditionell**.

## Der Hauptteil der Erörterung: Die Argumentation schreiben

Anlässlich des WM-Verteidigungskampfes von Arthur Abraham diskutierten Jugendliche im Internet zum Thema: „Sieg um jeden Preis? Sollten Boxwettkämpfe nach schweren Verletzungen der Sportler generell abgebrochen werden?“

Der Ringarzt muss meiner Meinung nach den Kampf nach einer schweren Verletzung des Boxers zu dessen eigenem Schutze abbrechen. Denn die Sportler können weder die Situation noch die möglichen Folgen richtig einschätzen. Auf Grund des Adrenalins bekommen sie noch nicht einmal die Schmerzen richtig mit. Aus diesem Grunde gibt es einen Ringarzt, der für den Boxer Verantwortung trägt und für den die Gesundheit des Sportlers an oberster Stelle stehen müsste. Es geht nicht an, dass ein Ringarzt die Gesundheit dem Sieg und damit der Karriere oder dem Geld unterordnet.

Die Ringärzte sind doch alle von der Wettmafia bestochen!

Der Abraham hätte das dem Ringarzt nie verziehen, wenn er abgebrochen hätte.

Ich muss sagen, dass ich diesen Abraham für sehr dumm halte. Sport und Sieg sind schon was Schönes, aber sich dafür halb totschlagen zu lassen, ist sehr dämlich. Er hat immerhin riskiert, nie wieder sprechen zu können. Jetzt hat er 20 Schrauben im Kiefer, ob das so das Wahre ist?

Und die 21. Schraube wurde ihm im Hirn angezogen!

Na ja, wenn es um Titel und dicke Knete geht, Augen zu und durch. Das ist doch überall im Sport so.

Man muss bedenken, wie lange ein Boxer darauf hinarbeitet, dass er fit genug für die Verteidigung seines Titels ist. Und er wusste, was er da tut. Und wie man sieht, hat der Kieferbruch ihm nicht wirklich groß geschadet. Boxer halten viel mehr aus als „Otto Normalverbraucher“.

Boxen ist halt mal einfach ein Sport, bei der es eine härtere Gangart gibt. Wem es zu brutal ist, der sollte auf Ballett oder Synchronschwimmen umschalten.

Ich habe großen Respekt vor Sportlern, die nicht so leicht aufgeben! Das sind noch richtige Männer!

Entschuldige mal, aber einer, dem seine Gesundheit so egal ist, ist doch kein richtiger Mann! Leute, die auch mal eine Niederlage einstecken können, sind richtige Männer.

**10** *Untersucht die Beiträge genau. Welche Argumente erscheinen euch überzeugend, welche weniger stichhaltig? Begründet eure Meinung und erklärt, welche typischen Argumentationsfehler ihr findet. Der folgende Tipp hilft euch dabei.*

**TIPP**

### Typische Argumentationsfehler

- Die Argumente sind nicht stichhaltig, da sie keine überprüfbaren Fakten oder Tatsachen anführen.
- Die Argumente passen nicht exakt zur These.
- Die Argumentation wird nicht entfaltet, z. B. werden die Argumente und Beispiele wenig anschaulich ausgeführt.
- Einzelfälle werden verallgemeinert.
- Die Argumente und Beispiele sagen das Gleiche.
- Argumente und Beispiele verallgemeinern oder übertreiben.

**11** *Thema: „Sieg um jeden Preis? Sollten Boxwettkämpfe nach schweren Verletzungen der Sportler generell abgebrochen werden?“*

*a) Entscheidet euch für Pro oder Kontra und notiert eine These zum Thema.*

*b) Formuliert mit Hilfe der Informationen aus dem Internetchat (▷ S. 48) eine Argumentationskette aus, in der ihr eure These stichhaltig begründet.*

- *Ordnet eure Argumente steigernd an (vom weniger wichtigen zum wichtigsten Argument).*
- *Achtet beim Ausformulieren auf den Sachstil und die Themaanbindung.*
- *Macht den Gedankengang eurer Argumentation deutlich, indem ihr die Bausteine durch Überleitungen, Konjunktionen und Adverbien verknüpft.*

Thema: „Sieg um jeden Preis? Sollten Boxwettkämpfe nach schweren Verletzungen der Sportler generell abgebrochen werden?“

Das Boxen ist eine der populärsten Sportarten und weltweit gerade deshalb so beliebt, weil in der Zweikampfsituation eine große Spannung aufgebaut wird. Dazu gehört eben auch, dass die Kampfteilnehmer sich beweisen müssen und über Sieg oder Niederlage willentlich mitentscheiden können. Diese Spannung geht aber dem Publikum und letztendlich auch im Boxsport verloren, wenn ein Kampf einfach durch den Ringrichter, den Trainer oder den Arzt vorzeitig abgebrochen werden darf.
Auf der anderen Seite spricht jedoch gerade der große Druck, der in einer solchen Situation auf dem Boxer lastet, dafür, den Kampf vorzeitig abzubrechen. ...

**12** *Besprecht, welche sprachlichen und inhaltlichen Möglichkeiten im obigen Ausschnitt genutzt werden, um die Überleitung zur eigenen Position zu gestalten.*

**13** *Formuliert zum Thema „„Sport ist Mord!‘, sagte Winston Churchill. Nimm zu dieser Aussage kritisch Stellung“ selbst eine Überleitung zur eigenen Position (These). Nehmt dazu die überarbeitete Gliederung aus Aufgabe 8 (▷ Seite 47) zu Hilfe.*

**TIPP**

**Die Überleitung zur eigenen Position gestalten**

Bei der antithetischen Erörterung kommt der Überleitung zur eigenen Position (These) eine wichtige Bedeutung zu. Man erkennt sie sprachlich an Konjunktionen, Adverbien und Wendungen, die einen Gegensatz **(adversativ)** oder eine Einschränkung **(konzessiv)** ausdrücken, z. B.:

- Konjunktionen und Adverbien: „trotzdem“, „aber“, „andererseits“, „dagegen“, „dennoch“ usw.
- Wendungen: „Auf der anderen Seite“; „Neben den positiven Aspekten ... ergeben sich aber auch negative ...“; „Den Vorteilen bei ... sind aber folgende Nachteile gegenüberzustellen“.

Inhaltlich hat man folgende Möglichkeiten, zur eigenen Position überzuleiten:

- Man entkräftet ein Beispiel, das zu einem Argument der Gegenthese gehört.
- Man greift einen zentralen Gedanken aus der Argumentation zur Gegenthese auf und betrachtet ihn aus der Gegensicht.

## Ein persönliches Fazit formulieren

Die antithetische Erörterung will die Meinung des Lesers beeinflussen und eine Entscheidung pro oder kontra herbeiführen. Aus diesem Grund wird am Ende des Hauptteils das eigene Fazit gezogen.

Im Folgenden findet ihr verschiedene Fazits zum Thema: „Sieg um jeden Preis? Sollten Boxwettkämpfe nach schwerenen Verletzungen der Sportler generell abgebrochen werden?“

**VORSICHT FEHLER!**

*A Zusammenfassend kann man sagen, dass folgende Gründe für einen Abbruch des Wettkampfes bei schwerer Verletzung der Boxer sprechen: die mangelnde Einsichtsfähigkeit des Boxers in der Wettkampfsituation, die Verantwortung des Trainers, Ringarztes und Ringrichters sowie die Bedeutung der Gesundheit.*
*Gegen einen Abbruch sprechen hingegen die bewusst in Kauf genommene Härte des Boxsportes, die Karriere sowie der Respekt vor der Entscheidung des Sportlers. Insgesamt bin ich also dagegen, Boxwettkämpfe gegen den Willen des betroffenen Sportlers einfach abzubrechen. Wenn sich somit ein Boxer für die Fortsetzung des Kampfes entscheidet, dann tut er das als mündiger Bürger, dessen Meinung zu respektieren ist.*

*B Aus dem oben Dargestellten ergibt sich, dass die Frage nach der Notwendigkeit des Abbruchs eines Boxwettkampfes nicht so einfach zu beantworten ist, wie das vielleicht auf den ersten Blick erscheint. Denn bei einer solchen Entscheidung gilt es, neben der Schwere der Verletzung die möglichen Folgen einer vorzeitigen Beendigung des Kampfes für die Karriere des Sportlers, aber auch dessen persönliche Entscheidung zu berücksichtigen.*

*C Meine Entscheidung ist klar: Boxwettkämpfe sollten bei einer schwer wiegenden Verletzung der Sportler generell abgebrochen werden.*

*D Gerade dieser letzte Aspekt gibt für mich den Ausschlag gegenüber allen Gründen, die man für die Fortsetzung des Wettkampfes trotz eines großen gesundheitlichen Risikos haben kann: Die Gesundheit und das Leben eines Sportlers müssen über den Sieg und damit über finanzielle Erwägungen gestellt werden. Hier haben Trainer, Ringarzt und Ringrichter eine große Verantwortung gegenüber ihrem Schützling, der auf Grund der Wettkampfsituation kaum in der Lage ist, die Folgen rational zu überdenken.*

*E Daraus ergibt sich, dass die Gesundheit das höchste Gut ist und immer über andere Erwägungen gestellt werden sollte.*

**14** *Beurteilt die Fazits mit Hilfe des Tippkastens auf Seite 51. Erklärt dabei auch, welche typischen Fehler gemacht wurden.*

**15** *Überarbeitet eines der obigen Fazits nach den Regeln des Merkkastens. Formuliert außerdem einen möglichen Gliederungspunkt und überlegt euch, wie die dazugehörige These (eigene Position) heißen muss.*

**TIPP**

**Ein persönliches Fazit formulieren**
Die antithetische Erörterung will die Meinung des Lesers beeinflussen und eine Entscheidung pro oder kontra herbeiführen. Aus diesem Grund wird am Ende des Hauptteils das eigene Fazit gezogen. Dabei gewichtet man die im Hauptteil ausgeführten Positionen und trifft dann die Entscheidung für die Pro- oder Kontra-Position.
Beim Schreiben des Fazits ist Folgendes zu beachten:
- **Fazit und These** (eigene Position) müssen sich inhaltlich entsprechen.
- Das Fazit sollte **knapp** gehalten werden.
- Der **Standpunkt des Verfassers** wird deutlich formuliert.
- Das Fazit **bezieht sich auf** bereits **genannte Aspekte** und nennt keine neuen.

Das Fazit wird mit entsprechenden **sprachlichen Wendungen** eingeleitet, z. B.: „Führt man sich abschließend vor Augen, dass ...“; „Betrachtet man ..., dann erscheint doch viel wichtiger ...“; „Es muss sicher zugegeben werden, dass ..., aber gerade die Tatsache, dass ..., beweist ...“; „Es ist deutlich geworden, dass die positiven/negativen Gesichtspunkte die negativen/positiven überwiegen“; „Wenn ich aus dem Für und Wider einen Schluss ziehen soll, so muss ich feststellen, dass ...“ usw.

**16** *a) Schreibt selbst ein Fazit zum Thema „‚Sport ist Mord!‘, sagte Winston Churchill. Nimm zu dieser Aussage kritisch Stellung.“ Bezieht euch dabei auf eure Vorarbeiten aus den vorangegangenen Aufgaben und orientiert euch am Merkkasten.*
*b) Lest euch eure Fazits gegenseitig vor und besprecht, was gut gelungen ist und was noch verbessert werden könnte.*

**17** *Sammelt weitere Wendungen, mit denen ihr ein Fazit einleiten könnt.*

## Einleitung und Schluss gestalten

Grundsätzlich wird in der **Einleitung** zu einem Erörterungsaufsatz das Thema erläutert und auf die Aktualität bzw. die Bedeutsamkeit der Problematik aufmerksam gemacht.

**18** *a) Lest die folgenden Einleitungen genau. Benennt bei jedem Text das zu Grunde liegende Erörterungsthema und bestimmt jeweils die Art der Einleitung. Nehmt dazu den Tippkasten auf Seite 52 zu Hilfe.*
*b) Formuliert anschließend für jede Einleitung einen möglichen Gliederungspunkt.*

A „Allzu viel ist ungesund“, sagt der Volksmund. Doch beim Streben nach Gesundheit scheint Vielen der Sinn für das richtige Maß verloren gegangen zu sein. Das große Bedürfnis der Deutschen nach Gesundheit und die verbreitete Betonung der Vorsorge führen dazu, dass immer mehr Menschen Wellness- und Fitnessübungen übertreiben und medizinische Angebote in Anspruch nehmen und selbst bezahlen, die überflüssig sind. Deshalb stellt sich die Frage nach den Chancen und Risiken dieser Entwicklung.

Gesundheit und Fitness
pers. Ereignis allgem. Feststellung

Noten im Schulsport pers. Ereignis

*B Der Skandal ist perfekt! Vincent hat im letzten Zeugnis eine 4 in Sport bekommen, und das, obwohl jeder weiß, dass er seit seinem Skiunfall Angst vor schwierigen Bewegungsabläufen hat und deshalb bei entsprechenden Übungen weniger leistet. Weil Vincent nicht der Einzige ist, der seine Note als ungerecht empfindet, wird immer wieder die Frage aufgeworfen, ob das Fach Sport nicht auch ohne eine ziffernmäßige Bewertung auskommt. Auf der anderen Seite gibt es viele, die eine Benotung im Fach Sport befürworten, da es viele Schülerinnen und Schüler gibt, die gerade in diesem Fach die Chance haben, auch einmal eine gute Note zu bekommen. Was spricht eigentlich für, was gegen die Benotung des Faches Sport?*

Feststellung

*C Kaum hat die kalte Jahreszeit begonnen, zieht es Tausende auf die Pisten in den Skigebieten. Doch Wintersport ist nicht ungefährlich. Laut den Versicherungen verunglücken jedes Jahr rund 60 000 Wintersportler, viele von ihnen tragen lebenslängliche Gesundheitsschäden davon. Es liegt also nahe, sich vor dem Beginn der Wintersportsaison mit den positiven und negativen Aspekten des Wintersports zu beschäftigen.*

historischer Rückblick

*D 100 Jahre nach Turnvater Jahn, der 1810 mit jungen Männern aus Protest gegen die napoleonische Fremdherrschaft in der Berliner Hasenheide öffentlich turnte, entwickelte sich aus der kollektiven Körperertüchtigung der neue Individualsport der modernen Großstadt. Heute gehört Fitness zu den populärsten Freizeitbeschäftigungen. Nach Angaben des Deutschen Sportstudioverbandes zählen 6500 Sportstudios hierzulande mehr als fünf Millionen Kunden. Damit treten sie in Konkurrenz zum traditionellen Sportverein. Was spricht also für die Mitgliedschaft in einem Sportstudio, was spricht dagegen?*

**19** *a) Formuliert eigene Einleitungen zu einem der folgenden Themen.*
*b) Tauscht eure Texte anschließend aus und korrigiert sie gegenseitig:*

*Thema 1: „Sport ist Mord!", sagte Winston Churchill. Nimm zu dieser Aussage kritisch Stellung!*

*Thema 2: Sieg um jeden Preis? Sollten Boxwettkämpfe nach schweren Verletzungen der Sportler generell abgebrochen werden?*

**TIPP**

**Eine Einleitung schreiben**

Die Einleitung soll den Leser gezielt zum Thema hinführen, ohne bereits Argumente aus dem Hauptteil vorwegzunehmen. Sie besteht aus dem **Einleitungsgedanken,** der **Überleitung** und der **Themafrage.**

Für die Einleitung gibt es verschiedene Möglichkeiten:

- ein aktuelles Ereignis,
- ein persönliches Erlebnis,
- eine allgemeine Feststellung,
- eine Annäherung über ein verwandtes Thema,
- eine Annäherung über das Gegenteil,
- ein historischer Rückblick.

Nach dem Fazit am Ende des Hauptteils wird der **Schlussgedanke** formuliert. Hier gelten die gleichen Regeln wie für den Schluss der steigernden Erörterung.

*Sir Winston Churchills überspitztes „Sport ist Mord!" ist eine von Sportmuffeln immer wieder gern vorgebrachte Behauptung zur Abwehr körperlicher Betätigung. Der britische Staatsmann (1874–1965) hat jedoch in jungen Jahren viel Sport getrieben. Anders als noch zu Churchills Zeiten stellen heute Mediziner und Sportlehrer zunehmend bereits bei Kindern Übergewicht, mangelnde Körperbeherrschung, nachlassende Muskelkraft, Gelenkerkrankungen durch einseitige und zu geringe Belastung und viele weitere zivilisationsbedingte Körperschäden fest, denen sportliche Betätigung entgegenwirken würde. Aus diesem Grunde müsste man heute den Ausspruch Churchills eigentlich in sein Gegenteil verkehren: „Kein Sport ist Mord!"*

**20** *a) Untersucht den obigen Schluss anhand folgender Fragen:*
- *Welche Art des Schlusses wurde gewählt?*
- *Worin besteht der Schlussgedanke inhaltlich?*
- *Auf welche Problembereiche richtet sich der Schluss?*

*b) Formuliert einen möglichen Gliederungspunkt zu diesem Schluss.*

**21** *Überarbeitet den folgenden Schlussgedanken zum Thema: „Soll man als Jugendlicher Mitglied in einem Sportverein werden oder nicht?" Orientiert euch dabei an dem unten stehenden Tipp.*

**VORSICHT FEHLER!**

*Die Zukunft der Sportvereine ist unsicher.*
*Fitnessstudios sind im Kommen.*

**22** *Formuliert einen eigenen Schlussgedanken zum Thema: „Sieg um jeden Preis? Sollten Boxwettkämpfe nach schweren Verletzungen der Sportler generell abgebrochen werden? Beziehe dazu Stellung!"*

**TIPP**

### Den Schluss formulieren

Der Schluss soll die Erörterung des Themas sinnvoll abrunden, er darf allerdings keine neuen Argumente beinhalten.
Zur Gestaltung des Schlusses gibt es z. B. folgende Möglichkeiten:
- ein persönlicher Wunsch oder eine Forderung,
- ein Ausblick auf künftige Entwicklungen oder ein weiterführender Gedanke,
- ein Hinweis auf ein verwandtes Thema,
- das Aufgreifen des Einleitungsgedankens, sodass Einleitung und Schluss einen Rahmen bilden,
- die eigene Stellungnahme zum Thema.

**23** *Auf Seite 43 findet ihr verschiedene Themen für eine Erörterung. Entscheidet euch für ein antithetisch gestelltes Thema und erarbeitet Schritt für Schritt einen Erörterungsaufsatz. Die folgende Checkliste hilft euch dabei:*

## Checkliste

### für die Erörterung

Die einzelnen Schritte zur Erstellung der Erörterung

**1. Themaerschließung**

Das Thema muss gründlich untersucht werden:

- Welche/-r Themabegriff/-e (Kernbegriff/-e) und welche Schlüsselbegriffe stecken in dem Thema?
- Wonach fragt das Thema?
- Welche Einschränkungen gibt es bei dem Thema?
- Welche Art der Erörterung (steigernde oder antithetische Erörterung) liegt vor?

**2. Stoffsammlung**

- Notiert, was euch zum Thema spontan einfällt.
- Stellt W-Fragen zum Thema (Wer …? Was …? Wo …? Wie …? Warum …?).
- Fragt den Themabegriff ab (Definition, Wortfeld, Gegenteil, Ursache und Folge).

**3. Stoffordnung**

- Streicht alle Begriffe durch, die nicht exakt zum Thema passen.
- Sucht aus der Stoffsammlung alle zusammengehörenden Punkte heraus.
- Fasst die Punkte, die sich inhaltlich überschneiden, zusammen.
- Sucht passende Oberbegriffe.

**4. Gliederung**

- Bringt die Punkte aus der Stoffordnung in eine logische Reihenfolge.
- Formuliert die Gliederungspunkte einheitlich: entweder als Stichpunkte (Nominalstil) oder in ganzen Sätzen oder Satzteilen (Verbalstil).
- Entscheidet euch für die nummerische oder die traditionelle Gliederung.

**5. Ausarbeitung**

- Setzt die Punkte der Gliederung in einen fortlaufenden Text um.
- Stellt den Zusammenhang der Argumentation sprachlich gut dar, z. B. durch sprachliche Wendungen, Konjunktionen und Adverbien.
- Macht die gedankliche Gliederung durch Absätze deutlich.
- Formuliert am Ende des Hauptteils ein Fazit.
- Gestaltet Einleitung und Schluss.

**24** *Überarbeitet euren Aufsatz mit Hilfe des Merkwissens auf Seite 335/336.*

# 2.3 Leiden im Dienste der Menschheit? – Diskutieren und freiere Formen des Erörterns

## Tierversuche in der Kosmetikindustrie

In der kosmetischen Industrie wird ständig mit chemischen Stoffen experimentiert – sei es, um einen neuen Konservierungsstoff, eine neue Duftnuance oder eine neue Modefarbe zu entwickeln. Diese Stoffe sind in „pflegenden Kosmetika" wie Hand- und Gesichtscremes, Lippenstiften, Gesichtswässern, Badezusätzen, Seifen, Shampoos, Puder, Sonnenschutzmitteln und in „dekorativen Kosmetika" wie Wimperntusche, Haarfärbemitteln oder Lidschatten enthalten. Bevor die Stoffe auf den Markt kommen, wird untersucht, ob sie möglicherweise giftig sind oder ob sie Haut und Schleimhaut reizen. Man prüft außerdem, ob ein Stoff, der mit der Haut in Kontakt kommt, Allergien auslöst oder Akne erzeugt. Es wird weiterhin untersucht, ob er eine Krebs erregende oder erbgutverändernde Wirkung hat oder aber die Fruchtbarkeit und die Entwicklung der Nachkommen beeinflusst. In bestimmten Fällen wird darüber hinaus analysiert, ob und inwieweit äußerlich einwirkende Stoffe in den Körper aufgenommen werden, wie sie sich im Körper verteilen, sich eventuell verändern und wieder ausgeschieden werden. All diese Prüfungen erfolgen heute häufig immer noch in Tierversuchen, dazu gehören z. B. der Schleimhautverträglichkeitstest, der Hautreizungstest und der Toxizitätstest. Mindestens 38 000 Kaninchen, Meerschweinchen, Ratten, Mäuse und andere Tiere müssen jedes Jahr allein in der EU leiden und sterben.

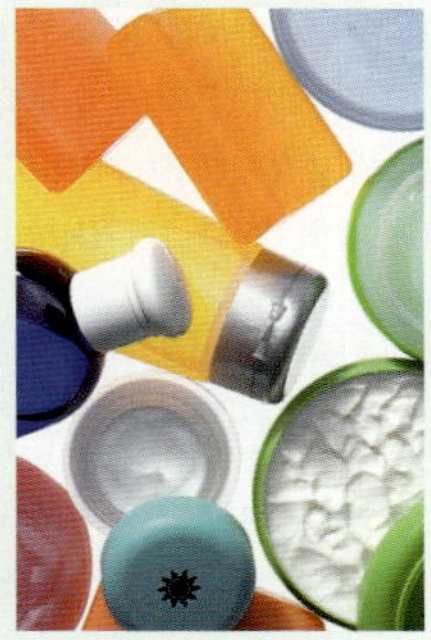

**1** *Klärt unbekannte Fremdwörter, wie z. B. Toxizität (▷ Z. 33).*

**2** *Informiert euch über die erwähnten Testverfahren, z. B. im Internet unter www.tierschutzbund.de oder www.datenbank-tierversuche.de, und stellt sie in einem Kurzreferat vor.*

**3** *Findet mit Hilfe des Internets oder einschlägiger Literatur Gründe, die von den verschiedenen Interessengruppen (Industrie, Ärzte, Tierschützer etc.) für und gegen Tierversuche ins Feld geführt werden. Sammelt die genannten Argumente und Beispiele in einer zweispaltigen Tabelle.*

| Gründe für Tierversuche | Gründe gegen Tierversuche |
|---|---|
| – zur weltweiten Vermarktung der Produkte notwendig, da in manchen Ländern Tierversuche für Kosmetika vorgeschrieben sind<br>– … | – die Ergebnisse der Experimente lassen sich wegen der vielfältigen anatomisch-physischen Unterschiede zwischen Mensch und Tier sowie zwischen Tieren untereinander nicht auf den Menschen übertragen<br>– … |

# Eine Podiumsdiskussion führen und protokollieren

**1** *Führt eine Podiumsdiskussion zum Thema „Sollten Tierversuche in der Kosmetikindustrie verboten werden?" durch. Beachtet die Diskussionsregeln (▷ S. 332) und orientiert euch an dem folgenden Tipp. Die Zuschauer machen sich Notizen zur Diskussion, damit die Ergebnisse später ausgewertet werden können (▷ Techniken des Mitschreibens auf S. 373).*

**TIPP**

1. Wählt für das Podium nicht mehr als acht Teilnehmer aus. Die Anzahl der Befürworter und der Gegner von Tierversuchen sollte gleich sein. Außerdem braucht ihr einen Diskussionsleiter.
2. Der Diskussionsleiter eröffnet die Podiumsdiskussion: Diskussionsthema, -anlass und -teilnehmer werden kurz vorgestellt.
3. Jeder Podiumsteilnehmer gibt zunächst aus seiner Perspektive ein vorbereitetes Statement (Behauptung, Begründung, Beispiel) von nicht mehr als zwei Minuten ab. Dazu könnt ihr auch verschiedene Materialien als Belege nutzen (Schaubilder, Fotos etc.).
4. Anschließend diskutieren die Podiumsteilnehmer miteinander. Der Diskussionsleiter sorgt dafür, dass die Diskussionsregeln eingehalten werden und alle angemessen zu Wort kommen.
5. Das Publikum wird mit einbezogen. Durch Fragen, Kommentare, Zustimmung und Widerspruch schaltet es sich in die Diskussion ein.

(▷ weitere Tipps zum Diskutieren auf Seite 332)

Wenn ihr begründen sollt, welche „Partei" euch überzeugt hat, dann müsst ihr euch auf die einzelnen Argumente beziehen können. Deshalb solltet ihr eure Podiumsdiskussion schriftlich dokumentieren. Eine solche Form des Berichtens nennt man protokollieren.

**2** *Fertigt ein Ergebnisprotokoll eurer Podiumsdiskussion nach dem nebenstehenden Muster an.*
*(▷ weiterführende Informationen zum Protokoll auf S. 333)*

**Protokoll über die Deutschstunde in der Klasse 9b**

**Datum:** 10. 10. 2007
**Zeit:** 8.30–9.15 Uhr
**Ort:** Klassenzimmer der 9 b des Humboldt-Gymnasiums
**Anwesend:** 28 Schülerinnen und Schüler der 9b und die Klassenleiterin Frau Hoffmann
**Abwesend:** Almut Tinkler (k)
**Protokollführer/-in:** Daniel Flitzer
**Thema:** Sollten Tierversuche in der Kosmetikindustrie verboten werden?
**Tagesordnung:**
TOP 1: Vorstellungsrunde und Einführung in das Thema durch den Diskussionsleiter
TOP 2: …
TOP 3: …
…
Zu TOP 1: …
Zu TOP 2: …
Zu TOP 3: …
…
Ort, Datum — Unterschrift der/des Protokollführerin/-rs

# Tierquälerei? – Freiere Formen des Erörterns

## Das Knastei *von Renate Nimitz-Köster*

Das Atmen fällt schwer in der stickigen ehemaligen LPG[1]-Halle. Staub und beißender Gestank erfüllen den fensterlosen Raum. Als das Licht angeht, bricht Gekreisch los. Zehntausende von erschreckten Kreaturen plustern sich auf. Aus ihrem Gefieder steigen graue Wolken, die den Hals des Besuchers anschwellen lassen. Wer sich im engen Gang zwischen den vierfach übereinandergestapelten Käfigen nicht vorsieht, den trifft obendrein ein Stromschlag: Elektrodraht soll die Hennen davon abhalten, an ihre Eier zu gelangen, die auf einem Transportband davonrollen.

Abgeschottet von der Öffentlichkeit, in mehr als 40 Flachbauten gepfercht, produzieren in Deutschlands größter Legebatterie in Cottbus insgesamt 1,5 Millionen Hennen ihr „Reform-" oder „Energie-Ei". Unter diesem Namen vermarktet der Besitzer seine Massenware. Er hält seine Tiere auf Drahtflächen, die pro Huhn deutlich kleiner sind als eine DIN-A4-Seite. Ein lebenslanger Knast.

Egon Ehlenberger, Inhaber der Firma, besteht auf den Hinweis, dass er keine geltenden Gesetze verletze, und begründet die Batteriehaltung mit dem internationalen Wettbewerb und den Wünschen der Kunden nach billigen Eiern. Als Grund für diese tierquälerische Haltung gibt er an, dass durch die Trennung von Huhn und Exkrementen die Gefahr von Darmparasiten gebannt und dadurch die Risiken für Mensch und Tier deutlich reduziert würden. „Kleine Gruppen mit einer festgelegten Rang- und Pickordnung ohne ständiges Hacken und Kämpfen, ohne Schnabelstutzen, mit weniger Aggressivität führen zu einem besseren Allgemeinbefinden und damit zu weniger Verlusten."

Wolfgang Schindler vom Deutschen Tierschutzbund weist darauf hin, dass ca. 44 Millionen männliche Küken jedes Jahr in Deutschland getötet werden, den weiblichen am achten Lebenstag der Schnabel, ein hochempfindliches Tastorgan, kupiert wird, damit sie sich nicht gegenseitig in der qualvollen Enge verletzen können. Zudem sind die Tiere einer 16-stündigen Beleuchtung ausgesetzt. Damit soll ihre Legeleistung, die im Sommer besonders hoch liegt, zusätzlich gesteigert werden.

„Wer ein Tier hält, betreut oder zu betreuen hat, muss das Tier [...] verhaltensgerecht unterbringen" und „darf die Möglichkeit des Tieres zu artgemäßer Bewegung nicht so einschränken, dass ihm Schmerzen oder vermeidbare Leiden oder Schäden zugefügt werden", lautet § 2 des Deutschen Tierschutzgesetzes. Warum schreitet dann niemand gegen die Batteriehaltung ein?

Das Bundesverfassungsgericht verbot in einem Urteil die derzeit gültige Verordnung. Für diejenigen Betriebe, die schon eine gültige Genehmigung zur Haltung von Legehennen besitzen, ergeben sich derzeit keine Veränderungen. Erst im Jahre 2012 wird die Käfighaltung abgeschafft. Bis dahin werden die Tiere weiter gequält.

1 **L**andwirtschaftliche **P**roduktions**g**enossenschaft (landwirtschaftliche Organisationsform in der DDR)

**1** *a) Gebt die Kernaussagen dieser Reportage in eigenen Worten wieder und beschreibt, wie sie auf euch wirkt.*
*b) Kann man dem Text entnehmen, welche Meinung die Autorin zum Thema hat? Belegt eure Aussagen mit Textstellen.*
*c) Belegt mit konkreten Beispielen aus dem Text, dass es sich bei diesem Artikel um eine Reportage handelt (▷ Merkmale einer Reportage auf S. 368).*

**2** *Besprecht, wo der Text Ansatzpunkte für Diskussionen bietet.*

Nach dem Erscheinen der Reportage „Das Knastei" erhielt die Zeitschriftenredaktion zahlreiche Leserbriefe:

## Das Knastei Nr. 32:
**Tierhaltung in Legebatterien**

Die Käfighaltung muss verboten werden. Die Betreiber sollte man von den Höfen jagen. So etwas dürfte es heute nicht mehr geben.
*München Oskar Bernhofer*

Frau Renate Nimitz-Köster berichtet sehr einseitig über die Batteriehaltung der Hennen. Schon in der Überschrift will sie den Leser negativ auf die Batteriehaltung einstimmen. Diese Haltungsform ist nicht nur äußerst hygienisch und umweltfreundlich, sondern stellt auch das preisgünstigste Produktionssystem dar. Der Verbraucher will auch viele andere Lebensmittel, die mit Eiern hergestellt werden, möglichst billig kaufen. Diese verbraucherfreundliche Preisgestaltung kann nur mit der Batteriehaltung ermöglicht werden.
*Breitbrunn (Bayern) Fred Müller*

Vielen Dank für Ihre Reportage über Tierquälerei von Hennen. Ich lehne den Kauf von Eiern aus Legebatterien schon seit Jahren ab. Die Hennen können sich dort kaum bewegen, was ihrem natürlichen Bewegungsdrang widerspricht. Die beste Form ist die Freilandhaltung, bei der den Tieren neben dem Stall eine Fläche unter freiem Himmel für Auslauf, Scharren und Picken zur Verfügung steht. Allerdings müssen diese Tiere einen Großteil ihres Futters für ihre „sportliche Betätigung" verwenden. Das wirkt sich auf den Preis der Eier aus. Den bin ich gerne bereit zu zahlen, wenn dadurch das Leid der Tiere verringert wird.
*Tübingen (Bad.-Württ.) Elke Lindner*

**3** *a) Gebt in eigenen Worten wieder, welche Absicht die Verfasser der Leserbriefe jeweils verfolgen.*
*b) Untersucht den Aufbau der Leserbriefe. Welcher Leserbrief wirkt überzeugend? Begründet eure Meinung. (▷ Informationen zum Leserbrief auf S. 336)*

**4** *Ein solcher Artikel kann nicht nur Anlass für Leserbriefe sein. Welche schriftlichen Äußerungen könnte dieser Artikel noch auslösen? Begründet eure Aussagen.*

**5** *a) Auch andere Tiere leiden oft unter der Massentierhaltung. Informiert euch über das Thema „Massentierhaltung", z. B. unter www.tierschutzbund.de.*
*b) Bearbeitet einen der folgenden Arbeitsaufträge:*
- ☐ *Verfasst einen Aufruf für die Schülerzeitung, in dem ihr eure Mitschülerinnen und Mitschüler anregt, eurem Anliegen zu folgen.*
- ☐ *Verfasst ein Plakat oder einen Flyer, um auf euer Anliegen aufmerksam zu machen.*
- ☐ *Verfasst selbst eine Stellungnahme zur Reportage „Das Knastei".*

# Darf man heute noch Pelze tragen?

*Mit dem Modetrend „Pelz" hat sich ein Konflikt wieder zugespitzt:*

## *Tierfelle – ja oder nein?*

*Jetzt hat BRIGITTE den WWF (World Wide Fund For Nature), den Deutschen Tierschutzbund und das Deutsche Pelzinstitut erstmals an einen Tisch gebracht.*

**Die Gesprächsteilnehmer**
Susanne Kolb-Wachtel, *Geschäftsführerin des Deutschen Pelzinstitutes*
Wolfgang Apel, *Präsident des Deutschen Tierschutzbundes*
Andrea Kohl, *Naturschutzchefin des WWF*

BRIGITTE.DE: Herr Apel, nennen Sie doch einfach mal Ihre Hauptargumente gegen Pelz.

APEL: Es gibt keinen vernünftigen Grund, Tiere allein der Mode und des Luxus wegen zu quälen und zu töten. Die Tiere sitzen in engen Drahtkäfigen, es fehlen Einrichtungen, die den natürlichen Lebensbedingungen entsprechen, wie zum Beispiel Grabstellen für Füchse. Dadurch kommt es zu Verhaltensstörungen wie Kannibalismus, Apathie oder Schwanzbeißen. Erster Punkt. Zweiter Punkt: Wir müssen uns mal überlegen, in welcher Form schon die halbe Tierwelt durch die Pelzindustrie ausgerottet wurde.

KOLB-WACHTEL: Pelz ist die älteste und natürlichste Bekleidung des Menschen.

APEL: Ein Argument, das Sie immer wieder bringen. Zur Bekleidung brauchen wir keine Tierfelle mehr.

BRIGITTE.DE: Um noch einmal auf die schlechten Umstände der Tierhaltung zu kommen: Schweine werden auch in Massen gehalten, Hühner sitzen in Legebatterien. Trotzdem kauft die Mehrheit so produzierte Nahrungsmittel.

KOHL: Die meisten Menschen in den Industrieländern sind von der Produktion von Nahrungsmitteln und Kleidung aus Tieren vollkommen abgekoppelt. Das fein verpackte Schnitzel in Zellophan legt sich jeder gern in die Pfanne. Wenn man das Schwein selbst schlachten müsste, sähe es bei dem einen oder anderen mit der Lust auf Fleisch vielleicht anders aus.

BRIGITTE.DE: Tierschützer und Pelzindustrie stehen sich seit über zwanzig Jahren unversöhnlich gegenüber. Gleichzeitig steigt die weltweite Nachfrage nach Pelz. Sollte man da nicht versuchen, die beste Form der Pelzproduktion zu finden?

KOHL: Die Frage, die sich alle letztlich stellen, ist doch: Wurde für das Produkt, das ich kaufe, ein Tier gequält? Niemand will das. So können Verbraucher aber auch sagen: Für mich darf ein Tier getötet werden, ich möchte aber nicht, dass es leidet.

KOLB-WACHTEL: Also muss es schnell und sauber getötet werden.

APEL: Die Tötung ist ja nicht das Leiden, sondern der Weg dahin.

KOHL: Also muss die Haltung tier- und artgerecht sein und die Tötung unter akzeptablen Umständen stattfinden.

BRIGITTE.DE: Dafür könnte es doch zum Beispiel eine Art Gütesiegel geben.

KOLB-WACHTEL: Also, es wird ein Label geben, wo draufsteht, ob dieses Fell von einer europäischen Farm, einer amerikanischen Farm oder aus China kommt. Denn wir wollen die asiatischen Felle noch nicht mit unseren gleichsetzen. Die Standards in China sind ja noch vollkommen anders.

BRIGITTE.DE: Wie kommt das?

KOHL: Die Nachfrage nach Pelzen von bedrohten Tierarten nimmt z. B. zur Nutzung in der chinesischen Medizin stark zu.

BRIGITTE.DE: Wenn die Nachfrage da ist, wird alles geliefert?

KOHL: Sicher. Nach den Gesetzen von Angebot und Nachfrage schwenkt man nun von kleinen Tieren wie Eichhörnchen oder Zobel wieder auf attraktivere und seltene Arten um und jagt Tiger, Leoparden und Schneeleoparden.

BRIGITTE.DE: Welches ist die Hauptursache für das Aussterben einer Art, Frau Dr. Kohl?

KOHL: Erstens: der Verlust an Lebensraum. Zweitens: der illegale Handel mit seltenen Arten, z. B. mit bestimmten Pelztieren. Durch die ungezügelte kommerzielle Nutzung von Tieren entsteht meist eine Kettenreaktion der Ausrottung.

BRIGITTE.DE: Herr Apel, würden Sie grundsätzlich ein Gütesiegel befürworten?

APEL: Da müssten sich die Tier- und die Naturschützer mal zusammensetzen und entscheiden, welche Anforderungen sie an ein Gütesiegel hätten. Ich gehe aber davon aus, dass es, wenn es ein von uns akzeptiertes Gütesiegel gäbe, keinen Pelz mehr im Angebot gibt.

## Das Geschäft mit den Fellen *von Jan Pfeifer*

Einige Jahre lang war es dank aktiver Tierschützer und öffentlichkeitswirksamer Tierschutzkampagnen gesellschaftlich eher verpönt, Pelze zu tragen. Die schockierenden Plakate geschundener Tiere zeigten ihre Wirkung. Doch das scheint jetzt wieder vorbei zu sein. Die Zeit hat dieses Thema wieder aus dem öffentlichen Bewusstsein verdrängt. Die aktuellen Skandale stehen im Vordergrund.

Pelzmode ist immer auch mit einer unsäglichen Qual für die betroffenen Tierarten verbunden, die grausam getötet werden, wegen ihres begehrten Felles in Massenkäfighaltung dem frühen Tod entgegenvegetieren oder unter dem Deckmantel fragwürdiger Abschussquoten und -bestimmungen in freier Wildbahn gejagt werden. Nur die Aufklärung der Verbraucher, ihr breiter Boykott und eine konsequente Einführung und Umsetzung der notwendigen rechtlichen Rahmenbedingungen können dazu führen, dass die Pelztierzucht eingestellt wird. Es ist nicht einzusehen, dass den Tieren nur durch das Diktat der Modeindustrie und aus Luxussucht das Fell über die Ohren gezogen wird. Die moderne Textilindustrie bietet Alternativen, die zudem kostengünstiger sind. Hier ist die Eigenverantwortung jedes einzelnen Konsumenten gefragt.

**1** *a) Lest das Streitgespräch (▷ S. 59) und den Kommentar „Das Geschäft mit den Fellen“.*
*b) In einem Kommentar nimmt ein Journalist Stellung zu einem aktuellen Thema und äußert deutlich seine Meinung. Belegt anhand von Textstellen, dass es sich bei dem Text „Das Geschäft mit den Fellen“ um eine Meinungsäußerung handelt.*

**2** *a) Bildet unterschiedliche Gruppen zum Thema „Darf man heute noch Pelz tragen?“.*
*b) Recherchiert z. B. im Internet nach weiterem Informationsmaterial zum Thema und einigt euch dann innerhalb eurer Gruppe auf einen Standpunkt.*
*c) Sammelt gemeinsam Argumente für euren Standpunkt und haltet sie in Stichworten fest.*
*d) Schreibt in eurer Gruppe einen Kommentar oder einen Leserbrief, in dem ihr euren Standpunkt deutlich macht (▷ Informationen zum Kommentar findet ihr auf Seite 367).*
*e) Lest euch die Ergebnisse eurer Gruppenarbeit vor und gebt euch gegenseitig ein Feedback. Was hat euch inhaltlich und sprachlich überzeugt, was könnte noch verbessert werden?*

**3** *In unserer Gesellschaft bietet nicht nur das Thema „Tierschutz“ Diskussionsstoff.*
*a) Sucht in Zeitungen nach weiteren Artikeln, die Grundlage für Diskussionen bilden können.*
*b) Bildet zu jedem Artikel eine Arbeitsgruppe und erarbeitet Argumente für oder gegen das Thema.*
*c) Entwerft Leserbriefe oder Kommentare zum Thema. Berücksichtigt dabei auch, für welches Medium ihr eure Texte verfasst, z. B.: (Schüler-) Zeitung, Zeitschrift, Radio- oder Fernsehbeitrag, und wer eure Adressaten sind.*

**!**

**Freiere Formen des Erörterns**
Im Unterschied zu fest vorgegebenen Formen des Erörterns ist bei freieren Formen des Erörterns die Struktur der Argumentation (steigernd oder antithetisch) nicht von vornherein festgelegt.
So kann der Schreiber beispielsweise in Kommentaren (▷ 367), Leserbriefen (▷ S. 336), Aufrufen, Stellungnahmen oder anderen meinungsbildenden Schreibformen seinen subjektiven Standpunkt zu einem Thema oder zu einem Text äußern und vertreten.
Auch die freieren Formen des Erörterns verlangen neben einer klaren Gliederung die Fähigkeit, Thesen zu formulieren und eine überzeugende Argumentation aufzubauen, in der Beispiele angeführt und Gegenargumente berücksichtigt werden.

# 3 Dem Täter auf der Spur – Erweiterte Inhaltsangaben

## 3.1 Mit Meisterdetektiven auf Spurensuche – Erweiterte Inhaltsangabe von literarischen Texten

### Miss Behlers Fehler

Jeden Abend legte Arabella Behler ihr berühmtes Diamantencollier an und saß am Kopfende des Tisches, an dem sie mit ihren drei Erben zu Abend speiste. Danach ging sie immer auf ihr Zimmer und legte sich auf der Chaiselongue nieder, während ihr Neffe Gus, ihre Nichte Geneviève und ihr Vetter Omar nacheinander kamen, um ihr gute Nacht zu wünschen. Wenn sie dann – wie man annehmen konnte – ihr Collier in den Safe gelegt hatte, las sie noch ein wenig und zog sich dann in die Gefilde ihrer Träume zurück.

Eines Abends sah sie bei der Nachspeise von ihrer Weinschaumcreme auf und sagte ruhig: „Ich habe beschlossen, einen von euch aus meinem Testament zu streichen.“ Dann lächelte sie ernst, erhob sich und ging in ihr Zimmer. Am nächsten Morgen wurde sie mit tödlichen Stichwunden aufgefunden. Das Collier war nach Schätzungen eine satte halbe Million wert.

Können Sie sagen, wer sie umbrachte?

**Fragen**

1. War Arabella von schwacher Konstitution?
2. Hatte sie kurz vor ihrem tödlichen Angriff noch gelesen?
3. Glaubt ihr, dass sie sofort starb?
4. Hätte ein Einbrecher durch die Balkontür kommen können?
5. Meint ihr, dass sie von einem Unbekannten umgebracht wurde?
6. Welcher ihrer Verwandten hatte ein Mordmotiv?
   Gus ... Geneviève ... Omar ... alle drei ...
7. Haben sich die drei zusammengetan, um sie zu ermorden?
8. War das ein vorsätzlicher Mord?
9. Wer hat sie umgebracht?

**1** *Lest den Text aufmerksam und betrachtet das Bild genau. Beantwortet anschließend die neun Fragen.*

- *Bringen euch die Fragen auf die Spur der Mörderin oder des Mörders? Stellt, wenn nötig, weitere Fragen.*
- *Wenn ihr einen begründeten Verdacht habt, diskutiert eure Lösungen in der Klasse.*

**2** *Klärt den Fall und kontrolliert euer Ergebnis mit Hilfe des Auflösungstextes.*

**Antworten**

1. Ja, ihrem Aussehen nach zu urteilen.
2. Ja. Es sieht so aus, als wenn sie völlig ohne böse Vorahnung ihr Buch hingelegt und dann aufgeschaut hätte, um wie üblich ein bisschen zu plaudern.
3. Ja. Es gab keinen Kampf, ihr Buch liegt noch auf ihrem Schoß und sie war zu überrascht, um Widerstand zu leisten.
4. Ja. Erst mal auf dem Balkon angelangt, konnte man einfach ins Zimmer spazieren.
5. Nein. Da es zu keinem Kampf kam, hat sie ihren Mörder gekannt.
6. Alle drei, da nun keiner von ihnen mehr wusste, ob er erben würde oder nicht.
7. Nein. Wenn alle drei sie angegriffen hätten, wäre sie erschrocken und hätte sich gewehrt.
8. Ja. Der Mörder muss seine Tat sorgfältig geplant haben und das Messer bis zur letzten Sekunde gut versteckt gehalten haben.
9. Geneviève. Denn sicherlich wäre eine Frau aus Arabelas Generation angesichts eines Mannes in ihrem Zimmer in Panik geraten, da sie nur halb angezogen war – selbst wenn es sich um einen Verwandten gehandelt hätte.

**3** *Fasst die Ereignisse dieses Kriminalfalls folgerichtig zusammen. Überlegt, welche Informationen ihr voranschicken und womit ihr eure Zusammenfassung abschließen müsst.*

## Den Inhalt des Textes erschließen

Henning Mankell

### Ein Mörder namens Wirén

*Henning Mankell wurde 1948 in der Nähe von Stockholm geboren und gehört zu den meistgelesenen Autoren Schwedens. Bekannt wurde er mit seinen Kriminalromanen um den Kommissar Kurt Wallander, die in über 15 Sprachen übersetzt und teilweise verfilmt wurden.*
*Für sein umfangreiches Werk erhielt Mankell zahlreiche Preise, unter anderen den „Deutschen Jugendliteraturpreis" (1993) und den „Astrid-Lindgren-Preis" (1996).*
*Mankell lebt abwechselnd in Schweden und in Maputo, Mosambik, wo er als Theaterregisseur arbeitet und sich zusammen mit der Hilfsorganisation „Ärzte ohne Grenzen" gegen Armut und Aids in Afrika engagiert.*

Hoover wohnte in einem hohen, hässlichen Haus mit vielen Stockwerken. Sein Name war nicht Hoover. Das Haus, in dem er wohnte, lag außerhalb von Stockholm. Den Namen Hoover hatte er sich selbst gegeben.

Er war zwölf Jahre alt und wechselte alle drei Monate seinen Namen, was ihm ein Gefühl der Überlegenheit vermittelte. Sein Geheimname bewirkte, dass er nicht nur der war, für den sie ihn alle hielten, sondern überdies auch noch ein anderer, ein unsichtbarer Mensch.

Ihm war aufgefallen, dass unterschiedliche Namen sein Verhalten beeinflussten. In den Monaten, in denen er Rauch hieß, hatte er sich leichten, schnellen Schrittes fortbewegt. Danach, als er sich Wild nannte, hatte er seinen Schritten mehr Gewicht verliehen und sich nie umgesehen, wenn er durch die Straßen ging. In ein paar Wochen würde er Hoover auswechseln, dann waren drei Monate vergangen. Noch hatte er sich keinen neuen Namen ausgedacht. Außerdem gefiel es ihm, Hoover zu heißen. Immer wenn er sein Gesicht im Spiegel sah und dachte, dass dort Hoover stand, lief es ihm wohlig über den Rücken. Den Namen Hoover hatte er in einer Zeitschrift seiner Mutter entdeckt. Der Mann, der so geheißen und dem Namen zu Berühmtheit verholfen hatte, war Chef des FBI und vielleicht auch eigentlich ein Schwarzer gewesen, obgleich klein, dick und weiß. Er war ein Mann gewesen, dessen Kleiderschränke angefüllt waren mit den Geheimnissen anderer Leute. Aber sein allergrößtes Geheimnis, dass er vielleicht gar kein Weißer war, sondern auch schwarze Vorfahren besaß, hatte er ganz zuhinterst in seinem bestgehüteten Kleiderschrank versteckt.

Hoover hätte nichts dagegen gehabt, als Erwachsener die Geheimnisse anderer Menschen zu überwachen. Die Frage war bloß, welchen Beruf man in so einem Falle ergreifen sollte.

Eigentlich hieß er Stefan. So stand es in seinen Papieren, so nannten ihn seine Mutter, seine Lehrerin und all jene, die nicht wussten, dass er alle drei Monate den Namen wechselte.

Hoover wohnte im neunten Stock, zweite Tür links. Nebenan wohnte eine chinesische Familie. Begegnete Hoover jemandem aus der großen Familie, verneigte sich diese Person stets und er hatte immer Mühe, sich das Lachen zu verkneifen. Sobald sich die Tür öffnete, versuchte er, in die Wohnung zu blicken. Aber niemand schloss Türen geschwinder als Chinesen, davon war er überzeugt. Mit Sicherheit wusste er, dass in ihrer Diele eine rote Lampe hing.

Auf der anderen Seite, also rechts, wohnte ein unverheirateter, kurzsichtiger Programmierer namens Rylander. Begegnete er Hoover, so nickte er nur und schien ihn eigentlich gar nicht wahrzunehmen. Das ärgerte ihn manchmal. Aber Hoover hatte das Gerücht vernommen, Rylander verbringe seine Freizeit damit, mit einem Heißluftballon in höhere Luftschichten aufzusteigen. Hoover hatte darüber gerätselt, was er denn wohl von dort oben erkannte, da er doch so kurzsichtig war. Ihm war keine gute Antwort eingefallen. Aber er hatte entschieden, dass Rylander auf lange Sicht kein ganz uninteressanter Nachbar war.

Hinter der letzten Tür ganz hinten rechts wohnten die Brüder Ture und Axel Antonsson. Sie besaßen einen Lastwagen und einen Bagger und hinterließen immer Lehmspuren im Lift. Hoover war ein paar Mal in der Wohnung gewesen, um fernzusehen, als sein eigenes Gerät kaputt gewesen war. Obwohl sie abends immer in schmutzigen Blaumännern nach Hause kamen, war ihre Wohnung stets aufgeräumt. Es gab dort riesige Blumentöpfe mit Farnkraut und ein großes Aquarium. Hoover stellte sich vor, dass es irgendwo in der Wohnung eine unsichtbare Frau gab, die putzte, die Blumen goss und aufräumte.

Manchmal fand Hoover, dass das neunte Stockwerk nicht unbedingt das beste im Haus sei. Aber auch nicht das übelste. Es war immerhin besser als der vierte und der siebte Stock, wo nur Menschen wohnten, die ihm gänzlich uninteressant vorkamen. Der elfte Stock dagegen war besser. Nicht zuletzt, weil dort ein Fußballspieler wohnte, der in die Nationalmannschaft aufrücken würde. Hoover fuhr oft mit dem Lift in den elften Stock und hoffte auf den glücklichen Umstand, eines Tages dem Fußballspieler namens Kent Olofsson zu begegnen, wenn dieser sich gerade auf den Weg nach unten machte. Bisher hatte er noch kein Glück gehabt. Nur einmal war ein Mädchen mit blauen Strähnchen und sehr kurzem Rock aus Olofssons Wohnung gekommen, als Hoover im elften Stock ausgestiegen war.

Er konnte sich nicht erinnern, wie es begonnen hatte. Aber vor zwei Jahren, als er zehn gewesen war, hatte er beschlossen herauszufinden, wer alles in seinem Haus wohnte. Es war eines Abends gewesen, als im zehnten Stock ein Fest gefeiert wurde und seine Mutter geseufzt hatte, es sei schon schwierig, wenn die eigene Decke zugleich der Fußboden von jemand anders sei. Es war wichtig zu wissen, was für Leute im Haus wohnten. Da das Haus achtzehn Stockwerke besaß und Hoover im neunten Stock wohnte, hielt er es, da er nun mal in der Mitte wohnte, für seine Aufgabe zu kontrollieren, was für Leute hier eigentlich wohnten. Ehe man sich's versah, konnte ein Serienmörder einziehen. Oder jemand, der seine Küche in ein Labor verwandelte und chemische Kampfstoffe herstellte. Andererseits gab es hier möglicherweise auch interessante oder seltsame Personen.

Er machte sich unverzüglich ans Werk.

In einem Notizbuch hielt er seine Beobachtungen fest. Und damals hatte er auch entdeckt, dass im vierzehnten Stock tatsächlich ein Mörder wohnte. Ein Mann, der drei Menschen umgebracht hatte. Ein Mann, der viele Jahre im Gefängnis gesessen hatte und nun fünf Stockwerke über ihm wohnte.

Hoover hatte es durch einen Zufall erfahren. Er hatte vor dem Haus gestanden und sein Fahrrad repariert. Es war an einem Tag im September gewesen. Die einsame und staubige Eberesche leuchtete rot. Auf einer Bank unter dem Baum saß oft der Hausmeister Nyberg, rauchte seine Pfeife und unterhielt sich mit einem alten Mann, der Stolt hieß, im zweiten Stock wohnte, erste Tür links, und eine Beinprothese hatte, da er einst von einem Zug angefahren worden war. Hoover – oder der Eroberer, wie er sich damals nannte – war gerade mit seiner Fahrradkette beschäftigt, als er hörte, dass Nyberg über den Mann im vierzehnten Stock sprach, den Mann hinter der zweiten Tür rechts. Für gewöhnlich hörte Hoover nicht hin, wenn sich Nyberg und Stolt unterhielten. Seiner Erfahrung nach wussten Nyberg und Stolt, wie die meisten anderen Erwachsenen auch, nur ausgesprochen selten etwas wirklich Interessantes zu erzählen. Aber diesmal horchte er auf.

„Hat er wirklich fünfzehn Jahre gesessen?", hatte Stolt gefragt.

„Eigentlich müsste er immer noch sitzen", hatte Nyberg mit verärgerter Stimme geantwortet. „Schließlich hat er ja drei Menschen umgebracht."

„Waren es nicht nur zwei? Ein jüngerer Mann und eine ältere Frau?"

„Es waren drei", hatte Nyberg geantwortet. „Du vergisst den Bruder."

„Was für einen Bruder?"

„Den Bruder der Frau."

„Hat er ihn erschossen?"

„Das war der Mann, der erstochen wurde. Die Anderen hat er erschossen."

Hoover hatte neben seinem Fahrrad gekauert und gelauscht.

„Schauderhaft", hatte Nyberg gesagt und die Pfeife ausgeklopft.

„Er sieht so friedfertig aus", hatte Stolt geantwortet und mit seinem Stock im Kies zwischen den Steinplatten gekritzelt.

„Sie hätten ihn nicht rauslassen dürfen", sagte Nyberg mit Nachdruck und erhob sich. „Einmal Mörder, immer Mörder."

Es dauerte mehrere Monate, bis Hoover sich einen Überblick verschafft hatte. Mit Hilfe verstohlener Fragen, sowohl an Nyberg als auch an Stolt, hatte er Erkenntnis an Erkenntnis gereiht, bis er gänzlich im Bilde war.

Vom Fernsehen und aus Zeitungen kannte er etwas, das sich Rekonstruktion nannte. Wenn er es richtig verstanden hatte, so bedeutete es, dass man etwas nachstellte, was tatsächlich vorgefallen war. Mit Hilfe einiger uralter Zinnsoldaten, die ihm einst sein Großvater geschenkt hatte, rekonstruierte er eines Abends, was sich vor fünfzehn Jahren ereignet hatte. Um sich in die richtige Stimmung zu versetzen, hatte er aus einer Küchenschublade ein paar Weihnachtskerzen hervorgekramt. Nun lag sein Zimmer im Dunkeln.

Seine Mutter saß im Wohnzimmer und las. Die Schatten der Kerzen huschten über die Wände.

Hoover machte sich an seine Rekonstruktion. Vor fünfzehn Jahren, als er selbst noch gar nicht auf der Welt war, hatte der Mann, der Wirén hieß und im vierzehnten Stock wohnte, drei Menschen umgebracht – im so genannten Affekt. Damals hatte er nicht Wirén, sondern Andersson geheißen, Nils Evert Andersson, und war von Beruf Schweißer gewesen. Während eines Festes irgendwo auf Kungsholmen, auf dem viel getrunken wurde, war es geschehen. Es war zu einem Streit gekommen, Stolt meinte, es sei wegen Eifersucht gewesen, Nyberg meinte, wegen Geld. In der Wohnung hatte sich ein Gewehr befunden und Wirén, der damals Nils Evert Andersson hieß, hatte einen Mann und eine Frau erschossen und den Bruder der Frau mit einem Klappmesser erstochen. Daraufhin hatte er die Flucht ergriffen und die Polizei hatte ihn erst nach einer Woche, deren Nächte er auf verschiedenen Friedhöfen verbracht hatte, erwischt. Er hatte seine Tat gestanden und war zu fünfzehn Jahren Gefängnis verurteilt worden. Nach der langen Haftstrafe war er nun wieder auf freiem Fuß. Jetzt war er Frührentner und lebte im vierzehnten Stock von Hoovers Haus.

Hoover schob seine Zinnsoldaten hin und her. Da er über Eifersucht nicht mehr wusste, als dass es sich dabei um eine besondere Art von Neid handelte, die nur Erwachsene befiel, kam er zu dem Schluss, dass Wirén jemandem Geld geschuldet hatte. Ein Zinnsoldat aus Napoleons Armee durfte Wirén darstellen und dieser schoss und stach schließlich mit dem Messer zu.

Daraufhin versuchte Hoover, sich vorzustellen, wie es wohl war, auf einem Friedhof zu übernachten. Er überlegte, ob er es wohl selbst wagen würde.

Außerdem fand er, dass der Mörder Wirén und er etwas gemeinsam hatten. Sie wechselten beide ihre Namen.

Einige Tage später begann Hoover, Wirén wie ein Schatten zu folgen. All die Zeit, die ihm nach der Schule blieb, nutzte er, um den Mann zu erforschen, der fünf Stockwerke über ihm wohnte.

Wirén sah aus wie ein Mörder, fand Hoover. Er war groß und kräftig und hatte buschige Augenbrauen. Er trug keinen Mantel, obwohl Herbst war und es bereits kühl wurde. Nach einigen Wochen hatte Hoover sein Notizbuch mit Aufzeichnungen über Wirén gefüllt. Er wusste, dass Wirén eine Autozeitschrift abonnierte und Lotto spielte. Nachdem er ihm ins Lebensmittelgeschäft gefolgt war, wusste er, dass Wirén meist Räucherwurst, Blutwurst oder Fischstäbchen aß. Nachmittags ging er für gewöhnlich in dem Waldstück, das vergessen zwischen den Hochhäusern lag, spazieren. Abends verließ er niemals das Haus.

Einmal hatte sich Hoover an seine Wohnungstür getraut und durch den Briefschlitz gelauscht. Es war in der Wohnung sehr still gewesen. Er hatte sich anstrengen müssen, um das gedämpfte Geräusch des Fernsehers zu vernehmen. Er hörte jemanden schluchzen und vermutete, dass sich Wirén einen dieser romantischen Filme ansah, von denen das Fernsehen immer zu viele zeigte.

Dann hatte ihn auf einmal das Gefühl beschlichen, Wirén stehe gleich hinter der Tür, nur wenige Zentimeter von seinem Ohr entfernt. Er war klopfenden Herzens die Treppen hinuntergerannt, ohne anzuhalten, bis er im neunten Stock angekommen war. Seine Mutter hatte ihn verwundert angesehen, als er die Tür aufriss.

„Was ist denn mit dir los?“, hatte sie gefragt. „Ich trainiere“, hatte er geantwortet. „Ich renne Treppen hoch und runter.“

Hoover mochte seine Mutter Gertrud. Über seinen Vater wusste er kaum mehr, als dass er ein glatzköpfiger Buschauffeur auf Gotland war und sich nie meldete. Ab und zu versuchte er, Gertrud dazu zu bekommen, etwas über ihn zu erzählen. Manchmal gelang es ihm, manchmal war sie ausgesprochen widerwillig. Aber jene Male, als er Erfolg gehabt hatte, kam es ihm nachher immer vor, als wisse er nun doch nicht mehr, als dass sein Vater eine Glatze habe.

Hoover mochte also seine Mutter. Er war sich jedoch nicht sicher, ob ihm gefiel, womit sie sich beschäftigte. Sie arbeitete in einem Krankenhaus für verrückte Menschen. Schon von klein auf hatte er Angst gehabt, sie könnte sich anstecken und eines Tages mit komischen Grimassen und seltsamen Gebärden nach Hause kommen. Er wünschte, sie ginge einer anderen Beschäftigung nach. Aber das hatte er ihr nie gesagt.

Wirén traf sich nie mit anderen Leuten. Er sprach mit niemandem. Hoover überlegte, ob Wirén vorhatte, weitere Menschen umzubringen. Weshalb war er denn sonst so einsam, weshalb hatte er keine Freunde?

Hoover beschloss, Wirén als gefährlich einzustufen. Es war seine Aufgabe, ihn zu überwachen.

Der Winter verging.

An einem ganz gewöhnlichen Tag, einem Dienstag Mitte März, geschah, was Hoover nie wieder vergessen würde. Ein Sturm fegte durch die Stadt, und Hoover stemmte sich gegen den Wind. Er war nach der Schule mit einem Freund zusammen gewesen und hatte sich erst gegen Abend auf den Heimweg gemacht. Er drückte auf den Knopf des Aufzugs und wartete. In dem Augenblick, als die Lifttüren sich öffneten und er eintrat, merkte er, dass jemand im Schatten zwischen Keller- und Garagentür verharrt hatte und ebenfalls in den Aufzug stieg. Er drehte sich erst um, als sich die Lifttüren schlossen.

Es war Wirén.

Er atmete schwer und sah Hoover an.

Er blockierte den Ausgang. Hoover sah ein, dass er nicht an ihm vorbeikommen würde.

Vorsichtig hob er die Hand und drückte auf den neunten Stock. Wirén sah ihn unverwandt an. Dann drückte er mit dem Daumen auf den vierzehnten Stock.

Hoover hatte Angst. Noch niemals zuvor war er mit Wirén im Aufzug gefahren. Und jetzt war er allein mit ihm. Er stellte sich so weit wie möglich an die hintere Aufzugwand. Wirén sah ihn weiter an.

Er weiß es, dachte Hoover panisch. Er weiß, dass ich ihn beschattet habe. Jetzt bringt er mich um. Hier im Lift. Sie finden meine Leiche. Niemand wird erfahren, dass er es war.

Wirén sah ihn unverwandt an. Es schien, als könne er Hoovers Gedanken lesen.

Nie zuvor hat sich dieser Aufzug so langsam bewegt, dachte Hoover. Fast zögernd fuhr er von einem Stockwerk zum nächsten. Sie erreichten den vierten Stock, den fünften, den sechsten. Hoover begann zu hoffen, dass alles Einbildung gewesen sei. Wirén würde ihn vielleicht am Leben lassen.

In diesem Moment erlosch das Licht.

Der Lift hielt zwischen dem siebten und dem achten Stock. Hoover glaubte, das Herz bleibe ihm stehen. Der Sturm, dachte er. Natürlich weht gerade dann ein Baum auf die Stromleitung, wenn ich allein mit einem Mörder im Lift stehe.

Natürlich muss das ausgerechnet jetzt passieren. Die Dunkelheit war undurchdringlich. Er drückte sich so weit wie möglich gegen die Liftwand.

Wirén sagte nichts. Hoover hörte seine schweren, röchelnden Atemzüge.

Jetzt tut er es, dachte er. Hier im Dunkeln.

In diesem Moment spürte er Wiréns Hand über seinen Körper tasten. Er zuckte zusammen, versuchte zu entkommen, aber hinter ihm war die Wand. Wirén griff ihm ans Handgelenk. Es war, als umkralle ihn eine Klaue. Hoover hatte solche Angst, dass er nicht einmal um Hilfe rufen konnte.

In diesem Augenblick, als Hoover glaubte, sein letztes Stündlein habe geschlagen, geschah es.

Eine Stimme sprach ins Dunkel. Wiréns Stimme. „Ich schaff es nicht", flüsterte Wirén. „Ich halt das nicht aus."

Dann hörte Hoover ein Geräusch, das er wiedererkannte. Er hatte es schon einmal gehört, das wusste er. Zunächst war er nicht ganz sicher, was es war. Dann fiel es ihm wieder ein.

Es war, als er draußen vor Wiréns Tür gekniet und gelauscht hatte, das Ohr gegen den Briefschlitz gepresst.

Es war kein Fernsehfilm.

Es war das Schluchzen von Wirén gewesen.

In diesem Moment wurde es hell.

Wirén ließ seine Hand los. Hoover sah, dass sei-

ne Augen glänzten. Der Aufzug fuhr an und hielt im neunten Stock.

„Ich hab dich hier im Haus gesehen", sagte Wirén.

„Ich wohne hier", antwortete Hoover und merkte, dass seine Stimme zitterte.

„Ein Glück, dass ich nicht allein im Aufzug war", sagte Wirén. „Ich habe dich hoffentlich nicht erschreckt. Aber ich gerate in Panik, wenn Aufzüge stecken bleiben."

„Schon in Ordnung", antwortete Hoover und ging hinaus.

Die Lifttüren schlossen sich langsam. Wirén nickte ihm zu. Als Letztes sah Hoover, wie er lächelte.

Hoover setzte sich auf den Boden vor der Wohnungstür und versuchte zu verstehen, was vorgefallen war.

Er war mit dem Mörder Wirén Aufzug gefahren. Einem Mann, der drei Menschen getötet, fünfzehn Jahre im Gefängnis gesessen und seinen Namen geändert hatte.

Er dachte daran, dass Wirén mehr Angst gehabt hatte als er selbst. Angst wie ein verschrecktes Kind im Dunkeln. Und trotzdem hatte er drei Menschen umgebracht.

Als Hoover sich erhob und die Wohnungstür öffnete, überlegte er immer noch, was passiert war. War eigentlich etwas passiert? Oder hatte er alles nur geträumt?

Er zog die Stiefel aus und hängte seine Jacke in der Diele auf. Gertrud erhob sich vom Sofa im Wohnzimmer und kam auf ihn zu.

„Ein Glück, dass du nicht im Lift warst, als der Strom ausfiel", sagte sie.

„Ja", sagte Hoover. „Ein Glück."

Dann ging er in sein Zimmer und schloss die Tür. Durchs Fenster sah er, wie der Sturm an Bäumen und Dächern zerrte. Ein einsamer Hund lief über den leeren Platz hinten beim Supermarkt.

Das hätte Wirén sein können, dachte er. Wenn er ein herrenloser Hund gewesen wäre und nicht ein Mensch.

Dann setzte er sich an seinen Schreibtisch und holte das Notizbuch hervor, in dem er seine Beobachtungen über alle Hausbewohner festge-

halten hatte. Er schlug Wiréns Namen auf. Viele Seiten waren bereits gefüllt.
Er dachte lange nach, ehe er entschieden hatte, was er schreiben würde. Dann suchte er einen Stift aus und blätterte auf eine leere Seite.
Mit dem Mörder Wirén Aufzug gefahren.
Er war nicht gefährlich. Aber ängstlich.
Er ist ein herrenloser Mensch.
Dann legte er sein Notizbuch beiseite.
Lange stand er im Fenster und blickte in den Sturm hinaus. Er dachte an den Mörder Wirén.
Der Sturm wurde immer stärker. Immer stärker.

**1** *a) Notiert in Stichpunkten und mit Zeilenangaben, was ihr über die Hauptfigur Hoover und seine Lebensumstände erfahrt.*
*b) Erläutert, warum Hoover regelmäßig in andere Rollen schlüpft und wie diese Rollen ihn und sein Verhalten prägen.*

**2** *Skizziert auf einem Blatt oder auf einer Seite in eurem Heft das Hochhaus, in dem Hoover wohnt. Tragt die Namen bzw. die Bezeichnungen der Bewohner und alle Informationen, die man in der Geschichte über diese Figuren erhält, in die Skizze ein.*

**3** *Überlegt, warum Henning Mankell für seine Erzählung den Titel „Ein Mörder namens Wirén" gewählt hat.*

## Das Wichtigste in der Einleitung

**4** *Die Einleitung einer Inhaltsangabe benennt auch die Kernaussage des Textes.*
*a) Diskutiert, inwiefern die folgenden Formulierungen die Kernaussage der Erzählung treffen. Was ist ungenau, unvollständig oder falsch?*

... handelt von einem gefährlichen Mörder, der sich während einer Fahrt im Aufzug aber als harmlos herausstellt.

... wird gezeigt, dass gewalttätige Menschen oft selbst voller Angst sind.

... erzählt der Autor von der Begegnung eines 12-jährigen Jungen mit einem mehrfachen Mörder.

... beschreibt Henning Mankell, wie ein 12-jähriger Junge auf Grund eines Detektivspiels in eine gefährliche Situation gerät.

*b) Formuliert eine vollständige Einleitung, in der ihr über den Autor, den Titel sowie die Textsorte informiert und in ein bis zwei Sätzen die Kernaussage des Textes benennt.*

## Den Inhalt des Textes folgerichtig zusammenfassen: eine Gliederung erstellen

**5** *a) Gliedert den Text in Sinnabschnitte und fasst jeden Abschnitt in Stichpunkten oder wenigen Sätzen zusammen.*
*b) Entscheidet, welche Informationen für den Fortgang der Handlung wichtig sind, und markiert diese.*
*c) Schreibt die markierten Informationen auf Zettel oder Karteikarten und ordnet sie nach der chronologischen Reihenfolge der Handlung.*

Ein zwölfjähriger Junge, der sich selbst Hoover nennt, wohnt in einem Hochhaus bei Stockholm.

Seit zwei Jahren kundschaftet er die Bewohner des Hauses aus.

*d) Vergleicht die chronologische Handlungsabfolge auf euren Zetteln oder Karteikarten mit derjenigen im Text und besprecht die Unterschiede. Welche Funktion bzw. Wirkung haben die Textpassagen, die für die Textzusammenfassung unwichtig sind?*

**6** *Erstellt eine Gliederung für die Inhaltsangabe.*
*a) Betrachtet die nebenstehende Gliederungsstruktur und beurteilt deren Aufbau.*
*b) Besprecht weitere Gliederungsmöglichkeiten und entwerft eine eigene Gliederung für die Inhaltsangabe.*
*c) Ergänzt mit Hilfe eurer Ergebnisse aus Aufgabe 4 und 5 die Gliederungspunkte A und B mit textbezogenen Aussagen.*

A. Einleitung

B. Inhaltszusammenfassung
I. Figur „Hoover":
- zur Person: richtiger Name, Alter
- Lebensumstände: Familie, Freunde, Wohnsituation
- besondere Eigenschaften und Verhaltensweisen

II. Figur des Mörders Wirén:
- zur Person
- Lebensumstände
- besondere Eigenschaften und Verhaltensweisen

III. Die Begegnung im Lift:
- Verlauf der Begegnung
- Schlüsse, die Hoover (und der Leser) daraus zieht

C. weiterführender Arbeitsauftrag

**7** *Schreibt mit Hilfe eurer Gliederung aus Aufgabe 6 eine Inhaltsangabe zu der Erzählung „Ein Mörder namens Wirén" von Henning Mankell.*

## Eine weiterführende Aufgabe zum Text bearbeiten

Ihr habt bisher die Inhaltsangabe als zweiteilige Inhaltsangabe, bestehend aus Einleitung und Textzusammenfassung, kennen gelernt.
Die erweiterte Inhaltsangabe besteht aus drei Teilen. Im dritten Teil sollt ihr eine weiterführende Aufgabe zum Text bearbeiten. Diese Aufgabe kann sich beziehen auf:

- die handelnden Figuren und ihre Beziehungen untereinander,
- die Charakteristik der Figuren,
- den Aufbau des Textes,
- die sprachliche Gestaltung des Textes (Satzbau, Wortwahl, Sprachebene, Stilmittel),
- die Wirkung des Textes,
- die Erzählform und das Erzählverhalten,
- ...

**8** *Zu der Erzählung „Ein Mörder namens Wirén" von Henning Mankell wurde die folgende weiterführende Aufgabe gestellt:*

> *Charakterisiert anhand des Textes die Figur des Mörders Wirén. Deutet dabei auch den Tagebucheintrag Hoovers nach der Begegnung im Aufzug: „Er ist ein herrenloser Mensch" (S. 68, Z. 442). (▷ mehr Informationen zu Charakteristik auf S. 77)*

Die zweite Hauptfigur neben dem Jungen Hoover ist der Mörder Wirén. Wie Hoover bei seinen Nachforschungen herausfindet, soll er im Affekt drei Menschen getötet haben, bei einer missglückten Flucht verhaftet worden sein und dann eine 15-jährige Haftstrafe verbüßt haben. In seinem äußeren Erscheinungsbild sieht Wirén so aus, wie Hoover sich einen typischen Mörder vorstellt: „Er war groß und kräftig und hatte buschige Augenbrauen" (Z. 246–248). Zu dem Bild eines Mörders passt auch, dass er damals, auf seiner Flucht, eine Woche lang auf „verschiedenen Friedhöfen" (Z. 218) übernachtet haben soll. Auch scheint er fast gefühllos zu sein, weil er auch im kühlen Herbst keinen Mantel trägt (vgl. Z. 248–249). Ganz im Gegensatz dazu stellt Hoover fest, dass der Alltag Wiréns auffallend geregelt ist und dem vieler „Durchschnittsmenschen" gleicht: Er hat eine Autozeitschrift abonniert, spielt Lotto, geht nachmittags spazieren und sieht sich abends, wie Hoover zu erlauschen glaubt, romantische Fernsehfilme an (vgl. Z. 251–268). Trotzdem wird Wirén von Hoover „als gefährlich" (Z. 305) eingestuft, da er keinerlei Kontakte zu anderen Menschen hat und dies laut Hoover ein Zeichen dafür sein könnte, dass Wirén plant, „weitere Menschen umzubringen" (Z. 302/303). Die Begegnung mit Wirén im Aufzug ...

*a) Untersucht, wie der vorliegende Ausschnitt gegliedert ist. Wie wird von der Inhaltszusammenfassung zur Beantwortung der weiterführenden Aufgabe übergeleitet?*

*b) Erklärt, wie die Aussagen belegt werden. Wie wird auf den Text verwiesen, wie werden Zitate aus dem Text kenntlich gemacht?*

*c) Führt die Beantwortung der oben gestellten Aufgabe fort. Belegt eure Aussagen durch Zitate oder Verweise auf den Text und notiert die entsprechenden Zeilenangaben.*

**9** *Bearbeitet zu der Erzählung „Ein Mörder namens Wirén" von Henning Mankell folgende weiterführende Aufgabe:*

> *Zeigt auf, mit welchen sprachlichen Gestaltungsmitteln auf dem Höhepunkt der Erzählung (▷ S. 66, Z. 309–385) Spannung erzeugt wird. Beschreibt auch, wie diese sprachlichen Gestaltungsmittel auf den Leser wirken.*

*a) Legt eine Stoffsammlung zur Beantwortung der Fragen an. Arbeitet dabei genau am Text und notiert eure Textbelege mit Zeilenangaben. Die folgenden Leitfragen helfen euch:*
- ☐ *Wie werden die Gedanken und Gefühle Hoovers sprachlich dargestellt?*
- ☐ *Wie wird die Figur Wiréns in diesem Abschnitt dargestellt?*

*b) Gliedert eure Stoffsammlung, indem ihr eure Befunde in eine sinnvolle Reihenfolge bringt.*

*c) Formuliert eure Ergebnisse in einem zusammenhängenden Text. Belegt eure Aussagen durch Zitate oder Verweise auf den Text und notiert die entsprechenden Zeilenangaben.*

**10** *a) Verfasst zu dem Text „Ein Mörder namens Wirén" von Henning Mankell eine erweiterte Inhaltsangabe, bestehend aus Einleitung sowie Textzusammenfassung, und beantwortet im dritten Teil* ***eine*** *der weiterführenden Aufgaben. Nutzt dazu eure Ergebnisse aus Aufgabe 7 (▷ S. 69) und orientiert euch an dem unten stehenden Merkkasten.*

***Weiterführende Aufgabe 1: Stellungnahme***
*Nehmt Stellung zu der Aussage des Hausmeisters Nyberg: „Einmal Mörder, immer Mörder."*

***Weiterführende Aufgabe 2: Erzählform und Erzählverhalten***
*Bestimmt die Erzählform und das Erzählverhalten in dem Text „Ein Mörder namens Wirén" und beschreibt, wie diese Mittel des Erzählens auf den Leser wirken.*
*(▷ Informationen zur Erzählform und zum Erzählverhalten auf S. 361–363)*

*b) Überarbeitet eure Inhaltsangabe mit Hilfe der Checkliste auf Seite 78.*

**Erweiterte Inhaltsangabe von literarischen Texten**
Die erweiterte Inhaltsangabe eines literarischen Textes informiert **kurz** und **sachlich** über den Inhalt des Textes und bearbeitet zusätzlich eine weiterführende Aufgabe zum Text.
**Aufbau:**
- Die **Einleitung** macht Angaben über den Autor, den Titel, die Textart, ggf. das Erscheinungsdatum und benennt die Kernaussage des Textes.
- Im **Hauptteil** werden die wichtigsten Ereignisse der Handlung mit eigenen Worten in chronologischer Reihenfolge zusammengefasst. Dabei wird der Leser über die Gründe der Handlung und der Ereignisse informiert.
- Im **dritten Teil** wird eine weiterführende Aufgabe bearbeitet, z. B.: ausführlichere Behandlung eines Untersuchungsaspekts, Erörterung einer zentralen Textaussage etc.

**Interpretierende Aussagen** im dritten Teil **müssen** anhand des Textes **belegt werden,** entweder als wörtliche Zitate mit Anführungszeichen oder als indirekte Zitate (mit eigenen Worten wiedergegebene Textstellen). Alle Textbelege werden mit Zeilenangaben angeführt.

Die erweiterte Inhaltsangabe wird als zusammenhängender Text verfasst. Einzelne Aussagen oder Feststellungen werden durch **sinnvolle Überleitungen** miteinander verbunden. Inhaltlich neue Gliederungspunkte werden durch **Absätze** kenntlich gemacht.

**Stil und Sprache**
Die Zeitform ist das **Präsens** (bei Vorzeitigkeit Perfekt). In der Zusammenfassung erscheint **keine wörtliche Rede.** Sind Äußerungen von Figuren besonders wichtig, werden sie in der indirekten Rede wiedergegeben oder in einem Aussagesatz zusammengefasst.

Volker Klüpfel und Michael Kobr

## Allgäuer Weihnachtsfrevel

*Das Autorenteam Volker Klüpfel (* 1971) und Michael Kobr (* 1973), beide in Kempten geboren und in der Gegend ansässig, wurden mit ihren Allgäu-Krimis um den bodenständigen Kommissar Kluftinger bekannt.*
*2005 wurden sie mit dem „Bayerischen Kunstförderpreis für Literatur" ausgezeichnet.*

Das Gehen fiel ihm schwer. Tief sackten seine Stiefel bei jedem Schritt in den Schnee. Schon nach wenigen Metern ging sein Atem schnell und im Mondlicht trug er ihn wie eine milchige Fahne vor sich her. Er blieb stehen und wischte sich mit seinen Handschuhen den Schweiß von der Stirn. Die Sonne war bereits seit über einer Stunde untergegangen, aber es war so hell, dass die Bäume Schatten warfen. Jetzt, da er stehen geblieben war, fiel ihm auch die Stille auf. Nur sein Keuchen war zu hören, alle anderen Geräusche schien der Schnee zu verschlucken. Er begann zu frösteln und setzte sich wieder in Bewegung.
Noch etwa eine Minute stapfte er durch die Nacht, dann hielt er abrupt inne. Er hatte den Schatten gesehen und erkannt, dass er am Ziel war. Sein Opfer stand vielleicht noch fünfzig Meter von ihm entfernt, aber es gab keinen Zweifel, dass es der Richtige war.
Er sah sich um, um sicherzugehen, dass ihm niemand gefolgt war. Dann hatte er die Stelle erreicht. In seiner Manteltasche schlossen sich seine Finger so fest um das Holz, dass seine Knöchel weiß wurden.
Tu es!, rief er sich innerlich zu. Jetzt! Sachte zog er das Werkzeug aus der Tasche. Für einen Moment brach sich das Mondlicht in der stählernen Klinge und blitzte über sein verschwitztes Gesicht. Er wog das Beil in seiner Hand. Es war schwer. Sein Herz schlug schnell, er holte tief Luft, hob den Arm und trieb die Klinge mit einem Krachen in den Stamm der Tanne.
Unwillkürlich zuckte er zusammen: Er hatte nicht gedacht, dass er einen solchen Lärm verursachen würde. Sein zweiter Hieb war etwas zurückhaltender, auch der dritte und der vierte waren leiser. Beim fünften knackte es ein paar Sekunden und die Tanne geriet ins Wanken, schwankte ganz leicht nach vorn, schien es sich dann aber noch einmal zu überlegen. Er duckte sich, doch der Baum änderte seine Richtung erneut und glitt mit einem Zischen der Äste – als würde eine Windböe hindurchfahren – sanft in den tiefen Schnee.
Zufrieden betrachtete er sein Werk: Gut, der Baum war nicht besonders groß, aber ihn mit nur fünf Schlägen gefällt zu haben, war für einen Mann seines Alters beachtlich. Er packte sein Werkzeug wieder weg, griff den Baum an der Stelle, an der er ihn mit der Axt durchtrennt hatte, und zog ihn vorsichtig durch den Schnee hinter sich her.
Der Rückweg zu seinem Wagen kam ihm ungleich beschwerlicher vor als der Hinweg. Seine Oberschenkel brannten und seine Schulter schmerzte. Er war froh, dass er die Rücksitze seines alten Passats, den er jetzt am Waldrand erblickte, bereits umgeklappt hatte, denn er schwitzte und wollte sich nicht länger als nötig in der Kälte aufhalten. Und ein bisschen kam es ihm hier, im Niemandsland zwischen Württemberg und Bayern, unheimlich vor. Hier, ein kleines Stück oberhalb von Wuchzenhofen, wo sich sonst bestenfalls Fuchs und Hase Gute Nacht sagten – auch wenn er nicht so

recht daran glauben wollte, dass sich die Tierwelt im Grenzgebiet nicht nur zweier Bundesländer, sondern auch zweier Mentalitäten besser verstand als die Menschen, die hier lebten.
In dem Moment, in dem er sein Auto erreicht hatte, zuckte ein greller Blitz vor seinen Augen auf. Für einen Moment war er geblendet und erst allmählich zeichneten sich hinter dem Lichtkegel die Umrisse zweier Menschen ab. Obwohl das gleißende Licht noch immer auf ihn gerichtet war, sah er, dass sie grüne Jacken und auf dem Kopf Uniformmützen trugen. Einer von ihnen seufzte tief und sagte dann: „Frohe Weihnachten, der Herr."

*

Allmählich machte sich Erika ernsthaft Sorgen. Wieder schob sie den Vorhang des Wohnzimmerfensters zurück und lugte in den Hof. Kein Auto. Dabei war er schon über zwei Stunden weg und längst war es dunkel geworden. Sicher: Ihr Mann kam schon einmal später nach Hause. Als Kriminalkommissar in Kempten konnte er eben nicht immer pünktlich Feierabend machen. Aber heute? An Heiligabend? Er wusste doch, dass sie immer auf den Friedhof in Altusried gingen, wenn es dämmerte. Das war fester Bestandteil ihres Weihnachtsrituals: Friedhof, dann bei seinen Eltern Bescherung, zu Hause Kässpatzen, anschließend Geschenke und allgemeine, tief empfundene Freude. Danach eine Runde Plätzle und Glühwein und schließlich – mit einem Ächzen wegen des vollen Magens – in die Christmette.
Ob ihm irgendetwas passiert war? Die Straßen waren schneebedeckt und glatt. Nervös kaute sie auf ihren Fingernägeln.
Ihr Streit fiel ihr wieder ein. Das war aber auch eine Zumutung gewesen, die sie nicht wortlos hatte hinnehmen können. Bestimmt ein Dutzend Mal hatte sie ihn gebeten, ihn ins Wasser zu stellen. Immer wieder versprach er, es „gleich morgen, bestimmt" zu erledigen. Als er den Christbaum, den sie schon Ende November so billig im Baumarkt erstanden hatten, nach dem alljährlichen Heiligabend-Vormittag in der Stadt – an dem er, das wusste sie, obwohl er es nie sagte, immer noch ihr Weihnachtsgeschenk besorgte – aus der Garage geholt hatte, um ihn zu schmücken, sahen sie die Bescherung: Wie immer wartete sie gespannt, bis er das Netz aufschnitt, das die Äste zusammenhielt, freute sich auf den großen Moment der Enthüllung und den sicherlich schönen Baum. Doch was dann passiert war, hatte ihr die Tränen in die Augen getrieben: Als die Äste mit einem Schnalzen nach außen schnellten, erhob sich ein leises Prasseln und einen Atemzug später war das Wohnzimmerparkett von Tannennadeln übersät, während vom Baum nur noch ein dürres, braunes Gerippe mit ein paar traurigen Nadeln übrig blieb.
Man müsse ihn nur geschickt drehen, dann würde er wie neu aussehen, hatte Kluftinger nach ein paar Sekunden ungläubiger Stille noch versichert.
„Entweder dieser Baum oder ich", antwortete Erika darauf mit zitternder Stimme.
Ein Satz, der ihr jetzt schrecklich leidtat. Wenn bloß nichts passiert war. Vielleicht hatte sie ja überreagiert. Wenn er nur käme! An Weihnachten mussten doch alle zusammen feiern. Notfalls auch ohne Christbaum.

*

„Glauben Sie mir, ich bin ein Kollege!"
„Natürlich, Herr Kollege. Drum haben wir Sie auch mit einer Axt und einer Tanne im Schlepptau nachts im Wald aufgegriffen. Da treffen wir Polizisten uns ja regelmäßig."
Die zwei Beamten sahen sich an und grinsten. Der ungeliebte Weihnachtsdienst schien abwechslungsreicher zu werden, als sie erwartet hatten.
„Wenn ich es Ihnen sage. Ich bin bei der Kripo Kempten. Hier in Leutkirch wissen Sie halt nichts über mich, aber in Kempten bin ich der Polizei bekannt."
Kluftinger horchte seinen Worten nach und fand, dass sie in dieser Situation wenig entlastend klangen.
Wieder sahen sich die Beamten an und der kleinere von beiden hob misstrauisch eine Augenbraue. „Wissen Sie was? Dann zeigen Sie uns doch einfach Ihren Dienstausweis", sagte er.

„Ja, meinen Sie, ich nehm meinen Dienstausweis mit, wenn ich nachts im Wald ...“ Kluftinger stockte. Er lief knallrot an und fuhr fort: „Ach, lassen Sie mich doch einfach mit meiner Frau telefonieren. Sie kann mir meinen Ausweis bringen.“

„Geben Sie mir die Nummer – ich ruf an. Obwohl ich nicht glaube, dass wir damit weiterkommen. Aber heut ist ja Weihnachten ...“

*

Kluftinger saß auf der Bank vor dem Tresen des großen Büros wie ein armer, bußfertiger Sünder. Hätte er doch nur diesen saudummen Baum in einen Wasserkübel gestellt. Hätte er nur einmal auf Erika gehört. Hätte er ... Die Tür ging auf.

Erika betrat den Raum, sichtlich aufgelöst, blass und nervös. Trotzdem erschien sie ihm wie ein Engel. Seine Andacht erstarb jedoch schnell, als hinter ihr Annegret Langhammer, ihre beste Freundin, die Wache betrat. Für ein paar Sekunden hielt er die Luft an, dann entspannte er sich wieder. Er war nicht dabei, Gott sei Dank. Dr. Schlaumeier mit seinen guten Ratschlägen hätte Kluftinger jetzt auf keinen Fall ertragen. Auf Annegrets Mann, den Altusrieder Arzt und Kluftingers Intimfeind, konnte er in dieser kompromittierenden[1] Situation sehr gut verzichten.

„Da bist du ja! Bist du verletzt? Ich hab gleich die Annegret angerufen, du hast ja das Auto mitgenommen, wir sind sofort hergekommen, was ist denn passiert?“ Erika sprach, ohne Luft zu holen.

Kluftinger wusste nicht, wo er mit einer Erklärung anfangen sollte. Und so beschränkte er sich darauf zu sagen: „Nix passiert. Danke fürs Kommen. Und jetzt bitte den Ausweis.“

Verwirrt reichte Erika ihrem Mann das Dokument, das er siegessicher an die Polizisten weitergab.

Der große, hagere Beamte nahm den Ausweis entgegen und bekam große Augen: „Entschuldigen Sie, Herr Hauptkommissar. Sie sind also tatsächlich *der* Kluftinger. Schon viel von Ihnen gehört ...“

Er hielt inne, da erneut die Tür aufging. Kluftingers ohnehin roter Kopf hätte nun im Dunklen geleuchtet, denn was er erblickte, ließ seine Backen glühen: In der Tür stand grinsend, in einen Daunenmantel gehüllt – der aussah, als habe man ihn aufgepumpt –, mit riesigen Antarktis-Überlebensschuhen und gekrönt von einer Pelzmütze Dr. Martin Langhammer.

„Ho, ho, ho“, polterte er mit tiefer Stimme. „Von drauß, vom Walde komm ich her, das Auto korrekt geparkt nun wär!“

Kluftinger verzog das Gesicht. Bevor er etwas sagen konnte, mischte sich der kleine Polizist ein. „Wobei – eigentlich tut das alles nichts zur Sache. Sie haben sich illegal einen Baum angeeignet. Polizist hin oder her. Ein Delikt, das wir verfolgen müssen.“

Schnell blickte Kluftinger zu Langhammer, der sich neben Annegret und Erika gestellt hatte und ihn mit einem überlegenen Lächeln bedachte. Nie würde Kluftinger diesen Ausdruck in seinem Gesicht vergessen.

Hilfe suchend blickte der Kommissar zu dem größeren Polizisten. Der hatte schließlich schon viel von ihm gehört.

„Also ... Sicher hat der Herr Kluftinger eine gute Erklärung für sein Handeln, nicht wahr?“, warf der ihm tatsächlich einen Rettungsanker zu, den er sofort ergriff.

„Äh ... ja, genau. Hab ich, hab ich. Also ... ich ... äh ... ein Bekannter von mir, jemand aus Altusried, der hat mich also gebeten, noch schnell einen Baum bei ihm im Wald zu schlagen. Für unser ... Kinderheim. Eine milde Gabe, wissen Sie?“, log Kluftinger und zu seinem eigenen Erstaunen gewann er dadurch etwas Sicherheit zurück. Vor allem als er sah, dass Langhammer auf einmal schuldbewusst den Kopf senkte.

Im gleichen Moment fuhr ein Stoßgebet aus der Leutkircher Polizeistation gen Himmel: „Verzeih mir, liebes Christkind, dass ich an deinem Ehrentag so lügen muss!“

„... ja, und dann ... und dann hab ich mich irgendwie verlaufen. Ich hatte ja den Baum und

1 **kompromittieren:** sich selbst oder einen anderen bloßstellen

konnte nicht schnell gehen." Kluftinger steigerte sich immer mehr in seine Geschichte. „Die Dunkelheit brach herein. Nach langem Suchen sah ich dann schließlich Ihr Licht. Gott sei Dank."

„Siehst du?", sagte der Beamte schließlich, indem er seinem Kollegen auf die Schulter klopfte. „Hat alles eine logische Erklärung, Alwin!"

Und Alwin widersprach nicht, sondern zerriss das Formular, auf dem er den Fall bereits notiert hatte.

„Gut, dann packen wir's mal wieder in Richtung Heimat, oder?", sagte Kluftinger.

Seine Frau schien nicht zu wissen, ob sie lachen oder weinen sollte.

„Ich hol schon mal den Wagen", bot Langhammer an und verschwand aus der Tür.

Wenige Minuten später kehrte er zurück, allerdings weniger gut gelaunt als zuvor. Er wirkte sogar richtiggehend blass, fand Kluftinger.

Der Doktor blieb eine Weile im Türrahmen stehen und machte ein betretenes Gesicht. Er spielte nervös mit seinen Händen, dann sah er zu Annegret und sagte kleinlaut: „Die Schlüssel ..."

Seine Frau verstand nicht, ebenso wenig wie Kluftingers und die beiden Polizisten.

„Ich ... ähm", Langhammer räusperte sich, „... also, ich hab die Schlüssel wohl im Auto quasi ... liegen gelassen."

Annegret ließ sich auf einen Stuhl fallen und seufzte: „Auch das noch!"

Schnell war Langhammer bei ihr und beeilte sich hinzuzufügen: „Aber ich habe den Mercedes-Dienst schon verständigt. Die werden jeden Moment hier sein."

„Wann?", war alles, was seine Frau erwiderte.

Langhammer murmelte etwas Unverständliches.

„Wie bitte?", hakte seine Frau nach.

Widerwillig wiederholte Langhammer: „In einer Stunde etwa. An Weihnachten sind sie nicht so gut besetzt."

Es kostete Kluftinger große Mühe, sein Grinsen, das nun mit aller Gewalt ans Licht wollte, zu unterdrücken. Es war ihm, als hörte er einen himmlischen Chor „Halleluja" singen. Er hob seinen Kopf zur Decke und flüsterte: „Danke, Christkind! " Es hatte ihm die Sache mit der kleinen Notlüge also nicht übel genommen.

Doch sein Triumphgefühl hielt nicht lange an. Das Schluchzen seiner Frau holte ihn wieder auf den Boden der Tatsachen zurück.

„Was ist denn, Erika?", fragte er besorgt und legte unbeholfen den Arm um sie.

„Na, das sind ja schöne Weihnachten. Hier auf der Polizei ... Und unser Sohn ist jetzt ganz allein daheim und ... und ..." Der Rest des Satzes ging in einem Wimmern unter.

Kluftinger blickte zum Doktor, der ihn mit einem strafenden Blick bedachte. Offenbar gab er Kluftinger die Schuld an der ganzen Misere. Doch auch auf Langhammers Gesicht legte sich kurz darauf ein sorgenvoller Ausdruck, als Annegret, offenbar von Erika angesteckt, ebenfalls in ein herzerweichendes Jammern ausbrach.

Ratlos blickten sich die Ehemänner an. Auch die beiden Polizisten standen hilflos und von der Situation offensichtlich überfordert hinter dem Tresen.

Erika schien sich als Erste wieder zu fangen und sagte leise: „Nicht einmal einen Baum haben wir." Dann brach sie erneut in Tränen aus.

Der Raum war sekundenlang vom Wehklagen der beiden Frauen erfüllt. Die Ehemänner versuchten vergeblich, ihre Gattinnen zu beruhigen.

Plötzlich durchbrach eine Stimme das Schluchzen der Frauen: „Das ist so nicht ganz richtig." Alle Köpfe ruckten herum und sahen den kleineren der beiden Polizisten an, der prompt rot anlief. Nur das Radio, in dem heute Abend unablässig Weihnachtslieder liefen, quäkte leise „Oh du fröhliche" in die gespannte Stille.

Der Polizist deutete mit dem Kopf in Richtung Ausgang. Dort stand, an die Wand gelehnt, noch immer der kleine Tannenbaum, den Kluftinger vor Kurzem gefällt hatte.

„Ich mein ja nur, wegen Ihrer Frauen", erklärte der Beamte.

Etwa zwanzig Minuten später saßen sie zu sechst im Halbkreis um einen Schreibtisch herum, auf dem nun der Baum stand.

Sie hatten das Licht etwas gedimmt und richteten ihre Augen ergriffen auf die Tanne, deren Zweige mit einer rot-weißen Flatterleine mit der Aufschrift Polizeiabsperrung und einigen Papierschlangen aus dem Reißwolf als Lamettaersatz geschmückt waren. Daneben brannten die Kerzen eines Adventskranzes. Und als einer der Polizisten plötzlich begann, leise eines der Weihnachtslieder im Radio mitzusingen, stimmten sie nacheinander alle mit ein: „Stihille Nacht, heilige Nacht, alles schläft, einsam ..."

Zufrieden nahm Kluftinger wahr, wie sich seine Frau bei ihm unterhakte und ihre Wange an seine Schulter schmiegte. Sie seufzte erleichtert. Als er ihr einen Kuss auf die Stirn gab, flüsterte sie ihm ergriffen ins Ohr: „So ein schöner Baum ..."

**1** *Fasst den Inhalt des Textes mündlich in wenigen Sätzen zusammen.*

**2** *a) Diskutiert mit eurer Banknachbarin oder eurem Banknachbarn, was die Kernaussage des Textes ist. Haltet euer Ergebnis in ein bis zwei Sätzen fest.*
*b) Vergleicht eure Ergebnisse in der Klasse. Wenn ihr zu unterschiedlichen Aussagen gekommen seid, nehmt zur Klärung den Text zu Hilfe.*

**3** *Klärt die Zeitstruktur der Handlung: Wird sie linear erzählt, gibt es Rückblenden, Vorausdeutungen oder werden mehrere Handlungsstränge gleichzeitig dargestellt? Haltet euer Ergebnis in einer Skizze fest.*

**4** *Bereitet eine Gliederung für die Inhaltsangabe zur Erzählung „Allgäuer Weihnachtsfrevel" vor.*

*a) Fasst den Inhalt des Textes knapp zusammen. Geht dabei folgendermaßen vor:*
- ☐ *Lest den Text genau, klärt die W-Fragen und notiert euch wichtige Stichpunkte.*
- ☐ *Gliedert den Text in Sinnabschnitte und fasst den Inhalt jedes Abschnitts knapp zusammen. Achtet darauf, dass ihr nur das Wichtigste sachlich und präzise darstellt und Unwichtiges weglasst.*
- ☐ *Überlegt, in welcher Reihenfolge die Handlung der Erzählung wiedergegeben werden muss, und ordnet die Handlungsschritte in chronologischer Reihenfolge.*

*b) Stellt alle Angaben für die Einleitung zusammen: Autor, Titel, Textart und Kernaussage des Textes.*

*c) Verfasst mit Hilfe eurer Ergebnisse aus Aufgabe a) und b) eine Gliederung für eure Inhaltsangabe.*

**5** *Bearbeitet die folgenden weiterführenden Aufgaben:*

> ***Weiterführende Aufgabe 1: Charakteristik***
> *Charakterisiert die Figur des Hauptkommissars Kluftinger. Zeigt dabei, in welchem Verhältnis sie zu der Figur des Dr. Langhammer steht.*

- ☐ *Legt eine Stoffsammlung an. Übertragt dazu das unten stehende Schema in euer Heft und ergänzt es. Arbeitet dabei genau am Text.*
- ☐ *Gliedert die Befunde aus eurer Stoffsammlung, indem ihr sie in eine sinnvolle Reihenfolge bringt.*
- ☐ *Formuliert eure Ergebnisse in einem zusammenhängenden Text. Belegt eure Aussagen durch Zitate oder Verweise auf den Text und notiert die entsprechenden Zeilenangaben.*

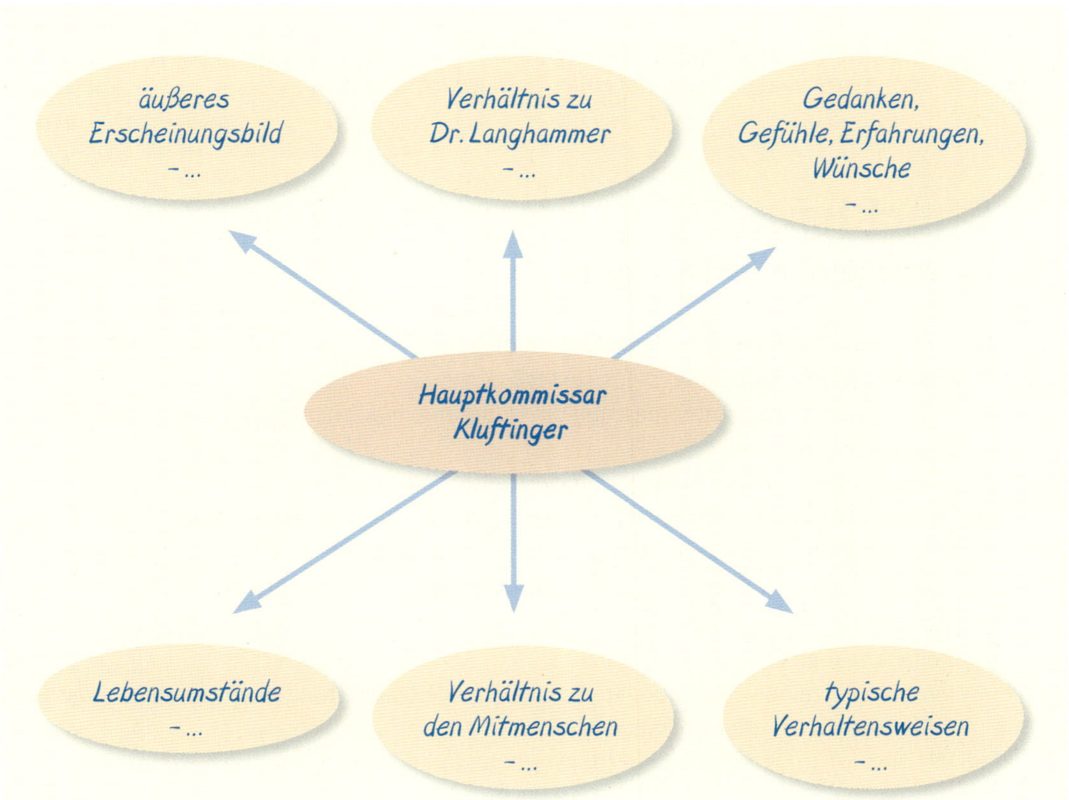

**Weiterführende Aufgabe 2: Aussageabsicht**
*Beurteilt, ob es sich bei dem vorliegenden Text um eine eher ernste oder um eine eher humorvolle Geschichte handelt. Belegt eure Meinung anhand des Textes.*

- ☐ *Formuliert eure Meinung (These) und überprüft diese anhand des Textes. Untersucht dazu das Thema, die Figuren, den Anfang und das Ende der Erzählung. Bestätigt oder korrigiert eure These.*
- ☐ *Begründet eure These in einem zusammenhängenden Text. Belegt eure These durch Zitate oder Verweise auf den Text und notiert die entsprechende Zeilenangabe.*

**Weiterführende Aufgabe 3: Stellungnahme**
*Beurteilt, wie die beiden Polizeibeamten mit Kluftingers Vergehen umgehen. Beachtet dazu besonders die Textpassage Z. 199–259.*

- ☐ *Untersucht anhand des Textes, was ihr über die Figuren der Polizeibeamten erfahrt: Wie verhalten sie sich im Verlauf der Handlung gegenüber Kluftinger? Welche Absichten und Motive bestimmen ihr Handeln?*
- ☐ *Schreibt eure Ergebnisse in einem zusammenhängenden Text auf. Belegt eure Aussagen durch Zitate oder Verweise auf den Text und notiert die entsprechenden Zeilenangaben.*

**6** a) *Schreibt zu der Erzählung „Allgäuer Weihnachtsfrevel" von Volker Klüpfel und Michael Kobr eine erweiterte Inhaltsangabe. Bearbeitet im dritten Teil* ***eine*** *der weiterführenden Aufgaben von Seite 77/78. Nutzt eure Gliederung aus Aufgabe 4 (**▷ S. 77**).*
b) *Überarbeitet eure Inhaltsangabe mit Hilfe der folgenden Checkliste:*

## Checkliste

### zur erweiterten Inhaltsangabe

- Ist die Einleitung vollständig und benennt Autor, Titel, Textart, ggf. das Erscheinungsdatum und die Kernaussage des Textes?
- Wird in der Textzusammenfassung die Handlung in der richtigen zeitlichen Reihenfolge wiedergegeben?
- Wird das Wesentliche mit eigenen Worten zusammengefasst?
- Wird als Tempus das Präsens (bei Vorzeitigkeit Perfekt) verwendet?
- Wird wörtliche Rede als indirekte Rede wiedergegeben?
- Wird die weiterführende Aufgabe zum Text ausreichend beantwortet?
- Werden die Aussagen anhand des Textes belegt (wörtliches oder indirektes Zitat mit Zeilenangaben)?
- Werden einzelne Feststellungen durch sinnvolle Überleitungen verbunden, sodass ein zusammenhängender Aufsatz entsteht?
- Werden inhaltlich neue Gliederungspunkte durch Absätze kenntlich gemacht?

# 3.2 Auf der richtigen Fährte – Erweiterte Inhaltsangabe von Sachtexten

## Die Sherlock Holmes unserer Zeit

*Miss Marple, Matula oder Lenßen & Partner – wandeln private Ermittler tatsächlich auf den Spuren ihrer „großen Vorbilder" aus Romanen und Fernsehen?*

VON SILVIA WEIGEL UND EVA MARIA FUCHS

Die Fährte führt die Detektive zu einem alten, düsteren Anwesen außerhalb der Stadt. Es scheint verlassen zu sein. Und Beweise müssen her. Also zücken die Ermittler den Dietrich und brechen in das Haus ein. Mit Taschenlampen in der Hand durchwühlen sie Aktenschränke, durchstöbern Schubladen. Plötzlich ein Geräusch: Der delinquente[1] Hausbesitzer überrascht die Privatdetektive, sie hechten hinter ein Sofa und Sekunden später fliegen ihnen Pistolenkugeln um die Ohren … Über solche und ähnliche Filmausschnitte können echte Privatdetektive nur den Kopf schütteln. Einige von ihnen haben verraten, wie ihre Arbeit wirklich aussieht.

Wandeln die Detektive eigentlich auf den Spuren ihrer „großen Vorbilder" aus den Romanen und dem Fernsehen? Hans Sturhan, Geschäftsführer des Bundesverbandes der Detektive, meint: „Wenn es um Kreativität, Akribie[2] oder Flexibilität beim Lösen eines Falles geht, dann schon. Aber ansonsten ist das Agieren der Buch- und Filmhelden nicht mehr mit den heutigen Aufgaben der Branche vergleichbar." Ganz im Gegenteil. „Über 90 Prozent der Arbeit sind stinklangweilig", sagt der Passauer Privatdetektiv Adolf Hasenöhrl, einer von 3 000 privaten Ermittlern in Deutschland. Und doch hat er einen aufregenden Beruf. Zum Gespräch mit der PNP[3] hat sich der ehemalige Polizeioberkommissar auf einem Autobahnrastplatz verabredet, denn zwischen seiner Ankunft aus Shanghai und Terminen in Berlin und Regensburg blieb kaum Zeit für ein Treffen. „Der Auftrag in China war schon ein Ausnahmefall", sagt Hasenöhrl. Für eine deutsche Firma sollte seine Detektei in Shanghai einen Lieferanten

1 **delinquent:** straffällig, verbrecherisch

2 **Akribie:** Genauigkeit

3 **PNP:** Abkürzung für „Passauer Neue Presse" (regionale Tageszeitung)

überprüfen. Der Grund: Lieferschwierigkeiten. „Zusammen mit einem chinesischen Anwalt und Ermittler habe ich mich dort als Interessent vorgestellt, um so ins Gespräch mit anderen Kunden zu kommen." Über das Ergebnis verrät der Detektiv nichts. Klar! Denn Verschwiegenheit ist seine Pflicht – eine wichtige neben Ausdauer, Genauigkeit und technischem Verständnis. Eines ist aber sicher: Die Ermittlungen in China liefen ganz ohne Schusswaffen und Abhöraktionen ab. Adolf Hasenöhrl sieht sich jedenfalls weder als „Sherlock Holmes von Passau" noch als „Josef Matula der Dreiflüssestadt". Der ehemalige Polizeioberkommissar war drei Jahre lang Leiter des Personenschutzkommandos beim bayerischen Innenminister und beim Minister für Wirtschaft und Verkehr und studierte außerdem Rechtswissenschaften. Seinen Job bei der Polizei hat er schließlich 1990 gekündigt, um seine eigene Detektei zu gründen. „Als kleiner Junge habe ich Detektivgeschichten verschlungen und während meiner Zeit im Personenschutz habe ich gesehen, dass das auch etwas für mich wäre", sagt Hasenöhrl.

Von den gängigen Detektivklischees hält er allerdings wenig: „Durch diese billig gemachten, merkwürdigen Detektivserien im Fernsehen bekommen die Leute eine falsche Vorstellung von dem Beruf." Denn das oberste Gebot bei den privaten Ermittlern heißt Gesetzestreue, schließlich müssen die gesammelten Beweise auch vor Gericht standhalten. Tabu sind deshalb das Öffnen fremder Wohnungen ohne Einverständnis und das Hantieren mit Waffen. Und Waffen brauchen die Detektive auch nicht, denn ihre Arbeit ist weniger gefährlich, als das Fernsehen suggeriert. Schließlich achten sie bei ihrer Arbeit darauf, unerkannt zu bleiben. „Unsere beste Waffe ist der Fotoapparat. Und viele Ermittlungen beginnen auch schon am Computer", bekräftigt Hans Sturhan. Die verbreitete Meinung, mit dem „Auge" des Kugelschreibers alles zu beobachten und aufzunehmen, komme aus dem Reich der Fantasie. Auch wenn Legalität im Detektivgeschäft oberste Priorität hat, bei Ermittlungen im Umfeld von Zielpersonen etwas vorzuspielen, um an Informationen zu gelangen, gehört durchaus zum Beruf: „Wir haben mal einen Mann gesucht, der sich mit Geld abgesetzt hat, und hatten nur die Adresse seiner Schwester. Ein Kollege hat ihr weinend erzählt, dass der Mann seine Schwester geschwängert und dann sitzen gelassen hat." So haben die Detektive herausbekommen, wo der Gesuchte steckt. Übrigens: Detektiv ist kein Ausbildungsberuf, was Adolf Hasenöhrl sehr bedauert: „Deshalb gibt es auch viele ‚schwarze Schafe' unter den Privatdetektiven."

Auch Renate Höfer aus Bad Füssing kennt einige „schwarze Schafe" in der Branche, vor denen man sich hüten sollte. Sie ist eine der Frauen, die immer häufiger ins Detektivgeschäft vordringen. Die 33-Jährige aus der Detektei Pro-Sec ist allein erziehende Mutter und kam über Umwege ins Geschäft, übers Arbeitsamt. „Auf Grund meiner bisherigen Arbeit in der Gastronomie hatte ich schon eine gute Beobachtungsgabe", sagt sie. Es folgte eine interne Ausbildung in der Detektei. Inzwischen arbeitet sie seit zwei Jahren als Detektivin. Gewisse Voraussetzungen bringen vor allem Polizisten, Bundeswehrangehörige, Rechtsanwaltsgehilfen oder Kaufleute mit, weiß man im Bundesverband deutscher Detektive. Für ungeeignet hält man vor allem Leute, die meinen, in diesem Beruf das schnelle Geld machen zu können, und nicht verschwiegen sind. Darüber hinaus darf ein privater Ermittler „nicht zu sehen und zu spüren sein. Er muss sich also so verhalten, dass er ein ‚Schattenmann' ist", wie Hans Sturhan sagt. „Man muss vor allem eine sehr gute Auffassungsgabe, ein Auge fürs Detail haben und körperlich fit sein", meint Renate Höfer. Vor allem Letzteres ist wichtig, wenn etwa Personen verfolgt werden. „Dann muss man schon oft aufs Rad steigen oder gar hinterherjoggen."

Renate Höfer ist schon beides passiert. Vor einiger Zeit hat sie einen Angestellten beobachtet, der sich wegen Rückenproblemen hatte krankschreiben lassen. Der Arbeitgeber hatte den Verdacht, dass der Mann kerngesund war, und ließ ihn beobachten. „Wir wussten schon, dass wir es mit einem Sportler zu tun hatten, der gerne Rad fährt. Also hatte auch ich mein Rad dabei. Und er fuhr tatsächlich viele, viele Kilometer, was mit einem kaputten Rücken natürlich nicht geht." Sie hat den arbeitsscheuen Mann mit dem Fahrrad verfolgt und ihr Kollege mit dem Auto. „Am selben Tag ist er abends auch noch joggen gegangen und ich musste wieder hinterher."

Obwohl das Detektivgeschäft lange Zeit vor allem Männern vorbehalten war, glaubt Renate Höfer, dass sie es als Frau manchmal sogar leichter hat: „Einer Frau traut man diesen Beruf einfach weniger zu. Deshalb bekommt man die Informationen manchmal leichter." Obwohl auch sie ihren Beruf überaus spannend findet, sagt Höfer: „Die Leute stellen sich das zu einfach vor. Zur Arbeit gehört es auch, stundenlang Berichte zu schreiben, die vor Gericht beweiskräftig sind." Auch sie denkt, dass vor allem die Detektivserien zum falschen Detektivbild der Bevölkerung beitragen: „Es kommt sehr oft vor, dass Leute Abhöraktionen verlangen. Lenßen und Partner machen das ja täglich vor."

Was für Aufträge als Nächstes auf sie warten, wollten die beiden Detektive nicht verraten. Aber wissen Sie, wer hinter den getönten Scheiben in dem Auto sitzt, das seit Stunden vor Ihrem Fenster parkt?

*Passauer Neue Presse, 17. 06. 2006*

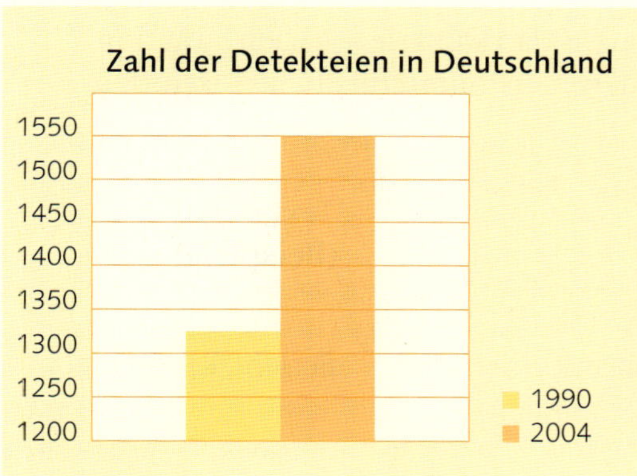


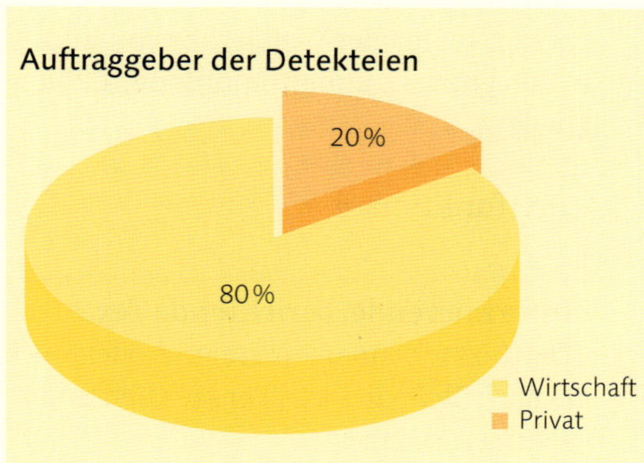


**1** *Ersetzt die folgenden Fremdwörter durch andere passende Ausdrücke. Achtet dabei auf den Textzusammenhang.*

Kreativität (Z. 20) | Flexibilität (Z. 21) | das Agieren (Z. 22) | das Hantieren (Z. 72) | suggeriert (Z. 75) | Legalität (Z. 83) | Priorität (Z. 84)

**2** *Im Text ist die Rede von „gängigen Detektivklischees" (▷ S. 80, Z. 63). Erklärt, was damit gemeint ist.*

*a) Stellt anhand des Textes zusammen, welche Klischees von der Arbeit eines Privatdetektivs sich entwickelt haben.*

*b) Untersucht, in welchen Punkten sich Klischee und Realität von Ermittlungsarbeiten unterscheiden. Haltet euer Ergebnis in einer Übersicht fest.*

**3** *Überprüft folgende Aussagen anhand des Texts und entscheidet dann, ob sie richtig oder falsch sind.*

- ☐ Detektive arbeiten sehr genau. Hierin gleicht ihre Arbeit den „großen Vorbildern" aus den Romanen und dem Fernsehen.
- ☐ Die Arbeit der Detektive ist aufregend und oft sehr gefährlich.
- ☐ Bei ihrer Arbeit müssen Detektive oft „schauspielerisches Talent" beweisen.
- ☐ Nur 20 Prozent der Detektivaufträge kommen von Privatleuten.
- ☐ Für den Beruf der Detektivin/des Detektivs braucht man eine sehr gute Auffassungsgabe. Körperliche Fitness ist dagegen nicht unbedingt erforderlich.

**4** *a) Lest die Zeilen 1–11 und besprecht dann, wie in das Thema eingeführt wird. Beachtet dabei folgende Möglichkeiten:*
- ☐ *eine Frage*
- ☐ *eine Meinung*
- ☐ *Schilderung einer Situation*

*b) Besprecht, welche Wirkung der Anfang und der Schluss des Textes haben.*

**5** *Überprüft, welche Funktion der Text hat, und ordnet ihn dann einer Textsorte zu. Belegt eure Einordnung anhand des Textes. Berücksichtigt dabei folgende Kriterien:*

**Sachtexte: Textfunktion und Textart**
Nicht fiktionale Texte (Sachtexte) dienen im Unterschied zu den fiktionalen/literarischen Texten der Weitergabe von Informationen. Man kann sie – je nach Funktion – in drei große Gruppen einordnen, die sich wiederum in unterschiedliche Textsorten gliedern.

| Textfunktionen | Textsorte (Beispiele) |
|---|---|
| **Informierende, berichtende Texte** Der Text will über ein Ereignis oder ein Thema informieren. Je nach Textsorte kann er sachlich und/oder persönlich schildernd sein. | Bericht, Reportage |
| **Wertende Texte** Die Autorin/der Autor will Stellung zu einem Thema nehmen und die Meinung des Lesers beeinflussen. | Kommentar, Leserbrief |
| **Appellative (auffordernde) Texte** Die Lesenden sollen zu einer bestimmten Handlung veranlasst werden. | Flugblatt, Aufruf, Rede |

**6** *a) Untersucht, in welcher Beziehung die Grafiken auf Seite 81 zum Text stehen. Berücksichtigt dabei folgende Möglichkeiten:*
- ☐ *Wird eine Aussage des Textes durch die Grafik ergänzt, mit Beispielen belegt oder veranschaulicht?*
- ☐ *Wird durch die Grafik ein inhaltlich neuer Aspekt eingebracht?*

*b) Formuliert die Kernaussage der beiden Grafiken in eigenen Worten.*

**7** *Bereitet eine Inhaltsangabe des Textes vor.*
*a) Gliedert den Text in Sinnabschnitte und fasst jeden Abschnitt in Stichpunkten oder wenigen Sätzen zusammen. Beachtet dabei folgende Aspekte:*
- *Welche Kerninformationen müsst ihr wiedergeben, was dient allein der Veranschaulichung?*
- *Wo werden wichtige Zusammenhänge angeführt?*

*b) Besprecht, wie ihr die Textinformationen für eine Inhaltsangabe sinnvoll strukturieren könnt.*
*c) Diskutiert, wie man in einer Inhaltsangabe mit den Informationen aus den Grafiken auf Seite 81 umgehen sollte. Berücksichtigt folgende Möglichkeiten:*
- *1. Weglassen der Informationen aus den Grafiken.*
- *2. Kernaussage der Grafiken verbalisieren und den Text als Informationskasten an die Inhaltsangabe anhängen, z. B.:*

**Zahl der Detekteien in Deutschland:**
Zwischen 1990 und 2004 stieg die Zahl der Detekteien in Deutschland von ca. 1320 auf 1550 an.

**Wer erteilt den Detekteien Aufträge?**
Nur 20 Prozent der Aufträge kommen von Privatleuten, die meisten Aufträge (80 Prozent) erhalten die Detekteien aus der Wirtschaft.

- *3. Die Informationen der Grafiken an geeigneter Stelle im Text integrieren, z. B.:*

Der ehemalige Polizeioberkommissar Adolf Hasenöhrl hat 1990 seine eigene Detektei gegründet und liegt damit im Trend, denn zwischen 1990 und 2004 ist die Zahl der Detekteien in Deutschland von ca. 1320 auf 1550 gestiegen.

**8** *Verfasst zum Text „Die Sherlock Holmes unserer Zeit" eine erweiterte Inhaltsangabe, in der ihr* ***eine*** *der unten aufgeführten Aufgaben bearbeitet.*

***Weiterführende Aufgabe 1:***
*Führt aus, welche Gründe für eine geregelte Ausbildung von Privatdetektiven sprechen.*

***Weiterführende Aufgabe 2:***
*Erläutert, warum die Klischees von Detektivarbeit und die realen Ermittlungstätigkeiten so weit voneinander abweichen.*

*Geht folgendermaßen vor:*
- *Stellt die Angaben für die Einleitung zusammen: Autor, Titel, Textsorte, ggf. Quelle, Thema des Textes.*
- *Erstellt für eure Inhaltsangabe eine Gliederung.*
- *Schreibt einen zusammenhängenden Text. Formuliert präzise und genau und überlegt, wo ihr die Informationen aus den Grafiken einfließen lassen wollt.*
- *Belegt eure Aussagen anhand des Textes (wörtliches oder indirektes Zitat mit Zeilenangabe).*

A. Einleitung
B. Inhaltszusammenfassung
C. Beantwortung der weiterführenden Aufgabe
  I. ...
  II. ...
  ...

**Erweiterte Inhaltsangabe von Sachtexten**
Die erweiterte Inhaltsangabe eines Sachtextes informiert **kurz** und **sachlich** über den Inhalt und den Gedankengang des Textes und bearbeitet zusätzlich eine weiterführende Aufgabe zum Text.

**Aufbau:**
- Die **Einleitung** macht Angaben über den Autor, den Titel, die Textsorte, ggf. die Quelle und benennt das Thema des Textes.
- Im **Hauptteil** werden der Inhalt und der Gedankengang des Textes in eigenen Worten zusammengefasst.
- Im **dritten Teil** wird eine weiterführende Aufgabe bearbeitet, z. B.: ausführlichere Behandlung eines Untersuchungsaspekts, Erörterung einer zentralen Textaussage etc.

**Interpretierende Aussagen** im dritten Teil **müssen** anhand des Textes **belegt werden,** entweder als wörtliche Zitate mit Anführungszeichen oder als indirekte Zitate (mit eigenen Worten wiedergegebene Textstellen). Alle Textbelege werden mit Zeilenangaben angeführt.
Die erweiterte Inhaltsangabe wird als zusammenhängender Text verfasst. Einzelne Aussagen oder Feststellungen werden durch **sinnvolle Überleitungen** miteinander verbunden. Inhaltlich neue Gliederungspunkte werden durch **Absätze** kenntlich gemacht.

**Stil und Sprache**
Die Zeitform ist das **Präsens** (bei Vorzeitigkeit Perfekt).
In der Zusammenfassung erscheint keine **wörtliche Rede.** Unverzichtbare Äußerungen werden als indirekte Rede oder in einem Aussagesatz wiedergegeben.

# Der Stimme auf der Spur

## Hermann Künzel jagt Entführer, Erpresser und Terroristen nach Gehör

*von Martina Keller*

Krimis liest Hermann Künzel nicht. „Wenn Sie die Wirklichkeit kennen, kommen die Ihnen so unwahrscheinlich vor. Die wahren Krimis finden Sie in meinem Gewerbe." Der Professor für Phonetik[1] an der Universität Marburg hat geholfen, viele der spektakulärsten Kriminalfälle der jüngeren deutschen Geschichte aufzuklären: die Reemtsma-Entführung, den Polizistenmord in Holzminden, die Erpressung des Lebensmittel-Herstellers Nestlé. Der Immobilienspekulant Jürgen Schneider wurde mit Künzels Hilfe gefasst und auch dem Kauf-

1 **Phonetik:** Lehre von der Lautbildung

hauserpresser Arno Funke alias Dagobert war er auf der Spur.

Der 53-Jährige ist Pionier auf dem Gebiet der forensischen[2] Phonetik, einer Disziplin, in der man in Deutschland gerade mal ein Dutzend Experten findet.

Fast 20 Jahre lang leitete er beim Bundeskriminalamt (BKA) die Abteilung für Sprecher-Erkennung, die er selbst aufgebaut hat. Tag für Tag waren er und sein Team damit beschäftigt, akustisches Material zu analysieren: Telefonaufzeichnungen von Erpressern, Anrufe mutmaßlicher Gewalttäter bei der Polizei oder Tonspuren von Voice-Recordern, die nach einem Flugzeugabsturz geborgen wurden. Als Künzel vor vier Jahren dem Ruf nach Marburg folgte[3], ließ ihn die Kriminalistik nicht los. Als Gutachter vor Gericht bearbeitet er heute rund ein Dutzend Fälle im Jahr. Nur die wichtigsten, wie er betont, aber doch die ganze Palette von Brandstiftung bis Mord. „Das Einzige, was ich nicht mehr habe, sind Flugzeugabstürze", sagt er, „das ist bedauerlich."

Phonetiker widmen sich ihrem Fach traditionell mit Leidenschaft. Während der letzten Semesterferien hat sich der Sprachdetektiv nicht einen Tag frei genommen – zu viele Gerichtstermine und dann noch dieser Fall, den er für einen ausländischen Nachrichtendienst bearbeiten musste. Künzel sieht sich in der Pflicht. Wenn es gelte, einen Justizirrtum aufzudecken, könne er nicht Nein sagen. Beklemmende Fälle wie Kindesentführungen versucht er mit professioneller Distanz zu bewältigen. „Das ist wie beim Arzt. Wenn der nicht von dem Menschen abstrahiert[4], dem er gleich die Gallenblase aus dem Bauch schneiden muss, weil er ihm helfen will, dann kann er den Job nicht machen."

2 **forensisch:** alles, was gerichtlichen oder kriminologischen Charakter hat, *hier:* gerichtsmedizinisch

3 **einem Ruf folgen:** eine Stelle an der Universität bekommen

4 **abstrahieren:** das Allgemeine vom Einzelnen absondern; verallgemeinern

## Verräterische Heiserkeit

Das Marburger Büro von Künzel liegt in einem Betonbau, in dem die Geisteswissenschaften zu Hause sind. Genauso gut hätte man ihn bei den Naturwissenschaften unterbringen können, denn die Phonetik ist ein klassisches Brückenfach, angesiedelt irgendwo zwischen Philologie und Medizin, Akustik und Ingenieurwissenschaften. Wer hier reüssieren[5] will, muss eine Art Universalgelehrter sein – Sprache beherrschen, Kenntnisse in Physiologie, Physik, Elektronik und Statistik besitzen. „Dieses Fach hat zwar eine rein geisteswissenschaftliche Fragestellung: Was macht sprachliche Kommunikation aus? Aber alle Methoden, die man in der Forschung heute braucht, sind naturwissenschaftlich oder medizinisch", sagt Künzel. Er selbst hat vor seiner Zeit beim BKA an medizinischen Anwendungen der phonetischen Forschung gearbeitet. Für Menschen mit Lippen-Gaumen-Spalte entwickelte er ein Trainingsprogramm, durch das sie ihre Artikulationsprobleme überwinden können.

Künzel, der sich in seiner knappen Freizeit beim Spiel mit Modelleisenbahnen entspannt, war stets an praktischen Anwendungen der Forschung interessiert. Genau der richtige Mann also für das BKA. Als er seine Arbeit dort 1980 begann, steckte die forensische Phonetik noch in den Anfängen. In den USA hatte man lange Zeit auf die Methode der so genannten Voiceprints gesetzt.

Ähnlich wie ein Fingerabdruck sollten sie helfen, einen Menschen zweifelsfrei zu identifizieren. Beim Voiceprint werden die Muster von Frequenzen und Lautstärken visuell abgebildet. Noch bis Ende der 1990er Jahre waren die so genannten Spektrogramme in manchen US-Bundesstaaten als Beweismittel vor Gericht anerkannt. Dabei fand man schon in den 1970er Jahren heraus, dass sie zahlreiche

5 **reüssieren:** Erfolg haben

Justizirrtümer verschuldet haben. Die Entwickler hatten unter anderem nicht bedacht, dass ein Voiceprint nicht nur die Sprechweise eines Menschen abbildet, sondern auch die Umstände der Übertragung. Wenn zwei Sprachsignale mit demselben Störfaktor aufgezeichnet werden, bekommt man leicht den Eindruck, es handele sich um denselben Sprecher – dabei ist es womöglich nur dasselbe Telefon.

Statt auf Voiceprints zu setzen, entwickelte Künzel ein Bündel von Verfahren, die zusammengenommen verlässlichere Rückschlüsse auf Täter zulassen. So ließ er repräsentative Daten über Stimmton-Höhen sammeln. Aus diesen Daten lässt sich ableiten, in welcher Stimmlage Männer oder Frauen gewöhnlich sprechen.

Die mittlere Frequenz einer Frauenstimme liegt bei 205 Hertz. Die häufigste Frequenz bei Männern liegt bei 118 Hertz. Ein gesuchter Verbrecher mit durchschnittlicher Stimmlage würde sich also nicht verraten. Anders lag der Fall Anfang der 1990er Jahre bei Dietmar Jüschke. Er hatte in Holzminden zusammen mit seinem Bruder zwei Polizisten in einen Hinterhalt gelockt und ermordet. Seine Stimme hat eine mittlere Frequenz von 179 Hertz – so hoch spricht unter 2000 Männern vielleicht einer.

Nach solchen Abweichungen suchen Sprachdetektive. Zum Beispiel kann eine besonders heisere Stimme verräterisch sein. Künzel kannte aus der Medizin ein Verfahren, um den Grad der Heiserkeit zu messen. Allerdings mussten die Patienten dazu vier Sekunden auf demselben Ton den Vokal a singen – den Gefallen tun Erpresser den Ermittlern in der Regel nicht. In Zusammenarbeit mit der Universität Trier entwickelte er deshalb eine Formel, bei der das a statt vier Sekunden nur 0,4 Sekunden lang sein muss – wie etwa das a in Bahnhof. Das entsprechende Computerprogramm gehört heute zum Standard beim BKA. Dutzende Merkmale können die Stimme eines Menschen unverwechselbar machen: zum Beispiel, wie schnell er redet, wie viele Pausen er macht, wie er so genannte Gedankenrülpser – Ähs und Öhs – einbaut. Auch Sprache kann entlarven: Künzel ließ deshalb 200 regional gefärbte Umgangssprachen phonetisch transkribieren[6] und in eine Datenbank eingeben. Wenn ein Erpresseranruf aufgezeichnet wird, so können Phonetiker mit Hilfe der Datenbank feststellen, aus welcher Gegend der Täter stammt.

Einen Terroristen überführte Künzel anhand eines Sprachfehlers. Die RAF[7] hatte seinerzeit ein Gespräch zwischen dem entführten Hanns Martin Schleyer[8] und seinem Bewacher aufgezeichnet, um der Nachwelt ein revolutionäres Dokument zu hinterlassen. Wegen einer Lücke zwischen den Schneidezähnen produzierte der Bewacher einen charakteristischen Pfeifton, wenn er den Laut „sch" aussprach.

Künzels Gutachten belegte vor Gericht, dass es sich um Peter-Jürgen Boock handelte.

## Wodka für die Wissenschaft

Künzel träumt davon, harte Daten an Stelle von Plausibilitäten[9] zu liefern.

Dafür geht er auch unkonventionelle Wege. Wie zum Beispiel lallen Personen unter Alkoholeinfluss genau? Ein Ölunfall auf der Unterelbe, den ein trunkener Lotse verschuldet hatte, inspirierte Künzel zu einer systematischen Untersuchung: Als Versuchspersonen wählte er kasernierte Polizeischüler.

6 **transkribieren:** in eine andere Schrift (z. B. eine Lautschrift) übertragen
7 **RAF:** Abk. f. „Rote-Armee-Fraktion", eine terroristische Vereinigung in Deutschland in den 1970er und 1980er Jahren
8 **Hanns Martin Schleyer:** Arbeitgeberpräsident, 1977 von Terroristen der RAF entführt und ermordet
9 **Plausibilitäten:** verständliche Gründe

Diese durften wählen, welche Sorte Alkohol ihnen die liebste war, und entschieden sich einstimmig für Wodka. Dann ging's los. Die Polizisten begannen zu trinken und mussten nach jeder Runde vorsprechen. Jeder Teilnehmer konnte den Versuch jederzeit abbrechen, aber die angehenden Ordnungshüter gaben ihr Bestes.

Der selbstlose Einsatz hat Künzel und der Wissenschaft neue Erkenntnisse beschert: Bei zwei Dritteln der Teilnehmer erhöhte sich unter Alkoholeinfluss die Stimmfrequenz. Jenseits von 1,2 Promille klangen alle mehr oder weniger heiser. Wer schon im nüchternen Zustand schnell sprach, klang betrunken „wie ein Maschinengewehr mit Ladehemmung", so Künzel, im Fachchinesisch heißt das Phänomen Tachylalie.

Derzeit befasst Künzel sich mit einem ungelösten Problem der angewandten Phonetik: der Sprecher-Erkennung durch den Computer. Die Forensik hat in den vergangenen Jahren viele Millionen in die Entwicklung gesteckt, mit begrenztem Erfolg. Jetzt zeichnen sich Fortschritte ab. So genannte Total-Voice-Systeme untersuchen die Stimme unabhängig vom gesprochenen Wortlaut und füllen damit eine Lücke, die selbst erfahrene Phonetiker wie Künzel nicht schließen können.

Neulich bat ihn ein Fernsehsender, ein Video von Bin Laden[10] auf seine Echtheit zu prüfen. Ohne den arabischen Dialekt von Bin Laden zu verstehen, hätte er nur rein stimmliche Merkmale beurteilen können. Ein Fall für das in Spanien entwickelte System, das er seit einem Jahr testet. Es untersucht – unabhängig von der gesprochenen Sprache – die Resonanzfrequenzen der Hohlräume in Hals, Rachen oder Nase. Die sind bei jedem Menschen so individuell wie sein Aussehen. Das Bin-Laden-Video blieb letztlich unbearbeitet. Die Überprüfung samt Rechnereinsatz hätte drei Tage gebraucht, der Fernsehsender wollte in der Nachrichtensendung am selben Abend ein Ergebnis präsentieren. Künzel lehnte ab: „Ich bin doch kein Kaffeesatzleser."

*DIE ZEIT, 05.06.2003*

**10 Osama Bin Laden:** islamistischer Terrorist, der u.a. für die Ereignisse des 11. September 2001 in New York und Washington verantwortlich gemacht wird

**1** *a) Lest den Text aufmerksam und notiert dann in ein bis zwei Sätzen das zentrale Thema des Textes.*
*b) Vergleicht eure Ergebnisse.*

**2** *Beantwortet die folgenden Arbeitsaufträge anhand des Textes:*
- ☐ *Erklärt, was ein „Voiceprint" (▷ Z. 81/82) ist und wie diese Methode im Zusammenhang mit der Aufklärung von Kriminalfällen heute bewertet wird.*
- ☐ *Erläutert, was der Fachausdruck „Tachylalie" (▷ Z. 188) bedeutet.*
- ☐ *Benennt die Forschungsmethoden, die in dem Fach Phonetik angewandt werden.*
- ☐ *Gebt in eigenen Worten wieder, was mit dem Begriff „forensische Phonetik" (▷ Z. 16) gemeint ist.*
- ☐ *Führt aus, was die so genannten Total-Voice-Systeme leisten.*

**3** *a) Gliedert den Text in Sinnabschnitte und fasst die wichtigsten Informationen eines jeden Abschnitts knapp zusammen.*
*b) Stellt alle Angaben für die Einleitung einer Inhaltsangabe zusammen.*

**4** *Die folgenden Texte sind Auszüge aus Inhaltsangaben.*
*a) Untersucht, welche Textpassage jeweils zusammengefasst wird. Gebt die entsprechenden Zeilen an.*
*b) Besprecht, welchen Auszug ihr für gelungen und welchen ihr für überarbeitungsbedürftig haltet. Begründet jeweils eure Einordnung und kritisiert die nicht gelungenen Auszüge detailliert.*

**1** Hermann Künzel, 53 Jahre alt, ist Professor für Phonetik an der Universität Marburg und hat sich auf die Sprecher-Erkennung zur Aufklärung von Verbrechen spezialisiert. Er hat zur Lösung vieler Kriminalfälle, darunter einiger spektakulärer, beigetragen.

**2** Derzeit befasst sich Künzel mit einem ungelösten Problem: der Sprecher-Erkennung durch den Computer. Nachdem die Forensik erfolglos viele Millionen in die Entwicklung gesteckt hat, zeichnen sich jetzt Fortschritte ab. Von so genannten Total-Voice-Systemen wird die Stimme unabhängig vom gesprochenen Wortlaut untersucht. Künzel könnte damit beispielsweise ein arabisches Video beurteilen, ohne die Sprache zu verstehen. Aber die Untersuchung hätte drei Tage gedauert und der Fernsehsender wollte das Ergebnis noch am gleichen Tag präsentieren.

**3** Zurzeit beschäftigt sich Künzel mit der Sprecher-Erkennung durch den Computer, bei der so genannte Total-Voice-Systeme Sprache nur auf ihre stimmlichen Merkmale hin untersuchen. Damit können Stimmen unabhängig vom jeweiligen Wortlaut und der jeweiligen Sprache allein durch ihre Frequenz einem Sprecher zugeordnet werden.

**4** Hermann Künzel liest keine Krimis, weil sie ihm im Vergleich zu dem, was er bei seiner Arbeit erlebt, unglaubwürdig vorkommen. Der 53-jährige Professor für Phonetik an der Universität Marburg hat einige Aufsehen erregende Verbrechen aufgeklärt, z. B. die Reemtsma-Entführung und die Erpressung des Lebensmittelkonzerns Nestlé. Auf dem Gebiet der gerichtsmedizinischen Phonetik gehört Künzel zu den wenigen Experten in Deutschland.

**5** *Schreibt mit Hilfe eurer Ergebnisse aus Aufgabe 3 eine erweiterte Inhaltsangabe zum Text „Der Stimme auf der Spur“, in der ihr im dritten Teil eine der folgenden weiterführenden Aufgaben bearbeitet.*

***Weiterführende Aufgabe 1:***
*Über die Bearbeitung von so „beklemmenden Fällen“ wie Kindesentführung sagt Hermann Künzel: „Das ist wie beim Arzt. Wenn der nicht von dem Menschen abstrahiert, dem er gleich die Gallenblase aus dem Bauch schneiden muss, weil er ihm helfen will, dann kann er den Job nicht machen“ (**▷ S. 85, Z. 46–51**).*
*Erläutert, was Hermann Künzel damit meint, und nehmt Stellung zu dieser Aussage.*

***Weiterführende Aufgabe 2:***
*Erörtert die Frage, ob es sich bei dem vorliegenden Text um einen wissenschaftlichen oder um einen journalistischen Text handelt. Berücksichtigt dabei die sprachliche Gestaltung und das Layout des Textes.*

# Wer tötete Napoleon?

*„Ich sterbe vorzeitig, ermordet von den Engländern", schreibt Napoleon am 5. Mai 1821, drei Wochen vor seinem Tod, in sein Testament.*
*Im fünften Jahr seiner Verbannung war der Gesundheitszustand des Ex-Kaisers immer bedenklicher geworden. Bis in die heutige Zeit gibt es Spekulationen, der von den Engländern und Bourbonen gleichermaßen Gefürchtete wäre ermordet worden.*

Napoleon selbst machte zeitlebens die Engländer verantwortlich, weil sie ihn nach seiner Niederlage in der Schlacht von Waterloo gefangen genommen und auf die unwirtliche Insel St. Helena verbannt hatten, deren tropisches Klima seine Konstitution ruinierte. 2 000 km vor der Westküste Afrikas, bewacht von der englischen Flotte, galt St. Helena als ideales Gefängnis, ein Fluchtversuch als unmöglich. Doch beruhigt waren Napoleons Gegner keinesfalls.
Der neue französische König Ludwig XVIII. aus dem Haus Bourbon[1] fürchtete, Napoleon könne aus dem Zwangsexil zurückkehren – wie einst aus Elba. Die Briten wollten, dass die Bourbonen auf dem französischen Thron bleiben, und waren deshalb ebenso besorgt. Der frühe Tod des Feldherrn kam seinen Gegnern daher durchaus recht – doch haben sie ihn auch verschuldet?

1 **Bourbon:** Name eines französischen Adelsgeschlechts, nach dem Schloss Bourbon in der alten Landschaft Bourbonnais benannt. Ludwig der XVI., gestürzt durch die Französische Revolution, stammte wie viele andere französische Könige aus dem Hause Bourbon.

## Haartest

Als 1950 die Memoiren seines Kammerdieners Louis Marchand erschienen, lebten die Spekulationen um Napoleons Tod erneut auf. Minutiös beschreibt Marchand die Symptome, die den Ex-Kaiser quälten. Sie nährten den Verdacht, dass Napoleon jahrelang mit Arsen vergiftet wurde. In einem medizinischen Wörterbuch findet man folgenden Eintrag:
*„Arsen: ein giftiges, graues metallisches Element, das nach Einnahme Symptome wie Übelkeit, Erbrechen, Durchfall, Krämpfe, Zuckungen hervorruft. Nach Einnahme hoher Dosen fällt der Mensch schließlich in ein Koma. Früher wurde Arsen in der Medizin angewendet, z.B. zur Behandlung der Syphilis und gefährlicher parasitärer Erkrankungen".*
Auf der Suche nach Beweisen wurde der schwedische Toxikologe[2] Sten Forshufvud fündig, der Haare des toten Bonaparte mit Hilfe der Neutronenaktivierungsanalyse untersuchte. Das Ergebnis: Sie enthielten eine verhältnismäßig hohe Menge Arsen.

## Verdächtige

Historiker wie Forscher konzentrieren sich bei ihren Untersuchungen auf drei mögliche Verdächtige: Napoleon selbst beschuldigt in seinen Tagebüchern den britischen Gouverneur Sir Hudson Lowe und seine Helfer, ihn systematisch mit Arsen vergiftet zu haben, das seinem Essen beigemischt worden wäre. Sir Hudson Lowe, der „Gefangenenwärter" Napoleons auf

2 **Toxikologie:** Teilgebiet der Medizin, Lehre von den Giftstoffen (Toxinen), den Vergiftungen und der Behandlung von Vergiftungen

der Insel St. Helena, und Napoleon waren Kontrahenten, ihr Verhältnis war äußerst gespannt. Könnte dies das Mordmotiv gewesen sein? Der strenge, misstrauische Gouverneur war von der panischen Angst beherrscht, der prominente Häftling könne eines Tages entweichen. So ersann er alle nur erdenklichen, zum Teil absurden Sicherheitsvorkehrungen, bis Napoleon schließlich das Haus kaum noch verließ.
Dagegen kommt für Forshufvud nach umfassendem Studium der Tagebücher und des Beweismaterials Graf Tristan de Montholon als wahrscheinlichster Kandidat für die vorsätzliche Vergiftung in Frage. Er soll Napoleon im Auftrag der Bourbonen, die nach seiner Niederlage die Macht wiedererlangt hatten, vergiftet haben. Forshufvud ist der Meinung, dass die Bourbonenmonarchie über den Tod von Napoleon sehr erfreut gewesen wäre, stellte er doch – solange er lebte – eine Gefahr für die Stabilität der Monarchie dar. Für den Fall, dass der Graf Napoleon vergiftete, ist weiterhin unklar, ob er es tat, um sich bei dem Bourbonenkönig Ludwig XVIII. einzuschmeicheln, oder ob er in Wahrheit als dessen Verbündeter handelte, denn Montholons Frau Albine war die Geliebte Napoleons auf St. Helena. War Montholon so gerissen, seine eigentlichen Absichten auf diese Weise zu verheimlichen? Montholon war geschickt, und nachdem er Napoleons Vertrauen gewonnen hatte, hätte er dies ausnutzen können. Andererseits wurde er bei seiner Rückkehr nach Europa in keiner Weise von den Bourbonen belohnt. Es spricht für die Unschuld des Grafen, dass seine Karriere nach Napoleons Tod äußerst bescheiden verlief. Oder hatte er doch nur ein privates Mordmotiv?
Erstmals wurden vor Kurzem auch Albine Montholons Haare untersucht – mit frappierendem Ergebnis. Der Arsenwert betrug 6 Mikrogramm pro Gramm – doppelt so viel wie in den Haaren Napoleons. Vergiftete Montholon demnach auch seine Frau? Rächte sich der betrogene Ehemann auf diese Weise an Albine und ihrem Liebhaber? Doch im Gegensatz zu Napoleon erfreute Albine sich eines langen Lebens.
1982 brachte Dr. David Jones vom physikalisch-chemischen Institut der Universität Newcastle in Großbritannien einen sehr interessanten dritten Verdächtigen ins Spiel: Napoleons Tapete! In seinem Artikel weist Jones darauf hin, dass es im 19. Jahrhundert ein als „Scheeles Grün" bekanntes Pigment gab, das arsenhaltig war. „Die Farbindustrie dieser Zeit verwendete gerne dieses billige, farbintensive, stabile Pigment und um 1800 waren Kupferarsenit und verwandte Verbindungen in Farben, Stoffen und Tapeten weit verbreitet", so Dr. Jones. Das Arsen in den neuen Pigmenten schien die Tapete im Zimmer zu verlassen und in die Bewohner einzudringen. Hunderte unglückliche Hausbesitzer entwickelten die verschiedenen Symptome der Arsenvergiftung und eine beachtliche Zahl von ihnen starb. Nach 1900 wurde das Kupferarsenit durch harmlose Pigmente ersetzt. 1893 konnte der italienische Biochemiker Gossio zeigen, wie die Tapete die Menschen beeinträchtigte. Anscheinend war das anorganische Pigment harmlos, solange die Wand trocken war. Wenn aber die Wände durch Kondensation oder aufsteigenden Dampf feucht wurden, was in den schlecht geheizten Räumen des 19. Jahrhunderts sehr wahrscheinlich war, dann schimmelten die Tapeten. Ein Pilz mit dem Namen Scopulariopsis, der bevorzugt auf feuchter Tapete wächst, konnte die Arsenverbindung in der Tapete in ein Gas umwandeln. Sobald also der Pilz die Tapete zerstörte, wurde die arsenhaltige Chemikalie an die Raumluft abgegeben und die Bewohner, die die Dämpfe einatmeten, litten darunter. In einer Radiosendung der BBC (British Broadcasting Corporation) vertrat Dr. Jones die Ansicht, dass – falls Napoleons Zimmer mit einer Tapete dekoriert gewesen war, die diesen arsenhaltigen Farbstoff enthielt – das Arsen in Napoleons Haar von dieser Tapete stammen könnte. Und hatte sich Na-

poleon nicht ständig darüber beschwert, dass das Haus, in dem er auf St. Helena lebte, immer kalt und feucht war?
Tatsächlich erhielt Dr. Jones nach der Sendung einen interessanten Brief von einer gewissen Shirley Bradly aus Norfolk. In ihrem Schreiben heißt es: „In meinem Besitz befindet sich ein altes Buch, eher ein Buch über Alltäglichkeiten (ein Album von 1823–1829), in dem sich ein Stück Tapete mit den folgenden Worten findet: ‚Dieses kleine Stück Papier wurde von der Wand aus dem Raum entfernt, in dem der Geist Napoleons zu Gott, der ihn erschaffen hatte, zurückkehrte.'"
Später wurde das Tapetenstück von Dr. Jones und Dr. Ken Ledingham, einem Physiker der Universität Glasgow, untersucht. Alle Experimente zeigten, dass die Tapete in der Tat Arsen enthielt. Jedoch war der Arsengehalt im Vergleich zu anderen Tapeten aus dieser Zeit relativ gering. Trotzdem kommt Dr. Jones nach wie vor zu dem Schluss, dass das Kupferarsenit die eigentliche Arsenquelle für Napoleon war. Er weist darauf hin, dass Napoleons kaiserliche Farben Gold und Grün gewesen seien. Mit anderen Worten: Er könnte genauso gut Fahnen, Vorhänge, Übergardinen und sogar Kleidungsstücke besessen haben, die mit Kupferarsenit grün gefärbt waren.
Derzeit ist es unmöglich zu entscheiden, wer der wahre Schuldige an der Vergiftung Napoleons gewesen war, aber ein auf grünen Tapeten oder anderen Geweben wachsender Schimmelpilz könnte durchaus der „finstere Giftmischer" gewesen sein, der Napoleon lautlos überfiel.
Als sein Körper im Auftrag seines Neffen Napoleons III. für die Beerdigung in Frankreich exhumiert wurde, fand man den toten Körper Napoleons vollkommen erhalten. Ist dies ein weiteres wichtiges Indiz für eine Arsenvergiftung als Todesursache? Oder wurde der tote Körper Napoleons, wie zu dieser Zeit üblich, von den Leichenbestattern mit einer Arsenlösung einbalsamiert?
Wer oder was tötete Napoleon? Da die tatsächlichen Lebensumstände des Verbannten heute kaum noch nachzuvollziehen sind, wird diese Frage wohl nie endgültig beantwortet werden.

**1** *Wie kam das Arsen in Napoleons Haar? Versetzt euch in die Rolle eines Detektivs und begebt euch mit Hilfe des Textes auf Spurensuche. Haltet in einer Übersicht (z. B. Cluster oder Mind-Map) fest, in welche Richtungen ihr ermittelt, welchen Spuren ihr nachgeht, welche Indizien und Beweise ihr anführen könnt.*

**2** *Fasst den Text so zusammen, dass die verschiedenen Hypothesen zum Tod Napoleons deutlich werden. Führt im dritten Teil eurer Inhaltsangabe aus,*
- □ *welche Hypothese euch am meisten überzeugt, und begründet eure Meinung.*
  ***oder***
- □ *warum die Todesumstände Napoleons heute noch Interesse finden, und das nicht nur bei Historikern, Wissenschaftlern und Journalisten.*

*a) Erstellt eine Stoffsammlung und eine Gliederung für euren Aufsatz.*
*b) Schreibt euren Aufsatz und überarbeitet ihn anschließend mit Hilfe der Checkliste auf Seite 78.*

# 3.3 Beweise sichern – Textbelege richtig zitieren

Paul Schlesinger

## Die Wut des kleinen Mannes

*Paul Schlesinger (* 11. Mai 1878 in Berlin; † 22. Mai 1928 in Berlin) war der bekannteste Gerichtsreporter der Weimarer Republik. Er arbeitete für die renommierte „Vossische Zeitung" und veröffentlichte seine Beiträge unter dem Kürzel „Sling". Schon kurz nach seinem Tod erschien unter dem Titel „Richter und Gerichtete" eine Auswahl seiner zwischen 1921 und 1928 veröffentlichten Reportagen.*

Auf der Anklagebank des großen Schwurgerichtssaales verliert sich die dürftige Gestalt des kleinen, alten Graveurs[1] und man will nicht glauben, welches Delikt ihn hierhergeführt hat: versuchter Mord. 65 Jahre ist er alt geworden, hat ein schweres Leben voll Arbeit und Enttäuschungen geführt, hat sich nie etwas zu Schulden kommen lassen – und dann musste auch er einen Mord probieren.

Die Tatsachen stehen fest, er leugnet sie nicht. Er hatte einst in schlechter Ehe gelebt, war gewissermaßen vor seiner Frau nach Amerika geflüchtet; aber er liebte sein Kind und ließ nun doch die Familie nachkommen, die ihn nach einigen Jahren wieder verließ. Er saß drüben, arbeitete fleißig, sparte, und als er 9 000 Mark zusammenhatte, kehrte er in die Heimat zurück. Einen Teil des Geldes gab er seiner Familie, von der er wusste, dass sie in Not war. Er selbst suchte weiter Arbeit, aber er fand sie nicht, weil man ihn für zu alt hielt. Endlich begegnete er einem Malermeister, der wenigstens für sein Geld Interesse hatte oder für den Rest des Geldes – es waren aber nur noch 2 000 Mark übrig. Der alte Mann sollte in das Geschäft des Malermeisters eintreten und für seine Einlage in der Woche 35 Mark verdienen. Einige wenige Male erhielt er den Lohn ausgezahlt, dann keinen Pfennig mehr, am Ende war das Geld verloren. Es stellte sich heraus, dass der Malermeister auch andere Personen mit schwindelhaften Darstellungen seines flotten Geschäftsganges hineingelegt hatte. Der betrügerische Meister wurde vor Gericht gestellt und zu sechs Monaten Gefängnis verurteilt. Man gab ihm aber Bewährungsfrist. Den kleinen Mann aus Amerika wurmte das schrecklich. Er hatte das Letzte verloren, fand keine Arbeit und der Urheber seines Unglücks lief auch noch frei herum. So kroch er denn aus der Laube, die er bewohnte, steckte sich den Revolver ein, den er zu seinem Schutze vor einiger Zeit gekauft hatte, griff auch nach seinem Spazierstock, den er seit 30 Jahren besaß, der aber ein Degenstock war, und begab sich in das Haus des Malermeisters. Er traf ihn auf der Treppe, stieß wütende Worte aus, erhob den Revolver, schoss einmal, der Schuss ging fehl, ein zweites Mal versagte der Revolver. Nun zog er den Degen aus dem Stock und brachte dem Betrüger einige ungefährliche Stiche bei. Der Malermeister dachte zuerst gar nicht daran, zur Polizei zu gehen; er sagte sich wohl, dass er den Denkzettel verdient hätte. Erst der Arzt schickte ihn auf die Wache.

Die Anklage lautet auf versuchten Mord. Aber

1 **Graveur:** Metall-, Steinschneider, der Ornamente, Schriften und Verzierungen in feste Werkstoffe einschneidet

ist es einer? Hatte sich der alte Mann wirklich überlegt, was er da tat? War er überhaupt mit dem Vorsatz zu töten ausgegangen? War es vielleicht nur versuchter Totschlag oder nur Körperverletzung? Er war explodiert und stellte mit der Tat das Gericht vor schwierige Fragen. Richtig ist, dass er später geäußert hat, er würde es nicht bedauert haben, wenn es an das Leben des Betrügers gegangen wäre. Aber ist die Tatsache, dass man eventuell später nichts bedauert, ein Beweis dafür, dass man vorher etwas beabsichtigt oder überlegt hat? Und doch handelt es sich um die Ergründung einer Seele. Das Gericht musste erforschen: Was ist wirklich in diesem armen, geprüften Hirn vor sich gegangen?

Der Arzt schildert ihn als einen ruhigen, sehr gutmütigen Menschen von normaler Intelligenz, der sicher nicht geisteskrank sei, der aber ebenso sicher die Tat in einer Aufwallung begangen habe, die nicht mehr zu dämpfen war.

Auch der verletzte Betrüger wird vor Gericht verhört; jetzt ist er Zeuge und muss schwören. Dieses Opfer eines blutigen Überfalls findet im Saale keine Sympathie – diese wendet sich dem braven, bescheidenen Angeklagten zu.

Das Schwurgericht verurteilte den Angeklagten wegen versuchten Totschlags und verbotenen Waffentragens zu vier Monaten und einer Woche Gefängnis. Es verneinte die Überlegung, nahm aber an, dass der Angeklagte seinen Gegner töten wollte. Es erkannte an, dass er sich in begreiflicher Erregung befand und dafür die Tat nicht aus verbrecherischer Neigung begangen hatte, so gewährte das Gericht ihm dieselbe Gunst, über die er sich, als sie seinem Gegner zugebilligt worden war, so geärgert hatte: die Bewährungsfrist.

So ist denn die Sache für den Angeklagten glimpflich ausgegangen. Aber den Herren Betrügern möchte man raten, sie mögen ihre Opfer nicht immer unter den gutmütigen Menschen suchen; denn für die Gutmütigen kommt die Stunde, wo alle Geduld und Nachsicht aufgezehrt ist, wo das Herz bloß liegt, wo die rächende Hand sich erhebt, schießt und sticht.

**1** a) *Gebt den Inhalt des Textes mit eigenen Worten wieder.*
b) *Charakterisiert den Stil und die sprachliche Gestaltung des Textes. Welche Besonderheiten fallen euch auf? Belegt eure Aussagen anhand des Textes.*

**2** *Charakterisiert den Angeklagten und erläutert die Hintergründe seiner Tat.*
a) *Legt eine Stoffsammlung an. Übertragt dazu das unten stehende Schema in euer Heft und ergänzt es. Arbeitet dabei genau am Text.*

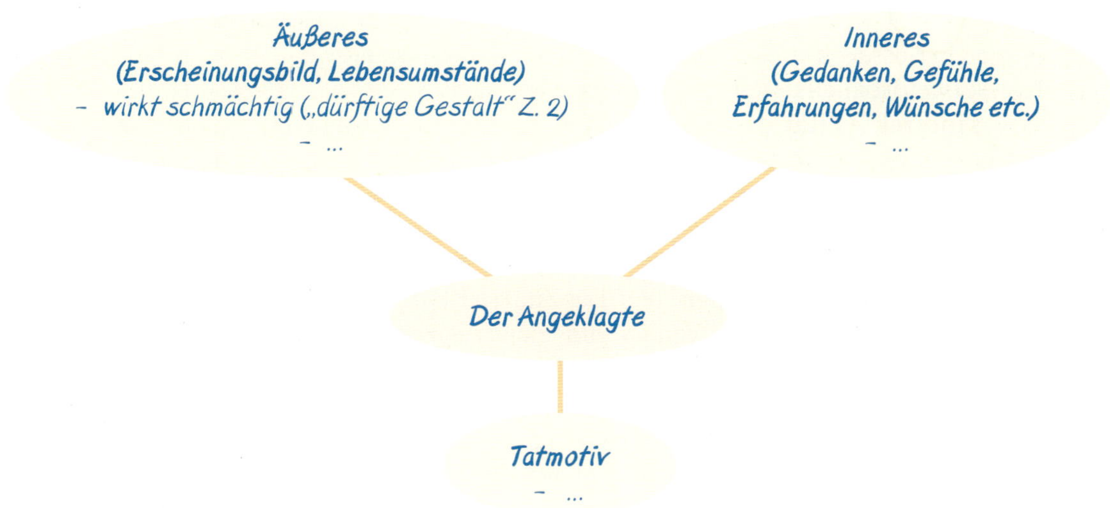

*b) Lest den folgenden Auszug aus einem Aufsatz aufmerksam durch.*

**VORSICHT FEHLER!**

*Gleich zu Beginn informiert der Autor den Leser über das Äußere des Angeklagten und betont, dass sein Erscheinungsbild im krassen Widerspruch zu seiner Tat steht. Der Angeklagte wird als „kleine[r], alte[r]" (Z. 3) Mann beschrieben, dessen ärmliche Gestalt sich in „de[m] großen Schwurgerichtssaal[...] verliert" (Z. 1–2). Er ist 65 Jahre alt und hat in seinem Privatleben viele Enttäuschungen erlebt. Es wird berichtet, dass er aus einer „schlechte[n] Ehe" (Z. 11) nach Amerika geflohen ist, aus Liebe zu seinem Kind aber „ließ [er] nun doch die Familie nachkommen" (Z. 13–14), zuletzt aber ist er dann doch von Frau und Kind verlassen worden (vgl. Z. 14–15).*
*In Amerika hat er Geld gespart und die Tatsache, dass er einen „Teil des Geldes [...] seiner Familie" (Z. 18–19) gibt, zeigt, dass er ein gewissenhafter, ehrlicher Mensch ist. Als solcher wird er auch vom Autor beurteilt, der ihn ausdrücklich als „braven, bescheidenen Angeklagten" (Z. 82) charakterisiert.*
*Zurück in seiner Heimat ist auch sein berufliches Leben ...*

- *Untersucht, welche Art des Zitierens (wörtliches oder indirektes Zitat) jeweils vorliegt.*
- *Besprecht, ob die Zitate in diesem Ausschnitt sinnvoll gewählt sind. Welche Stellen würdet ihr überarbeiten?*
- *Kontrolliert die wörtlichen Zitate im Text. Wie sind Auslassungen, Ergänzungen oder Veränderungen gekennzeichnet.*

*c) Beantwortet nun die Aufgabe 2 in einem zusammenhängenden Text. Belegt wichtige Aussagen am Text und achtet auf das richtige Zitieren.*

**3** *Verfasst eine erweiterte Inhaltsangabe zu Paul Schlesingers „Die Wut des kleinen Mannes", bestehend aus Einleitung sowie Textzusammenfassung, und erörtert im dritten Teil, ob der Autor den Urteilsspruch für den Angeklagten als gerechtfertigt betrachtet.*

**!**

**Textbelege richtig zitieren**

Wenn ihr eine weiterführende Aufgabe zum Text bearbeitet, müsst ihr eure interpretierenden Aussagen anhand des Textes durch Zitate belegen.
Es gibt zwei Möglichkeiten des Zitierens:

- Das **indirekte Zitat,** das den Inhalt einer Textstelle mit eigenen Worten wiedergibt. Hier werden keine Anführungszeichen gesetzt, sondern nur die Textstelle genannt, auf die man sich bezieht, z. B.: *Zuletzt aber ist er dann doch von Frau und Kind verlassen worden (vgl. Z. 13–15).*
- Das **wörtliche (direkte) Zitat** übernimmt ein Wort, eine Textstelle oder einen ganzen Satz wörtlich aus dem Text. Das Zitat steht in Anführungszeichen, Auslassungen, Ergänzungen oder Veränderungen werden mit eckigen Klammern markiert, z. B.: *Der Autor beurteilt den Mann ausdrücklich als „braven, bescheidenen Angeklagten" (Z. 82). „Es stellte sich heraus, dass der Malermeister auch andere Personen [...] hineingelegt hatte" (Z. 30– 33).*
- Der Schlusspunkt steht – wie in den obigen Beispielen – erst nach der Zeilenangabe.

# 4 Früh übt sich – Berufe erkunden

## 4.1 Was willst du werden? – Berufswahl und Bewerbungsportfolio

***Die Informatikerin/Der Informatiker*** *entwickelt und wartet Software und Hardware.*

***Die Architektin/Der Architekt*** *plant Gebäude und Anlagen und leitet deren Erstellung.*

***Die Jounalistin/Der Journalist*** *verarbeitet Nachrichten und Informationen.*

***Die Goldschmiedin/Der Goldschmied*** *entwirft und fertigt Schmuckstücke.*

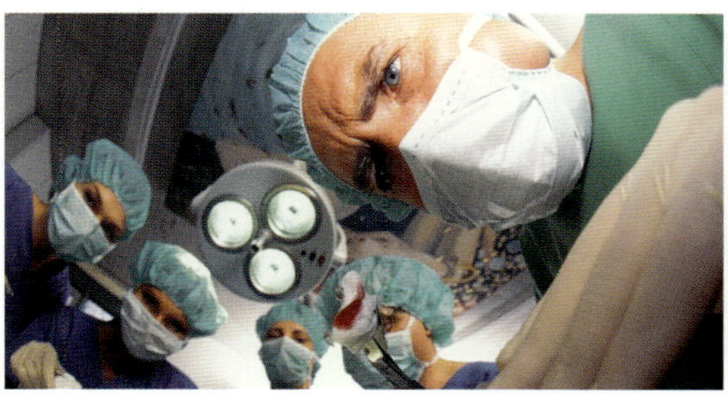

***Die Ärztin/Der Arzt*** *beschäftigt sich mit der Erkennung und Behandlung von Krankheiten und Verletzungen.*

***Die KFZ-Mechatronikerin/Der KFZ-Mechatroniker*** *führt Wartungsarbeiten an Fahrzeugen durch, analysiert Fehler an den Fahrzeugen und behebt sie.*

**1** *Könnt ihr euch vorstellen, in einem der dargestellten Berufe zu arbeiten? Begründet in einem Gespräch in der Klasse eure Zustimmung oder Ablehnung.*

# Was kann ich? Was will ich? – Die eigenen Stärken und Schwächen erkennen

Auch wenn die Entscheidung für einen ganz bestimmten Beruf in der 9. Klasse für viele noch nicht aktuell ist, solltet ihr euch doch frühzeitig überlegen, wo eure Interessen und Fähigkeiten liegen.

**Was kann ich?**

- In welchen Schulfächern bin ich gut?
- Welche Schulfächer interessieren mich?
- Welche handwerklichen, technischen oder künstlerischen Fähigkeiten habe ich?
- Habe ich organisatorisches Geschick?
- Habe ich Hobbys, die auf bestimmte Fähigkeiten hinweisen?
- Habe ich besondere Fähigkeiten im Umgang mit Menschen?

**1** *a) Die oben stehenden Fragen helfen euch, eure Fähigkeiten und Interessen zu erkennen. Erstellt mit Hilfe der Fragen euer persönliches „Begabungsprofil“.*

*b) Für die Berufswahl ist es auch wichtig festzustellen, was man nicht so gut kann bzw. was man nicht so gern tut. Erstellt euer persönliches „Abneigungsprofil“.*

**2** *Nicht jeder Beruf passt zu jedem Menschen. Eine realistische Selbsteinschätzung ist Voraussetzung für jede Berufswahl.*

anpassungsfähig
ausgeglichen
streng
begeisterungsfähig
dominant
ehrgeizig
einfühlend
fähig, andere zu beeinflussen
freundlich
impulsiv
intelligent
kompromissbereit
kontaktfreudig
kreativ
sachlich-nüchtern
schlagfertig
selbstbewusst
tatkräftig, aktiv
temperamentvoll
ungeduldig
zuverlässig

*a) Übertragt die Eigenschaften in eine Tabelle und notiert, in welchem Grad sie auf euch zutreffen.*

| Name: | trifft nie zu | trifft manchmal zu | trifft meistens zu | trifft oft zu |
|---|---|---|---|---|
| anpassungsfähig | X | | | |
| ausgeglichen | | | | |
| ... | | | | |

*b) Füllt in einem zweiten Durchgang für eine Mitschülerin oder einen Mitschüler eine solche Tabelle aus. Vergleicht Fremd- und Selbsteinschätzung. Wo gibt es Unterschiede, wo Übereinstimmungen? Diskutiert darüber, wie die Unterschiede zu Stande kommen.*

**3** *a) Ordnet den Berufen von Seite 95 Eigenschaften aus der Liste zu, die ihr für die Ausübung des jeweiligen Berufs für notwendig oder hilfreich haltet. Ergänzt selbstständig weitere Eigenschaften, die nicht in der Liste vermerkt sind.*
*b) Vergleicht eure Ergebnisse.*

**4** *Um die eigenen Stärken und Schwächen zu ermitteln, können auch so genannte „Berufseignungstests" hilfreich sein. Recherchiert, welche Formen von „Berufseignungstests" es gibt und wer diese anbietet.*
***TIPP:*** *Ihr könnt Lehrkräfte aus dem Fach „Wirtschaft und Recht", den/die Kollegstufenbetreuer/-in oder den/die Beratungslehrer/-in an eurer Schule fragen.*

## Unterschiedliche Berufsfelder und Berufe erkunden

**5** *Berufe lassen sich in unterschiedlicher Form ordnen, zum Beispiel danach, mit welchen Materialien oder Produkten gearbeitet wird bzw. in welchen Wissensgebieten sie angesiedelt sind. Man spricht hier von Berufsfeldern.*

**Berufsfelder:**
Agrar- und Forstwirtschaft, Biologie
Werkstoffverarbeitung
Bergbau, Hüttenwesen
Chemie, Kunststoffe
Textilien, Leder, Modegestaltung
Apparate- und Maschinenbau
Metalltechnik
Medizin
Ernährung, Hauswirtschaft
Recht und öffentliche Verwaltung
Kunst und Design
Bau- und Vermessungswesen
Mathematik, Physik, Informatik
Geowissenschaften
Medien
Farb- und Raumgestaltung
Tourismus, Hotel und Gaststättengewerbe
Elektrotechnik
Pädagogik und Soziales
Handel, Banken und Versicherungen
Kultur und Sprache
Kunsthandwerk

*a) Ordnet die folgenden Berufe den entsprechenden Berufsfeldern zu.*

Goldschmied/-in
Journalist/-in
KFZ-Mechatroniker/-in
Lehrer/-in
Physiotherapeut/-in
Versicherungskaufmann/-kauffrau
Erzieher/-in
Gärtner/-in
Rechtsanwalt/-anwältin
Einzelhandelskaufmann/-kauffrau
Koch/Köchin

*b) Überlegt, in welchem Berufsfeld ihr gerne arbeiten würdet und welche Berufsfelder euch nicht zusagen. Zieht dazu auch euer „Begabungsprofil" und euer „Abneigungsprofil" aus Aufgabe 1* *(▷ S. 96)* *heran.*
*c) Notiert auf einem Zettel ein Berufsfeld, das euch besonders interessiert. Findet euch in Berufsfeld-Gruppen zusammen und sammelt zu eurem Berufsfeld (z. B. Medizin) möglichst viele Berufe (z. B. Arzt/Ärztin, Krankenpfleger/-in, Altenpfleger/-in etc.).*

Die folgende Kurzbeschreibung zum Beruf des Physiotherapeuten/der Physiotherapeutin stammt aus der Broschüre „BERUF AKTUELL“.

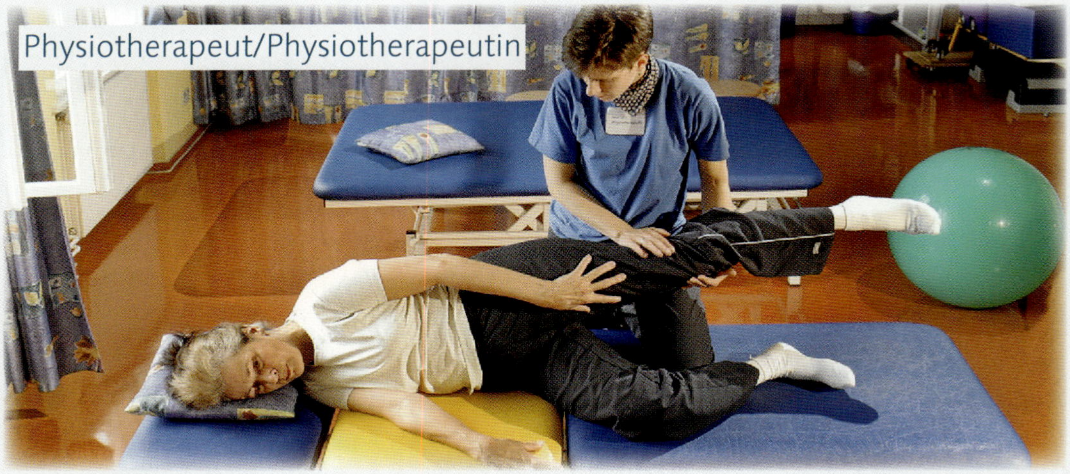


Die Krankengymnastik gehört zum medizinischen Fachgebiet der Physiotherapie und wird in fast allen Bereichen der Medizin eingesetzt. Physiotherapeuten und Physiotherapeutinnen stellen auf Grund ärztlicher Verordnung (bestehend aus Diagnose und Leitsymptomatik) den Behandlungsplan selbstständig auf und setzen ihn um. Der Plan muss genau auf den jeweiligen Patienten abgestimmt sein und wird vom Arzt/von der Ärztin überwacht. Er kann gezielte Bewegungsübungen in Einzel- und Gruppenarbeit, Übungen mit Geräten wie Bällen, Stäben und Ringen enthalten, ferner Behandlungen in Form von Atemtherapie, Massage, Elektrotherapie sowie Wärme- oder Hydrotherapie. Dabei beraten sie ihre Patienten oder deren Angehörige beispielsweise hinsichtlich geeigneter Hilfsmittel, motivieren sie zu Eigenaktivität und Ausdauer und leiten sie zur selbstständigen Durchführung von krankengymnastischen Übungen an.

Beschäftigungsmöglichkeiten gibt es vor allem in Krankenhäusern, Kliniken, Arzt- und physiotherapeutischen Praxen, in Einrichtungen für behinderte Menschen und der Altenhilfe und -pflege, in Kurbetrieben, bei Sportvereinen und in den betriebsärztlichen Abteilungen größerer Firmen. Vielfach machen sich Physiotherapeuten und Physiotherapeutinnen mit einer eigenen Praxis selbstständig. Vorwiegend arbeiten sie in Behandlungsräumen, teilweise auch in Krankenzimmern. Bei der Arbeit mit Gruppen sind sie zum Beispiel in Sporthallen oder Schwimmbädern tätig.

Bei dem Ausbildungsgang Physiotherapeut/-in handelt es sich um eine bundesweit einheitlich geregelte schulische Ausbildung an Berufsschulen. Einige Bildungseinrichtungen bieten die Möglichkeit, in doppelt qualifizierenden Lehrgängen die Abschlüsse Physiotherapeut/-in und Gymnastiklehrer/-in zu erwerben.

Die Ausbildung dauert in Vollzeit 3 Jahre. Die Dauer verkürzter Ausbildungen beträgt je nach beruflicher Vorbildung 1 bis 2 ½ Jahre. Kombinierte Ausbildungen, die zusätzlich den Abschluss als Gymnastiklehrer/-in vermitteln, dauern zwischen 3 ½ und 4 ½ Jahren.

Vorausgesetzt wird ein mittlerer Bildungsabschluss oder eine andere abgeschlossene 10-jährige Schulbildung, die den Hauptschulabschluss erweitert. Auch Personen mit Hauptschulabschluss können aufgenommen werden, sofern sie zusätzlich eine mindestens 2-jährige Berufsausbildung nachweisen können. Von vielen Schulen erwünscht und daher empfehlenswert ist eine praktische Tätigkeit (Krankenpflegepraktikum) vor Beginn der Ausbildung. Da das Interesse an der Ausbildung meist das Angebot an Ausbildungsplätzen übersteigt, sind Auswahlverfahren und Wartezeiten üblich.

**6** *a) Arbeitet aus dem Text wichtige Informationen zum Beruf des Physiotherapeuten/ der Physiotherapeutin heraus.*
*Gliedert die Informationen z. B. nach den folgenden Aspekten:*

Physiotherapeut/-in

- Tätigkeiten des Berufs: ...
- Beschäftigungsmöglichkeiten: ...
- Örtlichkeiten, wo dieser Beruf ausgeübt wird: ...
- Voraussetzungen für die Ausbildung: ...
- Ausbildungsdauer: ...
- ...

*b) Diskutiert in Kleingruppen darüber,*
- *was euch an dem Beruf des Physiotherapeuten/der Physiotherapeutin interessiert bzw. nicht zusagt und*
- *ob ihr euch selbst für geeignet haltet, diesen Beruf zu erlernen bzw. auszuüben.*

**7** *Im Internet findet ihr zahlreiche Informationen zu Berufen und Ausbildungsgängen.*
*a) Informiert euch im Internet über einen Beruf, der euch besonders interessiert, z. B. unter www.berufnet.de oder www.machs-richtig.de.*
*b) Gliedert eure Informationen und bereitet sie für einen Kurzvortrag vor.*
*c) Stellt „euren" Beruf in einem Kurzvortrag vor.*

TIPP

**Informationen über Berufe sammeln**

- Die „Bundesagentur für Arbeit" (Homepage: www.arbeitsagentur.de) gibt jährlich unter dem Titel „BERUF AKTUELL" eine umfangreiche Broschüre heraus, in der man sich über Berufe, Berufsbilder, Ausbildungsmöglichkeiten usw. informieren kann.

- Weitere Informationen findet ihr
  - in den „Blättern zur Berufskunde" und in der Zeitschrift „abi-Berufswahl-Magazin" (auch online unter: www.abi-magazin.de),
  - unter den Internetadressen www.berufnet.de oder www.machs-richtig.de und
  - in den Berufsinformationszentren (BIZ) der „Agenturen für Arbeit".

- In den „Agenturen für Arbeit" informieren Berufsberaterinnen und Berufsberater über Ausbildungsmöglichkeiten und Berufe. Bereitet einen Besuch in einer solchen Agentur vor, indem ihr vorher überlegt, welche Informationen für eure Berufswahl wichtig sind.

# Stellenanzeigen richtig lesen und auswerten

Die **Verlagsgruppe Theml GmbH** bietet für das kommende Jahr für den Standort Landsberg am Lech einen

Ausbildungsplatz zur Medienkauffrau / zum Medienkaufmann Digital und Print an.

Die Verlagsgruppe Theml GmbH ist einer der führenden Anbieter von Fachmedien auf dem Gebiet Recht, Wirtschaft, Steuern und Medizin. Das Verlagsprogramm hat seine Schwerpunkte in der juristischen Ausbildung und Wissenschaft, in der Rechtsberatung, öffentlichen Verwaltung, Sicherheit, Wirtschaft sowie im Bereich Gesundheitswesen/Medizin.

**Individuelle Anforderungen:** Kommunikationsfähigkeit, Teamfähigkeit, EDV-Kenntnisse, Internetkenntnisse, sehr gute Deutsch- und Grammatikkenntnisse sowie Englischkenntnisse. Mittlere Reife, Abitur oder FOS sind Voraussetzung.
Bewerbungen an:

**Verlagsgruppe Theml GmbH**
Frau Anja Heidger, Auf dem Rech 1,
86897 Landsberg

Azubi (m/w) zum/zur
**Rechtsanwaltsfachangestellten**
zum 01.09.2008 für medizinrechtlich und wirtschaftsrechtlich ausgerichtete Anwaltskanzlei gesucht. Einstellungsvoraussetzung ist das Abitur.

**Thielen & Bennett**
Seeltzstraße 20 · 81638 München

Gehen Sie gerne mit Menschen um und suchen einen abwechslungsreichen Beruf mit hervorragenden Zukunftsperspektiven, wo flexible Arbeitszeiten möglich sind und Sie eigenverantwortlich und selbstständig arbeiten?

Dann bewerben Sie sich für die

**Ausbildung zur Logopädin/ zum Logopäden**

Anmeldung für das Schuljahr 08/09 ab sofort möglich.
Mindestalter: 18 Jahre

Private Berufsfachschule für Logopädie
Turmgasse 8a, 94318 Straubing,
Tel.: 09421-89783

Als Teil einer global Kunststoff verarbeitenden Unternehmensgruppe entwickeln und produzieren wir innovative Verschluss- und Dosierungssysteme für die Bereiche Körperpflege, Haushalt, Lebensmittel und Getränke.
Um die dynamischen Wachstumsprozesse eines marktführenden Unternehmens erfolgreich umzusetzen, suchen wir

*einen Auszubildenden/eine Auszubildende zum Eurokaufmann/zur Eurokauffrau*

**Löffler-Linden**
Kunstoffwerk GmbH
Personalabteilung
Scharperstraße 1
94078 Freyung
Tel.: 08551-897-308

**Erwartet werden:** mittlerer Schulabschluss oder Abitur; Sprachkenntnisse in Englisch und Französisch; Fähigkeit, auf Menschen zuzugehen; Flexibilität; Interesse an Produktionsabläufen und Vertrieb von Produkten, Bereitschaft, auch im Ausland zu arbeiten
**Wir bieten:** eine fundierte Ausbildung, ein angenehmes Betriebsklima, ein internationales Umfeld, berufliche Entwicklungsmöglichkeiten

**1** *Informiert euch über die Berufe in den Stellenanzeigen. Die Informationen im Tippkasten auf Seite 99 helfen euch bei der Informationsrecherche.*

**2** *Wertet die Stellenanzeigen aus. Notiert in Stichpunkten,*
- *welche Anforderungen an die Bewerber gestellt werden und*
- *wie bzw. wo man sich bewerben muss.*

**3** *a) Sprecht darüber,*

- *welche weiteren Fähigkeiten und Charaktereigenschaften für die ausgeschriebenen Berufe von Vorteil sein könnten und*
- *welche schulischen Aktivitäten (z. B. Lieblingsfächer, SMV-Tätigkeit usw.) und außerschulischen Interessen (z. B. Hobbys, Engagement in Vereinen usw.) für den jeweiligen Arbeitgeber interessant sein könnten.*

*b) Entwerft für jede Stellenanzeige ein Persönlichkeitsprofil der idealen Bewerberin bzw. des idealen Bewerbers.*

# Das Bewerbungsportfolio gestalten

## Das Bewerbungsanschreiben

Das Bewerbungsanschreiben vermittelt dem Betrieb/dem Unternehmen den ersten Eindruck von euch und ist wie eine Visitenkarte. Daher muss es sorgfältig und sauber angefertigt werden und darf keine Fehler enthalten. Das Bewerbungsanschreiben wird wie ein Geschäftsbrief aufgebaut:

| | |
|---|---|
| Renate Fischer<br>Brunngasse 3<br>94032 Passau<br>Tel.: 08551-4352<br><br>Passau, 4. Februar 2008<br><br>Firma<br>Löffler-Linden<br>Kunststoffwerk GmbH<br>Personalabteilung<br>Frau Angelika Wörl<br>Scharperstr. 1<br>94078 Freyung | Briefkopf mit Absender, Datum und vollständiger Anschrift des Betriebes (möglichst Ansprech-partner/-in und Abteilung angeben) |
| **Bewerbung um einen Ausbildungsplatz als Eurokauffrau** | Betreff-Formulierung (in Stichworten angeben, worum es geht) |
| Sehr geehrte Frau Wörl, | Anrede |
| mit großem Interesse habe ich Ihre Anzeige in der „Passauer Neuen Presse" gelesen und möchte mich bei Ihnen um einen Ausbildungsplatz als Eurokauffrau bewerben. | Woher weißt du, dass der Betrieb Ausbildungsplätze anbietet?<br>Für welchen Ausbildungs-beruf bewirbst du dich? |

Zurzeit besuche ich die 10. Klasse des Gisela-Gymnasiums in Passau, das ich voraussichtlich im Juli 2008 mit dem mittleren Schulabschluss verlassen werde.

*schulische Situation: Was machst du zurzeit? Wann verlässt du die Schule? Welchen Abschluss strebst du an?*

Während eines Praktikums bei der Firma Heinemann in Passau habe ich einen ersten Einblick in das Aufgabenfeld einer Eurokauffrau gewonnen. Besonders reizvoll an diesem Beruf finde ich, dass ich hier die Möglichkeit habe, meine guten Fremdsprachenkenntnisse in Englisch und Französisch einzusetzen. In der Schule gehören diese beiden Sprachen zu meinen Lieblingsfächern. Im Sommer 2006 hatte ich die Gelegenheit, einen Sprachkurs in England zu besuchen. Darüber hinaus konnte ich im letzten Jahr bei einem Schüleraustausch mit unserer französischen Partnerschule meine französischen Sprachkenntnisse weiter verbessern.
Da Ihr Unternehmen dafür bekannt ist, innovative Produkte weltweit zu vermarkten, würde ich mich sehr gerne bei Ihnen zur Eurokauffrau ausbilden lassen.

*Qualifikationen und Gründe für deinen Ausbildungswunsch*

Über eine Einladung zu einem Vorstellungsgespräch würde ich mich sehr freuen.

*Bitte um Einladung zum Vorstellungsgespräch*

Mit freundlichen Grüßen

*Grußformel*

Renate Fischer

*Unterschrift (möglichst mit blauer Tinte)*

Anlagen: Lebenslauf mit Foto, Zeugnis der 9. Klasse, Sprachkursbescheinigung

*Anlagen, die du dem Anschreiben beilegst*

**1** *Dieses Bewerbungsanschreiben bezieht sich auf die Stellenanzeige „Auszubildender/Auszubildende zum Eurokaufmann/zur Eurokauffrau“ auf Seite 100.*

*a) Diskutiert, ob der Abschnitt „Qualifikationen und Gründe für den Ausbildungswunsch“ optimal auf die Anzeige zugeschnitten ist.*

*b) Warum ist es sinnvoll auszuführen, warum man ausgerechnet in dem angeschriebenen Betrieb die Ausbildung absolvieren will?*

**2** *Die Begründung, warum man sich um einen bestimmten Ausbildungsplatz bewirbt, orientiert sich am jeweiligen Beruf oder an den Anforderungen in der Stellenanzeige.*

**VORSICHT FEHLER!**

*Ich halte mich aus verschiedenen Gründen für sehr geeignet, diese Ausbildung zu absolvieren: Ich habe sehr gute PC- und Englischkenntnisse. Die Fächer Deutsch und Betriebswirtschaft liegen mir. Während eines Praktikums bei der Steinheimer Zeitung lernte ich, was die Anzeigen- und Vertriebsabteilung einer Zeitung so alles macht. Eigentlich hat mir das alles sehr gefallen. Als Schülersprecherin habe ich auch gelernt, Abschlusspartys zu organisieren. Das macht mir viel Spaß, obwohl das Aufräumen ganz schön nervig war.*

a) *Besprecht, wie diese Begründung für den Wunsch nach einer Ausbildung zur Medienkauffrau/zum Medienkaufmann Digital und Print (▷ Stellenanzeige auf S. 100) auf den Adressaten wirkt.*
b) *Überarbeitet die Begründung und formuliert die Aussagen so, dass sie den Ausbildungsbetrieb überzeugen.*

**Formulierungshilfen für Begründungen**
Große Freude bereitet mir ...
Ich interessiere mich für ..., da ...
Ihm Rahmen eines Praktikums bei ... konnte ich feststellen, dass ...
Der Beruf des/der ... interessiert mich, weil ...
In meiner Freizeit beschäftige ich mich mit ...
Ich möchte diesen Beruf gerne ergreifen, weil ...
Zusätzlich habe ich mich ausführlich über ... informiert

**3** a) *Verfasst ein vollständiges Bewerbungsanschreiben wie im Muster auf Seite 101/102. Ihr könnt die Stellenanzeigen auf Seite 100 als Adressaten verwenden oder ihr sucht im Internet oder in der Zeitung selbst Stellenanzeigen oder Praktikumsplätze, auf die ihr euch bewerben wollt.*
b) *Überarbeitet eure Bewerbungsanschreiben in einer Schreibkonferenz (▷ S. 370).*

**!**

**Leitfaden zum Inhalt eines Bewerbungsanschreibens**

**1 Anliegen**
- ☐ Woher weißt du, dass der Betrieb Ausbildungsplätze anbietet?
- ☐ Für welchen Ausbildungsberuf bewirbst du dich?

**2 Persönliche Situation**
- ☐ Welche Schule und Klasse besuchst du, wann verlässt du die Schule?
- ☐ Welchen Schulabschluss strebst du an?

**3 Begründung**
- ☐ Was weißt du über den Ausbildungsberuf?
- ☐ Woher hast du die entsprechenden Informationen?
- ☐ Warum glaubst du, dass du für diesen Beruf geeignet bist (Arbeitserfahrungen im angestrebten oder im ähnlichen Beruf, andere Qualifikationen, z. B. Sprach- oder Computerkenntnisse)?
- ☐ Warum möchtest du ausgerechnet in diesem Betrieb deine Ausbildung absolvieren?

**4 Bitte um ein Vorstellungsgespräch**

## Der Lebenslauf

Der Lebenslauf ist ein wichtiger Teil der Bewerbungsunterlagen und ist klar gegliedert. In der Regel wird von den Betrieben ein **tabellarischer Lebenslauf** verlangt.

### Lebenslauf

Lichtbild (vom Fotografen, Name und Anschrift auf die Rückseite, leicht ankleben)

**Persönliche Daten**

| | |
|---|---|
| Name, Vorname: | Fischer, Renate |
| Anschrift: | Brunngasse 3<br>94032 Passau |
| Geburtsdatum: | 22. Februar 1992 |
| Geburtsort: | Passau |
| Staatsangehörigkeit: | deutsch |
| Eltern: | Horst Fischer, Industriekaufmann<br>Annemarie Fischer, geb. Altmann, Rechtsanwaltsgehilfin |
| Geschwister: | Florian, 11 Jahre |

familiäre Verhältnisse

**Schulische Ausbildung**

| | |
|---|---|
| 1998–2002 | Grundschule St. Nikola in Passau |
| seit 2002 | Gisela-Gymnasium in Passau |
| Schulabschluss: | mittlerer Schulabschluss im Juli 2008 |

besuchte Schulen (lückenlose Auflistung) und angestrebter Abschluss (sollte realistisch sein)

**Besondere Kenntnisse und Interessen:**

| | |
|---|---|
| Lieblingsfächer: | Englisch (2006 Sommersprachkurs in England), Französisch (2007 Schüleraustausch mit unserer französischen Partnerschule) |
| Praktikum: | April 2007, Praktikum bei der Firma Heinemann, Passau |
| Ehrenamtliche Tätigkeit: | Jugendarbeit im Volleyballverein Passau |
| Hobbys: | Volleyball (Turnierspielerin), Joggen, Reisen |

z. B. Sprach- und Computerkenntnisse, Arbeitserfahrungen im angestrebten oder ähnlichen Beruf, soziales Engagement, Lieblingsfächer, Hobbys

Passau, den 4. Februar 2008

*Renate Fischer*

Wichtig: Ort, Datum, Unterschrift (handschriftlich)

**1** *Sucht Gründe, warum Betriebe neben dem Bewerbungsanschreiben noch einen Lebenslauf verlangen.*

**2** *a) Erstellt euren eigenen Lebenslauf für die Bewerbung auf einen bestimmten Ausbildungsberuf oder Praktikumsplatz.*
*b) Kontrolliert eure Lebensläufe. Kann sich der Empfänger ein richtiges Bild von euch machen?*

Manche Betriebe verlangen von ihren Bewerbern einen ausführlichen, **handgeschriebenen Lebenslauf.** Hier formuliert ihr die wesentlichen Inhalte des tabellarischen Lebenslaufs aus.

*Renate Fischer*
*Brunngasse 3*
*94032 Passau*

*Lebenslauf*

*Am 22. Februar 1992 wurde ich als Tochter des Industriekaufmanns Horst Fischer und seiner Ehefrau, der Rechtsanwaltsgehilfin Annemarie Fischer, geborene Altmann, in Passau geboren. Ich habe einen elfjährigen Bruder und besitze die deutsche Staatsangehörigkeit.*

*Nach dem Besuch der Grundschule St. Nikola in Passau (1998–2002) wechselte ich 2002 auf das Gisela-Gymnasium in Passau. Im Juli 2008 werde ich voraussichtlich das Gymnasium mit dem mittleren Schulabschluss verlassen.*

*Meine Lieblingsfächer sind Englisch und Französisch. Im Sommer 2006 hatte ich die Gelegenheit, einen Sprachkurs in England zu belegen, im Sommer 2007 nahm ich an einem Schüleraustausch mit unserer französischen Partnerschule teil. Mein Praktikum bei der Firma Heinemann in Passau absolvierte ich im April 2007.*

*In meiner Freizeit arbeite ich mit Jugendlichen im Volleyballverein Passau. Außerdem spiele ich selbst Volleyball und nehme an Turnieren teil, jogge und reise gern.*

*Passau, den 4. Februar 2008*

*Renate Fischer*

**3** *Vergleicht Inhalt und Form des tabellarischen und des handschriftlichen Lebenslaufs. Sucht mögliche Vor- und Nachteile für den Verfasser und den Leser.*

**4** *a) Verfasst euren eigenen oder einen erfundenen ausführlichen, handgeschriebenen Lebenslauf, der auf einen bestimmten Ausbildungsberuf oder einen Praktikumsplatz zugeschnitten ist. Verwendet ein weißes DIN-A4-Blatt und achtet auf ein sauberes Schriftbild.*

*b) Korrigiert eure Lebensläufe gegenseitig.*

# Die äußere Form gestalten

Auch die äußere Form eures Bewerbungsanschreibens ist ausschlaggebend dafür, ob ihr zu einem Vorstellungsgespräch oder zu einem Eignungstest eingeladen werdet.
Normalerweise werden das Bewerbungsanschreiben und der Lebenslauf am Computer erstellt.

**1** *Schreibt euer Bewerbungsanschreiben am Computer.*

*a) Legt zuerst die Breite der Seitenränder fest. Öffnet im Menü „Datei“ das Fenster „Seite einrichten“ und übernehmt die folgenden Angaben:*

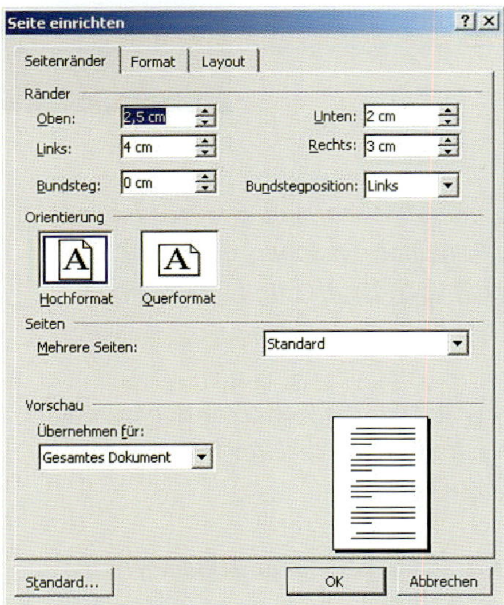


*b) Verfasst euer Bewerbungsanschreiben. Überprüft dann anhand des Musters auf Seite 101/102, ob*
- ☐ *die einzelnen Bausteine des Anschreibens korrekt angeordnet sind,*
- ☐ *die Bausteine durch Leerzeilen getrennt und die Absätze korrekt gesetzt sind.*

**2** *Euer Textverarbeitungsprogramm hilft euch, falsch geschriebene Wörter zu finden und zu korrigieren.*

*a) Aktiviert das Rechtschreibprogramm eures Computers (Menü „Extras“ → „Rechtschreibung und Grammatik“), überprüft die markierten Fehlerwörter und korrigiert sie gegebenenfalls.*
***VORSICHT:*** *Das Rechtschreibprogramm kann nicht alle Fehler finden. Zeichensetzungsfehler sind z. B. mit dem Programm nicht aufzuspüren (mehr zur Rechtschreibüberprüfung am Computer auf S. 371).*

*b) Druckt euer Bewerbungsanschreiben aus und lest den Text noch einmal Korrektur.*
- ☐ *Sind alle Sätze korrekt und vollständig?*
- ☐ *Sind alle Wörter richtig geschrieben und ist die Zeichensetzung korrekt?*

**3** *a) Erstellt nun euren tabellarischen Lebenslauf am Computer. Orientiert euch an dem Muster auf Seite 104. Achtet auf eine übersichtliche Gestaltung: Hebt Überschriften durch Fettdruck hervor und achtet auf die Leerzeilen zwischen den einzelnen Abschnitten.*

*b) Korrigiert mit Hilfe des Rechtschreibprogramms euren Lebenslauf. Geht dabei so wie in Aufgabe 2 beschrieben vor.*

# Checkliste für das Bewerbungsportfolio

## Inhalt des Bewerbungsportfolios

**Bewerbungsanschreiben**

- mit Computer verfassen
- Vollständigkeit der Bausteine überprüfen
- übersichtliche Gliederung (Leerzeilen und Absätze)
- handschriftliche Unterschrift (Vor- und Nachname) nicht vergessen
- Rechtschreibung überprüfen, z. B. korrekte Großschreibung der Anredepronomen
- Umfang nur eine Seite

**Lebenslauf**

- Wenn nicht ausdrücklich ein ausführlicher, handgeschriebener Lebenslauf gewünscht wird, tabellarischen Lebenslauf mit Computer erstellen
- Vollständigkeit der Bausteine überprüfen
- übersichtliche Gliederung und Raumaufteilung (Leerzeilen zwischen den Abschnitten und Hervorhebungen von Überschriften, z. B. durch Fettdruck)
- handschriftliche Unterschrift
- gelungenes Lichtbild, das einen sympathischen Eindruck vermittelt, oben rechts leicht ankleben, Name und Adresse auf Rückseite des Fotos vermerken

**Anlagen**

- Zeugnisse, Bescheinigung(en) über Praktika, Sprachkurs etc. nie im Original, sondern als Kopie beilegen
- auf Lesbarkeit und Druckqualität achten

## Äußere Form und Versand

**Äußere Form**

- nur unliniertes, weißes DIN-A4-Papier verwenden
- Papier nur einseitig beschreiben
- Bewerbungsunterlagen dürfen keinerlei Fehler, Flecken, „Eselsohren" oder handschriftliche Verbesserungen enthalten
- Bewerbungsunterlagen in der richtigen Reihenfolge ordnen und in eine Bewerbungsmappe einlegen

  Reihenfolge der Bewerbungsunterlagen:
  1. Bewerbungsanschreiben
  2. Lebenslauf mit Lichtbild
  3. Anlagen: zuerst Kopien der Zeugnisse (das letzte kommt zuerst), dann Praktikums- oder Sprachkursbescheinigungen etc.

**Versendung**

- Bewerbungsunterlagen in einem DIN-A4-Umschlag mit verstärktem Rücken versenden
- Absender und Adresse überprüfen, Brief ausreichend frankieren (am besten direkt am Postschalter)
- zur Post bringen

# 4.2 Berufe vorstellen – eine Präsentation entwerfen

Mit einer Präsentation könnt ihr andere über ein bestimmtes Thema, z. B. einen bestimmten Beruf, informieren.

## Eine Stoffsammlung anlegen

*Helga Kobatsch, geboren 1981, absolvierte nach dem mittleren Schulabschluss ihre Ausbildung zur Köchin im Hotel „Krone" in Herxheim (Pfalz). Nach zweieinhalb Jahren schloss sie die Ausbildung ab und wurde für ihre hervorragende Gesamtnote mit dem Staatspreis ausgezeichnet. Seit 2001 arbeitet sie im elterlichen Betrieb „Landhotel Gasthof Brodinger" in Freyung (Bayerischer Wald).*

***Wie lautet die genaue Berufsbezeichnung des Berufs, den Sie ausüben?***

Schlicht und einfach Koch. Bei mir natürlich Köchin!

***Was hat Sie bewogen, diesen Beruf zu erlernen?***

Zum Einen war es persönliches Interesse. Zum Anderen hatte ich schon recht früh vor, in den Betrieb meiner Eltern einzusteigen, die einen Hotelbetrieb mit Restaurant leiten. Außerdem macht mir der Umgang mit Lebensmitteln Spaß, da man hier sehr viel Kreativität entwickeln kann. Ich habe auch gern Kontakt zu Menschen. Ich stellte mir die Arbeit als Köchin als recht abwechslungsreich vor, was sich auch bestätigt hat. Man macht nicht immer dasselbe und lernt viele verschiedene Küchenposten kennen. Verlockend für mich war darüber hinaus, dass man viele interessante Leute kennen lernt und dass man auch mal im Ausland arbeiten kann.

***Welche schulischen Voraussetzungen sollte man mitbringen, um den Beruf des Kochs/der Köchin erlernen zu können?***

Im Prinzip reicht der Hauptschulabschluss. Aber je höher der Schulabschluss, umso besser sind häufig die Aufstiegschancen und die beruflichen Möglichkeiten in meinem Bereich. So sind z. B. gute Englisch- und Französischkenntnisse von großem Vorteil, vor allem, wenn man im Ausland arbeiten möchte.

***Welche persönlichen Voraussetzungen sollte man mitbringen, wenn man ein erfolgreicher Koch/eine erfolgreiche Köchin werden will?***

Auf jeden Fall sollte man flexibel und kreativ

sein. Und man braucht Organisationstalent. Das ist ganz wichtig. Außerdem muss man belastbar sein, und zwar sowohl körperlich als auch psychisch. Man darf sich durch Stresssituationen nicht aus der Bahn werfen lassen! Solche Situationen muss man durchstehen können. Ausdauer ist ebenfalls wichtig. Und wie schon gesagt: Kenntnisse in Fremdsprachen sind sehr von Vorteil. Außerdem sollte man gute Umgangsformen mitbringen. Ein gepflegtes Äußeres ist ebenfalls wichtig. Für die Arbeit im Team braucht man Teamgeist, Toleranz und Hilfsbereitschaft. Natürlich muss man auch ein ausgeprägtes Geschmacksempfinden haben und das Kochen muss einem Spaß machen. Umweltbewusstsein und ein Gespür für die verwendeten Produkte sind für mich auch noch wichtige Faktoren.

***Welche Eigenschaften, persönlichen Vorlieben usw. wären eher hinderlich?***

Auf keinen Fall darf man auf ein bestimmtes Arbeitszeitmuster festgelegt sein. Fünfmal in der Woche acht Stunden am Stück arbeiten und um 17 Uhr Feierabend – das gibt es in diesem Beruf kaum. Der Abend, die Wochenenden und die Feiertage sind die wichtigsten Arbeitszeiten für einen Koch. Und ein festes Wochenarbeitsmaß ist auch selten. Gastronomie kann man nicht minutengenau planen. Gesundheitliche Probleme, z. B. Bandscheibenprobleme, Atembeschwerden oder Allergien, sollte man ebenfalls nicht haben.
Und wenn man immer nur im Heimatort oder an einem ganz bestimmten Ort arbeiten will, dann ist das auch nicht gerade von Vorteil.

***Wie läuft die Ausbildung ab?***

Die Ausbildung dauert drei Jahre. Falls man besondere Leistungen in der Arbeit und in der Schule erbringt, kann die Ausbildung auf zwei bis zweieinhalb Jahre verkürzt werden. Die Ausbildung läuft nach dem dualen System ab, d. h., man wird in einem Ausbildungsbetrieb ausgebildet und besucht parallel dazu die Berufsschule. Mit einem Ausbildungsabschluss und einem Notendurchschnitt bis zu 2,5 hat man den mittleren Bildungsabschluss erreicht, falls man den nicht vorher schon erworben hat.
Die Ausbildungsinhalte sind sehr vielfältig. Für die Zwischenprüfung bei der Industrie- und Handelskammer, kurz IHK genannt, muss man z. B. ein kleines Gericht für eine Person zubereiten. Man erlernt bestimmte Grundtechniken, z. B. Schnittarten, das Tournieren, d. h. das Formen von Gemüsen und Kartoffeln, die Herstellung von Teigwaren, verschiedene Zubereitungsarten von Fleisch- und Geflügelgerichten, das Zusammenstellen von Salaten, das Herstellen von Dressings usw. Und das ist nur ein Ausschnitt aus dem ganzen Katalog. Außerdem erlernt man auch Serviertechniken. Da gehören z. B. das Falten der Servietten dazu, das richtige Eindecken des Tisches mit Geschirr, Besteck und Gläsern und auch das fachgerechte Abräumen des Tisches. Sogar wie man die Tischdecken auflegt, wie man Kerzen-

ständer usw. platziert und wie man Bestecke, Gläser usw. poliert, wird einem vermittelt.
Die Abschlussprüfung bei der IHK ist schriftlich und praktisch. Schriftlich geprüft werden die Bereiche Technologie, Warenwirtschaft und Wirtschafts- und Sozialkunde. In der praktischen Prüfung muss man ein Drei-Gänge-Menü für sechs Personen zubereiten. Die Zutaten werden einem vorgegeben. Verlangt wird auch ein schriftlicher Arbeitsablaufplan. Nach der Zubereitung des Menüs muss man dann noch eine Art Rollenspiel Gast/Koch absolvieren.

***Sie haben Ihre Ausbildung als Köchin abgeschlossen. Welche Möglichkeiten haben Sie, noch weitere berufliche Qualifikationen in Ihrem Berufsfeld zu erwerben?***

Da gibt es vielfältige Möglichkeiten. Zum Einen kann man die Meisterprüfung ablegen. Man darf sich dann Küchenmeister nennen. Diese Weiterqualifikation ist ganz schön anspruchsvoll und dauert im Allgemeinen vier Monate – Vollzeit wohlgemerkt! So nebenbei kann man das auf jeden Fall nicht machen. Für mich persönlich ist das eines meiner nächsten Ziele. So eine Qualifikation ist z. B. eine Mindestvoraussetzung, um Küchenchef in größeren Betrieben zu werden.
Wenn man den Meisterbrief erworben hat oder wenn man Abitur hat, kann man das Fach „Hotelbetriebswirtschaft" studieren. Dieses Studium eröffnet den Zugang zum mittleren und oberen Management in der Hotellerie.
Für Köchinnen und Köche, die ihr Können gern weitervermitteln, gibt es eine interessante Berufsvariante, nämlich als Fachlehrer/-in an der Berufsschule zu arbeiten. Dazu muss man zusätzlich noch vier Semester Pädagogik in Ansbach studieren. Allerdings kann man rein fachpraktische Bereiche auch ohne diese pädagogische Ausbildung unterrichten. Ich unterrichte z. B. seit 2003 nebenberuflich an der Berufsschule Grafenau als Fachpraxis-Lehrkraft. Außerdem wirke ich bei der IHK als Prüferin bei den Zwischen- und Abschlussprüfungen mit. Als Voraussetzung dafür musste ich in einer Prüfung die so genannte „Ausbildereignung" erwerben.
Meine nächsten Ziele in dem Beruf? Wie gesagt, der Meisterbrief, dann möchte ich mich zur Diätköchin weiterbilden lassen und die so genannte „Zuckerschule" in Angriff nehmen. Übrigens gäbe es auch noch die Möglichkeit, Lebensmittelkontrolleur/-in zu werden.

***Der Beruf des Kochs/der Köchin wird in der Öffentlichkeit häufig unterschätzt. Schildern Sie doch einige persönliche Berufserfahrungen, die über den „normalen" Berufsalltag hinausreichen und die belegen, dass dieser Beruf besondere Herausforderungen bietet.***

So eine Herausforderung ist z. B., wenn man für prominente Persönlichkeiten kochen darf. Ein besonderes Kochereignis war für mich persönlich der deutsch-französische Gipfel im Hambacher Schloss. Außerdem durfte ich ein Abendmenü für den ehemaligen Bundeskanzler Gerhard Schröder und den bayerischen Ministerpräsidenten Edmund Stoiber gestalten. Da ist man dann schon gefordert! Auch diverse Sportgrößen „bekochte" ich schon, z. B. die Fußballmannschaft des FC Barcelona.

Ich arbeite außerdem an einem Kochbuch mit und im Bayerischen Fernsehen durfte ich auch schon einmal ein Menü vorstellen.

Das sind berufliche Höhepunkte, aber auch im elterlichen Betrieb gibt es Möglichkeiten, neue Ideen zu entwickeln. Ich habe hier z. B. eine neue Geschirrlinie eingeführt und die Speise- und Weinkarten neu gestaltet.

***Welche Seiten Ihres Berufes empfinden Sie als nicht so angenehm? Würden Sie sich trotzdem wieder für diesen Beruf entscheiden?***

Natürlich gibt es auch Schattenseiten. Die unregelmäßigen Arbeitszeiten sind stressig. Außerdem ist es schade, dass ich häufig gerade dann arbeiten muss, wenn meine Freunde frei haben. Dadurch hat sich mein Freundeskreis leider reduziert. Mich stört auch, dass an einem Arbeitstag mal wenig los ist, am nächsten Tag dafür aber dann vielleicht so viel zu tun ist, dass das kaum mehr zu schaffen ist. Außerdem empfinde ich im Sommer die Hitze am Herd manchmal schon als sehr unangenehm.

Trotzdem würde ich mich jederzeit wieder für diesen Beruf entscheiden.

**1** *a) Diskutiert darüber, ob dieses Interview einen guten Einblick in das Berufsbild „Koch/Köchin" vermittelt.*

*b) In einem Interview sind die Fragen, die gestellt werden, von zentraler Bedeutung. Bewertet die Qualität der Interviewfragen. Begründet eure Meinung.*

**2** *Legt für eure Präsentation zum Berufsbild „Koch/Köchin" zuerst eine Stoffsammlung an.*

*a) Notiert in Stichworten, was ihr in diesem Interview über das Berufsbild „Koch/Köchin" erfahrt. Gliedert die Informationen nach einzelnen Sachbereichen. Geht dabei folgendermaßen vor:*

- ☐ *Arbeitet aus den Interviewfragen heraus, nach welchen Sachbereichen jeweils gefragt wird. Formuliert treffende Gliederungspunkte (Überschriften).*
- ☐ *Notiert zu jedem Gliederungspunkt (Überschrift) wichtige Stichpunkte.*

Schulische Voraussetzungen

- mindestens Hauptschulabschluss
  → höherer Schulabschluss und gute Englisch- und Französischkenntnisse
  = häufig bessere Aufstiegschancen

*b) Überlegt, welche Informationen fehlen, um das Berufsbild „Koch/Köchin" noch genauer zu beschreiben? Sammelt Stichpunkte und Fragen, z. B. in einem Cluster.*

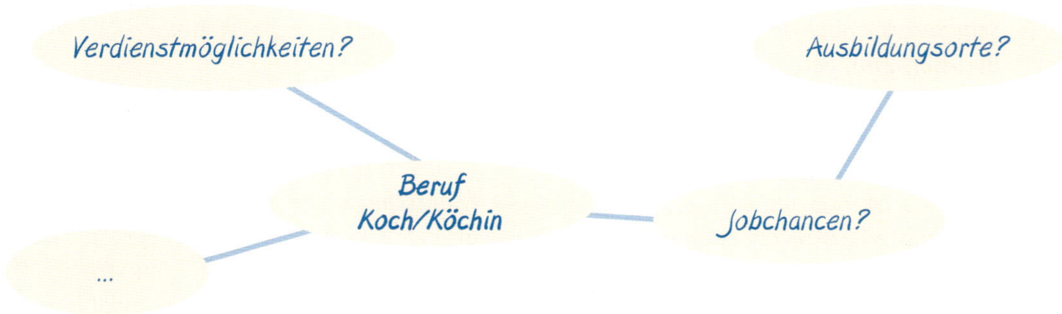


*c) Recherchiert in unterschiedlichen Medien nach Informationen zu euren Stichpunkten und Fragen. Mögliche Recherchequellen findet ihr im Tippkasten „Informationen über Berufe sammeln" auf Seite 99 (weitere Informationen zur Internetrecherche auf Seite 372).*

*d) Wertet euer Informationsmaterial aus und ergänzt eure Stoffsammlung. Der unten stehende Tipp hilft euch dabei.*

TIPP

**Informationsmaterial auswerten und Quellen angeben**

Beim Auswerten eures Informationsmaterials wendet ihr die üblichen Textbearbeitungsmethoden an.

- Markiert auf einer Kopie oder auf einem Ausdruck der Texte die wichtigsten Informationen.
- Notiert am Rand Stichworte, sodass ihr den Inhalt der Texte überblicksartig erfassen könnt.
- Verseht unbekannte Wörter und unverständliche Textstellen mit einem Fragezeichen und klärt ihren Sinn. Schlagt z. B. in einem Wörterbuch oder in einem Lexikon nach.
- Fasst die wesentlichen Informationen mit euren eigenen Worten zusammen.
- Wichtige Texte oder Statistiken solltet ihr für eure Stoffsammlung kopieren oder ausdrucken.
- Schreibt Sätze, die ihr zitieren wollt, wörtlich heraus und notiert euch die Quelle.
  - **Quellenangabe zu einem Buch:** Name, Vorname: Titel, Verlag, Erscheinungsort und -jahr, Seitenangabe
    Beispiel: *Zimmer, Uwe Peter: Handbuch Berufswahl. Die wichtigsten Ausbildungsberufe und ihre Zukunft, Eichborn, Frankfurt am Main 2006, S. 32*
  - **Quellenangabe zu einer Zeitung oder Zeitschrift:** Name, Vorname: Titel. In: Name der Zeitung/Zeitschrift (Nr. der Ausgabe), Jahr, Seitenangabe
    Beispiel: *Volk, Birgit: Richtig bewerben. In: Abi Berufswahl-Magazin (3), 2007, S. 76–78*
  - **Quellenangabe zu dem Internet:** (Name, Vorname: Titel.) In: Internetadresse (Datum des Tages, an dem die Seite besucht wurde)
    Beispiel: *http://infobub.arbeitsagentur.de/bbz/modul3/modul_3.html (13. 08. 2007)*

## Die Gliederung erstellen

In eurer Stoffsammlung habt ihr wichtige Informationen zu dem Beruf des Kochs/der Köchin zusammengetragen. Die Informationen, die ihr vortragen wollt, müsst ihr strukturieren. Diese schriftliche Gliederung ist der rote Faden für eure Präsentation.

**3** *Erstellt eine Gliederung für den Hauptteil eures Referats. Ordnet dafür die Informationen aus eurer Stoffsammlung nach sachlichen Gesichtspunkten.*

A Einleitung

B Hauptteil
1. ...
2. ...
3. ...
...

C Schluss

**4** *Die Einleitung und der Schluss bilden den Rahmen des Referats.*
*a) Die Einleitung muss das Interesse der Zuhörer/-innen wecken. Es gibt verschiedene Einstiegsmöglichkeiten, z. B.:*
- ☐ *ein Zitat*
- ☐ *eine persönliche Bemerkung der Referentin oder des Referenten über das Thema*
- ☐ *eine überraschende Frage an die Zuhörer/-innen*

*Überlegt euch selbst einen interessanten Einstieg für euren Vortrag.*
*b) Entwerft einen passenden Schlussteil für euer Referat.*

## Die Präsentation vorbereiten: Vortragskarten erstellen

Referate sollen möglichst frei vorgetragen werden. Eine ausformulierte Fassung des Referats kann dabei eher hinderlich sein. Besser ist eine Zusammenstellung der wichtigsten Informationen auf Karteikarten.

**5** *Haltet die wichtigsten Informationen eures Referats auf Karteikarten fest. Legt zu jedem Gliederungspunkt eine neue Karteikarte an. Beachtet dazu auch den unten stehenden Tipp.*

Koch/Köchin — Karte Nr. 2

Hauptteil, Punkt 1:
**Voraussetzungen für die Ausbildung**
- **schulisch:** mindestens Hauptschulabschluss
  → höherer Schulabschluss u. gute Englisch- und Französischkenntnisse = häufig bessere Aufstiegschancen
- **körperlich:** ...
- **persönlich:** ...
- ...

**TIPP**

### Vortragskarten erstellen
- ☐ Nehmt Karteikarten im Postkartenformat (DIN A6).
- ☐ Beschriftet die Karteikarten nur einseitig. Nutzt die Rückseite der Karteikarte nur, um die Bedeutung wichtiger Fachbegriffe oder Fremdwörter zu notieren.
- ☐ Schreibt deutlich lesbar.
- ☐ Markiert einzelne Kernbegriffe oder wichtige Hinweise mit unterschiedlichen Farben, z. B.: blau = Folie auflegen!

## Overheadfolien vorbereiten und präsentieren

Durch den Einsatz von Anschauungsmaterial wird der Vortrag nicht nur abwechslungsreicher, sondern die Zuhörer/-innen können sich auch die Informationen besser einprägen.

**6** *Mit Overheadfolien (OH-Folien) könnt ihr wichtige Informationen visualisieren.*

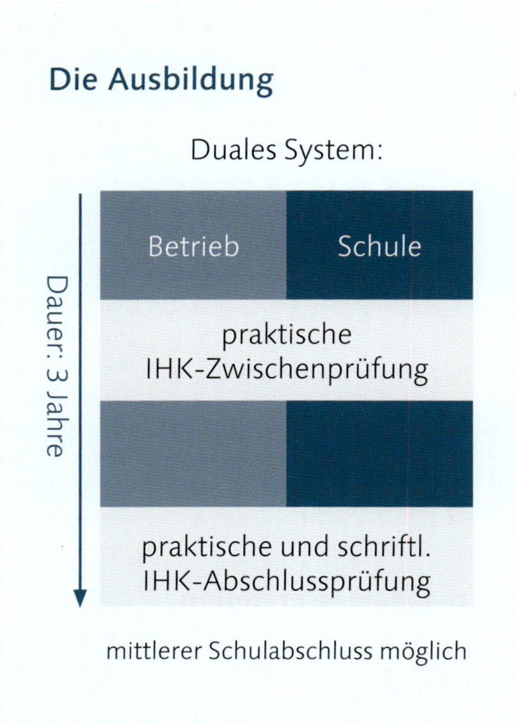


**Wie läuft die Ausbildung ab?**

Die Ausbildung dauert in der Regel drei Jahre und läuft nach einem dualen System ab, d. h., man wird in einem Betrieb ausgebildet und besucht parallel dazu die Berufsschule.
Nach dem ersten Ausbildungsjahr findet eine praktische Zwischenprüfung, am Ende der Ausbildung eine praktische und schriftliche Abschlussprüfung statt.

a) *Vergleicht die beiden OH-Folien und berücksichtigt dabei folgende Kriterien:*
   - ☐ *Anschaulichkeit*
   - ☐ *Informationsgehalt*
   - ☐ *Wirkung auf die Betrachter/-innen*

b) *Überlegt, welche Informationen ihr mit einer Folie besonders gut visualisieren könnt, und fertigt dann Entwürfe an.*
   - ☐ *Welche wichtigen Informationen wollt ihr aufnehmen?*
   - ☐ *Welche Informationen könnt ihr durch Schaubilder veranschaulichen?*

**TIPP:** *Nur das Wesentliche visualisieren (wenig Text, knappe Formulierungen), lebendige Erläuterungen gebt ihr mündlich.*

**7** a) *Erstellt eure OH-Folien, z. B. am Computer, und übt das Präsentieren eurer OH-Folien vor der Klasse. Beachtet dabei Folgendes:*
   - ☐ *Lest nicht einfach die Stichworte von der Folie ab, sondern erklärt und erläutert die Informationen auf der Folie.*
   - ☐ *Haltet Blickkontakt zu euren Zuhörerinnen und Zuhörern und wendet ihnen nicht den Rücken zu.*

b) *Gebt euch gegenseitig ein Feedback: Was ist euch gut gelungen, was kann man noch verbessern?*

## Eine PowerPoint-Präsentation erstellen

Am Computer könnt ihr mit Hilfe eines Präsentationsprogramms, z. B. PowerPoint, Folien erstellen, die ihr mit einem Video-Beamer (Projektor) präsentieren könnt.

**1** a) *Überlegt, aus welchen Seiten/Folien eure Präsentation bestehen soll. Beachtet auch hier: Nur das Wesentliche visualisieren (wenig Text, knappe Formulierungen), Erläuterungen gebt ihr mündlich.*
b) *Erstellt am Computer eine PowerPoint-Präsentation. Ihr könnt in Arbeitsgruppen zu Hause oder im Computerraum arbeiten. Die folgenden Informationen helfen euch dabei:*

### Die Folien/Seiten erstellen

- Öffnet PowerPoint und klickt auf Leere Präsentation. Hier bietet euch PowerPoint verschiedene Muster (Layouts) an, wie ihr die Seite (Folie) gestalten könnt.
- Wählt hier eine Musterseite aus und fügt eure Stichpunkte ein.
  - Die Folie soll wenig Text enthalten (7–10 Zeilen).
  - Wählt eine relativ große Schriftgröße (mindestens Schriftgröße 22).

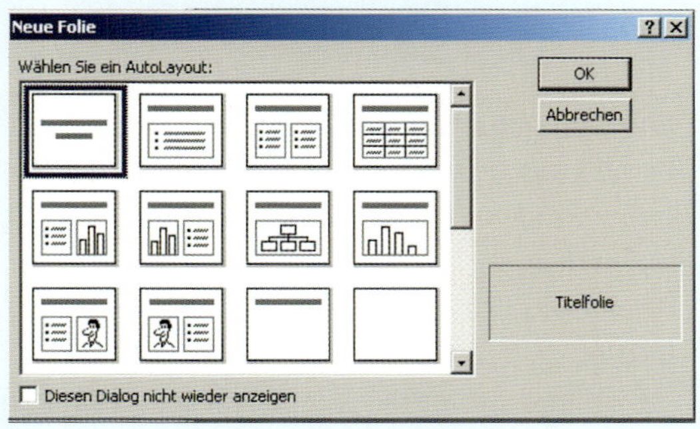


- Grafiken, Bilder oder Illustrationen, die als Datei vorliegen, könnt ihr einfügen durch Einfügen → Grafik → Aus Datei.
- Speichert die Folie mit Datei → Speichern unter → Dateiname.
- Entwerft weitere Folien mit Einfügen → Neue Folie.
- Überprüft am Ende alle Folien mit Ansicht → Foliensortierung.

### Das Seitenlayout gestalten

- Unter Format könnt ihr z. B. die Hintergrundfarbe eurer Folie auswählen. Achtet bei der Wahl der Farbe darauf, dass Hintergrund und Schrift in deutlichem Kontrast stehen.
- Auch verschiedene Schriftarten könnt ihr hier festlegen.
- Markiert den Text, den ihr animieren wollt, und klickt auf Bildschirmpräsentation → Benutzerdefinierte Animation. Im Menü werden euch jetzt verschiedene Effekte angeboten. Aber auch hier gilt: Weniger ist mehr!

### Die Präsentation starten

- Startet eure Präsentation:
  Klickt auf Bildschirmpräsentation → Bildschirmpräsentation vorführen. Mit der Enter-Taste klickt ihr euch von Folie zu Folie, mit der Escape-Taste beendet ihr die Präsentation.

**2** *Die Seiten eurer PowerPoint-Präsentation könnt ihr natürlich auch ausdrucken und als Thesenpapier (Handout) verteilen. Oder ihr könnt sie als „Attachment" (Anlage) per E-Mail elektronisch verschicken. Probiert diese Möglichkeiten aus.*

# 4.3 In Bewerbungsgesprächen einen guten Eindruck machen

War eure schriftliche Bewerbung interessant und aussagekräftig, bekommt ihr eine Einladung zum Vorstellungsgespräch. Das Vorstellungsgespräch entscheidet, welcher Bewerber ausgewählt wird. Häufig ist das Vorstellungsgespräch ein Einzelgespräch, das z. B. die Personalchefin oder der Personalchef führt.

**1** *Überlegt, warum die Personalchefin oder der Personalchef euch in einem Vorstellungsgespräch persönlich kennen lernen möchte.*

**2** *Oliver hat sich um einen Ausbildungsplatz als Bankkaufmann beworben und ist zu einem Vorstellungsgespräch eingeladen worden. Vor dem Vorstellungsgespräch möchte er sich über den Betrieb, bei dem er sich beworben hat, informieren. Er kann dazu folgende Informationsquellen nutzen:*

**Wie kann ich mich über einen Betrieb/ein Unternehmen informieren?**

- direkter Kontakt zum Betrieb, z. B. Bitte um Informationsmaterial
- Internet, z. B. die Homepage des Betriebs
- persönliche Kontakte, z. B. zu einer Mitarbeiterin/einem Mitarbeiter des Betriebs
- BIZ (Berufsinformationszentrum) oder IHK (Industrie- und Handelskammer)

*a) Besprecht, warum es sinnvoll ist, sich vor einem Bewerbungsgespräch über den Betrieb/das Unternehmen zu informieren. Welche Informationen würdet ihr in Erfahrung bringen wollen?*
*b) Sprecht über die Vor- und Nachteile der oben dargestellten Informationsmöglichkeiten.*

**3** *Es ist so weit: Oliver hat den Termin für das Vorstellungsgespräch mitgeteilt bekommen. Er trifft nun die letzten Vorbereitungen für das Bewerbungsgespräch. Welche Vorbereitungen könnt ihr im Vorfeld treffen? Formuliert Regeln für euch:*

- *Ich lese mir noch einmal die Stellenanzeige und meine Bewerbungsunterlagen durch.*
- ...

- *Ich fahre nicht „auf den letzten Drücker" los.*
- ...

**4** *Ein Bewerbungsgespräch kann zwischen 20 und 90 Minuten dauern. Viel Zeit also, um Fragen zu stellen. Das Entscheidende dabei ist, wie ihr auf die Fragen antwortet.*

*„Guten Morgen, Sie sind sicher Oliver Gross."*

A) „Hallo!"

B) „Guten Morgen, der bin ich. Und wer sind Sie?"

C) „Das ist richtig. Und Sie sind sicher Frau Schulz."

*„Schildern Sie mir doch kurz, was Sie bisher gemacht haben."*

A) „Okay, obwohl das doch eigentlich alles im Lebenslauf steht."

B) „Im Moment gehe ich noch auf das Luisenburg-Gymnasium in Wunsiedel und bin dort in der 10. Klasse. In den letzten Sommerferien habe ich in einer Computerfirma im Büro gearbeitet."

C) „Tja, ich gehe noch zur Schule, deswegen kann ich eigentlich nichts erzählen."

*„Wieso haben Sie sich ausgerechnet für den Beruf des Bankkaufmanns entschieden?"*

A) „Ich habe schon immer Interesse an Zahlen und der Finanzwelt gehabt. In Mathe war ich auch immer gut."

B) „Ein Freund von mir arbeitet in einer Bank und konnte mir einiges über die Tätigkeiten eines Bankkaufmanns erzählen. Gefallen hat mir, dass man in diesem Beruf viel mit Menschen zu tun hat."

C) „Ich möchte Bankkaufmann werden, weil ich vor allem Interesse an der Börse habe und mir handwerkliche Arbeit nicht gefällt."

*„Nennen Sie mir zwei Ihrer Stärken und zwei Ihrer Schwächen."*

A) „Ich bin sehr sportlich und musikalisch. Als Schwächen könnte man nennen, dass ich Dinge manchmal auf die lange Bank schiebe. Außerdem fällt es mir auch ab und zu schwer, klar zu sagen, was ich will."

B) „Ich kann gut organisieren, zum Beispiel habe ich unser letztes Klassenfest geplant. Ich glaube auch, dass ich recht gut mit Menschen umgehen kann. Zu meinen Schwächen: Ich bin manchmal sehr ehrgeizig und ärgere mich, wenn Dinge nicht so perfekt klappen. Außerdem esse ich viel zu häufig Schokolade."

C) „Ich kann prima zeichnen und habe Spaß daran, Leute zum Lachen zu bringen. Leider bin ich manchmal ganz schön ungeduldig und ein ziemlicher Langschläfer."

*a) Lest den Dialog mit verteilten Rollen. Probiert dabei die verschiedenen Antwortvarianten (A, B oder C) aus.*

*b) Diskutiert über die Antwortvarianten.*

- *Welches Bild vermittelt der Bewerber jeweils?*
- *Welche Antwort findet ihr jeweils am besten? Welche sollte man auf jeden Fall vermeiden? Begründet eure Meinung.*

**5** *In einem Bewerbungsgespräch erwarten euch viele Fragen. Zu den folgenden Themenbereichen wird man häufig befragt:*

A Berufswahl und Firma

B Lebenslauf und Schule

C Freizeit und Interessen

D Persönlichkeit und Fähigkeiten

- ☐ Warum haben Sie sich gerade bei unserer Firma beworben?
- ☐ Welcher Beruf käme für Sie außerdem in Frage?
- ☐ Was sind Ihre Lieblingsfächer in der Schule?
- ☐ Welche Schulfächer fallen Ihnen schwer und warum?
- ☐ Was machen Sie in Ihrer Freizeit?

*a) Formuliert gemeinsam mit einer Partnerin oder einem Partner weitere mögliche Fragen zu den einzelnen Themenbereichen. Notiert in Stichworten, wie ihr auf diese Fragen antworten würdet.*
*b) Stellt eure Ergebnisse in der Klasse vor und wertet sie gemeinsam aus.*

**6** *In einem Bewerbungsgespräch darf der Bewerber auch selbst Fragen stellen. Häufig wird dies sogar erwartet. Allerdings sollte man sorgfältig abwägen, welche Fragen man stellt.*

1 „Wann darf ich mit einer Benachrichtigung rechnen, ob ich den Ausbildungsplatz bekomme?"

2 „Wo liegen die inhaltlichen Schwerpunkte meiner Ausbildung?"

3 „Was verdient man hier als Chef?"

4 „Wie viel verdiene ich während meiner Ausbildungszeit?"

5 „Auf Ihrer Homepage findet sich ein Überblick über die Struktur Ihres Betriebes. Könnten Sie mir vielleicht kurz erklären, welche Bereiche für mich besonders wichtig wären?"

6 „Wann kann ich den ersten Urlaub nehmen?"

7 „Wie funktioniert das Zusammenspiel von Betrieb und Berufsschule?"

8 „Gibt es Chancen, nach der Ausbildungszeit in Ihrem Betrieb übernommen zu werden?"

9 „Könnte ich den Freitag zwischen Christi Himmelfahrt und dem Wochenende frei bekommen?"

10 „Muss ich mich während meiner Ausbildungszeit genauso in Schale werfen wie zu diesem Bewerbungsgespräch?"

*a) Diskutiert darüber, welche Fragen für ein Bewerbungsgespräch geeignet sind und welche man unterlassen sollte.*
*b) Sammelt in Partnerarbeit weitere Fragen, die euch für ein Vorstellungsgespräch geeignet scheinen.*
*c) Stellt eure Fragen in der Klasse vor und sprecht über eure Ergebnisse.*

**7** *Auch die Körpersprache spielt in einem Bewerbungsgespräch eine wichtige Rolle.*

*a) Sprecht darüber, wie die einzelnen Bewerber auf euch wirken. Begründet eure Meinung, indem ihr auch auf die Körpersprache eingeht.*

*b) Stellt die einzelnen Körperhaltungen auf den Fotos nach. Verändert sie dann so, dass die Bewerberin/der Bewerber einen guten Eindruck hinterlässt.*

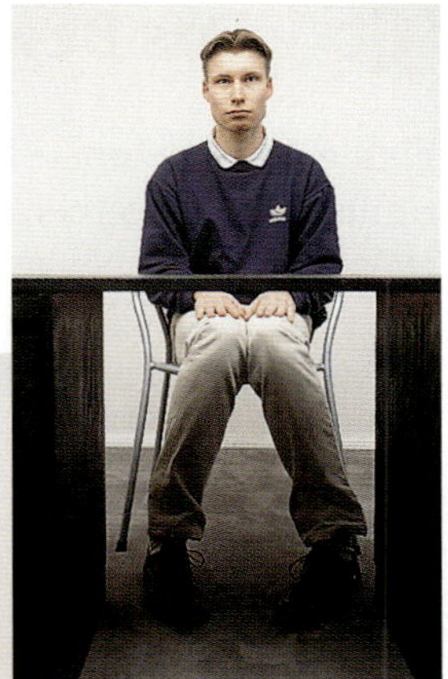

**8** *Trainiert die Situation eines Bewerbungsgesprächs in einem Rollenspiel.*

*a) Erstellt gemeinsam einen übersichtlichen Bewertungsbogen für eure Bewerbungsgespräche. Achtet darauf, dass mit diesem Bogen die Stärken und die Schwächen der Bewerberin/des Bewerbers festgehalten werden können.*

Name der Bewerberin/des Bewerbers:

| | |
|---|---|
| Auftreten: | ... |
| Sprechweise: | |
| Inhalt der Antworten: | |
| Inhalt der Fragen: | |

**Ablauf des Gesprächs:**

- Anklopfen
- Begrüßung mit Händedruck
- sich vorstellen
- Platz nehmen
- auf Fragen antworten
- eigene Fragen stellen
- sich verabschieden und bedanken

*b) Bildet Gruppen und entwerft eine konkrete Bewerbungssituation. Berücksichtigt dabei folgende Gesichtspunkte:*
- *In welchem Betrieb/Unternehmen bewerbt ihr euch für welchen Beruf?*
- *Welche Anforderungen werden an die Bewerberin/den Bewerber gestellt?*
- *Welche Qualifikationen hat die Bewerberin/der Bewerber?*

*c) Formuliert Fragen, die eine Personalchefin/ein Personalchef der Bewerberin/dem Bewerber stellen könnte. Ihr könnt dazu auch eure Ergebnisse aus Aufgabe 5 (▷ Seite 118) zu Hilfe nehmen.*

*d) Notiert auch Fragen, die ihr in dem Bewerbungsgespräch stellen könntet. Nehmt dazu eure Ergebnisse aus Aufgabe 6 (▷ Seite 118) zu Hilfe.*

*e) Spielt in Kleingruppen das Bewerbungsgespräch (ca. fünf Minuten) durch. Die Zuschauer/-innen beobachten das Gespräch und halten ihre Eindrücke im Bewertungsbogen fest.*
***TIPP:*** *Ihr könnt die Rollenspiele auch mit einer Videokamera aufzeichnen. Das ermöglicht es den Rollenträgern, ihr Verhalten selbst zu überprüfen.*

*f) Wertet die Gespräche aus. Lasst zunächst die Bewerber/-innen zu Wort kommen. Die Zuschauer und Zuschauerinnen sagen dann, was gelungen ist und was verbessert werden sollte.*

# Das Bewerbungsgespräch in Gruppen

Einige Unternehmen laden mehrere Bewerberinnen und Bewerber gleichzeitig zu einem so genannten Gruppengespräch ein. In einem solchen Gespräch wird der Gruppe, also den Bewerberinnen und Bewerbern, eine konkrete Aufgabe gestellt. Häufig hat diese Aufgabe mit dem angestrebten Beruf oder dem Unternehmen nichts zu tun.

**1** *Durch Gruppengespräche sollen andere Fähigkeiten der Bewerberin oder des Bewerbers überprüft werden als beim Einzelgespräch. Überlegt, welche Eigenschaften, Persönlichkeitsmerkmale und Verhaltensweisen der Bewerberinnen und Bewerber für das Unternehmen von Interesse sein könnten.*

**2** *Führt mehrere Gruppengespräche mit drei bis sechs Teilnehmern durch. Geht dabei folgendermaßen vor:*
- *Vereinbart für das Gruppengespräch eine bestimmte Zeit, z. B. zehn Minuten.*
- *Wählt für jede Gruppe eine der unten aufgeführten Aufgabenstellungen aus.*
- *Alle Anderen nehmen die Beobachterrolle ein und machen sich während des Gesprächs Notizen. Berücksichtigt dabei die folgenden Beobachtungsaufgaben:*

**Beobachtungsaufgaben:**
- Wer macht gute Vorschläge (Eigeninitiative)?
- Wer kann seine Meinung begründen (Argumentationsgeschick)?
- Wer wirkt sicher (Selbstsicherheit)?
- Wer kann gut auf Andere eingehen und ist zur Zusammenarbeit fähig (Teamfähigkeit)?
- Wer hält die Gesprächsregeln ein (Sozialverhalten)?

**Aufgabenstellungen:**

**„Klassenfahrt“**
Stellt euch vor, ihr wollt einen Klassenausflug unternehmen. Diskutiert, wohin ihr gerne fahren möchtet, und einigt euch auf ein Ziel.

**„Firma gründen“**
Stellt euch vor, ihr wollt eine Firma gründen. Überlegt gemeinsam, welches Produkt ihr herstellen oder anbieten möchtet, und einigt euch auf einen Namen für eure Firma.

**„Einsame Insel“**
Aufgabe 1: Stellt euch vor, ihr seid auf einer einsamen Insel gestrandet. Welche zehn Gegenstände würdet ihr mitnehmen, die euch das Überleben erleichtern?
Aufgabe 2: Wählt aus euren zehn Gegenständen die drei wichtigsten aus.
Aufgabe 3: Tauscht euch mit den anderen Gruppenmitgliedern aus, diskutiert und einigt euch auf insgesamt fünf Gegenstände, die ihr als Gruppe mitnehmen würdet.

**3** *Wertet in der Klasse die Gruppengespräche aus.*

# 5 Sprachgebrauch kritisch untersuchen – Unterschiedliche Sprach- und Stilebenen erkennen

## 5.1 Jugendsprache unter der Lupe

### Das Letzte: „Wörterbuch der Jugendsprache“

Ein Beitrag von Stephan Düfel im Rundfunk Berlin-Brandenburg

*Wenn Jugendliche „voll krass ablabern“ und Sie so gar nichts von alledem „peilen“, dann ahnen Sie vielleicht schon: Sie gehören zum „älteren Semester“, verstehen die Teenager und deren sprachliche Codes nicht. Ein Wörterbuch sorgt für Dechiffrierhilfe …*

Sie leben mitten unter uns, diese fremden, sonderbaren Wesen, genannt Jugendliche. Wenn sie anfangen, sich zu unterhalten, versteht jeder jenseits der 20 nur noch Bahnhof. Da geht es um Fummelbunker, Fünf-Finger-Rabatt, Brauereitumore und Terrorkrümel. Manche produzieren eine Straßenpizza und entpuppen sich als Softwürfel, die voll rummädeln. Für die Angehörigen der Erzeugerfraktion, die nicht total d-markig wirken wollen, gibt es nun das neue Wörterbuch der Jugendsprache. Zusammengetragen von Schülern und Schülerinnen aus ganz Deutschland.

Da erfährt man, dass es sich bei einer übergewichtigen Person um einen Puddingdampfer handelt. Die Lungen bräunen, also rauchen, tut man mit einem Lungenbrötchen. Wer in ein Sonnenstudio geht, besucht ein Münz-Mallorca. Und eine Stewardess ist nichts weiter als eine Saftschubse. Das klingt alles nicht nett, doch nett wollten Jugendliche noch nie sein. Viel, viel wichtiger ist es doch, bei den Kumpels fett zu rolexen. Schlagen Sie es nach!

**1** *Lest den Text genau durch und vergleicht die Wörter aus der Jugendsprache mit eurem Sprachgebrauch. Prüft dabei, welche Wörter ihr durch andere Wörter aus der Jugendsprache ersetzen würdet, und begründet eure Entscheidung.*

**2** *a) Übertragt alle jugendsprachlichen Beispielwörter aus dem Text (**▷ S. 121**) in euer Heft und übersetzt jedes Wort ins Hochdeutsche (Standardsprache).*
*b) Vergleicht die Ausdrücke aus der Jugendsprache mit ihren hochdeutschen Übersetzungen. Welche Besonderheiten fallen euch auf?*

latschen · deine Greifer · Riechkolben · supertoll · stranden
einen Korb bekommen · Loser · Info · bärig · einen Hänger haben
fett · straight · kübeln · schwallen · ätzend · müllen
crazy · vordergestern · Fossilscheibe · fluffig · zoffen
beamen · Perso · scannen · Stino · Compi · relaxen
übelst · superlustig · Alk · absahnen · Grufti · Bullen
rocken · wegwabern · (keinen) Bock haben · Connections
hammer · mega · knusper sein · Fake

**3** *Untersucht, welche Merkmale die gegenwärtige Jugendsprache hat. Entwickelt selbst einen Untersuchungsbogen nach folgendem Muster und ergänzt ihn mit Wortbeispielen. Ihr könnt die oben stehenden Wörter oder Beispiele aus eurem Sprachgebrauch nehmen.*

**Untersuchungsbogen: Merkmale von Jugendsprache**

| | |
|---|---|
| Anglizismen | shit, ... |
| Metaphern | du Pflaume, ... |
| Abkürzungen | Putze, ... |
| Verb → Nomen | deine Greifer, ... |
| Nomen → Verb | absahnen, ... |
| Superlativierung | supertoll, ... |
| Wortneuschöpfung (Neologismus) | Fossilscheibe, ... |
| ... | |

**4** *a) Bildet Gruppen und schreibt einen Text, in dem ihr möglichst viele Wörter und Wendungen aus eurer Jugendsprache verwendet. Legt gleichzeitig ein Glossar (Wortverzeichnis mit Erklärungen) für die Wörter und Wendungen an, die nicht der Hochsprache (Standardsprache) entsprechen. Textsorte (Geschichte, Situationsschilderung, Gespräch, Brief, Songtext etc.) und Thema könnt ihr frei wählen.*
*b) „Übersetzt" eure Texte ins Hochdeutsche und vergleicht beide Textvarianten.*
- *Welche sprachlichen Unterschiede (Wortwahl, Satzbau, Aktiv-/Passiv-Verwendung, Nominal-/Verbalstil) könnt ihr feststellen?*
- *Welche Wirkung haben die jeweiligen Texte?*

Hermann Ehmann

## Endgeil. Das voll korrekte Lexikon der Jugendsprache

*Hermann Ehmann, geboren 1964, ist Sprachwissenschaftler und Pädagoge. „Endgeil“ ist der vierte Band seines Lexikons zur Jugendsprache. Der folgende Text ist ein Ausschnitt aus dem Vorwort dieses Lexikons.*

Fast immer steht der Protestaspekt im Vordergrund, wenn Jugendliche sich in ihrer Sprechweise von der Alltagssprache der Erwachsenen bewusst abgrenzen. Sie verstehen „ihre“ Sprache in erster Linie als Protestinstrument gegen die – aus ihrer Sicht – zur Sprache gebrachte Sprachlosigkeit der Erwachsenenwelt und als Gegenpol zu bestehenden (sprachlichen und gesellschaftlichen) Normen und Konventionen, die nach der Auffassung der jugendlichen Sprecher antiquierte Relikte aus vergangenen Zeiten darstellen; signifikant ist zum Beispiel die Bezeichnung Ötzis als Synonym für „Eltern“. Bewusst evozierte Sprachunterschiede im Sinne einer „Kontrastsprache“ – als welche sich die Jugendsprache versteht – spiegeln somit eine deutliche Abgrenzungs- und Protesthaltung gegenüber den herrschenden Normen wider.

**1** *a) Lest den Text genau durch und schlagt alle Wörter, die ihr nicht verstanden habt, in einem Wörterbuch nach.*
*b) Fasst die These des Autors in eigenen Worten zusammen.*

**2** *Der vorliegende Text wie auch der Beitrag des Radiosenders Berlin-Brandenburg auf Seite 121 befassen sich mit dem Thema „Jugendsprache“. Vergleicht beide Texte inhaltlich und sprachlich (Wortwahl, Satzbau, Aktiv-/Passiv-Verwendung, Nominal-/Verbalstil), erklärt die Unterschiede und bewertet die unterschiedliche Wirkung der Texte.*

**3** *a) Diskutiert die These Ehmanns und begründet eure Meinung.*
*b) Tragt gemeinsam mit einer Partnerin oder einem Partner in einer Übersicht (Cluster, Mind-Map etc.) Gründe zusammen, warum Jugendliche eine eigene Sprache haben und benutzen. Berücksichtigt dabei auch die Sprechsituationen, in denen ihr selbst Jugendsprache verwendet.*

*c) Diskutiert über eure Ergebnisse. Wo seid ihr zu unterschiedlichen Feststellungen gekommen und warum?*

**Sprachvarianten**

Alterstypische **Gruppensprachen** (Jugend-, Szenesprachen), **Dialekte** und **Fachsprachen** sowie die **Standardsprache** (auch: Hochsprache) und die **Umgangssprache** sind verschiedene **Sprachvarianten** (auch: Sprachvarietäten), die sich beim aktuellen Sprechen unterschiedlich überlagern und mischen.

## Kanak-Sprak

### Erkan und Stefan

*Erkan und Stefan sind ein Komikerduo, bestehend aus den deutschen Komikern John Friedmann aus München und Florian Simbeck aus Ingolstadt.*

S.: Was geht ab?

M.: Hastu Problem, oder was?

S.: Ey, mach kein Scheiß, Alder!

M.: Was guckstu, bin isch Kino, oder was? Isch mach dir Propellerkick in Fresse rein!!!

S.: Krass, ey!

Michael Freidank

### Dem Benz und dem 3er

Da warn ma swei Typn vor Mc Donalds, dem Stefan Hase und dem Murat Igel, weißtu! Dem Stefan hatte krasse Benz mit sekksundertern Maschine, dem anderen hatte 3ermn mit einsekksern Maschine. Un als dem ma Burgern und Pommes gefressen ham, hat dem Murat dem Stefan angelabert: „Alder, dein Maschine is Scheissndreck!" „Halts Maul, du Penner, isch schwör! Dem 3ern versäg ich mit 600ern in Ruckwärtsgang", hat dem Stefan gesagt, „aber o.k., machen wirn krasse Race. Imern von eim zum nächstem Ampeln, o.k?"

**1** *a) Schreibt die Texte in der Standardsprache (Hochdeutsch) nieder und verbessert dabei alle sprachlichen Fehler.*

*b) Vergleicht die Texte und bestimmt dann die Merkmale der „Kanak-Sprak" genau. Untersucht dazu Wortwahl, Satzbau, Grammatik und Stil.*

**Michael Freidank,**
Autor des Buches „Kanakisch-Deutsch“:

*„Kanakisch hat nichts mit Ausländerfeindlichkeit zu tun. Diese Sprache ist eine Art Dialekt, der sich in den letzten Jahren rasant ausgebreitet hat und es auch in Zukunft noch tun wird. Er wird in Deutschland gesprochen, und zwar unabhängig von Regionen oder Staatsangehörigkeiten. Kanakisch ist eine noch sehr junge Sprache, was erklärt, dass die Altersobergrenze der Personen, die dieser Sprache mächtig sind, bei Mitte zwanzig liegt. ‚Wo du wolle?‘ (= prä-kanakisch) lautet im heutigen Kanakisch: ‚Alder, wo soll isch fahrn dem Benz, Alder?‘“*

**Hermann Ehmann,**
Sprachwissenschaftler und Autor des „Lexikons der Jugendsprache“:

*„Das Wort ‚Kanake‘ stammt aus dem Hawaiianischen und bedeutet dort ‚Mensch‘; in Deutschland wurde es zum Schimpfwort für Einwanderer aller Nationalitäten. Heute nennen sich die Deutsch-Türken der zweiten und dritten Generation stolz selbst so.“*

**Feridun Zaimoglu,**
Autor des Buches „Kanak-Sprak“:

*„Das präpubertäre Kanakisch wird auslaufen wie vieles Andere auch, aber der Kanaken-Jargon wird sich als eigenständige deutsche Sprache weiterentwickeln.“*

**2** a) *Lest die oben stehenden Statements zu diesem neuen Sprachtrend. Wie wird dieser Sprachtrend eingeordnet und bewertet?*
b) *Bewertet selbst diesen Sprachtrend. Warum findet er so viele Nachahmer? Welche Gefahr steckt in der häufigen Verwendung dieser Sprache?*

# 5.2 Öffentlicher Sprachgebrauch und Wirklichkeit – Zwischen den Zeilen lesen

Sprache wurde und wird immer wieder dazu genutzt, Menschen in ihrem Denken zu beeinflussen, sie zu manipulieren. Besonders deutlich wurde dies auch in der Zeit des Kalten Krieges zwischen Ost und West, z. B. in der Bezeichnung politischer Gegebenheiten:

| Bezeichnungen in der offiziellen DDR-Sprache | Bezeichnungen in der Bundesrepublik |
|---|---|
| ◻ Deutsche Demokratische Republik (DDR) | ◻ Sowjetzone, Zone;<br>später: die so genannte DDR |
| ◻ Antifaschistischer Schutzwall | ◻ Mauer |

**1** *a) Analysiert die Bedeutung der einzelnen Bezeichnungen so genau wie möglich. Überlegt dabei auch, welche Gefühlswerte und Vorstellungen (Konnotationen) mit den Wörtern wie z. B. „Schutzwall“ bzw. „Mauer“ verbunden sind.*
*b) Erläutert, welche politische Funktion die einzelnen Bezeichnungen in den beiden deutschen Staaten hatten.*

**!**

**Konnotation**
Konnotation (lat. con = mit; notatio = Anmerkung) bezeichnet die **Nebenbedeutung eines Wortes,** die die Hauptbedeutung eines Wortes (Denotation) begleitet, z. B. Palmen → Insel, weißer Sand, Sonne, baden ...
Konnotationen sind mit dem Wort zugleich mit erinnerte Erfahrungen, Empfindungen und Assoziationen. Sie schwingen bei der Verwendung des Begriffs unterbewusst mit. Dadurch können Wörter in ihrer Bedeutung positiv oder negativ aufgeladen werden. Die konnotative Bedeutung eines Wortes kann allen Sprecherinnen und Sprechern einer Sprache geläufig sein oder auch nur einzelnen Menschen.

Ziel der DDR-Politik war es, den Bürgen die vermeintlichen Vorzüge der DDR-Gesellschaft gegenüber der Bundesrepublik Deutschland zu vermitteln. Die Realität musste zu diesem Zweck oftmals verschleiert und beschönigt werden, öffentliche Kritik wurde nur versteckt geäußert. Die Menschen gewöhnten sich deshalb daran, „zwischen den Zeilen" zu lesen.

Ulrich Plenzdorf

## Legende vom Glück ohne Ende

*Plenzdorfs „Legende vom Glück ohne Ende" ist eigentlich eine Liebesgeschichte zwischen Paul und Paula, die in der DDR leben und sich an dem gegebenen System reiben.*

Pauls gesamtes Studium soll nach seinen Worten nur ein Ziel gehabt haben: die richtige Anwendung des Noch. Dabei soll es eigentlich ganz einfach sein: „Lässt es sich trotz aller theoretischen Beschlagenheit und Beredsamkeit nicht vermeiden, eine Tatsache anzuerkennen, die nicht so recht ins schöne Bild passt, dann setzt man möglichst mit einem ernsten Lächeln das Noch davor und alles ist wieder in Ordnung. Es ist doch ein Riesenunterschied, ob einer sagt: ‚Wir haben kein Bier in Büchsen', oder ob er sagt: ‚Noch haben wir kein Bier in Büchsen.' Im ersten Fall steht er eindeutig als einer da, der destruktive Kritik übt, der eigentlich sagen will, wir werden nie Bier in Büchsen haben, als Systemkritiker. Im zweiten Fall, im Noch-Fall, wahrt er sein Image als kritischer Kopf, beweist aber, dass er die Perspektive nicht aus den Augen verloren hat und dass er sich mit allen einig ist, dass der bewusste Zustand überwunden werden wird. Noch beruhigt ungemein, bis zum Gähnen. Es gibt auf Dauer kein besseres Beruhigungsmittel als noch. Es macht so schön passiv. Es flößt so viel Vertrauen ein zu dem, der es verteilt.

[...]

Und die von Paul später entdeckte Methode, die Zeitung zu lesen, war Paula zu schwierig. Paul: „Dass das häufigere Auftauchen von Reisrezepten bedeutet, es wird Schwierigkeiten in der Kartoffelversorgung geben, konnte man ihr noch klarmachen. Dass aber ein dreispaltiger Artikel über die hervorragende Qualität der Schulspeisung, bis auf wenige noch zu verbessernde Ausnahmen, bedeutet, die Schulspeisung ist generell unter aller Würde, das begriff Paula schon nicht mehr. Sie war auch der Meinung, dass ein normaler Mensch da nicht mitkam. Ganz zu schweigen von den höheren Beträgen."

**1** *a) Erläutert mit euren eigenen Worten, welche Art des Sprachgebrauchs im Text beschrieben wird. Belegt eure Aussagen am Text.*

*b) Besprecht, was diese Art des Sprachgebrauchs bewirken sollte. Wie wird sie im Text bewertet (zustimmend, ablehnend, sachlich, ironisch ...)? Findet im Text Belege.*

Ernst Röhl

## Aktiv durchs Passiv

Verachtet mir das Passiv nicht! Früher oder später kommt die Stunde, in der man es dringend braucht. Spielen wir einen Fall aus der Praxis unverbindlich durch. Die Berichterstattung ist fällig und der jüngste Bericht sieht auf den ersten Blick gar nicht gut aus:
*Wir haben unsere* Aufgaben nicht erfüllt. Dies ist kein schöner Satz und es hilft wenig, unser aufrichtiges Bedauern in diese negative Information mit einzubinden, etwa so: Wir haben unsere Aufgaben *leider* nicht erfüllt. Auch die Beteuerung diverser Aktivitäten bringt uns nicht weiter: *Trotz gewaltiger Anstrengungen, intensiven Klassikerstudiums sowie vielfältiger zusätzlicher Initiativen in der 3. Initiativdekade* haben wir unsere Aufgaben leider nicht erfüllt.
Wir befinden uns formulierungsmäßig in der Sackgasse. Wir haben die Aufgabenuntererfüllung nur verschieden interpretiert, es gilt aber, sie zum Positiven zu wenden. Exakt zu diesem Zweck bringen wir das rettende Passiv in Anwendung: Unsere Aufgaben *wurden* von uns nicht erfüllt. Schon besser, wenngleich Kompetenz und Verantwortung noch allzu aufdringlich betont, wenn nicht gar überbetont erscheinen. Deshalb zweckmäßiger: *Die* Aufgaben wurden nicht erfüllt.
Niemand war's und keiner hat's gesehn. Nun noch kurz, aber deutlich die objektiven Ursachen für die ausgefallenen Leistungen hervorheben: Die Aufgaben *konnten* nicht erfüllt werden. An dieser Stelle erkennt der Logiker die einmalige Chance zu einem weiteren Qualitätssprung. Aufgaben, die nicht erfüllt werden konnten, konnten nach den Gesetzen der normalen Logik erst recht nicht übererfüllt werden. Hier halten wir fest: Die Aufgaben konnten nicht übererfüllt werden. Schön, wird der Wohlmeinende wohl meinen, übererfüllt werden konnten sie nicht, aber erfüllte Aufgaben sind ja auch nicht von Pappe. Skeptiker indes könnten möglicherweise die extremen Bedingungen diskutieren, die zur Nichterfüllung geführt haben. Gönnen wir ihnen keine Denkpause! Richten wir den Blick hurtig nach vorn! In die grammatische Zukunft! Beteuern wir unsere ernsten Absichten, natürlich, indem wir rauschhaft das Aktiv verwenden: Wir *werden* unsere Aufgaben erfüllen und übererfüllen. Merke: Ein aktives Passiv ist immer noch besser als ein passives Aktiv.

**1** *Gebt mit eigenen Worten wieder, was der Autor mit dieser Satire kritisiert.*
***TIPP:*** *Die Satire übt durch Übertreibung, Ironie, Mehrdeutigkeit und beißenden Spott Kritik an Personen oder gesellschaftlichen Zuständen.*

**2** *a) In dem vorliegenden Text wird ein Beispielsatz variiert. Schreibt die verschiedenen Variationen dieses Beispielsatzes aus dem Text heraus.*
*b) Bestimmt Satz für Satz, was sich jeweils verändert hat. Verwendet grammatikalische Begriffe.*
*c) Was bewirkt die Verwendung des Aktivs und des Passivs in den von Röhl angeführten Beispielen?*

**3** *Diskutiert darüber, was ihr in den sprachkritischen Texten von Plenzdorf (▷ S. 127) und Röhl über die politischen Verhältnisse in der DDR erfahrt. Welche satirischen Gestaltungsmittel werden verwendet?*

*Karikatur von Robert Beier*

Lutz Rathenow

## Herr Leibling

*Lutz Rathenow wurde 1952 in Jena in der DDR geboren. Er begann an der Universität Jena ein Studium als Lehrer für Deutsch und Geschichte und wurde 1977, drei Monate vor dem Examen, aus politischen Gründen vom Studium ausgeschlossen.*
*Zuerst verdiente er sein Geld als Beifahrer und Transportarbeiter, 1977 zog er nach (Ost-)Berlin, wo er beim Theater arbeitete und als freier Schriftsteller lebte.*
*Lutz Rathenow lebte in der DDR, publizierte jedoch in der BRD. Nach der Wende wurde ihm im Januar 1992 von der Jenaer Friedrich-Schiller-Universität nachträglich das Abschlussdiplom verliehen. Lutz Rathenow lebt heute als freier Schriftsteller in Berlin. Die Erzählung „Herr Leibling“ erschien 1995 und spielt in der DDR.*

*Schon beim Bau des Wochenendhauses, der ihm als Auszeichnung für stete Pflichterfüllung vom Betrieb genehmigt worden war, tat sich Herr Leibling durch besonderen Fleiß hervor.* Nach dem Einzug sah man ihn meist mit Hacke, Spaten, Gießkanne und Luftgewehr, Letzteres für Spatzen, die Gras- und Blumensamen aus der Erde picken wollten. Seinen Garten hielt Herr Leibling mit Eifer in Stand.
Die Ligusterhecke wurde durch einen Holzzaun ersetzt, als der Verdacht bestand, streunende Hunde hätten das Blumenbeet angewühlt. *Anschließend führte er eine Schädlingsvernichtungsaktion durch, die den größten Teil der Insekten vernichtete, allerdings durch ausgiebigsten Einsatz verschiedenster chemischer Mittel die Gemüsebauerträge auf die Hälfte schrumpfen ließ.* Herr Leibling bedauerte dies, doch vor allem sollte keiner sein Eigentum annagen, begehren, stehlen wollen. Deshalb wurde, als sich die Vermutung erhärtete, dass Kinder die Apfelbäume geplündert hatten, der Holzzaun durch einen höheren Eisenzaun ersetzt, der nach oben in langen Spitzen endete. *Herr Leibling erkannte als Erster die Gartenschutz fördernde Wirkung von Stacheldraht in Verbindung mit Zäunen, für die er den Titel „Aktivist[1] der Gartenbewegung“ verliehen bekam.* Dadurch angespornt, startete er eine zweite, erfolgreichere Insektenvernichtungsaktion, nach der jedoch Gemüseanbau nicht mehr möglich war. Weitere Schädlingsbekämpfung würde vorerst unnötig sein – bedrohlicher schienen die Grassamenraubzüge der Vögel. Nachdem Herr Leibling das Luftgewehr als zu uneffektiv empfand, eine im Garten angebrachte Selbstschusseinrichtung wegen ihrer Streubreite polizeilich verboten wurde, rammte er in regelmäßigen Abständen Pfähle in den Boden und spannte Stacheldraht über den Rasen. *Die Vermutung, ihm könne weiterhin Baumobst entwendet worden sein, erschien nicht gänzlich unbegründet. Er fällte alle Bäume, die Wurzeln wurden gerodet, was ein besseres Sicht- und Schussfeld ergab und den Vögeln ihren konspirativen[2] Hauptschlupfwinkel raubte. Er grub den Rasen mit den letzten Blumen um, ein Schutzgrabensystem entstand entlang des Zaunes und erleichterte die Früherkennung von Maulwürfen.*
Verbissen arbeitete Herr Leibling und hatte manchmal das Gefühl, einer würde versuchen, ihm die Erde unter den Füßen wegzutragen. Mehr und höhere Pfähle wurden in den Boden gerammt, Stacheldraht vom Zaun zum Dach gespannt. Nichts wird er sich nehmen lassen, dachte Herr Leibling, selbst die verbliebenen Insekten im Garten durfte nur er ausrotten. Aber die Vögel wollten ihre Beutezüge nicht aufgeben, auch als der Draht durch Stromleitungen ergänzt und mit verschiedenen Chemikalien bestrichen wurde wie der Zaun, bei dem es ihm schon lange Unbehagen bereitete, dass dieser von vorbeigehenden Passanten

1 **Aktivist:** Person, die sich unentgeltlich, nur aus innerer Überzeugung und persönlicher Motivation für ein bestimmtes Ziel einsetzt. Das Wort „Aktivist“ stand in der DDR auch für eine gemeinnützige Arbeitseinstellung. „Aktivist der sozialistischen Arbeit“ war eine häufig verliehene Auszeichnung in der DDR.

2 **konspirativ:** (politisch) eine Verschwörung anstrebend; in einen Verschwörungszusammenhang gehörend

einfach angefasst und durch sich summierende Berührung abgenutzt werden könnte. Metallfäden durchschnitten die Luft, ein Geflecht aus Stacheldraht und elektrischer Leitung entstand, das sich teppichähnlich über Haus und Garten zu legen begann. Gleichzeitig legte er seine Wachsamkeit auf unbefugtes Eindringen von unten. Ich werde nicht zulassen, dass die Fundamente meines Hauses untergraben werden, schrie Herr Leibling und stieß im Abstand von zehn Zentimetern dreißig Zentimeter tiefe Löcher in den Boden. Er setzte Gas ein.

Die Öffentlichkeit wurde auf ihn aufmerksam, als er gegen Käfer in der Erde vorging.

Besucher wanderten zu dem Grundstück, das von außen wie ein Drahtberg aussah, ohne Einblick in sein Inneres. Versuche, zu Herrn Leibling vorzudringen, blieben ohne Erfolg, anfangs antwortete er mit Flüchen und Stinkbomben, später reagierte er weder auf Rufe noch auf Böllerschüsse oder Rauchzeichen. Das Haus löste als Touristenattraktion das hiesige Heimatmuseum ab und wurde unter Naturschutz gestellt. *In der Versammlung des Gartenverbandes stellten mehrere Mitglieder die Frage, ob es für das ruhige Gedeihen der Gemeinschaft nicht von Vorteil wäre, man nutzte die Erfahrung des Kollegen Leibling und zöge um die ganze Siedlung einen Stacheldrahtelektrozaun.* Der Wirt des „Grünen Krugs" schlug vor, wegen der besucher- und umsatzfördernden Aktivitäten Herrn Leibling als „Hervorragenden Aktivisten der Gartenbewegung" auszuzeichnen. Der Betreffende selber wurde nicht mehr gesehen – letzte Gerüchte wollen vom Auslegen von Minitretminen für Ameisen wissen.

**1** *a) Fasst den Inhalt der Geschichte in ein bis zwei Sätzen zusammen.*
*b) Erläutert die Motive und Beweggründe Herrn Leiblings, die er selbst für sein Handeln angibt. Erklärt seine Absichten und bewertet sein Handeln.*
*c) Versucht, die unerwartete Reaktion der Mitglieder des Gartenverbandes zu erklären.*

**2** *Erläutert, welche Wirkung die rechts aufgeführten Formulierungen im vorliegenden Text haben. Bedenkt dabei auch, welche Assoziationen und Gefühlswerte (Konnotationen) mit den entsprechenden Formulierungen verbunden sind.*

Aktivist der Gartenbewegung (Z. 27)
konspirativer Hauptschlupfwinkel (Z. 44/45)
Früherkennung von Maulwürfen (Z. 48)

**3** *a) Schreibt den Inhalt der kursiv hervorgehobenen Sätze in der Umgangssprache auf und vergleicht die Unterschiede in der sprachlichen Gestaltung (Wirkung von Wortwahl, Satzbau und Modus).*
*b) Erklärt, welche Funktion diese sprachlichen Gestaltungsmittel im Text haben. Lest dazu auch die Vorgaben des DDR-Regimes für Kleingartenanlagen auf Seite 131.*

**Auszüge aus dem Beschluss über die Standortplanung und über die Entwicklung von Kleingartenanlagen in der DDR von 1978**

3c. In den Kleingartenanlagen können bei Anlegung der Maßstäbe strenger Sparsamkeit, bei Gewährleistung der Realisierung über Eigenleistungen und Ausschöpfung von örtlichen materiellen Reserven als Gemeinschaftseinrichtungen Spartenheime [...] vorgesehen werden.

5b. Für die innere Erschließung von neuen Kleingartenanlagen, ihre Umzäunung, die Schaffung des Wegenetzes und von Gemeinschaftseinrichtungen [...] sind die Kleingärtner [...] finanziell und materiell verantwortlich.

5c. Die ökonomischen Leistungen unserer Mitglieder sind Ergebnis ihrer Freizeitbeschäftigung, durch die sie in erster Linie Freude, Erholung und Entspannung suchen und finden. Deshalb sollte der Anbau von Blumen und Zierpflanzen in unseren Gärten, die Hege und Pflege seltener Tierrassen nicht unbeachtet gelassen werden. Sie tragen mit dazu bei, dass unser Leben schöner und inhaltsreicher wird.

**4** *Aus der sprachlichen Gestaltung des Textes „Herr Leibling“ (▷ S. 129/130) könnt ihr Rückschlüsse auf die Absicht des Autors ziehen. Erklärt die Aussageabsicht des Autors und belegt mit passenden Textstellen seine Wertung, die er durch den Erzähler scheinbar unbemerkt einfließen lässt.*

Thomas Brussig

## Am kürzeren Ende der Sonnenallee

*Thomas Brussig wurde 1965 in Berlin geboren und wuchs im Ostteil der Stadt auf. Er studierte Soziologie und Dramaturgie. Für das Drehbuch zu dem Film „Sonnenallee“ erhielt er – zusammen mit dem Theaterregisseur Leander Haußmann – den Drehbuchpreis der Bundesregierung.*
*Der Roman „Am kürzeren Ende der Sonnenallee“ erschien nach dem Film und wurde zum Bestseller. Thomas Brussig hat den Alltag der Bürger in der DDR zum Thema gemacht, es geht ihm nicht um eine Abrechnung mit dem System.*
*Im folgenden Textausschnitt müssen sich die Freunde Micha und Mario vor der Schuldirektorin und einem Sekretär der SED-Kreisleitung rechtfertigen.*

Mario und Micha wurden drei Wochen später zu Erdmute Löffeling zitiert. Sie hatten keine Ahnung, weshalb. Das war kein gutes Zeichen, zumal da einer saß, den sie nicht kannten. Erdmute Löffeling blätterte kopfschüttelnd in einer Illustrierten aus dem Westen[1], tat gelegentlich einen Seufzer oder stöhnte gar. Mario und Micha verstanden nicht, wieso sie ihre Direktorin beim Blättern in einer Westillustrierten zuschauen sollten. Der Fremde sammelte sich, holte schließlich Luft und sagte gequält: „Es gehört zu den unangenehmen Aufgaben eines Sekretärs der SED-Kreisleitung, regelmäßig den Feind lesen zu müssen.“ Er machte eine Pause, um Micha und Mario Zeit zu geben, die Bedeutung der eben gesagten Worte zu ermessen, und tatsächlich zeigte Mario Verständnis für den Parteifunktionär, indem er seufzend bemerkte: „Ja, dies sind nun mal die Härten eines ansonsten doch recht schönen Berufs.“ Mario sagte das in einem so treuherzigen Ton, dass der Sekretär der SED-Kreisleitung nicht im Entferntesten auf die Idee kam, Mario mache sich über ihn lustig. Aber als der Parteimensch Mario und Micha die Zeitung präsentierte, verschlug es ihnen die Sprache. Sie begriffen sofort, worum es ging. Micha bekam Angst. In dem Moment, als Micha von der Illustrieren aufschaute und in Erdmute Löffelings verstei-

1 In der DDR waren die Medien aus dem Westens verboten. Druckerzeugnisse aus dem Westen durften DDR-Bürger nicht lesen, so genanntes Westfernsehen durften sie nicht sehen.

nertes Gesicht blickte, hatte er so große Angst vor ihr, dass sich seine Direktorin zu einem Ungeheuer verzerrte: Erdmute Löffelings Kopf war viel größer, als Micha je wahrgenommen hatte. [...]

Was Mario und Micha in der Illustrieren sahen, die ihnen der Parteimensch entgegenhielt, war ein Foto, wie sie mit weit aufgerissenen Augen und bettelnd vorgereckten Händen den Betrachter anschauten. Mario und Micha waren wunderbar getroffen und das an sich schon ausdrucksstarke Foto war garniert mit einer Bildunterschrift: „Die Not im Osten – wie lange hält das Volk noch still?"

Der Parteimensch und Erdmute Löffeling ließen Micha und Mario schweigend unter einem langen, strafenden Blick schmoren. Micha räusperte sich zaghaft und verkündete plötzlich selbstbewusst, ja geradezu auftrumpfend: „Da kann man mal sehen!" Und nach einer Kunstpause redete Micha weiter, wobei er sich immer weiter steigerte. *„Da kann man mal sehen, wie* ***die*** *lügen. Und dass die zu solchen Lügen greifen müssen, zeigt doch schon, wie die am Ende sind. Ich wünsche mir noch mehr solche Lügen! Denn je schmutziger die Lügen, desto in die Ecke getriebener ist der Gegner."*

Micha wusste, wie er sich in gewissen Situationen Luft verschaffte. Der Parteimensch zeigte sich Michas Argumenten sogar sehr gewogen. Dass der Junge für schlechte Presse sorgte, war nicht erfreulich, aber seine Analyse – alle Achtung: Je schmutziger die Lügen, desto in die Ecke getriebener ist der Gegner. Erdmute Löffeling missbilligte den Gebrauch des Komperativs, aber Micha war nicht zu bremsen: *„Wenn die Lügen am schmutzigsten sind, ist der Gegner am in die Ecke getriebensten."* Der Parteimensch fing an, sich um Michas Zukunft Gedanken zu machen – auch Karl-Eduard von Schnitzler[2] wird irgendwann in Rente gehen. Zunächst wurde Micha zu einem Diskussionsbeitrag mit einem wohl klingenden Titel verdonnert: „Die Lüge, der Feind und der Klassenkampf[3]". Darin müsste Micha vom persönlichen Erleben über Analyse zu einer verallgemeinernden Moral kommen.

Micha hatte also die ganze Geschichte wieder mal in seinem Stil umgebogen, der Parteimensch hatte die Illustrierte mit dem belastenden Foto zugeklappt und Micha sogar schon freundlich zugenickt, als Mario plötzlich den Mund aufmachte. Trotzig sagte er: „Der Hunger nach Freiheit ist größer als der Hunger nach Brot! Das hat Sartre gesagt! Oder Mahatma Gandhi? Oder der Hunger nach Menschenrechten?" Mario war vor Aufregung ganz durcheinander, aber er wusste, was er wollte: sich zu allem bekennen, was verteufelt war – Sartre und Gandhi, Freiheit und Menschenrechte. Diese vier Worte waren so verteufelt, dass Mario sie eigentlich gar nicht kennen, geschweige denn im Mund führen durfte. Micha versuchte, das Schlimmste zu verhindern, indem er sagte, Mario meine natürlich die so genannte Freiheit und die so genannten Menschenrechte. Vergeblich. Der Parteimensch wandte sich an Micha und sagte eiskalt: „Wenn dein so genannter Freund jetzt nicht zur so genannten Besinnung kommt, wird er einen so genannten Rausschmiss erleben!" Mario schrie ihn an: „Ich komme aber nicht zur so genannten Besinnung!"

Und nun kam noch ein Wort ins Spiel, das niemand kannte: Relegation[4]. Selbst Brille hatte dieses Wort noch nie gehört. Aber alle verstanden auf Anhieb, was damit gemeint war. Niemand kam auf die Idee, dieses Wort zu benutzen. Es klang so unbarmherzig und kalt. Es klang wie etwas, wogegen man sich nicht zur Wehr setzen kann.

2 **Karl-Eduard von Schnitzler:** Chefkommentator des DDR-Fernsehens und Moderator des „Schwarzen Kanals". In der 20-minütigen Sendung wurden wöchentlich Ausschnitte aus westlichen Nachrichten gezeigt und kommentiert. Dieser Kanal diente der Propaganda als Beweisführung für die Bedrohung aus dem Westen und die schlechten Lebensbedingungen im Westen.

3 **Der Begriff des Klassenkampfs** spielte im Vokabular der SED eine wichtige Rolle. Im Verständnis der DDR-Ideologie existiert im Kapitalismus der Klassenkampf als Konflikt zwischen den Inhabern der Arbeitskraft (den so genannten Proletariern) und den Besitzern der Produktionsmittel (den so genannten Kapitalisten). Nach offizieller Ideologie der DDR waren die Gegensätze zwischen den Klassen in der DDR aufgehoben.

4 **Relegation:** Schulverweis

**1** *Erläutert, warum Micha und Mario zur Direktorin zitiert werden. Was genau ist aus Sicht der Schulleiterin und des Parteisekretärs ihr Vergehen?*

**2** *a) Diskutiert, was diese Szene aus dem Roman über Micha, Mario und die Schule aussagt. Belegt eure Meinung anhand des Textes.*
*b) Wie bewertet ihr das Verhalten von Micha, wie das von Mario?*

**3** *a) Untersucht den Sprachgebrauch, mit der die Parteilinie der DDR dargestellt wird, und erklärt die Funktion und die Wirkung dieser offiziellen DDR-Diktion innerhalb des Textes.*
*b) Analysiert die „Taktik", die Micha in seiner Argumentation anwendet. Untersucht dazu die kursiv hervorgehobenen Textstellen auf Inhalt, Wortwahl und Satzbau hin. Erklärt, wodurch hier Komik entsteht.*

**4** *a) Arbeitet heraus, in welchen Zusammenhängen der offizielle Sprachgebrauch der DDR im Text verwendet wird und wie er jeweils wirkt (ablehnend, zustimmend, sachlich, komisch ...).*
*b) Erläutert, wie und an welchen Stellen der Autor in dieser Szene seine Wertungen einfließen lässt. Belegt eure Aussagen anhand des Textes.*

Reiner Kunze

## Fahnenappell[1]

*Der folgende Text erschien in dem Sammelband „Die wunderbaren Jahre", der 1976 in der BRD erschien. Die Texte in diesem Band entstanden anhand von zahlreichen Gesprächen, die Reiner Kunze in der DDR mit Schülern, Lehrlingen, Arbeitern und Soldaten der Nationalen Volksarmee geführt hatte. Kurz nach Erscheinen des Buches wurde Reiner Kunze aus dem Schriftstellerverband der DDR ausgeschlossen, was einem Berufsverbot gleichkam.*

Montag morgen stand der Direktor der erweiterten Oberschule in X. in Uniform neben der Fahne – in Uniform eines Offiziers der Nationalen Volksarmee[2], in der er den Appell nur zu bestimmten Anlässen abnahm. „Und es geht nicht", sagte er, „daß ein Schüler die Offiziere der Nationalen Volksarmee als dumm und halbgebildet bezeichnet. Von diesen Schülern müssen wir uns trennen."

*(Der Leiter des Wehrkreiskommandos[3] hatte N., Arbeitersohn und Schüler der elften Klasse, für die Offizierslaufbahn werben wollen. Ob er am Beispiel des Direktors nicht sähe, hatte der Leiter des Wehrkreiskommandos gesagt, wie allseitig gebildet Offiziere seien. N. hatte geantwortet, er habe eher den Eindruck, der Direktor sei „einseitig gebildet": Seine Erziehungsmethoden bewirkten, daß in der Schule nur noch gelernt und kaum mehr gedacht werde.)*

Die Fahne war noch nicht wieder eingeholt – das Einholen fand am Sonnabend statt –, als der Schüler N. gegen elf Stimmen und bei einer Enthaltung aus der „Freien Deutschen Jugend"[4] ausgeschlossen wurde.

*(Vorher hatte eine Elternbeiratssitzung stattgefunden, nach der Eltern ihre Tochter aus dem Bett geholt hatten. „Daß du ja nicht für den stimmst! ... Daß du ja nichts zugunsten von dem sagst!" Der Elternbeiratssitzung waren Klassenversammlungen gefolgt.*

1 **Fahnenappell:** Der Fahnenappell war in der DDR eine formell an das gleichnamige Militärritual angelehnte Veranstaltung an allgemeinbildenden Schulen, welche mehrmals im Jahr zu besonderen Anlässen stattfand. Dabei versammelten sich sämtliche Lehrer und Schüler auf dem Schulhof zu einer Zeremonie von der Dauer einer Schulstunde.

2 **Nationale Volksarmee (NVA):** Armee der DDR
3 **Wehrkreiskommando:** Behörde der Nationalen Volksarmee
4 **Freie Deutsche Jugend (FDJ):** Jugendorganisation in der DDR

*„Wer für N. stimmt, entfernt sich vom Standpunkt der Arbeiterklasse." Schließlich hatte jeder der Schüler, die als Diskussionsredner ausgewählt worden waren, eines der schwarzen Steinchen zugeteilt bekommen, aus denen das schwarze Bild zusammengesetzt werden sollte: Überheblichkeit ... Thesen zur Verunsicherung der Mitschüler ... Radikale Ansichten. Dabei hatte eine Schülerin enttäuscht, indem sie gefragt hatte, wieso denn N. würdig gewesen wäre, Berufsoffizier zu werden.)*

Dreimal noch duldete es die Fahne, daß der Schüler N. unter ihr stand, während sie aufstieg, mit zunehmender Höhe immer gemessener, um die Mastspitze exakt beim letzten Fanfarenstoß des Fanfarenzugs zu erklimmen. Dann wurde N. vom Unterricht beurlaubt. Seines nächsten Freundes nahm sich der Klassenlehrer an. „Wenn Sie den von unserer Seite abgebrochenen Kontakt zu N. aufrechterhalten sollten, können wir ganz leicht den Kontakt zu Ihnen abbrechen."

*(Der Leiter des Wehrkreiskommandos sagte zur Mutter des N.: „Ich habe die Äußerung Ihres Sohnes weder als Beleidigung meiner Person noch als Beleidigung der Offiziere der Nationalen Volksarmee empfunden. Aber ich kann Ihnen in diesem Fall nicht helfen.")*

In Berlin wurde dem Antrag der Schule auf Relegierung[5] des Schülers N. stattgegeben.

*(„Ich teile Ihnen hierdurch mit, daß Ihr Sohn ... von allen Erweiterten Oberschulen der Deutschen Demokratischen Republik ausgeschlossen wurde. Die Gründe und Ursachen sind Ihnen bekannt. Wir hoffen, daß diese Maßnahme dazu führt, daß Ihr Sohn ... zur Einsicht kommt im Hinblick auf sein Verhalten gegenüber den Anforderungen, die an einen jungen Staatsbürger der Deutschen Demokratischen Republik gestellt werden müssen.")*

Zu bestimmten Anlässen steht der Direktor der Erweiterten Oberschule in X. in Uniform neben der Fahne. R

5 **Relegierung:** Verweis von der Schule

**1** *a) Lest den Text und probiert dabei verschiedene Varianten aus (mit und ohne eingeklammerte Textstellen etc.).*

*b) Besprecht, über welches Ereignis in diesem Text berichtet wird und auf welche Weise der Leser über den Vorgang informiert wird.*

**2** *Vergleicht den Text „Fahnenappell" mit dem Textausschnitt aus „Am kürzeren Ende der Sonnenallee" (▷ S. 131–132).*

*a) Beide Autoren lassen den offiziellen Sprachgebrauch der DDR in ihre Texte einfließen. Erklärt, wie diese sprachlichen Versatzstücke jeweils innerhalb des Textes eingesetzt werden, wie sie wirken und welche Funktion sie haben.*

*b) Formuliert für beide Texte die jeweilige Aussageabsicht und bewertet die beiden Texte im Anschluss kritisch. Begründet euer Urteil.*

# 5.3 Kann Jugendsprache diskriminierend sein? – Ein Projekt

*Harald Martenstein*

## Voll psycho

*Harald Martenstein spricht mit seinem Sohn:*
Mein Sohn ist 14 Jahre alt. Wenn er etwas großartig fand, sagte er bis vor Kurzem: „Das ist geil." Das Wort geil bedeutete im Mittelalter gut. Später bedeutete es lüstern. Jetzt heißt geil wieder gut. Ich habe meinen Sohn gefragt: „Was ist das Gegenteil von geil? Wie nennt ihr, in eurer jungen, taubedeckten Welt, in welcher gerade die Morgensonne der Selbstfindung aufgeht, eine Person, ein Tier oder eine Sache, die nicht großartig ist?"
Mein Sohn sagte: „Das Gegenteil von geil heißt schwul. Ein schwuler Film ist ein Film, der nicht geil war. Schwule Schulsportschuhe. Eine schwule Mathearbeit. Der Pitbull – ein schwuler Hund. Die Klassenfahrt nach Bad Orb war schwul. Die Klassenfahrt nach Beverly Hills war geil". In der neuerlichen Umprägung des Wortes kommt meiner Ansicht nach nicht ein Wiederaufleben des Ressentiments[1] gegen Homosexuelle zum Ausdruck, sondern die ewige Lust der Jugend an der Provokation.
Kürzlich kehrte mein Sohn aus der Schule zurück und teilte mir mit, weitere Umwertungen hätten stattgefunden. „Man sagt nicht mehr geil. Nur Dreißigjährige sagen geil." Jetzt sagt man zu etwas Gutem meistens porno. Das Schulfest war voll porno. Der Pfarrer im Jugendgottesdienst hat porno gepredigt. Mein Sohn sagte, das Gegenteil von porno bezeichne die Jugend neuerdings als psycho. Ein Mädchen, das gestern noch schwul war, ist heute schon psycho. In der Kombination dieser beiden Begriffe ergeben sich reizende sprachliche Effekte, zum Beispiel: Psycho von Hitchcock ist ein porno Film. N. ist ein porno Typ, aber er muss jede Woche zu einem psycho Therapeuten.
Nach einigem Nachdenken wurde mir klar, dass die Gutwörter und die Schlechtwörter der Jugend meist dem Bereich des Sexuellen entnommen werden. Dabei wird stets das gesellschaftlich Goutierte[2] negativ besetzt, das gesellschaftlich Verpönte aber ins Positive gewendet. Dies ist die Entdeckung eines sozialpsychologischen Gesetzes, dies ist das Holz, aus dem Promotionen geschnitzt werden. In zehn Jahren werden die 14-Jährigen sagen: Die Klassenfahrt nach Bad Orb war sensibel und nachhaltig. Die Klassenfahrt nach Beverly Hills aber war pädophil[3]. Dann aber dachte ich an das große Wort des großen Sigmund Freud[4]: „Derjenige, der zum ersten Mal an Stelle eines Speeres ein Schimpfwort benutzte, war der Begründer der Zivilisation."

1 **Ressentiment:** auf Vorurteilen beruhende Abneigung
2 **goutieren:** gutheißen
3 **Pädophilie:** sexuelle Neigung Erwachsener zu Minderjährigen
4 **Sigmund Freud** (1856–1939): ein bedeutender österreichischer Arzt und Tiefenpsychologe, der als Begründer der Psychoanalyse gilt

**1** *a) Lest den Zeitungsartikel und beantwortet dann folgende Fragen:*
- *Wie kommen nach Meinung des Autors die „Gutwörter" und die „Schlechtwörter" in der Jugendsprache zu Stande?*
- *Welchem Wandel sind diese Wörter unterworfen?*

*b) Besprecht, wie der Autor die Umprägung des Wortes „schwul = schlecht" bewertet.*

**2** *a) Lest die folgenden Aussagen von Jugendlichen:*

Mir fällt auf, dass es in der Jugendsprache extrem abwertende Bezeichnungen gibt: „Behindert", „mongo", „Tussi" usw. werden als (ab)wertende Begriffe in allen möglichen Situationen verwendet. Ich frage mich dann manchmal, wie ich auf so etwas reagieren soll. Eigentlich möchte ich nicht den Zeigefinger heben, aber andererseits ärgert es mich gewaltig, wenn ich an konkrete behinderte und/oder homosexuelle Menschen denke und ich erlebe, wie ihre Lebensweise als Schimpfwort gebraucht wird.

Zu Grundschulzeiten hatte sich bei uns das Schimpfwort „Spasti" durchgesetzt. Ich hatte zwar keine Ahnung, was ein Spasti eigentlich war, aber es funktionierte rein wortmalerisch und klang dabei in meinen jungen Ohren nicht einmal besonders abwertend, sondern eher witzig. Ein Tölpel, vielleicht, wobei ich mir gerade unsicher bin, ob ich zu dieser Zeit wusste, was ein Tölpel ist. Meine Eltern erklärten mir dann mal, was Spastiker wirklich bedeutet, und von da an war der Begriff als Schimpfwort für mich erledigt.

Ausdrücke wie „behindert", „schwul" oder auch jugendsprachliche Schimpfwörter wie „Kanake" sind in der Regel nicht diskriminierend oder anstößig gemeint, weil sie nur in einem bestimmten Kreis oder in einer bestimmten Gruppe verwendet werden, wo jeder weiß, was damit gemeint ist. Es ist einfach das Bedürfnis, sich durch diese Ausdrucksweise sprachlich abzugrenzen. Die Ausdrücke mögen zwar anstößig klingen, sind aber nicht ernst gemeint.

*b) Diskutiert darüber, ob oder inwiefern Jugendsprache diskriminierend sein kann. Lest dazu auch die folgenden Informationen zu dem Begriff „Diskriminierung".*

***Diskriminierung*** *(lat.: discriminare = trennen, Unterscheidungen treffen, aussondern) ist die Benachteiligung von Menschen oder Gruppen (meist Minderheiten) auf Grund von Merkmalen wie Heimat, sozialer Herkunft, ethnischer Zugehörigkeit, politischer oder religiöser Anschauungen, sozialer Gewohnheiten, sexueller Neigungen, Sprachen, Geschlecht, Behinderung, Alter oder äußerlichen Merkmalen wie Haut- oder Augenfarbe. Sie widerspricht dem Grundsatz der Gleichheit aller Menschen vor dem Gesetz.*
*Oft zeigt sich Diskriminierung in der Sprache, indem abwertende Bezeichnungen oder Wendungen verwendet werden, z. B.: „Ich bin doch nicht dein Neger!"*

**3** *Untersucht eure Jugendsprache, z. B. an eurer Schule.*

*a) Bildet Gruppen und entwickelt einen Fragebogen zur Untersuchung von diskriminierendem Sprachgebrauch an eurer Schule.*
*b) Führt Umfragen durch. Versucht auch, Gespräche auf Kassette aufzunehmen, die ihr dann auswertet.*
*c) Verfasst mit Hilfe eurer Umfrageergebnisse ein „Wörterbuch zu diskriminierendem Sprachgebrauch": Was sagen wir? – Was meinen wir?*
*d) Führt Interviews mit Betroffenen, z. B. Menschen mit Behinderung, und wertet diese aus.*

**Fragebogen: Kann Jugendsprache diskriminierend sein?**

Welche Wörter und Redewendungen benutzt ihr, die sich auf die geistige Intelligenz beziehen?

Welche Schimpfwörter oder abwertenden Wendungen und Sätze benutzt ihr?

Wie bezeichnet ihr einen Jugendlichen, über den ihr euch ärgert oder den ihr ablehnt?

Wie bezeichnet ihr ein Mädchen / einen Jungen, die / den ihr nicht gut findet?

# 6 Die Wahrheit zur Sprache bringen – Funktionaler Sprachgebrauch und Sprachkritik

## 6.1 Das Spiel mit der Wahrheit – Funktion von Redewiedergabe, Satzverknüpfungen, Satzbau

Jurek Becker

### Jakob der Lügner

*Der Roman spielt in einem jüdischen Ghetto einer von den Nationalsozialisten besetzten Stadt in Polen. Zufällig hört Jakob Heym, die Hauptfigur des Romans, auf einem Wachrevier im Ghetto eine Radiomeldung. Darin wird von dem Vormarsch der russischen Armee bis zur Stadt Bezanika berichtet. Jakob gibt diese hoffnungsvolle Nachricht an einen Freund weiter, um ihn von einer Verzweiflungstat abzubringen. Damit sein Freund ihm die Echtheit der Nachricht glaubt, gibt Jakob vor, verbotenerweise ein Radio zu besitzen. Im Ghetto ist der Besitz von Rundfunkgeräten unter Androhung der Todesstrafe verboten.*
*Schnell spricht sich im ganzen Ghetto herum, dass Jakob im Besitz eines Radios sei und gehört habe, dass die Russen näher rücken. Diese gute Nachricht gibt den Menschen im Ghetto neuen Lebensmut und Hoffnung. Um die Ghettobewohner nicht zu entmutigen und die Hoffnungen nicht zu enttäuschen, muss Jakob nun immer neue Frontnachrichten erfinden, die im Ghetto den Überlebenswillen aufrechterhalten.*
*Im folgenden Textauszug aus dem Roman will Jakob seinem Freund Kowalski endlich die Wahrheit erzählen.*

„Es tut mir leid“, sagt Jakob, „bei mir ist die Grenze jetzt erreicht. Vielleicht wäre ein Anderer weiter gekommen, ich kann nicht mehr.“
„Was kannst du nicht mehr?“ „Ich kann nicht mehr“, sagt Jakob. Kowalski lässt ihm Zeit, er weiß nicht, dass Jakob die bedingungslose Kapitulation vorbereitet, das schlimmste aller Eingeständnisse. Wehklagend kennt man ihn nicht, wehklagen alle Anderen, Jakob war so etwas Ähnliches wie ein Seelentröster. Man

ist, ob bewusst oder unbewusst, nicht selten zu ihm gegangen, um sich die eigenen Schwachheiten austreiben zu lassen. Schon vor der Radiozeit, eigentlich sogar schon vor der Ghettozeit. Wenn ein besonders beschissener Tag vorüber war, wenn man von früh bis spät hinter der Schaufensterscheibe gestanden hat und vergeblich Ausschau nach Kunden gehalten, oder irgendeine Riesenrechnung ist gekommen und es wollte einem im Traum nicht einfallen, aus welcher Tasche man sie bezahlen sollte, wohin ist man dann am Abend gegangen? In seine Diele, aber nicht, weil bei ihm der Schnaps besonders gut geschmeckt hätte. Es war derselbe wie überall, dazu noch verboten, da ohne Lizenz ausgeschenkt. Man ist hingegangen, weil die Welt nach solchem Besuch ein kleines bisschen rosiger ausgesehen hat, weil er eine Kleinigkeit überzeugender als Andere „Kopf hoch" sagen konnte oder „es wird schon wieder werden" oder etwas in der Art. Vielleicht auch deswegen, weil er der Einzige im dünn gesäten Bekanntenkreis war, der sich überhaupt die Mühe gegeben hat, einem so etwas zu sagen. Kowalski lässt ihm Zeit.

Da fängt Jakob zu reden an, dem Schein nach zu Kowalski, denn kein Anderer ist im Zimmer, den Worten nach zu einem größeren Auditorium[1], also einfach vor sich hin in die Zuhörerschaft Luft, mit Wehmut in der leisen Stimme und mit dieser nie gehörten Resignation, die letzte einer verschwenderischen Vielzahl von Meldungen an alle. Dass sie ihm, wenn es ihre schwachen Kräfte erlauben, nicht böse sein sollen, er hat nämlich gar kein Radio, er hat nie eins besessen. Er weiß auch nicht, wo die Russen sind, vielleicht kommen sie morgen, vielleicht kommen sie nie, sie stehen in Pry oder in Tobolin oder in Kiew oder in Poltawa oder noch viel weiter entfernt, vielleicht sind sie inzwischen sogar vernichtend geschlagen, nicht einmal das weiß er. Das Einzige, was er mit Gewissheit sagen kann, sie haben vor so und so langer Zeit um Bezanika gekämpft, woher die Gewissheit, das ist eine ganze Geschichte für sich, die interessiert heute keinen Menschen mehr, jedenfalls ist es die Wahrheit. Und dass er sich wohl vorstellen kann, wie bestürzend dieses Geständnis in ihren Ohren klingen muss, darum noch einmal die Bitte um Nachsicht, er wollte nur das Beste, aber seine Pläne haben sich zerschlagen.

Dann ist es lange still im Zimmer, ein König hat gewissermaßen abgedankt. Jakob versucht vergeblich, in Kowalskis Gesicht Bewegung zu entdecken, der sieht durch ihn hindurch und sitzt wie eine Salzsäule. Natürlich fallen Jakob, kaum ist das letzte Wort verklungen, Gewissensbisse an, nicht wegen der Mitteilung selbst, die war notgedrungen fällig und duldete keinen Aufschub. Aber ob man sie schonender hätte vortragen können, eventuell in einen Rückzug der Russen eingebettet, die ganze Last nicht mit einem Mal auf andere Schultern abwälzen, die auch nicht breiter sind als die eigenen. Ob Kowalski unbedingt der richtige Mann war, in dessen Gegenwart der Schlussstrich gezogen werden musste, gerade Kowalski. Wenn er es von einem Fremden gehört hätte, von einem Jakob nicht so Nahestehenden, sicher hätte er an einen Irrtum geglaubt oder an gehässige Verleumdung, nach einer Nacht voller Zweifel hätte er dir gesagt: „Weißt du, was sich die Idioten erzählen? Dass du kein Radio hast!" – „Das stimmt", wäre dann die Antwort gewesen, sie hätte ihn auch getroffen, aber vielleicht nicht so sehr, weil er in der Nacht zuvor diese Möglichkeit zumindest erwogen hätte. Und es wäre auch irgendwie einzurichten gewesen, genau so, Kowalskis Pech, dass er ausgerechnet an diesem Abend gekommen ist.

„Du sagst nichts?", sagt Jakob.

„Was soll ich sagen."

Aus unergründlichen Tiefen fördert Kowalski sein Lächeln, ohne dieses Lächeln wäre er nicht Kowalski, sieht Jakob auch wieder an, mit Augen zwar, die weniger lächeln als der Mund, aber dennoch nicht vom Ende aller Hoffnung künden, eher pfiffig blicken, als sähen sie, wie immer, so auch diesmal hinter die Dinge.

„Was soll ich sagen, Jakob? Ich verstehe dich schon, ich verstehe dich sehr gut. Weißt du, ich

1 **Auditorium:** Zuhörerschaft

bin so ziemlich das Gegenteil von einem Husaren, du kennst mich lange genug. Wenn ich hier ein Radio gehabt hätte, von mir hätte wahrscheinlich kein Mensch ein Wort erfahren. Oder noch wahrscheinlicher, ich hätte es aus Angst einfach verbrannt, ich mache mir da gar nichts vor. Ein ganzes Ghetto mit Nachrichten zu beliefern! So weit wäre ich nie gegangen, weiß man, wer mithört? Wenn ich irgendwann im Leben jemanden verstanden habe, dann dich jetzt."

Solchen Flug der Gedanken konnte Jakob nicht erwarten, der durchtriebene Kowalski hatte sich selbst übertroffen, hat seine Berechnungen sogar da angestellt, wo es nichts zu rechnen gab. Wie willst du ihn überzeugen, dass du wenigstens jetzt die Wahrheit sagst, du kannst ihm höchstens anbieten, alle Winkel in Stube und Keller zu durchstöbern. Doch mit nach außen gekehrten Handflächen beteuern: „Wann habe ich dich je belogen?", das kannst du nicht mehr. Und wenn du ihn tatsächlich aufforderst zu suchen, alle Radios, die du bei mir findest, Kowalski, gehören dir, er wird dir wissend zublinkern und etwas Ähnliches entgegnen wie: „Lassen wir doch die Späße, Jakob, wozu kennt man sich vierzig Jahre?" Er wird dir zu verstehen geben, dass jedes Versteckspiel überflüssig ist, Unmögliches lässt sich durch nichts beweisen. Jakob sagt erschrocken: „Du glaubst mir nicht?"

„Glauben, nicht glauben, was heißt das schon", sagt Kowalski, leise und abwesender als erwartet, in einem ähnlichen Tonfall wie Jakob eben bei seiner kleinen Rede an alle. Weiter sagt er nichts, vorerst, er klopft mit den Fingern ein getragenes Motiv auf den Tisch und hält den Kopf weit zurückgelehnt, in verborgene Gedanken vertieft.

Jakob erwägt weitere Rechtfertigungen, er legt Wert darauf, dass seine Verurteilung glimpflich ausfällt, dazu muss man seine Gründe für das Unternehmen kennen und auch die Gründe für den plötzlichen Abbruch. Aber über die ist er sich selbst noch nicht im Klaren, deswegen und weil er begreift, dass es bei alldem nicht nur um ihn geht, auch um Kowalski, schweigt er und hebt sich die Bitte um mildernde Umstände für einen späteren Zeitpunkt auf.

Dann folgt die ernüchternde Überlegung, dass es überhaupt nicht um ihn geht, kein Mensch im Ghetto ist unwichtiger als er, ohne Radio. Von Bedeutung sind nur seine Abnehmer, Kowalski neben vielen anderen. Und die pfeifen auf noch so plausibel klingende Rechtfertigungen, die haben andere Sorgen und nicht eben kleine, die wollen zum Beispiel wissen, wie es nach Pry nun weitergeht.

Kowalski beendet Geklopfe und Gegrübel, er steht auf, legt Jakob die freundschaftliche Hand auf die Schulter. Er sagt: „Keine Angst, Alter, vor mir bist du sicher. Ich werde dich nicht mehr fragen."

Er geht zur Tür, das Lächeln von Neuem belebend, bevor er sie öffnet, dreht er sich noch einmal um, zwinkert tatsächlich, mit beiden Augen.

„Und ich bin dir nicht böse."

Und geht.

**1** *Erklärt, warum Jakob seinem Freund Kowalski die Wahrheit anvertrauen will.*

**2** *Fasst mit eigenen Worten zusammen, wie das Gespräch beginnt, wie es verläuft und wie es endet.*

**3** *Überlegt gemeinsam, wie die Handlung weitergehen könnte.*

**4** *a) Sucht in Partnerarbeit alle Formen der Redewiedergabe aus dem Text heraus und bestimmt die Art der Redewiedergabe genau. Nehmt dazu auch die Informationen zur Redewiedergabe im Merkkasten auf Seite 140 zu Hilfe.*
*b) Erklärt die Wirkung der unterschiedlichen Redewiedergaben im Zusammenhang mit der Textaussage.*

## Formen der Redewiedergabe

- Mit der wörtlichen (direkten) Rede wird das, was jemand sagt, wortwörtlich wiedergegeben. Der Leser nimmt den Wortlaut des Gesagten direkt wahr und gewinnt dadurch den Eindruck einer objektiven Darstellung der Fakten, die er selbst bewerten muss.

- Mit der indirekten Rede wird eine Äußerung nicht unmittelbar, sondern von einem subjektiven Standpunkt aus wiedergegeben. Dabei gibt es verschiedene Möglichkeiten der Redewiedergabe:
  **Beispielsatz:** Jakob: „Ich kann nicht mehr länger mit dieser Lüge leben."
  - in einem **dass-Satz** (das Verb kann dabei im Indikativ oder im Konjunktiv stehen), z. B.:
    Jakob sagt, dass er nicht mehr länger mit dieser Lüge leben kann/könne.
  - in einem **uneingeleiteten Nebensatz** im Konjunktiv, z. B.:
    Jakob sagt, er könne nicht mehr länger mit dieser Lüge leben.
  - durch eine **Infinitivkonstruktion,** z. B.:
    Jakob sagt, nicht mehr länger mit dieser Lüge leben zu können.
  - in einem **wie-Satz,** z. B.:
    Wie Jakob sagt, kann er nicht mehr länger mit dieser Lüge leben.
  - durch ein **Präpositionalgefüge:**
    Nach Jakobs Aussage kann er nicht mehr länger mit dieser Lüge leben.
  - durch eine **Paraphrase,** die die Aussage dem Sinn nach zusammenfasst, z. B.:
    Jakob will die Wahrheit sagen.

### Gestaltung der Redeeinleitung

Der Sprecher oder der Schreiber kann bei der Redewiedergabe seine persönliche Meinung einfließen lassen, indem er die **Redeeinleitung neutral** gestaltet (z. B. durch Verben und Wendungen wie „sprechen", „zu Protokoll geben", „sagen", „berichten") **oder wertend** formuliert (z. B. durch Verben und Wendungen wie „hoffen", „behaupten", „leugnen", „nach der irrigen Ansicht von", „nach seiner Auffassung", „vermuten").

**5** *a) Untersucht den Verlauf des Gesprächs zwischen Jakob und Kowalski genau: Stellt den Dialog zwischen Jakob und Kowalski in einer Verlaufskurve dar und skizziert dann in einer zweiten Verlaufskurve den Gedankengang Jakobs. Markiert die Stellen, an denen die Kommunikation zwischen Jakob und Kowalski durch die Gedanken Jakobs unterbrochen wird.*
*b) Erklärt die Wirkung dieser Erzählweise auf den Leser.*

**6** *a) Jakob hätte Kowalski auch von seinen Gewissensbissen erzählen können. Formuliert die Gedanken Jakobs in direkte Rede um.*
*b) Vergleicht eure Ergebnisse mit dem ursprünglichen Text und beschreibt die unterschiedliche Wirkung auf den Leser.*

**7** *Formuliert die möglichen Gedanken Kowalskis in Form eines inneren Monologs. Schreibt im Präsens und in der Ich-Form (▷ Informationen zum inneren Monolog auf S. 363).*

Jurek Becker

## Jakob der Lügner (Romanausschnitte)

Er sieht nur sein knochiges Gesicht, auf die Hände gestützt, vielleicht etwas bleicher als sonst, womöglich etwas müder, aber doch das Gesicht desselben Jakobs, den man kennt wie keinen Zweiten. Beunruhigt ist er, weil solche Anfälle von Trübsinnigkeit bei Jakob vollkommen ungewohnt sind, mürrisch und zänkisch ist er von Zeit zu Zeit, aber das ist ein Unterschied.

Da fängt Jakob zu reden an, dem Schein nach zu Kowalski, denn kein Anderer ist im Zimmer, den Worten nach zu einem größeren Auditorium, also einfach vor sich hin in die Zuhörerschaft Luft, mit Wehmut in der leisen Stimme und mit dieser nie gehörten Resignation, die letzte einer verschwenderischen Vielzahl von Meldungen an alle.

Er geht zur Tür, das Lächeln von Neuem belebend, bevor er sie öffnet, dreht er sich noch einmal um, zwinkert tatsächlich, mit beiden Augen.

**1** *a) Formuliert die oben stehenden Textausschnitte in vollständige Sätze um. Verwendet dabei, wo möglich, Konjunktionen und Relativpronomen.*
*b) Vergleicht eure Ergebnisse mit dem Original. Erklärt, welche Funktion und welche Wirkung der unvollständige Satzbau im Originaltext auf den Leser hat.*

**!**

**Funktion und Wirkung von Satzverknüpfungen, Satzbau und Wortstellung**
Mit **Satzverknüpfungen** lassen sich Zusammenhänge im Text deutlich darstellen. Verzichtet man bewusst auf Satzverknüpfungen, wird die Aussage verkürzt dargestellt und lässt mehr Assoziationen zu. Möglicherweise wird die Aussage dadurch auch weniger eindeutig, sodass mehrere Deutungen möglich sind.
Die Variation von **Satzbau** und **Wortstellung** gehört zu den sprachlichen Gestaltungsmitteln, die den Stil eines Textes beeinflussen und unterschiedliche Wirkungen beim Leser hervorrufen können.

# 6.2 Wahrheit und Lüge – Sprache als Gestaltungsmittel in politischen Reden

## Über die Wahrheit reden

Richard von Weizsäcker

### Rede zum 8. Mai 1985

*Auszüge aus der Ansprache des Bundespräsidenten Richard von Weizsäcker am 8. Mai 1985 im Plenarsaal des Deutschen Bundestages zum 40. Jahrestag der Beendigung des Zweiten Weltkrieges.*

Viele Völker gedenken heute des Tages, an dem der Zweite Weltkrieg in Europa zu Ende ging. Seinem Schicksal gemäß hat jedes Volk dabei seine eigenen Gefühle. Sieg oder Niederlage, Befreiung von Unrecht und Fremdherrschaft oder Übertragung zu neuer Abhängigkeit, Teilung, neue Bündnisse, gewaltige Machtverschiebungen – der 8. Mai 1945 ist ein Datum von entscheidender historischer Bedeutung in Europa.

Wir Deutsche begehen den Tag unter uns, und das ist notwendig. Wir müssen die Maßstäbe allein finden. Schonung unserer Gefühle durch uns selbst oder durch andere hilft nicht weiter. Wir brauchen und wir haben die Kraft, der Wahrheit, so gut wir es können, ins Auge zu sehen, ohne Beschönigung und ohne Einseitigkeit.

Der 8. Mai ist für uns vor allem ein Tag der Erinnerung an das, was Menschen erleiden mußten. Er ist zugleich ein Tag des Nachdenkens über den Gang unserer Geschichte. Je ehrlicher wir ihn begehen, desto freier sind wir, uns seinen Folgen verantwortlich zu stellen. [...]

Der 8. Mai war ein Tag der Befreiung. Er hat uns alle befreit von dem menschenverachtenden System der nationalsozialistischen Gewaltherrschaft.

Niemand wird um dieser Befreiung willen vergessen, welche schweren Leiden für viele Menschen mit dem 8. Mai erst begannen und danach folgten. Aber wir dürfen nicht im Ende des Krieges die Ursache für Flucht, Vertreibung und Unfreiheit sehen. Sie liegt vielmehr in seinem Anfang und im Beginn jener Gewaltherrschaft, die zum Krieg führte.

Wir dürfen den 8. Mai 1945 nicht vom 30. Januar 1933 trennen.

Wir haben wahrlich keinen Grund, uns am heutigen Tag an Siegesfesten zu beteiligen. Aber wir haben allen Grund, den 8. Mai 1945 als das Ende eines Irrweges deutscher Geschichte zu erkennen, das den Keim der Hoffnung auf eine bessere Zukunft barg. [...]

Der ganz überwiegende Teil unserer heutigen Bevölkerung war zur damaligen Zeit entweder im Kindesalter oder noch gar nicht geboren. Sie können nicht eine eigene Schuld bekennen für Taten, die sie gar nicht begangen haben.

Kein fühlender Mensch erwartet von ihnen, ein Büßerhemd zu tragen, nur weil sie Deutsche sind. Aber die Vorfahren haben ihnen eine schwere Erbschaft hinterlassen.

Wir alle, ob schuldig oder nicht, ob alt oder jung, müssen die Vergangenheit annehmen. Wir alle sind von ihren Folgen betroffen und für sie in Haftung genommen.

Jüngere und Ältere müssen und können sich gegenseitig helfen zu verstehen, warum es lebenswichtig ist, die Erinnerung wachzuhalten.

Es geht nicht darum, Vergangenheit zu bewältigen. Das kann man gar nicht. Sie läßt sich ja nicht nachträglich ändern oder ungeschehen machen. Wer aber vor der Vergangenheit die Augen verschließt, wird blind für die Gegenwart. Wer sich der Unmenschlichkeit nicht erinnern will, der wird wieder anfällig für neue Ansteckungsgefahren. [...]

Bei uns ist eine neue Generation in die politische Verantwortung hereingewachsen. Die Jungen sind nicht verantwortlich für das, was damals geschah. Aber sie sind verantwortlich für das, was in der Geschichte daraus wird.

Wir Älteren schulden der Jugend nicht die Erfüllung von Träumen, sondern Aufrichtigkeit. Wir müssen den Jüngeren helfen zu verstehen, warum es lebenswichtig ist, die Erinnerung wachzuhalten. Wir wollen ihnen helfen, sich auf die geschichtliche Wahrheit nüchtern und ohne Einseitigkeit einzulassen, ohne Flucht in utopische Heilslehren, aber auch ohne moralische Überheblichkeit.

Wir lernen aus unserer eigenen Geschichte, wozu der Mensch fähig ist. Deshalb dürfen wir uns nicht einbilden, wir seien nun als Menschen anders und besser geworden.

Es gibt keine endgültig errungene moralische Vollkommenheit – für niemanden und kein Land! Wir haben als Menschen gelernt, wir bleiben als Menschen gefährdet. Aber wir haben die Kraft, Gefährdungen immer von neuem zu überwinden.

Hitler hat stets damit gearbeitet, Vorurteile, Feindschaften und Haß zu schüren.

Die Bitte an die jungen Menschen lautet:

Lassen Sie sich nicht hineintreiben in Feindschaft und Haß
gegen andere Menschen,
gegen Russen oder Amerikaner,
gegen Juden oder Türken,
gegen Alternative oder Konservative,
gegen Schwarz oder Weiß.
Lernen Sie, miteinander zu leben, nicht gegeneinander.
Lassen Sie, auch uns als demokratisch gewählte Politiker, dies immer wieder beherzigen und ein Beispiel geben.
Ehren wir die Freiheit.
Arbeiten wir für den Frieden.
Halten wir uns an das Recht.
Dienen wir unseren inneren Maßstäben der Gerechtigkeit.
Schauen wir am heutigen 8. Mai, so gut wir es können, der Wahrheit ins Auge. [R]

**1** *Lest den folgenden Lexikonartikel zum 8. Mai 1945 und erklärt die historische Bedeutung dieses Datums für Deutschland und Europa.*

▷ Der **8. Mai 1945** ist für die Deutschen eines der symbolträchtigsten Daten des 20. Jahrhunderts. Um 23.01 Uhr tritt die bedingungslose Gesamtkapitulation des nationalsozialistischen Deutschlands in Kraft. Als Gedenktag erinnert der 8. Mai jährlich an die tiefe Zäsur von 1945: den Neuanfang und die Befreiung von Krieg und Nationalsozialismus.

**2** *Beschreibt die Wirkung, die diese Rede auf euch hat. Belegt eure Aussagen anhand des Textes.*

**3** *Gliedert die Rede in Sinnabschnitte und formuliert für jeden Sinnabschnitt eine zusammenfassende Überschrift.*

**4** *Analysiert den Aufbau und den Gedankengang der Rede:*
- *Welche zentralen Thesen werden aufgestellt?*
- *Mit welchen Argumenten werden diese Thesen begründet? Werden auch Gegeneinwände berücksichtigt?*
- *Welche Schlüsselbegriffe kennzeichnen den Text?*
- *Wodurch unterscheidet sich der letzte Abschnitt (▷ Z. 98–116) von den anderen?*

**5** *Erläutert, welche Konnotationen (Gefühle und Vorstellungen) folgende Begriffe in dieser Rede haben. An welche Gefühle und Wertvorstellungen seiner Zuhörerinnen und Zuhörer appelliert der Redner und was kann er damit bewirken?*

ohne Beschönigung und ohne Einseitigkeit (Z. 17/18)

Befreiung (Z. 5, 25, 29)

Büßerhemd (Z. 52)

Erinnerung (Z. 19/20, 61, 79)

Verantwortung (Z. 72)

Aufrichtigkeit (Z. 77)

Wahrheit (Z. 16, 81, 116)

**6** *Untersucht, mit welchen sprachlich-rhetorischen Gestaltungsmitteln der Redner seine Aussageabsicht unterstreicht. Sucht entsprechende Stellen im Text, tragt sie vor und beschreibt, welche Wirkung sie haben. Der folgende Merkkasten hilft euch dabei:*

**!**

**Sprachlich-rhetorische Gestaltungsmittel**

Wenn ein Autor oder ein Sprecher Sprache einsetzt, nutzt er die Wirkung sprachlicher Gestaltungsmittel. Der Satzbau und die Wortstellung, die indirekte Redewiedergabe, die wörtliche Rede, Konjunktiv, Indikativ, Passiv, Aktiv und rhetorische Figuren erfüllen Funktionen im Satz. Zugleich lösen sie bestimmte Assoziationen beim Leser aus, stellen Verknüpfungen her und erlauben Andeutungen.
Diese Möglichkeiten der sprachlich-rhetorischen Gestaltung nutzt jeder Autor und jeder Redner für seine Aussageabsicht (Intention) und für die Wirkung, die er erzielen möchte. Auch bei jeder Argumentation unterstützen die sprachlichen Mittel den Inhalt der Argumentation. Um einen Text vollständig zu verstehen, müssen Analysen zu Inhalt und sprachlicher Gestaltung verknüpft werden. Mit Zitaten aus dem Text belegt man seine Analyseergebnisse.

**Beispiele für sprachlich-rhetorische Gestaltungsmittel einer Rede:**
- **direkte Ansprache** der Zuhörerinnen und Zuhörer, z. B. durch Anredepronomen
- **Wecken des „Wir-Gefühls“,** z. B. durch das Personalpronomen „wir“
- **Appell** an alle für gemeinsames Ziel, z. B. durch Imperative
- **Wiederholung** von Schlüsselwörtern
- **bildhafte Sprache,** z. B. durch Metaphern, Symbole, Vergleiche

(▷ mehr zu rhetorischen Stilmitteln auf Seite 341/342)

# Sprache missbrauchen – Lügen verkaufen

## Auszüge aus der Rede Adolf Hitlers zur Hitlerjugend auf dem Nürnberger Parteitag am 14. September 1935

*Ein Beispiel für die gezielte Beeinflussung der Massen ist die Rede Adolf Hitlers an die Hitlerjugend auf dem Parteitag der NSDAP 1935 in Nürnberg. Mit dieser Rede wollte Hitler die Jugend auf den Krieg und den blinden Gehorsam einschwören.*
*Im Folgenden sind Auszüge aus dieser Rede abgedruckt.*

Deutsche Jugend! Zum dritten Male seid ihr zu diesem Appell angetreten, über 50000 Vertreter einer Gemeinschaft, die von Jahr zu Jahr größer wurde. Das Gewicht derer, die ihr in jedem Jahr hier verkörpert, ist immer schwerer geworden. Nicht nur zahlenmäßig, nein, wir sehen es: wertmäßig. Wenn ich mich an den ersten Appell zurückerinnere und an den zweiten und diesen heutigen damit vergleiche, dann sehe ich dieselbe Entwicklung, die wir im ganzen anderen deutschen Volksleben heute feststellen könne: Unser Volk wird zusehends disziplinierter, straffer und strammer und die Jugend beginnt damit. [...]
Was wir von unserer deutschen Jugend wünschen, ist etwas Anderes, als es die Vergangenheit gewünscht hat. In unseren Augen, da muss der deutsche Junge der Zukunft schlank und rank sein, flink wie ein Windhund, zäh wie Leder und hart wie Kruppstahl. Wir müssen einen neuen Menschen erziehen, auf dass unser Volk nicht an den Degenerationserscheinungen der Zeit zu Grunde geht. Wir reden nicht, sondern wir handeln. Wir haben es unternommen, dieses Volk durch eine neue Schule zu erziehen, ihm eine Erziehung zu geben, die schon mit der Jugend anfängt und nimmer enden soll. Von einer Schule wird in Zukunft der junge Mann in die andere gehoben werden. Beim Kind beginnt es und beim alten Kämp-

fer der Bewegung wird es enden. Keiner soll sagen, dass es für ihn eine Zeit gibt, in der er sich ausschließlich selbst überlassen sein kann. Jeder ist verpflichtet, seinem Volke zu dienen, jeder ist verpflichtet, sich für diesen Dienst zu rüsten, körperlich zu stählen und geistig vorzubereiten und zu festigen.

Wir werden uns so stählen, dass jeder Sturm uns stark findet. Wir werden aber auch nie vergessen, dass die Gesamtsumme aller Tugenden und aller Kräfte nur dann wirksam werden kann, wenn sie einem Willen und einem Befehl untertan ist. Wir stehen jetzt hier, nicht durch Zufall gefügt, nicht weil jeder Einzelne tat, was er wollte, sondern weil euch der Befehl eures Reichsjugendführers hierher gerufen hat und weil dieser Befehl sich umsetzte in tausend einzelne Befehle. Und indem jeder dieser Befehle seinen Gehorsam fand, ist in Deutschland aus Millionen einzelnen deutschen Jungen eine Organisation geworden und aus Zehntausenden in Deutschland lebenden Kameraden diese heutige Kundgebung, dieser heutige Appell. Nichts ist möglich, wenn nicht ein Wille befiehlt, dem immer die Anderen zu gehorchen haben, oben beginnend und ganz unten erst endend. Und das ist neben der körperlichen Erziehung und Ertüchtigung die zweite große Aufgabe.

Wir sind eine Gefolgschaft, aber wie das Wort schon sagt, Gefolgschaft heißt folgen, heißt Gefolgschaft leisten. Unser ganzes Volk müssen wir erziehen, dass immer, wenn irgendwo einer bestimmt ist zu befehlen, die Anderen ihre Bestimmung erkennen, ihm zu gehorchen, weil schon in der nächsten Stunde vielleicht sie selbst befehlen müssen und es genau so nur dann können, wenn Andere wieder Gehorsam üben. Es ist der Ausdruck eines autoritären Staates, nicht einer schwachen, schwätzenden Demokratie, eines autoritären Staates, bei dem jeder stolz ist, gehorchen zu dürfen, weil er weiß: Ich werde, wenn ich befehlen muss, genauso Gehorsam finden. Deutschland ist kein Hühnerstall, in dem alles durcheinanderläuft und jeder gackert und kräht, sondern wir sind ein Volk, das von klein auf lernt, diszipliniert zu sein. [...]

Und ihr, meine Jungens und Mädchen, ihr seid nun lebendige Zeugen für das Gelingen dieses Werkes. Ihr seid die Zeugen, dass diese Idee im Deutschen Reich lebendig geworden ist. Und ihr seid der Beweis, wie diese Idee nun ihre Verwirklichung erfahren hat.

**1** *Wovon will der Redner seine Zuhörerschaft überzeugen? Fasst die Absichten des Redners zusammen.*

**2** *a) Analysiert die Argumentation im vierten Abschnitt (▷ Z. 39–50). Untersucht dabei auch den argumentativen Einsatz der Begriffe „Gefolgschaft/folgen“ (Z. 39–40), „Demokratie“ und „autoritärer Staat“ (Z. 45–46).*
*b) Erklärt, warum diese Ausführungen gegen unser Demokratieverständnis verstoßen.*

**3** *Untersucht, welche sprachlich-rhetorischen Mittel in dieser Rede eingesetzt werden, und zeigt, welche Funktion und Wirkung diese haben.*

# 6.3 Klischees und Stereotype erkennen

**1** *Erkennt ihr die Nationalitäten der abgebildeten Personen? Erläutert, an welchen Merkmalen.*

**2** *a) Sammelt typische Eigenschaften (Klischees), die den Karikaturen zu Grunde liegen.*
*b) Vergleicht diese Klischees mit Erfahrungen, die ihr z. B. im Urlaub oder in der Begegnung mit ausländischen Bekannten gemacht habt.*

**3** *Was haltet ihr von solchen Karikaturen? Formuliert eine kurze Stellungnahme, in der ihr eure Meinung begründet.*

Wladimir Kaminer

## Russendisko

*Wladimir Kaminer, geboren 1967 in Moskau, siedelte nach seiner Ausbildung als Tontechniker und Dramaturg am Moskauer Theaterinstitut 1990 mit seiner Familie nach Berlin über. Mit seinen Erzählbänden „Russendisko", „Schönhauser Allee" und „Frische Goldjungs" sowie dem autobiografischen Roman „Militärmusik" eroberte Kaminer als Erzähler die Literaturszene.*

Einmal verschlug mich das Schicksal nach Wilmersdorf. Ich wollte meinem Freund Ilia Kitup, dem Dichter aus Moskau, die typischen Ecken Berlins zeigen.

Es war schon Mitternacht, wir hatten Hunger und landeten in einem türkischen Imbiss. Die beiden Verkäufer hatten augenscheinlich nichts zu tun und tranken in Ruhe ihren Tee. Die Musik aus dem Lautsprecher kam meinem Freund bekannt vor. Er erkannte die Stimme einer berühmten bulgarischen Sängerin und sang ein paar Strophen mit.

„Hören die Türken immer nachts bulgarische Musik?" Ich wandte mich mit dieser Frage an Kitup, der in Moskau Anthropologie studierte und sich in Fragen volkstümlicher Sitten gut auskannte. Er kam mit den beiden Imbissverkäufern ins Gespräch.

„Das sind keine Türken, das sind Bulgaren, die nur so tun, als wären sie Türken", erklärte mir Kitup, der auch ein wenig bulgarisches Blut in seinen Adern hat. „Das ist wahrscheinlich ihre Geschäftstarnung." „Aber wieso tun sie das?", fragte ich. „Berlin ist zu vielfältig. Man muss die Lage nicht unnötig verkomplizieren. Der Konsument ist daran gewöhnt, dass er in einem türkischen Imbiss von Türken bedient wird, auch wenn sie in Wirklichkeit Bulgaren sind", erklärten uns die Verkäufer.

Gleich am nächsten Tag ging ich in ein bulgarisches Restaurant, das ich vor Kurzem entdeckt hatte. Ich bildete mir ein, die Bulgaren dort wären in Wirklichkeit Türken. Doch dieses Mal waren die Bulgaren echt. Dafür entpuppten sich die Italiener aus dem italienischen Restaurant nebenan als Griechen. Nachdem sie den Laden übernommen hatten, waren sie zur Volkshochschule gegangen, um dort Italienisch zu lernen, erzählten sie mir. Der Gast erwartet in einem italienischen Restaurant, dass mit ihm wenigstens ein bisschen Italienisch gesprochen wird. Wenig später ging ich zu einem „Griechen", mein Gefühl hatte mich nicht betrogen. Die Angestellten erwiesen sich als Araber.

Berlin ist eine geheimnisvolle Stadt. Nichts ist hier so, wie es zunächst scheint. In der Sushi-Bar auf der Oranienburger Straße stand ein Mädchen aus Burjatien hinter dem Tresen. Von ihr erfuhr ich, dass die meisten Sushi-Bars in Berlin in jüdischen Händen sind und nicht aus Japan, sondern aus Amerika kommen. Was nicht ungewöhnlich für die Gastronomie-Branche wäre. So wie man ja auch die billigsten Karottenkonserven von Aldi als handgeschnitzte Gascogne-Möhrchen anbietet: Nichts ist hier echt, jeder ist er selbst und gleichzeitig ein Anderer.

Ich ließ aber nicht locker und untersuchte die Lage weiter. Von Tag zu Tag erfuhr ich mehr. Die Chinesen aus dem Imbiss gegenüber von meinem Haus sind Vietnamesen. Der Inder aus der Rykestraße ist in Wirklichkeit ein überzeugter Tunesier aus Karthago. Und der Chef der afroamerikanischen Kneipe mit lauter Voodoo-Zeug an den Wänden – ein Belgier. Selbst das letzte Bollwerk der Authentizität, die Zigarettenverkäufer aus Vietnam, sind nicht viel mehr als ein durch Fernsehserien und Polizeieinsätze entstandenes Klischee. Trotzdem wird es von den Beteiligten bedient, obwohl jeder Polizist weiß, dass die so genannten Vietnamesen mehrheitlich aus der Inneren Mongolei kommen.

Ich war von den Ergebnissen meiner Untersuchungen sehr überrascht und lief eifrig weiter durch die Stadt, auf der Suche nach der letzten unverfälschten Wahrheit. Vor allem beschäftigte mich die Frage, wer die so genannten Deutschen sind, die diese typisch einheimischen Läden mit Eisbein und Sauerkraut betreiben. Die kleinen gemütlichen Kneipen, die oft „Bei Olly" oder „Bei Scholly" oder ähnlich heißen und wo das Bier immer nur die Hälfte kostet. Doch dort stieß ich auf eine Mauer des Schweigens. Mein Gefühl sagt mir, dass ich etwas Großem auf der Spur bin. Allein komme ich jedoch nicht weiter. Wenn jemand wirklich weiß, was sich hinter den schönen Fassaden einer „deutschen" Kneipe verbirgt, der melde sich. Ich bin für jeden Tipp dankbar.

**1** *Sammelt Textstellen, in denen die Stadt Berlin charakterisiert wird.*

**2** *Erklärt das Prinzip der so genannten Geschäftstarnungen. Was erfahrt ihr über die Rolle der Konsumenten und über das Verhalten der Geschäftsbesitzer? Aus welchem Grund existieren diese Geschäftstarnungen?*

**3** *Besprecht, in welchem Verhältnis Konsumenten und Geschäftsbesitzer stehen, und diskutiert mögliche langfristige Folgen eines solchen Verhältnisses.*

**4** *Den Erzähler beschäftigt bei seinen Beobachtungen vor allem eins, nämlich „wer die so genannten Deutschen sind, die diese typisch einheimischen Läden mit Eisbein und Sauerkraut betreiben"* *(▷ Z. 80–83).*
*Führt die Entdeckungsreise des Erzählers weiter und beschreibt mögliche Gespräche oder Erlebnisse des Erzählers bei der Begegnung mit den „so genannten Deutschen".*

**5** *Untersucht, ob in eurem Ort oder an eurer Schule Klischees gegenüber anderen Kulturen bzw. Nationalitäten existieren.*
*Führt Interviews mit Passanten oder Schülerinnen und Schülern über ihre Erwartungen beim Besuch eines deutschen, italienischen, griechischen etc. Restaurants. Erfragt auch, welche Vorstellungen mit einem bestimmten Reiseland oder mit anderen Kulturen assoziiert werden.*

**!**

**Klischees als Vorstellungen und Verhaltensmuster**
Kischees (von franz. cliché = Abklatsch, Nachahmung) existieren in unseren Vorstellungen als **verallgemeinernde, vereinfachende, vorgefertigte Denkschemata,** die wir beispielsweise dem anderen Geschlecht, anderen Menschen, Ethnien oder Bevölkerungsgruppen entgegenbringen.
Das Vorurteil hat viele Merkmale gemeinsam mit dem Klischee.
Beispiele für Klischees: „Frauen können nicht Auto fahren"; „Männer sind dominant"; „alle Türken essen Döner".

**Stereotype Formulierungen**
Stereotype Formulierungen sind **abgegriffene, verschlissene Bilder und Ausdrucksweisen,** die einer differenzierten Ausdrucksweise im Weg stehen.
Beispiele für stereotype Formulierungen:
- abgegriffene Redensarten und Wendungen, z. B.: „arm, aber glücklich",
- schematische Bilder und Wortgruppen, z. B.: „Perle des Mittelmeers",
- Adjektive (oft als Superlativ), z. B.: „toll",
- leere Phrasen, z. B.: „nichts für ungut".

# Mein Tag bei den Engeln

**Die Moderatorin Gülcan berichtet über ihren irren Tag bei der Castingshow „Popstars"**

Hallööööchen! Ich bin gerade in Ischgl/ Österreich und mir ist ganz flau im Magen. Wieso? Um zu den „Popstars" zu kommen, muss ich mit einer Seilbahn gaaaanz nach oben auf den Berg fahren. Ui, ui, ui! Wenn man da runterfällt … ach, egal. Auf jeden Fall ist auf der Bergspitze das Trainingslager der zukünftigen neuen Engel. Ich freu mich schon, da mal herumzugucken. Und dann zu sehen, was da so abgeht.

„Popstars" ist immer total lustig. Besonders, wenn da beim ersten Casting so Leute kommen, die überhaupt nicht singen können – es selber aber nicht wissen. Da lach ich mich vorm Fernseher schlapp. Aber bei den ganz großen Talenten bekomm ich oft Gänsehaut, weil die sooo gut singen. So, jetzt bin ich oben angekommen. Hier ist's voll kalt. Bestimmt null Grad. Vor lauter Nebel sieht man nix. Und es schneit sogar schon ein bisschen. Huaaaah – bibber! Schon von draußen höre ich den Choreografen D!; der ist ja immer so schön am Schreien. Der nimmt halt kein Blatt vor den Mund – sagt allen offen seine Meinung. Das finde ich gut. Dann weiß man wenigstens, wo man ist. Und er will schließlich nur das Beste.

Im Workshop begrüßen mich die letzten 17 Kandidatinnen total freundlich. Als Erstes gehen wir zusammen in einen großen Raum, wo es Essen gibt. Ich mops mir direkt mal ein Brot. Hihi. Dann geht's hoch in den Tanzsaal. Vor einem Spiegel studieren die neuen Engel mit Detlef D! Soost gerade eine Choreografie ein. Ich zeig ihm auch einen meiner coolen Schritte. Yeah! Ich glaub, er ist total begeistert … Unten im Keller ist der Gesangsraum – da steht sogar ein Keyboard. Wow! Kandidatin Senna haut gerade in die Tasten. Die Mädchen machen jetzt Gesangsübungen. Toll, das ist ja wie bei meiner Karaoke-Sendung „Shibuya" hier. Die VIVA-Mitarbeiter sagen mir da immer, dass ich still sein soll. Denn ich summe bei allen Liedern dauernd laut mit. Aber ich soll die Leute ja bloß nicht stören, wurde mir gesagt. Schmoll. Na gut, ich hab auch kein großes Talent. Ich kann nur ein bisschen rumträllern. Wenn ich bei einer Castingshow mitmachen würde, würde ich sofort rausfliegen. Bei mir müsste man schon einiges am Computer verändern, dann noch einen Kirchenchor drüberlegen und am besten singt gleich jemand Anderes für mich.

Na ja. Jetzt muss ich leider wieder Tschüssi sagen. Ich hatte gaaaanz viel Spaß hier in Ischgl! Auch wenn ich jetzt immer noch kein „Popstar" bin. Aber im nächsten Leben werde ich das auf jeden Fall! Dann tanze ich zusammen mit Detlef D! Soost auf Platz eins der Charts. Hach, das wird toll! Bis bald,

eure Gülli!

**1** *a) Bildet Gruppen und erarbeitet eine Inszenierung dieses Textes. Falls die Rolle der Moderatorin von einem Jungen übernommen wird, müsst ihr den Text evtl. etwas abändern.*
*b) Führt eure Inszenierungen mit unterschiedlichen Moderatorinnen und Moderatoren vor.*

**2** *Beschreibt das Auftreten der Moderatorinnen und Moderatoren. Inwieweit werden klischeehafte Vorstellungen bedient?*

**3** *a) Fasst das geschilderte Geschehen in Hochsprache (Standardsprache) schriftlich zusammen.*
*b) Vergleicht euer Ergebnis mit dem Original. Was hat sich inhaltlich geändert, wie wirken die Texte jeweils?*

**4** *Untersucht, welche stereotypen Formulierungen der vorliegende Text aufweist. Begründet jeweils, worin die Stereotypie liegt.*

**5** *Beurteilt den Auftritt der Moderatorin und erklärt, welche Wirkung sie eurer Meinung nach erzielt.*

# 7 Wiederholungskurs Grammatik, Rechtschreibung, Zeichensetzung, Stilistik

## 7.1 Groß oder klein, getrennt oder zusammen? – Das Rechtschreibwörterbuch benutzen

Johann Wolfgang Goethe

**Meine liebe Freundin**

Meine liebe Freundin, Ich dancke Ihnen für den Anteil, den Sie an meiner Gesundheit nehmen, und ich muss Ihnen zum Troste sagen, dass das letzte Gerücht von meiner Kranckheit, eben nicht so ganz gegründet war, ich befinde mich erträglich, freylich manchmal weniger als ich es wünschen mögte. Sie können Sich vorstellen dass es nichts als Indisposition war, warum ich Ihnen so lange nicht geschrieben habe, vielleicht werden bald andre Ursachen Sie abhalten mir zu schreiben. Es ist sonderbar, heute vor einem Jahre sah ich Sie zum letztenmal, es ist ein närrisches Ding um Ein Jahr, was alles sein Gesicht in einem Jahre verändert; ich wette wenn ich Sie wiedersehen sollte, ich kennte Sie nicht mehr. Vor drey Jahren hätte ich geschworen es würde anders werden als es ist. Man soll für nichts schwören behaupt ich. Es war eine Zeit da ich nicht fertigwerden konnte mit Ihnen zu reden, und ietzt will all mein Witz nicht hinreichen, eine Seite an Sie zu schreiben. Denn ich kann mir nichts dencken, was Ihnen angenehm seyn könnte. Glauben Sie das? Horn lässt Sie grüssen, er ist unglücklicher als ich. Wie aber alles wunderlich ausgetheilt ist, so hilft ihm seine Narrheit sehr zur Cur von seiner Leidenschafft. Leben Sie wohl liebe Freundinn. Grüssen Sie mir die liebe Mutter und Peter. Ich bin heute unerträglich. Wenn ich in Leipzig wäre, dann sässe ich bey Ihnen und machte ein Gesicht, wie Sie sich dergleichen Specktackel noch erinnern können. Doch nein, wenn ich ietzt bey Ihnen wäre, wie vergnügt wollte ich leben. O könnte ich die dritthalb Jahre zurückrufen. Kätgen, ich schwöre es Ihnen liebes Kätgen ich wollte gescheuter seyn. – Ich gehorche Ihrem Befehl, hier hab ich die Fehler Ihres Briefes angemerckt; wenn Sie diese Kleinigkeiten vermeiden wollen; so werden Sie inskünftige die besten Briefe schreiben: erinnere mich daß und nicht erinnere mich das; gespielt – gespiehlt; es war – es wahr; Prophezeiung – Profezeiung; Gnade – Genade; Plätze – Blätze; fade – fate; Leidwesen – Leudwesen; reitzenden – reitzenten; Eindruck – Eintruck; geschickt – geschückt; freilich – freilig; schicken – schücken; man wird – man würd; übrig – übrich; bekommt – bekombt; Comödienzettel – Comoetigen Zettel; so bald – so balt; sagten – sagden. *J. W. v. G.*

**1** *Goethe korrigiert im letzten Teil seines Briefes (▷ Z. 41–50) die Rechtschreibfehler der Freundin aus einem früheren Brief. Betrachtet die aufgelisteten Fehler und beurteilt, wie sie zu Stande kamen.*

**2** *Untersucht den restlichen Brief (▷ Z. 1–41) und stellt möglichst geordnet in einer Tabelle zusammen, welche Schreibungen heute anders geregelt sind als zu Goethes Zeit. Könnt ihr auch Regeln angeben, die die heutigen Schreibungen begründen?*

| Goethe | heute | Regel |
|---|---|---|
| dancke | danke | ck steht nur noch nach kurzem betontem Vokal |

**3** *Goethe gibt seiner Freundin ganz persönliche „Nachhilfe". Stoßen wir heute auf Schwierigkeiten in der Rechtschreibung, schlagen wir im Wörterbuch nach. Vergleicht die Inhaltsverzeichnisse eurer Wörterbücher und stellt zusammen, was sie – außer dem Wörterverzeichnis – noch alles enthalten.*

**4** *Wörterbücher arbeiten häufig mit Zeichen oder Abkürzungen.*

*a) Lest die „Hinweise zur Benutzung" in eurem Wörterbuch durch und findet die Bedeutung der einzelnen Zeichen heraus, z. B.:*

- ☐ *Trennstrich(e) innerhalb eines Wortes,*
- ☐ *Punkt oder Strich unter einem Vokal,*
- ☐ *runde oder eckige Klammern und*
- ☐ *Abkürzungen (z. B. -[e], Plur., ugs.).*

*b) Erklärt dann die folgenden Wörterbucheinträge mit allen Details:*

[1]**Bạlg,** der; -[e]s, Bälge (Tierhaut: Luftsack; ausgestopfter Körper einer Puppe; *auch für* Balgen)
[2]**Bạlg,** der *od.* das; -[e]s, Bälger (*ugs. für* unartiges Kind)

**Bạm|bus,** der; *Gen.* - *u.* -ses. *Plur.* -se (malai.) (trop. baumartige Graspflanze)
**Bạm|bus|hüt|te; Bạm|bus|rohr; Bạm|bus|spross** *meist. Plur.*

**Kọnto,** das; -s, *Plur.* ...ten, *selten* -s *u.* ...ti (ital.) (Rechnung, Aufstellung über Forderungen u. Schulden): *vgl.* a conto

**Dẹnk|an|satz; Dẹnk|an|stoß; Dẹnk|art; Dẹnk|auf|ga|be**
**dẹnk|bar;** die denkbar günstigsten Bedingungen
**Dẹn|ke,** die; - (*ugs. für* Denkart)
**dẹn|ken;** du dachtest; du dächtest; gedacht; denk[e]; **Dẹn|ken,** das; -s; ihr ganzes Denken
**Dẹn|ker; Dẹn|ke|rin**
**dẹn|ke|risch**

**5** *Untersucht, welche Informationen im Wörterbuch bei Verben und Adjektiven gegeben werden.*

**6** *Stellt in einer Liste zusammen, bei welchen Problemen euch das Rechtschreibwörterbuch nutzen kann, z. B.:*

Groß- und Kleinschreibung
Silbentrennung
Herkunft des Wortes
...

**7** *Fast alle Rechtschreibwörterbücher enthalten einen ausführlichen Teil mit Regelungen zur Rechtschreibung, Zeichensetzung und Formenlehre. Macht euch mit dem Regelteil eures Wörterbuchs vertraut. Wie ist er gegliedert?*

## Getrennt- und Zusammenschreibung

Die 9a möchte sich beim Förderverein des Ernst-Mach-Gymnasiums für eine kräftige Aufstockung der Klassenkasse für das Projekt „Sportwoche“ bedanken.

Sehr geehrte Damen und Herren,

über Ihr Schreiben haben wir uns sehr gefreut. Dank Ihrer großzügigen Spende können nun alle Schülerinnen und Schüler unserer Klasse bei der Sportwoche dabei/sein.
In unserer Klassenkonferenz mussten wir erst einmal hoch/rechnen, wie viel Geld uns zur Verfügung/steht. Insgesamt konnten wir 600 Euro gemeinsam/sammeln, sodass niemand der Fahrt fern/bleiben muss. Dann wurde zusammen/entschieden, wohin wir fahren/wollen. Wir hatten nicht damit gerechnet, dass uns die Entscheidung schwer/fallen würde. Der Grund: Es wurden so viele wunderbare Ideen zusammen/getragen, dass uns die Auswahl gar nicht leicht/fiel.
Heute haben wir dann endlich das Ausflugsziel und den Termin fest/gelegt: Vom 12. bis zum 20. Juni werden wir an den Tegernsee fahren.
Mit der Programmgestaltung haben wir uns auch schon auseinander/gesetzt. Unter Anleitung unserer Sportlehrkräfte wollen wir Mountainbike/fahren, Bergtouren/absolvieren, Badminton/spielen und schwimmen/gehen.

Für Ihre Unterstützung noch einmal vielen Dank.

Mit freundlichen Grüßen

Klasse 9a

**1** a) *Wiederholt die Regeln zur Getrennt- und Zusammenschreibung. Übertragt dazu die folgende Tabelle in euer Heft und schreibt dann die hervorgehobenen Wortgruppen in der richtigen Getrennt- und Zusammenschreibung in die entsprechende Spalte.*

| Nomen + Verb | Verb + Verb | Adjektiv + Verb | Verbindungen mit „sein“ | Adverb + Verb |
|---|---|---|---|---|
| ... | ... | ... | dabei sein | ... |

b) *Formuliert für jede Spalte eine Regel zur Zusammen- oder Getrenntschreibung, z. B.:*
Wortgruppen aus Nomen und Verb werden meist ... geschrieben.

**2** *Überprüft eure Ergebnisse aus Aufgabe 1 (▷ S. 153) anhand des folgenden Auszugs aus einem Rechtschreibwörterbuch.*

**Verbindungen mit Verben als zweitem Bestandteil**
Vollständige Regelung → §§ 33–35

**R 14** Verbindungen aus Verb + Verb schreibt man getrennt (→ § 34 (4)), z. B.:
*laufen lernen, lesen üben, spazieren gehen, schwimmen gehen, bleiben müssen, fliegen können*

**aber**

- Bei Verbindungen mit *bleiben* oder *lassen* als zweitem Bestandteil ist bei übertragener Bedeutung auch Zusammenschreibung möglich. Dasselbe gilt für *kennen lernen* (→ § 34 $E_7$). Beispiele:
  *sitzen bleiben / sitzenbleiben (= nicht versetzt werden), liegen bleiben / liegenbleiben (= unerledigt bleiben), (jemanden) stehen lassen / stehenlassen (= sich abwenden); kennen lernen / kennenlernen (= mit etwas vertraut werden, persönliche Bekanntschaft mit jemandem machen)*
- Substantivierte Verbindungen aus Verb + Verb schreibt man zusammen (→ § 37 (2)), z. B.:
  *das Laufenlernen, das Lernenüben, das Spazierengehen, das Schwimmengehen*

**R 15** Verbindungen mit *sein* schreibt man getrennt (→ § 35), z. B.:
*beisammen sein, da sein, fröhlich sein, vorbei sein, fertig sein, zurück sein, zusammen sein*

**aber**

Substantivierte Verbindungen mit *sein* schreibt man zusammen (→ § 37 (2)), z. B.:
*das Beisammensein, das Vorhandensein, das Dasein*

**R 16** Verbindungen aus Substantiv + Verb schreibt man in der Regel getrennt, z. B.:
*Angst haben, Auto fahren, Rad fahren, Diät halten, Feuer fangen, Fuß fassen, Rat suchen, Walzer tanzen, Schlange stehen, Kuchen essen, Schach spielen*

**aber**

- In einigen Verbindungen haben Substantive ihre substantivischen Merkmale weitgehend verloren. Diese Verbindungen schreibt man im Infinitiv, im Partizip I und im Partizip II sowie im Nebensatz bei Endstellung des Verbs zusammen (→ § 34 (3), § 34 $E_4$):
  *leidtun, eislaufen, kopfstehen, nottun, wundernehmen, preisgeben, standhalten, heimkehren* (genauso *heimgehen, heimsuchen usw.*), *stattfinden* (genauso *statthaben usw.*), *teilnehmen* (genauso *teilhaben usw.*)
- Zu Verbindungen aus Substantiv + Partizip → R 21, 22, 24, 25
- Substantivierte Verbindungen aus Substantiv + Verb schreibt man zusammen (→ § 37 (2)), z. B.:
  *das Autofahren, das Diäthalten, das Feuerfangen, das Walzertanzen, das Schlangestehen*

**R 17** Verbindungen aus Adjektiv + Verb werden in den meisten Fällen getrennt geschrieben (siehe aber R 18). Beispiele:
*schnell laufen, kritisch lesen, scharf sehen, stark vergrößern, eindeutig festlegen, hart aufschlagen, italienisch essen, klar darlegen, häufig wiederholen*

**aber**

- Zwischen Getrennt- und Zusammenschreibung gewählt werden darf in vielen Fällen, in denen das Adjektiv ein Ergebnis der Tätigkeit bezeichnet, die das Verb ausdrückt (→ § 34 (2.1)). Beispiele:
  *klein schneiden / kleinschneiden, blank polieren / blankpolieren, blau streichen / blaustreichen, kaputt machen / kaputtmachen*
- Zu Verbindungen aus Adjektiv + Partizip → R 21–23, 25.
- Substantivierte Verbindungen aus Adjektiv + Verb schreibt man zusammen (→ § 37 (2)), z. B.:
  *das Kleinschneiden, das Kaputtmachen*

**R 18** Verbindungen aus Adjektiv + Verb müssen abweichend von R 17 zusammengeschrieben werden, wenn die Verbindung nicht wörtlich, sondern nur in einem übertragenen Sinn verstanden werden kann (→ § 34 (2.2)), z. B.:
*krankschreiben (= eine Krankheit bescheinigen), schwarzfahren (= ohne Fahrkarte fahren), richtigstellen (= etwas korrigieren), schwerfallen (= Mühe damit haben), (jemanden) freisprechen, (jemanden politisch) kaltstellen*

**aber**

Wenn nicht klar zu entscheiden ist, ob eine übertragene Bedeutung vorliegt, ist sowohl Getrennt- als auch Zusammenschreibung möglich, z. B.:
*(eine Arbeit) fertig stellen / fertigstellen, (sich) bereit erklären / bereiterklären*

**R 19** Bei Verbindungen aus Partikel + Verb (z. B. Adverb + Verb oder Präposition + Verb) kann in der Regel mit einer Betonungsprobe über Getrennt- oder Zusammenschreibung entschieden werden:
Wenn die Hauptbetonung auf dem ersten Bestandteil liegt, wird zusammengeschrieben. Wenn die Hauptbetonung nicht auf dem ersten Bestandteil liegt, wird getrennt geschrieben (→ § 34 (1)).
Beispiele für Zusammenschreibung:
*abwarten, anhalten, aufmachen, hereinkommen, hinterherlaufen, voranbringen, weitersagen, zurückkommen, auseinandersetzen, wiedersehen, dabeisitzen, zusammentragen, daherkommen, zurückfahren; abhandenkommen, bevorstehen, darlegen, überhandnehmen, fehlgehen, feilbieten, weismachen, wettmachen*
Beispiele für Getrenntschreibung:
*(Nach der OP konnte er) wieder sehen. Sie wollte dabei sitzen (= diese Arbeit im Sitzen verrichten). Er ist hinterher gelaufen (= nach dem Abendessen).*
In Zweifelsfällen kann folgende Regel helfen: Ist es möglich, zwischen Adverb und Verb ein Satzglied einzuschieben, wird getrennt geschrieben, andernfalls gilt Zusammenschreibung. Beispiele:
*(Wir können den Tisch) zusammen (aus dem Haus) tragen. (Wir können) daher (am Donnerstag) kommen.*

**3** *Prüft, ob bei den folgenden Sätzen die Wortgruppen aus Adjektiv und Verb getrennt oder zusammengeschrieben werden, und schreibt dann die Sätze in der richtigen Schreibweise in euer Heft.*
- Disziplin wird bei einer Wanderung im hochalpinen Gelände groß/geschrieben.
- Substantive werden groß/geschrieben.
- Der Aufstieg war uns leicht/gefallen.
- Bei der Überquerung von Geröllfeldern kann man leicht/fallen.
- Vom Gipfel aus konnte man weit/sehen.
- Am Abend in der Jugendherberge wollten wir nicht einmal mehr fern/sehen.
- Um die Hütte vor dem Regen zu erreichen, mussten wir schnell/gehen.

**4** *a) Lest die nebenstehenden Infinitive laut. Welche Bedeutung hat die unterschiedliche* ***Betonung*** *für die Getrennt- und Zusammenschreibung?*
*b) Bildet Sätze, in denen die voneinander abweichende Bedeutung und Schreibung der Wortpaare deutlich wird.*

freisprechen – frei sprechen
heimlichtun – heimlich tun
wiedergewinnen – wieder gewinnen
gutschreiben – gut schreiben

## Goldene Regeln beim BERG/WANDERN

- Der Wanderer muss jede Bergtour **EIGEN/VERANTWORTLICH** und **GENAU/PLANEN** und Informationen über Wetterberichte oder Wetterkarten einholen. Er muss in die Planung Landkarten und Gebietsführer **MIT/EIN/BEZIEHEN** und die realistischen Gehzeiten **EXAKT/BERECHNEN.**
- Man muss die Ausrüstung mit Bedacht **ZUSAMMEN/STELLEN: GUT/GEEIGNETEN** Sonnen- und Regenschutz **MIT/NEHMEN,** entsprechend der Tour und des Geländes die **AM/BESTEN/GEEIGNETEN** Schuhe auswählen und **LEICHT/TROCKNENDE** und warme Kleidung nicht vergessen. Auch in **SONNEN/ARMEN** Gebieten ist Sonnenschutz **UNBEDINGT/NÖTIG.**
- Bei **FEUCHT/WARMEM** Wetter ist grundsätzlich mit Wetterstürzen zu rechnen! Bei Gewittern ist der Aufenthalt auf Gipfelgraten und in der Nähe **EINZELN/STEHENDER** Bäume **HÖCHST/RISIKO/REICH!**
- Schneefelder sind im Sommer, aber auch im Herbst **BESONDERS/GEFÄHRLICH.** Folgende Regel ist **ALLGEMEIN/GÜLTIG:** Ein **HERUNTER/RUTSCHEN** auf Schneerinnen ist **STRENG/VERBOTEN!**
- **DARÜBER/HINAUS** ist zu beachten, dass niemals vom Weg **AB/GEWICHEN/WERDEN** darf. Gerade Abkürzungen enden nach Erfahrungen der Bergwacht **OFT/MALS** tödlich.
- Der Rat **BERG/ERFAHRENER** Leute ist zu beachten: Hüttenwirte, Bergführer, Bergwacht oder die Polizei geben genaue Auskünfte.
- Sinnvoll ist es, sich in einer Gruppe auf den **WEG/ZU/MACHEN** und dabei auf das Tempo Schwächerer **RÜCKSICHT/ZU/NEHMEN.** Freude an der Natur und am Wandern, nicht **ZWANGS/LÄUFIG** der Gipfel sollten das Ziel sein.
- Bei Unfällen muss man **RUHE/BEWAHREN** und über **IRGEND/WELCHE** anderen Wanderer oder die **NÄCHST/GELEGENE** Berghütte die Bergwacht informieren. Wenn möglich, sollte man einen Verletzten nie **ALLEIN/LASSEN.** Bei jeder Tour muss eine Grundausstattung an Verbandszeug **VORHANDEN/SEIN.**

**5** *a) Schreibt die hervorgehobenen Wörter in der richtigen Getrennt- und Zusammenschreibung in euer Heft. Achtet auch auf die Groß- und Kleinschreibung.*
*b) Vergleicht eure Lösungen mit denen eurer Banknachbarin oder eures Banknachbarn und begründet bei jeder Wortgruppe die Getrennt- und Zusammenschreibung. Schlagt gegebenenfalls im Rechtschreibwörterbuch nach.*

## Groß- und Kleinschreibung

### Missglückte Wanderung zur Jocher Alm

Bereits am **F/frühen N/nachmittag,** als wir von der Jocher Alm aufbrachen, sahen wir Wolken aufziehen, die sich rasch verdichteten. Die **M/meisten von uns** hielten sich an die Anweisung unserer Lehrerin, „zügig und konzentriert" zu gehen und **A/acht zu geben,** dass keine zu großen Abstände innerhalb der Gruppe entstünden. Trotzdem **wurde es M/manchem A/angst** bei der Vorstellung, während **des H/heruntersteigens** vom Unwetter überrascht zu werden. Plötzlich kam uns die von uns belächelte Prophezeiung des Hüttenwirts, es würde **N/nachmittags** ein „Mordswetter" aufziehen, er kenne sich schließlich aus in „seinen" Bergen, gar nicht mehr so lächerlich vor.

„Wir sollten **am B/besten** irgendwo **S/schutz suchen"**, schlugen **ein P/paar aus der Klasse** vor. Doch **A/angesichts** der schroff abfallenden Abhänge auf unserem Weg **gab ein A/anderer Schüler K/kontra: „Tut mir L/leid,** aber ich sehe hier **N/nirgends** einen Unterschlupf für **f/Fünfzehn Leute auf E/ein/M/mal"**, womit er völlig **R/recht hatte.**

Also liefen wir **T/trotz unserer A/angst** weiter. Der sich verschlechternden Sichtbedingungen **W/wegen** mussten wir jedoch schon **A/anfangs** einen Abzweig verpasst haben, sodass wir wohl schon **E/einige Zeit A/abseits des richtigen Weges** gelaufen waren. Ähnliche Markierungen am Wegrand **führten uns I/irre,** doch **nach W/wenigen Metern** ging unser Weg wieder steil **B/bergauf.** Das konnte nicht **der R/richtige** sein! Dass genau in den Momenten, in denen **N/nichts** passieren darf, **etwas S/schlimmes** vorfällt, ist wohl ein ungeschriebenes Gesetz. So glitt Klara auf dem lehmigen Boden aus und fiel auf einen Stein. Schon **beim A/aufstehen** spürte sie große Schmerzen, sodass **ein W/weiter/gehen** gar nicht mehr möglich war. „Wie ich **E/euch** jetzt sicher **N/nach H/hause** führen soll, ist mir **U/unklar. Das B/beste ist,** die Bergwacht zu rufen", meinte unsere Lehrerin verzweifelt. „Haben **S/sie** die richtige Nummer bei **S/sich?"**, fragte ein Schüler mit gezücktem Handy und **nach K/kurzem, aber B/bangem W/warten** fiel uns ein Stein vom Herzen. „Die Bergwacht ist unterwegs zu uns", rief er, „und wegen der Verletzung von Klara wird **S/sie** auch einen Hubschrauber einsetzen." Wir erinnerten uns: Das oberste Motto **L/laut Bergwacht** heißt: „Ruhe bewahren!"

**1** a) *Schreibt die hervorgehobenen Wörter und Wortgruppen in der richtigen Groß- und Kleinschreibung in euer Heft. Berücksichtigt dabei auch die Getrennt- und Zusammenschreibung.*
***VORSICHT:*** *Bei einigen Wörtern müsst ihr die Groß- oder Klein-, Getrennt- oder Zusammenschreibung aus dem Kontext (Textzusammenhang) erschließen.*

b) *Vergleicht eure Ergebnisse und begründet mit Hilfe der folgenden Regel aus einem Rechtschreibwörterbuch die Groß- oder Kleinschreibung der hervorgehobenen Wörter und Wortgruppen.*

**Substantive** (= Nomen)

**R 34** Substantive schreibt man groß. (→ § 55)

Man erkennt Substantive an folgenden Merkmalen:

1. Substantive bezeichnen Gegenstände, Lebewesen, abstrakte Begriffe, z. B.: *Buch, Vater, Lisa, Beziehung, Größe*
2. Substantive können als Begleiter einen (bestimmten / unbestimmten) Artikel, ein Adjektiv, ein Zahladjektiv und / oder ein Pronomen bei sich haben; der Artikel kann auch mit einer Präposition verschmolzen sein, z. B.: *das Buch, ein Buch, ein neues Buch, sein Buch, sein neues Buch, viele Bücher, drei Bücher, im (in dem) Buch, fürs (für das) Buch*
3. Substantive können dekliniert werden. Sie stehen entweder im Singular oder im Plural, z. B.: *das Buch, des Buches, viele Bücher*
4. Steht eines der folgenden Suffixe am Wortende, handelt es sich um ein Substantiv: *-ung, -keit, -heit, -schaft, -nis, -tum, -sal*

### Substantivierungen
**(= Nominalisierungen)**

**R 35** Wörter anderer Wortarten, die wie Substantive gebraucht werden, schreibt man groß (→ §§ 57, 58), z. B.:
- substantivierte Verben: *das Laufen, ein Lachen, beim Reden, mein Rufen*
- substantivierte Adjektive oder Partizipien: *nichts Großes, alles Gute, das Übrige, der Erste, das Letzte, jeder Dritte, im Allgemeinen*

Substantivierungen erkennt man vor allem daran, dass vor dem substantivierten Wort ein zugehöriger Begleiter steht oder stehen könnte, z. B.:
- ein Artikel, z. B.: *Hier ist das Verlangte. Sie hörte ein Knirschen.*
- ein mit einer Präposition verschmolzener Artikel, z. B.: *beim Schlafen (bei dem) Schlafen, im (in dem) Wesentlichen*
- ein unbestimmtes Zahlwort wie *etwas, nichts, alles, viel, wenig,* z. B.: *Ihre Stimme hatte etwas Beruhigendes. Er hat viel Interessantes berichtet.*
- ein Pronomen, z. B.: *Er gab sein Bestes. Sie hatte mein Rufen gehört.*
- ein Adjektiv oder Partizip, z. B.: *fröhliches Lachen, lautes Klopfen, angestrengtes Lauschen*

**aber**
- Klein schreibt man *ein bisschen, ein paar* (für *einige*).
- In Verbindungen mit den unbestimmten Zahladjektiven *viel, wenig, (der, die, das) eine, (der, die, das) andere,* die Merkmale einer Substantivierung aufweisen, ist sowohl Klein- als auch Großschreibung zulässig. Großgeschrieben wird vor allem, wenn der substantivische Gebrauch betont werden soll, z. B.: *Die Meisten stimmten ihm zu. Die Wenigsten kennen sich in der Umgebung aus. Die Einen sagen dies, die Anderen das. Sie strebte etwas ganz Anderes an.*
- Auch wenn Merkmale einer Substantivierung vorliegen, wird ein Adjektiv bzw. Partizip kleingeschrieben, wenn es sich auf ein vorhergehendes oder folgendes Substantiv bezieht, z. B.: *Er hatte auf dem Markt Blumen gekauft und die schönsten ausgewählt. Teneriffa ist die größte der kanarischen Inseln.*
- Superlative mit *am* werden kleingeschrieben. Sie lassen sich mit *wie?* erfragen, z. B.: *Dies ist am vernünftigsten. Arbeitslose sind am stärksten betroffen.*
- Groß- und Kleinschreibung sind z. B. möglich bei: *von neuem/von Neuem, ohne weiteres/ohne Weiteres, seit längerem/seit Längerem, binnen kurzem/binnen Kurzem.*

### Desubstantivierungen
**(= Denominalisierungen)**

**R 36** Substantive, die im Satzzusammenhang keine substantivischen Merkmale aufweisen, schreibt man klein. Dies betrifft z. B. folgende Wörter in Verbindung mit den Verben *sein, bleiben, werden* (→ § 56): *recht, unrecht, leid, schuld, angst, bange, pleite, gram, feind, freund (mir ist es recht, sie ist es leid, ihm wird angst …)*

**aber**
Die Wörter *recht/Recht* und *unrecht/Unrecht* können in Verbindung mit den Verben *behalten, bekommen, geben, haben, tun* sowohl klein- als auch großgeschrieben werden, z. B.: *er hat recht/Recht, ich gebe ihm recht/Recht, du hast ihm unrecht/Unrecht getan.*

### Bezeichnungen für Tageszeiten

**R 37** Groß schreibt man Bezeichnungen für Tageszeiten in Verbindung mit *heute, (vor)gestern, (über)morgen* sowie Zusammensetzungen aus Bezeichnungen für Wochentage und Substantiven, die Tageszeiten bezeichnen (→ § 55), z. B.:
*heute Mittag, gestern Abend, vorgestern Morgen, morgen Mittag; Sonntagabend, Montagmorgen, (am) Donnerstagmittag*

**aber**
Zeitadverbien schreibt man klein, z. B.: *morgens, mittags, abends, sonntagabends, montagmorgens, dienstagmittags, mittwochs, sonntags*

### Farb- und Sprachbezeichnungen

**R 38** Farb- und Sprachbezeichnungen in Verbindung mit Präpositionen schreibt man groß (→ § 58 $E_2$) z. B.: *bei Grün, bei Rot, in Grau, auf Deutsch, in Englisch*

### Pronomen

**R 39** Pronomen werden auch kleingeschrieben, wenn sie stellvertretend für ein Substantiv stehen. (→ § 58)
*Dort hat sich schon mancher verirrt. Sie sprachen über dieses und jenes. Wir haben das alles beachtet. Man muss mit den beiden reden.*

### Zahladjektive

**R 40** Kardinalzahlen unter einer Million schreibt man klein. (→ § 58)
*Ihr zwei kommt mir bekannt vor. Rufe mich bitte um vier an. Man dachte, er könne nicht bis drei zählen. Mit vierzig wollte er sich beruflich noch einmal verändern. Lies bitte Kapitel fünf. Wir vier gehören zusammen. Sie müssen das durch sieben teilen.*

**aber**
- Substantivierte Zahladjektive schreibt man groß, z. B.: *Er würfelt eine Drei. Sie hat eine Eins geschrieben. Sie war die Dritte im Bunde. Er war der Erste, der den Fehler bemerkte.*
- Wenn Zahlwörter wie *hundert* oder *tausend* eine nicht genau bestimmte Menge angeben, können sie auch als Substantive aufgefasst und großgeschrieben werden. Beide Schreibweisen sind zulässig, z. B.: *Einige hundert/Hundert Demonstranten standen vor dem Parlament. Im Stadion warteten schon tausende/Tausende von Zuschauern. Zur WM werden zigtausende/Zigtausende von Zuschauern erwartet. Er hatte sich schon einige dutzend/Dutzend Wohnungen angesehen.*

[…]

### Anredepronomen und Anreden
Vollständige Regelung → §§ 65, 66

**R 46** Die Höflichkeitsanreden *Sie, Ihr* sowie die zugehörigen flektierten Formen schreibt man groß (→ § 65), z. B.:
*Ich grüße Sie. Ich danke Ihnen. Ist das Ihr Buch? Haben Sie sich gut erholt?*

**2** a) *Formt den Text „Missglückte Wanderung zur Jocher Alm“ (*▷ *S. 156)* *in einen Zeitungsbericht um. Ergänzt fehlende Angaben selbst.*

b) *Vergleicht euer Ergebnis mit dem vorliegenden Text und tragt die Unterschiede zusammen. Berücksichtigt dabei Sprache, Inhalt, Wirkung und Absicht der Texte.*

## Testet euer Wissen und verbessert euch

# MOUNTAINBIKEN

WIE/VIEL Spaß ihr am MOUNTAIN/BIKEN habt, hängt meist davon ab, wie sicher ihr euer Bike beherrscht. Jeder VÖLLIG/UNERFAHRENE Fahrer wird sich anfangs auf einem BRAND/NEUEN Rad UNWOHL/FÜHLEN, wenn er dieses wacklige Gefühl KENNEN/LERNT, für das hohe Wurzeln, STEIL/ABFALLENDE Wege, rutschiges Laub, Steine usw. sorgen. Möchte man diese Unsicherheiten aus dem WEG/SCHAFFEN, sollte man die eigene FAHRTECHNIK/SCHULEN. LEICHT/VERSTÄNDLICH und sicher erklären Outdoor-Spezialisten in EIGENS/EINGERICHTETEN MOUNTAIN/BIKE/KURSEN das RICHTIGE/SCHALTEN, BREMSEN und TRETEN. Beherrscht man diese Grundtechniken, wird GLEICHGEWICHT/HALTEN LEICHT/ERLERNT. Neben dem sportlichen Ehrgeiz wird auch ein RESPEKT/VOLLES UMGEHEN mit der Natur VON/NÖTEN/SEIN. DES/WEITEREN muss Interesse an der Materialpflege VORHANDEN/SEIN, denn nur ein GUT/AUSGERÜSTETER Fahrer kann SICHER/GEHEN, weder sich noch ANDERE zu gefährden. Übt man zunächst noch auf STILL/GELEGTEN oder WENIG/BEFAHRENEN Forstwegen, betritt man schon bald auch unwegsames Gelände. Wer befürchtet da nicht, KOPF/ÜBER auf den steinigen Boden zu stürzen oder in die IRRE/GEFÜHRT vom WEG/AB/ZU/KOMMEN.

Doch all das macht SELBST/VERSTÄNDLICH auch den Reiz dieser Sportart aus, die JAHR/FÜR/JAHR mehr SPORT/BEGEISTERTE AUS/ÜBEN. Keiner von ihnen wird ZU/HAUSE SITZEN/BLEIBEN oder mit einer Radtour im flachen Gelände VORLIEB/NEHMEN, wenn sich die Gelegenheit bietet, bei einer neuen Tour DABEI/ZU/SEIN.

**1** a) *Schreibt den Text in der richtigen Groß- und Klein-, Getrennt- und Zusammenschreibung in euer Heft.*

b) *Tauscht eure Hefte untereinander aus und korrigiert gegenseitig eure Texte. Nennt bei jedem Fehler die anzuwendende Rechtschreibregel (*▷ *Regeln zur Getrennt- und Zusammenschreibung auf S. 154, zur Groß- und Kleinschreibung auf Seite 156/157)**.*

# 7.2 Richtig formulieren – Grammatik, Zeichensetzung und Stilistik

## Wortarten wiederholen

### Grasse, die südfranzösische Parfüm-Stadt

*Die südfranzösische Stadt Grasse liegt in der Provence und gilt heute als Stadt der erlesenen Parfüms. In seiner Geschichte wurde Grasse von einer Hochburg der Gerberei zum weltweit anerkannten Zentrum des Parfüms. Auch Jean-Baptiste Grenouille, das Geruchsgenie aus Patrick Süskinds Roman „Das Parfum", kam hierher, um die Techniken der Duftgewinnung zu erlernen.*

Seit dem Spätmittelalter war Grasse weit über die Grenzen der Provence für seine Lederwaren bekannt. Bereits 1171 exportierten einheimische Händler neben Leinen, Wein und Vieh auch gegerbtes Leder nach Genua. Der Gerberei verdankt Grasse letztlich auch seinen Aufstieg zur Welthauptstadt des Parfüms.
Im Zeitalter des Absolutismus hatten Duftwässerchen eine rege Konjunktur, ersetzten sie doch zumeist die morgendliche Toilette des Adels. Als es im sechzehnten Jahrhundert an den europäischen Höfen Mode wurde, parfümierte Handschuhe zu tragen, sammelte Grasse seine ersten Erfahrungen mit der Herstellung von Duftstoffen. Auf Grund des milden Klimas des provenzalischen Hochlands konnten sich die hier ansässigen Parfümeure gleich vor Ort betätigen und die nötigen Essenzen züchten: Rosen und Nachthyazinthen, Jasmin, Orangen, Lavendel und Mimosen wurden angepflanzt und aus den Blüten höchst konzentrierte Duftessenzen, die so genannte „Essence Absolue", gewonnen. Manchmal bedurfte es Hunderter solcher Duftkonzentrate, um daraus ein neues, raffiniertes Parfüm zu komponieren, was mitunter eine Arbeit von Jahren war.

Heute werden zwar die meisten Pflanzen oder ihre Essenzen aus anderen Ländern eingeführt oder gleich synthetisch erzeugt, doch die Meisterparfümeure von Grasse – die „Nasen" – genießen noch immer Weltruf. Wer diese „Nasen" sind? Zu Beginn der 1920er Jahre kreierte zum Beispiel Ernest Baux in Grasse „Chanel No. 5" und Edmond Roudnitska mischte hier Mitte der 1960er Jahre für seinen Auftraggeber Christian Dior das legendäre „Eau Sauvage".
Jede berühmte Parfümerie besitzt ihre eigene „Nase". Dieser Duftspezialist hat nach einer

langen Ausbildung die Fähigkeit, bis zu tausend verschiedene Geruchsnoten unterscheiden zu können. Nur vier Stunden täglich arbeiten diese Parfümeure im Labor, dann ist die Aufnahmekapazität einer „Nase“ erschöpft. Auf der Suche nach irgendeinem neuen unwiderstehlichen Duft werden verschiedene Essenzen miteinander vermischt.

Eine empfindliche Nase zu besitzen, ist die Grundvoraussetzung für einen Duftkomponisten. Nicht zu rauchen und nicht scharf zu essen, versteht sich von selbst.

**1** *Fasst zusammen, was ihr über die Stadt Grasse und die Arbeit der Parfümeure erfahrt.*

**2** *Pronomen können als Begleiter oder Stellvertreter eines Nomens gebraucht werden. Sie werden dekliniert und erfüllen – je nach Art des Pronomens – verschiedene Funktionen im Satz.*

| Arten von Pronomen | Funktion | Beispiel |
|---|---|---|
| Personalpronomen | Personalpronomen ersetzen meist ein Nomen | hatten Duftwässerchen eine rege Konjunktur, ersetzten sie ... |
| Possessivpronomen | ... | ... |
| Reflexivpronomen | ... | ... |
| Demonstrativpronomen | ... | ... |
| Indefinitpronomen | ... | ... |
| Interrogativpronomen | ... | ... |
| Relativpronomen | ... | ... |

a) *Übertragt die Tabelle in euer Heft und sucht für jede Pronomenart ein Beispiel aus dem Text (▷ S. 159). Wenn die Pronomen ein Bezugswort haben, schreibt auch dieses auf. Notiert dann, welche Funktion die Pronomen im Satz haben.*

b) *Vergleicht eure Ergebnisse. Schlagt gegebenenfalls im Grundwissen nach (▷ S. 344).*

**3** *In einem Text haben Pronomen auch die Funktion, ein Nomen oder eine Wortgruppe mit Nomen zu ersetzen und so Wiederholungen zu vermeiden.*

a) *Erstellt aus den nebenstehenden Sätzen einen Text. Entscheidet euch, ob ihr bei den eingeklammerten Wörtern Nomen oder Pronomen verwenden wollt.*

b) *Lest euch eure Texte vor und vergleicht die Wirkung je nach Wechselspiel von Nomen und Pronomen.*

Als ich auf die Straße trat, sah ich (Vögel) sofort. (Vögel) waren um etwas versammelt, das auf dem Boden lag. (Vögel) umkreisten lautlos und träge den Gegenstand. (Vögel) waren groß und schwarz. Einige (Vögel) saßen auf dem Gegenstand und drängten neu Hinzukommende ab. (Vögel) ließen sich durch mich nicht vertreiben. Ganz nah konnte ich an (Vögel) herangehen, (Vögel) hüpften nur, schwerfällig mit den Flügeln schlagend, zur Seite.

## Unterschiedliche Satzarten

Patrick Süskind

### Das Parfum

Im achtzehnten Jahrhundert lebte in Frankreich ein Mann, der zu den genialsten und abscheulichsten Gestalten dieser an genialen und abscheulichen Gestalten nicht armen Epoche gehörte. Er hieß Jean-Baptiste Grenouille, und wenn sein Name im Gegensatz zu den Namen anderer genialer Scheusale, wie etwa de Sades, Saint-Justs, Fouchés, Bonapartes usw., heute in Vergessenheit geraten ist, so sicher nicht deshalb, weil Grenouille diesen berühmteren Finstermännern an Selbstüberhebung, Menschenverachtung, Immoralität, kurz an Gottlosigkeit nachgestanden hätte, sondern weil sich sein Genie und sein einziger Ehrgeiz auf ein Gebiet beschränkten, welches in der Geschichte keine Spuren hinterläßt: auf das flüchtige Reich der Gerüche.

Zu der Zeit, von der wir reden, herrschte in den Städten ein für uns moderne Menschen kaum vorstellbarer Gestank. Es stanken die Straßen nach Mist, es stanken die Hinterhöfe nach Urin, es stanken die Treppenhäuser nach fauligem Holz und nach Rattendreck, die Küchen nach verdorbenem Kohl und Hammelfett; die ungelüfteten Stuben stanken nach muffigem Staub, die Schlafzimmer nach fettigen Laken, nach feuchten Federbetten und nach dem stechend süßen Duft der Nachttöpfe. Es stanken die Flüsse, es stanken die Plätze, es stanken die Kirchen, es stank unter den Brükken und in den Palästen. Der Bauer stank wie der Priester, der Handwerksgeselle wie die Meistersfrau, es stank der gesamte Adel, ja sogar der König stank, wie ein Raubtier stank er, und die Königin wie eine alte Ziege, sommers wie winters. Denn der zersetzenden Aktivität der Bakterien war im achtzehnten Jahrhundert noch keine Grenze gesetzt, und so gab es keine Tätigkeit, keine aufbauende und keine zerstörende, keine Äußerung des aufkeimenden oder verfallenden Lebens, die nicht von Gestank begleitet gewesen wäre. R

**1** *Mit diesen Beschreibungen beginnt Patrick Süskind seinen Roman „Das Parfum".*
*a) Fasst den Inhalt des Textes in einem Satz zusammen. Was erwartet ihr von der weiteren Handlung?*
*b) Beschreibt den Satzbau in diesem Text.*
*c) Definiert folgende Begriffe. Schlagt – falls nötig – im Grundwissen nach:*

Hauptsatz | Nebensatz | Satzreihe | Satzgefüge

unterordnende Konjunktion | nebenordnende Konjunktion

*d) Untersucht nun den Satzbau genauer:*
- *Wo verwendet der Autor vorwiegend Hauptsätze, wo verknüpft er Haupt- und Nebensätze?*
- *Welche Funktion haben die Satzreihen und die Satzgefüge in diesem Text?*

*e) Untersucht die sprachlichen Gestaltungsmittel des Textes. Bestimmt dabei auch, welche Wirkung diese auf den Leser haben. Achtet dabei besonders auf die Wortwahl und den Satzbau.*

**2** *Sucht alle Nebensätze aus dem Text heraus. Unterscheidet dabei Relativsätze (Attributsätze) und Gliedsätze. Nennt bei den Relativsätzen (Attributsätzen) das jeweilige Bezugswort und bestimmt die Gliedsätze genau.*

**3** *Der letzte Satz des Textes (▷ S. 161, Z. 36–42) wird mit einer nebenordnenden Konjunktion eingeleitet. Ersetzt sie durch eine unterordnende Konjunktion, ohne den Sinn zu verändern. Beschreibt, wie der Satzbau sich dadurch verändert.*

**4** *a) Bestimmt die adverbialen Bestimmungen in den folgenden Sätzen genau.*
- Trotz der Bemühungen der Bauherren des 19. Jahrhunderts dauerte es noch lange Zeit bis zur Sanierung der schlechten Wohnungen.
- Nach der Errichtung großer Stadtpaläste durften bedürftige Menschen in den noch feuchten Räumen wohnen.
- Während des Wohnens in den feuchten Räumen zogen sie sich die „Trockenwohner“ meist schwere Krankheiten zu.
- Durch die Inanspruchnahme billiger Wohngelegenheiten nahmen sie auch unheilbare Krankheiten in Kauf.

*b) Formt die Sätze zu Satzgefügen um, indem ihr die adverbialen Bestimmungen zu Adverbialsätzen ausformuliert. Achtet dabei auf die Kommasetzung, z. B.:*

Wegen des unerträglichen Gestanks in den Straßen muss ein Leben in Paris früher beinahe unerträglich gewesen sein. → Weil es früher in den Straßen von Paris unerträglich stank, muss ein Leben dort beinahe unerträglich gewesen sein.

*c) Vergleicht eure Lösungen mit den ursprünglichen Sätzen und beurteilt die Wirkung der jeweiligen Sätze.*

**5** *Beschreibungen werden oft durch Attribute anschaulich und genau. Legt mit Hilfe des Grundwissens (▷ S. 349) eine Tabelle der verschiedenen Attribute an. Ordnet dann die Attribute aus dem Romanausschnitt (▷ S. 161) mit ihren Bezugswörtern in die entsprechenden Spalten ein.*

| Formen des Attributs | Beispiel |
|---|---|
| Adjektiv als Attribut | zu den genialsten und abscheulichsten Gestalten (Z. 2/3) |
| Nomen im Genitiv (Genitivattribut) | ... |
| ... | ... |

**6** *Nebensätze können zu Partizipial- oder Infinitivsätzen verkürzt werden.*

*a) Formuliert die Nebensätze in den Satzgefügen zu Infinitiv- oder Partizipialsätzen um, sodass die Sätze insgesamt flüssiger und eleganter wirken.*
- Grenouille strebte allein danach, dass er mit einem überirdischen Duft Macht über die Menschen gewinnen konnte.
- Es war sein Ziel, dass er einen eigenen Geruch kreierte, der zu ihm selbst passte.
- Lange musste er Erniedrigung und Arbeiten, die ihn quälten, dulden, damit er sich das Wissen aneignen konnte, das er für sein Vorhaben benötigte.

*b) Beschreibt die Wirkung, die ihr durch eure Umformulierungen erzielt habt.*

*c) Überprüft die Kommasetzung mit Hilfe der Regeln im Grundwissen (▷ S. 352/353).*

## Testet euer Wissen und verbessert euch

**VORSICHT FEHLER!**

### Patrick Süskind **„Das Parfum"**

In dem Roman „Das Parfum" beschreibt Patrick Süskind die Lebensgeschichte des am 17. Juli 1738 in Paris geborenen fiktiven Frauenmörders Jean-Baptiste Grenouille.
Grenouilles Leben beginnt auf einem Pariser Fischmarkt einem der seinerzeit schmutzigsten Orte von Paris auf dem ihn seine als Fischhändlerin tätige Mutter unbemerkt unter einem Schlachttisch zur Welt bringt.
Bereits als kleines Kind verfügt Grenouille über die Gabe Düfte jeglicher Art in sich aufzunehmen und in seinem Gedächtnis zu speichern. Er selbst hingegen besitzt keinen eigenen Körpergeruch.
Eines Tages läuft Grenouille fasziniert von einem ihm völlig unbekannten atemberaubenden Duft den er unbedingt erfassen muss durch die Straßen von Paris bis er schließlich den Ursprung des Duftes ein junges Mädchen erreicht. In der Absicht diesen einen Geruch für immer zu bewahren bringt er das Mädchen um. Doch er muss verzweifelt feststellen dass er keine Möglichkeit hat den Duft des Mädchens für immer aufzunehmen denn er verflüchtigt sich mit ihrem Tod. Er erkennt dass er das Handwerk eines Parfümeurs erlernen muss.
Baldini ein alter Parfümmeister nimmt Grenouille schließlich in die Lehre.
Nachdem Grenouille endlich einen Meister gefunden hat der ihn mit der Parfümherstellung vertraut gemacht hat strebt er allein danach mit einem überirdischen Duft Macht über die Menschen gewinnen zu können. Doch als er versucht den Duft von Dingen wie Eisen oder Glas einzufangen versagt die ihm bekannte Technik der Destillation. Als Grenouille erfährt dass er in Grasse einer südfranzösischen Stadt noch andere Duftgewinnungsverfahren als das Destillieren erlernen kann reist er in die Hauptstadt der Duftkreationen.

**1** *In diesem Text fehlen die Kommas. Diktiert euch gegenseitig den Text abschnittsweise und ergänzt die fehlenden Kommas.*

**2** *Überprüft gemeinsam die Kommasetzung in euren Texten. Besprecht, wo ein Komma gesetzt werden muss, und klammert diejenigen Kommas ein, die auch weggelassen werden können.
Schlagt gegebenenfalls die Kommaregeln im Grundwissen nach (▷ S. 352/353).*

**3** *Unterstreicht alle Nebensätze und bestimmt diese genau.*

Wolf Haas

## Silentium

*Der österreichische Schriftsteller Wolf Haas, geboren 1960, wurde mit seinen Kriminalromanen um den Privatdetektiv Brenner berühmt, die mit mehreren Literaturpreisen ausgezeichnet und für das Kino verfilmt wurden.*
*Sein Kriminalroman „Silentium" beginnt mit dem Eintreffen Brenners im Marianum, einem katholischen Jungeninternat in Salzburg, dem Ort der Ermittlung zu Beginn des Romans.*

Jetzt ist schon wieder was passiert. Und ausgerechnet im Marianum, wo man glauben möchte, da kommt der brave Bauernbub als Zehnjähriger auf der einen Seite hinein und acht Jahre später als halbfertiger Pfarrer auf der anderen Seite wieder hinaus. Kein Wunder, dass so lange niemand Verdacht geschöpft hat. Weil eigentlich unfassbar, dass ausgerechnet in der saubersten Internatsschule von ganz Salzburg so etwas möglich war. Aber weil ich gerade sage sauber. Das ist natürlich nicht im streng hygienischen Sinn gemeint. Weil gestunken hat es schon immer ein bisschen im Internat, sprich Ausdünstungen von Internatsbuben, nicht immer ganz Rosengarten. Und wie sie dann im Marianum auf einmal einen Detektiv gebraucht haben, sind dem auch in den ersten Tagen vor allem die eigenartigen Gerüche aufgefallen. Weil so ein Internat hat Gerüche, die findest du sonst nirgends.
Schulklassen stinken natürlich immer, das stimmt schon, da kriegen ja die Lehrer sogar eine Belastungszulage, und finde ich vollkommen richtig. Weil wenn du mit zwanzig, dreißig Halbwüchsigen in eine Klasse gesperrt bist, kommst du natürlich schon auf Gedanken, dass du den einen oder anderen Schüler, der sowieso nichts begreift, gern gegen ein Duftbäumchen eintauschen würdest.
Aber Internat noch einmal ganz was Anderes.

**1** *Der Einstieg in diesen Roman ist ungewöhnlich. Verfolgt den Gedankengang des Erzählers und fasst dann den Inhalt des vorliegenden Textes in euren eigenen Worten zusammen.*

**2** *a) Versucht, Erzählform, Erzählverhalten (Erzählperspektive) und die Art und Weise, wie die Gedanken wiedergegeben werden, zu beschreiben. Informiert euch gegebenenfalls im Grundwissen über die „Merkmale des Erzählens" (▷ S. 361–363).*
*b) Vergleicht den vorliegenden Romananfang mit dem Anfang von Patrick Süskinds Roman „Das Parfum" (▷ S. 161). Benennt die Unterschiede in der Erzählweise sowie im Satzbau und beschreibt die Wirkung der beiden Romananfänge. Die Informationen auf Seite 165 helfen euch dabei.*

**Die Wirkung von Satzarten und Satzbau erkennen**
Die Wirkung sprachlicher Gestaltungsmittel ist häufig vom Kontext (Textzusammenhang) abhängig.

- Ein **längeres Satzgefüge (Hypotaxe)** verdeutlicht komplexe Zusammenhänge, z. B.:

  „Wenn er, Richis, selbst ein Mörder wäre und von des Mörders selben leidenschaftlichen Ideen besessen, hätte er auch nicht anders vorgehen können, als jener bisher vorgegangen war, und würde wie dieser alles daransetzen, sein Wahnsinnswerk durch einen Mord an Laure, der herrlichen, der einzigartigen, zu krönen.“
  *(Patrick Süskind: Das Parfum)*

- Eine **Aneinanderreihung von Hauptsätzen (Parataxe)** wirkt oft feststellend, unumstößlich oder endgültig, z. B.:

  „Das war eben der Brenner. Das ist ihm beim Ermitteln oft schon ein bisschen im Wege gestanden. Immer das Unwichtige zuerst.“ *(Wolf Haas: Silentium)*

  „Der Wind hatte sich gelegt. Alles war still. Nichts störte den Frieden.“
  *(Patrick Süskind: Das Parfum)*

- Ein **unvollständiger Satz (Ellipse)** reduziert die Aussage auf das Wesentliche, wirkt kurz, prägnant und erzeugt Eindringlichkeit, z. B.:

  „Weil Jugend immer Hang zum Risiko. Und Sonntagsmesse-Schwänzen höchste Risikostufe im Marianum.“ *(Wolf Haas: Silentium)*

**3** „Weil so ein Internat hat Gerüche [...].“ (▷ Wolf Haas, Silentium, Z. 19/20)
a) *Bestimmt die Satzart und erklärt, gegen welche grammatische Regel in diesem Satz verstoßen wird.*
b) *Formuliert den Text so um, dass alle Sätze grammatikalisch korrekt sind. Ergänzt dabei fehlende Prädikate selbst und verändert die Stellung der Satzglieder.*
c) *Vergleicht euer Ergebnis mit dem vorliegenden Text und erklärt die unterschiedliche Wirkung der Texte.*

**4** a) *In den Texten von Wolf Haas werden die grammatikalischen Regeln absichtlich durchbrochen, um eine bestimmte Wirkung zu erreichen.*
*Verändert nun diesen Stil und formuliert den Textauszug aus „Silentium“ um, z. B.*
- *in einen ausführlichen, beschreibenden Stil, den z. B. Patrick Süskind anwendet,*
- *in eine mündliche Berichterstattung in eurer Mundart,*
- *in einen sachlichen Bericht oder*
- *in eine spannende Erzählung.*

b) *Lest eure Texte vor und besprecht anschließend, wie die Texte jeweils wirken und durch welche sprachlichen Mittel diese Wirkung erzielt wurde.*

# 7.3 Eine erweiterte Inhaltsangabe überarbeiten

Nikos Kazantzakis

## Die Blinden

*Nikos Kazantzakis wurde 1883 auf der Insel Kreta geboren. Er bekleidete einige hohe Staatsämter in Griechenland, die er aber aufgab, um schriftstellerisch tätig sein zu können. Nach dem Zweiten Weltkrieg lebte er hauptsächlich in Frankreich. Er starb 1957 in Freiburg/Breisgau. Besonders seine Romane, darunter der auch verfilmte „Alexis Sorbas", machten ihn weltbekannt, er schrieb aber ebenso Lyrik, Theaterstücke und philosophische Abhandlungen.*

Es war einmal, sagte er, ein kleines Dorf in der Wüste. Alle Einwohner dieses Dorfes waren blind. Eines Tages kam dort ein großer König mit seinem Heer vorbei. Er ritt auf einem gewaltigen Elefanten. Die Blinden hatten viel von Elefanten erzählen hören und wurden von einer heftigen Lust befallen, heranzutreten und den Elefanten des Königs berühren zu dürfen und ihn zu untersuchen, um eine Vorstellung davon zu bekommen, was das für ein Ding sei. Einige von ihnen – vielleicht waren es die Gemeindeältesten – traten vor und verneigten sich vor dem König und baten um die Erlaubnis, seinen Elefanten berühren zu dürfen. Der Eine packte ihn beim Rüssel, der Andere am Fuß, ein Dritter an der Seite, einer reckte sich hoch auf und packte das Ohr und ein Anderer wieder durfte einen Ritt auf dem Rücken des Elefanten tun. Entzückt kehrten alle ins Dorf zurück und die Blinden umringten sie und fragten eifrig, was denn das ungeheuerliche Tier Elefant für ein Wesen sei. Der Erste sagte: „Er ist ein großer Schlauch, der sich hebt und senkt, und es ist ein Jammer um den, den er zu packen kriegt." Der Zweite sagte: „Es ist eine mit Haut und Haaren bekleidete Säule." Der Dritte sagte: „Es ist wie eine Festungsmauer und hat auch Haut und Haare." Der, der ihn am Ohr gepackt hatte, sagte: „Es ist keineswegs eine Mauer, es ist ein dicker, dicker Teppich, der sich bewegt, wenn man ihn anfasst." Und der Letzte sagte: „Was redet ihr für Unsinn? Es ist ein gewaltiger Berg, der sich bewegt!"

**1** *a) Ist den Streitenden zu helfen? Macht Vorschläge für sinnvolle Fortsetzungen des Gesprächs und vergleicht eure Entwürfe.*
*b) Der Autor hat sich gegen ein harmonisches Ende entschieden. Wie erklärt ihr euch das?*

**2** *Die Geschichte von Kazantzakis gehört zu den Parabeln.*
*a) Sprecht in der Klasse über mögliche Deutungen des Textes.*
*b) Verfasst zu der Parabel eine erweiterte Inhaltsangabe, in der ihr den Text deutet.*
*(▷ Informationen zur erweiterten Inhaltsangabe auf S. 337)*

**!** Die **Parabel** (griech. parabole = Gleichnis) ist eine (meist kurze) lehrhafte Erzählung, die eine allgemeine Wahrheit oder Lebensweisheit durch ein Beispiel aus einem anderen Bereich verdeutlicht. Eine Parabel besteht aus einer Bildebene (das, was erzählt wird), die auf eine so genannte Sachebene (das, was gemeint ist) verweist.

Im Folgenden findet ihr Auszüge aus den Inhaltsangaben und Interpretationsansätzen der Schülerinnen und Schüler.

**VORSICHT FEHLER!**

A *Die Parabel „Die Blinden" handelt von einem Dorf indem nur Blinde leben, die die Möglichkeit bekommen einen Elefanten so zu erleben, wie ihre Sinneswahrnehmungen es ihnen ermöglichen. Dieses Dorf welches in der Wüste liegt, wird von einem König besucht. Der König kommt auf einem Elefanten geritten. Die Blinden wollten unbedingt erfahren was ein Elefant ist.*

B *Sie schildern den Dorfbewohnern ihre Wahrnehmungen und da die nicht übereinstimmt, will keiner von ihnen dem Anderem seine Vorstellung eines Elefanten zugestehen, sondern stellt es gleich als falsch dar.*

C *Als ein König, der auf einem Elefanten ritt, zu dem Dorf kam, baten die Dorfbewohner den König um Erlaubnis, den Elfanten berühren zu dürfen, um sich ein Bild von ihm zu machen. Fünf Bewohner des Dorfes näherten sich dem Elefanten und berührten ihn an verschiedenen Stellen. Nachdem sie den Elefanten ausreichend abgetastet hatten, versuchten sie, ihr Erlebnis zu interpretieren. Dabei stellte jeder von ihnen den kleinen Teil des Tieres, den er berührt hatte, als das gesamte Tier dar und versuchte, Vergleiche mit Dingen zu finden, die sie kennen. Obwohl keiner von ihnen jemals einen Elefanten gesehen hatte, behauptete jeder, dass Tier genau zu kennen.*

D *Der erste sagte: „Er ist ein großer Schlauch", der nächste: „Es ist eine große Säule". Und die anderen führen noch eine Mauer, einen Berg und einen dicken, dicken Teppich an.*

E *Die Blinden haben bisher nur Erzählungen von Elefanten gehört und behandeln ihn deshalb mit Ehrfurcht (vgl. Z. 24–25 „und es ist ein Jammer um den, den er zu packen kriegt.").*

F *Der Autor sagt, dass Teamarbeit und Verstand zum Ziel führen.*

**3** a) *Überarbeitet die einzelnen Textausschnitte. Arbeitet dazu mit einer Kopie der Schülerarbeiten.*
- ☐ *Prüft, ob der Text richtig verstanden wurde, und markiert, wo inhaltliche Verbesserungen nötig sind. Gebt in Stichworten am Rand an, was inhaltlich falsch oder missverständlich ist.*
- ☐ *Überprüft Rechtschreibung, Zeichensetzung, Grammatik und Ausdruck.*

b) *Besprecht, welche Fehlerschwerpunkte ihr in den Textauszügen erkennen könnt.*

**4** a) *Überarbeitet die Textstellen. Zieht in Zweifelsfällen das Rechtschreibwörterbuch zu Rate.*
b) *Vergleicht eure Ergebnisse. Welche Fassungen sind überzeugend? Welche Version muss in Teilen noch einmal bearbeitet werden?*

Richtiges Zitieren bereitet häufig Schwierigkeiten. Hier findet ihr fehlerhafte Beispiele.

**VORSICHT FEHLER!**

(1) Sie werden alle von einer heftigen Lust befallen, den Elefanten kennen zu lernen.
(2) Alle fragen, was denn der „Elefant für ein ungeheuerliches Tier" sei.
(3) Der Erste berichtet, er hat „einen Schlauch" berührt. (Z. 23)
(4) Der Zweite erzählt „von einer Säule", die mit Haut und Haaren bekleidet ist.
(5) Der Dritte meint: „Es ist eine Festungsmauer mit Haut und Haaren." (Z. 27–28)
(6) Derjenige, der den Elefanten am Ohr berühren kann, gibt an, dass das Tier ein Teppich ist, der sich bewegt hat, wenn er angefasst wird.
(7) Der Letzte weist die übrigen Berichterstatter zurecht, indem er den Elefanten mit einem „gewaltigen Berg" vergleicht. Er stellt fest, dass dieser Berg sich bewegt. (Z. 33)

**5** *Bestimmt mit Hilfe der Regeln zum Zitieren (▷ S. 338) und zum Schreiben einer Inhaltsangabe (▷ S. 337), worin der Fehler jeweils liegt, und korrigiert die fehlerhaften Beispiele.*

**VORSICHT FEHLER!**

***Erweiterte Inhaltsangabe zur Parabel „Die Blinden"***

*Die Parabel von Nikos Kazantzakis handelt von einem Dorf, in dem alle Einwohner blind sind. Als ein König an diesem Dorf vorbeikommt, wollen die Blinden zum ersten Mal in ihrem Leben einen Elefanten berühren. Fünf Bewohner berühren den Elefanten an fünf unterschiedlichen Stellen und jeder berichtet anders über die Gestalt des Tieres. Sie geraten in eine Diskussion, in der jeder behauptet, das Aussehen des Elefanten zu kennen.*

*Die Blinden hätten diese Diskussion vermeiden können, wenn sie sich mehr Zeit genommen hätten. Sie haben jeder für sich Recht mit ihren Beschreibungen, jedoch treffen diese nur für bestimmte Teile oder Eigenschaften des Elefanten zu, z. B. bei dem Vergleich: großer Schlauch – Rüssel. Übertragbar ist diese Parabel auf das Problem der Wahrheitsfindung.*

*Jeder nimmt nur subjektiv, von seinem Standpunkt aus, die Welt wahr und erfasst damit immer nur einen kleinen Ausschnitt des Ganzen. Trotzdem meint oft jeder Einzelne, die Wahrheit zu kennen, und beharrt häufig auf seiner eingeschränkten Perspektive. Wenn die Blinden ihre Erkenntnisse „zusammengesetzt" hätten, wären sie zu einem einheitlichen Bild des Elefanten, d. h. der Wahrheit näher gekommen.*

**6** *Diskutiert, was in dieser Arbeit gelungen ist, was noch überarbeitet werden muss und welche „Lücken" sie aufweist.*

**7** *a) Verabredet, wie ihr bei der Überarbeitung des vorliegenden Textes vorgehen wollt. Nutzt dabei die Tipps zur Textüberarbeitung auf Seite 169/170.*
*b) Überarbeitet die erweiterte Inhaltsangabe und beschreibt in einem kurzen Kommentar, wie ihr bei der Überarbeitung vorgegangen seid.*

**8** *Stellt eure überarbeiteten Fassungen vor: Sind sie noch verbesserungsfähig?*

TIPP

**Texte überarbeiten**

Das Verfassen von Texten ist immer ein Prozess, der in mehreren Phasen abläuft: Planung, Niederschrift und Überarbeitung. Die Überarbeitung erfolgt am besten in mehreren Schritten. Wenn man den Text mit Abstand liest oder ihn Anderen zum Gegenlesen gibt, zeigt sich meistens, dass eine weitere Überarbeitung nötig ist, um das angestrebte Schreibziel zu erreichen.

Bei der Überarbeitung sind mehrere Bereiche zu berücksichtigen, in denen Schwächen eines Textes liegen können und Verbesserungen nötig sind.

| | |
|---|---|
| **Inhalt** | □ **Stimmen alle Aussagen** des eigenen Textes mit denen der Vorlage überein?<br>□ Ist dem Leser oder der Leserin ohne besondere Mühe **verständlich,** worum es in dem Text geht? |
| **Aufbau/ Logik** | □ Ist der Text **übersichtlich gegliedert,** z. B. nach Einleitung, Hauptteil, Schluss?<br>□ Sind alle wichtigen **Informationen an der richtigen Textstelle platziert** oder wird etwas vorweggenommen oder nachgeschoben (Gedankensprünge)?<br>□ Sind die einzelnen **Teile** (Aussagen/Informationen) richtig miteinander **verknüpft** (Ursache – Folge; Anlass – Ergebnis; Täter – Opfer) oder gibt es Widersprüche in der Gedankenführung?<br>□ Wird ein wichtiger Gedanke zu knapp oder ein unwichtiger zu ausführlich dargestellt?<br>□ Ist der **Gedankengang schlüssig** und für den Leser nachvollziehbar? |
| **Zitate** | □ Werden interpretierende Aussagen anhand des Textes belegt?<br>□ Sind die Zitate sinnvoll gewählt und an der richtigen Stelle verwendet, d. h.: Passen die Zitate zu der jeweiligen Textaussage?<br>□ Wird das Zitat korrekt angeführt (Anführungszeichen, Zeilenangaben, Kenntlichmachen von Auslassungen)? |
| **Ausdruck/ Satzbau/ Stil** | □ Ist die **Wortwahl** abwechslungsreich, genau, anschaulich, angemessen?<br>□ Gibt es missverständliche oder **unpassende Wörter?**<br>□ Ist der **Satzbau** klar und abwechslungsreich?<br>□ Können die **Sätze stilistisch** noch verbessert werden (z. B. aus einem „Bandwurm“ zwei Sätze machen)?<br>□ Werden unnötige **Wiederholungen vermieden?** |
| **Grammatik** | □ Sind die **Sätze grammatisch korrekt** in Hinblick auf Tempus, Modus (Indikativ oder Konjunktiv), grammatische Beziehungen, Wortstellung usw.? |

**Rechtschreibung** | ◻ Sind **Rechtschreibung** und **Zeichensetzung** einwandfrei?

Bei einem Text, der Schwächen im Aufbau und in der Genauigkeit der gedanklichen Verknüpfung aufweist, ist ein Vorgehen, bei dem die Fehler Zeile für Zeile bearbeitet werden, nicht sinnvoll. Denn oft muss man ganze Abschnitte umstellen, Teile weglassen, Sätze neu formulieren, andere Ausdrücke wählen usw., sodass manche Einzelfehler aus der ursprünglichen Fassung „von selbst" wegfallen. Darum sollte man zunächst den Text ganz lesen und dann die Textüberarbeitung planen.

**9** *Kommentiert als „Experten" den folgenden Text.*

***Erweiterte Inhaltsangabe zur Parabel „Die Blinden"***

*Die Parabel „Die Blinden" von Nikos Kazantzakis führt dem Leser anhand einer Beispielgeschichte menschliches Verhalten und Denken vor Augen. Es wird gezeigt, dass wir nur einen Teil der Welt erfassen können und dadurch oft zu falschen Schlussfolgerungen kommen.*

*Erzählt wird von einem Dorf, in dem alle Einwohner blind sind. Als ein König auf einem Elefanten an diesem Dorf vorbeizieht, bekommen die Blinden zum ersten Mal die Möglichkeit, sich ein Bild von solch einem Tier zu machen. Die fünf ältesten Einwohner berühren den Elefanten an unterschiedlichen Stellen und berichten dann über die Gestalt des Tieres.*

*Um ihren Zuhörern eine anschauliche Vorstellung zu vermitteln, beziehen sie sich bei ihren Beschreibungen auf alltägliche Gegenstände. So erklärt sich z. B. der Vergleich des Rüssels mit einem „großen Schlauch, der sich hebt und senkt" (Z. 23–24). Weil aber jeder etwas anderes über den Elefanten behauptet, geraten die Dorfältesten bald in eine Diskussion, in der jeder seine eingeschränkte Sichtweise für die einzig richtige hält.*

*Diese Meinungsverschiedenheit hätte vermieden werden können, wenn die Blinden sich klargemacht hätten, wie ihre unterschiedlichen Aussagen zu Stande kommen. Da jeder immer nur über ein einzelnes Körperteil spricht, passen ihre Erkenntnisse scheinbar nicht zusammen, obwohl jeder für sich mit seiner subjektiven Darstellung im Recht ist. Wenn sie ihre Erkenntnisse untereinander ausgetauscht und kombiniert hätten, wären sie zu einem einheitlichen und wirklich angemessenen Bild des Elefanten gelangt und damit der Wahrheit näher gekommen.*

*Die Blindheit der Einwohner steht für die subjektive Sichtweise der Menschen. Die Meisten bedenken nicht, dass jeder Einzelne mit seiner Wahrnehmung immer nur einen Ausschnitt vom Ganzen erfasst. Wie den Blinden, die eigentlich ihre Behinderung kennen, müsste uns bewusst sein, dass jeder nur aus seinem eigenen Blickwinkel Erfahrungen sammelt und Urteile fällt. Das ergibt ein einseitiges, subjektives Bild.*

# 8 Erzählkunst gestern und heute

## 8.1 Die Familie im Spiegel der Literatur – Novelle und Kurzgeschichte

*Jean-Auguste-Dominique Ingres: Die Familie Stamaty (1818)*

*Familie in einer Wohnküche (ca. 1930)*

**1** *Die beiden Familienbilder liegen circa 100 Jahre auseinander.*
*a) Beschreibt die beiden Familienansichten und stellt dabei Unterschiede wie auch Gemeinsamkeiten heraus.*
*b) Überlegt, welche Aussagen sich über die jeweiligen Lebensumstände der Familien treffen lassen.*

**2** *Stellt euch ein Familienfoto aus der Gegenwart vor. Wie hat sich das „Gesicht" der Familie in zwei Jahrhunderten gewandelt?*

**3** *Sucht zu Hause Familienfotos eurer Eltern und Großeltern und vergleicht diese mit den obigen Familiendarstellungen. Berücksichtigt bei eurem Vergleich das Arrangement (Anordnung der Personen, Gegenstände etc.), die Haltung der Personen und die Stimmung, die das Bild bzw. Foto vermittelt.*

# Novellenkunst im 19. Jahrhundert

## Heinrich von Kleist

*Heinrich von Kleist wurde 1777 in Frankfurt an der Oder geboren. Seine Familie gehörte zum Adel des Königreichs Preußen. Wie es der Familientradition entsprach, trat Heinrich von Kleist die Offizierslaufbahn an. Jedoch weder beim Militär, von dem er bald seinen Abschied nahm, noch in der Verwaltung fand er eine dauerhafte Anstellung und ein zufriedenes Leben.*
*Nachdem es ihm nicht gelang, sich als Dichter und Journalist zu etablieren, und auch ein erneuter Versuch, eine Anstellung im Staatsdienst zu erhalten, scheiterte, nahm er sich 1811 das Leben.*

Heinrich von Kleist

## Das Erdbeben in Chili

*Die Novelle „Das Erdbeben in Chili" stellt am Beispiel einer historisch verbürgten Naturkatastrophe die Abgründe menschlichen Zusammenlebens und gesellschaftlicher Ordnungen dar.*
*Erzählt wird die Geschichte der unglücklichen Liebe zwischen dem Hauslehrer Jeronimo und seiner Schülerin Josephe, die trotz des Verbots ihrer Familie ihre Beziehung zu Jeronimo heimlich fortsetzt. Josephe wird schwanger und bei einer Fronleichnamprozession von einsetzenden Wehen überrascht. Nach der Geburt des Kindes wird den beiden Liebenden der Prozess gemacht: Josephe wird zum Tode verurteilt und Jeronimo in ein Gefängnis gebracht. Doch am Tag der Hinrichtung Josephes wird die Stadt St. Jago von einem entsetzlichen Erdbeben heimgesucht, das sowohl Josephe als auch Jeronimo vor dem Tod rettet. Jeronimo – der sich eben im Gefängnis erhängen wollte – flüchtet aus dem zerstörten Gefängnis und auch Josephe gelingt durch das Erdbeben die Flucht vor der Hinrichtung. Hier setzt die vorliegende Textpassage aus der Novelle ein:*

Er [Jeronimo] mischte sich unter das Volk, das überall, mit Rettung des Eigentums beschäftigt, aus den Toren stürzte, und wagte schüchtern, nach der Tochter Asterons und ob die Hinrichtung an ihr vollzogen worden sei, zu fragen; doch niemand war, der ihm umständliche Auskunft gab. Eine Frau, die auf einem fast zur Erde gedrückten Nacken eine ungeheure Last von Gerätschaften und zwei Kinder, an der Brust hängend, trug, sagte im Vorbeigehen, als ob sie es selbst angesehen hätte: dass sie enthauptet worden sei. Jeronimo kehrte sich um; und da er, wenn er die Zeit berechnete, selbst an ihrer Vollendung nicht zweifeln konnte, so setzte er sich in einem einsamen Walde nieder und überließ sich seinem vollen Schmerz. Er wünschte, dass die zerstörende Gewalt der Natur von Neuem über ihn einbrechen möchte. Er begriff nicht, warum er dem Tode, den seine jammervolle Seele so suchte, in jenen Augenblicken, da er ihm freiwillig von allen Seiten rettend erschien, entflohen sei. Er nahm sich fest vor, nicht zu wanken, wenn auch jetzt die Eichen entwurzelt werden und ihre Wipfel über ihm zusammenstürzen sollten. Darauf nun, da er sich ausgeweint hatte, und ihm, mitten unter den heißesten Tränen, die Hoffnung wieder erschienen war, stand er auf und durchstreifte nach allen Richtungen das Feld. Jeden Berggipfel, auf dem sich die Menschen versammelt hatten, besuchte er; auf allen Wegen, wo sich der Strom der Flucht noch bewegte, begegnete er ihnen; wo nur irgendein weibliches Gewand im Winde flatterte, da trug ihn sein zitternder Fuß hin: Doch keines deckte die geliebte Tochter Asterons. Die Sonne neigte sich und mit ihr seine Hoffnung schon wieder zum Untergange, als er den Rand eines Felsens betrat und sich ihm die Aussicht in ein weites, nur von wenig Menschen besuchtes Tal eröffnete. Er durchlief, unschlüssig, was er tun sollte, die einzelnen Gruppen derselben und wollte sich schon wieder wenden, als er plötzlich an einer Quelle, die die Schlucht bewässerte, ein junges Weib erblickte, beschäftigt, ein Kind in seinen Fluten zu reinigen. Und das Herz hüpfte ihm bei diesem Anblick: Er sprang voll Ahndung über die Gesteine herab und rief: O Mutter Gottes, du Heilige!, und erkannte Josephen, als sie sich bei dem Geräusche schüchtern umsah. Mit welcher Seligkeit umarmten sie sich, die Unglücklichen, die ein Wunder des Himmels gerettet hatte!

Josephe war, auf ihrem Gang zum Tode, dem Richtplatze schon ganz nahe gewesen, als durch den krachenden Einsturz der Gebäude plötzlich der ganze Hinrichtungszug auseinandergesprengt ward. Ihre ersten entsetzensvollen Schritte trugen sie hierauf dem nächsten Tore zu; doch die Besinnung kehrte ihr bald wieder und sie wandte sich, um nach dem Kloster zu eilen, wo ihr kleiner, hülfloser Knabe zurückgeblieben war. Sie fand das ganze Kloster schon in Flammen und die Äbtissin, die ihr in jenen Augenblicken, die ihre letzten sein sollten, Sorge für den Säugling angelobt hatte, schrie eben, vor den Pforten stehend, nach Hülfe, um ihn zu retten. Josephe stürzte sich unerschrocken durch den Dampf, der ihr entgegenqualmte, in das von allen Seiten schon zusammenfallende Gebäude und gleich, als ob alle Engel des Himmels sie umschirmten, trat sie mit ihm unbeschädigt wieder aus dem Portal hervor. Sie wollte der Äbtissin, welche die Hände über ihr Haupt zusammenschlug, eben in die Arme sinken, als diese, mit fast allen ihren Klosterfrauen, von einem herabfallenden Giebel des Hauses auf eine schmähliche Art erschlagen ward. Josephe bebte bei diesem entsetzlichen Anblicke zurück; sie drückte der Äbtissin flüchtig die Augen zu und floh, ganz von Schrecken erfüllt, den teuern Knaben, den ihr der Himmel wiedergeschenkt hatte, dem Verderben zu entreißen.

Sie hatte noch wenig Schritte getan, als ihr auch schon die Leiche des Erzbischofs begegnete, die man soeben zerschmettert aus dem Schutt der Kathedrale hervorgezogen hatte. Der Palast des Vizekönigs war versunken, der Gerichtshof, in welchem ihr das Urteil gesprochen worden war, stand in Flammen und an die Stelle, wo sich ihr väterliches Haus befunden hatte, war ein See getreten und kochte rötliche Dämpfe aus. Josephe raffte alle ihre Kräfte zusammen, sich zu halten. Sie schritt, den Jammer von ihrer Brust entfernend, mutig mit ihrer Beute von Straße zu Straße und war schon dem Tore nah, als sie auch das Gefängnis, in welchem Jeronimo geseufzt hatte, in Trümmern sah. Bei diesem Anblicke wankte sie und wollte besinnungslos an einer Ecke niedersinken; doch in demselben Augenblick jagte sie der Sturz eines Gebäudes hinter ihr, das die Erschütterungen schon ganz aufgelöst hatten, durch das Entsetzen gestärkt, wieder auf; sie küsste das Kind, drückte sich die Tränen aus den Augen und erreichte, nicht mehr auf die Greuel, die sie umringten, achtend, das Tor. Als sie sich im Freien sah, schloss sie bald, dass nicht jeder, der ein zertrümmertes Gebäude bewohnt hatte, unter ihm notwendig müsse zerschmettert worden sein.

An dem nächsten Scheidewege stand sie still und harrte, ob nicht einer, der ihr, nach dem kleinen Philipp, der Liebste auf der Welt war, noch erscheinen würde. Sie ging, weil niemand kam und das Gewühl der Menschen anwuchs, weiter, und kehrte sich wieder um und harrte wieder und schlich, viel Tränen vergießend, in ein dunkles, von Pinien beschattetes Tal, um

*Johann Conrad Krüger: Das Erdbeben von Lissabon (1774)*

seiner Seele, die sie entflohen glaubte, nachzubeten, und fand ihn hier, diesen Geliebten, im Tale, und Seligkeit, als ob es das Tal von Eden gewesen wäre.

Dies alles erzählte sie jetzt voll Rührung dem Jeronimo und reichte ihm, da sie vollendet hatte, den Knaben zum Küssen dar. – Jeronimo nahm ihn und hätschelte ihn in unsäglicher Vaterfreude und verschloss ihm, da er das fremde Antlitz anweinte, mit Liebkosungen ohne Ende den Mund. Indessen war die schönste Nacht herabgestiegen, voll wundermilden Duftes, so silberglänzend und still, wie nur ein Dichter davon träumen mag. Überall, längs der Talquelle, hatten sich, im Schimmer des Mondscheins, Menschen niedergelassen und bereiteten sich sanfte Lager von Moos und Laub, um von einem so qualvollen Tage auszuruhen. Und weil die Armen immer noch jammerten, dieser, dass er sein Haus, jener, dass er Weib und Kind, und der Dritte, dass er alles verloren habe, so schlichen Jeronimo und Josephe in ein dichteres Gebüsch, um durch das heimliche Gejauchz ihrer Seelen niemand zu betrüben. Sie fanden einen prachtvollen Granatapfelbaum, der seine Zweige, voll duftender Früchte, weit ausbreitete; und die Nachtigall flötete im Wipfel ihr wollüstiges Lied. Hier ließ sich Jeronimo am Stamme nieder, und Josephe in seinem, Philipp in Josephens Schoß, saßen sie, von seinem Mantel bedeckt, und ruhten. Der Baumschatten zog, mit seinen verstreuten Lichtern, über sie hinweg und der Mond erblasste schon wieder vor der Morgenröte, ehe sie einschliefen. Denn Unendliches hatten sie zu schwatzen vom Klostergarten und den Gefängnissen und was sie umeinander gelitten hätten, und waren sehr gerührt, wenn sie dachten, wie viel Elend über die Welt kommen musste, damit sie glücklich würden!

Sie beschlossen, sobald die Erderschütterungen aufgehört haben würden, nach La Conception zu gehen, wo Josephe eine vertraute Freundin hatte, sich mit einem kleinen Vorschuss, den sie von ihr zu erhalten hoffte, von dort nach Spanien einzuschiffen, wo Jeronimos mütterliche Verwandten wohnten, und daselbst ihr glückliches Leben zu beschließen. Hierauf, unter vielen Küssen, schliefen sie ein.

**1** *Arbeitet anhand des Textes in zwei Listen heraus, welche Beobachtungen und Erfahrungen Jeronimo und Josephe jeweils im Verlauf des Erdbebens machen.*

**2** *Überlegt, welche gesellschaftlichen Regeln bzw. welche staatlichen Gesetze für das harte Verhalten der Obrigkeit gegenüber Jeronimo und Josephe verantwortlich waren.*

**3** *Beschreibt die Wiedersehensszene zwischen Jeronimo und Josephe und begründet, warum sich die beiden zusammen mit ihrem Sohn Philipp gleich mehrfach in einer Ausnahmesituation befinden.*

**4** *Untersucht, wie in dem vorliegenden Textauszug der Kontrast zwischen der Gewalt des Erdbebens und der paradiesähnlichen Wiedersehensszene sprachlich-stilistisch dargestellt wird.*

**5** *Informiert euch mit Hilfe eines Literaturlexikons oder -handbuchs über den Fortgang der Novelle „Das Erdbeben in Chili“ von Heinrich Kleist und stellt eure Ergebnisse in der Klasse vor.*

Geschichten, die wie Kleists „Erdbeben in Chili“ ein ungewöhnliches Ereignis erzählen und zudem einen strengen Aufbau aufweisen, nennt man Novellen. Zu der Frage, was unter einer „Novelle“ zu verstehen sei, haben sich auch zahlreiche Dichter geäußert. Hier drei Beispiele:

## Paul Heyse (1830–1914)

*Paul Heyse leitet im Vorwort seines Werks „Deutscher Novellenschatz" seine Definition der Novelle aus der berühmten Falkennovelle des italienischen Schriftstellers Boccaccio (1313–1375) ab, in der ein Ritter all seinen Besitz aufgeboten hat, um das Herz einer Dame zu gewinnen. Zum Schluss bleibt ihm nur noch sein Jagdfalke, ein edles und wertvolles Tier. Als der Sohn der Dame schwer erkrankt, will sie ihm mit dem Falken des Ritters eine Freude bereiten, weshalb sie diesem einen Besuch abstattet. Um seiner Angebeteten einen standesgemäßen Empfang bereiten zu können, lässt der Ritter kurzerhand seinen Falken schlachten und der Dame als Mahl vorsetzen. Als das Gespräch auf den eigentlichen Grund für ihren Besuch kommt, sind beide zunächst untröstlich. Die Dame kehrt zu ihrem kranken Kind zurück, das wenige Tage später stirbt. Sich der Ehrenhaftigkeit des Ritters erinnernd, erhört sie diesen zum Schluss und vermählt sich mit ihm.*

Wir wiederholen es: eine so einfache Form wird sich nicht für jedes Thema unseres vielbrüchigen modernen Kulturlebens finden lassen. Gleichwohl aber könnte es nicht schaden, wenn der Erzähler auch bei dem innerlichsten oder reichsten Stoff sich zuerst fragen wollte, wo „der Falke" sei, das Spezifische, das diese Geschichte von tausend anderen unterscheidet.

## Johann Wolfgang Goethe (1749–1832): Gespräche mit Eckermann

*Goethe im Gespräch mit seinem Vertrauten Eckermann über die Frage, welchen Titel eine Erzählung in seiner Textsammlung „Unterhaltung deutscher Ausgewanderter" (1795) erhalten sollte:*

„Wissen Sie was", sagte Goethe, „wir wollen es eine Novelle nennen, denn was ist eine Novelle anders als eine sich ereignete unerhörte Begebenheit."

## Theodor Storm (1817–1888)

*Theodor Storm, der selbst ein großer Novellendichter war, verteidigte 1881 diese Kunstform, als ein Dichterkollege die Novelle gegenüber dem Roman abwertete.*

Sie [die Novelle] ist nicht mehr, wie einst, „die kurz gehaltene Darstellung einer durch ihre Ungewöhnlichkeit fesselnden und einen überraschenden Wendepunkt darbietenden Begebenheit"; die heutige Novelle ist die Schwester des Dramas und die strengste Form der Prosadichtung. Gleich dem Drama behandelt sie die tiefsten Probleme des Menschenlebens; gleich diesem verlangt sie zu ihrer Vollendung einen im Mittelpunkt stehenden Konflikt, von welchem aus das Ganze sich organisiert, und demzufolge die geschlossenste Form und die Ausscheidung alles Unwesentlichen; sie duldet nicht nur, sie stellt auch die höchsten Forderungen der Kunst.

**1** *a) Lest die verschiedenen Äußerungen zur Novelle und besprecht, wie die einzelnen Dichter jeweils die Novelle charakterisieren.*

*b) Übertragt die folgende Tabelle in euer Heft und stellt die Novellendefinitionen von Goethe, Storm und Heyse gegenüber. Erläutert dabei auch die jeweiligen Aussagen zur Novelle.*

**Novellendefinitionen**

| Goethe | Storm | Heyse |
|---|---|---|
| – „sich ereignete unerhörte Begebenheit“ | – … | – … |
| → Begebenheit, die einen Wirklichkeitsbezug hat und von etwas Neuem oder Außergewöhnlichem erzählt. | | |

**2** *Übertragt die Kernaussagen der jeweiligen Novellendefinition auf das Geschehen in Kleists Novelle „Das Erdbeben in Chili“. Beurteilt, welche Aussage die Kleist-Novelle am treffendsten charakterisiert.*

In einem Literaturlexikon findet man unter dem Stichpunkt „Novelle“ folgende Erklärung:

**Die Novelle** (von ital. *novella* = Neuigkeit) gehört zu den epischen Klein- und Kurzformen im Gegensatz zu den Großformen wie Epos und Roman. Wie der Name bereits sagt, erzählt die Novelle zielgerichtet und in straffer Form von einer dramatischen Neuigkeit, die im Gegensatz zu einem Märchen einen deutlichen Wirklichkeitsbezug hat. Das heißt, es wird von einer tatsächlichen oder einer möglichen Begebenheit erzählt. Im Mittelpunkt der Handlung steht meist ein Konflikt, an dem sich gegensätzliche Positionen entzünden, z. B. zwischen Neuartigem und Bestehendem, Außergewöhnlichem und Gewohntem etc. Um die Handlung im Hinblick auf die angestrebte Konfliktlösung voranzutreiben, gehorcht die Novelle ganz eigenen formalen Gesetzen. Dazu gehört die Zuspitzung des Erzählten auf einen Höhe- und Wendepunkt hin (ein dem Drama verwandter Aufbau) und die Strukturierung durch erzählerische Vorausdeutungen, die Leitmotivtechnik oder die Verwendung von Dingsymbolen, d. h. stets wiederkehrende, die Handlung bestimmende Motive wie die „Buche“ in der Novelle „Die Judenbuche“ von Annette von Droste-Hülshoff.

Sehr beliebt bei der Novelle ist auch die Rahmenerzählung, in die das erzählte Geschehen eingebettet und wie von einem Rahmen umschlossen wird. In der Rahmenerzählung kann der Erzähler eine fiktive Erzählsituation entwerfen, den Leser direkt ansprechen oder das Erzählte bewerten.

Mit solch kunstvoller Komposition und ihrer geschlossenen Form steht die Novelle dem Drama näher als dem oft ausufernd erzählenden Roman.

Ihre Blüte erlebte die Novelle im 19. Jahrhundert, vorzugsweise in der Romantik und im Realismus. Meister der Novellenkunst im 19. Jahrhundert waren Heinrich von Kleist, Clemens Brentano, Achim von Arnim, Ludwig Tieck, Joseph von Eichendorff, E. T. A. Hoffmann, Adalbert Stifter, Gottfried Keller, Theodor Storm, Conrad Ferdinand Meyer und Wilhelm Raabe.

Im 20. Jahrhundert wurde die Novelle als eigenständige Kunstform nur noch vereinzelt gepflegt, so z. B. von Werner Bergengruen, Adalbert Wiechert oder Gertrud von Le Fort. Stetig wurde sie von anderen Kleinformen wie der Parabel oder der Kurzgeschichte verdrängt. Nur wenige bedeutende Autoren bekannten sich bereits im Titel (Arthur Schnitzler: Traumnovelle; Stefan Zweig: Schachnovelle) oder zumindest im Untertitel (Thomas Mann: Tonio Kröger; Günter Grass: Katz und Maus; Christoph Hein: Drachenblut) zu dieser Erzählform.

Zahlreiche Autoren haben sich theoretisch zu dieser Erzählgattung geäußert. Berühmt geworden ist Goethes Definition, nach der die Novelle durch „eine sich ereignete unerhörte Begebenheit“ gekennzeichnet sei. Von dem Novellendichter Paul Heyse stammt die so genannte Falkentheorie. In Anlehnung an Boccaccios „Falkennovelle“, in der ein Falke Symbol und Leitmotiv einer Liebesbeziehung ist, muss nach Heyse immer die Frage gestellt werden, „wo denn der Falke sei, das Spezifische, das diese Geschichte vor tausend anderen auszeichnet“.

**1** *a) Lest den Lexikonartikel aufmerksam durch. Arbeitet heraus, nach welchen Sachbereichen der Artikel gegliedert ist, und formuliert treffende Hauptgliederungspunkte (Überschriften).*
*b) Notiert zu jedem Hauptgliederungspunkt wichtige Unterpunkte.*

**2** *Bildet Arbeitsgruppen und beschäftigt euch mit der Novellenkunst in der deutschen Literatur in verschiedenen Zeiten (Romantik, Realismus, 20. Jahrhundert). Orientiert euch dabei an den Vorgaben des Lexikonartikels. Erarbeitet mit Hilfe von Literaturlexika und -handbüchern oder mit Hilfe des Internets Kurzreferate,*

- *in denen ihr einen Autor und eine seiner Novellen vorstellt oder*
- *in denen ihr Materialien zur Novelle und zur Novellentheorie (z. B. Autorenporträts, Textauszüge aus Novellen und Texte, die sich mit Novellen beschäftigen) präsentiert.*

Theodor Storm

# Hans und Heinz Kirch

*Theodor Storm (1817–1888) zählt zu den bedeutendsten deutschen Erzählern und Lyrikern des 19. Jahrhunderts. Von Beruf Rechtsanwalt, wandte er sich schon sehr früh der Literatur zu und veröffentlichte zunächst Gedichte, später vor allem Erzählungen und Novellen, die seiner norddeutschen Heimat stark verpflichtet sind.*
*Zu seinen Werken gehört auch die Vater-Sohn-Geschichte „Hans und Heinz Kirch". Der nachfolgende Ausschnitt ist der Anfang der Novelle.*

Auf einer Uferhöhe der Ostsee liegt hart am Wasser hingelagert eine kleine Stadt, deren stumpfer Turm schon über ein Halbjahrtausend auf das Meer hinausschaut. Ein paar Kabellängen vom Lande streckt sich quervor ein schmales Eiland, das sie dort den „Warder" nennen, von wo aus im Frühling unablässiges Geschrei der Strand- und Wasservögel nach der Stadt herübertönt. Bei hellem Wetter tauchen auch wohl drüben auf der Insel, welche das jenseitige Ufer des Sundes[1] bildet, rotbraune Dächer und die Spitze eines Turmes auf und wenn die Abenddämmerung das Bild verlöscht hat, entzünden dort zwei Leuchttürme ihr Feuer und werfen über die dunkle See einen Schimmer nach dem diesseitigen Strand hinüber. Gleichwohl, wer als Fremder durch die auf- und absteigenden Straßen der Stadt wandert, wo hie und da roh gepflasterte Stufen über die Vorstraße zu den kleinen Häusern führen, wird sich des Eindrucks abgeschlossener Einsamkeit wohl kaum erwehren können, zumal wenn er von der Landseite über die lang gestreckte Hügelkette hier herabgekommen ist. In einem Balkengestelle auf dem Markte hing noch vor Kurzem, wie seit Jahrhunderten, die so genannte Bürgerglocke; um zehn Uhr abends, sobald es vom Kirchturme geschlagen hatte, wurde auch dort geläutet und wehe dem Gesinde oder auch dem Haussohn, der diesem Ruf nicht Folge leistete; denn gleich danach konnte man straßab und -auf sich alle Schlüssel in den Haustüren drehen hören.
Aber in der kleinen Stadt leben tüchtige Menschen, alte Bürgergeschlechter, unabhängig vom Gelde und dem Einfluss der umwohnenden großen Grundbesitzer; ein kleines Patriziat[2] ist aus ihnen erwachsen, dessen stattlichere Wohnungen, mit breiten Beischlägen[3] hinter mächtig schattenden Linden, mitunter die niedrigen Häuserreihen unterbrechen. Aber auch aus diesen Familien mussten bis vor dem letzten Jahrzehnt die Söhne den Weg gehen, auf welchem Eltern und Vorfahren zur Wohlhabenheit und bürgerlichen Geltung gelangt waren; nur wenige ergaben sich den Wissenschaften und kaum war unter den derzeitig noch studierten Bürgermeistern jemals ein Eingeborener da gewesen; wenn aber bei den jährlichen Prüfungen in der Rektorschule der

1 **Sund:** Meerenge
2 **Patriziat:** wohlhabende Oberschicht
3 **Beischlag:** erhöhter Vorbau an Häusern

Propst[4] den einen oder andern von den Knaben frug: „Mein Junge, was willst du werden?“, dann richtete der sich stolz von seiner Bank empor, der mit der Antwort „Schiffer“ herauskommen durfte. Schiffsjunge, Kapitän auf einem Familien-, auf einem eignen Schiffe, dann mit etwa vierzig Jahren Reeder[5] und bald Senator in der Vaterstadt, so lautete der Stufengang der bürgerlichen Ehren.

Auf dem Chor[6] der von einem Landesherzog im dreizehnten Jahrhundert erbauten Kirche befand sich der geräumige Schifferstuhl, für den Abendgottesdienst mit stattlichen Metallleuchten an den Wänden prangend, durch das an der Decke schwebende Modell eines Barkschiffes[7] in vollem Takelwerke[8] kenntlich. Auf diesen Raum hatte jeder Bürger ein Recht, welcher das Steuermannsexamen gemacht hatte und ein eignes Schiff besaß; aber auch die schon in die Kaufmannschaft Übergetretenen, die ersten Reeder der Stadt, hielten, während unten in der Kirche ihre Frauen saßen, hier oben unter den andern Kapitänen ihren Gottesdienst; denn sie waren noch immer und vor allem meerbefahrene Leute und das kleine schwebende Barkschiff war hier ihre Hausmarke.

Es ist begreiflich, dass auch manchen jungen Matrosen oder Steuermann aus dem kleinen Bürgerstande beim Eintritt in die Kirche statt der Andacht ein ehrgeiziges Verlangen anfiel, sich auch einmal den Platz dort oben zu erwerben, und dass er trotz der eindringlichen Predigt dann statt mit gottseligen Gedanken mit erregten weltlichen Entschlüssen in sein Quartier oder auf sein Schiff zurückkehrte.

Zu diesen strebsamen Leuten gehörte Hans Adam Kirch. Mit unermüdlichem Tun und Sparen hatte er sich vom Setzschiffer zum Schiffseigentümer hinaufgearbeitet; freilich war es nur eine kleine Jacht, zu der seine Mittel gereicht hatten, aber rastlos und in den Winter hinein, wenn schon alle andern Schiffer daheim hinter ihrem Ofen saßen, befuhr er mit seiner Jacht die Ostsee und nicht nur Frachtgüter für andre, bald auch für eigne Rechnung brachte er die Erzeugnisse der Umgegend, Korn und Mehl, nach den größeren und kleineren Küstenplätzen; erst wenn bereits außen vor der Bucht das Wasser fest zu werden drohte, band auch er sein Schiff an den Pfahl und saß beim Sonntagsgottesdienste droben im Schifferstuhl unter den Honoratioren seiner Vaterstadt. Aber lang vor Frühlingsanfang war er wieder auf seinem Schiffe; an allen Ostseeplätzen kannte man den kleinen hageren Mann in der blauen schlotternden Schifferjacke, mit dem gekrümmten Rücken und dem vornüberhängenden dunkelhaarigen Kopfe; überall wurde er aufgehalten und angeredet, aber er gab nur kurze Antworten, er hatte keine Zeit; in einem Tritte, als ob er an der Fallreepstreppe[9] hinauflaufe, sah man ihn eilfertig durch die Gassen wandern. Und diese Rastlosigkeit trug ihre Früchte; bald wurde zu dem aus der väterlichen Erbschaft übernommenen Hause ein Stück Wiesenland erworben, genügend für die Sommer- und Winterfütterung zweier Kühe; denn während das Schiff zu Wasser, sollten diese zu Lande die Wirtschaft vorwärtsbringen. Eine Frau hatte Kirch sich im Stillen vor ein paar Jahren schon genommen; zu der Hökerei[10], welche diese bisher betrieben, kam nun noch eine Milchwirtschaft; auch ein paar Schweine konnten jetzt gemästet werden, um das Schiff auf seinen Handelsfahrten zu verproviantieren; und da die Frau, welche er im Widerspruch mit seinem sonstigen Tun aus einem armen Schulmeisterhause heimgeführt hatte, nur seinen Willen kannte und überdies aus Furcht vor dem bekannten Jähzorn ihres Mannes sich das Brot am Munde sparte, so pflegte dieser bei jeder Heimkehr auch zu Hause einen hübschen Haufen Kleingeld vorzufinden.

In dieser Ehe wurde nach ein paar Jahren ein Knabe geboren und mit derselben Sparsamkeit

4 **Propst:** Pfarrer
5 **Reeder:** Schiffseigner
6 **Chor:** Altarraum in der Kirche
7 **Barkschiff:** Dreimastsegler
8 **Takelwerk:** Segel, Masten, Taue und Zubehör
9 **Fallreepstreppe:** Treppe, die im Hafen zum Ausstieg angebracht wird
10 **Hökerei:** veralt. für Kleinhandel/kleiner Laden

*Iwan Aiwasowski: Schiff auf dem Meer (1896)*

erzogen. „All wedder 'n Dreling umsünst utgeb'n!", dies geflügelte Wort lief einmal durch die Stadt; Hans Adam hatte es seiner Frau zugeworfen, als sie ihrem Jungen am Werktag einen Sirupskuchen gekauft hatte. Trotz dieser dem Geize recht nahe verwandten Genauigkeit war und blieb der Kapitän ein zuverlässiger Geschäftsmann, der jeden ungeziemenden Vorteil von sich wies, nicht nur infolge einer angeborenen Rechtschaffenheit, sondern ebenso sehr seines Ehrgeizes. Den Platz im Schifferstuhle hatte er sich errungen; jetzt schwebten höhere Würden, denen er nichts vergeben durfte, vor seinen Sinnen; denn auch die Sitze im Magistratskollegium, wenn sie auch meist den größeren Familien angehörten, waren mitunter von dem kleineren Bürgerstande aus besetzt worden. Jedenfalls seinem Heinz sollte der Weg dazu gebahnt werden; sagten die Leute doch, er sei sein Ebenbild: die fest auslugenden Augen, der Kopf voll schwarzbrauner Locken seien väterliche Erbschaft, nur statt des krummen Rückens habe er den schlanken Wuchs der Mutter.

Was Hans Kirch an Zärtlichkeit besaß, das gab er seinem Jungen; bei jeder Heimkehr lugte er schon vor dem Warder[11] durch sein Glas, ob er am Hafenplatz ihn nicht gewahren könne; kamen dann nach der Landung Mutter und Kind auf Deck, so hob er zuerst den kleinen Heinz auf seinen Arm, bevor er seiner Frau die Hand zum Willkommen gab.

Als Heinz das sechste Jahr erreicht hatte, nahm ihn der Vater zum ersten Male mit sich auf die Fahrt, als „Spielvogel", wie er sagte; die Mutter sah ihnen mit besorgten Augen nach; der Knabe aber freute sich über sein blankes Hütchen und lief jubelnd über das schmale Brett an Bord; er freute sich, schon jetzt ein Schiffer zu werden wie sein Vater, und nahm sich im Stillen vor, recht tüchtig mitzuhelfen. Frühmorgens waren sie ausgelaufen; nun beschien sie die Mittagssonne auf der blauen Ostsee, über die ein lauer Sommerwind das Schiff nur langsam vorwärtstrieb. Nach dem Essen, bevor der Kapitän zur Mittagsruhe in die Kajüte ging, wurde Heinz dem Schiffsjungen anvertraut, der mit dem Spleißen[12] zerrissener Taue auf dem Deck beschäftigt war; auch der Knabe erhielt ein paar Tauenden, die er eifrig ineinander zu verflechten strebte.

Nach einer Stunde etwa stieg Hans Kirch wieder aus seiner Kajüte und rief, noch halb im Taumel: „Heinz! Komm her, Heinz, wir wollen Kaffee trinken!" Aber weder der Knabe selbst noch eine Antwort kam auf diesen Ruf; stattdessen klang drüben vom Bugspriet[13] her der Gesang einer Kinderstimme. Hans Kirch wurde blass wie der Tod; denn dort, fast auf der äußersten Spitze, hatte er seinen Heinz erblickt. Auf der Luvseite[14], behaglich an das matt geschwellte Segel lehnend, saß der Knabe, als ob er hier von seiner Arbeit ruhe. Als er seinen Vater gewahrte, nickte er ihm freundlich zu; dann sang er unbekümmert weiter, während am Bug das Wasser rauschte; seine großen Kinderaugen leuchteten, sein schwarzbraunes Haar wehte in der sanften Brise.

Hans Kirch aber stand unbeweglich, gelähmt von der Angst; nur er wusste, wie leicht bei der schwachen Luftströmung das Segel flattern

**11 Warder:** kleine Insel
**12 spleißen:** verflechten (von Tauwerk)
**13 Bugspriet:** ein nach vorn hinausragender Mast am vorderen Teil des Schiffes (dem Bug)
**14 Luvseite:** Seite am Boot, die dem Wind zugewandt ist

und vor seinen Augen das Kind in die Tiefe schleudern konnte. Er wollte rufen; aber noch zwischen den Zähnen erstickte er den Ruf; Kinder, wie Nachtwandler, muss man ja gewähren lassen; dann wieder wollte er das Boot aussetzen und nach dem Bug des Schiffes rudern; aber auch das verwarf er. Da kam von dem Knaben selbst die Entscheidung; das Singen hatte er satt, er wollte jetzt zu seinem Vater und dem seine Taue zeigen. Behutsam, entlang dem unteren Rande des Segels, das nach wie vor sich ihm zur Seite blähte, nahm er seinen Rückweg; eine Möwe schrie hoch oben in der Luft, er sah empor und kletterte dann ruhig weiter. Mit stockendem Atem stand Hans Kirch noch immer neben der Kajüte; seine Augen folgten jeder Bewegung seines Kindes, als ob er es mit seinen Blicken halten müsse.

Da plötzlich, bei einer kaum merklichen Wendung des Schiffes, fuhr er mit dem Kopf herum: „Backbord!", schrie er nach der Steuerseite; „Backbord!", als ob es ihm die Brust sprengen sollte. Und der Mann am Steuer folgte mit leisem Druck der Hand und die eingesunkene Leinewand des Segels füllte sich aufs Neue.

Im selben Augenblicke war der Knabe fröhlich aufs Verdeck gesprungen; nun lief er mit ausgebreiteten Armen auf den Vater zu. Die Zähne des gefahrgewohnten Mannes schlugen noch aneinander: „Heinz, Heinz, das tust du mir nicht wieder!" Krampfhaft presste er den Knaben an sich; aber schon begann die überstandene Angst, dem Zorne gegen ihren Urheber Platz zu machen. „Das tust du mir nicht wieder!" Noch einmal sagte er es; aber ein dumpfes Grollen klang jetzt in seiner Stimme; seine Hand hob sich, als wolle er sie auf den Knaben fallen lassen, der erstaunt und furchtsam zu ihm aufblickte.

Es sollte für diesmal nicht dahin kommen; der Zorn des Kapitäns sprang auf den Schiffsjungen über, der eben in seiner lässigen Weise an ihnen vorüberschieben wollte; aber mit entsetzten Augen musste der kleine Heinz es ansehen, wie sein Freund Jürgen, er wusste nicht weshalb, von seinem Vater auf das Grausamste gezüchtigt wurde.

– Als im nächsten Frühjahr Hans Kirch seinen Heinz wieder einmal mit aufs Schiff nehmen wollte, hatte dieser sich versteckt und musste, als er endlich aufgefunden wurde, mit Gewalt an Bord gebracht werden; auch saß er diesmal nicht mehr singend unterm Klüversegel[15]; er fürchtete seinen Vater und trotzte ihm doch zugleich. Die Zärtlichkeit des Letzteren kam gleicher Weise immer seltener zu Tage, je mehr der eigne Wille in dem Knaben wuchs; glaubte er doch selber, nur den Erben seiner aufstrebenden Pläne in dem Sohn zu lieben.

**15 Klüversegel:** Vorsegel, das am Bugspriet befestigt ist

**1** *Fasst den Inhalt des Textausschnitts mit eigenen Worten zusammen.*

**2** *Im vorliegenden Textausschnitt wird folgende Szene besonders ausführlich beschrieben: Der Vater kommt aus seiner Kajüte und entdeckt, dass sein Sohn singend auf dem Bugspriet sitzt.*
- *a) Versetzt euch wechselweise in die Situation des Vaters, Hans Kirch, bzw. des Sohnes, Heinz Kirch, und berichtet aus der jeweiligen Perspektive von ihren Empfindungen.*
- *b) Beschreibt die Reaktion des Vaters auf die Gefahrensituation und überlegt, welche Konsequenzen dies langfristig für das Verhältnis zwischen Vater und Sohn haben könnte.*

**3**
- *a) Informiert euch mit Hilfe eines Literaturlexikons oder eines -handbuchs über den weiteren Fortgang der Novelle „Hans und Heinz Kirch" von Theodor Storm und tragt eure Ergebnisse in der Klasse vor. Geht dabei besonders auf die Gestaltung des Vater-Sohn-Konflikts ein.*
- *b) Diskutiert im Anschluss an die Kurzvorträge, welchen Einblick die Novelle in das Familienleben des 19. Jahrhunderts gibt.*

begraben. Eine Sekunde stutzte ich. Dann war mir alles klar. Unsere Mutter hatte gewusst, dass sie ihre Verliebtheit vor der Familie nicht verbergen konnte, also hatte sie Trepp ins Haus gelockt und wir alle, auch der Vater, waren nur allzu gern bereit gewesen, Mutters Verzauberung mit dem harmlosen Trepp in Verbindung zu bringen!

„Wie es Ihre Mutter geschafft hat, unsere Liebe geheim zu halten", sagte jetzt Henry, „ist mir heute noch ein Rätsel. Ihm sei dies nicht gelungen. Seine Frau habe sich scheiden lassen. Er, Henry, sei dann ausgestiegen und abgehauen und so habe er seine besten Jahre auf fernen, fieberverseuchten Plätzen vergeudet. Mich fröstelte ein wenig. Wahrhaftig, Henrys Finger zitterten, seine Augen glänzten. Noch ein paar Fieberschübe, noch ein paar Drinks und Henry, der wahre Liebhaber, sah aus wie Trepp, der ihn seinerzeit getarnt hatte.

Spät in der Nacht standen wir am See. Wellen beleckten die Ufersteine und aus den Lampen fielen silberne Regenpfeile. Henry schlug den Mantelkragen hoch. Dann ging er wortlos davon.

**1** *Beschreibt die Familienkonstellation in der Kurzgeschichte „Der Liebhaber der Mutter".*

**2** *Untersucht anhand des Textes, wie Trepp von den einzelnen Familienmitgliedern beurteilt wird und welche Funktion diese Figur in der vorliegenden Geschichte hat.*

**3** *Erläutert, welche überraschende Wende die Geschichte nimmt, und beurteilt die Reaktion des Ich-Erzählers auf die Geständnisse des wahren Liebhabers. Ändert sich das Bild des Ich-Erzählers von seiner Mutter durch das Geständnis?*

**4** *Überlegt, wie der Ich-Erzähler mit seinem Wissen über den Liebhaber seiner Mutter seiner Schwester oder seinen Eltern begegnen könnte.*

!

### Die Kurzgeschichte

Die Kurzgeschichte ist eine **knappe, moderne Erzählung,** die sich ab Mitte des 20. Jhdt. als Erzählform durchsetzt. Sie zeigt eine Momentaufnahme, einen krisenhaften Ausschnitt oder eine wichtige Episode aus dem Alltagsleben einer oder mehrerer Personen.

Kurzgeschichten haben meist folgende **Merkmale:**

- **geringer Umfang**
- Ausschnitt aus einem **alltäglichen Geschehen,** der für die dargestellten Figuren von besonderer Bedeutung ist
- **unmittelbarer Einstieg** in das Geschehen, das schlagartig eine Situation aufreißt
- **zielstrebiger Handlungsverlauf** hin zu einem Höhe- oder Wendepunkt
- **offener Schluss,** der viele Deutungsmöglichkeiten zulässt
- **meist Alltagssprache** mit einfachem Satzbau und umgangssprachlichen Elementen in der direkten Rede (passt zur alltäglichen Thematik der Kurzgeschichte)

Die Kurzgeschichte gehört wie die Novelle, die Fabel, das Märchen oder die Anekdote zu den epischen Kleinformen des Erzählens im Gegensatz zum Roman. Der Begriff „Kurzgeschichte" ist eine Lehnübersetzung des englischen Begriffs „short story".

Julia Franck

## Streuselschnecke

*Julia Franck wurde 1970 in Ost-Berlin geboren und übersiedelte 1978 mit ihrer Mutter nach West-Berlin, dann nach Schleswig-Holstein. 1983 zog sie – mit Zustimmung der Mutter – nach West-Berlin, wo sie in Wohngemeinschaften lebte. Sie selbst sagt: „Es war ein etwas verschlungener Weg, mit vorübergehendem Schulabbruch, der mich 1991 das beste Abitur meines Jahrgangs machen ließ." Es folgte ein Studium der Altamerikanistik und der Neueren deutschen Literatur an der Freien Universität Berlin. Julia Franck lebt und arbeitet in Berlin.*

Der Anruf kam, als ich vierzehn war. Ich wohnte seit einem Jahr nicht mehr bei meiner Mutter und meinen Schwestern, sondern bei Freunden in Berlin. Eine fremde Stimme meldete sich, der Mann nannte seinen Namen, sagte mir, er lebe in Berlin, und fragte, ob ich ihn kennen lernen wolle. Ich zögerte, ich war mir nicht sicher. Zwar hatte ich schon viel über solche Treffen gehört und mir oft vorgestellt, wie so etwas wäre, aber als es so weit war, empfand ich eher Unbehagen.

Wir verabredeten uns. Er trug Jeans, Jacke und Hose. Ich hatte mich geschminkt. Er führte mich ins Café Richter am Hindemithplatz und wir gingen ins Kino, ein Film von Rohmer. Unsympathisch war er nicht, eher schüchtern. Er nahm mich mit ins Restaurant und stellte mich seinen Freunden vor. Ein feines, ironisches Lächeln zog er zwischen sich und die anderen Menschen. Ich ahnte, was das Lächeln verriet.

Einige Male durfte ich ihn bei seiner Arbeit besuchen. Er schrieb Drehbücher und führte Regie bei Filmen. Ich fragte mich, ob er mir Geld geben würde, wenn wir uns treffen, aber er gab mir keins und ich traute mich nicht, danach zu fragen. Schlimm war das nicht, schließlich kannte ich ihn kaum, was sollte ich da schon verlangen? Außerdem konnte ich für mich selbst sorgen, ich ging zur Schule und putzen und arbeitete als Kindermädchen. Bald würde ich alt genug sein, um als Kellnerin zu arbeiten, und vielleicht würde ja auch noch eines Tages etwas Richtiges aus mir.

Zwei Jahre später, der Mann und ich waren uns immer noch etwas fremd, sagte er mir, er sei krank. Er starb ein Jahr lang, ich besuchte ihn im Krankenhaus und fragte, was er sich wünsche. Er sagte mir, er habe Angst vor dem Tod und wolle es so schnell wie möglich hinter sich bringen. Er fragte mich, ob ich ihm Morphium besorgen könne. Ich dachte nach, ich hatte einige Freunde, die Drogen nahmen, aber keinen, der sich mit Morphium auskannte. Auch war ich mir nicht sicher, ob die im Krankenhaus herausfinden wollten und würden, woher es kam. Ich vergaß seine Bitte.

Manchmal brachte ich ihm Blumen. Er fragte nach dem Morphium und ich fragte ihn, ob er sich Kuchen wünsche, schließlich wusste ich, wie gerne er Torte aß. Er sagte, die einfachen Dinge seien ihm jetzt die liebsten – er wolle nur Streuselschnecken, nichts sonst. Ich ging nach Hause und buk Streuselschnecken, zwei Bleche voll. Sie waren noch warm, als ich sie ins Krankenhaus brachte. Er sagte, er hätte gerne mit mir gelebt, es zumindest gern versucht, er habe immer gedacht, dafür sei noch Zeit, eines Tages – aber jetzt sei es zu spät.

Kurz nach meinem siebzehnten Geburtstag war er tot. Meine kleine Schwester kam nach Berlin, wir gingen gemeinsam zur Beerdigung. Meine Mutter kam nicht. Ich nehme an, sie war mit Anderem beschäftigt, außerdem hatte sie meinen Vater zu wenig gekannt und nicht geliebt.

**1** *a) Erzählt die Geschichte nach. Geht dabei auch auf die überraschende Wendung in dem Erzählten ein.*
*b) Charakterisiert die Ich-Erzählerin. Arbeitet dabei genau am Text.*

**2** *Untersucht, welche Kennzeichen einer Kurzgeschichte der vorliegende Text aufweist.*

# 8.2 Familienbande – Sachtexte analysieren und auswerten

Am Ende des 19. und zu Beginn des 20. Jahrhunderts kam es in vielen europäischen Staaten sowie in Nordamerika zu einer deutlichen Aufwertung der Familie. Vor allem die Mittelschicht legte nun großen Wert auf eine klare Trennung von öffentlicher und privater Sphäre. Wendungen wie „home, sweet home" oder „Trautes Heim, Glück allein!" drückten diese neue Wertschätzung des Familiären aus. Dem Zuhause wurden dabei Tugenden, der Außenwelt die ernsten, ja zum Teil bedrohlichen Seiten des Lebens zugeschrieben. Dies drückt auch die folgende Gegenüberstellung aus:

| Privatsphäre | öffentliche Sphäre |
|---|---|
| Zuhause | Außenwelt |
| Familie | nicht familiäre Beziehungen |
| persönliche Nähe und Vertrautheit | unpersönliche, anonyme Beziehungen |
| Nähe | Distanz |
| Liebe und legitimierte Sexualität | illegitime Sexualität |
| Gefühl und Irrationalität | Rationalität und Effizienz |
| Moral | Unmoral |
| Wärme, Licht, Sanftmut | Spannung und Dissonanz |
| Harmonie und Ganzheit | Disharmonie und Spaltung |
| natürliches, ehrliches Leben | gekünsteltes, unaufrichtiges Leben |

**1** *Lest den Text und die Begriffe in der Gegenüberstellung. Schlagt unbekannte Begriffe in einem Wörterbuch nach.*

**2** *Diskutiert in der Klasse über die obigen Gegensatzpaare. Überlegt dabei, welche realen Gegebenheiten und menschlichen Erfahrungen hinter den einzelnen Begriffen stehen. Geht auch der Frage nach, ob die Begriffe in der linken Spalte immer nur Positives und die in der rechten Spalte stets Negatives beinhalten.*

**3** *Legt in eurem Heft oder auf einem großen Blatt Papier je einen Cluster für die Privatsphäre und die öffentliche Sphäre an. Ihr könnt dabei auch auf die Ergebnisse eurer Diskussion über die obigen Gegensatzpaare zurückgreifen.*

**4** *Diskutiert, welches Bild von Familie nach eurer Diskussion und nach eurer Arbeit am Cluster entstanden ist. Stimmt es mit euren persönlichen Erfahrungen von Familie überein?*

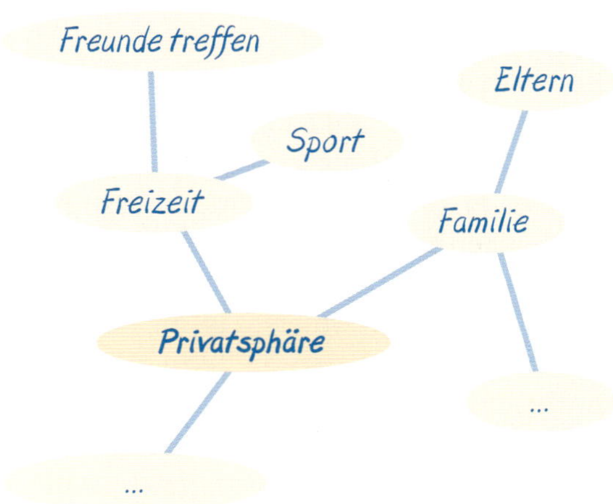

Martine Segalen

## Die Vielfalt der westlichen Familien

Der lateinische Begriff „familia" (von „famulus" = Haussklave) bedeutet nicht die heutige Familie (Ehepaar und dessen Kinder), sondern den Besitz eines Mannes (des „pater familias"), seinen gesamten Hausstand: Ehefrau, Kinder, Sklaven sowie das Vieh. Der Begriff „familia" bezeichnete also kein Verwandtschafts-, sondern ein Herrschaftsverhältnis.

Bis zur Entlehnung des lateinischen Begriffes „familia" im 16. Jahrhundert wurde der Begriff „Familie" durch die Formel „Weib und Kind" (aus der Sicht des Mannes) oder durch das Wort „Haus" abgedeckt. In diesem Stadium implizierte „Familie" die doppelte Vorstellung von Verwandtschaft und gemeinsamer Wohnung.

Auch heute noch ist „Familie" mehrdeutig besetzt und deckt eine ganze Bandbreite von Inhalten ab, die je nach Gesprächskontext und Land variieren. Die allgemeine Verbreitung dieses Begriffs, der weit häufiger gebraucht wird als etwa „Verwandtschaft", erklärt sich eben aus dieser Flexibilität, die es ermöglicht, seinen semantischen Inhalt zu erweitern. Bei einer Umfrage zum Thema „Krise der Institution Familie" antwortete ein Befragter: „Der Familie geht es schlecht, aber meiner Familie geht es gut." Indem er den Artikel „der" zu Beginn des Satzes stark betonte, unterschied er die Institution in ihrer Gesamtheit von seiner eigenen Verwandtschaftsgruppe, mit der er sich im zweiten Teil der Antwort identifizierte.

Die Vieldeutigkeit des Begriffs kreist um Aus- und Eingrenzung und hängt mit dem Problem des Zusammenlebens zusammen. Dienstboten, die im Haus leben, werden heute nicht mehr als Teil der Familie betrachtet. Nicht-Verwandte werden so zurückgewiesen, ebenso wie es der Familie auch widerstrebt, angeheiratete Verwandte wie Blutsverwandte zu betrachten. Die Formulierung „in eine Familie einheiraten" wird zumeist in diesem restriktiven[1] Sinn verwandt. Wird der Begriff „Familie" in seinem weitesten Sinne benutzt, sodass er Verwandte und angeheiratete Verwandte bezeichnet, wird die Vorstellung von einem gemeinsamen Wohnsitz ausgeschlossen. Sie kann jedoch wieder auftauchen, wenn die Vorstellung verschiedener Generationen in den Begriff „Familie" miteinbezogen wird, sodass er die Kinder im Verhältnis zu den Eltern meint, wie etwa in dem administrativen[2] Terminus technicus[3] der „kinderreichen Familie".

### Familie, family und famille

Wenn ein und derselbe Begriff schon innerhalb einer Sprache in unterschiedlichem Sinn gebraucht werden kann, versteht es sich von selbst, dass man seine Entsprechungen in anderen europäischen Sprachen mit Vorsicht betrachten muss. So bedeutet „family" für Nordamerikaner das Elternpaar und seine Kinder, das heißt, das Wort wird in dem zuletzt genannten Sinn gebraucht. Ein Amerikaner, der Fotos von seinen Kindern zeigt, sagt „my family", und sobald diese nicht mehr bei den Eltern wohnen, sagt er „my family is gone" („meine Kinder sind aus dem Haus"). Das französische Wort „parents" kann sowohl „Eltern" wie in erweitertem Sinn auch „Verwandtschaft" (Blutsverwandte und Angeheiratete) bedeuten, während das englische „parents" nur für die Eltern reserviert ist; „Verwandte" übersetzt man besser mit „kin".

Weiß man, dass der deutsche Gebrauch des Wortes „Familie" aus dem Französischen übernommen wurde und sich erst im 18. Jahrhundert verbreitet hat, um die Gemeinschaft von Eltern und Kindern zu bezeichnen, mit starker Betonung von Intimität und Zuneigung? Bis zu diesem Zeitpunkt hatte man das Wort „Haus" gebraucht, das sowohl den gemeinsamen Wohnsitz als auch die dort lebende soziale Gruppe bezeichnete.

1 **restriktiv:** einengend, einschränkend
2 **administrativ:** behördlich
3 **Terminus technicus:** Fachwort, Fachausdruck

Diese Unterschiede im Vokabular verweisen darauf, in welchem Maß jeweils Verwandte in den Rahmen der Familie einbezogen werden, und vor allem, wie unterschiedlich eng Verwandtschaftsbeziehungen außerhalb der Beziehung zwischen Eltern und verheirateten Kindern sein können, was sich in allen europäischen und nordamerikanischen Ländern nachweisen lässt. Andererseits wechseln auch Häufigkeit und Art der Beziehungen zu anderen Verwandtschaftsangehörigen, sodass die These von der „Atomisierung der Familie" auf manche Länder stärker zuzutreffen scheint als auf andere – natürlich immer vorausgesetzt, dass die beiden Generationen von Eltern und verheirateten Kindern in diese Kernfamilie einbezogen sind. Internationale Vergleiche auf diesem Gebiet sind äußerst schwer zu ziehen, da eine Untersuchung von Familienbeziehungen häufig a priori[4] auf diese beiden Generationen beschränkt bleibt, sodass die Möglichkeit, auch die Interaktion mit anderen Verwandten zu beobachten, ausgeschlossen bleibt. Dennoch scheint es in Ländern, in denen die Industrialisierung relativ langsam vor sich ging und die durch eine lang anhaltende ländliche Tradition geprägt sind, ein reges Verwandtschaftsleben zu geben, weit stärker als etwa in den angelsächsischen Ländern, in denen sich der Prozess von Industrialisierung und Urbanisierung weit abrupter vollzog.

4 **a priori:** grundsätzlich, von vornherein

**1** *Lest den Text „Die Vielfalt der westlichen Familien" sorgfältig durch und notiert euch dabei, was ihr über die Bedeutung des Begriffes „Familie" in verschiedenen Zeiten und Ländern erfahrt.*

**2** *a) Gliedert den Text in Sinnabschnitte und formuliert für jeden Abschnitt eine Kernthese.*
*b) Vergleicht eure Ergebnisse mit denen eurer Banknachbarin oder eures Banknachbarn. Wenn ihr zu unterschiedlichen Kernthesen gekommen seid, zieht zur Klärung den Text heran und versucht dann, gemeinsam stimmige Thesen zu formulieren.*
*c) Stellt eure Ergebnisse in der Klasse vor und begründet, warum ihr zu der jeweiligen Formulierung gekommen seid.*

**TIPP**

### Sachtexte auswerten

Sachtexte unterscheiden sich von literarischen Texten dadurch, dass sie in der Regel zu einem bestimmten Thema informieren wollen und sich deshalb auf das Wesentliche (wichtige Tatsachen, Fakten) beschränken. Oft werden bestimmte Sachverhalte mit Fremdwörtern oder Fachbegriffen treffend benannt.
Folgende Schritte können euch helfen, Schritt für Schritt einen Sachtext zu verstehen:

1. Schritt: sich einen Überblick verschaffen (Überschriften, Bilder, Grafiken beachten)
2. Schritt: den Text genau lesen, wichtige Begriffe unterstreichen und Randbemerkungen anbringen
3. Schritt: Unverstandenes mit Hilfe eines Lexikons klären
4. Schritt: Kernaussagen einzelner Sinnabschnitte herausarbeiten
5. Schritt: Kernaussagen ordnen, z. B. in einer Tabelle oder einer Übersicht

Frank Schirrmacher

## Die Familie als Überlebensgemeinschaft

*In seinem im Jahre 2006 erschienenen Sachbuch „Minimum“ geht der Journalist Frank Schirrmacher der Frage nach, welche Konsequenzen es für unsere Gesellschaft haben kann, wenn die Familie auf Grund von Individualisierung und Vereinzelung zunehmend zum Ausnahmezustand wird. An Beispielen aus der Geschichte, der Literaturgeschichte sowie aus Film und Fernsehen will er zeigen, dass in Krisensituationen allein auf die Solidargemeinschaft „Familie“ Verlass ist. Der folgende Textauszug aus dem Buch beschreibt die amerikanische Tragödie am „Donner-Pass“. Schirrmacher erzählt die Geschichte von amerikanischen Siedlern, die 1846 in den USA gen Westen zogen, in einem Schneesturm stecken blieben und monatelang um ihr Leben kämpften.*

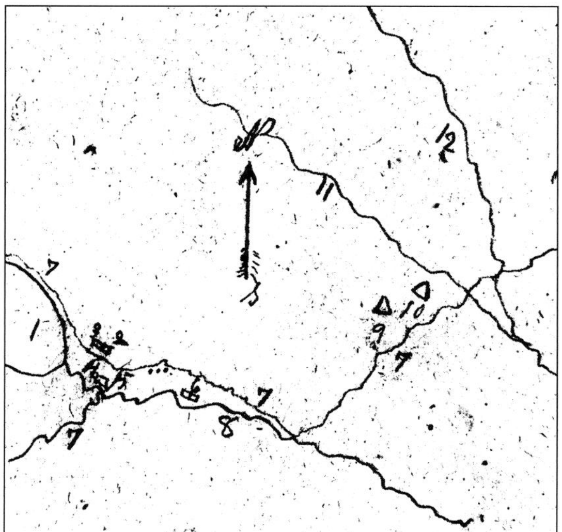

1. Donner Lake (damals: Truckee's Lake)
2. Hütte der Familie Breen
3. Kesebergs Hütte
4. Big Rock
5. unterhalb des Big Rock, Hütte der Familien Murphy und Eddy
6. Unterkunft der Familie Graves mit Anbauten für weitere Familien und Einzelpersonen
7. Straßen, die im Sommer befahrbar sind
8. Arm des Truckee's River (heute: Donner Creek)
9. eines der Zelte der Familie Donner
10. Zelt der Familie Donner
11. Alder Creek
12. Prosser Creek

*Karte, auf der die Niederlassungen der am Donner-Pass stecken gebliebenen Familien vermerkt sind. Gezeichnet von William Graves, 1879*

Es ist eiskalt. Und soweit das Auge reicht, liegt Schnee. Aus der Vogelperspektive betrachtet, sieht die Landschaft aus wie ein riesiger weißer Bogen Papier, auf dem sechs abgezirkelte schwarze Kreise eingezeichnet sind. Diese Kreise markieren Lager, notdürftig errichtet von den Menschen, die hier festsitzen. Insgesamt sind es einundachtzig: mehrere große Familien, Alleinreisende und einige ortskundige Führer, die den Treck sicher durch die Sierra Nevada hätten bringen sollen. Doch nun ist Ende November 1846 und die Siedler sind am Fuße eines Berges wie festgefroren. Ohne entsprechende Ausrüstung und überwältigt von dem frühen Wintereinbruch, kommen sie mit ihren Planwagen nicht mehr weiter, der Schnee blockiert den Weg nach vorne und auch den Weg zurück. Schneestürme, die sich zu Tornados auswachsen, fegen fast täglich über sie hinweg, decken ihre Habseligkeiten zu.

Jenseits der Berge, wo man vergeblich auf die Ankunft der Siedler wartet, schickt man ein Rettungsteam los. Doch es kommt nicht durch und muss umkehren. Die Retter wissen nicht, wie viel Vieh der Treck schon verloren hat, und fälschlicherweise glauben sie, die Gruppe hätte noch Vorräte für vier Monate.

Die Lage ist aussichtslos. Von einem kleinen Trupp, der einige Wochen später im Dezember ohne die Gruppe weitergezogen ist, hören die Zurückgebliebenen nichts mehr. [...]

Es ist, als wäre ein böses Märchen wahr geworden: Ein schrecklicher Bann liegt auf dem Lager – und niemand kann ihn brechen.

Heute wissen wir: Dieser Bann schmiedete die Menschen sechs Monate lang in der Eiswüste aneinander und mit jedem Tag, der verging, näherten sie sich dem absoluten Minimum, das zum Überleben notwendig war.

Was sich zwischen ihnen abspielen wird, ist eine ziemlich schauerliche Geschichte, in der bis zum Mord kein menschliches Verbrechen ausgelassen und bis zur aufopfernden Liebe über

den Tod hinaus keine menschliche Größe unverzeichnet bleibt.
Das Schicksal dieser Menschen ist als die Tragödie vom Donner-Pass tief in das amerikanische Gedächtnis eingegraben.
Voller Optimismus hatten sich die Siedler auf den Weg gemacht, die meisten von ihnen waren wohlhabend und stammten aus Deutschland oder Österreich. Jakob Donner und sein Bruder George, die den Ereignissen ihren Namen gaben, beides reiche Landbesitzer, hatten die Spitze des Zugs gebildet. Sie waren mit Karren und Planwagen und großen Vorräten für Körper und Geist losgezogen, mit Bibel und Gesangbüchern, mit Illusionen und Träumen vom fernen Kalifornien, das irgendwo jenseits des Horizonts liegen musste. [...]
Und dann beginnt es zu schneien. In der Sierra Nevada, weit entfernt von jeglicher menschlicher Behausung, bleiben sie im Schneesturm stecken. Wären sie einen Tag schneller gewesen, so heißt es seither in der Literatur, hätten sie womöglich geschafft, die Wüste hinter sich zu lassen. Das ist der Augenblick, da diese Menschen ganz auf sich selbst und aufeinander angewiesen sind.
Wer sind sie? Es sind Alte und Junge. Großeltern sind dabei und Enkel, Mütter, Väter und Kinder, Tanten und Onkel, Cousins und Cousinen, außerdem Junggesellen und Einzelgänger. Auffallend ist die hohe Zahl allein reisender Männer. Es sind insgesamt fünfzehn, alle zwischen zwanzig und vierzig Jahre alt. Sie sind stark, selbstbewusst und vertraut mit den Gefahren des Wilden Westens. Wenn es irgendwo Wagehälse, Glücksritter und Goldsucher gibt, dann findet man sie unter ihnen. [...]
Geschichten sind Rollenspiele. Auch auf dem Donner-Pass wurden solche Spiele ausgetragen. Virginia Reed, wie erstorben von der Langeweile des Ausharrens im Eis, hatte ihre Bücher wieder und wieder gelesen. Doch jedes dieser Bücher wurde verbrannt, am Schluss blieb ihr nur ein Roman, den sie, wie sie später erzählte, wie eine Rolle nachspielte: Es war eine Art Robinson-Crusoe-Roman, der die Geschichte des Überlebens eines starken und

*Mit dem Planwagen unterwegs – Familie auf dem Weg in den Westen*

selbstbewussten Helden in der Wildnis erzählte.
Spielen auch wir ein Rollenspiel. Wer mitspielt, kann sich nicht nur in eine fremde Welt hineinträumen, sondern auch eine Art Wahrscheinlichkeitsrechnung mit dem Schicksal aufstellen.
Wählen wir die Person, unseren selbstbewussten Helden oder unsere Heldin, in deren Haut wir schlüpfen wollen, eine Person, von der wir glauben, dass sie die Kälte und den Hunger am Donner-Pass durchsteht. Doch Vorsicht bei der Wahl: Am Ende dieser Geschichte werden vierzig Menschen gestorben sein.
Was müsste man tun, um dort zu überleben? Oder bescheidener: Was müsste man tun, um möglichst lange am Leben zu bleiben? Auf wen kann man in einer Gemeinschaft bauen? Wer müsste man sein?
Die Erlebnisse der Schicksalsgemeinschaft am Donner-Pass geben auf jede dieser Fragen Auskunft.
Wissenschaftler fast aller Fakultäten[1] haben sich mit der Tragödie in der Sierra Nevada befasst. Schriften wurden ausgewertet, Stammbäume erforscht und sogar Ausgrabungen durchgeführt. Aber nur einer, der Anthropologe[2] Donald Grayson, beschäftigte sich mit der Frage, die unserem Rollenspiel zu Grunde liegt. Keiner vor ihm hatte sie bisher gestellt, vielleicht weil keiner mit einer Antwort gerechnet

1 **Fakultät:** Fachgruppe einer Universität
2 **Anthropologie:** Wissenschaft vom Menschen

*Sie haben es geschafft – Familie vor ihrem Haus im Westen*

hatte. „Was erfahren wir“, fragte Grayson, „wenn wir dieses schreckliche Erlebnis nicht als Historie, sondern als biologischen Vorgang deuten?“

Wer überlebt? Die meisten Menschen tippen bei der Beantwortung dieser Frage auf die Gruppe der fünfzehn erwachsenen, starken, unabhängigen und allein reisenden Männer.

Der Held – er erscheint im klassischen Repertoire unserer Kultur stets in Gestalt des Einzelkämpfers. Die Heldenmythologie, unsere Erziehung und die Klischees und Stereotype in der Gesellschaft haben in uns die Vorstellung geweckt, dass der Einzelkämpfer Krisen am besten meistern kann; gleichgültig, ob vor hundertsechzig Jahren im Winter in der Schneewüste oder heute bei einer Autopanne in den Bergen. Gerade die Unabhängigkeit erscheint uns als seine Stärke; Verantwortung für andere übernehmen zu müssen, schwächt ihn. Der Held, so das Idealbild, findet irgendwann die junge, fortpflanzungsfähige Frau und schlägt sich fortan gemeinsam mit ihr durchs Leben – natürlich erfolgreich. Der Held ist, wie in Virginla Reeds letztem Buch, der Herrscher über das Schicksal, ein Macher, der kleine Mädchen zum Staunen bringt.

Die Ereignisse am Donner-Pass allerdings verliefen ganz anders. Noch ehe die Siedlergruppe überhaupt vom Schnee überrascht wurde, waren schon vier dieser hoffnungsvollen, kräftigen Männer tot. Der fünfundzwanzigjährige Luke Halloran starb an Tuberkulose, der gleichaltrige John Snyder wurde erstochen, Jacob Wolfinger ermordet, William Pike aus Versehen von seinem Bruder erschossen. Und schließlich Hardkoop, der als Sechzigjähriger die Rolle des Ausgestoßenen übernehmen musste.

Es kam also bereits zu einer Art Totentanz unter den Männern, bevor die eigentliche Katastrophe begonnen hatte. Donald Grayson wundert sich über diejenigen, die sich darüber wundern: So sterben vielfach junge, viel versprechende Männer und so sterben auch ältere, ja, so sterben Männer überhaupt. Männer sterben früher als Frauen. Und sie sterben deshalb früher als Frauen, weil sie über die Millionen Jahre der Evolutionsgeschichte unzählige, unnatürliche Tode gestorben sind: durch Morde, Selbstmorde, Verkehrsunfälle und typische männliche Infektionskrankheiten, bei denen genetische Faktoren und Anfälligkeiten eine besondere Rolle spielen. Und aus genau diesen Gründen starben auch die ersten fünf Opfer des Trecks: „Fünf Todesfälle, alles Männer, und alle kamen auf typisch männliche Weise um: durch ansteckende Krankheit, Aggression und Gewalt.“

Man ist also womöglich nicht gut beraten, sich in unserm Rollenspiel – und auch im wirklichen Leben – auf die starken, unabhängigen Männer zu verlassen. Oder, womöglich noch fataler: einer dieser Einzelkämpfer zu sein.

Denn, um es kurz zu machen, von den fünfzehn allein reisenden Männern, diesen Inbildern von Kraft und Herrlichkeit, überlebten die Tragödie am Donner-Pass nur drei. Einige von ihnen starben natürlich auch deshalb, weil sie bis zur Erschöpfung Holzfällen, in der Eiseskälte jagen oder fischen mussten. Das erklärt aber nicht, warum andere Männer, die in verheerender körperlicher Verfassung waren, überlebten. Und es erklärt auch nicht, warum manche älteren Siedler, zumal bei schlechter Kondition, sehr viel länger durchgehalten hatten als die Jüngeren.

Grayson wurde bald klar, dass hier ein anderes Erklärungsmuster vorliegen musste. Nachdem er alle Todesfälle ausgewertet und Tote mit Überlebenden verglichen hatte, wurde ihm klar, was entscheidend für das Durchkommen am Donner-Pass gewesen war: die Familie. Einzig und allein, ob die betreffende Person in einer Familie oder allein gereist war, entschied darüber; mehr noch: Je größer die Familie war, desto größer war die Überlebenswahrscheinlichkeit des Einzelnen. Und nicht nur das: Auch wie lange jemand durchhielt, hing von der Größe seines verwandtschaftlichen Netzes ab. „Je größer die Familie, in der eine Person reiste", so Grayson lakonisch[3], „desto länger überlebte diese Person." Das galt übrigens auch für den Ältesten der Gruppe, den fünfundsechzigjährigen George Donner, der, obwohl an der Hand schwer verwundet, im Vergleich zu den anderen Männern nur deshalb so lange am Leben blieb, weil seine Frau Tamsen ihn aufopfernd gepflegt hatte.

„Diese Gruppen lehren uns", schreibt Grayson, „was mit Gemeinschaften geschieht, die sich nicht gegen Kälte und Hunger wehren können und denen dennoch die Fähigkeit verblieben ist, sich innerhalb einer Familie auszutauschen."

3 **lakonisch:** einfach und treffend

Als sich am 23. März 1847 eine kleine Rettungstruppe zu den Verlorenen durchgekämpft hatte, weigerte Tamsen sich, mit ihr zu gehen – sie wollte ihren Mann nicht alleine zurücklassen und gab den Rettern ihre drei Töchter mit. George Donner, obwohl verwundet und der Älteste der Gruppe, schaffte es dank dieser Zuwendung bis zum 26. März. Tamsen überlebte ihn nur um zwei Tage.

Erst einen Monat später, am 25. April 1847, wird das letzte Mitglied des Trecks gerettet.

Von den Einzelreisenden waren fast alle umgekommen. Auch die Familien hatten Mitglieder verloren, doch in den meisten Fällen schien es wie ein Wunder, dass die Opfer – Ältere, Kranke oder Kleinkinder – überhaupt so lange überlebt hatten. Familie Eddy beispielsweise, bestehend aus vier Personen, beklagte drei Opfer; Familie Graves bestand aus zwölf Personen und es kamen acht durch; die Breens waren zu neunt und alle überlebten. Das sagt nichts aus über Moral oder Charakter der Einzelgänger oder der unterschiedlichen Familien. Es war, wie Donald Grayson nachwies, viel mehr als das. Es war ein Gesetz.

**1** *Lest den Text „Die Familie als Überlebensgemeinschaft" von Frank Schirrmacher aufmerksam durch. Analysiert – auch mit Hilfe der Skizze auf Seite 188 – die Notsituation der Siedler.*

**2** *a) Arbeitet den Gedankengang des Textes heraus. Notiert, welche Kernthesen aufgestellt werden und mit welchen Argumenten und Beispielen diese belegt werden.*

*b) Übertragt die Kernthesen des Textes auf die Industriegesellschaft in Deutschland im 21. Jahrhundert. Beachtet dabei folgende Vergleichsaspekte:*

- *Notsituation der Siedler – Krisensituationen in einer Industriegesellschaft (z. B. Arbeitslosigkeit)*
- *physische und psychische Extremsituation – Angst vor Armut und Verlust des Ansehens durch den persönlichen Makel „Arbeitslosigkeit"*
- *Funktion der Familie im Vergleich zu anderen Solidarsystemen*

**3** *a) Diskutiert die Aussage Schirrmachers, wonach es ein „Gesetz" (▷ Z. 251) ist, dass das Überleben in Extremsituationen durch nichts besser gesichert wird als durch die Solidargemeinschaft „Familie".*

*b) Überlegt, welche Konsequenzen unsere Politiker aus den Ergebnissen eurer Diskussion ziehen müssten. Stellt einen Aufgabenkatalog zum Thema „zukunftsorientiertes Leben in Deutschland" zusammen.*

*c) Verfasst einen sachlichen Brief an eure/n Landtags- oder Bundestagsabgeordnete/n, in dem ihr eure Ideen zum Thema „zukunftsorientiertes Leben in Deutschland" darlegt (▷ sachliche Briefe S. 332).*

Thomas Nipperdey

# Die Familie im 19. Jahrhundert

*Thomas Nipperdey (* 27. Oktober 1927 in Köln; † 14. Juni 1992 in München) war ein deutscher Historiker. Sein dreibändiges Werk „Deutsche Geschichte 1800–1918“, aus dem der folgende Textauszug stammt, gilt als Standardwerk der neueren Geschichte.*

Es gibt, grob gesagt, drei Typen der Familie. Maßgeblich nach Geltung und Ausstrahlung ist der Typus der bürgerlichen Familie, wie er sich seit dem späten 18. Jahrhundert im oberen und mittleren Bürgertum durchgesetzt hatte, städtisch und modern. Fundamental ist, dass 1. Produktion (Arbeit, Beruf, Erwerb) und Familiensphäre, Haus (Reproduktion) voneinander getrennt sind, das Private und Intime und das Öffentliche und Berufliche. Das verschärft die überlieferte Arbeitsteilung der Geschlechter. Berufs- und Erwerbsarbeit sind Sache des Mannes allein und finden zunehmend außer Hause statt, sie „vermännlichen“; wie für die Wirtschaft, so gilt das auch für die Politik, die wachsende Teilhabe ist eine Männersache. Die Frau ist nicht nur von der Produktion, sondern auch vom Miterwerb ausgeschlossen und entlastet, die Familie ist Konsum-, Erziehungs- und Freizeitgemeinschaft. Die Frau wird, gelernt oder ungelernt, Haushaltsmanager, sie bestimmt den Konsum – darum richtet sich die entstehende Werbung an sie, an ihre Interessen und Wünsche.

Die Familie hat 2. keine öffentliche, gesellschaftliche Funktion mehr wie beim Adel oder bei den protestantischen Pfarrern, die Familie ist privat und sie ist in dieser Privatheit fest gegen die „Außenwelt“ abgeschlossen.

*William MacDuff: Weihnachten (1860)*

Diese Familie ist 3. Kernfamilie aus Eltern und Kindern; Großeltern und unverheiratete Geschwister der Eltern gehören nicht (mehr) in die Wohn- und Haushaltsgemeinschaft, die Kinder bleiben während der langen Ausbildung oder bis zur Heirat in der Familie. Die Familie ist 4. in ihrem inneren Aufbau nicht mehr vom Beruf und „Amt“ bestimmt, sie ist eine emotional gegründete intime Gemeinschaft geworden mit individuellen personalisierten Beziehungen und individueller Bewegungsfreiheit, gegründet auf eigenen Entschluss, persönliche romantische Liebe und personale Zuwendung zu den Kindern. Ehepartner und Eltern und Kinder reden sich mit „du“ an.

Diese Familie ist 5. patriarchalisch[1] strukturiert. Hierfür ist das normative[2] Modell der geschlechtsspezifischen Arbeitsteilung ebenso bezeichnend wie prägend. Darüber bildete sich im frühen 19. Jahrhundert eine ganze Theorie. Aus den biologischen Unterschieden der Geschlechter wurden unterschiedliche Rollenmodelle und Lebensprojekte entwickelt und begründet. Die Geschlechter stehen in einem Gegensatz zueinander. Der Mann – so das Modell – ist aktiv, die Frau passiv, der Mann von seinem Tun, die Frau von ihrem Sein her lebend; der Mann gehört in die Leistungswelt, die Frau steht jenseits der Leistungswelt, die Frau steht jenseits der Leistungszwänge in einer anderen Welt – der der Freiheit; der Mann lebt von seiner Kultur, die Frau von ihrer Natur, ihrer Geschlechtsrolle; der Mann ist aufs äußere und öffentliche Leben bezogen, auf Markt, Konkurrenz und Macht, auf Arbeit und Politik und auch auf deren Anonymität, die Frau aufs Innere und Private, aufs Intime und auch aufs

1 **patriarchalisch:** vom Mann her bestimmt
2 **normativ:** maßgebend

Personale; der Mann ist bestimmt von Rationalität und Objektivität, die Frau von Emotionalität und Subjektivität. Das ist nicht einfach eine Unterscheidung; vielmehr: Die Frau ist die notwendige Ergänzung zur Einseitigkeit des Mannes. Dazu kommt, dass ihre familiale Rolle nicht als eigene ausgreifende Aktivität beschrieben wird, sondern vor allem als aufopfernde, geduldig hinnehmende Liebe. Die Frau ist für Andere, für den Mann, für die Kinder da. Und die Frau ist dem Mann gegenüber schutzbedürftig, hilflos – so ist jedenfalls der Stil des Umgangs. Das spitzt sich zu zum Verhältnis von Welt und Heim: auf der einen Seite die Welt der Konflikte, der Feindlichkeit und der Härte, auf der anderen Seite das Heim, der Ort der Nähe, der Harmonie, des Friedens und der Geborgenheit. Und das war dann eine Beschreibung der Ehe. In ihr besorgt die Frau das Heim, das ist ihre Sphäre, sie bestimmt als liebende Mutter die Familienatmosphäre. Das Heim ist der Ruhepunkt des Mannes, dessen Leben in den Auseinandersetzungen mit und in der Welt abläuft, und es ist der Ort der Bildung der künftigen Generationen; öffentliche Einrichtungen wie Schulen hatten nur Hilfsfunktion.

**1** *Im vorliegenden Text beschreibt Thomas Nipperdey fünf Wesensmerkmale der bürgerlichen Familie im 19. Jahrhundert. Arbeitet diese fünf Wesensmerkmale heraus, beschreibt sie jeweils kurz und notiert die Folgen. Übertragt dazu die folgende Tabelle in euer Heft:*

**Die bürgerliche Familie im 19. Jahrhundert**

| Merkmale | Beschreibung | Folgen |
|---|---|---|
| 1. Trennung von Produktion (Arbeit, Beruf, Erwerb) und Familiensphäre, Haus (Reproduktion) | Das Private und Intime und das Öffentliche und Berufliche werden getrennt. | Arbeitsteilung zwischen Mann und Frau wird verschärft: Berufs- und Erwerbsarbeit ist Männersache, die Frau wird vom Beruf ausgeschlossen und ist für Haushalt und Erziehung zuständig. |
| 2. … | … | … |

**2** *Im letzten Textabschnitt (▷ Z. 45–92) wird das Rollenmodell von Mann und Frau ausgeführt. Schreibt die Begriffe, die für den Mann und die Frau jeweils angeführt werden, heraus und stellt sie in einer Tabelle gegenüber.*

**3** *a) Vergleicht anhand eurer Ergebnisse aus Aufgabe 1 und 2*
- *die Stellung von Mann, Frau und Kindern in der Familie des 19. Jahrhunderts und in der Familie des 21. Jahrhunderts, wie ihr sie in eurem privaten Umfeld erlebt.*
- *das Rollenmodell von Mann und Frau im 19. Jahrhundert mit dem des 21. Jahrhundert.*

*b) Diskutiert, was sich eurer Meinung nach verändert hat und welche Rollenbilder – auch als Klischees – nach wie vor existent sind.*

**4** *Lest noch einmal den Anfang der Novelle „Hans und Heinz Kirch“ von Theodor Storm (▷ S. 177–180) und achtet dabei vor allem auf die Beschreibung der Vaterrolle. Stimmt die Analyse des Historikers Nipperdey mit der literarischen Verarbeitung durch Theodor Storm überein?*

# 8.3 Spurensuche „Familie“ – Ein Projekt

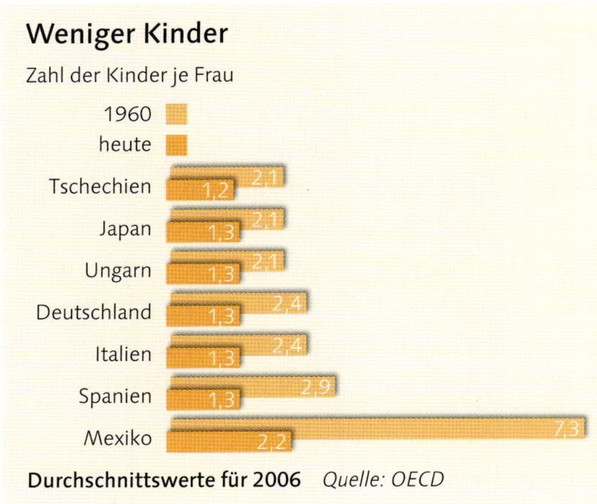

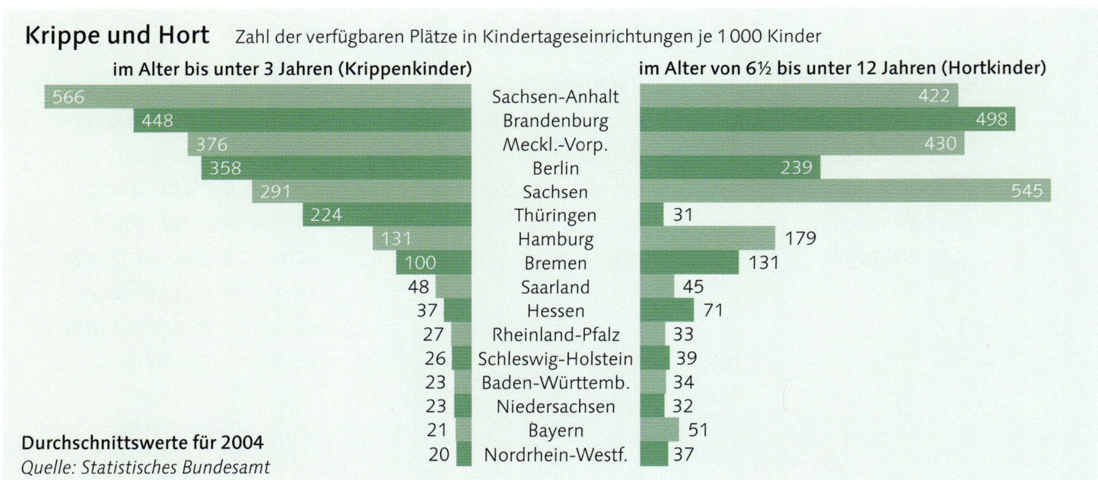


### Mütter: Erwerbstätige (%)

| Zahl | Alte Bundesländer | | Neue Bundesländer | |
|---|---|---|---|---|
| | Vollzeit | Teilzeit | Vollzeit | Teilzeit |
| 1 Kind | 24,7 | 36,5 | 50,3 | 19,3 |
| 2 Kinder | 16,9 | 44,5 | 49,4 | 22,4 |
| 3 Kinder und mehr | 12,7 | 34,6 | 30,7 | 20,9 |

**Durchschnittswerte für 2004** *Quelle: Statistisches Bundesamt*

### Väter: Erwerbstätige (%)

| Zahl | Alte Bundesländer | | Neue Bundesländer | |
|---|---|---|---|---|
| | Vollzeit | Teilzeit | Vollzeit | Teilzeit |
| 1 Kind | 79,9 | 3,5 | 75,2 | 2,9 |
| 2 Kinder | 87,8 | 2,5 | 81,7 | 2,3 |
| 3 Kinder und mehr | 83,4 | 2,7 | 72,2 | – |

**Durchschnittswerte für 2004** *Quelle: Statistisches Bundesamt*

**1** *Wertet gemeinsam mit einer Partnerin oder einem Partner die Grafiken und die Statistiken aus.*
*a) Betrachtet die Grafiken und die Statistiken genau, lest den Titel und die übrigen Erklärungen. Beachtet dabei auch den Tipp auf Seite 195.*
*b) Formuliert die Kernaussagen der Grafiken und der Statistiken mit eigenen Worten.*

**2** *Diskutiert,*

- *ob es zwischen der Erwerbstätigkeitsquote von Müttern und Vätern und der Verfügbarkeit von Krippenplätzen einen Zusammenhang gibt und*
- *ob man von der Verfügbarkeit von Krippenplätzen Rückschlüsse auf die niedrige Geburtenrate in Deutschland ziehen kann.*

**TIPP**

**Diagramme und Statistiken auswerten**

Ein Diagramm ist eine grafische Darstellung von statistischen Angaben. Man unterscheidet z. B. Kreis-, Balken und Kurvendiagramme.

Folgende Punkte helfen euch bei der Auswertung eines Diagramms oder einer Statistik:

- Lest den Titel des Diagramms/der Statistik und die übrigen Erklärungen. Wozu macht das Diagramm/die Statistik Aussagen, was wurde untersucht? Für welche Zeit(spanne) und/oder Personen(gruppen) etc. gilt es?
- Prüft bei Zahlenangaben, um welche Einheiten es sich handelt (z. B. absolute Zahlen oder Prozentzahlen). Was sagen die Zahlenwerte im Vergleich aus? Wie groß war die Zahl der Befragungen/Stichproben?

## Der eigenen Familie auf der Spur: einen Fragebogen entwerfen und auswerten

Die durchschnittliche Geburtenrate lag im Jahr 2006 bei 1,3 Geburten je Frau und ist damit seit 1992 nahezu konstant. Durch eine schnelle Umfrage in der eigenen Klasse könnt ihr feststellen, wie hoch bei euch die durchschnittliche Kinderquote pro Familie ausfällt. Spannender ist es natürlich zu erfahren, welche Quote die Geburtenrate in früheren Generationen erreichte. Nicht minder interessant sind Fragen nach der Berufstätigkeit der Frauen in diesen Familien und der Art und dem Umfang von Kinderbetreuung. Um all diese Fragestellungen zu untersuchen und anschließend auszuwerten, bildet ihr Arbeitsteams, die einen Fragebogen entwerfen, anschließend eine Befragung durchführen und schließlich die Ergebnisse auswerten und präsentieren.
Geht dabei folgendermaßen vor:

**1** *Bildet Arbeitsgruppen von drei bis vier Schülern, die einen Fragebogen entwerfen, der folgende Rubriken enthalten sollte:*

- *Welche Generation (Eltern, Großeltern, Urgroßeltern) befragt ihr?*
- *Art der Familienstruktur (klassische Familie, Alleinerziehende, Patchworkfamilie)*
- *Zahl der Kinder und Differenzierung nach männlichen und weiblichen Kindern*
- *Berufstätigkeit der Frau und des Mannes (ja/nein; Art der Berufstätigkeit: Arbeiter/-in, Angestellte/-r, Selbstständigkeit, Beamter/Beamtin)*
- *Kinderbetreuung bis zum 3. Lebensjahr (ja/nein; Art der Betreuung: Großeltern, anderes Familienmitglied, Kinderkrippe, Sonstige)*
- *Kinderbetreuung vom 3. Lebensjahr bis zum Schuleintritt (ja/nein; Art der Betreuung: Großeltern, anderes Familienmitglied, Kindergarten, Sonstige)*
- *Engagement des Vaters bei der Kinderbetreuung (hoch, mittel, niedrig, nicht gegeben)*

**2** *Zur Erhebung der durchschnittlichen Kinderquote nutzt zusätzlich zum Fragebogen die folgende Übersicht, in die ihr die jeweilige Kinderzahl der Befragten eintragt.*

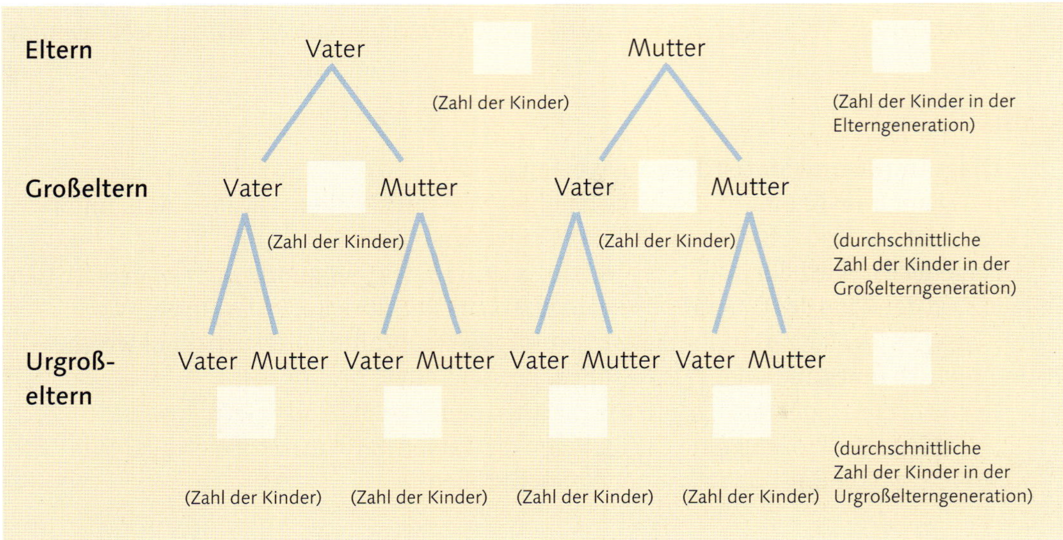


**3** *Damit ihr bei der Auswertung eurer Fragebögen auf die gleichen Rubriken zurückgreifen könnt, müsst ihr die Entwürfe der verschiedenen Arbeitsgruppen in der Klasse zu einem einheitlichen Fragebogen zusammenführen. Dies kann ein Redaktionsteam übernehmen, dessen Mitglieder zugleich gute Kenntnisse in der Gestaltung von Computergrafiken besitzen.*
*Ist der Fragebogen erstellt, könnt ihr euch – jeder in seiner eigenen Familie – auf Spurensuche nach dem Familienleben früherer Generationen begeben.*
***TIPP:*** *Die Informationen bei der Generation der Urgroßeltern und möglicherweise auch bei jener der Großeltern werdet ihr in den meisten Fällen über eure Eltern erheben müssen.*

**TIPP**

**Fragebögen auswerten und präsentieren**

Die Auswertung der erhobenen Fragebögen solltet ihr gemeinsam durchführen. Achtet darauf, dass alle Daten anonym behandelt werden (keine Namensnennung). Konkret könnt ihr so vorgehen:

- Wertet die Ergebnisse eurer Umfrage aus. Erstellt dazu eine Auswertungsmaske (z. B. mit Hilfe eines Tabellenkalkulationsprogramms), in der ihr die Ergebnisse getrennt nach den unterschiedlichen Rubriken, die ihr erfragt habt, eintragen könnt. Wenn ihr eure Ergebnisse getrennt nach Gruppen (männlich/weiblich, Eltern, Großeltern etc.) auswerten wollt, müsst ihr auch dies berücksichtigen.
- Stellt eure Umfrageergebnisse in Form von Diagrammen anschaulich dar. Überlegt, welche Art von Diagramm (z. B. Torten- oder Balkendiagramm) für die Präsentation der Ergebnisse geeignet ist.
- Achtet auf eine gut lesbare Gestaltung und tragt die Erklärungen (Titel, Zahlenangaben, Anzahl der Befragten etc.) gut sichtbar ein.
- Überlegt, wie ihr eure Ergebnisse präsentieren wollt, z. B. auf einem Plakat, einer Overheadfolie oder mit Hilfe einer PowerPoint-Präsentation. Wählt je nach Präsentationsform (Ausstellung, Elternabend, in der Klasse) die geeignete Form aus.

# 9 Gedichte in schwierigen Zeiten – Politische Lyrik

## 9.1 Teil- und Wendezeiten – Politische Gedichte erschließen

*Aufstand in Frankfurt am Main 1848*

*Edouard Manet: Veilchenstrauß 1872*

Anonym

**Auf, Proletarier, Arbeitsleute!** (1849)

Auf, die ihr wirket Tag und Nacht!
Die Stunde schlägt, sie ruft zum Streite –
Auf, Brüder, mutig in die Schlacht!
Auf, Brüder, mutig in die Schlacht!
Verlasset jetzt die Arbeitsstätten,
Landmann, verlasse deinen Pflug:
Es ist gewirkt, geschafft genug –
Wir wollen uns befrein von Ketten.

Auf, Proletarier all! Das Werk ist bald getan!
Steht Mann für Mann! Es kommt zum Fall –
Der Freiheit Tag bricht an!

Wir wollen länger nicht entbehren,
Was unser Fleiß hervorgebracht.
Nicht darben mehr, dieweil in Pracht
Von unserm Werk sich Drohnen[1] nähren.

Julie Schrader (1881–1939)

**Das Veilchen**

Das kleine blaue Veilchen
kennet mein ganzes Herz.
Hab ihm von aller Freude
erzählt, von allem Schmerz.

Das kleine blaue Veilchen
weiß es ja ganz genau,
warum ich immer weine,
sooft ich es erschau.

Das kleine blaue Veilchen
erfasst's in seinem Sinn,
warum ich in der Liebe
so knapp bei Kasse bin.

1 **Drohnen:** männliche Bienen; im übertragenen Sinn Lebewesen, die nichts zum Erhalt einer Gemeinschaft beitragen

**1** *Lest beide Gedichte aufmerksam durch und bereitet einen Vortrag vor.*
*Versucht, bei eurem Vortrag den Ton des jeweiligen Gedichts bewusst zu übertreiben.*

**2** *Der Autor Bertolt Brecht (1898–1956) fordert:*
„[...] Lyrik muß zweifellos etwas sein, was man ohne weiteres auf den Gebrauchswert untersuchen können muß.“ R

*a) Diskutiert darüber, was man unter dem „Gebrauchswert von Lyrik“ verstehen kann.*
*b) Versucht, den „Gebrauchswert“ der beiden Gedichte auf Seite 197 zu bestimmen, und erläutert, wodurch sich die beiden Gedichte in ihrer Absicht unterscheiden.*

# Politische Lyrik

Gedichte, die politische und gesellschaftliche Zustände beschreiben, anklagen oder bewerten – meist mit dem Wunsch nach Veränderung –, bezeichnet man als politische Lyrik. Politische Lyrik gibt es in der deutschen Lyrik schon seit dem Mittelalter. Wir finden sie vor allem in politisch unruhigen Epochen, in Umbruchs- oder Kriegszeiten. Da aber kaum Zeiten der Ruhe oder Entspannung in der Geschichte zu finden sind, ist politische Dichtung fast immer gegenwärtig, z. B.:
- im Umfeld der Französischen Revolution (1789 bis 1792),
- während der Zeit des Vormärz (1815 bis 1848),
- während des Nationalsozialismus (1933 bis 1945), hier vor allem als Exilliteratur,
- im Zusammenhang mit dem DDR-Regime (1949 bis 1989) sowie
- im Zusammenhang mit der deutschen Wiedervereinigung (1990).

**Merkmale von politischer Lyrik sind:**
- das Thematisieren, Aufzeigen und Anklagen aktueller politischer und sozialer Zustände, meist Missstände, z. B. indem diese kritisch oder ironisch kommentiert werden,
- der enge Bezug des Gedichts zu den jeweiligen geschichtlichen Ereignissen,
- der Wille, auf die politischen oder sozialen Zustände Einfluss zu nehmen, sei es, um sie zu verändern oder auch um sie zu bestätigen.

*Montagsdemonstration in Halle 1990*

**3** *a) Lest den Lexikonartikel zum Stichwort „Politische Lyrik“.*
*b) Diskutiert mit Hilfe der Informationen aus dem Lexikonartikel, inwieweit das Gedicht „Auf, Proletarier, Arbeitsleute!“ (▷ S. 197) der politischen Lyrik zuzuordnen ist. Belegt eure Meinung anhand des Textes.*

## Wolf Biermann

*Wolf Biermann (* 15. 11. 1936 in Hamburg) stammt aus einer kommunistischen Arbeiterfamilie, 1953 übersiedelte er in die DDR. Dort arbeitete er von 1957–1959 als Regieassistent beim „Berliner Ensemble", anschließend studierte er politische Ökonomie, Philosophie und Mathematik. Wegen seiner systemkritischen Gedichte und Lieder wurde er 1963 aus der SED ausgeschlossen und erhielt 1965 Auftritts- und Publikationsverbot. 1976 wurde er während einer Konzertreise durch die BRD von der Regierung der DDR ausgewiesen.*
*In der BRD betätigt sich Biermann für die Anti-Atomkraft-, Gewerkschafts- und Friedensbewegung.*

Wolf Biermann

### Mein Vaterland, mein Vaterland (1962)

Mein Vaterland, mein Vaterland
Hat eine Hand aus Feuer
Hat eine Hand aus Schnee
Und wenn wir uns umarmen
Dann tut das Herz mir weh

Ich hab gesehn, zwei Menschen stehn
Die hielten sich umfangen
Am Brandenburger Tor
Es waren zwei Königskinder
– das Lied geht durch mein Ohr

Heinrich Heine

### Es waren zwei Königskinder (1826–1831)

[...]
Es waren zwei Königskinder,
Die hatten einander so lieb,
Sie konnten zusammen nicht kommen,
Das Wasser war viel zu tief.
[...]

**1** *Tragt das Gedicht „Mein Vaterland, mein Vaterland" vor. Welche sprachlichen Mittel werden in diesem Gedicht vorrangig eingesetzt?*

**2** *In der vorletzten Verszeile spielt das lyrische Ich auf ein literarisches Motiv aus einem Gedicht Heinrich Heines an, dem die tragisch endende Geschichte eines Liebespaares zu Grunde liegt: Der Königssohn nämlich ertrinkt bei dem Versuch, den Palast seiner Liebsten schwimmend zu erreichen, da eine Bedienstete die in ein Fenster des Schlosses gestellte Kerze mutwillig löscht. Begründet, inwieweit sich der Bezug zu den beiden Königskindern bei dem Gedicht Wolf Biermanns anbietet.*

Bertolt Brecht

## Die Lösung (1953)

Nach dem Aufstand des 17. Juni
Ließ der Sekretär des Schriftstellerverbands
In der Stalinallee Flugblätter verteilen,
Auf denen zu lesen war, daß das Volk
Das Vertrauen der Regierung verscherzt habe
Und es nur durch verdoppelte Arbeit
Zurückerobern könne. Wäre es da
Nicht doch einfacher, die Regierung
Löste das Volk auf und
Wählte ein anderes? [R]

**1** *Das Gedicht „Die Lösung" thematisiert historische Ereignisse in der DDR im Jahr 1953. Informiert euch anhand des unten stehenden Lexikonartikels über den Aufstand des 17. Juni.*

**2** *a) Untersucht das Gedicht genauer:*
- *Bestimmt die Zahl der Sätze und die jeweilige Satzart.*
- *Überlegt, welche Wirkung der Konjunktivgebrauch ab Vers 5 hat.*
- *Beschreibt die Sprechhaltung des lyrischen Ichs.*

*b) Deutet vor dem Hintergrund eurer Ergebnisse das Gedicht. Wie musste die im Gedicht angesprochene Regierung der DDR das Gedicht auffassen?*

### 17. Juni 1953

Nach dem Tod Stalins am 5. 3. 1953 veranlasste die UdSSR die Führung der SED, weit reichende Zwangs- und Reglementierungsmaßnahmen, die zum raschen „Aufbau des Sozialismus" verabschiedet worden waren, größtenteils wieder zurückzunehmen. Allerdings blieben weit überzogene Arbeitsnormen, vor allem bei den Bauarbeitern, weiterhin gültig. Am 16. und 17. Juni 1953 entlud sich, zunächst bei Ostberliner Bauarbeitern, später dann in über 200 Städten der DDR, der Unmut der DDR-Bevölkerung. Aus den zunächst ökonomisch motivierten Streiks und Demonstrationszügen wurde sehr rasch eine Protestbewegung, die das DDR-System insgesamt in Frage stellte. Das harte Eingreifen von Truppen der DDR und der UdSSR verhinderte einen Zusammenbruch der DDR unter der Regierung von Walter Ulbricht.

*Der Aufstand am 17. Juni 1953 in Ostberlin*

In der BRD wurde der 17. Juni im Gedenken an den Aufstand in der DDR bis zur Wiedervereinigung Deutschlands zum Nationalfeiertag.

## Yaak Karsunke

*Yaak Karsunke (* 4. 6. 1934 in Berlin) studierte nach seinem Abitur drei Semester lang Jura, brach dann das Studium ab und absolvierte von 1955–1957 eine Schauspielerausbildung. Von 1957–1964 lebte er von Gelegenheitsarbeiten, von 1965–1968 war er Chefredakteur der politischen Zeitschrift „Kürbiskern", die er mitbegründete. Karsunke begann als Lyriker, schrieb aber auch Stücke für das Theater sowie Hörspiele. Der Autor lebt in Berlin.*

Yaak Karsunke

**genauigkeitsübung** (1967)

deutschland
land meiner väter
  allerdings: ich
  hatte nur einen

land meiner väter
  der vater meiner mutter
  besaß einen garten
  sein vater hingegen war tagelöhner

land meiner väter
  mein urgroßvater
  sprach nur gebrochen
  & selten deutsch
  sonst fließend polnisch

land meiner väter
  der name meiner familie
  ist der eines russischen flusses

deutschland
land meiner väter
  :genau genommen
  kein allzu brauchbarer anfang
  für ein gedicht

**1** *a) Skizziert den Stammbaum, der in diesem Gedicht geschildert wird. Notiert zu jeder Generation die im Gedicht genannten Angaben.*
*b) Untersucht, aus welchen Ländern die Vorfahren des lyrischen Ichs kommen. Wie ist vor diesem Hintergrund die letzte Strophe zu verstehen?*

**2** *Deutet das Gedicht auf Grund eurer Ergebnisse aus Aufgabe 1 im Unterrichtsgespräch. Stellt dabei auch einen Bezug zur deutschen Zeitgeschichte her.*

**3** *Erarbeitet einen Vortrag des Gedichts. Überlegt dabei auch,*
- ☐ *wie ihr die wiederkehrenden Verse „(deutschland) land meiner väter" jeweils vortragen wollt und*
- ☐ *wie die letzte Strophe gesprochen werden könnte.*

*Probiert mehrere Möglichkeiten aus.*

## Reiner Kunze

*Reiner Kunze (* 16. 8. 1933 in Oelsnitz, Erzgebirge) studierte von 1951–1955 Philosophie und Journalistik in Leipzig und arbeitete nach seinem Examen als wissenschaftlicher Assistent an der Fakultät für Journalistik. 1959 wurde er beschuldigt, die Studenten zu entpolitisieren, und musste die Universität verlassen. Er arbeitete vorübergehend als Hilfsschlosser im Schwermaschinenbau. Von 1961–1962 lebte er in der Tschechoslowakei, dann zog er wieder in die DDR und arbeitete fortan als Schriftsteller. Wegen seiner kritischen Haltung gegenüber dem DDR-System wurde Kunze aus dem DDR-Schriftstellerverband ausgeschlossen, was einem Berufsverbot gleichkam.*
*Am 7. April 1977 stellte Kunze wegen zunehmender staatlicher Repressalien gegen ihn und seine Familie einen Antrag auf Ausbürgerung aus der DDR. Der Antrag wurde innerhalb von drei Tagen genehmigt und Kunze siedelte am 13. April 1977 mit seiner Familie in die BRD über. Dort lebt er in Obernzell-Erlau bei Passau.*

Reiner Kunze

### Die Mauer. Zum 3. Oktober 1990

Als wir sie schleiften ahnten wir nicht
wie hoch sie ist
in uns

Wir hatten uns gewöhnt
an ihren horizont

Und an die windstille

In ihrem schatten warfen
alle keinen schatten

Nun stehen wir entblößt
jeder entschuldigung

*Von bewaffneten DDR-Grenzsoldaten bewachte Bauarbeiter errichten die Mauer (Berlin, 1961)*

**1** a) *Klärt gemeinsam mit einer Partnerin oder einem Partner, wie das Gedicht eurer Meinung nach zu verstehen ist. Versucht, eure These am Text zu belegen. Haltet euren Deutungsansatz in Stichpunkten fest.*

b) *Informiert euch über die Geschichte der Berliner Mauer und die Bedeutung des 9. November 1989 sowie des 3. Oktober 1990. Nutzt dazu euer Geschichtsbuch, ein Lexikon oder das Internet.*

c) *Überprüft, ob ihr euren Deutungsansatz aus Aufgabe 1a ergänzen oder korrigieren müsst.*

**2** a) *Ordnet die einzelnen Gedichtstrophen der Geschichte der Berliner Mauer zu. Beachtet dabei den Tempusgebrauch im Gedicht.*

b) *Das Gedicht wird bestimmt durch ein „Wir". Klärt, wer mit diesem „Wir" eigentlich gemeint ist.*

c) *Das Gedicht weist kein durchgehendes Metrum und keinen Reim auf. Inwiefern kann man dennoch von einem Gedicht sprechen? Untersucht dazu vor allem, wie die Versgliederung zur Verdeutlichung des Ausgesagten beiträgt.*

**3** a) *Schreibt – in Gedichtform – eine „Antwort" auf das Gedicht „Die Mauer. Zum 3. Oktober 1990". Ihr könnt aus den folgenden Anregungen auswählen:*

Ihr könnt den Aspekt der noch immer bestehenden „Mauer" zwischen den Deutschen aus Ost und West aufgreifen.

Ihr könnt zeigen, dass „die Mauer" ein Thema ist, das sich heute überlebt hat und für junge Menschen in Deutschland ohne Bedeutung ist.

Ihr könnt das Thema „Die Mauer zwischen Menschen" von einem ganz anderen Blickwinkel her aufgreifen.

b) *Stellt eure Gedichte der Klasse vor und diskutiert über eure Ergebnisse. Thematisiert dabei sowohl den Inhalt als auch die Form eurer Gedichte.*

*Mauerreste in Berlin (Oktober 1990)*

## Thomas Brasch

*Thomas Brasch wurde 1945 in Westow in England als Sohn jüdischer Emigranten geboren. 1947 übersiedelte die Familie in die spätere DDR, wo der Vater Horst Brasch eine steile politische Karriere absolvierte, die ihn zum SED-Funktionär und zeitweise zum stellvertretenden Minister für Kultur der DDR beförderte.*
*1965 musste Thomas Brasch wegen seiner Kritik am DDR-System sein Journalismusstudium aufgeben. Nach Protesten gegen den Einmarsch der Warschauer-Pakt-Truppen in die Tschechoslowakei wurde er 1968 inhaftiert. Bis zu seiner Übersiedlung in die BRD 1976 arbeitete er als Fräser in einem Transformatorenwerk.*
*Thomas Brasch starb 2001.*

Thomas Brasch

### **Eulenspiegel** (2002 veröffentlicht)

In einem Land, in dem die Leute
unbewegt wie Eulen auf den Ästen sitzen,
nach jedem Krumen dankbar schnappen, der da hingeworfen wird,
in dem sie wie die Eulen glotzen, sich nicht wehren
gegen Steine,
ist, der den Eulen einen Spiegel vorhält,
schon ein Revolutionär,
ein Mann, der auszog, einen Kampf zu finden, der nicht zu haben war.
Ein Kämpfer doch, der ohne Macht der Ohnmacht seinen Kampf ansagt,
der Tränen lacht, ein Spiegel, der sich selbst zerschlägt,
ein Clown, der heult, weil er nicht zu den Partisanen[1] geht,
die es nicht gibt.
Ein Eulenspiegel, der ein Christus sein wollte und nicht besser werden
konnte als die Eulen, deren Bild er schreiend in die Landschaft warf.
Ach, wo kein starker Kampf ist, sind auch keine starken Bilder,
wo keine Toten sind, plätschern die Trauerlieder flach –
wo Helden Narren sind,
sind Narren Helden.

1 **Partisanen:** bewaffnete Kämpfer einer Widerstandsgruppe

**1** a) *Erschließt Schritt für Schritt den Inhalt des Gedichts. Bearbeitet dazu in Partnerarbeit folgende Fragen:*
- *Wie charakterisiert das lyrische Ich das „Land" (Deutschland) und dessen „Leute"? Untersucht dazu die Verse 1–5.*
- *Wie wird die Situation des politischen Lyrikers dargestellt? Untersucht dazu die Begriffe und sprachlichen Bilder in den Versen 6–14.*
- *Im letzten Teil des Gedichts (Vers 15–18) wird eine allgemeine Erkenntnis formuliert. Beschreibt diese „Erkenntnis" mit euren eigenen Worten.*
  *Überlegt dabei auch, welche Funktion der Chiasmus in Vers 17/18 hat (▷ Wissenswertes zu rhetorischen Figuren auf Seite 341/342).*

b) *Diskutiert eure Ergebnisse in der Klasse. Versucht, dort, wo ihr zu unterschiedlichen Ergebnissen gekommen seid, eure Deutungsansätze anhand des Textes zu klären.*

**2** *In dem Gedicht spielt das Motiv der „Eulen" bzw. des „Eulenspiegels" eine wichtige Rolle. Diskutiert über die Bedeutung dieser Motive.*
**TIPP:** *Die Eule gilt als Symbol der Weisheit; Till Eulenspiegel war ein Schelm und ein Narr; der „Eulenspiegel" war ein Satiremagazin in der DDR, das es heute noch gibt.*

**3** *Vergleicht das Gedicht „Eulenspiegel" mit den anderen politischen Gedichten aus diesem Teilkapitel (▷ S. 197–202). Formuliert in einem Satz, was das Besondere dieses politischen Gedichts ist.*

**4** a) *Erarbeitet und erprobt verschiedene Vortragsweisen des Gedichts. Geht dabei von verschiedenen Sprechhaltungen des lyrischen Ich aus, z. B.: Spott, Zorn, Resignation oder Ironie. Variiert dementsprechend Stimmlage, Betonung, Tempo und Pausen.*

b) *Sprecht über die Wirkung der unterschiedlichen Vortragsweisen.*

*Caspar David Friedrich (1774–1840): Offenes Grab*

# 9.2 Schicksalsjahre – Sprachliche Mittel und ihre Wirkung

## Revolution in Europa

Gottfried August Bürger

### Der Bauer an seinen durchlauchtigen Tyrannen (1773)

Wer bist du, Fürst, dass ohne Scheu
Zerrollen mich dein Wagenrad,
Zerschlagen darf dein Ross?

Wer bist du, Fürst, dass in mein Fleisch
Dein Freund, dein Jagdhund, ungebläut
Darf Klau' und Rachen haun?

Wer bist du, dass, durch Saat und Forst,
Das Hurrah deiner Jagd mich treibt,
Entatmet wie das Wild? –

Die Saat, so deine Jagd zertritt,
Was Ross und Hund und du verschlingst,
Das Brot, du Fürst, ist mein.

Du Fürst hast nicht, bei Egg' und Pflug,
Hast nicht den Erntetag durchschwitzt.
Mein, mein ist Fleiß und Brot! –

Ha!, du wärst Obrigkeit von Gott?
Gott spendet Segen aus; du raubst!
Du nicht von Gott, Tyrann!

**1** *a) Lest das Gedicht und klärt, welche Rolle das lyrische Ich einnimmt.*
*b) Untersucht, wie das lyrische Ich sein Gegenüber anredet und wie die Personalpronomen verwendet werden. Diskutiert, was dadurch zum Ausdruck gebracht wird.*
*c) Versucht, das Gedicht einer bestimmten historischen Zeit zuzuordnen.*

**2** *a) Untersucht in Partnerarbeit die sprachliche Gestaltung des Gedichts. Übertragt dazu das Gedicht in euer Heft, kennzeichnet die sprachlichen Gestaltungsmittel und notiert, welche Wirkung diese auf den Leser haben. Der Merkkasten auf Seite 207/208 hilft euch dabei.*

| | |
|---|---|
| **Gottfried August Bürger: Der Bauer an seinen durchlauchtigen Tyrannen (1773)** | |
| Wer bist du, Fürst, dass ohne Scheu | |
| Zerrollen mich dein Wagenrad, | Parallelismus → Betonung der |
| Zerschlagen darf dein Ross? | Gewalt gegen den Bauern |
| ... | |

b) *Tragt eure Untersuchungsergebnisse zu dem Gedicht „Der Bauer an seinen durchlauchtigen Tyrannen" in einer Übersicht zusammen.*
*Berücksichtigt dabei den Inhalt, den Aufbau sowie die sprachlichen Gestaltungsmittel des Gedichts. Ihr könnt die folgende Übersicht weiter ausführen:*

| Strophe | Inhalt | sprachliche Gestaltungsmittel und ihre Wirkung |
|---|---|---|
| Strophe 1–3: | – lyrisches Ich in der Opferrolle<br>– lebensbedrohliche Gefährdung durch … | – Jede Strophe beginnt mit der Frage „Wer bist du …?" (= Parallelismus)<br>→ Ausdruck von Wut und Empörung |
| Strophe 4/5 | – lyrisches Ich in der Rolle des …<br>– Kontrastierung von … | |
| Strophe 6 | – … | |

**3** a) *Bereitet einen Vortrag des Gedichts vor. Übertragt dazu das Gedicht in euer Heft.*
*Markiert, an welchen Stellen ihr eine Pause machen und welche Wörter ihr besonders betonen wollt. Probiert auch verschiedene Möglichkeiten der Stimmführung aus, sprecht z. B. mal langsam, mal schnell.*
b) *Tragt das Gedicht vor. Besprecht dann, wie das Gedicht beim Vortrag auf euch gewirkt hat und welchen Eindruck ihr beim stillen Lesen hattet.*

**4** *Gottfried August Bürger starb 1794, er hat also den Ausbruch der Französischen Revolution sowie die Radikalisierung der Revolution miterlebt.*
a) *Informiert euch über die Französische Revolution, z. B. in eurem Geschichtsbuch, im Lexikon oder im Internet. Tragt eure Ergebnisse zusammen und erstellt eine knappe Übersicht.*
b) *Diskutiert, welche Haltung Bürger zu dieser Revolution wohl eingenommen hat.*
*Überprüft eure Ergebnisse, z. B. mit Hilfe eines (Literatur-)Lexikons.*

**!**

**Rhetorische Figuren**
Eine **rhetorische Figur** (Stilfigur) ist ein **sprachliches Gestaltungsmittel,** das vom üblichen Sprachgebrauch abweicht. Es wird vom Autor/Redner gezielt eingesetzt, um die Aufmerksamkeit der Leser/Zuhörer auf eine bestimmte Textstelle oder Aussage zu lenken. Im Folgenden findet ihr Beispiele für einige rhetorische Figuren.

| Rhetorische Figur | Definition | Beispiel |
|---|---|---|
| Akkumulation, die | Reihung von Begriffen zu einem – genannten oder nicht genannten – Oberbegriff | Nennt's Glück! Herz! Liebe! Gott! |

| **Rhetorische Figur** | **Definition** | **Beispiel** |
|---|---|---|
| Alliteration, die | Wiederholung der Anfangsbuchstaben bei Wörtern | dunkle Dinge |
| Anapher, die | Wiederholung eines oder mehrerer Wörter an Satz- oder Versanfängen | Er schaut nicht die Felsenriffe/ Er schaut nur hinauf … |
| Anrede, die | | Willst du … |
| Antithese, die | Gegenüberstellung gegensätzlicher Begriffe | heiß und kalt |
| Chiasmus, der | symmetrische Überkreuzstellung von gedanklichen oder syntaktischen Elementen | Ich schlafe am Tag, in der Nacht wache ich. |
| Ellipse, die | grammatisch unvollständiger Satz, Auslassung eines Satzgliedes/Wortes, das leicht ergänzbar ist | Je früher der Abschied, desto kürzer die Qual. |
| Euphemismus, der | Beschönigung | „sanft entschlafen“ für sterben |
| Exklamation, die | Ausruf als Affektausdruck | „Oh!“; „Ach!“ |
| Hyperbel, die | starke Übertreibung | ein Meer von Tränen |
| Inversion, die | Umkehrung der geläufigen Wortstellung im Satz | Der Schultern warmer Schnee wird werden kalter Sand. |
| Metapher, die | bildhafte Bedeutungsübertragung | Mauer des Schweigens |
| Neologismus, der | Wortneuschöpfung | Berufsjugendlicher |
| Parallelismus, der | Wiederholung gleicher syntaktischer Fügungen | Das Schiffchen fliegt, der Webstuhl kracht. |
| Personifikation, die | Vermenschlichung | Vater Staat; Mutter Natur |
| rhetorische Frage, die | Scheinfrage, die nur eine Antwort zulässt | Wer ist schon perfekt? |

Ein Epigramm ist ein dichterisch geformter Gedanke. In den „Venezianischen Epigrammen", die Goethe während einer Italienreise in Venedig verfasste, kommentiert der Autor auch die aktuellen politischen Zustände in Europa.

Johann Wolfgang Goethe

## **Venezianische Epigramme** (1790)

Alle Freiheitsapostel, sie waren mir immer zuwider;
Willkür suchte doch nur jeder am Ende für sich.
Willst du viele befreien, so wag' es, vielen zu dienen.
Wie gefährlich das sei, willst du es wissen? Versuch's!

Frankreichs traurig' Geschick, die Großen mögen's bedenken;
Aber bedenken fürwahr sollen es Kleine noch mehr.
Große gingen zu Grunde: Doch wer beschützte die Menge
Gegen die Menge? Da war Menge der Menge Tyrann.

*Französische Revolution: Szene vor dem Revolutionsausschuss (1793)*

**1** *a) Bildet Gruppen und untersucht die beiden Epigramme von Goethe genau. Bearbeitet dazu die folgenden Arbeitsaufträge:*

***Zeitgeschichtlicher Hintergrund***
*Erarbeitet den zeitgeschichtlichen Hintergrund der Epigramme, indem ihr einen Überblick über die Vorgeschichte und die Ereignisse der Französischen Revolution bis 1790 gebt. Nutzt für eure Recherche euer Geschichtsbuch, Lexika oder das Internet (▷ Tipps zur Informationsrecherche auf S. 371/372). Ihr könnt auch eure Ergebnisse aus Aufgabe 4a von Seite 207 mit einbeziehen.*

***Bezüge zum Bild „Szene vor dem Revolutionsausschuss"***
*Beschreibt das Bild „Szene vor dem Revolutionsausschuss" und stellt Bezüge zwischen dem Bild und den beiden Epigrammen von Goethe her.*

***Inhalt, Form und Sprache***
*Untersucht den Inhalt, die Form und die sprachliche Gestaltung der beiden Epigramme (▷ rhetorische Mittel S. 207/208).*

*b) Besprecht in der Gruppe, wie ihr eure Ergebnisse vorstellen wollt. Jeder aus eurer Gruppe sollte in eure Präsentation mit einbezogen werden.*
- *Mit welchen Medien könnt ihr eure Informationen besonders gut visualisieren?*
- *Wie könnt ihr eure Ergebnisse den Anderen verfügbar machen?*

*c) Stellt eure Präsentation vor. Besprecht anschließend in der Klasse, was euch gut gelungen ist und was man noch verbessern könnte.*

**2** *Das Gedicht „Der Bauer an seinen durchlauchtigen Tyrannen" von Bürger (▷ S. 206) und die beiden „Venezianischen Epigramme" von Goethe haben den gleichen zeitgeschichtlichen Hintergrund. Vergleicht das Gedicht Bürgers mit den Epigrammen Goethes und haltet eure Ergebnisse in einer Übersicht fest. Berücksichtigt dabei folgende Aspekte:*
- *Wie wird das Volk, wie werden die Herrschenden dargestellt?*
- *Welcher gesellschaftlich-politische Standpunkt wird jeweils vertreten?*
- *Welche formalen und sprachlichen Gestaltungsmittel sind festzustellen?*

*Französische Revolution: Ballhausschwur in Versailles am 20. Juni 1789*

# Vormärz – Zwischen Hoffnung und Enttäuschung

August Heinrich Hoffmann von Fallersleben

**Das Lied der Deutschen** (Helgoland, 26. August 1841)

Deutschland, Deutschland über alles
Über alles in der Welt!
Wenn es stets zu Schutz und Trutze
Brüderlich zusammenhält,
Von der Maas bis an die Memel,
Von der Etsch bis an den Belt –
Deutschland, Deutschland über alles
Über alles in der Welt!

Deutsche Frauen, deutsche Treue,
Deutscher Wein und deutscher Sang
Sollen in der Welt behalten
Ihren alten schönen Klang,
Uns zu edler Tat begeistern
Unser ganzes Leben lang –
Deutsche Frauen, deutsche Treue,
Deutscher Wein und deutscher Sang!

Einigkeit und Recht und Freiheit
Für das deutsche Vaterland!
Danach lasst uns alle streben
Brüderlich mit Herz und Hand!
Einigkeit und Recht und Freiheit
Sind des Glückes Unterpfand –
Blüh im Glanze dieses Glückes,
Blühe, deutsches Vaterland!

**1** *Jede der drei Strophen hat ein eigenes Thema. Bestimmt das Thema jeder Strophe.*

**2** *Untersucht „Das Lied der Deutschen" genauer:*
*a) Erklärt, wie der Konditionalsatz in den Versen 3–4 die Bedeutung der 1. Verszeile verändert.*
*b) Untersucht die sprachlichen Gestaltungsmittel des Liedes. Der Merkkasten auf Seite 207/208 hilft euch dabei.*
*c) Erläutert, mit welchen Mitteln Pathos (feierliche Ergriffenheit, Gefühlsbetonung) erzeugt wird. Achtet auf entsprechende Schlüsselwörter und untersucht, in welchem Modus die Verben stehen.*

## Das „Lied der Deutschen" auf dem Weg zur Nationalhymne

Das „Lied der Deutschen" wurde 1841 von dem Breslauer Professor August Heinrich Hoffmann von Fallersleben (1798–1874) gedichtet. Das „von Fallersleben" war kein Adelstitel, sondern ein Zusatzname, den sich Hoffmann selbst gegeben hatte, und zwar nach seinem Geburtsort Fallersleben in der Nähe von Braunschweig. Im August 1841 reiste Hoffmann zu einer Kur nach Helgoland, das damals zu England gehörte und ein bekannter Badeort war. Während dieses Aufenthalts schrieb er, passend zu einer Melodie des Komponisten Joseph Haydn (1732–1809), das „Lied der Deutschen".

Hoffmann von Fallersleben schreibt:

„Den ersten Augenblick schien mir Helgoland wie ausgestorben, ich fühlte mich sehr verwaist. Und doch tat mir bald die Einsamkeit recht wohl, ich freute mich, dass ich nach den unruhigen Tagen wieder einmal auch mir gehören durfte. Wenn ich dann so wandelte, einsam auf der Klippe, nichts als Meer und Himmel um mich sah, da wurde mir so eigen zu Mute, ich musste dichten, und wenn ich es auch nicht gewollt hätte. So entstand am 26. August das Lied ‚Deutschland, Deutschland über alles'. […]

Am 29. August spaziere ich mit Campe[1] am Strande. ‚Ich habe ein Lied gemacht, das kostet aber 4 Louisdor.' Wir gehen in das Erholungszimmer. Ich lese ihm: ‚Deutschland, Deutschland über alles', und noch ehe ich damit zu Ende bin, legt er mir die 4 Louisdor auf meine Brieftasche."

In der Literatur wird immer wieder betont, dass Hoffmann von Fallersleben mit seinem Lied den Wunsch nach einer Einheit der deutschen Nation zum Ausdruck brachte, denn das Gebiet des Deutschen Bundes zerfiel in insgesamt in 39 Einzelstaaten. Da es kein gemeinsames Staatsoberhaupt, keine einheitliche Verwaltung und Gesetzgebung gab, forderten viele die Überwindung von Kleinstaaterei und fürstlicher Landesherrlichkeit und die Gründung eines Nationalstaats.

Erstmals offiziell gesungen wurde das Deutschlandlied 1890 anlässlich der feierlichen Übergabe der bislang zu England gehörenden Insel Helgoland an Deutschland (sie war gegen Sansibar eingetauscht worden). Als offizielle Hymne setzte sich das Lied aber nur langsam durch. Bei der Proklamation des Deutschen Kaiserreiches 1871 wurde „Heil dir im Siegerkranz" auf die Melodie der englischen Nationalhymne gesungen.

**Erster Weltkrieg und Weimarer Republik**

Während des Ersten Weltkriegs (1914–1918) wurde die erste Strophe des Liedes oft bei Siegesmeldungen und in Augenblicken patriotischer Begeisterung angestimmt. Das „Lied der Deutschen" wurde vor allem als Soldatenlied gesungen.

Am 11. August 1922, dem Verfassungstag der Weimarer Republik, erklärt der sozialdemo-

*August Heinrich Hoffmann von Fallersleben (1798–1874)*

1 **Campe** war der Verleger Hoffmanns

kratische Reichspräsident Friedrich Ebert das „Lied der Deutschen" zur offiziellen Nationalhymne, ohne allerdings den Begriff zu erwähnen. In seiner Festansprache hebt Ebert die dritte Strophe als Leitgedanken hervor: „Wir wollen keinen Bürgerkrieg, keine Trennung der Stämme. Wir wollen Recht. Die Verfassung hat uns nach schweren Kämpfen Recht gegeben. Wir wollen Frieden. Recht soll vor Gewalt gehen. Wir wollen Freiheit. Recht soll uns Freiheit bringen. Wir wollen Einigkeit. Recht soll uns einig zusammenhalten. So soll die Verfassung uns Einigkeit, Recht und Freiheit gewährleisten. Einigkeit und Recht und Freiheit! Dieser Dreiklang aus dem Liede des Dichters gab in Zeiten innerer Zersplitterung und Unterdrückung der Sehnsucht aller Deutschen Ausdruck, er soll auch jetzt unseren harten Weg zu einer besseren Zukunft begleiten. Sein Lied, gesungen gegen Zwietracht und Willkür, soll nicht Missbrauch finden im Parteikampf, es soll nicht der Kampfgesang derer werden, gegen die es geschrieben war; es soll auch nicht dienen als Ausdruck nationalistischer Überhebung. Aber so, wie einst der Dichter, so lieben wir heute ‚Deutschland über alles'. In Erfüllung seiner Sehnsucht soll unter den schwarz-rot-goldenen Fahnen der Sang von Einigkeit und Recht und Freiheit der festliche Ausdruck unserer vaterländischen Gefühle sein."

**Das „Dritte Reich"**

Nur wenige Wochen nach der Machtübernahme erklärte Hitler das nationalsozialistische „Horst-Wessel-Lied" („Die Fahne hoch") zum offiziellen Zusatz des Deutschlandliedes. Fortan erklang nach der ersten Strophe des Deutschlandlieds (die anderen beiden Strophen ließ man nicht mehr singen) das „Horst-Wessel-Lied".

*Reichspräsident Friedrich Ebert während der Verfassungsfeierlichkeiten vor dem Reichstag*

**Nach 1945**

Nach 1945 wurde das Spielen und Singen des „Horst-Wessel-Liedes" und des „Deutschlandlieds" – wie auch viele andere nationalsozialistische oder nationalsozialistisch belastete Lieder – von den Alliierten verboten.
1949 erfolgte die Gründung der beiden deutschen Staaten. Die DDR verwendete bei ihrer Hymne eine Neudichtung („Auferstanden aus Ruinen"). In der BRD setzte sich Konrad Adenauer für das „Lied der Deutschen" ein, der damalige Bundespräsident hatte Bedenken.
Erst 1952 wurde das „Lied der Deutschen" als Nationalhymne anerkannt. In der Erklärung der Bundesregierung wurde jedoch betont, dass „das Deutschlandlied als Ganzes Bundeshymne ist, jedoch aus staatspolitischen Gründen bei staatlichen Anlässen nur die dritte Strophe gesungen wird". Als problematisch galt und gilt vor allem die erste Strophe.
Im August 1991, ein Jahr nach der Wiedervereinigung, wurde die dritte Strophe des Deutschlandlieds zur Nationalhymne für das wiedervereinigte Deutschland.

**3** *Lest den Text genau und wertet ihn aus. Besprecht, welche Bedeutung dem „Lied der Deutschen" im Verlauf der Geschichte jeweils zukam und warum nach wie vor bei staatlichen Anlässen nur die dritte Strophe gesungen wird.*

Heinrich Heine

## **Die schlesischen Weber** (1844)

Im düstern Auge keine Träne,
Sie sitzen am Webstuhl und fletschen die Zähne:
Deutschland, wir weben dein Leichentuch,
Wir weben hinein den dreifachen Fluch –

Wir weben, wir weben!

Ein Fluch dem Gotte, zu dem wir gebeten
In Winterkälte und Hungersnöten:
Wir haben vergebens gehofft und geharrt,
Er hat uns geäfft und gefoppt und genarrt –

Wir weben, wir weben!

Ein Fluch dem König, dem König der Reichen,
Den unser Elend nicht konnte erweichen,
Der den letzten Groschen von uns erpresst
Und uns wie Hunde erschießen lässt –

Wir weben, wir weben!

Ein Fluch dem falschen Vaterlande,
Wo nur gedeihen Schmach und Schande,
Wo jede Blume früh geknickt,
Wo Fäulnis und Moder den Wurm erquickt –

Wir weben, wir weben!

Das Schiffchen[1] fliegt, der Webstuhl kracht,
Wir weben emsig Tag und Nacht –
Altdeutschland, wir weben dein Leichentuch,
Wir weben hinein den dreifachen Fluch,

Wir weben, wir weben!

1 **Schiffchen:** hier Teil des Webstuhls, oft auch als „Schützen" bezeichnet

*Käthe Kollwitz: Weberzug (1897)*

**1** *a) Stellt gemeinsam zusammen, wie die Situation der „schlesischen Weber" im Gedicht gekennzeichnet wird und welche Ursachen für diese Situation thematisiert werden.*
*b) Vergleicht eure Ergebnisse aus Aufgabe 1a mit den historischen Darstellungen des „schlesischen Weberaufstands" von 1844. Schlagt dazu in eurem Geschichtsbuch oder in Lexika nach. Berücksichtigt bei eurem Vergleich folgende Punkte:*
- *Ursachen des „schlesischen Weberaufstandes",*
- *Vorgehensweisen und Zielsetzungen der „Aufständischen",*
- *Reaktion der preußischen Obrigkeit.*

**2** *Vergleicht die Verse 3 und 23 und ermittelt, welche Aussage sich durch die Variation ableiten lässt. Klärt auch, wie Vers 23 zu betonen ist.*

**3** *Beschreibt den Aufbau und die sprachliche Gestaltung des Gedichts (▷ rhetorische Figuren S. 207/208).*

**4** *Heinrich Heines Gedicht „Die schlesischen Weber" ist – ebenso wie Gottfried August Bürgers Gedicht „Der Bauer an seinen durchlauchtigen Tyrannen" (▷ S. 206) – ein Rollengedicht.*
*a) Erarbeitet eine Definition des Begriffs „Rollengedicht" und besprecht, weshalb solche Rollengedichte gerade im Bereich der politischen Lyrik häufig anzutreffen sind.*
*b) Erprobt, welche Unterschiede beim lauten Vortrag beider Rollengedichte zu beachten sind.*

In Heines Buch „Deutschland. Ein Wintermärchen“ (1844) finden sich im Eingangskapitel folgende Verse:

Heinrich Heine

**Deutschland. Ein Wintermärchen** (1844)

Ein neues Lied, ein besseres Lied,
O Freunde, will ich euch dichten!
Wir wollen hier auf Erden schon
Das Himmelreich errichten.

Wir wollen auf Erden glücklich sein,
Und wollen nicht mehr darben;
Verschlemmen soll nicht der faule Bauch,
Was fleißige Hände erwarben.

Es wächst hienieden Brot genug
Für alle Menschenkinder,
Auch Rosen und Myrten, Schönheit und Lust,
Und Zuckererbsen nicht minder.

Ja, Zuckererbsen für jedermann,
Sobald die Schoten platzen!
Den Himmel überlassen wir
Den Engeln und den Spatzen.

**5** *a) Vergleicht die Verse aus Heines Buch „Deutschland. Ein Wintermärchen“ inhaltlich und sprachlich mit seinem Gedicht „Die schlesischen Weber“ (▷ S. 214).*
*b) Sprecht anschließend über den Zusammenhang von politischer Kritik und politisch-gesellschaftlicher Utopie.*

*Pieter Brueghel: Bauernhochzeit (um 1568)*

# 9.3 Leben und Schreiben im Exil – Recherchieren und präsentieren

## Politische Verfolgung und Exil

Alle Autorinnen und Autoren, die sich politisch betätigten oder ihre politischen Ansichten publikumswirksam formulierten, mussten immer mit politischer Verfolgung rechnen.
Menschen, die aus politischen Gründen (z. B. Zensur, Schreibverbot, Bedrohung) ihr Vaterland verlassen und ins Ausland fliehen, werden als Exilanten (die in das Exil gehen) oder beschönigend als Emigranten (= Auswanderer) bezeichnet.
Der Begriff Exilliteratur (lat. exilium = Verbannung) bezeichnet die Literatur der Autorinnen und Autoren, deren Person oder Werk im Heimatland bedroht ist und die ins Exil fliehen. Sie reicht von der Antike (z. B. Ovid und Seneca) über das Mittelalter bis in die Gegenwart.
In Deutschland wurden im 19. Jahrhundert viele Dichter des Vormärz wie Georg Büchner oder Heinrich Heine verfolgt, die sich gegen die restaurativen Kräfte stellten. Häufig war Frankreich das Ziel der verfolgten Autoren.
Im 20. Jahrhundert flohen über 4000 Autorinnen und Autoren vor den Nationalsozialisten aus Deutschland und Österreich ins Exil. Nach der Machtübernahme Hitlers und der Nationalsozialisten wurden 1933 über vier Wochen lang die Werke von Schriftstellern in einer „Aktion wider den undeutschen Geist" öffentlich verbrannt (Bücherverbrennung).
Zu den bekanntesten Autorinnen und Autoren, die während der Zeit des Nationalsozialismus ins Exil fliehen mussten, zählen: Bertolt Brecht, Hermann Broch, Ernst Bloch, Alfred Döblin, Hilde Domin, Lion Feuchtwanger, Bruno Frank, Oskar Maria Graf, Else Lasker-Schüler, Heinrich Mann, Klaus Mann, Thomas Mann, Robert Musil, Erich Maria Remarque, Nelly Sachs, Anna Seghers, Franz Werfel und Arnold Zweig.
Die Autoren Ernst Toller, Walter Hasenclever, Walter Benjamin, Kurt Tucholsky und Stefan Zweig begingen Selbstmord im Exil.

**Erich Maria Remarque** (1898–1970) schrieb gegen Krieg und Unterdrückung. Seine Werke wurden von den Nazis verbrannt.

**Kurt Tucholsky** (1890–1935) emigrierte als überzeugter Pazifist und Antimilitarist schon 1929 nach Schweden.

**Else Lasker-Schüler** (1869–1945) emigrierte 1933 in die Schweiz, nachdem sie in Berlin auf der Straße angegriffen wurde.

**Hilde Domin** (geb. 1909) wuchs in Köln auf und flüchtete 1939 vor den Nationalsozialisten in die Dominikanische Republik.

**Nelly Sachs** (1891–1970) konnte 1940 buchstäblich im letzten Moment – der Befehl für den Abtransport ins Konzentrationslager war bereits eingetroffen – nach Schweden fliehen.

**Thomas Mann** (1875–1955) bezog Stellung gegen den aufkommenden Nationalsozialismus und ging 1933 über Frankreich und die Schweiz ins amerikanische Exil.

**1** *a) Lest den Text aufmerksam durch. Gebt den Inhalt des Textes mit eigenen Worten wieder und erklärt, was man unter den Begriffen „Exil", „Exilanten" und „Exilliteratur" versteht.*
*b) Informiert euch über das Leben und Werk einer Exilautorin oder eines Exilautors und präsentiert eure Ergebnisse in der Klasse.*

## Heinrich Heine

*Heinrich Heine (1797–1856) kam in Düsseldorf als Sohn einer großbürgerlichen, jüdischen Kaufmannsfamilie zur Welt. Nach den Schuljahren und dem gescheiterten Versuch einer Kaufmannskarriere studierte er Rechtswissenschaften. Während seiner Studienzeit machte Heine erste negative Erfahrungen mit den politischen Zuständen in Deutschland, die mit den „Karlsbader Beschlüssen“ von 1819 auf die Wiederherstellung einer obrigkeitsstaatlichen Ordnung abzielten. Um seine Anstellungschancen als Jurist zu erhöhen, ließ er sich protestantisch taufen. Doch sein Vorhaben, eine bürgerliche Existenz aufzubauen und eine Universitätsprofessur zu erhalten, scheiterte. Heinrich Heine blieben auch ferner die Türen zur besseren Gesellschaft verschlossen.*
*Weil ihn das politische und soziale Klima in Deutschland zunehmend bedrückte, ging Heine 1831 ins Exil nach Paris. Von dort aus kämpfte er mit Worten gegen die reaktionären Zustände in seiner Heimat. 1835 wurden Heines Schriften in Deutschland verboten. In seinen letzten acht Lebensjahren war Heine durch eine schwere Rückenmarkskrankheit ans Bett gefesselt.*

Heinrich Heine

**In der Fremde** (1833)

Ich hatte einst ein schönes Vaterland.
Der Eichenbaum
wuchs dort so hoch, die Veilchen nickten sanft.
Es war ein Traum.

Das küsste mich auf Deutsch und sprach auf Deutsch
(man glaubt es kaum,
wie gut es klang) das Wort: „Ich liebe dich!“
Es war ein Traum.

**1** *a) Fasst die Biografie Heinrich Heines in einem tabellarischen Lebenslauf zusammen und stellt sie vor.*
*b) Obwohl Heine ein Erfolgsautor war, nahm er immer wieder eine Außenseiterrolle ein. Versucht, dafür Erklärungen zu finden.*

**2** *a) Lest das Gedicht aufmerksam durch.*
*b) Besprecht – auch vor dem Hintergrund der Biografie Heinrich Heines –, wie ihr das Gedicht versteht. Was bringt das Gedicht eurer Meinung nach zum Ausdruck? Belegt eure Deutungsansätze anhand des Textes.*

**3** *a) Überlegt, was euch zum Begriff „Eiche“ spontan einfällt. Haltet eure Ideen in einem Cluster fest.*
*b) Informiert euch über die Symbolhaftigkeit der „(deutschen) Eiche“, z. B. im Lexikon oder im Internet.*
*c) Besprecht, welche Bedeutung der „Eichenbaum“ in Heines Gedicht eurer Meinung nach hat.*

## Mascha Kaléko

*Mascha Kaléko wurde 1907 als Tochter russisch-jüdischer Emigranten in Schildow (Polen) geboren. 1914 siedelte die Familie nach Deutschland über und wohnte ab 1918 in Berlin, wo Kaléko nach der mittleren Reife eine Lehre bei der jüdischen Arbeiterfürsorge absolvierte. Kenntnisse in Philosophie und Psychologie erwarb sie sich in Abendkursen an der Humboldt-Universität. In den 1920er Jahren fand sie in Berlin Anschluss an die literarischen Künstlerkreise und veröffentlichte ihre Gedichte in verschiedenen Berliner Tageszeitungen. 1933 hatte sie mit ihrem Buch „Das lyrische Stenogramm" den ersten großen Erfolg. Doch im selben Jahr wurden die Werke der jüdischen Autorin von den Nationalsozialisten verbrannt. Nach weiteren Angriffen durch die nationalsozialistische Presse und einem Schreibverbot emigrierte sie 1938 in die USA (New York). 1960 siedelte Mascha Kaléko nach Israel über, 1975 starb sie in Zürich. Der Verlust von Heimat und Muttersprache prägten ihre Gedichte. Zu Heinrich Heine verspürte sie eine Geistesverwandtschaft.*

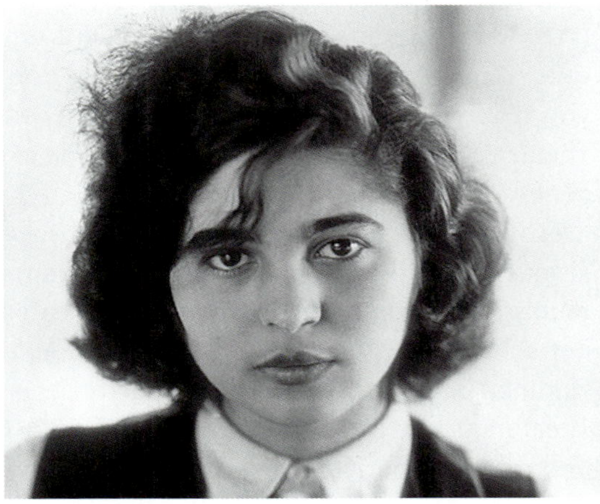

Mascha Kaléko

### Emigranten-Monolog (1945)

Ich hatte einst ein schönes Vaterland,
So sang schon der Flüchtling Heine.
Das seine stand am Rheine,
Das meine auf märkischem Sand.

Wir alle hatten einst ein (siehe oben!)
Das fraß die Pest, das ist im Sturm zerstoben.
O, Röslein auf der Heide,
Dich brach die Kraftdurchfreude[1].

Die Nachtigallen wurden stumm,
Sahn sich nach sicherm Wohnsitz um,
Und nur die Geier schreien
Hoch über Gräberreihen.

Das wird nie wieder, wie es war,
Wenn es auch anders wird.
Auch, wenn das liebe Glöcklein tönt,
Auch wenn kein Schwert mehr klirrt.

Mir ist zuweilen so, als ob
Das Herz in mir zerbrach.
Ich habe manchmal Heimweh,
ich weiß nur nicht, wonach ...

1 **Kraft durch Freude:** nationalsozialistische Organisation zur ideologisch ausgerichteten „Freizeitgestaltung" der deutschen Bevölkerung

**1** a) *Fasst in Partnerarbeit die Aussage jeder Strophe in Stichworten oder einem kurzen Satz zusammen.*
b) *Diskutiert eure Ergebnisse in der Klasse. Beschreibt dabei auch, wie das lyrische Ich in der letzten Strophe seine Situation darstellt. Achtet dabei besonders auf die letzten beiden Verse!*

**2** *Kaléko nimmt im ersten Vers ausdrücklich Bezug zu einem anderen „Flüchtling", nämlich Heinrich Heine. Vergleicht die Gedichte „In der Fremde" von Heinrich Heine (**▷ S. 218**) und „Emigranten-Monolog" von Mascha Kaléko inhaltlich. Bezieht bei eurem Vergleich auch die Lebensumstände dieser Autoren mit ein.*

## Bertolt Brecht

Bertolt Brecht (*10.2.1898 in Augsburg, †14.8.1956 in Ostberlin) war der Sohn eines Fabrikdirektors aus Augsburg. Schon als Gymnasiast entwickelte Brecht eine antibürgerliche Grundeinstellung. Nach dem Abitur im Jahr 1917 studierte er in München Literatur, Naturwissenschaften und Medizin. Sein Studium musste er allerdings schon 1918 unterbrechen, da er als Sanitätssoldat in einem Augsburger Lazarett eingesetzt wurde, eine Erfahrung, die ihn zum erbitterten Kriegsgegner machte.

Er zog nach Berlin, dem kulturellen Zentrum der Weimarer Republik, und arbeitete dort von 1925–1926 als Dramaturg am „Deutschen Theater" Max Reinhardts, wo er auch seine eigenen Stücke inszenieren konnte.

Brechts intensive Beschäftigung mit dem Marxismus bewirkte die Annäherung an die kommunistische Arbeiterbewegung. Das Theater betrachtete er als Medium der politischen Aufklärung, er wurde als Autor sozialkritischer Theaterstücke („Die Dreigroschenoper", 1928) und marxistischer Lehrstücke („Die heilige Johanna der Schlachthöfe", 1932) weltbekannt.

1933, nach der Machtübernahme Hitlers und dem Reichstagsbrand, der eine Kommunistenverfolgung durch die Nationalsozialisten auslöste, musste er vor den Nationalsozialisten aus Deutschland fliehen. Prag, Wien, Zürich, Paris und die dänische Insel Fünen waren erste Stationen seines Exils. Im April 1939, kurz vor der Besetzung Dänemarks, floh Brecht über Schweden, Finnland und die Sowjetunion in die USA, wo er sich schließlich 1941 in Santa Monica nahe Hollywood niederließ.

Brechts Werke wurden in Deutschland verboten und ihm wurde die deutsche Staatsbürgerschaft aberkannt.

Im amerikanischen Exil entstanden seine großen Dramen wie „Der gute Mensch von Sezuan" (1938/39), „Mutter Courage und ihre Kinder" (1941), „Der kaukasische Kreidekreis" (1944/45) und „Das Leben des Galilei" (1947), die dem Autor Weltruhm einbrachten.

1947, auf dem Höhepunkt der antikommunistischen McCarthy-Ära in den USA, musste Brecht vor einem Untersuchungsausschuss wegen angeblicher antiamerikanischer Umtriebe aussagen. Er verließ danach tief enttäuscht Amerika und kehrte über Paris, Zürich und Prag 1949 nach Deutschland zurück. Da er kein Einreisevisum für die Westzonen erhielt, ließ er sich in Ostberlin nieder. In Ostberlin arbeitete er mit großem Erfolg am „Deutschen Theater", später schuf er im „Theater am Schiffbauerdamm" das „Berliner Ensemble", das er bis zu seinem Tod leitete.

Brecht engagierte sich rege im politischen und kulturellen Leben der DDR. Bereits 1951 wurde er mit dem Nationalpreis ausgezeichnet. 1954 folgte der Stalin-Friedenspreis. Gleichwohl kritisierte Brecht den verordneten Staatssozialismus und die dogmatische Kulturpolitik der SED, achtete dabei jedoch stets darauf, seine Arbeitsbedingungen nicht zu gefährden.

**1** *Verfasst mit Hilfe des Textes einen tabellarischen Lebenslauf von Bertolt Brecht. Notiert die Lebensstationen des Autors sowie wichtige politische Ereignisse.*

**2** *Erstellt eine Karte, auf der ihr die Exilorte von Bertolt Brecht eintragt.*

Bertolt Brecht

## Über die Bezeichnung Emigranten (1937)

Immer fand ich den Namen falsch, den man uns gab: Emigranten.
Das heißt doch Auswanderer. Aber wir
wanderten doch nicht aus, nach freiem Entschluß
wählend ein anderes Land, wanderten wir doch auch nicht
ein in ein Land, dort zu bleiben, womöglich für immer.
Sondern wir flohen. Vertriebene sind wir, Verbannte.
Und kein Heim, ein Exil soll das Land sein, das uns da aufnahm.
Unruhig sitzen wir so, möglichst nahe den Grenzen
wartend des Tags der Rückkehr, jede kleinste Veränderung
jenseits der Grenze beobachtend, jeden Ankömmling
eifrig befragend, nichts vergessend und nichts aufgebend
und auch verzeihend nichts, was geschah, nichts verzeihend.
Ach, die Stille der Stunde täuscht uns nicht! Wir hören die Schreie
aus ihren Lagern bis hierher. Sind wir doch selber
fast wie Gerüchte von Untaten, die da entkamen
über die Grenzen. Jeder von uns
der mit zerrissenen Schuhn durch die Menge geht
zeugt von der Schande, die jetzt unser Land befleckt.
Aber keiner von uns
wird hier bleiben. Das letzte Wort
ist noch nicht gesprochen. R

**1** *Lest das Gedicht leise durch und tragt es dann vor.*

**2** *a) Besprecht, was der Sprecher des Gedichts über die Bezeichnung Emigranten sagt.*
*b) Schreibt auf, wodurch das Leben der Emigranten bestimmt ist.*
*c) Untersucht anhand des Textes, wie die Geschehnisse in Deutschland beurteilt werden.*

**3** *Sprecht über die letzten drei Zeilen des Gedichts. Bezieht dabei auch die biografischen Informationen über Bertolt Brecht mit ein.*

## Max Herrmann-Neiße

*Max Herrmann-Neiße (* 23. 5. 1896 in Neiße, Oberschlesien, † 8. 4. 1941 in London), eigentlich Max Herrmann, war der Sohn eines jüdischen Kaufmanns aus Neiße und von Kindheit an körperlich behindert, nämlich zwergwüchsig und verwachsen. Nach dem Abitur studierte er von 1905 bis 1909 in München und Breslau Literatur- und Kunstgeschichte. 1909 verließ er ohne Abschluss die Universität und ging zurück nach Neiße, um als freier Schriftsteller zu leben. Ab 1911 hatte Herrmann-Neiße zunehmend Erfolg als Lyriker, Dramatiker und Literaturkritiker, 1914 erhielt er den Eichendorff-Preis. Der Erste Weltkrieg ruinierte das Geschäft der Eltern, sein Vater verstarb 1916, seine Mutter ertränkte sich 1917 in der Neiße. 1917 zog Herrmann-Neiße nach Berlin, in dieser Zeit fügte er seinem Namen den seiner Heimatstadt Neiße hinzu. 1933, nach der Machtübernahme Hitlers und dem Reichstagsbrand, emigrierte Herrmann-Neiße über Zürich und Paris nach London, wo er sich niederließ. 1938 wurde ihm die deutsche Staatsbürgerschaft aberkannt, der Antrag auf die englische Staatsbürgerschaft wurde abgelehnt. 1941 starb er in London an den Folgen eines Herzinfarkts. In der bildenden Kunst war er in den 1920er und 1930er Jahren einer der meistgemalten Autoren.*

*Ludwig Meidner: Max Herrmann-Neiße (1920)*

*George Grosz: Max Herrmann-Neiße (1925)*

**1** *Lest die biografischen Information über Max Herrmann-Neiße. Vergleicht dann die beiden Bilder und beschreibt, welchen Eindruck die Maler von dem Dichter vermitteln wollten.*

Max Herrmann-Neiße

## Ein deutscher Dichter bin ich einst gewesen (1934)

Ein deutscher Dichter bin ich einst gewesen,
die Heimat klang in meiner Melodie,
ihr Leben war in meinem Lied zu lesen,
das mit ihr welkte und mit ihr gedieh.

Die Heimat hat mir Treue nicht gehalten,
sie gab sich ganz den bösen Trieben hin,
so kann ich nur ihr Traumbild noch gestalten,
der ich ihr trotzdem treu geblieben bin.

In ferner Fremde mal ich ihre Züge
zärtlich gedenkend mir mit Worten nach,
die Abendgiebel und die Schwalbenflüge
und alles Glück, was einst mir dort geschah.

Doch hier wird niemand meine Verse lesen,
ist nichts, was meiner Seele Sprache spricht;
ein deutscher Dichter bin ich einst gewesen,
jetzt ist mein Leben Spuk wie mein Gedicht.

**2** *Tragt das Gedicht vor.*
*Sprecht darüber, wie ein angemessener Vortrag sprachlich gestaltet werden muss.*

**3** *a) Bearbeitet die folgenden Arbeitsaufträge gemeinsam mit einem Partner oder einer Partnerin.*
- *Fasst die Aussage jeder Strophe zusammen.*
- *Untersucht, was das lyrische Ich mit den Begriffen „Heimat" und „Fremde" verbindet. Haltet eure Ergebnisse in einer Übersicht fest.*
- *Notiert, was das lyrische Ich über seine Rolle als Dichter aussagt.*

*b) Stellt eure Ergebnisse in der Klasse vor und besprecht sie.*

**4** *Versucht zu begründen, weshalb der Dichter bei dieser Thematik eine so geordnete, „strenge" Gedichtform gewählt hat.*

**5** *Stellt den Zusammenhang zwischen der Dichterbiografie (▷ S. 222) und dem Gedicht her.*

## Schalom Ben-Chorin

*Schalom Ben-Chorin, der Name bedeutet „Friede, Sohn der Freiheit", wurde am 20. Juli 1913 in München geboren und wuchs in einer gebildeten jüdischen Kaufmannsfamilie auf. Von 1931 bis 1934 studierte er in München Germanistik und vergleichende Religionswissenschaften. Nach wiederholten Verhaftungen und Misshandlungen durch die Nationalsozialisten emigrierte er 1935 nach Jerusalem. Er arbeitete als Journalist und Schriftsteller und war als Gastprofessor in Jerusalem und nach Kriegsende in Tübingen und München tätig. Ben-Chorin setzte sich vor allem für den christlich-jüdischen Dialog ein. Er starb am 7. Mai 1999 in Jerusalem.*

Schalom Ben-Chorin

### **Wenn wir die Heimat erreichten** (1945)

Wenn wir die Heimat erreichten
Wär es die Heimat nicht mehr.
Ach, die Jahre bleichten
Unser Haar schon zu sehr.

Wenn wir die Heimat erreichten
Erreichte die Heimat uns nicht.
All ihre Winde, die leichten
Spielen nur durch mein Gedicht.

Wenn wir die Heimat erreichten
Säh sie vor Scham uns nicht an.
All ihre Steine beichten
Was sie uns angetan.

Wenn wir die Heimat erreichten
Wär es die Heimat nicht mehr.
Ach, die Jahre bleichten
Unser Haar schon zu sehr.

**1** *Lest das Gedicht und besprecht dann, was das lyrische Ich über die Heimat bzw. über die Möglichkeit einer Rückkehr in die Heimat aussagt. Achtet dabei auch darauf, in welchem Modus die Verben stehen.*

**2** *a) Vergleicht, wie das Motiv der Heimat in den Gedichten „Wenn wir die Heimat erreichten" und „Ein deutscher Dichter bin ich einst gewesen" (▷ S. 223) dargestellt wird.*
*b) Diskutiert darüber, ob diese beiden Gedichte („Wenn wir die Heimat erreichten" und „Ein deutscher Dichter bin ich einst gewesen") der politischen Lyrik zuzuordnen sind. Begründet eure Meinung.*

# 10 Max Frischs „Andorra“ – Eine Gesellschaft auf dem Prüfstand

## 10.1 Du sollst dir kein Bildnis machen

*Der Dorfplatz von Andorra in der deutschen Erstaufführung, Düsseldorfer Schauspielhaus 1962*

Max Frisch

### Der andorranische Jude

*Max Frisch, der Sohn eines Architekten, wurde 1911 in Zürich geboren. Er studierte zunächst Germanistik, arbeitete als Reporter und wandte sich schließlich der Architektur zu. Nach einer Studienreise durch Nord- und Mittelamerika (1951/52) entschied er sich, freier Schriftsteller zu werden. Schon 1948 hatte er Bertolt Brecht kennen gelernt und sich mit dessen Vorstellung vom Theater intensiv auseinandergesetzt. Frisch, der zahlreiche Preise erhielt (u. a. 1958 den „Georg-Büchner-Preis“ und 1976 den „Friedenspreis des Deutschen Buchhandels“), wurde sowohl durch seine Dramen („Biedermann und die Brandstifter“, 1958; „Andorra“, 1961) wie durch seine Romane („Stiller“, 1954; „Homo faber“, 1957) bekannt. Er starb 1991 in Zürich.*

*Die folgende Prosaskizze „Der andorranische Jude“ hat Max Frisch lange beschäftigt. Sie erschien im „Tagebuch 1946–1949“. Aus ihr entwickelte Max Frisch in den Jahren 1958–1961 das Theaterstück „Andorra“, das 1961 im Züricher Schauspielhaus uraufgeführt wurde und einer der größten Erfolge des deutschsprachigen Theaters nach dem Zweiten Weltkrieg wurde.*

In Andorra lebte ein junger Mann, den man für einen Juden hielt. Zu erzählen wäre die vermeintliche Geschichte seiner Herkunft, sein täglicher Umgang mit den Andorranern, die in ihm den Juden sehen: das fertige Bildnis, das ihn überall erwartet. Beispielsweise ihr Mißtrauen gegenüber seinem Gemüt, das ein Jude, wie auch die Andorraner wissen, nicht haben kann. Er wird auf die Schärfe seines Intellektes verwiesen, der sich eben dadurch schärft, notgedrungen. Oder sein Verhältnis zum Geld, das in Andorra auch eine große Rolle spielt: er wußte, er spürte, was alle wortlos dachten; er prüfte sich, ob es wirklich so war, daß er stets an das Geld denke, er prüfte sich, bis er entdeckte, daß es stimmte, es war so, in der Tat, er dachte stets an das Geld. Er gestand es; er stand dazu, und die Andorraner blickten sich an, wortlos, fast ohne ein Zucken der Mundwinkel. Auch in Dingen des Vaterlandes wußte er genau, was sie dachten; sooft er das Wort in den Mund genommen, ließen sie es liegen wie eine Münze, die in den Schmutz gefallen ist. Denn der Jude, auch das wußten die Andorraner, hat Vaterländer, die er wählt, die er kauft, aber nicht ein Vaterland wie wir, nicht ein zugeborenes, und wiewohl er es meinte, wenn es um andorranische Belange ging, er redete in ein Schweigen hinein, wie in Watte. Später begriff er, daß es ihm offenbar an Takt fehlte, ja, man sagte es ihm einmal rundheraus, als er, verzagt über ihr Verhalten, geradezu leidenschaftlich wurde. Das Vaterland gehörte den andern, ein für allemal, und daß er es lieben könnte, wurde von ihm nicht erwartet, im Gegenteil, seine beharrlichen Versuche und Werbungen öffneten nur eine Kluft des Verdachtes; er buhlte um eine Gunst, um einen Vorteil, um eine Anbiederung, die man als Mittel zum Zweck empfand, auch dann, wenn man selber keinen möglichen Zweck erkannte. So wiederum ging es, bis er eines Tages entdeckte, mit seinem rastlosen und alles zergliedernden Scharfsinn entdeckte, daß er das Vaterland wirklich nicht liebte, schon das bloße Wort nicht, das jedesmal, wenn er es brauchte, ins Peinliche führte. Offenbar hatten sie recht. Offenbar konnte er überhaupt nicht lieben, nicht im andorranischen Sinn; er hatte die Hitze der Leidenschaft, gewiß, dazu die Kälte seines Verstandes, und diesen empfand man als eine immer bereite Geheimwaffe seiner Rachsucht; es fehlte ihm das Gemüt, das Verbindende; es fehlte ihm, und das war unverkennbar, die Wärme des Vertrauens. Der Umgang mit ihm war anregend, ja, aber nicht angenehm, nicht gemütlich. Es gelang ihm nicht, zu sein wie alle andern, und nachdem er es umsonst versucht hatte, nicht aufzufallen, trug er sein Anderssein sogar mit einer Art von Trotz, von Stolz und lauernder Feindschaft dahinter, die er, da sie ihm selber nicht gemütlich war, hinwiederum mit einer geschäftigen Höflichkeit überzuckerte; noch wenn er sich verbeugte, war es eine Art von Vorwurf, als wäre die Umwelt daran schuld, daß er ein Jude ist –

Die meisten Andorraner taten ihm nichts.

Also auch nichts Gutes.

Auf der andern Seite gab es auch Andorraner eines freieren und fortschrittlichen Geistes, wie sie es nannten, eines Geistes, der sich der Menschlichkeit verpflichtet fühlte: sie achteten den Juden, wie sie betonten, gerade um seiner jüdischen Eigenschaften willen, Schärfe des Verstandes und so weiter. Sie standen zu ihm bis zu seinem Tode, der grausam gewesen ist, so grausam und ekelhaft, daß sich auch jene Andorraner entsetzten, die es nicht berührt hatte, daß schon das ganze Leben grausam war. Das heißt, sie beklagten ihn eigentlich nicht, oder ganz offen gesprochen: Sie vermißten ihn nicht – sie empörten sich nur über jene, die ihn getötet hatten, und über die Art, wie das geschehen war, vor allem die Art.

Man redete lange davon.

Bis es sich eines Tages zeigt, was er selber nicht hat wissen können, der Verstorbene: daß er ein Findelkind gewesen, dessen Eltern man später entdeckt hat, ein Andorraner wie unsereiner –

Man redete nicht mehr davon.

Die Andorraner aber, sooft sie in den Spiegel blickten, sahen mit Entsetzen, daß sie selber die Züge des Judas tragen, jeder von ihnen.

Du sollst dir kein Bildnis machen, heißt es, von Gott. Es dürfte auch in diesem Sinne gelten: Gott als das Lebendige in jedem Menschen, das, was nicht erfaßbar ist. Es ist eine Versündigung, die wir, so wie sie an uns begangen wird, fast ohne Unterlaß wieder begehen –

Ausgenommen wenn wir lieben. R

**1** *Lest den Text aufmerksam.*

**2** *a) Bildet Kleingruppen und erzählt euch die Geschichte gegenseitig. Achtet darauf, welche Schwerpunkte der Einzelne bei seiner Nacherzählung gesetzt hat, und sprecht über die jeweils unterschiedliche Aussage, die damit verbunden ist.*
*b) Tauscht euch darüber aus, welche Schwierigkeiten ihr hattet, die Handlung wiederzugeben.*

**3** *a) Übernehmt das folgende Schaubild in euer Heft und ergänzt, welche Eigenschaften die Andorraner dem jungen Mann zuschreiben und welche er sich selbst zuspricht.*
*b) Diskutiert darüber, warum der andorranische Jude diese ihm zugeschriebenen Eigenschaften annimmt. Bezieht dabei auch die Forderung ein „Du sollst dir kein Bildnis machen" (Z. 94).*

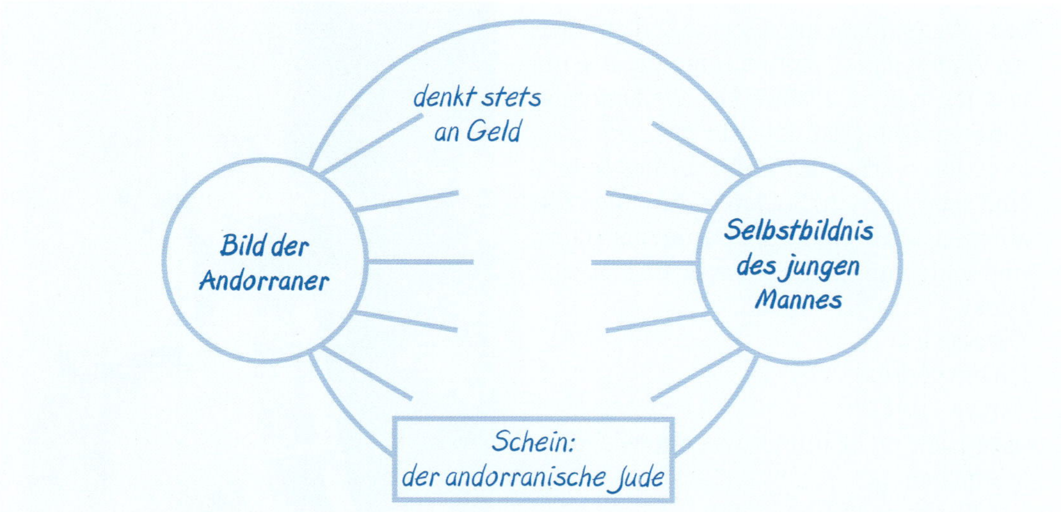


**4** *Durch die abschließende Verallgemeinerung (Z. 94–100) macht Frisch deutlich, dass die Geschichte vom „andorranischen Juden" für ihn Modellcharakter hat. Man bezeichnet eine solche Geschichte als Parabel.*
*a) Lest den nebenstehenden Lexikonartikel und erarbeitet dann in Partnerarbeit, wo bei Max Frischs Text „Der andorranische Jude" die Bildebene und wo die Sachebene liegt. Auf welches allgemein menschliche Problem verweist diese Parabel?*
*b) Die ältesten Parabeln waren die Gleichnisreden Jesu. Schreibt Frischs Text nach dem Muster des Neuen Testaments in eine Gleichnisrede um.*

Eine **Parabel** (von griech. *parabole* = Gleichnis) ist eine gleichnishafte Erzählung mit Modellcharakter. Sie wird häufig zur didaktischen Literatur beziehungsweise zur so genannten Lehrdichtung gezählt.
Eine Parabel besteht aus einer Bildebene (das, was erzählt wird), die auf eine so genannte Sachebene (das, was gemeint ist) verweist.

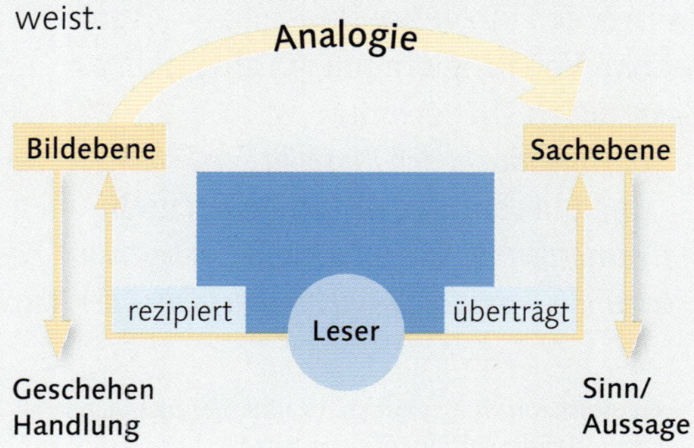

# Die Figuren kennen lernen: die Exposition

Max Frisch

**Andorra** (Erstes Bild)

*Vor einem andorranischen Haus. Barblin weißelt*[1] *die schmale und hohe Mauer mit einem Pinsel an langem Stecken. Ein andorranischer Soldat, olivgrau, lehnt an der Mauer.*

BARBLIN: Wenn du nicht die ganze Zeit auf meine Waden gaffst, dann kannst du ja sehn, was ich mache. Ich weißle. Weil morgen Sanktgeorgstag ist, falls du das vergessen hast. Ich weißle das Haus meines Vaters. Und was macht ihr Soldaten? Ihr lungert in allen Gassen herum, eure Daumen im Gurt, und schielt uns in die Bluse, wenn eine sich bückt.

*Der Soldat lacht.*

Ich bin verlobt.

SOLDAT: Verlobt!

BARBLIN: Lach nicht immer wie ein Michelin-Männchen.

SOLDAT: Hat er eine Hühnerbrust?

BARBLIN: Wieso?

SOLDAT: Daß du ihn nicht zeigen kannst.

BARBLIN: Laß mich in Ruh!

SOLDAT: Oder Plattfüße?

BARBLIN: Wieso soll er Plattfüße haben?

SOLDAT: Jedenfalls tanzt er nicht mit dir.

*Barblin weißelt.*

Vielleicht ein Engel!

*Der Soldat lacht.*

Daß ich ihn noch nie gesehen hab.

BARBLIN: Ich bin verlobt!

SOLDAT: Von Ringlein seh ich aber nichts.

BARBLIN: Ich bin verlobt,

*Barblin taucht den Pinsel in den Eimer.*

und überhaupt – dich mag ich nicht.

*Im Vordergrund, rechts, steht ein Orchestrion*[2]*. Hier erscheinen – während Barblin weißelt – der Tischler, ein behäbiger Mann, und hinter ihm Andri als Küchenjunge.*

*Der Soldat und Barblin, Düsseldorfer Schauspielhaus, Neuinszenierung 1984*

TISCHLER: Wo ist mein Stock?

ANDRI: Hier, Herr Tischlermeister.

TISCHLER: Eine Plage, immer diese Trinkgelder, kaum hat man den Beutel eingesteckt.

*Andri gibt den Stock und bekommt ein Trinkgeld, das er ins Orchestrion wirft, so daß Musik ertönt, während der Tischler vorn über die Szene spaziert, wo Barblin, da der Tischler nicht auszuweichen gedenkt, ihren Eimer wegnehmen muß. Andri trocknet einen Teller, indem er sich zur Musik bewegt, und verschwindet dann, die Musik mit ihm.*

BARBLIN: Jetzt stehst du noch immer da?

SOLDAT: Ich hab Urlaub.

1 **weißeln:** mit weißer Tünche (Kalkfarbe) anstreichen
2 **Orchestrion:** Vorläufer der Musikbox

BARBLIN: Was willst du noch wissen?

SOLDAT: Wer dein Bräutigam sein soll.

*Barblin weißelt.*

Alle weißeln das Haus ihrer Väter, weil morgen Sanktgeorgstag ist, und der Kohlensack rennt in allen Gassen herum, weil morgen Sanktgeorgstag ist: Weißelt, ihr Jungfraun, weißelt das Haus eurer Väter, auf daß wir ein weißes Andorra haben, ihr Jungfraun, ein schneeweißes Andorra!

BARBLIN: Der Kohlensack – wer ist denn das wieder?

SOLDAT: Bist du eine Jungfrau?

*Der Soldat lacht.*

Also du magst mich nicht.

BARBLIN: Nein.

SOLDAT: Das hat schon manch eine gesagt, aber bekommen hab ich sie doch, wenn mir ihre Waden gefallen und ihr Haar.

*Barblin streckt ihm die Zunge heraus.*

Und ihre rote Zunge dazu!

*Der Soldat nimmt sich eine Zigarette und blickt am Haus hinauf.*

Wo hast du deine Kammer?

*Auftritt ein Pater, der ein Fahrrad schiebt.*

PATER: So gefällt es mir, Barblin, so gefällt es mir aber. Wir werden ein weißes Andorra haben, ihr Jungfraun, ein schneeweißes Andorra, wenn bloß kein Platzregen kommt über Nacht.

*Der Soldat lacht.*

Ist Vater nicht zu Hause?

SOLDAT: Wenn bloß kein Platzregen kommt über Nacht! Nämlich seine Kirche ist nicht so weiß, wie sie tut, das hat sich herausgestellt, nämlich seine Kirche ist auch nur aus Erde gemacht, und die Erde ist rot, und wenn ein Platzregen kommt, das saut euch jedesmal die Tünche herab, als hätte man eine Sau drauf geschlachtet, eure schneeweiße Tünche von eurer schneeweißen Kirche.

*Der Soldat streckt die Hand nach Regen aus.*

Wenn bloß kein Platzregen kommt über Nacht!

*Der Soldat lacht und verzieht sich.*

PATER: Was hat der hier zu suchen?

BARBLIN: Ist's wahr, Hochwürden, was die Leut sagen? Sie werden uns überfallen, die Schwarzen da drüben, weil sie neidisch sind auf unsre weißen Häuser. Eines Morgens, früh um vier, werden sie kommen mit tausend schwarzen Panzern, die kreuz und quer durch unsre Äcker rollen, und mit Fallschirmen wie graue Heuschrecken vom Himmel herab.

PATER: Wer sagt das?

BARBLIN: Peider, der Soldat.

*Barblin taucht den Pinsel in den Eimer.*

Vater ist nicht zu Haus.

PATER: Ich hätt es mir denken können.

*Pause*

Warum trinkt er soviel in letzter Zeit? Und dann beschimpft er alle Welt. Er vergißt, wer er ist. Warum redet er immer solches Zeug?

BARBLIN: Ich weiß nicht, was Vater in der Pinte redet.

PATER: Er sieht Gespenster. Haben sich hierzuland nicht alle entrüstet über die Schwarzen da drüben, als sie es trieben wie beim Kindermord zu Bethlehem, und Kleider gesammelt für die Flüchtlinge damals? Er sagt, wir sind nicht besser als die Schwarzen da drüben. Warum sagt er das die ganze Zeit? Die Leute nehmen es ihm übel, das wundert mich nicht. Ein Lehrer sollte nicht so reden. Und warum glaubt er jedes Gerücht, das in die Pinte kommt?

*Pause*

Kein Mensch verfolgt euren Andri –

*Barblin hält inne und horcht.*

– noch hat man eurem Andri kein Haar gekrümmt.

*Barblin weißelt weiter.*

Ich sehe, du nimmst es genau, du bist kein Kind mehr, du arbeitest wie ein erwachsenes Mädchen.

BARBLIN: Ich bin ja neunzehn.

PATER: Und noch nicht verlobt?

*Barblin schweigt.*

Ich hoffe, dieser Peider hat kein Glück bei dir.

BARBLIN: Nein.

PATER: Der hat schmutzige Augen.

*Pause*

Hat er dir Angst gemacht? Um wichtig zu tun. Warum sollen sie uns überfallen? Unsre Täler sind eng, unsre Äcker sind steinig und steil, unsre Oliven werden auch nicht saftiger als anderswo. Was sollen die wollen von uns? Wer unsern Roggen will, der muß ihn mit der Sichel holen und muß sich bücken Schritt vor Schritt. Andorra ist ein schönes Land, aber ein armes Land. Ein friedliches Land, ein schwaches Land – ein frommes Land, so wir Gott fürchten, und das tun wir, mein Kind, nicht wahr?

*Barblin weißelt.*

Nicht wahr?

BARBLIN: Und wenn sie trotzdem kommen?

*Eine Versperglocke[3], kurz und monoton.*

PATER: Wir sehn uns morgen, Barblin, sag deinem Vater, Sankt Georg möchte ihn nicht betrunken sehn.

*Der Pater steigt auf sein Rad.*

Oder sag lieber nichts, sonst tobt er nur, aber hab acht auf ihn.

*Der Pater fährt lautlos davon.*

BARBLIN: Und wenn sie trotzdem kommen, Hochwürden?

*Im Vordergrund rechts, beim Orchestrion, erscheint der Jemand, hinter ihm Andri als Küchenjunge.*

JEMAND: Wo ist mein Hut?

ANDRI: Hier, mein Herr.

JEMAND: Ein schwüler Abend, ich glaub, es hängt ein Gewitter in der Luft ...

*Andri gibt den Hut und bekommt ein Trinkgeld, das er ins Orchestrion wirft, aber er drückt noch nicht auf den Knopf, sondern pfeift nur und sucht auf dem Plattenwähler, während der Jemand vorn über die Szene geht, wo er stehenbleibt vor Barblin, die weißelt und nicht bemerkt hat, daß der Pater weggefahren ist.*

BARBLIN: Ist's wahr, Hochwürden, was die Leut sagen? Sie sagen: Wenn einmal die Schwarzen kommen, dann wird jeder, der Jud ist, auf der Stelle geholt. Man bindet ihn an einen Pfahl, sagen sie, man schießt ihn ins Genick. Ist das wahr, oder ist das ein Gerücht? Und wenn er eine Braut hat, die wird geschoren, sagen sie, wie ein räudiger Hund.

JEMAND: Was hältst denn du für Reden?

*Barblin wendet sich und erschrickt.*

JEMAND: Guten Abend.

BARBLIN: Guten Abend.

JEMAND: Ein schöner Abend heut.

*Barblin nimmt den Eimer.*

Aber schwül.

BARBLIN: Ja.

JEMAND: Es hängt etwas in der Luft.

BARBLIN: Was meinen Sie damit?

JEMAND: Ein Gewitter. Wie alles wartet auf Wind, das Laub und die Stores und der Staub. Dabei seh ich keine Wolke am Himmel, aber man spürt's. So eine heiße Stille. Die Mücken spüren's auch. So eine trockene und faule Stille. Ich glaub, es hängt ein Gewitter in der Luft, ein schweres Gewitter, dem Land tät's gut ...

*Barblin geht ins Haus, der Jemand spaziert weiter, Andri läßt das Orchestrion tönen, die gleiche Platte wie zuvor, und verschwindet, einen Teller trocknend. Man sieht den Platz von Andorra. Der Tischler und der Lehrer sitzen vor der Pinte. Die Musik ist aus.*

LEHRER: Nämlich es handelt sich um meinen Sohn.

*Tischler, Jemand und Soldat, Düsseldorf 1984*

3 **Vesperglocke:** Glockenläuten zur Abendandacht

TISCHLER: Ich sagte: 50 Pfund.

LEHRER: – um meinen Pflegesohn, meine ich.

TISCHLER: Ich sagte: 50 Pfund.

*Der Tischler klopft mit einer Münze auf den Tisch.*

Ich muß gehn.

*Der Tischler klopft nochmals.*

Wieso will er grad Tischler werden? Tischler werden, das ist nicht einfach, wenn's einer nicht im Blut hat. Und woher soll er's im Blut haben? Ich meine ja bloß. Warum nicht Makler? Zum Beispiel. Warum nicht geht er zur Börse? Ich meine ja bloß ...

LEHRER: Woher kommt dieser Pfahl?

TISCHLER: Ich weiß nicht, was Sie meinen.

LEHRER: Dort!

TISCHLER: Sie sind ja bleich.

LEHRER: Ich spreche von einem Pfahl!

TISCHLER: Ich seh keinen Pfahl.

LEHRER: Hier!

*Der Tischler muß sich umdrehen.*

Ist das ein Pfahl, oder ist das kein Pfahl?

TISCHLER: Warum soll das kein Pfahl sein?

LEHRER: Der war gestern noch nicht.

*Der Tischler lacht.*

's ist nicht zum Lachen, Prader, Sie wissen genau, was ich meine.

TISCHLER: Sie sehen Gespenster.

LEHRER: Wozu ist dieser Pfahl?

*Tischler klopft mit der Münze auf den Tisch.*

Ich bin nicht betrunken. Ich sehe, was da ist, und ich sage, was ich sehe, und ihr alle seht es auch –

TISCHLER: Ich muß gehn.

*Der Tischler wirft eine Münze auf den Tisch und erhebt sich.*

Ich habe gesagt: 50 Pfund.

LEHRER: Das bleibt Ihr letztes Wort?

TISCHLER: Ich heiße Prader.

LEHRER: 50 Pfund?

TISCHLER: Ich feilsche nicht.

LEHRER: Sie sind ein feiner Mann, ich weiß ... Prader, das ist Wucher, 50 Pfund für eine Tischlerlehre, das ist Wucher. Das ist ein Witz, Prader, das wissen Sie ganz genau. Ich bin Lehrer, ich habe mein schlichtes Gehalt, ich habe kein Vermögen wie ein Tischlermeister – ich habe keine 50 Pfund, ganz rundheraus, ich hab sie nicht!

TISCHLER: Dann eben nicht.

LEHRER: Prader –

TISCHLER: Ich sagte: 50 Pfund.

*Der Tischler geht.*

LEHRER: Sie werden sich wundern, wenn ich die Wahrheit sage. Ich werde dieses Volk vor seinen Spiegel zwingen, sein Lachen wird ihm gefrieren.

*Auftritt der Wirt.*

WIRT: Was habt ihr gehabt?

LEHRER: Ich brauch einen Korn.

WIRT: Ärger?

LEHRER: 50 Pfund für eine Lehre!

WIRT: Ich hab's gehört.

LEHRER: – ich werde sie beschaffen.

*Der Lehrer lacht.*

Wenn's einer nicht im Blut hat!

*Der Wirt wischt mit einem Lappen über die Tischlein.*

Sie werden ihr eigenes Blut noch kennenlernen.

WIRT: Man soll sich nicht ärgern über die eigenen Landsleute, das geht auf die Nieren und ändert die Landsleute gar nicht. Natürlich ist's Wucher! Die Andorraner sind gemütliche Leut, aber wenn es ums Geld geht, das hab ich immer gesagt, dann sind sie wie der Jud.

*Der Wirt will gehen.*

LEHRER: Woher wißt ihr alle, wie der Jud ist?

WIRT: Can –

LEHRER: Woher eigentlich?

WIRT: – ich hab nichts gegen deinen Andri. Wofür hältst du mich? Sonst hätt ich ihn wohl nicht als Küchenjunge genommen. Warum siehst du mich so schief an? Ich hab Zeugen. Hab ich nicht bei jeder Gelegenheit gesagt, Andri ist eine Ausnahme?

LEHRER: Reden wir nicht davon!

WIRT: Eine regelrechte Ausnahme –

[...] R

**1** *Untersucht, welche Funktion das erste Bild (S. 228–231) für den Auftakt des Dramas hat. Die folgenden Aufgaben könnt ihr arbeitsteilig bearbeiten:*
*a) Beschreibt, wie der Zwergstaat Andorra dargestellt wird.*
*b) Stellt die folgenden Beziehungen jeweils in einem Standbild dar:*
- *Barblin und der Soldat,*
- *Barblin und der Pater,*
- *der Tischler und der Lehrer,*
- *der Lehrer und der Wirt.*

*c) In der Textpassage Z. 215–268 unterhalten sich der Tischler und der Lehrer. Beide verfolgen in diesem Dialog klare Ziele.*
- *Formuliert für den Lehrer und den Tischler Subtexte, indem ihr aufschreibt, welche unausgesprochenen Gedanken sich eurer Meinung nach hinter dem Gesagten verbergen.*
- *Stellt alle Informationen zusammen, die ihr in dieser Szene über den Lehrer erhaltet, und verfasst eine Charakterisierung dieser Figur. Das unten stehende Merkwissen hilft euch dabei.*

*d) Fasst zusammen, was über Andri gesagt und was durch sein Verhalten deutlich wird.*
*e) Barblin weißelt das Haus, weil am nächsten Tag „Sanktgeorgstag" ist. Der Pfarrer hat Angst vor einem „Platzregen". Sammelt eure Assoziationen zu den Begriffen „Sanktgeorgstag" und „Platzregen" jeweils in einem Cluster und deutet anschließend diese symbolisch verwendeten Motive.*
*f) Findet Textstellen, die als Vorausdeutung auf den Handlungsverlauf verstanden werden können.*

**2** *Präsentiert eure Ergebnisse aus Aufgabe 1 in der Klasse. Besprecht, inwieweit mit dem ersten Bild, der Exposition, Spannung aufgebaut wird.*

**3** *Stellt euch vor, Barblin würde am Abend ihre Erlebnisse in einem Tagebuch festhalten. Schreibt diesen Eintrag.*

**4** *Bei der Inszenierung im Züricher Schauspielhaus blieb lange strittig, ob der Pfahl als Bühnenrequisit gezeigt werden soll. Wie würdet ihr euch als Regisseurin oder als Regisseur entscheiden? Schreibt dazu einen kommentierenden Beitrag, z. B. für ein Programmheft.*

**!**

## Literarische Charakteristik

Über eine Figur eines literarischen Textes, besonders eines Dramas, wird man in vielfältiger Weise informiert:
- durch Aussagen anderer Figuren **(direkte Charakterisierung)**. In diesem Fall muss man berücksichtigen, dass die Figuren eines Stückes einander selten neutral gegenüberstehen. Die geäußerten Meinungen werden also durch Sympathie und Antipathie geprägt sein.
- durch das Verhalten und die Äußerungen der Figur selbst, aus denen man Rückschlüsse auf ihre Absichten und ihren Charakter ziehen kann **(indirekte Charakterisierung)**.
- durch den Nebentext und Regieanweisungen.
  Mittels dieser Informationen kann man eine literarische Figur in ihrem Äußeren und ihrem Verhalten wie auch in ihrer Eigenart und Funktion innerhalb eines Textes erfassen und darstellen, d. h. charakterisieren.

# Beziehungen erkennen – Text und Bühnenrealisation

**1** *Beschreibt das Bild genau. Achtet auf die Körperhaltung (Gestik), die Mimik (den Gesichtsausdruck) und die Blickrichtung der Figuren. Welche Beziehung ist zwischen Barblin und Andri zu erkennen?*

**2** *Lest anschließend den Text dieser Szene (Zweites Bild, S. 233–234) und untersucht, an welcher Stelle die Schauspieler diese Haltung einnehmen könnten.*

*Barblin und Andri, Uraufführung, Zürich 1961*

Max Frisch

## **Andorra** (Zweites Bild)

*Andri und Barblin auf der Schwelle vor der Kammer der Barblin.*

BARBLIN: Andri, schläfst du?

ANDRI: Nein.

BARBLIN: Warum gibst du mir keinen Kuß?

ANDRI: Ich bin wach, Barblin, ich denke.

BARBLIN: Die ganze Nacht.

ANDRI: Ob's wahr ist, was die andern sagen.

*Barblin hat auf seinen Knien gelegen, jetzt richtet sie sich auf, sitzt und löst ihre Haare.*

ANDRI: Findest du, sie haben recht?

BARBLIN: Fang jetzt nicht wieder an!

ANDRI: Vielleicht haben sie recht.

*Barblin beschäftigt sich mit ihrem Haar.*

ANDRI: Vielleicht haben sie recht ...

BARBLIN: Du hast mich ganz zerzaust.

ANDRI: Meinesgleichen, sagen sie, hat kein Gefühl.

BARBLIN: Wer sagt das?

ANDRI: Manche.

BARBLIN: Jetzt schau dir meine Bluse an!

ANDRI: Alle.

BARBLIN: Soll ich sie ausziehen?

*Barblin zieht ihre Bluse aus.*

ANDRI: Meinesgleichen, sagen sie, ist geil, aber ohne Gemüt, weißt du –

BARBLIN: Andri, du denkst zuviel!

*Barblin legt sich wieder auf seine Knie.*

ANDRI: Ich lieb dein Haar, dein rotes Haar, dein leichtes warmes bitteres Haar, Barblin, ich werde sterben, wenn ich es verliere.

*Andri küßt ihr Haar.*

Und warum schläfst denn du nicht?

*Barblin horcht.*

ANDRI: Was war das?

BARBLIN: Die Katze.

*Andri horcht.*

BARBLIN: Ich hab sie ja gesehen.

ANDRI: War das die Katze?

BARBLIN: Sie schlafen doch alle ...

*Barblin legt sich wieder auf seine Knie.*

Küß mich!

*Andri lacht.*

BARBLIN: Worüber lachst du?

ANDRI: Ich muß ja dankbar sein!

BARBLIN: Ich weiß nicht, wovon du redest.

ANDRI: Von deinem Vater. Er hat mich gerettet, er fände es sehr undankbar von mir, wenn ich seine Tochter verführte. Ich lache, aber es ist nicht zum Lachen, wenn man den Menschen immerfort dankbar sein muß, daß man lebt.

*Pause*

Vielleicht bin ich drum nicht lustig.

*Barblin küßt ihn.*

ANDRI: Bist du ganz sicher, Barblin, daß du mich willst?

BARBLIN: Warum fragst du das immer.

ANDRI: Die andern sind lustiger.

BARBLIN: Die andern!

ANDRI: Vielleicht haben sie recht. Vielleicht bin ich feig, sonst würde ich endlich zu deinem Alten gehen und sagen, daß wir verlobt sind. Findest du mich feig?
*Man hört Grölen in der Ferne.*
ANDRI: Jetzt grölen sie immer noch.
*Das Grölen verliert sich.*
BARBLIN: Ich geh nicht mehr aus dem Haus, damit sie mich in Ruh lassen. Ich denke an dich, Andri, den ganzen Tag, wenn du an der Arbeit bist, und jetzt bist du da, und wir sind allein ... ich will, daß du an mich denkst, Andri, nicht an die andern. Hörst du? Nur an mich und an uns. Und ich will, daß du stolz bist, Andri, fröhlich und stolz, weil ich dich liebe vor allen andern.
ANDRI: Ich habe Angst, wenn ich stolz bin.
BARBLIN: Und jetzt will ich einen Kuß.
*Andri gibt ihr einen Kuß.*
Viele, viele Küsse!
*Andri denkt.*
Ich denke nicht an die andern, Andri, wenn du mich hältst mit deinen Armen und mich küssest, glaub mir, ich denke nicht an sie.
ANDRI: – aber ich.
BARBLIN: Du mit deinen andern die ganze Zeit!
ANDRI: Sie haben mir wieder das Bein gestellt.
*Eine Turmuhr schlägt.*
ANDRI: Ich weiß nicht, wieso ich anders bin als alle. Sag es mir. Wieso? Ich seh's nicht ...
*Eine andere Turmuhr schlägt.*
ANDRI: Jetzt ist es schon wieder drei.
BARBLIN: Laß uns schlafen!
ANDRI: Ich langweile dich.
*Barblin schweigt.*
Soll ich die Kerze löschen? ... du kannst schlafen, ich wecke dich um sieben.
*Pause*
Da ist kein Aberglaube, o nein, das gibt's, Menschen, die verflucht sind, und man kann machen mit ihnen, was man will, ihr Blick genügt, plötzlich bist du so, wie sie sagen. Das ist das Böse. Alle haben es in sich, keiner will es haben, und wo soll das hin? In die Luft? Es ist in der Luft, aber da bleibt's nicht lang, es muß in einen Menschen hinein, damit sie's eines Tages packen und töten können ...
*Andri ergreift die Kerze.*
Kennst du einen Soldat namens Peider?
*Barblin murrt schläfrig.*
Er hat ein Aug auf dich.
BARBLIN: Der!
ANDRI: – ich dachte, du schläfst schon.
*Andri bläst die Kerze aus.* R

**3** *Untersucht die Beziehung von Barblin und Andri in dieser Szene. Achtet dabei auf Redeanteile, Handlungen, Sprache, z. B. die Personalpronomen. Wer geht auf wen ein? Wer stellt Fragen?*

**4** *Vergleicht nun eure Bildbeschreibung (Aufgabe 1) mit eurer Szenenanalyse.*

**Drittes bis sechstes Bild >> Inhaltsübersicht**

*Die Andorraner leben in Feindschaft mit den so genannten „Schwarzen“, ihren Nachbarn. Andri ist der Sohn des Lehrers Can mit einer „Schwarzen“. Aus Feigheit behauptet Can, Andri sei ein jüdisches Kind, das er vor den judenfeindlichen „Schwarzen“ gerettet habe.*
*Can ermöglicht Andri die Tischlerlehre. Der Tischler aber will Andri nur als Verkäufer arbeiten lassen, um dessen „jüdische Geschäftstüchtigkeit“ auszunutzen. Er gibt einen schlecht gearbeiteten Stuhl als Andris Werk aus, um zu beweisen, dass der zur Tischlerei nicht taugt.*
*Der Soldat Peider und der Amtsarzt behandeln Andri ganz unverhohlen judenfeindlich.*
*Barblin und Andri wollen heiraten, ohne zu ahnen, dass sie Halbgeschwister sind. Can untersagt die Heirat. Andri glaubt, dass ihn sogar sein Ziehvater wegen seiner Herkunft ablehnt.*
*Eines Nachts sieht Andri den Soldaten Peider aus Barblins Schlafkammer kommen, in die dieser gewaltsam eingedrungen ist, und fühlt sich nun auch noch von Barblin verraten.*

Max Frisch

# **Andorra** (Siebtes Bild)

*Sakristei[1], der Pater und Andri.*

PATER: Andri, wir wollen sprechen miteinander. Deine Pflegemutter wünscht es. Sie macht sich große Sorgen um dich ... Nimm Platz!

*Andri schweigt.*

Nimm Platz, Andri!

*Andri schweigt.*

Du willst dich nicht setzen?

*Andri schweigt.*

Ich verstehe, du bist zum ersten Mal hier. Sozusagen. Ich erinnere mich: Einmal als euer Fußball hereingeflogen ist, sie haben dich geschickt, um ihn hinter dem Altar zu holen.

*Der Pater lacht.*

ANDRI: Wovon, Hochwürden, sollen wir sprechen?

PATER: Nimm Platz!

*Andri schweigt.*

Also du willst dich nicht setzen.

*Andri schweigt.*

Nun gut.

ANDRI: Stimmt das, Hochwürden, daß ich anders bin als alle?

*Pause*

PATER: Andri, ich will dir etwas sagen.

ANDRI: – ich bin vorlaut, ich weiß.

PATER: Ich verstehe deine Not. Aber du sollst wissen, daß wir dich gern haben, Andri, so wie du bist. Hat dein Pflegevater nicht alles getan für dich? Ich höre, er hat Land verkauft, damit du Tischler wirst.

ANDRI: Ich werde aber nicht Tischler.

PATER: Wieso nicht?

ANDRI: Meinesgleichen denkt alleweil nur ans Geld, heißt es, und drum gehöre ich nicht in die Werkstatt, sagt der Tischler, sondern in den Verkauf. Ich werde Verkäufer, Hochwürden.

PATER: Nun gut.

ANDRI: Ich wollte aber Tischler werden.

PATER: Warum setzest du dich nicht?

1 **Sakristei:** Nebenraum der Kirche

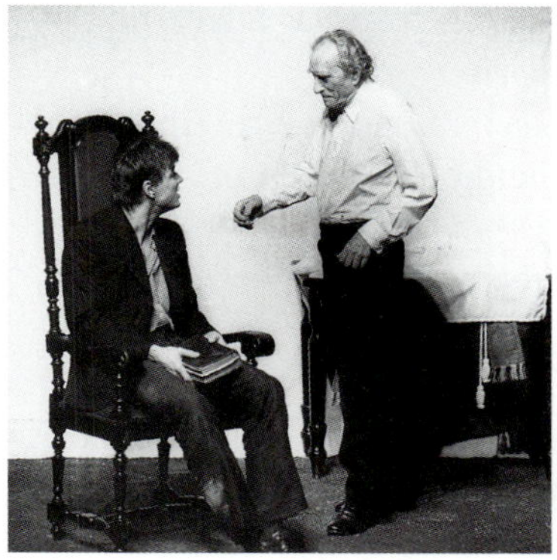

*Andri und der Pater, Düsseldorf 1984*

ANDRI: Hochwürden irren sich, glaub ich. Niemand mag mich. Der Wirt sagt, ich bin vorlaut, und der Tischler findet das auch, glaub ich. Und der Doktor sagt, ich bin ehrgeizig und meinesgleichen hat kein Gemüt.

PATER: Setz dich!

ANDRI: Stimmt das, Hochwürden, daß ich kein Gemüt habe?

PATER: Mag sein, Andri, du hast etwas Gehetztes.

ANDRI: Und Peider sagt, ich bin feig.

PATER: Wieso feig?

ANDRI: Weil ich Jud bin.

PATER: Was kümmerst du dich um Peider!

*Andri schweigt.*

Andri, ich will dir etwas sagen.

ANDRI: Man soll nicht immer an sich selbst denken, ich weiß. Aber ich kann nicht anders, Hochwürden, es ist so. Immer muß ich denken, ob's wahr ist, was die andern von mir sagen: daß ich nicht bin wie sie, nicht fröhlich, nicht gemütlich, nicht einfach so. Und Hochwürden finden ja auch, ich hab etwas Gehetztes. Ich versteh schon, daß niemand mich mag. Ich mag mich selbst nicht, wenn ich an mich selbst denke.

*Der Pater erhebt sich.*

Kann ich jetzt gehn?

PATER: Jetzt hör mich einmal an!

ANDRI: Was, Hochwürden, will man von mir?

PATER: Warum so mißtrauisch?

ANDRI: Alle legen ihre Hände auf meine Schulter.

PATER: Weißt du, Andri, was du bist?

*Der Pater lacht.*

Du weißt es nicht, drum sag ich es dir.

*Andri starrt ihn an.*

Ein Prachtskerl! In deiner Art. Ein Prachtskerl! Ich habe dich beobachtet, Andri, seit Jahr und Tag –

ANDRI: Beobachtet?

PATER: Freilich.

ANDRI: Warum beobachtet ihr mich alle?

PATER: Du gefällst mir, Andri, mehr als alle andern, ja, grad weil du anders bist als alle. Was schüttelst du den Kopf? Du bist gescheiter als sie. Jawohl! Das gefällt mir an dir, Andri, und ich bin froh, daß du gekommen bist und daß ich es dir einmal sagen kann.

ANDRI: Das ist nicht wahr.

PATER: Was ist nicht wahr?

ANDRI: Ich bin nicht anders. Ich will nicht anders sein. Und wenn er dreimal so kräftig ist wie ich, dieser Peider, ich hau ihn zusammen vor allen Leuten auf dem Platz, das hab ich mir geschworen –

PATER: Meinetwegen.

ANDRI: Das hab ich mir geschworen –

PATER: Ich mag ihn auch nicht.

ANDRI: Ich will mich nicht beliebt machen. Ich werde mich wehren. Ich bin nicht feig – und nicht gescheiter als die andern, Hochwürden, ich will nicht, daß Hochwürden das sagen.

PATER: Hörst du mich jetzt an?

ANDRI: Nein.

*Andri entzieht sich.*

Ich mag nicht immer eure Hände auf meinen Schultern ...

*Pause*

PATER: Du machst es einem wirklich nicht leicht.

*Pause*

Kurz und gut, deine Pflegemutter war hier. Mehr als vier Stunden. Die gute Frau ist ganz unglücklich. Du kommst nicht mehr zu Tisch, sagt sie, und bist verstockt. Sie sagt, du glaubst nicht, daß man dein Bestes will.

ANDRI: Alle wollen mein Bestes!

PATER: Warum lachst du?

ANDRI: Wenn er mein Bestes will, warum, Hochwürden, warum will er mir alles geben, aber nicht seine eigene Tochter?

PATER: Es ist sein väterliches Recht –

ANDRI: Warum aber? Warum? Weil ich Jud bin.

PATER: Schrei nicht!

*Andri schweigt.*

Kannst du nichts andres mehr denken in deinem Kopf? Ich habe dir gesagt, Andri, als Christ, daß ich dich liebe – aber eine Unart, das muß ich leider schon sagen, habt ihr alle: Was immer euch widerfährt in diesem Leben, alles und jedes bezieht ihr nur darauf, daß ihr Jud seid. Ihr macht es einem wirklich nicht leicht mit eurer Überempfindlichkeit.

*Andri schweigt und wendet sich ab.*

Du weinst ja.

*Andri schluchzt, Zusammenbruch.*

Was ist geschehen? Antworte mir. Was ist denn los? Ich frage dich, was geschehen ist. Andri! So rede doch. Andri? Du schlotterst ja. Was ist mit Barblin? Du hast ja den Verstand verloren. Wie soll ich helfen, wenn du nicht redest? So nimm dich doch zusammen. Andri! Hörst du? Andri! Du bist doch ein Mann. Du! Also ich weiß nicht.

ANDRI: – meine Barblin.

*Andri läßt die Hände von seinem Gesicht fallen und starrt vor sich hin.*

Sie kann mich nicht lieben, niemand kann's, ich selbst kann mich nicht lieben ...

*Eintritt ein Kirchendiener mit einem Meßgewand.*

Kann ich jetzt gehn?

*Der Kirchendiener knöpft den Pater auf.*

PATER: Du kannst trotzdem bleiben.

*Der Kirchendiener kleidet den Pater zur Messe.*

Du sagst es selbst. Wie sollen die andern uns lieben können, wenn wir uns selbst nicht lieben? Unser Herr sagt: Liebe deinen Nächsten wie dich selbst. Er sagt: wie dich selbst. Wir müssen uns selbst annehmen, und das ist es, Andri, was du nicht tust. Warum willst du sein wie die andern? Du bist gescheiter als sie, glaub mir, du bist wacher. Wieso willst du's nicht wahrhaben? 's ist ein Funke in dir. Warum spielst du Fußball wie diese Blödiane alle und brüllst auf der Wiese herum, bloß um ein Andorraner zu sein? Sie mögen dich alle nicht, ich weiß. Ich weiß auch, warum. 's ist ein Funke in dir. Du denkst. Warum soll's nicht auch Geschöpfe geben, die mehr Verstand haben als Gefühl? Ich sage: Gerade dafür bewundere ich euch. Was siehst du mich so an? 's ist ein Funke in euch. Denk an Einstein[2]! Und wie sie alle heißen. Spinoza[3]!

ANDRI: Kann ich jetzt gehn?

PATER: Kein Mensch, Andri, kann aus seiner Haut heraus, kein Jud und kein Christ. Niemand. Gott will, daß wir sind, wie er uns geschaffen hat. Verstehst du mich? Und wenn sie sagen, der Jud ist feig, dann wisse: Du bist nicht feig, Andri, wenn du es annimmst, ein Jud zu sein. Im Gegenteil. Du bist nun einmal anders als wir. Hörst du mich? Ich sage: Du bist nicht feig. Bloß wenn du sein willst wie die Andorraner alle, dann bist du feig ...

*Eine Orgel setzt ein.*

ANDRI: Kann ich jetzt gehn?

PATER: Denk darüber nach, Andri, was du selbst gesagt hast: Wie sollen die andern dich annehmen, wenn du dich selbst nicht annimmst?

ANDRI: Kann ich jetzt gehn ...

PATER: Andri, hast du mich verstanden? R

2 **Der Physiker Albert Einstein,** geboren 1879 in Ulm, Entdecker der Relativitätstheorie und Mitbegründer der Quantenmechanik, wanderte wegen seiner jüdischen Herkunft 1933 in die USA aus, wo er 1955 starb.

3 **Der Philosoph Baruch de Spinoza,** geboren 1632 in Amsterdam, gestorben 1677 in Den Haag, stammte aus einer von Portugal nach Holland eingewanderten jüdischen Familie.

**1** *Baut Standbilder, die das Verhältnis zwischen Andri und dem Pater an verschiedenen Stellen der Szene (Zeile 1–15, Zeile 76–85, Zeile 94–107 und Zeile 182–200) zum Ausdruck bringen. Vergleicht eure Standbilder und überlegt, ob sich Andris Haltung im Verlauf der Szene ändert.*

**2** *Der Pater fordert Andri mehrfach auf, sich zu setzen, aber keine Regieanweisung sagt, dass Andri dieser Aufforderung folgt. Das Szenenfoto (S. 235) zeigt Andri sitzend. Beschreibt, wie die Szene jeweils wirkt, wenn Andri stehen bleibt oder wenn er sitzt.*

**3** *Fünf Mal sagt Andri zum Pater: „Kann ich jetzt gehen?" Was geht dabei in ihm vor? Schreibt einen inneren Monolog (▷ Informationen zum „inneren Monolog" auf S. 363).*

**4** *Stellt euch vor, der Pater würde nach Andris Tod von einer Journalistin oder einem Journalisten aus einer Nachbarstadt interviewt werden.*
*a) Notiert kritische Fragen, die die Journalistin oder der Journalist dem Pater stellen könnte. Untersucht dazu die Argumentation und die Sprechweise des Paters im siebten Bild genau.*
*b) Spielt das Interview in der Klasse.*

### Achtes Bild >> Inhaltsübersicht

*Andris leibliche Mutter, eine von den „Schwarzen", genannt die Senora, ist nach Andorra gekommen, um Can, den Lehrer, zur Rede zu stellen. Sie macht ihm zum Vorwurf, Andri als Juden ausgegeben zu haben, und verlangt, dass er die Wahrheit über Andris Herkunft zugibt. Als eine der „Schwarzen" wird sie von den Andorranern mehr oder weniger offen angefeindet.*
*Die Mutter Andris muss mit ansehen, wie Andri von einem jungen Andorraner zusammengeschlagen und -getreten wird, als er sich mit dem Soldat Peider wegen Barblin streitet.*
*Der Lehrer weicht einem klärenden Gespräch mit seinem Sohn aus und bittet den Pater, Andri alles zu erklären.*

# Die Handlung spitzt sich zu

Max Frisch

**Andorra** (Neuntes Bild)

[...]

PATER: Ich bin gekommen, um dich zu erlösen.

ANDRI: Ich höre.

PATER: Auch ich, Andri, habe nichts davon gewußt, als wir das letzte Mal miteinander redeten. Er habe ein Judenkind gerettet, so hieß es seit Jahr und Tag, eine christliche Tat, wieso sollte ich nicht dran glauben! Aber nun, Andri, ist deine Mutter gekommen –

ANDRI: Wer ist gekommen?

PATER: Die Senora.

*Andri springt auf.*

Andri – du bist kein Jud.

*Schweigen*

Du glaubst nicht, was ich dir sage?

ANDRI: Nein.

PATER: Also glaubst du, ich lüge?

ANDRI: Hochwürden, das fühlt man.

PATER: Was fühlt man?

ANDRI: Ob man Jud ist oder nicht.

*Der Pater erhebt sich und nähert sich Andri.*

Rühren Sie mich nicht an. Eure Hände! Ich will das nicht mehr.

PATER: Hörst du nicht, was ich dir sage?

*Andri schweigt.*

Du bist sein Sohn.

*Andri lacht.*

Andri, das ist die Wahrheit.

ANDRI: Wie viele Wahrheiten habt ihr?

*Andri nimmt sich eine Zigarette, die er dann vergißt.*

Das könnt ihr nicht machen mit mir ...

PATER: Warum glaubst du uns nicht?

ANDRI: Euch habe ich ausgeglaubt.

PATER: Ich sage und schwöre beim Heil meiner Seele, Andri: Du bist sein Sohn, unser Sohn, und von Jud kann nicht die Rede sein.

ANDRI: 's war aber viel die Red davon ...

*Großer Lärm in der Gasse.*

*Der Pater und Andri, Uraufführung Zürich 1961*

PATER: Was ist denn los?

*Stille*

ANDRI: Seit ich höre, hat man mir gesagt, ich sei anders, und ich habe geachtet drauf, ob es so ist, wie sie sagen. Und es ist so, Hochwürden: Ich bin anders. Man hat mir gesagt, wie meinesgleichen sich bewege, nämlich so und so, und ich bin vor den Spiegel getreten fast jeden Abend. Sie haben recht: Ich bewege mich so und so. Ich kann nicht anders. Und ich habe geachtet auch darauf, ob's wahr ist, daß ich alleweil denke ans Geld, wenn die Andorraner mich beobachten und denken, jetzt denke ich ans Geld, und sie haben abermals recht: Ich denke alleweil ans Geld. Es ist so. Und ich habe kein Gemüt, ich hab's versucht, aber vergeblich: Ich habe kein Gemüt, sondern Angst. Und man hat mir gesagt, meinesgleichen ist feig. Auch darauf habe ich geachtet. Viele sind feig, aber ich weiß es, wenn ich feig bin. Ich wollte es nicht wahrhaben, was sie mir sagten, aber es ist so. Sie haben mich mit Stiefeln getreten, und es ist so, wie sie sagen: Ich fühle nicht wie sie. Und ich habe keine Heimat. Hochwürden haben gesagt, man muß das annehmen, und ich hab's angenommen. Jetzt ist es an Euch, Hochwürden, Euren Jud anzunehmen.

PATER: Andri –

ANDRI: Jetzt, Hochwürden, spreche ich.

PATER: – du möchtest ein Jud sein?

ANDRI: Ich bin's. Lang habe ich nicht gewußt, was das ist. Jetzt weiß ich's.

*Pater setzt sich hilflos.*

Ich möchte nicht Vater noch Mutter haben, damit ihr Tod nicht über mich komme mit Schmerz und Verzweiflung und mein Tod nicht über sie. Und keine Schwester und keine Braut: Bald wird alles zerrissen, da hilft kein Schwur und nicht unsre Treue. Ich möchte, daß es bald geschehe. Ich bin alt. Meine Zuversicht ist ausgefallen, eine um die andere, wie Zähne. Ich habe gejauchzt, die Sonne schien grün in den Bäumen, ich habe meinen Namen in die Lüfte geworfen wie eine Mütze, die niemand gehört, wenn nicht mir, und herunter fällt ein Stein, der mich tötet. Ich bin im Unrecht gewesen, anders als sie dachten, allezeit. Ich wollte recht haben und frohlocken. Die meine Feinde waren, hatten recht, auch wenn sie kein Recht dazu hatten, denn am Ende seiner Einsicht kann man sich selbst nicht recht geben. Ich brauche jetzt schon keine Feinde mehr, die Wahrheit reicht aus. Ich erschrecke, sooft ich noch hoffe. Das Hoffen ist mir nie bekommen. Ich erschrecke, wenn ich lache, und ich kann nicht weinen. Meine Trauer erhebt mich über euch alle, und so werde ich stürzen. Meine Augen sind groß von Schwermut, mein Blut weiß alles, und ich möchte tot sein. Aber mir graut vor dem Sterben. Es gibt keine Gnade –

PATER: Jetzt versündigst du dich.

ANDRI: Sehen Sie den alten Lehrer, wie der herunterkommt und war doch einmal ein junger Mann, sagt er, und ein großer Wille. Sehen Sie Barblin. Und alle, alle, nicht nur mich. Sehen Sie die Soldaten. Lauter Verdammte. Sehen Sie sich selbst. Sie wissen heut schon, was Sie tun werden, Hochwürden, wenn man mich holt vor Ihren guten Augen, und drum starren die mich so an, Ihre guten, guten Augen. Sie werden beten. Für mich und für sich. Ihr Gebet hilft nicht einmal Ihnen, Sie werden trotzdem ein Verräter. Gnade ist ein ewiges Gerücht, die Sonne scheint grün in den Bäumen, auch wenn sie mich holen.

*Eintritt der Lehrer, zerfetzt.*

PATER: Was ist geschehen?!

*Lehrer bricht zusammen.*

So reden Sie doch!

LEHRER: Sie ist tot.

ANDRI: Die Senora –?

PATER: Wie ist das geschehen?

LEHRER: – ein Stein.

PATER: Wer hat ihn geworfen?

LEHRER: – Andri, sagen sie, der Wirt habe es mit eignen Augen gesehen.

*Andri will davonlaufen, der Lehrer hält ihn fest.*

Er war hier, Sie sind sein Zeuge.

**1** *a) Baut Standbilder, die das Ende des neunten Bilds zum Ausdruck bringen.*
*b) Vergleicht eure Standbilder mit denen, die ihr zum siebten Bild erstellt habt (Aufgabe 1, S. 237), und überlegt, wie sich das Verhältnis zwischen Andri und dem Pater verändert hat.*

**2** *Untersucht, durch welche sprachlichen Mittel Andris veränderte Selbsteinschätzung zum Ausdruck gebracht wird.*

**3** *Welchen Aussagen Andris möchtet ihr widersprechen? Schreibt einen szenischen Dialog, in dem ihr an Stelle des Paters mit Andri diskutiert.*

**Zehntes bis zwölftes Bild** >> **Inhaltsübersicht**

*Nach dem Mord an der Senora besetzen die „Schwarzen" Andorra. Der Mörder soll durch eine „Judenschau" ermittelt werden.*
*Die Andorraner leisten keinen Widerstand, sondern unterstützen die Maßnahmen der Besatzer. Der Soldat Peider verhaftet Andri, der gegen den Rat Barblins und seines Vaters (des Lehrers) nicht geflohen ist, und führt ihn zur „Judenschau". Als der „Judenschauer" Andri aus der Menge der Andorraner aussondert, widersprechen diese nicht. Andri wird von den Soldaten der „Schwarzen" ermordet. Sein Vater, der Lehrer, erhängt sich daraufhin. Barblin, die als „Judenhure" geschoren worden ist, wird verrückt und weißelt, das Geschehen der Anfangsszene aufgreifend, das Pflaster des großen Platzes.*

**4** *Max Frisch nannte das neunte Bild die „wichtigste Szene des Stücks". Erläutert vor dem Hintergrund des Inhalts des zehnten bis zwölften Bildes, inwiefern dieses Bild als Wendepunkt des Dramas zu verstehen ist.*

**5** *Schuhe nehmen im Volksglauben eine wichtige Bedeutung ein.*
*a) Sammelt Sprichwörter und Redensarten, die „Schuhe" zum Thema haben, und erklärt deren Bedeutung.*
*b) Erzählt euch bekannte Märchenepisoden, in denen Schuhe eine wichtige Rolle spielen. Welche Rolle spielen die Schuhe in den jeweiligen Märchen, welche in der „Judenschau" der Schlussszene?*

**6** *a) Bildet Gruppen und überlegt, wo und wie die Schuhe Andris in der Schlussszene stehen sollen. Probiert die folgenden Verfahren aus:*
- ☐ *Erstellt eine Bühnenskizze und probiert die Wirkung unterschiedlicher Positionen im Raum aus, z. B. in der Bühnenmitte, im Hintergrund, vorn an der Rampe, an der Seite.*
- ☐ *Nehmt nun ein Paar Schuhe und stellt sie mal parallel, mal schräg, mal seitlich, mal gekippt etc. in den Raum.*

*Notiert, welche Empfindungen die unterschiedlichen Stellungen der Schuhe beim Betrachter auslösen.*
*b) Vergleicht eure Ergebnisse mit denen der anderen Gruppen und sprecht über die verschiedenen Varianten.*

### Bühnenrealisation in der Schlussszene

Nicht nur die Körpersprache (Gestik und Mimik) der Figuren und ihre Position im Raum verdeutlichen und interpretieren den Dramentext, auch Requisiten (bewegliche Gegenstände) tragen zur Wirkung eines Dramas bei, denn sie können die Figuren charakterisieren oder eine wichtige Bedeutung für den Ablauf der Handlung haben. Bei der „Judenschau" zum Beispiel müssen sich alle Andorraner mit schwarzen Tüchern verhüllen, ihre Schuhe ausziehen und „Schuh neben Schuh" aufstellen, um sie nach dem „Freispruch" wieder an sich zu nehmen. Allein Andris Schuhe bleiben zurück, er wird von den „Schwarzen" als Jude identifiziert, abgeführt und ermordet.
Am Schluss des Stückes versucht der Pater vergeblich, auf Barblin einzureden, während die Andris Schuhe bewacht, die stehen geblieben sind. Der letzte Satz des Dramas wird von Barblin gesprochen: „Hier sind seine Schuhe. Rührt sie nicht an! Wenn er wiederkommt, das sind seine Schuhe."

**7** *Stellt euch vor, die beteiligten Andorraner (Wirt, Tischler, Soldat, Pater, Jemand) treffen sich nach dem Selbstmord von Andris Vater im Wirtshaus, um über die vergangenen Ereignisse zu sprechen.*
*a) Entwerft in Gruppenarbeit ein solches Gespräch.*
*b) Lest euch eure Texte gegenseitig vor und sprecht über Gemeinsamkeiten und Unterschiede.*

# 10.2 Täuschung – Wahrheit – Wirklichkeit

**1** *a) Beschreibt die dargestellte Person und vergleicht dann eure Ergebnisse.*
*b) Auf welche Abbildung habt ihr eure Beschreibung gestützt? Begründet, warum ihr die anderen Darstellungen verworfen habt.*
*c) Diskutiert die Frage, ob eine der Darstellungen die Person wirklichkeitsgetreu zeigt.*

Max Frisch

## Du sollst dir kein Bildnis machen

[...] In gewissem Grad sind wir wirklich das Wesen, das die andern in uns hineinsehen, Freunde wie Feinde. Und umgekehrt! Auch wir sind die Verfasser der andern; wir sind auf eine heimliche und unentrinnbare Weise verantwortlich für das Gesicht, das sie uns zeigen, verantwortlich nicht für ihre Anlage, aber für die Ausschöpfung dieser Anlage. Wir sind es, die dem Freunde, dessen Erstarrtsein uns bemüht[1], im Wege stehen, und zwar dadurch, daß unsere Meinung, er sei erstarrt, ein weiteres Glied in jener Kette ist, die ihn fesselt und langsam erwürgt. Wir wünschen ihm, daß er sich wandle, o ja, wir wünschen es ganzen Völkern! Aber darum sind wir noch lange nicht bereit, unsere Vorstellung von ihnen aufzugeben. Wir selber sind die letzten, die sie verwandeln. Wir halten uns für den Spiegel und ahnen nur selten, wie sehr der andere seinerseits eben der Spiegel unsres erstarrten Menschenbildes ist, unser Erzeugnis, unser Opfer –. R

1 **bemühen,** hier: Sorge bereiten

**1** *Gebt mit eigenen Worten wieder, was in diesem Textauszug mit dem Bild des Spiegels über das Verhältnis von Wahrnehmung und Wirklichkeit ausgesagt wird.*

**2** *a) Erzählt von Situationen, in denen eure Wahrnehmung durch Vorerwartungen bestimmt worden ist. Geht dabei von Situationen aus, in denen ihr überrascht oder enttäuscht worden seid.*
*b) In welchen Situationen habt auch ihr Vorstellungen und Bilder, die jemand Anderes von euch hatte, enttäuscht?*

**3** *Der Titel von Frischs Text lautet: „Du sollst dir kein Bildnis machen“. Diskutiert, inwieweit ihr dieser Forderung zustimmt. Ihr könnt dabei auch auf die folgenden Äußerungen einer 9. Klasse Bezug nehmen.*

Der Andere ist für das Bild verantwortlich, das ich mir von ihm mache.

Bilder helfen, man kann nicht jeden Menschen in jeder Situation neu beurteilen.

Bilder sind hilfreich. Man sollte aber auch bereit sein, sie zu ändern.

Ein positives Bild von einem Anderen kann nicht schaden.

**4** *Zeigt anhand des zweiten Bildes (▷ S. 233–234), wie sich die Wahrnehmung Andris durch die Andorraner auf Andri selbst auswirkt.*

Max Frisch

## **Andorra** (Zwischenszenen)

*[Die Behauptung des Lehrers, sein Sohn sei Jude, führt schließlich zum Tod Andris. Die beteiligten Figuren rechtfertigen sich vor den Zuschauerinnen und Zuschauern an der „Zeugenschranke".]*

**Vordergrund**

*Der Wirt, jetzt ohne die Wirteschürze, tritt an die Zeugenschranke.*

WIRT: Ich gebe zu: Wir haben uns in dieser Geschichte alle getäuscht. Damals. Natürlich hab ich geglaubt, was alle geglaubt haben damals. Er selbst hat's geglaubt. Bis zuletzt. Ein Judenkind, das unser Lehrer gerettet habe vor den Schwarzen da drüben, so hat's immer geheißen, und wir fanden's großartig, dass der Lehrer sich sorgte wie um einen eigenen Sohn. Ich jedenfalls fand das großartig. Hab ich ihn vielleicht an den Pfahl gebracht? Niemand von uns hat wissen können, daß Andri wirklich sein eigner Sohn ist, der Sohn von unsrem Lehrer. Als er mein Küchenjunge war, hab ich ihn schlecht behandelt? Ich bin nicht schuld, daß es dann so gekommen ist. Das ist alles, was ich nach Jahr und Tag dazu sagen kann. Ich bin nicht schuld. R

**Vordergrund**

*Der Tischler tritt an die Zeugenschranke.*

TISCHLER: Ich gebe zu: Das mit den 50 Pfund für die Lehre, das war eben, weil ich ihn nicht in meiner Werkstatt wollte, und ich wußte ja, es wird nur Unannehmlichkeiten geben. Wieso wollte er nicht Verkäufer werden? Ich dachte, das würd ihm liegen. Niemand hat wissen können, daß er keiner ist. Ich kann nur sagen, daß ich es im Grund wohlmeinte mit ihm. Ich bin nicht schuld, daß es so gekommen ist später. R

**Vordergrund**

*Der Soldat, jetzt in Zivil, tritt an die Zeugenschranke.*

SOLDAT: Ich gebe zu: Ich hab ihn nicht leiden können. Ich habe ja nicht gewußt, daß er keiner ist, immer hat's geheißen, er sei einer. Übrigens glaub ich noch heut, daß er einer gewesen ist. Ich hab ihn nicht leiden können von Anfang an. Aber ich hab ihn nicht getötet. Ich habe nur meinen Dienst getan. Order ist Order. Wo kämen wir hin, wenn Befehle nicht ausgeführt werden! Ich war Soldat. R

**1** *„Wir haben uns in dieser Geschichte alle getäuscht." Nehmt Stellung zu dieser Aussage des Wirts.*

**2** *Wie beurteilt ihr die Rechtfertigungsversuche der Andorraner an der Zeugenschranke?*

## Der Wahrnehmungsprozess

Niemand nimmt die Welt unmittelbar wahr, weil unsere Wahrnehmung durch viele Faktoren beeinflusst wird, z. B. durch unsere Erfahrungen, unser Vorwissen, unsere Lebenssituation, unsere Interessen und Ziele. So werden neue Eindrücke wie durch einen Filter, der die Erfahrung verallgemeinert, einzelne Aspekte auswählt oder deutet, aufgenommen und mit unserem Weltbild abgeglichen. Dieser Filter ist notwendig, damit wir mit der Flut von Eindrücken, die ständig auf uns einstürmt, zurechtkommen.

Problematisch wird der Filter erst, wenn der Wahrnehmungsprozess erstarrt und das einmal gewonnene Weltbild keine Veränderung mehr zulässt.

- **Verallgemeinerungen** werden dann zu positiven oder negativen Vorurteilen.
- **Auswahlprozesse** führen zu Reduktionen und Tilgungen.
- **Deutungen** können Verzerrungen und Täuschungen zur Folge haben, die Wirklichkeit wird umgedeutet, damit sie in das Weltbild passt.

Fehlerhafte Wahrnehmungen lassen sich häufig auf eine starre Unterscheidung verschiedener Gruppen zurückführen, die weder durch Erfahrungen noch durch Argumente verändert wird. Was der eigenen Sichtweise entspricht, wird um jeden Preis verteidigt, fremde Sichtweisen werden negativ besetzt und abgewiesen. Dieser Prozess der Vorurteilsbildung dient in der Regel der Stabilisierung eines unsicheren und schwachen Selbstwertgefühls.

**1** *Fasst die Aussage des Textes in eigenen Worten zusammen. Erläutert dabei auch das Schaubild.*

**2** *a) Sucht Beispiele für fehlerhafte Wahrnehmungen aus dem Stück „Andorra“ (▷ S. 228–239) wie auch aus eigener Erfahrung. Übertragt dazu die folgende Tabelle in euer Heft.*

**Fehlerhafte Wahrnehmungen**

| | falsche Verallgemeinerungen (Vorurteile) | einseitige Auswahl (Reduktion) | verzerrte Deutungen (Täuschung) |
|---|---|---|---|
| Beispiele aus „Andorra“ | - Pater: ... der Jud ist feig (S. 237, Z. 187)<br>- ... | - Pater: Du bist gescheiter als sie ... (S. 236, Z. 168–170)<br>- ... | - Andri: Ich bewege mich so und so. Ich kann nicht anders. (S. 238, Z. 49–50)<br>- ... |
| eigene Beispiele | - ... | - ... | - ... |

*b) Präsentiert der Klasse eure Ergebnisse und erläutert die Zuordnung.*

**3** *Stellt euch vor, die Figuren sähen ihre Mitschuld an Andris Tod ein. Schreibt die Texte an der Zeugenschranke (▷ S. 243) unter diesen Voraussetzungen neu.*

# 10.3 „The killer in me is the killer in you my love" – Jugendtheater

Lutz Hübner

## Creeps

*In Lutz Hübners „Creeps" (Uraufführung 1. 4. 2000 am Deutschen Schauspielhaus Hamburg) treffen drei Mädchen, Petra Kowalski (16 Jahre alt, Outfit mäßig modisch (H & M), kein Dialekt, aber sächsische Sprachmelodie), Maren Terbuyken (17 Jahre alt, kurze Haare, modisch eher Richtung Kelly Family, Naturstoffe, ungeschminkt) und Lilly Marie Teetz (17 Jahre alt, Kostüm, sehr schick, aber trendy, hohe Schuhe, dezent geschminkt) aufeinander, die sich um eine Moderatorenstelle für eine neue Fernsehshow beworben haben. Sie müssen, angeleitet von einer Stimme aus dem Off (Off-Voice), mehrere Aufgaben erfüllen, von sich erzählen, sich gegenseitig interviewen etc. Dabei wird die Konkurrenzsituation unter ihnen immer deutlicher. Die Mädchen wollen einerseits aus unterschiedlichen Gründen den Job, geraten aber durchaus auch in Schwierigkeiten mit den Erwartungen, die an sie gerichtet werden.*
*Vor der abgedruckten Szene ist Petra aufgefordert worden, über sich selbst und ihr Leben in KM-Stadt (Chemnitz hieß zu Zeiten der DDR Karl-Marx-Stadt) zu berichten.*

*(Stille.)*
PETRA: Ich fang noch mal an. Geht das?
Ich wollte das anders machen.
So klingt das so, ich weiß nicht, ich hab falsch angefangen oder so.
OFF-VOICE: Ist okay, Petra. Das sind die facts.
Jetzt wollen wir was über dich erfahren, über KM-Stadt, das volle Programm.
PETRA: Was denn?
OV: Deine Clique, was ist denn mit denen?
PETRA: Die sind nett.
OV: Bei euch in der Platte geht doch bestimmt die Post ab, oder?
PETRA: Nee.
OV: Was macht ihr denn, wenn ihr so nachts auf Tour seid?
PETRA: Hab ich ebend gesagt.
OV: Kein Stress mit den Bullen?
Wegen Randale, Graffiti, solche Sachen?
*(Petra schüttelt den Kopf.)*
Oder mit einer anderen Gang? Kerle, die euch blöd kommen, irgendwelche Arschlöcher, die man mal aufklatschen muss?
PETRA: Mit solchen Leuten will ich nichts zu tun haben.
OV: Klar, klar, will keiner. Aber es gibt sie doch, oder?
PETRA: Arschlöcher? Klar gibt's die, gibt's doch überall, oder?
OV: Bloody right. Und in KM-Stadt ist doch die Hölle los, oder? Hast du doch gesagt.
KM ist doch real hardboiled, oder?
PETRA: Versteh ich jetzt nicht.
OV: Was weiß ich, irgendwelche Wessis, die es raushängen lassen, oder Glatzen, die durchticken, solche Typen, da läuft doch eine Menge, gerade in der Kante, post industrial landscapes, Fabrikruinen, Feuer in alten Ölfässern, oder mit dem Trabbi die Piste runter, Crashkids. Musik hochgezogen bis zum Anschlag, oder? Mensch, Petra, du weißt doch, was ich meine, du willst es mir nicht sagen, right?
PETRA: So was gibt es bei uns nicht.
OV *(lacht)*: Petra, hör zu, du bist eine Superfrau, weiß du, du hast so was Direktes, und ich find es auch echt süß, dass du deine Leute schützen willst, aber irgendwie musst du auch dazu stehen, dass du aus dem Osten kommst.
Ich meine, wir wissen, was da läuft. Das ist nicht so voll die heile Welt, right?

Du hast doch was durch, dieses ganze neue Leben, du brauchst uns nicht den Wessi zu faken, du musst auch zu der Scheiße stehen, die da läuft.
Da steckt ja auch eine Sehnsucht in der ganzen Gewalt und Verzweiflung da drüben.
Die Hirnwäsche, der Druck und so, und auf einmal seid ihr im Überfluss, ich red ja nicht von Bananen, ich meine das feeling, neue Werte, all that stuff.
Da steckt doch irgendwo auch eine Kraft, oder?
Die spür ich doch bei dir, Petra.
Mach doch mal deine Seele auf.
*(Petra hat mit wachsender Wut zugehört.)*

Petra: Jetzt ist gut, ja?
Was glaubst du denn, wie wir leben.
Wir sind jetzt zehn Jahre Westen, ja?
Ihr habt doch keine Ahnung, wir sind doch keine wild gewordenen Affen, nee, nee, nicht auf die Tour.
Ich lass mich doch hier nicht verarschen, da könnt ihr euren Scheiß alleine machen, ich hab auch meinen Stolz, ich mach meine Sachen, ich lass mich doch hier nicht abstempeln, nee, nee, ihr habt doch keine Ahnung, nee, ihr immer, da müsst ihr euch das erst mal angucken, bevor ihr die Fresse aufreißt, was bin ich denn hier, ich mach euch doch hier nicht den doofen Ossi, ich bin da gern, ich leb da und Schluss, aus die Maus, ich hab gesagt, wie ich lebe, ihr habt doch ein Brett vorm Kopf, und zwar ein so dickes, das ganze Wessigelaber, nee, nee, ich hab doch mit Glatzen nix zu tun, so könnt ihr mir nicht kommen, das sind alles einwandfreie Leute, da lass ich nix drauf kommen und wilder Osten und Trabbis und gefährlich und den Scheiß, nee, nee, ich mach hier mein Zeug, und wenn es euch nicht passt, so was von, von nix ne Ahnung!
*(Sie setzt sich, trinkt einen Schluck Wasser, zieht ihre Jacke wieder an.*
*Stille. Das rote Licht geht aus.)*

**1** *Lest die Szene mit verteilten Rollen. Die Stimme aus dem Off ist für Petra nicht sichtbar, sie spricht ins Leere. Probiert durch mehrmaliges Lesen aus, wie die beiden Personen sprechen müssen.*

**2** *Versucht, auf Grund des vorliegenden Textauszuges die beiden Figuren (Petra, Off-Voice) zu charakterisieren (▷ literarische Charakteristik S. 232).*

**3** *In der Szene kommen unterschiedliche Wahrnehmungen der Verhältnisse in KM-Stadt zum Ausdruck. Wendet die auf Seite 244 eingeführten Begriffe für fehlerhafte Wahrnehmungen an, um diese Wahrnehmungsproblematik zu beschreiben.*

Andri Beyeler

## The killer in me is the killer in you my love

*Dieses Stück wurde 2004 mit dem Deutschen Jugendtheaterpreis ausgezeichnet. In der Begründung der Jury heißt es: Zwei Mädchen und drei Jungs treffen sich im Schwimmbad. Das Schwimmbad als Ort der gegenseitigen Annäherung bietet die Möglichkeit zu Kontakten in verschiedenen Konstellationen.*

GERBER: Ich stehe im Schwimmbad
auf dem Dreimeterbrett
und will eine Bombe machen,
ich kann nichts Anderes
vom Dreier.
Gut,
einfach senkrecht hinunterspringen,
aber das kann eigentlich jeder,
das zählt nicht.
Ich will also
gerade eine Bombe machen,
da sehe ich Hanna,
wie sie am Beckenrand sitzt,
sie guckt zu mir.
Und jetzt nehme ich Anlauf,
federe perfekt,
springe noch besser,
halte den Kopf runter
und die Arme nach vorn,
die Hände presse ich zusammen.
Kein Bauchklatscher,
nicht auf den Bauch,
nein,
mein erster Kopfsprung
vom Dreier.
Ich tauche auf
und schwimme direkt zu Hanna.
Hastes gesehn,
frage ich,
wie fandstes?
Sie guckt mich an
und lacht.
Ich schreibs dir dann,
sagt Hanna.

HANNA: Ich sitze im Schwimmbad,
am Beckenrand
und gucke zum Dreimeterbrett,
dort oben steht Gerber.
Jetzt hat er mich gesehen,
glaube ich,
jedenfalls nimmt er Anlauf,
federt,
dann springt er.
Es sieht so aus,
als ob er
einen Kopfsprung probiert.
Das wird ein Bauchklatscher,
denke ich,
wie immer,
wenn er einen Kopfsprung probiert.
Aber Gerber hält den Kopf runter,
die Arme nach vorn
und die Hände zusammen,
und es wird der
schönste Kopfsprung,
den ich jemals gesehen habe.
Gerber taucht auf
und schwimmt,
warum schwimmt er jetzt zu mir?
Wie fandst es,
fragt er
und grinst mich an.
Kannst es mir ja schreiben,
sagt er.

**1** a) *Vergleicht die beiden Beschreibungen derselben Situation. Wo stimmen sie überein, wo gibt es Unterschiede? Erklärt die Unterschiede.*
b) *Stellt Vermutungen an, warum der Autor dieselbe Begebenheit aus zwei unterschiedlichen Perspektiven erzählen lässt.*

**2** *a) Dieses Jugendtheaterstück ist in Prosa geschrieben, aber die Dialoge sind nicht einfach als fortlaufende Texte gesetzt, sondern so, als seien es Verse. Beschreibt die Wirkung dieses Stilmittels auf den Leser.*
*b) Auch die Nicht-Verwendung von Anführungszeichen und Apostrophen entspricht nicht den Regeln, die ihr kennt. Untersucht sie und erläutert, was dadurch bewirkt wird.*

**3** *Findet heraus, z. B. über das Internet, wo in eurer Nähe ein (Jugend-)Theater existiert, und bereitet zusammen mit eurer Deutschlehrerin oder eurem Deutschlehrer einen Theaterbesuch vor. Der folgende Leitfaden hilft euch dabei:*

## Einen Theaterbesuch planen

Theater, die Stücke für Jugendliche spielen, bieten häufig ein vielfältiges Programm zusätzlicher Veranstaltungen für Schülerinnen und Schüler an, z. B.:
- Vor- und Nachbereitungen eines Theaterbesuchs,
- Probenbesuche,
- Führungen hinter die Bühne, bei denen man den technischen Apparat bis hin zur Beleuchtung oder auch die Werkstätten des Theaters kennen lernen kann, in denen die Bühnenbildner z. B. Perücken und Kostüme herstellen,
- Workshops, in denen auf vielfältige Weise Erfahrungen mit Stimme, Körper, Bewegung und Raum gemacht werden können.

Manche Jugendtheater bieten einzelnen Klassen Patenschaften für Stücke an und geben ihnen damit die Möglichkeit, die Entstehung eines Theaterstücks auf der Bühne über einen längeren Zeitraum zu verfolgen, oder es gibt Theaterclubs, in denen gemeinsam mit den Teilnehmerinnen und Teilnehmern Stücke erarbeitet und zur Aufführung gebracht werden.

## Leitfaden zur Organisation

- Beschafft euch den Spielplan und Informationen zu den Theaterstücken, die gerade gespielt werden, und überlegt, welches Stück ihr ansehen wollt.
- Nehmt Kontakt zu dem Theater auf und sprecht einen Termin für die Vorstellung ab. Oft besteht auch die Möglichkeit, nach der Vorstellung mit den Schauspielerinnen und Schauspielern zu sprechen oder einen Theaterpädagogen in die Schule einzuladen. Informiert euch auch über diese Möglichkeiten, z. B. in Form eines Briefes.
- Überlegt, ob ihr den Dramentext vor oder nach dem Theaterbesuch lesen wollt. Wenn ihr den Text vorher lest, könnt ihr erst einmal eure eigenen Vorstellungen zu dem Stück entwickeln. Lest ihr den Text nach eurem Theaterbesuch, könnt ihr zum Beispiel einzelne Szenen, die euch während der Vorstellung besonders aufgefallen sind, ausführlich im Unterricht besprechen.
- Klärt, wie ihr zum Theater kommen wollt: Wenn ein Bus gemietet werden muss, wird alles schnell sehr teuer. Sicher gibt es an eurer Schule einen Förderverein, der euer Unternehmen gern unterstützt. Verfasst einen Brief, in dem ihr euer Projekt beschreibt und um einen Zuschuss bittet.
- Informiert auch eure Eltern und die Schulleitung. Schreibt einen Brief, in dem ihr mitteilt, wann ihr ins Theater geht, welches Stück ihr anseht, was es kostet, wie ihr dort hinkommt und wann ihr wieder zurück seid.

# 11 Reden und Schweigen – Literarische Texte erschließen

## 11.1 Identitätsfragen und Generationskonflikte – Literarische Texte untersuchen

Christoph Hein

### Die Vergewaltigung

*Christoph Hein wurde am 8. April 1944 als Sohn einer Pfarrerfamilie in Heinzendorf (Schlesien) geboren. Nach Kriegsende zog die Familie nach Bad Düben bei Leipzig, wo Hein aufwuchs. Da ihm als Kind eines Pfarrhaushalts der Zugang zu einem Gymnasium in der DDR verwehrt war, zog er im Jahre 1958 nach Westberlin und besuchte als Internatsschüler ein humanistisches Gymnasium. Der Mauerbau verschlug ihn wieder in die DDR.*
*Von 1961 bis 1967 hatte er Anstellungen in den unterschiedlichsten Berufen: Er arbeitete als Montagearbeiter, Buchhändler, Kellner, Journalist, Schauspieler kleinerer Rollen und Regieassistent. 1964 holte er sein Abitur an einer Abendschule nach, von 1967 bis 1971 studierte er in Leipzig und Berlin Philosophie und Logik. Nach dem Studium war Hein als Dramaturg und Autor an der Volksbühne in Ostberlin tätig, seit 1979 lebt er als freier Schriftsteller in Berlin.*
*Der Text „Die Vergewaltigung" entstammt dem 1994 erschienenen Erzählband „Exekution eines Kalbes und andere Erzählungen".*

Zwei Tage nach dem siebzehnten Geburtstag von Ilona R., Tochter eines Landarbeiters in einem Dorf östlich von Prenzlau, wurde ihre vierundsechzigjährige Großmutter im August 1945 von zwei marodierenden[1] Soldaten der sowjetischen Streitkräfte vergewaltigt. Die beiden Soldaten hatten sich gewaltsam Zugang zu dem Bauernhaus verschafft, dessen Eingangstür verriegelt war. Sie trafen nur die alte Bäuerin an, da diese, während die Soldaten das Tor des Gehöftes und die Haustür aufbrachen, die Zeit genutzt hatte, ihre Schwiegertochter und ihre Enkelin in der Räucherkammer auf dem Dachboden zu verstecken. Männer wohnten zu dieser Zeit nicht auf dem Gehöft; der Ehemann der Großmutter war zwei Jahre zuvor verstorben und ihr Sohn, Ilonas Vater, befand sich in englischer Kriegsgefangenschaft.
Als sie hörten, dass nur die Großmutter im Haus sei, durchsuchten die Soldaten sämtliche Räume. Kleidungsstücke und verschiedene Gegenstände der Einrichtung verwiesen sie darauf, dass noch andere, jüngere Frauen im Haus leben mussten. Sie schlugen Ilonas Großmut-

1 **marodieren:** [als Nachzügler einer Truppe] plündern

ter, um das Versteck zu erfahren, doch die alte Frau blieb hartnäckig bei ihrer Behauptung, allein zu wohnen.

Die angetrunkenen Soldaten vergewaltigten daraufhin die alte Bäuerin und verließen das Gehöft, wobei sie zwei Kisten mit Apfelwein, die sie im Keller gefunden hatten, mitnahmen. Die alte Frau verriegelte notdürftig die zerstörte Tür und befreite ihre Schwiegertochter und ihre Enkelin aus der Räucherkammer. Sie machte Wasser warm, stellte sich in der Küche in einen Waschzuber und ließ sich von den beiden jüngeren Frauen von Kopf bis Fuß gründlich waschen. Da Schwiegertochter und Enkelin nicht aufhörten zu weinen, umarmte die alte Frau, aufrecht und nackt im Zuber stehend, die beiden und sagte begütigend: Was heult ihr dummen Küken? Hab ich mir ein Bein gebrochen?

Die Bäuerin zeigte das Verbrechen bei der sowjetischen Kommandantur an, doch die beiden Soldaten wurden nicht entdeckt, denn die alte Frau war nicht bereit, dem Wunsch des jungen russischen Leutnants zu folgen und die angetretenen Soldaten abzuschreiten, um die beiden zu identifizieren. Der Leutnant garantierte ihr, dass die von ihm gewünschte Gegenüberstellung für sie keinerlei unangenehme Folgen haben werde, musste aber schließlich verärgert die Frau gehen lassen.

Ilona verließ im darauf folgenden Jahr ihr Heimatdorf und wurde in einer kleinen Stadt an der neuen Grenzlinie zu Polen Sekretärin des Bürgermeisters.

Der Bürgermeister, ein Ziegeleiarbeiter, war wegen einer wehrkraftzersetzenden Äußerung während der Nazizeit zwei Jahre inhaftiert gewesen und ausschließlich auf Grund dieser Haftstrafe und ohne jede weitere Qualifikation für das höchste Stadtamt gewählt worden. Er hatte die Ernennung nur ungern und widerwillig akzeptiert, denn er scheute die Büroarbeit. Da er nach eigener Ansicht keinerlei Voraussetzung für dieses Amt besaß – er war nahezu Analphabet –, war er Ilona dankbar, dass sie, nachdem sie seine Behinderung begriffen hatte, wie selbstverständlich das Schreiben und Lesen der amtlichen Formulare und Akten für ihn übernahm. Sie übte täglich mit dem schwitzenden Bürgermeister im verschlossenen Amtszimmer, um den vergessenen und verschütteten Schulstoff für den fünfzigjährigen Mann wieder nutzbar zu machen, sodass er schon ein Jahr später, und noch ehe seine Behinderung bekannt und zum Stadtgespräch werden konnte, mit der Grammatik und der schriftlichen Verwendung der deutschen Sprache so weit zurechtkam, dass er selbstständig und sicher seine beruflichen Aufgaben erfüllen konnte.

Aus Dankbarkeit und aus dem Gefühl, der jungen Frau eine ähnliche Schmach – als solche empfand er seine mangelnde Ausbildung – ersparen zu müssen, drängte er Ilona, ihre früh abgebrochene Schulbildung fortzusetzen. Er sorgte dafür, dass sie von der Arbeiter- und Bauern-Fakultät, einer kurz zuvor gegründeten Ausbildungseinrichtung für diejenigen, die auf Grund ihrer sozialen Herkunft bisher keine ihrer Begabung gemäße Bildung hatten erhalten können, aufgenommen wurde, um die Hochschulreife zu erlangen.

Auf dieser Schule lerne Ilona Jürgen S., ihren späteren Mann, kennen, einen vierundzwanzigjährigen beinamputierten Kriegsteilnehmer. Mit ihm zusammen studierte sie in Berlin fünf Jahre Jura, beide wurden danach Assistenten an der Humboldt-Universität und verfassten ihre Dissertationen[2]. Ihr Mann blieb an der Universität und zählte dort zu den jüngsten Professoren. Ilona wurde Staatsanwältin und wechselte acht Jahre später in ein Ministerium über. Mit dreißig bekam sie ihr erstes Kind, im Abstand von zwei Jahren folgten zwei weitere. Mit fünfundvierzig wurde sie in ihrem Ministerium stellvertretende Staatssekretärin. Beide, Ilona und ihr Mann, waren gesellschaftlich sehr aktiv und wurden mehrmals ausgezeichnet.

Unterdessen war die Frankfurter Allee in Berlin, die früher Große Frankfurter hieß und nach dem Krieg ein Trümmerfeld war, am Ge-

2 **Dissertation:** Arbeit zur Erlangung des Doktorgrades

burtstag und zu Ehren des sowjetischen Staatsmannes in Stalinallee umbenannt worden und der erste Grundstein für die neu zu errichtenden Gebäude gelegt. In der Allee war ein Denkmal Stalins aufgestellt und eine Sporthalle anlässlich der 3. Weltjugendfestspiele eingeweiht worden. Glückliche Mieter waren in die fertig gestellten Wohnungen eingezogen und erstmals in Europa wurde die Skelettbauweise mit Stahlbeton beim Wohnungsbau in der Stalinallee angewandt. Die Bauarbeiter der Allee streikten in einem Frühjahr und lösten damit einen landesweiten Aufstand aus, der mit der Hilfe sowjetischer Panzer beendet wurde. Das Denkmal Stalins wurde in einer Nacht umgestürzt, an einen unbekannten Ort abtransportiert und später dem Stifter der Bronze, der Sowjetunion, zurückgegeben. Die zweite Bauetappe der Allee, die nun über den Straußberger Platz hinaus zum Alexanderplatz führte, begann, die Stalinallee wurde in Karl-Marx-Allee umbenannt und der Staatsmann Walter Ulbricht besichtigte das neu entstandene Hotel in der Allee, lobte den Bau und kritisierte, dass die Bauleute für ein Treppengeländer Holz verwandt hatten statt Plastik; farbige Plaste, sagte er, sei dafür großartig geeignet, man möge künftig daran denken. Die Fachleute, die Architekten und Bauleute, dankten Walter Ulbricht und versprachen, seinen Vorschlag bei ihren nächsten Bauten zu beherzigen. Und die Sporthalle wurde wegen Einsturzgefahr von der Baupolizei gesperrt, da für ihre Konstruktion ein ausgebranntes und beschädigtes Stahlskelett aus dem im Krieg zerstörten Zentralviehhof übernommen worden war, das nun nachzugeben drohte. Man begann, die Häuser in der Großblockbauweise zu errichten, und die Sporthalle wurde abgerissen. So entstanden die Allee und die Stadt neu aus Trümmern und das Leben ging seinen Gang in dieser schönen und grimmigen Welt und die Zeitungen des Landes berichteten von der schönen Welt und verschwiegen die grimmige.

Im Januar 1983 wurde Ilona vom Direktor der Oberschule ihres Wohngebietes gebeten, an einem Sonntag im April die festliche Ansprache zur Jugendweihe[3] der vierzehnjährigen Mädchen und Jungen zu halten. Ilona S. stimmte sofort zu. Zwei Mal besuchte sie die Vorbereitungsstunden der Jugendlichen, um sie kennen zu lernen.

Die Jugendweihe fand in einem nah gelegenen Kinosaal statt. Vor den festlich gekleideten und dadurch eher noch unreifer wirkenden Jugendlichen stand Ilona auf der mit Fahnen und Blumen geschmückten schmalen Bühne des Kinos und sprach über den Tag der Befreiung vom Hitlerfaschismus und über die schweren Anfangsjahre der Republik. Sie berichtete, wie sie als Halbwüchsige die Niederlage der deutschen Wehrmacht erlebt hatte, vom Einmarsch der Sowjetsoldaten in ihrem Dorf und von der Erleichterung der Bauern, dass die Jahre der Nazibarbarei endlich vorbei waren. Sie schilderte den Jugendlichen, wie der Bauernführer des Ortes sich zu verstecken und später als Gegner und Opfer der Nazis darzustellen versucht hatte, und sprach über die zurückliegenden Schwierigkeiten, ein neues Leben auf den Trümmern einer untergegangenen Welt zu organisieren. Und immer wieder erzählte sie von den zusätzlichen Brotverteilungen durch die Kommandantur, von der schnell entstehenden Freundschaft zwischen den Dorfkindern und den fremden Soldaten und von der wie selbstverständlichen Erntehilfe durch die sowjetischen Truppen. Sie erzählte, dass sie selbst als junges Mädchen von den Soldaten häufig etwas Essbares zugesteckt bekommen habe und dass ihre Großmutter, als diese bei der Stallarbeit von einer Kuh unglücklich getreten wurde, vom Kommandanten persönlich ins Prenzlauer Krankenhaus gefahren worden sei. Ihren Bericht beendete sie mit der Mahnung, stets die Freundschaft mit anderen Völkern zu pflegen, besonders mit jenen, die Deutschland vom Faschismus befreit hatten, damit diese finsteren Jahre der deutschen

3 **Jugendweihe:** Die Jugendweihe war in der DDR eine nichtkirchliche Alternative zur Konfirmation in den evangelischen Kirchen und zur Firmung der katholischen Kirche. Sie war ein Festakt, der den Übergang vom Jugend- ins Erwachsenenalter kennzeichnete.

Geschichte endgültig und unwiederbringlich vorbei seien. Mit diesem Wissen um die Vergangenheit, so schloss sie ihre Ansprache, seien die jungen Menschen verpflichtet, für eine demokratische Zukunft zu arbeiten und ihre ganze Kraft für die sozialistische Republik einzusetzen.

Die angesprochenen Jugendlichen hörten ihrer Rede unaufmerksam zu. Sie waren mit ihrer neuen Garderobe beschäftigt und unterhielten sich leise über die Geschenke, die sie an diesem Tag bereits erhalten oder noch zu erwarten hatten.

Nach der Feier waren Ilona und ihr Mann Gäste des Schuldirektors, der in der benachbarten Gaststätte einen Tisch hatte reservieren lassen und sich dort überschwänglich für die Festrede bedankte, die er als besonders gelungen und beeindruckend rühmte.

Am Nachmittag, als das Ehepaar wieder in seine Wohnung im obersten Stockwerk der Rathauspassagen zurückgekehrt war und bei einem Kaffee zusammensaß, um sich einen alten Spielfilm im Fernsehen anzuschauen, sagte Ilona zu ihrem Mann: Du hast mir noch gar nichts gesagt. Wie hat dir denn meine Rede gefallen?

Der Mann schwieg lange, so lange, dass Ilona ihn verwundert ansah und ihn schließlich aufforderte zu antworten.

Ihr Mann sagte sehr leise: Das war doch nicht nötig, Ilona.

Ich verstehe nicht, was du meinst, erwiderte die Frau ungewöhnlich scharf, es war alles die Wahrheit, was ich erzählte.

Ich weiß, sagte er und nickte beruhigend, aber deine Großmutter, sie ist doch von den Russen nicht nur ins Krankenhaus gefahren worden. Du hast mir jedenfalls noch etwas Anderes erzählt.

Ja und, fragte Ilona fassungslos, willst du, dass ich den Kindern davon erzähle? An einem solchen Tag? Bei einer solch festlichen Gelegenheit, willst du das wirklich?

Nein, sagte der Mann, aber dann hättest du auch das Andere nicht erzählen müssen.

Ilona stand da, sie zitterte am ganzen Körper.

Du bist ja, sagte sie und suchte nach Worten, du bist ja ein ...

Ohne den Satz vollenden zu können, verließ sie das Zimmer. Er hörte sie im Nebenzimmer laut weinen. Kurz danach vernahm er das Splittern eines Glases. Er stand auf, um zu ihr zu gehen, aber bevor er die Tür erreichte, wurde diese geöffnet. Ilona stand mit tränenüberströmtem Gesicht im Türrahmen, sah ihren Mann an und sagte: Du bist ein Faschist.

Aber Ilona, sagte er nur.

Sie schlug die Tür zu. Er wartete einen Moment, dann folgte er ihr ins Schlafzimmer. Sie lag auf dem Bett, von einem heftigen Weinkrampf geschüttelt. Er streichelte ihr Haar. Als sie seine Berührung spürte, drehte sie sich um und schrie mit verzerrtem Gesicht: Fass mich nicht an, du Faschist.

Eine Stunde später weinte sie immer noch. Ihr Mann brachte ihr eine Beruhigungstablette und ein Glas Wasser und sie ließ sich wie eine Schwerkranke die Tablette geben und das Wasser einflößen. Er setzte sich ans Bett und wischte behutsam ihre Stirn ab. Leise weinend ließ sie es sich gefallen. Langsam beruhigte sie sich und schlief ein, während ihr Mann neben ihr saß. Nur gelegentlich wurde ihr Körper von einer nervösen Zuckung geschüttelt, so als würde sie noch im Schlaf schluchzen.

**1** *Beschreibt den Aufbau der Erzählung.*

*a) Gliedert den Text in einzelne Sinnabschnitte und formuliert für jeden Abschnitt eine treffende Überschrift. Ermittelt, an welchen Stellen ausführlich erzählt wird und wo zeitlich stärker gerafft wird.*

*b) Rekonstruiert die Stationen der Biografie Ilonas vor dem Hintergrund der sozialpolitischen Entwicklung der DDR. Warum kombiniert der Autor Passagen individueller Erlebnisse und Berichte von historischen Ereignissen?*

**2** *Untersucht die Passage, in der die Geschichte der Karl-Marx-Allee beschrieben wird (▷ Z. 114–160).*
*a) Schreibt aus dieser Textpassage die historischen Ereignisse mit Zeilenangaben heraus.*
*b) Lest den folgenden Lexikonartikel zur Geschichte der Karl-Marx-Allee. Ergänzt dann eure Stichwortliste aus Aufgabe 2a.*
*c) Überlegt, warum der Autor die Chronik einer einzigen Straße darstellt, um die sozialpolitischen Veränderungen des Landes zu charakterisieren?*

**Karl-Marx-Allee:** sozialistische Prachtstraße in Ostberlin.
Die Karl-Marx-Allee, benannt nach dem Theoretiker des Kommunismus und Philosophen Karl Marx, hieß erst Große Frankfurter Straße, wurde am 21. Dezember 1949, dem 70. Geburtstag von Stalin, in Stalinallee und am 13. November 1961 in Karl-Marx-Allee umbenannt.
Nachdem im Zweiten Weltkrieg große Teile der Allee zerstört worden waren, entstand nach der Enttrümmerung 1949 die wohl monumentalste Straßenbebauung des 20. Jahrhunderts in Deutschland. Die 2 km lange Straße wurde auf 90 Meter verbreitert, die Bebauung mit prächtigen Wohnungen und Geschäftsräumen nach Vorgaben der Partei errichtet. Die Straße war in der DDR ein Vorzeigeobjekt, ein Zeugnis des sozialistischen Aufbauwillens. Bis 1989 wurde die Straße jeweils zum Jahrestag der DDR-Gründung am 7. Oktober für Aufmärsche und Paraden genutzt.
Besondere Bedeutung erlangte die Straße beim **Arbeiteraufstand am 17. Juni 1953**. Die Arbeiter auf den Großbaustellen der damaligen Stalinallee begannen am 16. Juni mit Streiks gegen die vom Zentralkomitee der SED angeordnete allgemeine Erhöhung der Arbeitsnormen. Die Demonstrationen breiteten sich schließlich in großen Teilen der Stadt aus, setzten sich in der gesamten DDR fort und eskalierten zum Volksaufstand: Zehntausende gingen auf die Straße, um gegen das stalinistische Regime Walter Ulbrichts zu protestieren. Der Aufstand wurde mit sowjetischer Hilfe brutal niederschlagen. Es folgten Massenverhaftungen und Todesurteile.

**3** *Stellt die geschilderte Vergewaltigung am Anfang der Erzählung der Jugendweihe-Szene gegenüber. Nennt mögliche Gründe, warum Ilona die Geschichte ihrer Großmutter verfälscht hat.*

**4** *Christoph Hein sagt über seine schriftstellerische Tätigkeit:*

*[...] meine Texte sollen Chronik sein meiner Zeit und meiner Gesellschaft. Das erfordert gleichermaßen Distanz und Nähe.*

*Ja, ich verstehe mich als Chronist, der mit großer Genauigkeit aufzeichnet, was er gesehen hat. Damit stehe ich in einer großen Tradition von Johann Peter Hebel bis Kafka. Aber der Schriftsteller ist kein Prediger, der den Sachverhalt, den er darstellt, auch noch selber kommentiert.*

*Chronist ist für mich ein Homer, wie ein Shakespeare, wie ein Kafka. Ich benutze das Wort weniger im Sinne des Buchhalters als des wirklichen Chronikschreibers etwa des 14. und 15. Jahrhunderts, wo die kleinen Fürsten einen Schreiber hatten, der wirklich tagtäglich aufzeichnete, was da passierte, und dies auch mit ein bisschen Rückgrat machte. Er berichtete auch über Dinge, die nicht berichtet werden sollten. Ich habe ein paar dieser Chroniken gelesen, etwa die des Herzogs Ulrich von Baden-Württemberg. Es ist sehr beeindruckend, wie genau da die freundlichen und die schäbigen Seiten des Fürstentums aufgezeichnet sind.*

*a) Lest die Aussagen von Christoph Hein genau durch.*
*b) Diskutiert, ob die Erzählung „Die Vergewaltigung" in diesem Sinne als Chronik bezeichnet werden kann.*

Gabriele Wohmann

## Verjährt

Nette Leute, unsere Nachbarn in der Strandhütte rechts, die Leute mit dem Pudel. Ruhige Leute, mit vorwiegend angenehmen Erinnerungen. Sie verbringen jeden Sommer hier, kaum wissen sie noch, seit wann. Sie haben auch letztes Jahr im „Juliana“ gewohnt, waren einmal am Leuchtturm mit Rast in der Teebude, bei ähnlichem Wetter wie im Jahr davor oder danach. Es kommt ihnen auf Übereinstimmung an, je mehr die Ferien sich gleichen, desto besser die Erholung. Öfter im Hafenort, die etwas längere, aber auch lohnendere Unternehmung. Doch noch immer haben sie sich nicht dazu aufgerafft, in einer Vollmondnacht längs des Abschlußdamms zu promenieren. Wieder mal versäumten sie an keinem ihrer vier Mittwochnachmittage das Folklorefest im Hauptort der Insel, vorher Einkäufe, Mittagessen, als Ausklang Eis. Es pflegt sie stets einigermaßen anzustrengen, im überfüllten Städtchen findet der Mann nur mit Mühe einen Parkplatz; aber es gehört dazu und ist nett, war nett, immer gewesen. Findest du nicht, Reinhard?

Sie mieten immer eine der Strandhütten auf der Nordseite, sie finden den dortigen Strandvermieter sympathischer, sie melden sich immer rechtzeitig an und bestehen auf einer der höheren Nummern, meistens wohnen sie in einer Hütte zwischen 60 und 65. Sie haben es gern ruhig. Der etwas weitere Weg, Preis dieser Ruhe, ist schließlich gesund. Sie redeten auch vor drei Jahren über den Pudel, beispielsweise. Der Pudel, das Wetter, der Badewärter, der Jeep des Badewärters, Badeanzüge, Mahlzeiten im „Juliana“. Vielleicht sind einige ihrer Sätze früheren Sätzen zufällig aufs Wort gleich, das wäre wahrscheinlich, zumindest bei kurzen Sätzen. Die Bedienung im „Juliana“ wechselt, aber das bringt wenig Veränderung mit sich, denn alle Kellnerinnen und Kellner und auch die Zimmermädchen sind freundlich und vergeßlich, als mache die Hotelleitung bei neuen Engagements gerade nur diese beiden Eigenschaften zur Bedingung.

Übrigens haben vor ungefähr fünfzehn Jahren unsere netten, ruhigen Nachbarn sich den Frieden gewünscht, in dem sie jetzt längst leben. Das Erreichte scheint sie manchmal fast zu lähmen. Stundenlang reden sie kein Wort miteinander. Dann wieder das Hotelessen, der Vorschlag, spazierenzugehen, die lauten ballspielenden Leute in der Strandhütte links, unsere Nachbarn bedauern, daß der Strandhüttenvermieter nicht darauf geachtet hat, ihr Ruhebedürfnis zu respektieren, er wird es nicht so genau wissen, wir wollen keinen Streit anfangen. Mit ihrem Apfelfrühstück, den Rauchpausen, dem Umkleiden in der Hütte – wobei einer immer rücksichtsvoll den anderen allein läßt und, den beunruhigten Pudel an knapper Leine zurückreißend, vor der versperrten Tür wartet –, mit ihren kurzen, aber gründlichen, von Gymnastikübungen umrahmten Bädern bei Hochflut, den Pudelspaziergängen mit Apportieren und fröhlichen, aber ernsthaften Erziehungsexerzitien und sparsamen Wortwechseln untereinander, erwecken unsere Nachbarn in mir den Wunsch, wir beide, Reinhard, könnten es eines Tages genauso angenehm haben.

Ich bringe die Zeit durcheinander, entschuldige. Es ist so heiß, die Sommer sind sich so ähnlich, man kann leicht eine Schaumkrone für ein Segel halten oder Jahre und Leute miteinander verwechseln.

Aufregungen im Leben unserer Nachbarn liegen so weit zurück, daß sie nicht mehr genau stimmen, wenn man sich ihrer erinnert, aber das unterbleibt. Vor Jahren hat der Mann ein Kind überfahren, es war jedoch nicht seine Schuld, sondern die des Kindes. Die Frau, obwohl sie das so gut wie jedermann wußte, nahm dem Mann die Selbstsicherheit übel, mit der er über den Fall redete. Als käme es darauf an, wer die Schuld hat, fand sie, sie sagte es ihm auch. Weniger nett von ihr, denn sie hätte spü-

ren müssen, daß der Mann unter dem Unfall litt wie sie, schuldig oder nicht.
Jetzt vergessen. Während der Mittagsstunden ist es besonders ruhig am Strand. Oft nehmen unsere Nachbarn sich Lunchpakete mit in die Strandhütte, bei schönem Wetter, die Lunchpakete des „Juliana“ sind so großzügig gepackt, daß der Pudel kein eigenes Fressen braucht. Die vier Wochen am Meer, von jeher eine feste Gewohnheit unserer Nachbarn, waren in dem Jahr nach dem Unfall natürlich keineswegs geruhsam, obwohl nicht mehr darüber geredet wurde; beide erholten sich aber nicht nennenswert. Sie besaßen auch noch keinen Pudel damals, überhaupt keinen Hund als Ersatz für ihre kleine, vom Vater überfahrene Tochter, darauf kamen sie erst ein Jahr später, es hat aber auch dann noch nicht richtig geholfen, die Traurigkeit war doch größer. Im Jahr nach dem Unfall hatte der Mann immer noch nicht von seiner Marotte genug, der Frau Vorwürfe zu machen. Schön und gut, ich habe sie überfahren, aber du hast mit ihr das blöde Privatfest gefeiert und ihr so viel Wein zu trinken gegeben – die Frau hörte nicht mehr zu. War es anständig, Monate nachdem sie den Alkohol aufgegeben hatte, dies Thema zu berühren? Die Frau fand jahrelang die Auseinandersetzungen mit ihrem Mann schlimmer als den Verlust ihres Kindes, sie haßten sich, wünschten einer des anderen Tod – nicht der Rede wert. Jetzt, am Strand, wird keinem Anlaß für Zorn mehr nachgesonnen. Alles ist verjährt, scheint es nicht so? Zwei Hütten weiter rechts sieht ein Mädchen der Geliebten des Mannes ähnlich; sehr viele Jahre her, man zählt nicht nach. Diese Geliebte wäre jetzt älter und dem Mädchen gar nicht mehr ähnlich. Sie lebt nicht mehr, ihr Selbstmord war der Frau recht: Das genügt nicht, um von Schuld zu sprechen.
Der Pudel ist so lebhaft. Nett zu beobachten. Man selber liegt still, kein Wort mehr. Zu reden, das hieße: auch über Gilbert zu reden. Nach dem von mir verschuldeten, tödlichen Unfall unseres Kindes, Reinhard, war es doch verständlich, daß ich mit Gilbert wegging. Vorbei. Ich weiß, daß die noch jungen Leute nebenan uns beneiden. Nette, ruhige Leute werden sie denken, vorwiegend angenehme Erinnerungen. Was für friedliche Nachbarn, sie sind gut dran. Ja, so wird es von uns heißen. Ich höre manchmal Streit von nebenan, du auch, Reinhard? Es erinnert uns an früher. Es erinnert uns an meinen Sohn von Gilbert, an deine Konsequenz, das Kind nicht in unserem Haus zu dulden. Es erinnert uns an das gebrochene Versprechen, meinen Vater bei uns aufzunehmen, aber meine Mutter, sterbend, wußte ja schon nicht mehr, was sie verlangte, und übrigens starb mein Vater knapp drei Monate später in einem sehr ordentlichen Altersheim.
Seit wir nur noch wenig miteinander reden, Reinhard, erholen wir uns von Sommer zu Sommer besser. Unsere Ernährung ist reich an Vitalstoffen. Promenaden bei Vollmond aber lassen wir besser weg. Besser, wir halten uns an das Normale. Der Pudel amüsiert uns, ein spaßiger Kerl. Das Meer ist fast schön. Viel Obst, viel Übereinstimmung, viel Ruhe. R

**1** *a) Untersucht die Figurenkonstellation im Text „Verjährt“ und notiert knapp, was ihr über die einzelnen Figuren erfahrt. Übertragt dazu das folgende Schaubild in euer Heft.*
*b) Stellt eure Ergebnisse vor und klärt im Klassengespräch das Besondere dieser Figurenkonstellation.*

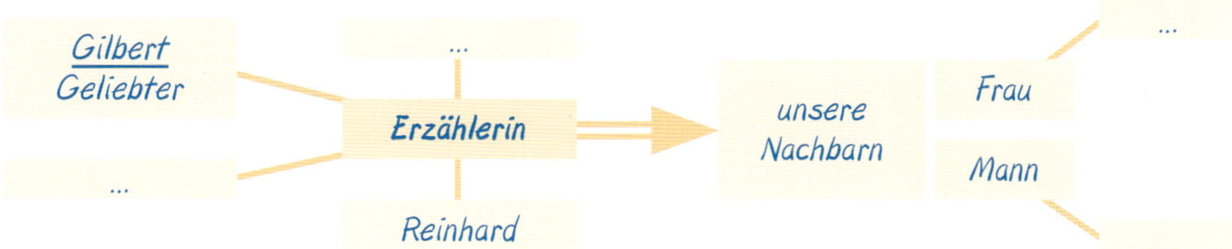

**2** *a) Gliedert den Text in einzelne Sinnabschnitte und formuliert für jeden Abschnitt eine treffende Überschrift. Ermittelt dabei auch den Aufbau der Handlung: Wann spielt jeweils die Handlung (Vergangenheit – Gegenwart)? Gibt es Rückblenden oder Vorausdeutungen?*
*b) Fertigt gemeinsam eine Skizze des Handlungsverlaufs an.*

**3** *Untersucht in Partnerarbeit die Sprache der Ich-Erzählerin im Zusammenhang mit der Darstellung von Vergangenheit und Gegenwart. Erklärt dabei auch, welche Wirkung diese sprachlichen Gestaltungsmittel auf den Leser haben.*
***TIPP:*** *Informationen zu sprachlichen Gestaltungsmitteln findet ihr auf Seite 363.*

**4** *Versucht, die Erzählform, das Erzählverhalten und die Art und Weise, wie die Gedanken der Ich-Erzählerin formuliert werden, zu bestimmen. Verwendet dazu den folgenden Merkkasten.*

**5** *Erklärt den Titel der Kurzgeschichte. Bezieht Textstellen ein, in denen ein eindeutiger Bezug zum Titel hergestellt wird.*

**6** *a) Formuliert gemeinsam mit einer Partnerin oder einem Partner in ein oder zwei Sätzen, welcher zentrale Konflikt in dem Text „Verjährt“ deutlich wird. Überarbeitet eure Sätze so, dass man sie einer Inhaltsangabe voranstellen könnte.*
*b) Stellt euch eure Ergebnisse gegenseitig vor und diskutiert sie.*

**Merkmale des Erzählens untersuchen**

Das wesentliche Merkmal für einen epischen (erzählenden) Text ist der **Erzähler/** die **Erzählerin,** der/die nicht mit dem Autor/der Autorin gleichgesetzt werden darf. Ein erwachsener Autor kann zum Beispiel eine Geschichte von einem Kind, ein männlicher Autor die Geschichte von einer Frau erzählen lassen oder umgekehrt. Immer ist der Erzähler/die Erzählerin eine vom Autor erfundene Figur und gehört zur Welt der erzählten Geschichte.
Der Erzähler/die Erzählerin und seine/ihre Erzählweise lassen sich nach den folgenden Aspekten genauer bestimmen:

| **Merkmale des Erzählens** | **Erklärung** | **Beispiel** |
|---|---|---|
| **Erzählform** | | |
| a) Er-/Sie-Form | Der Erzähler tritt als Person ganz in den Hintergrund, sodass die Leser und Leserinnen nichts oder kaum etwas über seinen Charakter und sein Leben erfahren. Der Erzähler ist Vermittler der Geschichte und erscheint hauptsächlich in Kommentaren zum Erzählten. | Peter S. betrat den Gerichtssaal. Er fühlte sich ungemütlich, denn ... Das war auch verständlich, weil ... *(Friedrich Dürrenmatt: Der Verdacht)* |

| Merkmale des Erzählens | Erklärung | Beispiel |
|---|---|---|
| **Erzählform** | | |
| b) Ich-Form | Der Erzähler erscheint gleichzeitig als erlebende und erzählende Person. Dabei kann zwischen dem erlebenden und dem erzählenden Ich ein großer oder ein kleiner Abstand bestehen, je nachdem, ob der Ich-Erzähler unmittelbar aus der dargestellten Situation heraus erzählt oder später mit zeitlichem Abstand auf die Situation zurückblickt. | Als ich Jenö kennen lernte, war ich neun ... *(Wolfdietrich Schnurre: Jenö war mein Freund)* |
| **Erzählverhalten (Erzählperspektive)** | | |
| a) auktorial | Der Er-/Sie-Erzähler greift in den Erzählvorgang ein, er leitet den Leser mehr oder weniger sanft mit Hilfe von Kommentaren, Vorausdeutungen, Urteilen über die Personen und Ansprachen an den Leser. | Die Hitze war unmäßig, soll ich das anführen? Sie war afrikanisch; die Schreckensherrschaft der Sonne ... Mögen Sie das? *(Thomas Mann: Mario und der Zauberer)* |
| b) personal | Der Erzähler erzählt aus der Sicht (Perspektive) einer Person oder wechselnd aus der Sicht mehrerer Personen. Hierbei tritt der Erzähler nicht unmittelbar auf, kommentiert nicht, sondern bleibt in der Sichtweise einer Figur verhaftet. | Sie sind da. Pille kann das sehen. Was draußen ist, sieht er sowieso besser als das, was hier drin geschieht. Auch wenn die Rollläden fast ganz heruntergelassen sind. Alles nur wegen dieser öden Dias ... *(Peter Grosz: Unerlaubter Weitschuss)* |
| c) neutral | Fakten und Vorgänge werden sachlich beschrieben bzw. berichtet. Oder der Erzählvorgang besteht darin, dass Gespräche ohne Zwischenbemerkungen wie protokolliert wiedergegeben werden. | 10.53 Uhr<br>Ein kanariengelber Fiat tastete sich vorsichtig in die Kurve, schlitterte trotzdem, die junge Frau am Steuer hatte Mühe, das Fahrzeug in der Gewalt zu behalten. *(Max von der Grün: Das Stenogramm)* |

| Merkmale des Erzählens | Erklärung | Beispiel |
|---|---|---|
| **Formen der Darbietung** | | |
| a) Erzählbericht | Der Erzähler vermittelt den Erzählgegenstand. Er wendet sich der Handlung und den Figuren zu, streut als auktorialer Erzähler Kommentare, Überlegungen, Betrachtungen ein. | (s. Beispiel zum auktorialen Erzählen) |
| b) Figurenrede | Der Erzähler lässt die Figuren zu Wort kommen. Dazu hat er verschiedene Möglichkeiten: | (alle folgenden Beispiele aus: *Renate Welsh: Was geht's dich an?*) |
| ☐ direkte Rede | Gespräche werden wie bei kleinen Dramenszenen in direkter Dialogform wiedergegeben und stehen meistens in Anführungszeichen. | „So wie die sich anmalen, ist es kein Wunder, wenn der Eine oder Andere ...“ „Hör auf, du siehst doch, es sind Kinder im Wagen ...“ |
| ☐ indirekte Rede | Wiedergabe im Konjunktiv bzw. durch redeeinleitende Sätze; hier kann der Erzähler wieder etwas stärker in den Vordergrund treten. | Hemma [...] erklärte mit lauter Stimme, [...] ich solle doch dran denken, dass der arme Mann wahrscheinlich eine ganz schreckliche Kindheit gehabt habe. |
| ☐ innerer Monolog | Wie die erlebte Rede (s. u.) eine im modernen Erzählen häufig angewandte Technik der Wiedergabe von Gedanken, Gefühlen usw. in der 1. Person (Ich-Form). | Wer würde auf uns hören? Trotzdem müssten wir etwas sagen. |
| ☐ erlebte Rede | Wiedergabe von Gedanken, Gefühlen in der 3. Person. | Es war nicht möglich, dass Hemma resignierte. Nicht Hemma, sie doch nicht. |

Reiner Kunze

## Fünfzehn

Sie trägt einen Rock, den kann man nicht beschreiben, denn schon ein einziges Wort wäre zu lang. Ihr Schal dagegen ähnelt einer Doppelschleppe: Lässig um den Hals geworfen, fällt er in ganzer Breite über Schienbein und Wade. (Am liebsten hätte sie einen Schal, an dem mindestens drei Großmütter zweieinhalb Jahre gestrickt haben – eine Art Niagarafall aus Wolle. Ich glaube, von einem solchen Schal würde sie behaupten, daß er genau ihrem Lebensgefühl entspricht. Doch wer hat vor zweieinhalb Jahren wissen können, daß solche Schals heute Mode sein würden?) Zum Schal trägt sie Tennisschuhe, auf denen jeder ihrer Freunde und jede ihrer Freundinnen unterschrieben haben. Sie ist fünfzehn Jahre alt und gibt nichts auf die Meinung uralter Leute – das sind alle Leute über dreißig.

Könnte einer von ihnen sie verstehen, selbst wenn er sich bemühen würde? Ich bin über dreißig.

Wenn sie Musik hört, vibrieren noch im übernächsten Zimmer die Türfüllungen. Ich weiß, diese Lautstärke bedeutet für sie Lustgewinn. Teilbefriedigung ihres Bedürfnisses nach Protest. Überschallverdrängung unangenehmer logischer Schlüsse. Trance. Dennoch ertappe ich mich immer wieder bei einer Kurzschlußreaktion: Ich spüre plötzlich den Drang in mir, sie zu bitten, das Radio leiser zu stellen. Wie also könnte ich sie verstehen – bei diesem Nervensystem?

Noch hinderlicher ist die Neigung, allzu hochragende Gedanken erden zu wollen.

Auf den Möbeln ihres Zimmers flockt der Staub. Unter ihrem Bett wallt er. Dazwischen liegen Haarklemmen, ein Taschenspiegel, Knautschlacklederreste, Schnellhefter, Apfelstiele, ein Plastikbeutel mit der Aufschrift „Der Duft der großen weiten Welt", angelesene und übereinandergestülpte Bücher (Hesse, Karl May, Hölderlin), Jeans mit in sich gekehrten Hosenbeinen, halb und dreiviertel gewendete Pullover, Strumpfhosen, Nylon und benutzte Taschentücher. (Die Ausläufer dieser Hügellandschaft erstrecken sich bis ins Bad und in die Küche.) Ich weiß: Sie will sich nicht den Nichtigkeiten des Lebens ausliefern. Sie fürchtet die Einengung des Blicks, des Geistes. Sie fürchtet die Abstumpfung der Seele durch Wiederholung! Außerdem wägt sie die Tätigkeiten gegeneinander ab nach dem Maß an Unlustgefühlen, das mit ihnen verbunden sein könnte, und betrachtet es als Ausdruck persönlicher Freiheit, die unlustintensiveren zu ignorieren. Doch nicht nur, daß ich ab und zu heimlich ihr Zimmer wische, um ihre Mutter vor Herzkrämpfen zu bewahren – ich muß mich auch der Versuchung erwehren, diese Nichtigkeiten ins Blickfeld zu rücken und auf die Ausbildung innerer Zwänge hinzuwirken. Einmal bin ich dieser Versuchung erlegen. Sie ekelt sich schrecklich vor Spinnen. Also sagte ich: „Unter deinem Bett waren zwei Spinnennester."

Ihre mit lila Augentusche nachgedunkelten Lider verschwanden hinter den hervortretenden Augäpfeln und sie begann „Ix! Ääx! Uh!" zu rufen, so daß ihre Englischlehrerin, wäre sie zugegen gewesen, von so viel Kehlkopfknacklauten – englisch „glottal stops" – ohnmächtig geworden wäre. „Und warum bauen die ihre Nester gerade bei mir unterm Bett?"

„Dort werden sie nicht oft gestört." Direkter wollte ich nicht werden, und sie ist intelligent.

Am Abend hatte sie ihr inneres Gleichgewicht wiedergewonnen. Im Bett liegend, machte sie einen fast überlegenen Eindruck. Ihre Hausschuhe standen auf dem Klavier. „Die stelle ich jetzt immer dorthin", sagte sie. „Damit keine Spinnen hineinkriechen können." R

**1** *Beschreibt, worum es in diesem Text geht. Belegt eure Aussagen anhand des Textes.*

**2** *Charakterisiert die beiden Figuren aus dem Text.*

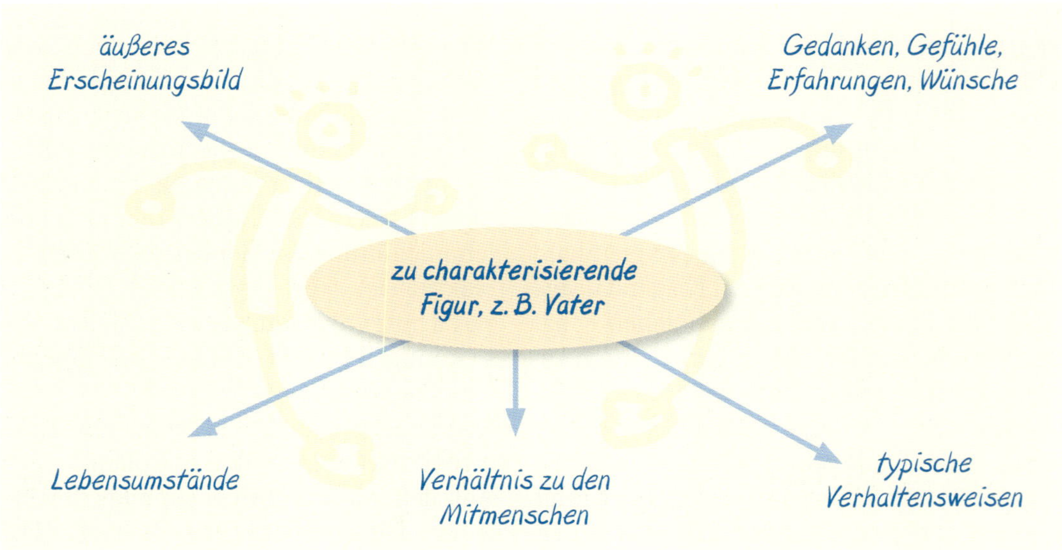


a) *Übertragt jeweils das obige Schema in euer Heft und ergänzt es. Arbeitet dabei genau am Text.*
b) *Besprecht, wie die beiden Figuren (Vater, Tochter) zueinander stehen, und charakterisiert ihr Verhältnis.*
c) *Entscheidet euch für eine Figur und verfasst über sie eine Charakteristik. Formuliert hierzu eure Erkenntnisse aus Aufgabe 2a und b in einem zusammenhängenden Text. Schreibt im Präsens.*

**!**

**Eine Charakteristik erstellen**
Um Genaueres über die Figuren herauszufinden und um ihre Bedeutung innerhalb eines Textes zu erschließen, erstellt man eine Charakteristik. Dabei geht man von **einschlägigen Textstellen** aus, in denen wichtige Eigenschaften der Figur durch ihr Verhalten indirekt charakterisiert werden oder in denen andere Figuren des Werks Aussagen über die entsprechende Person machen.
Bei der **ausformulierten Personencharakterisierung** sollte man nur solche Eigenschaften benennen, die eine Figur vermutlich auf Dauer auszeichnen, nicht aber Verhaltensweisen, die durch eine besondere Situation bedingt sind.
Die Charakteristik ist ein wichtiges Hilfsmittel, um die Einstellungen und Motive herauszuarbeiten, die das Denken und Handeln einer literarischen Figur bestimmen.
Oft mündet sie in eine abschließende Bewertung der Person, in der auch ihre Bedeutung für das Werk herausgearbeitet wird.
**Tempus** der Charakterisierung ist das **Präsens.**

**3** *Untersucht, wie die Figuren im vorliegenden Text zu Wort kommen. Orientiert euch dabei an dem Merkkasten auf Seite 258.*

**4** *Schreibt den Text so um, dass die Gedanken des Mädchens im Mittelpunkt stehen.*
*a) Notiert, welche Merkmale des Erzählens ihr verändern müsst, damit sich der Leser besonders gut in das Mädchen hineinversetzen kann.*
*b) Schreibt eure Texte auf und vergleicht anschließend eure Ergebnisse.*

Margret Steenfatt

## Im Spiegel

„Du kannst nichts“, sagten sie, „du machst nichts“, „aus dir wird nichts“. Nichts. Nichts. Nichts.

Was war das für ein NICHTS, von dem sie redeten und vor dem sie offensichtlich Angst hatten, fragte sich Achim, unter Decke und Kissen vergraben.

Mit lautem Knall schlug die Tür hinter ihnen zu.

Achim schob sich halb aus dem Bett. Fünf nach eins. Wieder mal zu spät. Er starrte gegen die Zimmerdecke – Weiß. Nichts. Ein unbeschriebenes Blatt Papier, ein ungemaltes Bild, eine tonlose Melodie, ein ungesagtes Wort, ungelebtes Leben.

Eine halbe Körperdrehung nach rechts, ein Fingerdruck auf den Einschaltknopf seiner Anlage. Manchmal brachte Musik ihn hoch.

Er robbte zur Wand, zu dem großen Spiegel, der beim Fenster aufgestellt war, kniete sich davor und betrachtete sich: lang, knochig, graue Augen im blassen Gesicht, hellbraune Haare, glanzlos. „Dead Kennedys“ sangen: „Weil sie dich verplant haben, kannst du nichts Anderes tun, als aussteigen und nachdenken.“

Achim wandte sich ab, erhob sich, ging zum Fenster und schaute hinaus. Straßen, Häuser, Läden, Autos, Passanten, immer dasselbe. Zurück zum Spiegel, näher heran, so nahe, dass er glaubte, das Glas zwischen sich und seinem

Spiegelbild durchdringen zu können. Er legte seine Handflächen gegen sein Gesicht im Spiegel, ließ seine Finger sanft über Wangen, Augen, Stirn und Schläfen kreisen, streichelte, fühlte nichts als Glätte und Kälte.

Ihm fiel ein, dass in dem Holzkasten, wo er seinen Kram aufbewahrte, noch Schminke herumliegen musste. Er fasste unters Bett, wühlte in den Sachen im Kasten herum und zog die Pappschachtel heraus, in der sich einige zerdrückte Tuben fanden. Von der schwarzen Farbe war noch ein Rest vorhanden. Achim baute sich vor dem Spiegel auf und malte zwei dicke Striche auf das Glas, genau dahin, wo sich seine Augenbrauen im Spiegel zeigten. Weiß besaß er reichlich. Er drückte eine Tube aus, fing die weiche, ölige Masse in seinem Händen auf, verteilte sie auf dem Spiegel über Kinn, Wangen und Nase und begann, sie langsam und sorgfältig zu verstreichen. Dabei durfte er sich nicht bewegen, sonst verschob sich seine Malerei. Schwarz und Weiß sehen gut aus, dachte er, fehlt noch Blau. Achim grinste seinem Bild zu, holte sich das Blau aus dem Kasten und färbte noch die Spiegelstellen über Stirn und Augenbrauen. Eine Weile verharrte er vor dem bunten Gesicht, dann rückte er ein Stück zur Seite und wie ein Spuk tauchte sein farbloses Gesicht im Spiegel wieder auf, daneben eine aufgemalte Spiegelmaske.

Er trat einen Schritt zurück, holte mit dem Arm weit aus und ließ seine Faust in die Spiegelscheibe krachen. Glasteile fielen hinunter, Splitter verletzten ihn, seine Hand fing an zu bluten. Warm rann ihm das Blut über den Arm und tröpfelte zu Boden. Achim legte seinen Mund auf die Wunden und leckte das Blut ab. Dabei wurde sein Gesicht rot verschmiert.

Der Spiegel war kaputt. Achim suchte sein Zeug zusammen und kleidete sich an. Er wollte runtergehen und irgendwo seine Leute treffen.

**1** *a) Notiert Gedanken und Assoziationen, die ihr mit dem Begriff „Spiegel“ verbindet.*
*b) Diskutiert, mit welchen Bedeutungsnuancen der vorliegende Text spielt.*

**2** *Der Text enthält viele „Leerstellen“. Überlegt, wer bzw. was mit „Nichts“ und „sie“ (vgl. Z. 1–7) sowie mit „seine Leute“ (Z. 72) jeweils gemeint sein könnte.*

**3** *Sucht Gründe, warum Achim den Spiegel zerschlägt.*

**4** *Wählt eine der folgenden Aufgaben aus:*
- ☐ *Stellt euch vor, Achim hätte vor der Zertrümmerung des Spiegels zu seinem Spiegelbild gesprochen. Schreibt diesen Monolog auf.*
- ☐ *Entwerft einen Dialog zwischen Achim und denjenigen, die mit „sie“ (vgl. Z. 1–7) bezeichnet werden.*
- ☐ *Beschreibt Achim aus der Sicht einer anderen Person, z. B. seiner Mutter, eines Freundes ...*
- ☐ *Schreibt einen Brief an Achim.*
- ☐ *Schreibt ein Gedicht mit dem Titel „Masken“.*

# 11.2 Erzählte Kommunikation – Sprachliche Mittel untersuchen

## Helga M. Novak

*Die deutsch-isländische Schriftstellerin Helga M. Novak, geb. 1935 in Berlin-Köpenick, wuchs bei Adoptiveltern auf. Sie studierte Journalistik und Philosophie an der Universität Leipzig und war nach ihrem Studium als Laborantin, Monteurin und Buchhändlerin tätig. 1961 ging sie nach Island, heiratete dort einen Isländer und arbeitete zeitweise in einer Fischfabrik und in einer Teppichweberei. 1965 kehrte sie in die DDR zurück. Im Jahr darauf wurde ihr jedoch wegen Kritik am Sozialismus die DDR-Staatsbürgerschaft aberkannt, weshalb sie zunächst nach Island zurückging, dann in der Bundesrepublik und zeitweise auch in Jugoslawien lebte und sich schließlich in dem polnischen Dorf Legbad niederließ. Zu ihrem umfangreichen, vielfach ausgezeichneten Werk gehören neben ihren Gedichten zwei autobiografische Romane und zahlreiche Hörspiele.*

Helga M. Novak

**Abgefertigt** (1968)

Der Zug fährt langsam. Er schlenkert. Der Zug fährt schnell. Er fährt durch eine Schonung. Er hält neben einem leeren Bahnsteig. Ein Lautsprecher sagt, die Reisenden werden gebeten, den Zug nicht zu verlassen. Zwei Männer in Uniform gehen durch die Wagen und sagen, Passkontrolle. Ein Mann und eine Frau, beide in Uniform, gehen durch die Wagen und sagen, füllen Sie bitte diesen Schein aus. Ein Mann in Uniform geht durch die Wagen und sagt, Ihr Visum bitte. Ein Ausländer sagt, ich habe kein Visum. Der Mann sagt, warum haben Sie kein Visum? Der Ausländer sagt, ich wusste nicht, dass. Der Mann sagt, kommen Sie bitte mit.

Der Mann in Uniform und der Ausländer gehen den Bahnsteig entlang und treten in ein Büro. Der Ausländer füllt ein Formular aus. Der Mann reißt von dem Formular einen Abschnitt ab, gibt ihn dem Ausländer und sagt, hier ist Ihr Visum. Der Ausländer geht am Zug entlang und in sein Abteil zurück. Die Reisenden blicken aus den Abteilfenstern und sehen den Ausländer an.

Zwei Männer, beide in Uniform und mit Maschinenpistole, gehen durch die Wagen und sagen laut in jedem Abteil, bitte mal heraustreten. Sie heben die Sitzbänke hoch. Sie treten mit den Füßen unter die Sitzbänke und heben die großen Koffer in den Gepäcknetzen an. Sie sagen laut, danke, und verlassen das Abteil. Sie reißen die Toilettentüren auf.

Eine Frau in Uniform geht durch die Wagen und sammelt die ausgefüllten Scheine ein. Sie sagt, gute Weiterreise.

Ein Mann in schmutziger Geländeuniform stellt sich draußen neben den Zug. Er hält einen langhaarigen Schäferhund an der Leine. Er macht ihn los. Der Hund sabbert. Er trägt einen Maulkorb. Der Mann nimmt ihm den Maulkorb ab. Der Schäferhund duckt sich. Er kriecht unter den Zug. Er geht zwischen den Geleisen unter dem Zug entlang. Er schnüffelt. Der Mann in der Geländeuniform geht neben dem Zug her. Er stößt mit einer eisernen Stange unter den Zug. Der Hund kommt unter dem Zug hervor. Er schüttelt sich. Der Mann sagt, wirst du. Der Hund geht wieder unter den Zug.

Der Zug ist zu Ende. Ein Mann in Uniform ruft, fertig. Der Zug fährt ab.

Der Zug fährt sehr schnell.

Er hält.

Zwei Männer in Uniform gehen durch die Wagen und sagen, Passkontrolle. Die Dampflokomotive wird abgekoppelt. Eine Diesellok wird angekoppelt.

Ein Mädchen geht durch die Wagen. Es hat einen langen, weißen Kittel an. Auf dem Kittel steht Innere Mission. Es trägt eine Kanne vor sich her. Es ruft, Tee, Pfefferminztee, Tee. Es fragt, sind hier noch Rentner? Sein Haar ist auf dem Hinterkopf zu einem Knoten verschlungen. Ein junger Mann ruft, ja, hier. Das Mädchen lacht. Es verschüttet Tee. Es sagt, nein, nein, nein. Der junge Mann sagt, ich habe Durst. Das Mädchen sagt, ja, es ist sehr warm heute. Es geht weiter. Es ruft Tee, Pfefferminztee, Tee.

Der Zug fährt ab. Er fährt schnell. In den Abteilen wird geschwatzt. Eine Frau sagt, Zwillinge, das finde ich süß, dabei noch zwei Buben.

**1** *Klärt die im Text dargestellte Situation und fasst die Handlung in ein bis zwei Sätzen zusammen.*

**2** *a) Notiert mit Zeilenangaben, an welchen Stellen wörtliche Rede vorkommt, wer spricht, wer angesprochen wird, wer bzw. ob jemand antwortet und worum es jeweils geht.*
*__TIPP:__ Die wörtliche Rede ist im Text nicht durch Anführungszeichen gekennzeichnet.*
*b) Besprecht ausgehend von euren Befunden, wie der Text auf euch wirkt.*

**3** *Untersucht in Partnerarbeit die sprachliche Gestaltung des Textes. Geht dabei geordnet vor: von der Textebene über die Ebene der Sätze zur Wortebene. Bestimmt auch, welche Wirkung die sprachlichen Gestaltungsmittel auf den Leser haben. Fasst eure Ergebnisse übersichtlich zusammen.*

| Gestaltungsmittel | Beispiel/Zitat | Wirkung |
|---|---|---|
| **Textebene** | | |
| – häufig vertretene Wortfelder | … | … |
| – auffallende Wiederholungen | … | … |
| **Satzebene** | | |
| – auffällige Häufung bestimmter Satzarten | … | … |
| – … | … | … |
| **Wortebene** | | |
| – Umgangssprache | … | … |
| – … | | |

**4** *Überlegt, weshalb die Autorin im Präsens erzählt.*

**5** *Diskutiert darüber, welche Absicht die Autorin verfolgt. Bezieht dabei die Ergebnisse aus den Aufgaben 3 und 4 mit ein.*

## Figurenrede in epischen Texten

### Christine Nöstlinger

*Die in Wien lebende Schriftstellerin Christine Nöstlinger zählt zu den erfolgreichsten Autorinnen der deutschsprachigen Kinder- und Jugendbuchliteratur. Viele ihrer Bücher wurden in andere Sprachen übersetzt, ihre Romane erreichten zum Teil sechsstellige Auflagen und sie wurde mit wichtigen Preisen ausgezeichnet, u. a. mit der Hans-Christian-Andersen-Medaille, dem wichtigsten internationalen Preis für Kinderliteratur, dem Deutschen Jugendliteraturpreis und dem Österreichischen Jugendbuchpreis. Geboren 1936 in Wien, studierte sie dort nach dem Abitur Gebrauchsgrafik. Sie heiratete, bekam zwei Töchter und begann, für Tageszeitungen und Magazine zu arbeiten. 1970 schrieb und zeichnete sie ihr erstes Kinderbuch „Die feuerrote Friederike", das sofort sehr erfolgreich war.*

Christine Nöstlinger

### Liebeskummer

Der Vater kehrt vom Klo ins Wohnzimmer zurück. Er schließt den Hosenbundknopf, deutet zum Vorzimmer hin und spricht: „Das Kind weint! Es schluchzt aus ihrem Zimmer!" „Sie hat Liebeskummer", sagt die Mutter.

„Wieso hat sie Liebeskummer?" Der Vater schaut kugelrund, geht zum Fernsehapparat und schaltet ihn ab. Er ist ein guter Vater! Wenn seine Tochter Liebeskummer hat, ist ihm das wichtiger als ein Fußballmatch der B-Liga.

„Weil sie am Telefon von der Gabi gehört hat, dass der Michi mit der Andrea ins Kino gegangen ist", sagt die Mutter. Dann strickt sie wieder, ganz so, als wäre nun alles geklärt.

„Wer ist der Michi?", fragt der Vater. „Ist das der, der vorige Woche unseren Rollschinken aufgefressen hat?"

Die Mutter schüttelt den Kopf. Der, der vergangene Woche, am Mittwoch, den fürs Nachtmahl vorgesehenen Rollschinken aufgefressen hat, ist der Xandi. Der bekommt immer irren Hunger, wenn er Mathematik lernt, aber am Liebesleid der Tochter ist er völlig unschuldig.

„Der Michi ist der Große mit den roten Ringellocken und der randlosen Brille", sagt die Mutter. „Der, dem du gesagt hast, dass er ein Trottel ist, wenn er ohne Helm Moped fährt!" „Der!" Der Vater lehnt sich zurück, kratzt sich dort, wo er bald eine Glatze haben wird, starrt zur Mutter hin und wartet auf Informationsnachschub, doch die Mutter nimmt bloß eine Hilfsnadel zur Hand, um mit ihr zwei Maschen zu zopfen, und murmelt: „Ja, genau der!"

„Na und?", drängt der Vater.

„Nix na und!", sagt die Mutter. „Deine Tochter liebt den Michi und zwei Monate lang hat er sie auch geliebt und jetzt gefällt ihm anscheinend die Andrea besser!" „Die mit der langen Nase und dem Silberblick?", fragt der Vater.

*Edward Hopper: Morgensonne 1952*

„Genau die", sagt die Mutter.

„Ich hab ja gleich gewusst, dass der Knabe ein Trottel ist." Der Vater kratzt sich am Bauch und schüttelt dabei empört den Kopf. Dass irgendeinem jungen Mann diese langnasige Andrea mit Silberblick besser gefallen kann als seine schöne Tochter, ist nicht nur unverständlich, sondern auch ungehörig!

„Fährt sie wenigstens nicht mehr hinten auf seinem Moped", sagt die Mutter.

„Ich hab sowieso immer gezittert!"

Der Vater erhebt sich. „Ich hol mir ein Bier", murmelt er und verlässt das Zimmer. Länger als zum Bierholen nötig bleibt er weg. Als er wiederkommt, mit Bierflasche und Glas, sind drei tiefe Querfalten auf seiner Stirn. „In ihrem Zimmer rührt sich nichts", sagt er. „Absolut nichts! Ich hab an der Tür gehorcht. Aber Licht brennt!"

„Wenn sie weint", sagt die Mutter, „tut sie das gern vor dem Spiegel und schaut sich dabei zu." „Ist das normal?" Der Vater setzt sich und lässt Bier ins Glas gluckern. „Was ist bei Liebeskummer schon normal?", fragt die Mutter. „Man kann sie doch nicht einfach heulen lassen", sagt der Vater, „man muss sie aufheitern."

„Dann bring den Michi dazu, dass er herkommt und ihr sagt, dass er die Andrea gar nicht mag und sich in Liebe zu ihr verzehrt", sagt die Mutter.

Der Vater verschüttet Bier, während er das Glas zum Munde führt, so entsetzt ist er über diese Zumutung. Er wischt an den nassen Flecken herum, die das verschüttete Bier auf seiner Hose hinterlassen hat. „Man muss sie trösten, hab ich gemeint", sagt er.

„Das geht nicht", sagt die Mutter. Mehr sagt sie nicht, denn sie hat die Hilfsnadel, die sie im Moment nicht braucht, zwischen den Lippen. Mit einer Stricknadel im Munde ist schwer zu reden. „Trost tut immer gut", sagt der Vater.

„Trost ist gut", sagt die Mutter und zieht die Nadel aus dem Mund, „wenn es in der Schule nicht klappt oder wenn es im Bauch sticht oder wenn sonst was weh tut. Aber wenn die Liebe weh tut, haut das nicht hin!" Die Mutter schaut den Vater an. „Oder haben dich deine Eltern trösten können, wenn du seinerzeit Liebeskummer gehabt hast?" Der Vater seufzt. Das ist doch lächerlich! Seine Eltern mit ihm zu vergleichen! Seine Eltern haben ihn überhaupt nicht trösten können! Die waren stur und borniert und unsensibel und autoritär. Irgendeine Ähnlichkeit mit ihnen lehnt er ab! Sein Verhältnis zur Tochter ist doch ein ganz anderes und besseres als seinerzeit die „verhatschte Beziehung“, die er zu seinen Alten gehabt hat.

Die Mutter seufzt auch. Sie erinnert sich an alle dummen Standardsätze, die seinerzeit, in Liebeskummerzeiten, ihre Mutter zu ihr gesagt und die da lauteten: „In zwei Jahren lachst du darüber!“, und: „Andere Mütter haben auch schöne Söhne“, und: „Wegen dieses Idioten würde ich keine Träne vergießen!“ Keiner dieser Sätze, das weiß die Mutter genau, war ihr damals Trost. Alle diese Sätze haben damals ihren Kummer noch verstärkt. Aber nun, denkt die Mutter, fällt mir auch kein besserer ein!

„Und wenn wir übers Wochenende wegfahren würden mit ihr?“, fragt der Vater. „Nach München vielleicht, dort gefällt es ihr doch so gut!“

Der Vater kann München nicht ausstehen. Er hasst es, hinter seiner Frau und seiner Tochter herzuzockeln, die in Schaufenster starren und Gieraugen bekommen.

„Wenn man Liebeskummer hat“, sagt die Mutter, „interessiert man sich nicht für Klamotten, das gehört sich nicht! Außerdem sind am Wochenende die Geschäfte geschlossen, da kannst du ihr nichts kaufen!“

„Wie weitgehend war denn die Sache?“, fragt der Vater.

„Weitgehend? Was meinst du damit?“ Jetzt schaut die Mutter kugelrund.

„Ob sie mit ihm geschlafen hat?“

Die Mutter lässt die Strickerei sinken.

„Glaub ich nicht“, sagt sie. „Wir haben ausgemacht, dass sie zum Arzt um die Pille geht, bevor sie mit einem schläft, und soweit ich weiß, war sie nicht beim Arzt und Pillen hab ich bei ihr auch noch keine gesehen.“

„Na dann!“ Der Vater nimmt einen großen Schluck vom Bier. „Dann ist es ja nicht so arg!“

„Du bist ein Depp!“ Die Mutter schüttelt rügend den Kopf. „Deswegen ist doch ihr Kummer nicht kleiner!“

„Nein?“ Der Vater schaut erstaunt und wischt den Bierschaum vom Mund. „Wieso nicht?“

„Meinen größten Liebeskummer hab ich mit sieben Jahren gehabt“, sagt die Mutter. „Ein gewisser Hansi war dran schuld und damals hab ich überhaupt noch nicht gewusst, dass man miteinander schlafen kann!“

„Mach dich nicht lächerlich!“, sagt der Vater.

„Mach ich auch nicht“, sagt die Mutter.

„Und das ganze blöde Gerede hilft dem Kind überhaupt nichts“, sagt der Vater.

„Du bist größenwahnsinnig“, sagt die Mutter. „Dauernd glaubst du, dass du deiner Tochter helfen kannst! Gewöhn dir das ab!“

„O. k.“, sagt der Vater. Er steht auf und schaltet das Fernsehen wieder an. Vier zu zwei steht das Match schon! Im Vorzimmer, beim Telefon, steht die Tochter.

„Nein, ich bin nicht allein“, spricht sie mit matter Stimme in den Hörer „Meine Alten schauen im Wohnzimmer fern.“ Dann lauscht sie ein paar Sekunden in den Hörer und dann sagt sie: „Ach nein, die haben das gar nicht mitgekriegt, die sind ja nur mit ihrem eigenen Kram beschäftigt, die haben ja von nix eine Ahnung.“

**1** *Gebt in wenigen Sätzen wieder, worum es in der Erzählung von Christine Nöstlinger geht.*

**2** *Diskutiert, ob oder wie sich die Eltern verhalten könnten, um ihrer Tochter zu helfen oder zumindest in dem Urteil ihrer Tochter besser abzuschneiden.*

**3** *Ersetzt in den ersten beiden Absätzen (▷ Z. 1–10) das Präsens durch das Präteritum. Besprecht, wie die ursprüngliche und wie die veränderte Fassung wirkt.*

**4** *a) Analysiert den Stil der Erzählung. Dabei helfen euch auch die Informationen im Merkkasten auf Seite 268. Belegt eure Aussage durch Zitate aus dem Text (mit Zeilenangaben).*
*b) Besprecht, wie dieser Stil auf den Leser wirkt, und erläutert, warum die Autorin diese Form der sprachlichen Gestaltung gewählt hat.*

**Sprachliche Gestaltungsmittel untersuchen**

Um einen Text vollständig zu verstehen und zu deuten, muss man die sprachliche Gestaltung des Textes untersuchen. Es reicht allerdings nicht aus, diese sprachlichen Auffälligkeiten nur zu benennen. Vor allem die Wirkung, die diese sprachlichen Gestaltungsmittel haben, müsst ihr berücksichtigen.
Die **sprachliche Analyse** eines Textes schließt über eine allgemeine Untersuchung (Satzbau, Wortwahl usw.) hinaus auch die Betrachtung besonderer Stilfiguren (z. B. Metaphern, Personifikationen, Wiederholungen etc.) und der sprachlichen Stilebenen ein.

Man unterscheidet verschiedene sprachliche Stilebenen:
- gehobene (dichterische oder poetische) Sprache, z. B.: „Antlitz“ für Gesicht und „hinscheiden“ für sterben.
- normalsprachliche Ebene, z. B.: „Gesicht“ und „sterben“.
- Umgangssprache, z. B.: „kriegen“ für bekommen.
- Vulgärsprache, z. B.: „Fresse“ für Gesicht und „verrecken“ für sterben.

**5** *Wenn der Erzähler seine Figuren zu Wort kommen lässt, hat er unterschiedliche Möglichkeiten der Redewiedergabe.*
*a) Schreibt aus der Erzählung „Liebeskummer“ alle Textstellen mit Zeilenangaben heraus, in denen Aussagen oder Gedanken der Personen anders als in direkter Rede wiedergegeben werden. Bestimmt mit Hilfe des Merkkastens auf Seite 269 die Form der Rede- bzw. Gedankenwiedergabe.*
*b) Formt die direkte Rede in den ersten Absätzen (▷ Z. 1–17) in indirekte Rede um. Vergleicht euer Ergebnis mit dem Originaltext und besprecht die Wirkung der unterschiedlichen Formen der Redewiedergabe.*

**6** *Schreibe selbst im Anschluss an den Text „Liebeskummer“ einen inneren Monolog. Versetze dich in die Lage der Person, die Liebeskummer hat. Du kannst dabei auch die Rollen vertauschen und dich in die Lage eines Jungen versetzen, der gerade erfahren hat, dass seine Freundin mit einem Anderen ins Kino gegangen ist.*
- *Leite den inneren Monolog mit einem kurzen Erzählerbericht ein, mit dem die Situation dargestellt wird: das gerade beendete Telefongespräch, die Rückkehr ins Zimmer ...*
- *Schreibe diesen Erzählerbericht in der 3. Person.*
- *Wechsle dann von der 3. Person in die 1. Person und stelle dar, was ihr bzw. ihm in einer solchen Situation durch den Kopf gehen könnte. Schreibe in ganzen Sätzen, in halben Sätzen, Wortfetzen, mit Gedankensprüngen, Vergangenes, Gegenwart und Zukunft mischend etc.*

## Figurenrede in erzählenden Texten

**direkte Rede**
Gespräche werden wie in einem Drama wörtlich wiedergegeben, stehen meist in Anführungszeichen und werden oft durch einen Begleitsatz dem jeweiligen Sprecher zugeordnet

**Wirkung:**
- verleiht der Erzählung „dramatische" Qualität, dient dazu, das Geschehen szenisch zu vergegenwärtigen
- der Erzähler tritt hinter die Figuren zurück

**Beispiel:**
„Na und?", drängt der Vater.
„Nix na und!", sagt die Mutter.
*(Christine Nöstlinger: Liebeskummer)*

**indirekte Rede**
Erzähler gibt die Gedanken oder Aussagen der Figuren (evtl. auch verkürzt) wieder und gliedert diese in seinen Erzählerbericht ein

**Wirkung:**
- Erzähler wird als Vermittler des Geschehens deutlich
- Distanz zum Gesagten durch den Konjunktiv und ggf. den Wechsel in die 3. Person

**Beispiel:**
Sie erzählte, dass sie selbst [...] häufig etwas Essbares zugesteckt bekommen habe.
*(Christoph Hein: Die Vergewaltigung)*

**erlebte Rede**
- freie indirekte Wiedergabe von Gedanken in der 3. Person Singular Indikativ Präteritum
- die Form der Gedankenwiedergabe, die grammatisch-stilistisch zwischen direkter und indirekter Rede steht.
  Einerseits liegen der Modus (Indikativ) und die Wortstellung der direkten Rede vor, andererseits wird die 3. Person wie in der indirekten Rede beibehalten
- besonders geeignet zur Wiedergabe von Gedanken und Empfindungen

**Beispiel:**
Es war nicht möglich, dass Henna resignierte. Nicht Henna, sie doch nicht.
*(Renate Welsh: Was geht's dich an?)*

**innerer Monolog**
- Gedanken und Gefühle werden in der 1. Person und im Präsens wiedergegeben
- häufig angewandte Technik, den „Fluss der Gedanken" möglichst getreu wiederzugeben, das Bewusstsein einer Figur sozusagen selbst „sprechen" zu lassen, oft auch in unvollständigen Sätzen, mit Gedankensprüngen und ohne Satzzeichen; Wiedergabe von Erinnerungen, Wunschbildern, Gedanken und Empfindungen
- Erzähler ist nicht mehr präsent

**Beispiel:**
Herrgott, ist das ein Gedränge bei der Garderobe! ... Warten wir lieber noch ein bissel ... So! Ob der Blödist meine Nummer nehmen möcht'?
*(Arthur Schnitzler: Leutnant Gustl)*

Das folgende Beispiel für einen inneren Monolog stammt aus einem der wichtigsten Werke der Weltliteratur, dem Roman „Ulysses" von James Joyce. Der Autor hat mit diesem Roman der damals neuen Technik des Erzählens, dem inneren Monolog, endgültig zum Durchbruch verholfen.
Im folgenden Textauszug aus dem Roman kann man verfolgen, wie ein Gedanke einen anderen auslöst, der vom eigentlichen Thema wegführt, und wie der Gedankenfluss (ein anderer Fachbegriff für den inneren Monolog ist Stream of Consciousness) sprachlich gestaltet ist.

James Joyce

## Ulysses

*„Ulysses" (englisch für Odysseus) ist der bedeutendste Roman des irischen Schriftstellers James Joyce. Joyce (*1882 in Dublin; † 1941 in Zürich) beschreibt in seinem „Ulysses" einen Tag, den 16. Juni 1904, in Dublin, an dem er die Hauptfiguren, den Anzeigenakquisiteur Leopold Bloom, dessen Frau und den Hilfslehrer Stephen Dedalus, auf ihren verschlungenen Wegen durch die Stadt begleitet.*
*Der Dubliner Kleinbürger Leopold Bloom, die zentrale Figur des Romans „Ulysses", hat gerade den Brief seiner Tochter Milly gelesen, der mit dem Postskriptum endet: „PS: Entschuldige die schlechte Schrift, bin in Eile. Tschüs."*

Fünfzehn geworden gestern. Komisch, zugleich auch der Fünfzehnte des Monats. Ihr erster Geburtstag, wo sie nicht zu Hause ist. Trennung. Entsinn mich noch, der Sommermorgen, an dem sie geboren wurde, ich bin werweißwie gelaufen, um Mrs. Thornton in der Denzille Street herauszuklopfen. Famoses altes Weibchen. Muss einen ganz schönen Klump Babys auf die Welt befördert haben. Sie wusste gleich vom ersten Moment an, dass der kleine Rudy nicht am Leben bleiben würde. Nun, was Gott tut, das ist wohl getan, Sir. Sie wusste es sofort. Er wäre elf jetzt, wenn er am Leben geblieben wäre.
Sein leeres Gesicht starrte bedauernd auf das Postskriptum. Entschuldige die schlechte Schrift. In Eile. [...] Dann las er den Brief noch einmal: zweimal.
Ach was: Sie weiß schon auf sich aufzupassen. Aber wenn nicht? Nein, es ist noch nichts passiert. Könnte natürlich aber. Das muss man abwarten, in jedem Fall. Ganz schön leckerer Happen geworden. Ihre schlanken Beine, wie sie die Treppe raufliefen. Schicksal. In der Reife jetzt. Eitel aber: sehr.
Er lächelte mit beunruhigter Zuneigung zum Küchenfenster hinüber. Der Tag damals, ich erwischte sie auf der Straße, wie sie sich in die Backen kniff, damit sie rot wurden.

# 11.3 „Und ich schreibe darüber" – Wirklichkeit wahrnehmen und festhalten

*Jugendliche aus Ost und West feiern den Mauerfall (Berlin, 10. 11. 1989)*

*Love-Parade in Berlin 2002*

**1** *Die beiden Fotos zeigen Ereignisse, an die sich die damals beteiligten Jugendlichen – und nicht nur sie – vermutlich noch gut erinnern.*

*a) Tauscht euch kurz aus über die beiden Ereignisse – „Deutschland zur Zeit der Wende 1989/1990" und die „Love Parade" – aus. Informiert euch gegebenenfalls in eurem Geschichtsbuch bzw. im Internet.*

*b) Beschreibt die Jugendlichen auf den Bildern und stellt Vermutungen an, warum sie an den jeweiligen Ereignissen teilnehmen und sich in der dargestellten Weise verhalten.*

**2** *Fotos halten einen Moment fest, der gleich danach schon Vergangenheit ist. Eine andere Möglichkeit, etwas festzuhalten, sind Tagebuchaufzeichnungen.*
*Diskutiert über die Unterschiede sowie die Vor- und Nachteile dieser beiden Möglichkeiten, sich später an die eigene Geschichte zu erinnern.*

Marko Martin

## Sommer 1990

*Marko Martin, geboren 1970 in Burgstädt (Sachsen), verließ als Kriegsdienstverweigerer im Mai 1989 die DDR. Als Schüler einer elften Klasse an einem Bodensee-Gymnasium – „um dort als zwanzigjähriger Übersiedler das Abitur nachzuholen, das mir in der DDR aus politischen Gründen verweigert worden war", wie er selbst sagt – unternimmt er im Sommer 1990 eine Reise durch seine sächsische Heimat, „um vor allem dem ersten Vergessen etwas entgegenzusetzen".*
*In seinem Tagebuch, das er während dieser Reise schreibt, hält er Eindrücke aus der Zeit fest, als die DDR schon kein Staat mehr ist, aber noch nicht Bundesrepublik. Der folgende Text ist ein Auszug aus diesem Tagebuch, das unter dem Titel „Sommer 1990" veröffentlicht wurde.*

### 15. August

Abends nochmals bei S. und seiner Frau B. Sie erzählt mir folgende Geschichte, die sich irgendwo hier in der Gegend abgespielt hatte. Als sie kürzlich beim Gärtner war und Blumen holen wollte, stand ein Mann vor ihr in der Warteschlange, der laut und für alle hörbar mit seinem Nachbarn sprach.
Der Mann hatte einen Sohn, 16 Jahre alt, zehnte Klasse, ungemein begabt, sollte auf jeden Fall auf die Erweiterte Oberschule, später dann studieren. Bis die Stasi[1] auf die Idee kam, den Musterschüler für verschiedene Schulberichte, die er über Lehrer und Mitschüler schreiben sollte, anzuwerben. Sein Sohn widersetzte sich und lehnte ab; damit wollte er nichts zu tun haben. Die Stasi hat ihn dann immer mehr in die Enge getrieben, mit schlechten Zensuren, sogar mit Versetzungsgefahr [...] gedroht, schließlich von der Unmöglichkeit gesprochen, jemals auf eine Universität zu kommen und Ruhe zu finden. Der Vater fragt den Nachbarn: Warum wollte die Stasi gerade von seinem Jungen die Informationen, haben sie denn nicht schon alles selbst gewusst, weshalb dann noch sein Sohn, immer mehr Leute, die spitzeln sollten, immer mehr, sodass sie es scheinbar vor Wut gar nicht mehr aushalten konnten, wenn sich einer verweigerte und Nein sagte, so waren sie schon an die Unterwerfung gewöhnt. Doch war der Druck zu groß, der Sohn verschloss sich immer mehr, sprach mit niemandem darüber, hielt das aber allein nicht aus, wusste keinen Ausweg mehr.
Die Mutter hat ihn erhängt auf dem Wäscheboden gefunden. Sofort waren Kriminalpolizei und wieder Stasi da, haben den Abschiedsbrief sofort einkassiert und auch die Leiche ohne weitere Umstände mit eingesackt.
Als der Vater von der Arbeit kam, war schon alles vorbei.
Wenige Tage später kam der amtliche Bescheid über den Unfalltod des Sohnes, die Autopsie hätte das einwandfrei bewiesen. Die Eltern protestierten, wollten ihren Sohn noch einmal sehen, vergebens. Zusätzlich zum Schmerz über den Tod diese völlige Hilflosigkeit. B. sagt, sie hätte es kaum mehr mit anhören können, der Vater war so erregt, dachte gar nicht mehr daran, seine Stimme zu dämpfen. In seiner Not entschloss er sich dann, auf eigene Faust zu su-

1 **Stasi:** Abkürzung für Staatssicherheit; Geheimdienst der DDR und Überwachungsinstrument der SED gegen systemkritische Bürger der DDR

chen, und stieg nachts heimlich in die pathologische Station des Krankenhauses ein. Mit der Taschenlampe fand er die Leiche: Bereits geöffnet, irgendwelche Eingriffe hatten stattgefunden, um den Selbstmord zu vertuschen. Der Vater ist von den Erlebnissen, die jetzt schon Jahre zurückliegen, wieder überwältigt, stößt Einzelheiten hervor. B. will sie nicht wiederholen. Schließlich wurde er wegen Einbruch und Sachbeschädigung im schweren Fall verhaftet und mit drei Jahren Gefängnis belegt. Da er aber selbst Mitglied des Werkschutzes eines Betriebes war, kannte er die gesetzlichen Regelungen und wehrte sich. [...]

Das Ende der Geschichte ist, dass er vor wenigen Tagen genau die Stasi-Typen, die ihm damals verboten, seinen toten Sohn zu sehen, im Rathaus von Chemnitz herumspazieren sah. Er war fassungslos, konnte nichts machen, rief nur immer wieder: „Ihr Schweine, ihr gottverdammten Schweine!“, hatte nicht die Kraft, ihnen hinterherzulaufen, brach zusammen. Die Anderen aber waren längst wieder verschwunden.

B. sagt: „So ein Land ist das also, wo du zum Gärtner gehst und solche Geschichten hörst.“

S. fragt mich: „Mensch, und hier sollen wir erwachsen geworden sein? Zelten fahren, Riesengebirge, Ostsee, die Grillabende und Lagerfeuer? Oder jeden Freitag im Winter ins Stadtbad nach Hohenstein-Ernstthal, danach essen gegangen oder ins Kino, unsere ganze Truppe. Bayern Drei, RIAS Zwei im Radio, die Kassetten, die überspielten Platten aus dem Westen – haben wir das geträumt? Und dabei war keiner von uns in der FDJ, aber das hier, *das*, weißt du, was das bedeutet? Die schöne Zeit durch, all die Jahre, jeden Tag hätte so was passieren können. *Nichts* haben wir gemerkt. Auch du hast es nur geahnt, bist weg. Aber es war doch unsere Zeit, die Zeit damals. Weg, einfach weg. Totgemacht haben sie die. Ob denn da gar nichts mehr davon bleibt, nichts?“

Wir reden bis in die Nacht hinein. Was ist passiert, war alles nur Täuschung?

Darüber muss geschrieben werden. Vorläufig ist kein Ende abzusehen.

Nach Prag fahren. Diese Sehnsucht, irgendetwas noch nicht kaputt vorzufinden. Träume zum Greifen, etwas Festes, nicht im Nebel des Ungewissen der Halbwahrheit. Immer wieder: nicht klug werden wollen, begeistert sein. Hoffen. Nicht beherrscht werden wollen. Nichts vergessen.

Was ich gestern schrieb, ist für den heutigen Tag schon falsch. Aber es gibt Zeugnis über gestern. Vielleicht sind es nur diese Millimeterschritte, vor und zurück, zurück und vor, mit denen wir uns vortasten können, nach Aufschluss suchen.

Und ich schreibe darüber. Wenn auch für den Teil des Landes, in dem ich jetzt lebe, das Thema längst gestorben und uninteressant geworden ist. Ein Jahr hat man sich und uns gegeben zur Begeisterung, zum Staunen und Trauern und Verzweifeln, zum Erinnern und Reflektieren.

Was früher hinter Schweigemauern lag, wird schon wieder unter dem flotten Spruch vom déjà vu eingesargt und vergessen. Eine innere Zensur beginnt zu wirken, nicht mehr das zu beschreiben, was erlebt wird – es könnte ja schon besprochen und veraltet sein.

Der uniforme Zwang zu kollektiven Erfahrungen, das Desinteresse am Individuum setzt sich fort, feuilletonistisch wird es wohl irgendwann in blendender Rhetorik beklagt werden, ehe die Maschinerie unverdrossen weiterrollt.

Sie wird uns aber nicht ein zweites Mal begraben. Diesmal nicht mehr.

**1** *a) Schreibt aus dem Text alle Stellen mit Zeilenangaben heraus, aus denen erkennbar ist, was den jungen Tagebuchschreiber und seine Gastgeber bewegt, als sie die Geschichte über den unbekannten 16-Jährigen und dessen Vater hören.*

*b) Sprecht mit eurer Nachbarin oder eurem Nachbarn über eure Ergebnisse.*

**2** *a) Lest noch einmal den letzten Teil des Textes (▷ Z. 97–129).*
*b) Formuliert mit eigenen Worten, warum der Autor eine Reise in seine Heimat unternimmt und seine Eindrücke in einem Tagebuch festhält.*
*c) Tragt eure Texte vor und diskutiert darüber.*

**3** *Setzt euch selbst schreibend mit dem Tagebucheintrag vom 15. August 1990 auseinander. Wählt aus den folgenden Möglichkeiten aus und entscheidet, in welcher Form ihr die Ergebnisse sammeln und präsentieren wollt.*

### Tagebucheintrag – innerer Monolog – erlebte Rede

Der 16-jährige Sohn hätte sich auch entscheiden können, der Stasi Informationen zu liefern und zu studieren oder sich weiter zu weigern und die angedrohten Konsequenzen zu tragen. Nicht der Vater, sondern der inzwischen 20-jährige Sohn hätte dann im Sommer 1990 „genau die Stasi-Typen", die ihn jahrelang verfolgt haben, im Rathaus herumspazieren sehen.

- Schreibe aus der Sicht des jungen Mannes einen **Tagebucheintrag** über diese Begegnung. Du kannst dich dabei auch am Stil des Tagebuchs von Marko Martin orientieren.
- Stelle die Begegnung in einem **inneren Monolog** oder in **erlebter Rede** dar. Informationen zum inneren Monolog und zur erlebten Rede findest du auf Seite 269.

### Kurzprosa in Fugenform

„S. fragt mich: ‚Mensch, und hier sollen wir erwachsen geworden sein?'" (▷ Z. 76–77).
Im Tagebuch sind auch die Reaktionen auf die Geschichte des 16-Jährigen festgehalten. Lies diesen Textabschnitt noch einmal durch (▷ Z. 74–96).
Schreibe im Anschluss daran einen Erzähltext, in dem du ganz gegensätzliche Erlebnisse, Ereignisse oder Erfahrungen kontrastierst, die zeitgleich passieren könnten, z. B.:
*Jugendliche bei einem Grillabend am Lagerfeuer und derselbe Abend aus der Sicht des 16-jährigen Jugendlichen, der von der Stasi unter Druck gesetzt wird*

Gehe dabei folgendermaßen vor:

- Schreibe zuerst, am besten am Computer, zwei Erzählungen, die eine in Normalschrift, die andere kursiv.
- Schiebe dann in der Art einer „Fuge" (siehe Infokasten) die beiden Erzählungen ineinander: Beginne dabei mit einem „langsamen Wechsel", indem du jeweils etwas längere Passagen einer Erzählung (eines Thema) präsentierst, gehe dann über zu schnelleren Wechseln und überlege, wo du durch rasche Wechsel, z. B. nach jedem Satz, eine Art Höhepunkt setzen kannst.

**Fuge** (von lateinisch „fuga" = Flucht): entstand aus dem Kanon und der Imitation im 17. Jahrhundert und ist ein mehrstimmiges Musikwerk. Eine Fuge beginnt mit einer Stimme, die das Thema vorstellt, hierzu gesellt sich eine zweite Stimme, die das Thema auf einer anderen Tonstufe weiterführt. Weitere Stimmen können nach diesem Prinzip hinzukommen.
Eine **Doppelfuge** ist eine Fuge mit zwei Themen.

Günter Grass

# Mein Jahrhundert

## 1995

... Und nun, liebe Zuhörer und Zuhörerinnen, ist, wie man in Berlin sagt, der Bär los. Hören Sie nur, zwei-, dreihunderttausend mögen es sein, die den Ku'damm, der so viele Schicksalsstunden erlebt hat, in ganzer Länge, von der Gedächtniskirche bis hoch nach Halensee, zum Kochen, nein, zum Überkochen bringen. So etwas ist nur in dieser Stadt möglich. Nur hier, in Berlin, wo vor kurzem noch ein Event sondergleichen, der von dem international gepriesenen Künstler Christo auf so unvergleichlich zauberhafte Weise verhüllte Reichstag, zu einem Ereignis wurde, das Hunderttausende angezogen hat, hier, nur hier, wo vor wenigen Jahren die Jugend auf der Mauer getanzt, der Freiheit ein überschäumendes Fest bereitet und den Ruf „Wahnsinn!“ zum Wort des Jahres erhoben hat, einzig hier, sage ich, kann zum wiederholten Mal, doch diesmal bei überwältigendem Andrang, so lebenshungrig wie total ausgeflippt die „Love Parade“ über die Bühne gehen und dürfen sich, auch wenn anfangs der Senat zögerlich reagiert und der zu erwartenden Müllberge wegen sogar ein Verbot erwogen hat, nun endlich doch – gewiß, liebe Zuhörer und Zuhörerinnen, wir respektieren Ihre Bedenken – auf einer vom Innensenator zugelassenen Demonstration die sogenannten Raver, was soviel wie Schwärmer, Phantasten, total Ausgeflippte heißen mag, als besessene Techno-Tänzer versammeln und ganz Berlin, diese wunderbare, stets allem Neuen offene Stadt, mit, so heißt es, „der größten Party der Welt“ beglücken, sagen die einen, schockiert es die anderen, denn was hier seit Stunden abläuft – hören Sie nur! –, ist an Phonstärke und Lebensfreude, aber auch an lustvoller Friedfertigkeit nicht zu überbieten, heißt doch das Motto dieses an der Spree gefeierten „Karnevals in Rio“ diesmal „Peace on Earth“. Ja, liebe Zuhörer beiderlei Geschlechts, das ganz gewiß und zuallererst wollen diese so phantastisch herausgeputzten jungen Leute, die von überall her, sogar aus Australien angereist kommen, Frieden auf Erden! Aber zugleich wollen sie auch aller Welt zeigen: Seht, es gibt uns. Wir sind viele. Wir sind anders. Wir wollen Spaß. Nur noch Spaß. Und den bereiten sie sich hemmungslos, weil sie, wie gesagt, anders sind, keine Schlägertypen von links oder rechts, keine nachgeborenen Achtundsechziger, die immer nur gegen und nie richtig für etwas waren, aber auch keine Gutmenschen, die, wie wir es erlebt haben, mit Angstgeschrei oder mittels Lichterketten den Krieg bannen wollten. Nein, diese Jugend der Neunziger ist anders gestrickt, wie ihre Musik, die Ihnen, meine lieben Zuhörer und Zuhörerinnen, womöglich nur als das Trommelfell strapazierender Lärm vorkommen mag, denn selbst ich muß, wenn auch ungern, zugeben, daß dieses dröhnende, den Ku'damm erschütternde Wummern der Bässe, dieses erbarmungslose Bum Bum Bum – Tschaka Tschaka Tschaka, kurz Techno genannt, nicht jedermanns Geschmack entspricht, aber diese Jugend ist nun mal in sich und das Chaos vernarrt, will sich volldröhnen lassen und in Ekstase erleben. Bis zur Erschöpfung tanzt sie, bringt sich in Dampf, Schweiß, bis an die Grenzen und drüber weg, läßt nun auf kaum von der Stelle kommenden, doch aufs witzigste dekorierten Lastwagen, Sattelschleppern, in und auf gemieteten Bussen den Ku'damm – hören Sie nur! –, ganz Berlin überkochen, so daß es mir, der ich mich jetzt mit meinem Mikrophon in die hüpfende, stampfende Menge wage, an Worten zu fehlen beginnt, weshalb ich fragend an einige der besessenen Tänzer, Raver genannt, herantrete: Warum hat es dich gelockt, in diese Stadt, nach Berlin zu kommen? – „Weil das super ist, einfach zu erleben, wie viele hier sind ...“ – Und Sie, mein Fräulein in Pink: – „Na, weil ich hier auf der Love Parade endlich mal sein kann, wie ich wirklich bin ...“ – Und Sie, junger Mann? – „Klar, weil ich für Frieden bin, und wie das hier abläuft, so stell ich mir Frieden vor ..." – Und du, meine Schöne in durchsichtiger Plastikhülle? Was bringt dich hierher? – „Mein Bauchnabel und ich, wir wollen gesehen werden ..." – Und ihr zwei beiden in glänzenden Lackröckchen? – „Echt geil hier ..." – „Supergeil ..." – „Geht voll auf einen über die Stimmung ..." – „Nur hier kommt mein Outfit voll an ..." – Sie hören es, meine lieben Zuhörer, jung und alt, weiblich und männlich. Das Stichwort heißt: Outfit! Denn diese wie losgelassene Jugend, diese Raver tanzen nicht nur, als stecke der Veitstanz in ihnen, sie wollen gesehen werden, auffallen, ankommen, ich sein. Und was sie am Leib tragen – oft Unterwäsche nur –, muß knapp sitzen. Kein Wunder, daß sich jetzt schon namhafte Modedesigner von der Love Parade inspirieren lassen. Und wen verwundert es, wenn bereits jetzt die Tabakindustrie, allen voran Camel, die Techno-Tänzer als Werbeträger entdeckt hat. Und niemand hier nimmt an dem Werberummel Anstoß, denn diese Generation hat sich ganz unverkrampft mit dem Kapitalismus ausgesöhnt. Sie, die Neunziger, sind seine Kinder. Er ist ihnen auf den Leib geschrieben. Sie sind seiner Märkte Produkt. Immer das Neueste wollen sie sein und haben. Was manch einen dazu bringt, dem allerneuesten Hochgefühl mit Ecstasy, der allerneuesten Droge, nachzuhelfen. Sagte mir doch vorhin noch ein junger Mann bestgelaunt: „Die Welt ist sowieso nicht zu retten, also laßt uns ne Party feiern ..." Und diese Party, liebe Zuhörer und Zuhörerinnen, findet heute statt. Keine revolutionären Parolen sind gefragt, nur gegenwärtig und zukünftig Peace, selbst wenn irgendwo auf dem Balkan, in Tuzla, Srebrenica und sonst noch wo geschossen, gemordet wird. Deshalb lassen Sie mich nun meinen Stimmungsbericht vom Kurfürstendamm mit einem Blick in die Zukunft beschließen: Hier, in Berlin, ist sie jetzt schon da, hier, wo einst der legendäre Bürgermeister Reuter den Völkern der Welt zugerufen hat: „Schaut auf diese Stadt!", hier, wo einst Amerikas Präsident, John F. Kennedy, bekannt hat: „Auch ich bin ein Berliner!", hier, in dieser einst geteilten, nun zusammenwachsenden Stadt und ewigen Großbaustelle, von der nunmehr – und dem Jahr 2000 vorauseilend – die „Berliner Republik" ihren Ausgang nehmen wird, hier darf sich Jahr für Jahr – und in Jahresfrist sogar im Tiergarten – eine Generation in Ekstase tanzen, der jetzt schon die Zukunft gehört, während wir Älteren, wenn ich mir abschließend diesen Scherz erlauben darf, uns um den Müll, die Müllberge sorgen dürfen, die uns die Love Parade und große Techno-Party wie schon im Vorjahr so auch zukünftig hinterlassen wird. R

**1** *Günter Grass lässt in diesem Text einen älteren Radioreporter über die Love-Parade berichten. Sucht Textstellen, an denen – außer an der mehrfach wiederholten Anrede „liebe Zuhörer und Zuhörerinnen" – erkennbar ist,*

- *dass es sich um eine für das Medium Radio bestimmte Reportage handelt und*
- *dass die Ereignisse von einem Reporter wiedergegeben werden, der sich selbst ausdrücklich zu den „Älteren" zählt.*

**2** *Diskutiert über das vom Reporter berichtete und kritisch betrachtete Verhalten der Teilnehmer an der Love-Parade.*

**3** *Stellt euch vor, ihr seid bei einer Love-Parade dabei. Nehmt selbst die Rolle einer Reporterin oder eines Reporters ein und berichtet aus eurer jugendlichen Sicht für ein Jugendmagazin eines Radiosenders eurer Wahl (▷ Informationen zur Reportage im Grundwisssen auf Seite 368).*

# 12 Der Traum vom Fliegen – Sachtexte auswerten

## 12.1 Vom Segelfliegen zur Luftbildarchäologie – Informationen aus Sachtexten entnehmen

*Carlo Saraceni: Dädalus und Ikarus (1606/07)*

*Segelflieger über den Alpen*

*Flugpionier Otto Lilienthal (1896)*

**1** *a) Welche Assoziationen, Fragen, Stichworte, Wendungen fallen euch zum Thema „Fliegen" ein? Bildet Gruppen und tragt eure Einfälle zusammen, z. B. in einem Cluster.*
*b) Sprecht über eure Ergebnisse.*

**2** *Betrachtet die Bilder. Welche eurer Assoziationen passen zu den drei Bildern? Erklärt, warum.*

**1** *Aus der Hauptüberschrift, der Unterüberschrift und der Grafik könnt ihr schließen, worum es in dem Artikel geht.*
*a) Verschafft euch einen ersten Überblick über den Text. Lest die Überschriften und betrachtet die Grafik.*
*b) Formuliert – ohne den Text ganz durchzulesen – möglichst genau, was ihr von diesem Text erwartet.*

**2** *a) Tauscht euch über euer Vorwissen zum Thema „Segelfliegen" aus.*
*b) Lest den folgenden Text genau.*

# Das Spiel mit dem Aufwind

***Flug ohne Motor – Segelfliegen in der Thermik*** *von Dieter Maier*

„An einem fast windstillen Tage beobachteten wir zwei Adler beim Kreisen in etwa 150 Metern Höhe. Unsere Aufmerksamkeit wurde durch das Aufleuchten eines Gegenstandes sehr viel tiefer unter diesen abgelenkt. Die Beobachtung durch das Fernglas zeigte, dass es eine Adlerfeder war, und es schien, als ob die Feder ganz in der Nähe zu Boden fallen würde. Jemand ging schon los, um sie aufzulesen. Aber kurz danach konnte man beobachten, dass die Feder nicht mehr fiel, sondern schnell höher stieg. Sie verschwand schließlich hoch oben außer Sicht. Sie wurde offenbar in den gleichen Luftstrom hineingezogen, in dem die Adler segelten, und wurde von ihm in die Höhe getragen."

Das Beispiel mit der Feder diente dem US-amerikanischen Flugpionier und Flugzeugbauer Wilbur Wright in einem Vortrag am 24. Juni 1903 zur Untermauerung seiner schon 1901 geäußerten These. Damals bereits sagte er vor der „Western Society of Engineers" in Chicago: „Es gibt noch eine andere Form des Fliegens, und die erfordert keinen Motor. Ich meine den Segelflug, bei dem das Fluggerät durch die gleiche Kraft im andauernden Schwebezustand in der Luft gehalten wird, die die Segelvögel ausnutzen. Was für eine Kraft das ist, wurde noch nicht mit Gewissheit erkannt, obgleich es ziemlich sicher ein aufsteigender Luftstrom ist."

Auch wenn Wright noch nicht erklären konnte, wie die „Kraft" wirkt, so hat er sie nahezu 30 Jahre vor den Meteorologen schon exakt beobachtet. In einer für den thermischen Segelflug geradezu visionären Schilderung berichtet er 1903: „An warmen, klaren Tagen, wenn der Wind ganz schwach war, konnten Geier, hoch am Himmel in großen Kreisen fliegend, beobachtet werden. Meistens mussten sie zuerst eine gewisse Höhe von mehreren hundert Fuß (100–150 m) durch Flügelschlagen erreichen, bevor diese Art von Segelflug möglich wurde. Oft begann ein Schwarm, an einer bestimmten Stelle zu kreisen, wobei er dann höher und höher stieg, bis sie sich schließlich trennten und jeder in einer von ihm selbst gewählten Richtung davonflog. Bei solchen Gelegenheiten mussten andere Geier ganz in der Nähe mit den Flügeln schlagen, um ihre Höhe zu halten. Aber sobald diese einen Punkt unter dem kreisenden Schwarm erreichten, stiegen auch sie mit still gehaltenen Flügeln.

Dies schien zu beweisen, dass aufsteigende Luftsäulen nicht überall vorkommen, sondern dass die Vögel diese finden müssen. Ganz offensichtlich beobachten sie sich gegenseitig, und wenn einer einen aufsteigenden Luftstrom gefunden hat, kommen die Anderen schnell dorthin."

Was Wilbur Wright zwar scharfsinnig beobachtet und beschrieben hatte, nicht aber erklären konnte, das wurde nun systematisch erforscht. Mit Vehemenz stürzte man sich auf die neue Aufgabe und schon bald konnten die Wissenschaftler recht exakt definieren, was hinter dem Zauberwort „Thermik" eigentlich steckt.

Natürlich hat Thermik etwas mit Wärme und der Erwärmung von Luft zu tun.

Dass sich Luft bei der Erwärmung ausdehnt, ist Folge der Energiezufuhr durch die Sonne. Es wächst die Bewegung der Moleküle, die entsprechend mehr „Ellenbogenfreiheit" und damit mehr Platz beanspruchen. Weniger Moleküle in der Raumeinheit aber ergeben nicht nur ein geringeres Gewicht, sondern auch einen geringeren Druck. Wird Luft nun am Boden unterschiedlich erwärmt, entsteht zwischen den beiden Mengen nicht nur eine Gewichts-, sondern auch eine Druckdifferenz. Die um die erwärmte Luft herum gelagerte kalte Luft bleibt unter höherem Druck und zwingt die wärmere durch seitlichen Druck, in die einzig verbleibende Richtung auszuweichen – also nach oben zu steigen.

Natürlich steigt die erwärmte Luft umso besser, je stärker der Druck ihrer kalten Umgebung ist. Er wiederum ist umso höher, je kälter es ist.

Daraus lässt sich direkt ableiten:

- Temperaturdifferenz erzeugt Druckdifferenz,
- Druckdifferenz erzeugt Auftrieb,
- der Auftrieb ist proportional zur Temperaturdifferenz.

Darin liegt also die Begründung, weshalb die Thermik im Frühjahr am besten ist. In der noch kalten Luft genügt schon kurzfristige Sonneneinstrahlung, um die Temperatur- und damit die Druckdifferenz groß genug werden zu lassen. Umgekehrt kann an einem heißen Sommertag die Sonne manchmal noch so brennen, die ohnehin schon überall heiße Luft verhindert das Entstehen der notwendigen Druckdifferenz. Auf Thermik wird man vergeblich warten.

In der Praxis ergeben sich damit für den Aufwind suchenden Segelflieger die beiden elementaren Fragen, wo sich die Thermik bildet und wo sie sich vom Boden löst.

Um mögliche Orte der Thermikentstehung eingrenzen zu können, muss man sich zunächst klarmachen, unter welchen Bedingungen sich Luft überhaupt erwärmt bzw. sich so verändert, dass sie leichter wird als die Luft ihrer Umgebung.

Ein wichtiges Kriterium dafür ist, zu welchen Teilen der jeweilige Boden die Sonnenstrahlung absorbiert bzw. reflektiert. Da die absorbierte Strahlung gleich der vom Boden verwertbaren Energie ist, leuchtet es ein, dass der Boden umso energiereicher sein kann, je größer der Anteil der absorbierten Strahlung ist.

Wie unterschiedlich die Absorption der Sonnenstrahlung ist, zeigt die folgende Tabelle:

| Bodenart | absorbierte Strahlung |
|---|---|
| Getreide | 85–95 % |
| schwarze Erde | 85–90 % |
| feuchter Sand | 90 % |
| unbewachsener Boden | 80–90 % |
| trockener Sand | 80 % |
| Gras | 60–85 % |
| gepflügter Acker | 70–80 % |
| Wüste | 70–75 % |
| Schnee und Eis | 15–50 % |

Die folgende Grafik zeigt nun für den Segelflieger mögliche Orte der Thermikentstehung:

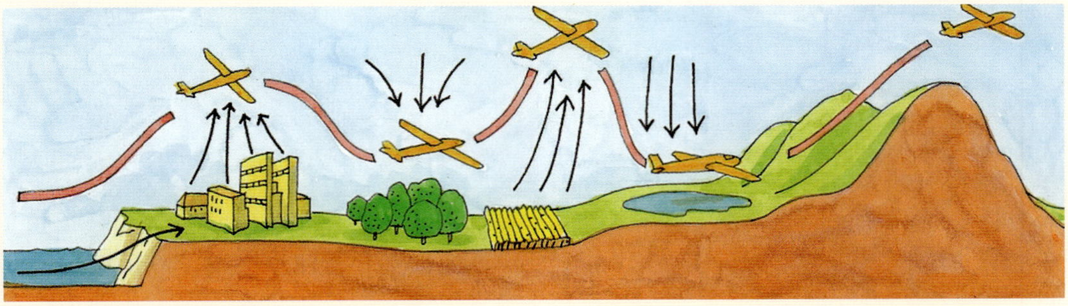

Beim Segelfliegen im Flachland werden thermische Aufwinde genutzt. Das Flugzeug fliegt also genau genommen mit Solarenergie. Im Bergland kommen noch Hangaufwinde hinzu, die aber auch auf Sonneneinstrahlung zurückzuführen sind. Die Kunst beim Segelflug besteht darin, sich möglichst lange im Aufwind und nur sehr kurz im Abwind aufzuhalten.

**3** *Arbeitet mit einer Kopie des Textes und lest den Text mit Stift in der Hand.*
- ☐ *Markiert Schlüsselwörter und Textstellen, die ihr besonders wichtig findet, und kennzeichnet diese am Rand mit einem Ausrufezeichen (!).*
- ☐ *Umkreist Textstellen und Wörter, die euch unklar sind, und verseht diese am Rand mit einem Fragezeichen (?).*

**4** *Tauscht euch darüber aus, wie es euch beim ersten Lesen des Textes ergangen ist. Hat sich die inhaltliche Erwartung, die die Überschrift geweckt hat, erfüllt? Wie viel von eurem Vorwissen habt ihr wiedererkannt?*

**5** *Klärt die Textstellen und Wörter, die euch unklar sind.*
*a) Formuliert möglichst genau eine Frage zu dem Sachverhalt, der euch unklar ist.*
*b) Tauscht euch über eure Fragen aus und versucht, diese anhand des Textes zu klären.*

**6** *a) Gliedert den Text in Sinnabschnitte (notiert die Zeilenangaben) und fasst jeden Abschnitt in Stichworten oder einem kurzen Satz zusammen.*
*b) Vergleicht eure Notizen. Wenn ihr zu unterschiedlichen Ergebnissen gekommen seid, zieht zur Klärung den Text heran.*

**7** *Ordnet die Informationen des Textes nach zusammengehörenden Gliederungspunkten.*

**TIPP**

**Sachtexte auswerten**

Folgende Schritte können euch helfen, Schritt für Schritt einen Sachtext zu verstehen:
1. Schritt: sich einen Überblick verschaffen (Überschriften, Bilder, Grafiken beachten)
2. Schritt: den Text genau lesen und Randbemerkungen machen
3. Schritt: Unverstandenes klären
4. Schritt: Aussagen einzelner Sinnabschnitte erkennen
5. Schritt: Kerninformationen entnehmen und ordnen, z. B. in einer Tabelle

**8** *Bildet Gruppen und überprüft anhand der folgenden Fragen und Aufgaben, ob ihr die Informationen aus dem Text vollständig verstanden habt und anwenden könnt.*

1. Der Text beginnt mit drei längeren Zitaten. Wer ist es, der hier zu Wort kommt?
2. Die beiden Beobachtungen, von denen berichtet wird, die Adlerfeder und der Geierschwarm, scheinen auf den ersten Blick dasselbe auszusagen. Doch welche zusätzliche Information kann man der zweiten Naturbeobachtung entnehmen?
3. Was versteht man unter „Thermik"?
4. Warum sind thermische Aufwinde im Frühjahr besonders ausgeprägt? Benutzt bei der Erklärung die Fachbegriffe des Textes.
5. Erklärt mit Hilfe der folgenden Abbildung eines Heißluftballons der Brüder Montgolfier, inwiefern hier dieselben physikalischen Gesetze im Spiel sind.

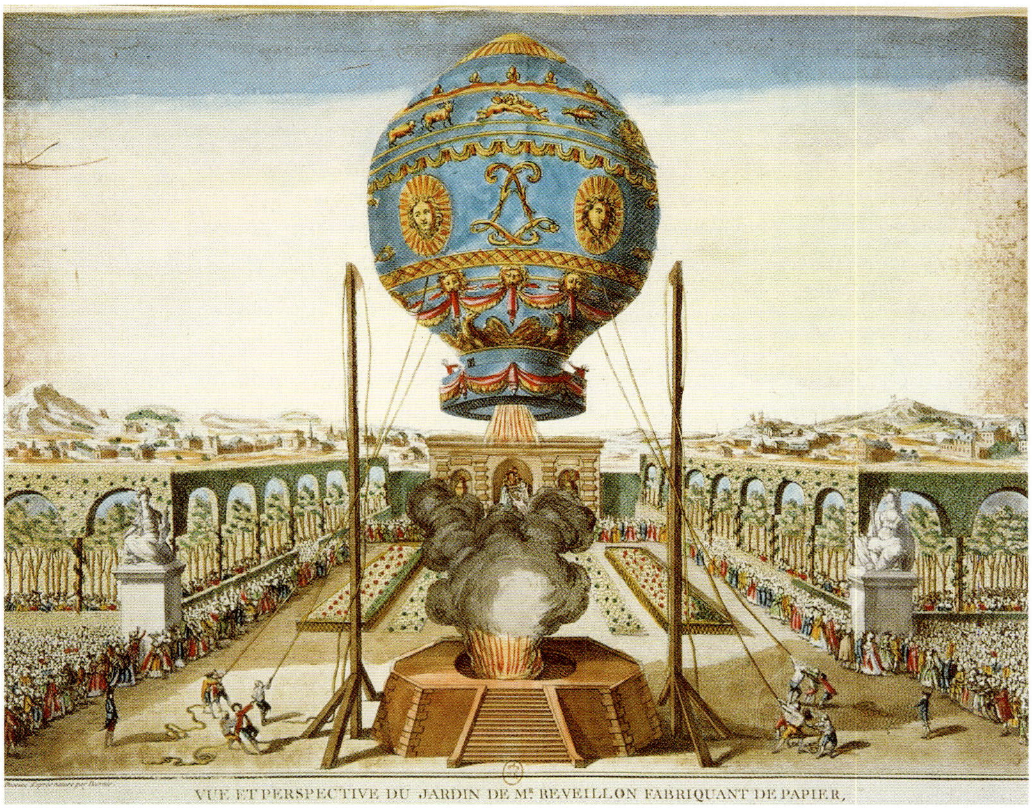


*Der erste Heißluftballon: Am 5. Juni 1783 ließen die Brüder Joseph Michel und Jacques Étienne Montgolfier einen Ballon vor Publikum aufsteigen. Der Ballon hatte ein Volumen von ca. 600 m$^3$. Beheizt wurde er mit einem Feuer am Boden.*

6. Stellt euch vor, euer Schulgelände wäre ein Segelflugplatz. In welche Richtung würdet ihr an einem warmen Frühlingstag fliegen, um möglichst viele Aufwindzonen zu treffen? Zeichnet in ein Profil der Landschaft eure Flugroute und die zu erwartende thermische Energie ein.

**1** *Der folgende Text informiert über Luftbildarchäologie. Überlegt euch zunächst, was man unter dem Begriff „Luftbildarchäologie" verstehen könnte. Welches besondere Interesse haben wohl Archäologen an Aufnahmen aus der Luft?*

# Wenn Archäologen in die Luft gehen

*Ob Siedlungen von Ackerbauern oder mittelalterliche Burgen – aus 400 Metern Höhe zeichnen sich die Überreste der Menschheit deutlich ab. Für Archäologen gleichen die Luftbilder einem Geschichtsbuch.*

*von Thomas Schöne*

*Das Luftbild zeigt archäologische Überreste eines astronomischen Kalenders aus der Paracas-Kultur (900–200 v. Chr.) in Peru.*

*Das rekonstruierte Sonnenobservatorium in Goseck (Sachsen-Anhalt)*

Auf der Suche nach Schätzen der Menschheit gehen Archäologen in die Luft. „Aus rund 400 Metern Höhe sieht die Erde wie ein aufgeschlagenes Geschichtsbuch aus", sagt der Luftbildarchäologe Ralf Schwarz. Es sei ein Flug durch die Geschichte der Menschheit. „Jeder Graben, der vor Jahrtausenden ausgehoben wurde, und auch jede Flakstellung aus dem Zweiten Weltkrieg sind als Umrisse heute noch deutlich sichtbar."

### Grundlage für Ausgrabungen

„Die Stärke der Luftbildarchäologie ist, dass Fundstellen schnell und genau erfasst werden. Die Luftbilder können als Grundlage für Ausgrabungen dienen", erläutert der Wissenschaftler. Landesmuseum und archäologisches Denkmalamt in Halle (Sachsen-Anhalt) haben als eine der wenigen Einrichtungen in Deutschland eine eigene Abteilung „Luftbildarchäologie". Berühmt wurde die Luftbildarchäologie mit dem 1991 auf einem Feld bei Goseck (Landkreis Merseburg-Querfurt) entdeckten ältesten Sonnenobservatorium[1] der Welt. Auf Grund dieser Aufnahmen konnten dann im Jahr 2003 die Grabungen beginnen.

### In den Spuren lesen

Schwarz startet pro Jahr zu rund 25 Erkundungsflügen, was ungefähr rund 100 Flugstunden entspricht. Ausgerüstet mit mehreren Kameras, erkennt der Wissenschaftler anhand des Pflanzenwuchses auf den Feldern die Überreste der Menschheitsgeschichte. „Beispielsweise wächst das Getreide an Stellen

1 **Sonnenobservatorium:** Das Sonnenobservatorium diente den Menschen in der kalenderlosen Zeit vor 7000 Jahren unter anderem zur Bestimmung der Winter- und Sommersonnenwende, die für die Landwirtschaft wichtig waren.

**Bodendenkmäler können aus der Luft durch mehrere Merkmale angezeigt werden:**

- **Bewuchsmerkmal:** Beobachtet werden auffällige Bewuchsanomalien, welche sowohl über Mauerresten als auch über inzwischen verfüllten Gräben auftreten. Auf die durch archäologische Störungen ausgelösten Feuchte- und Nährstoffunterschiede reagiert vor allem das Getreide.

*Die Grafik zeigt die Abhängigkeit des Bodenbewuchses von der Bodenbeschaffenheit.*

- **Schattenmerkmal:** Bei tiefem Sonnenstand zeichnet klares Schräglicht auch noch geringe Bodenunebenheiten durch lange Schatten nach. Die Wirkung von Schattenmerkmalen wird durch eine gleichmäßig glatte Bedeckung des Geländes wie Gras oder Schnee noch gesteigert.
- **Schnee- und Reifemerkmal:** In der winterlichen Landschaft machen Schneeverwehungen auch minimale Niveauunterschiede sichtbar. Des Weiteren führen die schon beim Bewuchsmerkmal auftretenden Bodenunterschiede in Feuchtigkeit und Kälte zur Herausbildung von Schnee- und Reifemerkmalen.
- **Feuchtmerkmal:** Stark durchnässte Böden mit glatter Oberfläche, die nach der Schneeschmelze oder nach einem Platzregen im Frühjahr auszutrocknen beginnen, lassen die in tieferen Schichten verborgenen, Wasser speichernden archäologischen Störungen manchmal erkennen. Der Grund: Die feuchten Stellen über den archäologischen Störungen reflektiert das Sonnenlicht nur schwach, sodass sich diese dunkel auf dem hellen Umfeld abzeichnen. Diese Merkmale sind besonders kurzlebig, nach Regenfällen im fortgeschrittenen Frühjahr kann ihre Lebensdauer sogar auf wenige Stunden beschränkt sein.

nicht so hoch, wo einst eine Mauer stand. Umgekehrt verhält es sich mit Löchern, in denen früher Pfosten eingerammt waren. In diese reicht der Humus tiefer hinein, die Pflanze kann tiefer wurzeln und hat mehr Nährstoffe zur Verfügung. Somit stehen an den Pfostenlöchern die Pflanzen höher", erklärt Schwarz.

**550 neue Fundstellen**

Der Archäologe fliegt gern am späten Nachmittag, weil die langen Schatten über der Landschaft die Umrisse von Wällen, Gräben, Häusern und ganzen Dorfanlagen noch deutlicher abzeichnen. Seit der Wende hat der Archäologe 550 neue Fundstellen von Gebäuden, Anlagen und Siedlungen der unterschiedlichsten Zeitepochen aus der Luft entdeckt. „Dazu kommt die Luftbilddokumentation der bekannten Stellen", sagt Schwarz.

Von jeder Fundstelle macht der Archäologe etwa zwölf Bilder, je zur Hälfte Schwarz-Weiß-Aufnahmen und Farbdias. Das Spektrum der Luftbilder reicht von den Siedlungen der ältesten Ackerbauern vor 7500 Jahren über germanische Dörfer, deutsche und slawische Burgen des frühen Mittelalters bis hin zu den verlassenen Dörfern des 14. und 15. Jahrhunderts.

**2** *Lest den Text genau und formuliert dann selbst eine knappe, aber möglichst genaue Definition von Luftbildarchäologie.*

**3** *Benennt die im Text genannten Objekte, nach deren Spuren die Archäologen auf ihren Flügen Ausschau halten.*

**4** *Ob ein Sachtext leicht zu lesen ist, hängt nicht nur von seinem Inhalt, sondern auch von seiner äußeren Gestaltung (Layout) ab. Der vorliegende Text nutzt verschiedene Mittel der Textgestaltung.*
*a) Schreibt in Stichworten auf, welche unterschiedlichen Gestaltungsmittel im Text zu finden sind. Nehmt dazu den unten stehenden Merkkasten zu Hilfe.*
*b) Erklärt genau, welche Funktionen die einzelnen Gestaltungsmittel in dem vorliegenden Text haben. Welche Textinformationen werden vertiefend erklärt oder durch die Fotos bzw. durch die Grafik jeweils veranschaulicht?*

**5** *a) Die Informationen des Textes lassen sich ordnen. Erstellt zu dem Text Gliederungspunkte und schreibt zu jedem Gliederungspunkt einige wichtige Stichworte auf.*
*b) Vergleicht eure Notizen. Wo seid ihr zu unterschiedlichen Ergebnissen gekommen? Nehmt zur Klärung den Text zu Hilfe.*

**6** *Findet weitere Beispiele dafür, dass sich manches nur durch den spezifischen Blick aus dem Flugzeug entdecken lässt.*

**Das Layout eines Sachtextes**
Ob ein Sachtext leicht zu lesen ist, hängt nicht nur von seinem Inhalt, sondern auch von seinem Layout (Text- und Bildgestaltung) ab. Viele verschiedene Elemente können das Textbild prägen, z. B.:
- Überschriften und Zwischenüberschriften
- Unterteilung in Absätze
- Hervorhebungen durch **Fettdruck,** *Kursivdruck,* GROSSBUCHSTABEN
- Schaubilder, Tabellen und Grafiken
- Fotos und andere Abbildungen

Durch diese Gestaltungselemente werden wichtige Textinhalte hervorgehoben bzw. veranschaulicht.

**7** *Die folgenden Skizzen zeigen die Zerfallsstufen einer Befestigungsanlage. Fast 98 Prozent aller vormittelalterlichen Wehranlagen Bayerns sind nur noch im Zustand D erhalten.*
*Beschreibt die Skizze und erläutert mit Hilfe der Informationen aus dem Text (*▷ *S. 282/283**), durch welche Merkmale ein solches Bodendenkmal (vgl. Bild D) aus der Luft erkennbar wäre.*

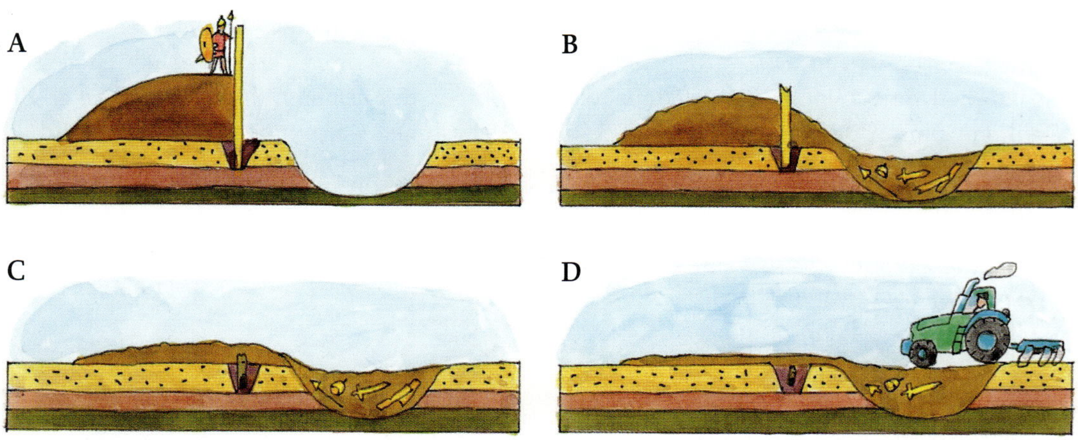

# 12.2 „Männerberufe", „Frauenberufe"? – Erörtern im Anschluss an Sachtexte

## Der Flug der Frauen

*Wie sich die Pilotinnen Monika Kölling und Irmi Zoricic in einer Männerwelt behaupten*
von Claudia Wessel

Briefing in den Räumen der Deutschen BA am Flughafen München, Wartungsallee 13. „Ich nehm mehr Sprit mit heute", sagt Monika Kölling. „Wir erwarten sehr starken böigen Westwind." Die Wetterkarte zeigt zwei solcher Jetstreams. Für den Fall, dass man auf dem angesteuerten Flughafen nicht landen kann, wird mehr Sprit benötigt. Es ist wie immer, wenn sich Pilot und Kopilot über die Startvorbereitungen unterhalten – mit der Ausnahme, dass es sich um zwei Frauen handelt – eine Seltenheit. „Wie war noch mal die Flugzeit?" – „50 Minuten." – „Der Wind kommt ziemlich von der Seite, sagen wir mal: eine Stunde."

Wenig später im Cockpit. Monika Kölling und ihre Kopilotin Irmi Zoricic gehen die Checkliste durch, spulen Zahlen und Anglizismen runter. „134 zweimal." – „134, ja." – „One fortynine." – „Unreduziert?" Die Tür zum Cockpit öffnet sich. „O. k., 64", lautet die Mitteilung über die Anzahl der Passagiere, die an Bord sind. „Willst du einen Headcount?" – „Nein, ich will nur wissen, ob alle da sind und wir die Tür zumachen können."

Jetzt erfahren die Passagiere, mit wem sie fliegen: „Grüß Gott, mein Name ist Monika Kölling … unser erster Offizier ist Irmi Zoricic …" Dann gehen die beiden die Checkliste „Before start" durch, auch bei noch so großer Routine wird kein Punkt übersprungen.

Endlich die ersehnte Ansprache vom Tower: „Speedway one eight alpha …" Das Flugzeug rollt auf die Nordbahn, die schlanken Finger mit den in rosa Perlmutt lackierten Nägeln schieben den grauen Griff langsam nach vorn, die Boeing beschleunigt auf der im Regendunkel leuchtenden Lichtlinie der Rollbahn und hebt ab. Der Regen verschwindet, es wird hell, die Sonne über den Wolken fällt durchs Cockpitfenster.

Fünf Jahre alt war die Münchnerin Monika Kölling, als sie ihren Berufswunsch Pilotin entwickelte – damals flog sie zum ersten Mal mit ihrer Mutter und war fasziniert. Wovon genau, kann sie nicht in Worte fassen. „Es war einfach das Fliegen und alles drum herum." Diese Faszination blieb über all die Jahre erhalten, nach dem Abitur wollte sie gleich die Ausbildung beginnen, doch gab es noch eine kleine Hürde zu überwinden. Ausgerechnet jetzt lernte sie einen Piloten kennen, der – selbst arbeitslos – sie vor dem Beruf warnte, in dem sie gerade als Frau wenig Chancen haben würde. Die junge Abiturientin ließ sich abschrecken, begann ein Maschinenbaustudium in München, kehrte aber bald zu ihrer Leidenschaft zurück. „Das Studium war nichts für mich." Jetzt wagte sie doch den Weg, den sie sich wünschte, machte an der Flugschule „Isar-Flug" den Schein „Verkehrsflugzeugführer (die zirka zweijährige Ausbildung kostet zwischen 60 000 und 80 000 Euro) und bekam danach auch gleich einen Job als Kopilotin. Die Ausbildung zur Kapitänin absolvierte sie nach 4 000 Flugstunden problemlos. Mittlerweile fliegt sie seit mehr als sieben Jahren professionell.

Die 34-Jährige ist eine von zwei Kapitäninnen der Fluggesellschaft Deutsche BA, Irmi Zoricic eine von vier Kopilotinnen. Heute hat es der Zufall gewollt, dass sie einen Umlauf zusammen fliegen, mit den Stewardessen bilden sie auf dem Flieger ein reines Frauenteam. Dass daran nichts anders ist als in einer gemischten Crew, ist ihnen wichtig. „Wir sind nichts Be-

*Der Anteil der Frauen im Cockpit ist in den vergangenen Jahren leicht gestiegen, liegt aber trotzdem weltweit bei nur 2,5 Prozent. In Deutschland sind es 3,1 Prozent.*

sonderes", sagen sie. Die Relevanz, die das Frausein für diesen Beruf habe, habe nichts mit der Ausübung selbst zu tun, nichts mit den Leistungen und Fähigkeiten, die man haben muss, nichts mit der Faszination, die einen ins Cockpit treibt. Allerdings bedeuten die sozialen Auswirkungen für eine Frau möglicherweise etwas Anderes als für einen Mann: „Man führt ein Zigeunerleben. Es ist sehr schwer, ein soziales Umfeld aufrechtzuerhalten. Und an eine eigene Familie ist im Grunde nicht zu denken."

Die Schwangerschaft einer Pilotin, erklärt Monika Kölling, könne leicht das Ende der beruflichen Laufbahn bedeuten. Denn sobald eine Schwangerschaft festgestellt ist, darf die Frau nicht mehr fliegen. Andererseits muss sie, um ihren Flugschein zu erhalten, jedes halbe Jahr einen Checkflug machen beziehungsweise Flugstunden nachweisen. Wer diesen Termin verpasst, verursacht neue Kosten in großer Höhe: Die Ausbildung für einen bestimmten Flugzeugtyp, das „type rating", muss teilweise wiederholt werden – und das kann bis zu 25 000 Euro kosten, schätzt Monika Kölling. Insofern kann sie gewisse Bedenken beim Einstellen einer Pilotin vor allem bei kleinen und finanziell nicht so gut ausgestatteten Firmen durchaus verstehen, ohne darin Frauenfeindlichkeit zu sehen.

Auch die Reaktionen ihrer Kollegen hat Monika Kölling noch nie als Anfeindung erlebt. „Natürlich fallen mal flapsige Bemerkungen oder ein neuer Kollege wundert sich." Aber eigentlich bleibt für solche Nebensächlichkeiten bei der Konzentration auf die anspruchsvolle Arbeit gar keine Zeit. Zudem ist der Ton untereinander eher freundschaftlich.

„Hallo, Moni! Hallo, Irmi!" Aircraft-Change auf dem Flughafen Berlin-Tegel. Kapitänin Kölling und Kopilotin Zoricic, soeben nach dem Flug von München in Berlin gelandet, grüßen den Kollegen, der ihnen die Boeing 737 übergibt, freundlich zurück. Erst später, beim zweiten „leg" dieses Tages, der Strecke Berlin-München, als nach der langwierigen Checkprozedur die Flughöhe erreicht und alles ruhig ist, fragt Irmi Zoricic: „Kanntest du eigentlich den Kollegen eben in Berlin? Eigentlich ganz sympathisch, gell?" – „Ja", sagt Monika Kölling. „Ich weiß seinen Namen auch nicht. Aber er kannte uns offenbar." – „Das ist Auswirkung der Tatsache, dass wir Frauen sind", erklärt Monika Kölling. „Uns kennt jeder beim Namen. Nur wir können uns leider die Namen all der männlichen Kollegen nicht merken ..."

**1** *Lest den Zeitungsartikel aufmerksam durch und schreibt dabei alle euch unbekannten Begriffe heraus. Versucht, ihre Bedeutung aus dem Textzusammenhang (Kontext) zu klären.*

**2** *a) Formuliert in Partnerarbeit das zentrale Thema dieses Zeitungsartikels in ein bis zwei Sätzen.*
*b) Stellt eure Ergebnisse der Klasse vor und diskutiert darüber.*

**3** *a) Gliedert den Text in Sinnabschnitte und formuliert für jeden Abschnitt eine passende Überschrift.*
*b) Notiert zu jeder Überschrift einige wichtige Stichpunkte, die die Kerninformationen des jeweiligen Abschnitts erfassen.*

**4** *a) Besprecht, welche Absicht die Zeitungsredakteurin Claudia Wessel mit ihrem Artikel verfolgt.*
*b) Klärt, inwiefern das Foto und die Bildunterschrift die Aussageabsicht des Artikels unterstützen.*

**5** *Zeigt auf, inwiefern der Zeitungsartikel „Der Flug der Frauen" die Kennzeichen einer Reportage aufweist. Orientiert euch dabei an dem unten stehenden Merkkasten und belegt eure Feststellungen mit Beispielen aus dem Text.*

Reportage: Der Flug der Frauen

| Merkmal | Beispiel aus dem Text | Wirkung auf den Leser/ Schreibabsicht |
|---|---|---|
| – Aufbau | … | … |
| – sprachliche Mittel | … | … |
| – Wechsel zwischen sachlichen und persönlich schildernden Textteilen | … | … |
| – … | … | … |

**!**

**Die Reportage**
Eine Reportage **informiert in besonders lebendiger und anschaulicher Weise über ein Ereignis** oder eine Person. Dabei kann auch das persönliche Erleben der Reporterin oder des Reporters deutlich werden. Reportagen führen mitten in ein Geschehen ein; die Leserinnen und Leser sollen gedanklich und emotional in das Geschilderte hineingezogen werden. In der Themenwahl ist der Journalist bei der Reportage frei: Alles kann zum Gegenstand seiner Schilderungen werden.

**Die Merkmale einer Reportage sind:**
- Recherche am Ort des Geschehens, Befragung von Beteiligten oder Fachleuten,
- Hintergrundinformationen und Zusammenhänge werden aufgezeigt,
- Wechsel zwischen sachlich informierenden und persönlich schildernden Textteilen,
- subjektive Meinung der Verfasserin oder des Verfassers,
- Zeitform: Präsens,
- wörtliche Rede,
- Angabe des Verfassernamens.

## Beruf „Pilot/-in“: Ein Interview mit Irmi Zoricic

An vielen Gymnasien gibt es eine Berufsberatung der besonderen Art: Immer wieder werden ehemalige Schülerinnen und Schüler eingeladen, die erzählen, was aus ihnen geworden ist. Der Artikel in der „Süddeutschen Zeitung“, den ihr bereits kennen gelernt habt, war Anlass, die Pilotin Irmi Zoricic einzuladen und sie in einem Interview über ihren Beruf zu befragen.

*SCHÜLER/-IN: Wusstest du schon als Schülerin, dass du einmal Pilotin werden willst?*

IRMI ZORICIC (PILOTIN): Als Schülerin wusste ich es noch nicht. Als ich mir Gedanken über meinen Beruf gemacht habe, kam mir das in den Sinn, aber ich habe mir noch nicht gedacht, dass ich es verwirklichen kann.

*SCHÜLER/-IN: Was waren denn deine Lieblingsfächer in der Schule?*

IRMI ZORICIC: Das kam drauf an, in welcher Phase: In der Grundschule waren es besonders Heimatunterricht und Deutsch, im Gymnasium hatte ich in der Unterstufe am liebsten Handarbeiten, Kochen und Englisch, in der Mittelstufe mochte ich gern Englisch, Physik und Sport und zum Schluss bis zum Abitur waren es Sport, Englisch, Physik und Biologie.

*SCHÜLER/-IN: Hat dir denn das, was du in der Schule gelernt hast, etwas für den Beruf gebracht?*

IRMI ZORICIC: Ja, denn genau die Sachen, die eigentlich Basis sind, wie z.B. in der Mathematik der Dreisatz und in Englisch die Konversation, haben mir schon genutzt und es hätte nicht geschadet, wenn ich noch etwas fleißiger gewesen wäre. Gerade Englisch war rückblickend ein sehr wichtiges Fach, denn die ganze Literatur in unserem Beruf ist nur in Englisch, alle unsere Handbücher, unsere Lehrbücher, auch die Kommunikation unter den Kollegen und vom Piloten zur Flugsicherung erfolgt auf Englisch. Die Kommunikation war damals in der Schule schon recht wichtig, aber mittlerweile hat sich das noch verstärkt. Mathematik und Physik sind auch sehr relevant gewesen, denn Fächer wie Aerodynamik, Flugzeugkunde und auch Meteorologie sind Fächer, die auf diesen Schulfächern aufbauen.

*SCHÜLER/-IN: Was sagten denn deine Eltern zu deinem Berufswunsch?*

IRMI ZORICIC: Da es in unserer Familie keine Piloten gibt, konnten sie sich überhaupt nichts darunter vorstellen. Mein Vater hat es zuerst einmal unterstützt, dass ich den Privatpilotenschein mache, und hat dann erkannt, dass ich mit diesem Pilotenschein nicht zufrieden war und dass ich weitermachen möchte. Aber das blieb dann mir überlassen und ich musste mich selbst darum kümmern, sowohl in finanzieller wie auch in anderer Hinsicht.

*SCHÜLER/-IN: War es denn deinen Eltern recht, dass du diesen Weg einschlägst?*

IRMI ZORICIC: Ich habe meine Eltern nicht gefragt.

*SCHÜLER/-IN: Wie reagierten deine Freunde oder Freundinnen darauf, dass du Pilotin werden willst?*

IRMI ZORICIC: Positiv. Sie haben mich unterstützt, zumindest moralisch, auch wenn sie sich nicht vorstellen konnten, dass ich meine Pläne einmal verwirklichen kann.

*Schüler/-in: Wie verläuft denn die Ausbildung zum Piloten?*

Irmi Zoricic: Alles, was heute fast normal klingt, war vor zwanzig Jahren nicht ganz so selbstverständlich, denn damals durften bei der Lufthansa noch gar keine Frauen im Cockpit fliegen. Sie wurden auch nicht ausgebildet. Während ich meine Ausbildung in Privatschulen verwirklicht habe, lief jedoch ein Prozess gegen die Lufthansa, den die Frauen dann auch gewonnen haben. Das heißt, dass das, was heute einfacher ist, auch finanziell, für mich noch ein Riesenkampf und eigentlich noch utopisch war, weil es außerhalb der Norm lag.

*Schüler/-in: Was kostet denn so eine Ausbildung, wenn man sie selber finanzieren muss?*

Irmi Zoricic: Wenn ich mich richtig erinnere, habe ich damals in Etappen – weil ich das Geld nicht gleich zusammenhatte – 80 000 DM gezahlt. Und ich glaube, heute wären es 80 000 Euro.

*Schüler/-in: Auf welche Weise hast du das Geld zusammengebracht?*

Irmi Zoricic: Ich habe im Geschäft meiner Eltern gejobbt von früh bis spät. Ich war als Verkäuferin im Obst- und Gemüsegeschäft und als Bedienung im Restaurant beschäftigt. Also konnte ich von 8 Uhr morgens bis 24 Uhr arbeiten, wann ich wollte – aber natürlich nicht immer, weil ich ja parallel meine Ausbildung gemacht habe. Ungefähr ein Drittel des Geldes habe ich dann von meinem Großvater geschenkt bekommen, nachdem ich die Ausbildung erfolgreich abgeschlossen hatte.

*Schüler/-in: Was reizt dich besonders am Fliegen?*

Irmi Zoricic: Mich reizt am Fliegen der Beruf als Pilotin. Mich reizt, dass es nicht immer das Gleiche ist. Ich mag den Schichtdienst, mir gefällt es, morgens früh anzufangen und auch mal abends spät aufzuhören, ich fliege gerne verschiedene Strecken. Ich würde mir wahrscheinlich niemals morgens früh um 5 Uhr einen Sonnenaufgang anschauen, aber ich genieße es jedes Mal, einen zu sehen, ebenso auch den Sonnenuntergang. Das sind Momente, die eigentlich selbstverständlich sind, die man aber meiner Meinung nach viel zu wenig erlebt. Ich arbeite gerne im Team, was sehr wichtig in unserem Beruf ist, und ich halte mich auch gern an Regeln. Auch das ist bei unserem Beruf sehr wichtig. Wir müssen uns einfach an bestimmte Regeln halten. Und es gefällt mir, Aufträge präzise auszuführen.

*Schüler/-in: Du hast ja auch zwei Kinder. Wie geht denn das zusammen, solch ein Beruf und Familie?*

Irmi Zoricic: Ich glaube, dass es für die Frau, egal, welchen Beruf sie ausübt, wichtig ist, dass sie einen Ehepartner hat, der zu ihr steht, der die Kinder mit erzieht, genauso verantwortlich wie die Mutter auch, und der es akzeptiert und es einfach als selbstverständlich ansieht, dass auch die Frau arbeitet. Wenn das gegeben ist, dann ist es ganz egal, ob die Frau Pilotin ist oder einen anderen Beruf hat.

*Schüler/-in: Ist es nicht oft durch die wechselnde Arbeitszeit ein großer Stress für dich und deine Familie?*

Irmi Zoricic: Ich empfinde genau das Gegenteil. Ich habe in meiner Firma die Möglichkeit, z.B. Spätdienst zu regresten, wie das bei uns heißt, oder lieber am Wochenende zu arbeiten. Ich kann das eigentlich ganz gut mit meinem Mann absprechen und genau dieser Schichtdienst ist eigentlich ideal für mich, um Familie und Beruf zu vereinbaren.

*Schüler/-in: Was machst du in deiner Freizeit?*

Irmi Zoricic: In meiner Freizeit bin ich natürlich hauptsächlich mit meinen Kindern zusammen. Ich mache, soweit es möglich ist, noch etwas Sport. Ich gehe sehr gern zum Skifahren, wir schwimmen auch viel. Wenn wir Urlaub haben, fahren wir in unser Feri-

enhaus nach Kroatien. Außerdem bin ich auch gerne mal einfach zu Hause.

*SCHÜLER/-IN: Findest du, dass „Pilot" immer noch ein typischer Männerberuf ist?*

IRMI ZORICIC: Nein, ich glaube nicht, dass dieser Beruf mittlerweile noch als typischer Männerberuf angesehen wird.

*SCHÜLER/-IN: Hast du schon einmal erlebt oder hören müssen, dass jemand Vorurteile gegen dich als Pilotin hatte?*

IRMI ZORICIC: Direkt im Flugzeug gar nicht, denn ich komme mit den Passagieren so gut wie gar nicht in Berührung. Ganz am Anfang, noch während meiner Ausbildung, als ich meinen ersten Supervisionflug hatte, saß ich mit dem Kapitän, der mit mir Supervision fliegen sollte, beim Check-in und er schaute immer wieder auf die Uhr, bis ich nach ca. 15 Minuten merkte, dass er noch auf den Kopiloten wartete, und ich dann meinte: „Das bin doch ich!"

*SCHÜLER/-IN: Was rätst du jemandem, der Pilot/-in werden will? Wie soll er/sie vorgehen?*

IRMI ZORICIC: Loslegen und nicht zu sehr auf die Meinung und auf die Vorurteile von Anderen achten. Einfach zielstrebig drauf zugehen.

Was ich noch sagen möchte: In unserem Beruf ist es unheimlich wichtig, ein seriöses Leben zu führen und Verantwortungsbewusstsein und Kontinuität zu bewahren. Man darf nicht abgehetzt zum Dienst kommen und sollte ausgeschlafen sein, man sollte möglichst stressfrei und ohne vorher Streit gehabt zu haben die Arbeit beginnen. Alkohol zu meiden, versteht sich von selbst. Aber man sollte überhaupt gesund leben und unbedingt einen gewissen Respekt vor dieser Arbeit haben. Das darf nicht mit Angst verwechselt werden, aber Respekt ist wichtig. Man muss konsequent sein, man muss sich an Abläufe halten, und zwar konsequent so, wie sie in der Checkliste stehen. Das ist unerlässlich, um gute Teamarbeit leisten zu können. Kreativität ist alles Andere als gefragt in diesem Beruf. Wenn man unbedingt kreativ sein will, dann ist der Beruf des Piloten absolut das Schlechteste, was man sich vorstellen kann. Kreativität ist vielleicht erst in dem Moment gefragt, wo Situationen auftreten, die durch Checklisten nicht mehr abgedeckt sind. Dann dürfen wir kreativ sein, aber das müssen wir dann auch verantworten können.

**1** *a) Beschreibt die Situation, in der dieses Interview entstanden sein könnte.*
*b) Woran erkennt ihr, dass die Fragen von Jugendlichen gestellt wurden?*

**2** *a) Die Informationen des Interviews lassen sich ordnen. Notiert euch zu jedem der folgenden Gliederungspunkte wichtige Informationen: Schulisches, Berufliches, Privates.*
*b) Beantwortet im Klassengespräch folgende Fragen:*
- *Wie bewertet Irmi Zoricic ihre Schulzeit aus heutiger Sicht?*
- *Wie wurde Irmi Zoricic Berufspilotin? Welche Schwierigkeiten ergaben sich dabei?*
- *Was sagt sie über den Beruf der Pilotin/des Piloten?*
- *Was sagt Imri Zoricic über die Vereinbarkeit von Familie und Beruf?*

## Frauen in Männerberufen, Männer in Frauenberufen

Sekretärin, Arzthelferin und Frisörin – klar, das sind typische Frauenberufe und hinter technischen und handwerklichen Jobs stecken immer Männer. Klischees, die heute so nicht mehr ganz stimmen: Viele Frauen wählen inzwischen auch klassische Männerberufe und Männer typische Frauenberufe. Manche Bastionen konnte jedoch das jeweils andere Geschlecht bis heute nicht erobern: Zum Beispiel liegt der Anteil von Frauen im Cockpit in der internationalen Luftfahrt bei nur 2,5 Prozent, männliche Hebammen, Kindergärtner oder Grundschullehrer sucht man heute noch wie die Stecknadel im Heuhaufen. Welche Probleme und welche Chancen entstehen durch die Wahl eines geschlechtsuntypischen Berufs? Wie sieht es mit der Gleichberechtigung aus – etwa beim Gehalt und bei den Aufstiegschancen? Und wie reagieren Freunde und Familie auf die exotische Berufswahl?

**1** *Erläutert die Begriffe „Frauenberufe“ und „Männerberufe“.*

**2** *a) Bildet Gruppen und sammelt, z. B. im Internet, Informationsmaterial zu einem der folgenden Themen. Erstellt für eure Recherche einen Zeitplan. Tipps zur Informationsrecherche findet ihr auf Seite 371/372.*

Frauen in „Männerberufen“ | Männer in „Frauenberufen“

*b) Stellte eure Rechercheergebnisse in der Klasse vor und diskutiert darüber.*

**3** *Bereitet eine Erörterung zu einem der folgenden Themen vor:*

Frauen in „Männerberufen“ – mit welchen Schwierigkeiten sind sie konfrontiert und was könnte man gegen diese Schwierigkeiten unternehmen?

Männer in „Frauenberufen“ – mit welchen Schwierigkeiten sind sie konfrontiert und was könnte man gegen diese Schwierigkeiten unternehmen?

*a) Erschließt gemeinsam die beiden Themen und überlegt, wonach das Thema jeweils fragt.*
- *Welche Einschränkungen gibt es bei dem jeweiligen Thema?*
- *Welche Art der Erörterung (steigernd oder antithetisch) liegt vor?*

*b) Erstellt auf Basis eurer Ergebnisse aus Aufgabe 2 eine geordnete Stoffsammlung zu eurem Thema. Überlegt, welche Informationen zur Themafrage passen, und ordnet diese nach Sachaspekten, z. B.:*
- *Ausbildung und Berufseinstieg: Schwierigkeiten und Lösungsansätze*
- *Arbeitsplatz und Berufsleben: Schwierigkeiten und Lösungsansätze*
- *individuelle Lebensplanung: Schwierigkeiten und Lösungsansätze*
- *gesellschaftlich-politische Rahmenbedingungen: Schwierigkeiten und Lösungsansätze*

*c) Überlegt euch im Klassengespräch Ideen für den Einleitungs- und den Schlussteil (▷ Möglichkeiten für diese Erörterungsteile findet ihr im Grundwissen auf S. 334/335).*

*d) Erstellt in Partnerarbeit eine aussagekräftige Gliederung zu eurem Thema. Schreibt im Nominalstil und bringt eure Argumente in eine sinnvolle Reihenfolge, vom weniger wichtigen zum wichtigsten Argument.*

**4** *Schreibt nun eure Erörterung (▷ Informationen zur steigernden Erörterung findet ihr im Grundwissen auf S. 334/335).*

**5** *a) Lest eure Erörterungen in der Klasse vor und besprecht sie mit Hilfe der folgenden Checkliste.*
*b) Überarbeitet dann eure Erörterungen.*

## Checkliste zur Erörterung

**Einleitung**
- ☐ Wird das Leserinteresse geweckt?
- ☐ Werden keine Argumente vorweggenommen?
- ☐ Wird die Themafrage klar formuliert?

**Hauptteil**

1) Sachaspekte:
- Ist der Hauptteil klar nach den ermittelten Sachaspekten strukturiert?
- Werden alle themenrelevanten Sachaspekte angesprochen?
- Ist die Gewichtung der einzelnen Sachaspekte stimmig?
- Überzeugt die Anordnung der Sachaspekte?

2) Argumentation:
- Werden die **Argumente** klar formuliert?
- Sind die **Beispiele** glaubhaft?
- Ist die Darstellung von Schwierigkeiten und Lösungsansätzen miteinander verknüpft?

3) Fazit:
- Ist das Fazit am Ende des Hauptteils vom Vorhergehenden klar abgegrenzt?
- Wird zusammengefasst und nicht nur wiederholt?
- Ist ein Standpunkt des Schreibers erkennbar? Wird hierbei genügend differenziert?

**Schluss:**
- ☐ Spricht der Schluss den Leser an?
- ☐ Vermeidet der Schluss das Aufgreifen neuer Argumente?

**sprachliche Gestaltung:**
- ☐ Wird der Gedankengang eurer Argumentation sprachlich deutlich, z. B. durch Wendungen, Überleitungen, Konjunktionen und Adverbien?
- ☐ Werden Begriffe präzise eingesetzt?
- ☐ Ist der Schreibstil sachlich und pointiert?

**6** *Ladet Frauen, die in „Männerberufen“, bzw. Männer, die in „Frauenberufen“ arbeiten, zu einem Interview ein.*
*a) Überlegt, welche ehemaligen Schüler/-innen oder welche Schülermütter oder -väter dafür in Frage kommen.*
*b) Formuliert ein Einladungsschreiben und bereitet dann das Interview vor. Konzipiert auch eine kurze Vorstellung eures Gastes (▷ Tipps zum Vorbereiten eines Interviews auf Seite 22).*
*c) Überlegt, wie ihr den Verlauf und das Ergebnis des Interviews festhalten könnt.*

# 12.3 Thema „Flugsicherheit“ – Sachtexte selbst entwerfen

## Textinformationen in einem Schaubild zusammenfassen

# Die Risikogesellschaft

Billigtarife kontra Sicherheit: Warum die Angst vorm Fliegen nicht unbegründet ist.

*von Tim van Beveren*

*Als im August 2005 in der Nähe von Athen die Helios-Maschine abstürzte, starben 121 Menschen.*

Sicherheit im Luftverkehr: für die Einen ein Reizthema, für die Anderen ein Tabu und für Millionen von Reisenden das Wichtigste, sobald sie ein Flugzeug betreten. Dabei interessieren sich die meisten Passagiere in der Regel nicht dafür, von wem sie befördert werden – Hauptsache billig. Zum „Taxipreis“ quer durch Europa jetten: Das führte dazu – wie seinerzeit schon während der Deregulation in den USA zu Beginn der achtziger Jahre –, dass die Airlines Flüge inzwischen zu Dumpingpreisen anbieten, die jenseits der Rentabilitätsgrenzen liegen und in einigen Fällen noch nicht einmal mehr die Kosten für das Kerosin eines Flugabschnitts decken. Doch die schwarze Serie des Sommers 2005, die mehr als 500 Menschenleben gekostet hat, ließ andererseits bei manchem die bange Frage aufkommen: Ist das alles wirklich noch sicher?

Doch wer kontrolliert in Europa eigentlich was und wen und vor allem wie? Die nationalen Behörden sind mit dieser Aufgabe seit Jahren bereits schlicht überfordert. Es würde beispielsweise mehrere Jahre dauern, bis jede einen deutschen Flughafen anfliegende Airline von LBA-Kontrolleuren gewissenhaft durchleuchtet wäre.

Auch die viel zitierten, angeblich „einheitlich hohen europäischen Standards“ entpuppen sich bei genauerem Hinsehen längst nicht mehr als das, was sie vorgeben zu sein. Das hat das Beispiel Zyperns in der Diskussion nach dem Absturz der Helios-Boeing 737 bei Athen (14. August, 121 Tote) deutlich gemacht.

Gravierende Wartungsmängel und laxe Aufsicht, lauteten die Vorwürfe. Die zyprische Behörde wurde aufgefordert, binnen kürzester Zeit „zumindest den in Europa üblichen Anforderungen“ zu entsprechen, so die EU-Kommission.

Defizite wie in Zypern lauern auch anderenorts. So ist es offenbar der Aufmerksamkeit der obersten deutschen Luftfahrtbehörde entgangen, dass derzeit russische Maschinen Deutschland anfliegen, für die seit über 20 Jahren keine Ersatzteile vom Hersteller mehr produziert werden.

Mit den strengen Anforderungen nach der so genannten JAR-OPS, der verbindlichen Vorschriftensammlung der europäischen Luftfahrt, dürfte kaum vereinbar sein, dass die benötigten Ersatzteile einfach aus stillgelegten Maschinen entnommen werden. Genau so gelangen die einzigen derzeit überhaupt verfügbaren Teile in die betagten Tupolews 134, die auch für deutsche Reiseveranstalter fliegen.

Unverständlich bleibt, dass viele Unfälle der jüngsten Vergangenheit auf Defizite verweisen, die längst erkannt sind, aber nie behoben wurden.

Beispiel: das leidige Thema „Flugdienstzeiten für Piloten". Obwohl seit Jahrzehnten wissenschaftliche Untersuchungsergebnisse auf dem Tisch liegen, wonach das Unfallrisiko der Piloten nach einem bereits elfstündigen Einsatztag um signifikante 60 Prozent ansteigt, werden derzeit immer noch Regelungen diskutiert, die Einsätze von 14 und mehr Stunden am Stück ermöglichen.

Am 1. Juni 1999 verunglückte eine MD80 der American Airlines in Little Rock, Arkansas. Die Untersuchung zeigte in aller Deutlichkeit, dass die Piloten wegen des langen Diensttages konzentrationsbedingte Fehler gemacht hatten, die schließlich zum Crash führten.

# Verbesserte Flugsicherheit

*Neue Systeme bieten mehr Komfort und Sicherheit*

Damit die Zahl der Unfälle bei Flügen nicht mit den Nutzungszahlen steigt, sollen die Cockpits technisch aufgerüstet werden. Angesichts des derzeitigen Zustandes besteht durchaus Handlungsbedarf.

Auf dem Weg von Europa in die USA gibt es keine Radarüberwachung der Flugzeuge vom Boden aus. Der Große Teich macht das technisch unmöglich. Die Piloten müssen also per Hand die richtige Frequenz einstellen. Danach geben sie in regelmäßigen Abständen über knisternden und rauschenden Kurzwellenfunk ihre Position durch. Elektronisches Herzstück eines modernen Großraumflugzeuges wie des Airbus ist der computergesteuerte Autopilot, das so genannte „Flight Management System". Die Bedieneroberfläche dieses Computers wirkt allerdings etwas antiquiert. Die Computertechnik, die hinter den Instrumenten moderner Großraumflugzeuge steckt, ist zum großen Teil mehr als fünfzehn Jahre alt.

An der TU Berlin arbeitet man mit Hilfe eines Flugsimulators an neuen Technologien für das Cockpit. In einem Flugzeug auf Stelzen kann für die Piloten jede Bewegung täuschend ähnlich nachgeahmt werden. Die neuen Fluginstrumente werden so unter nahezu realen Bedingungen getestet. Auch Gefahrensituationen – wie zum Beispiel eine drohende Kollision – können nachgestellt werden.

Ein Ziel ist es, die Kommunikation in der Luft zu verbessern. Der Flugplan des sich nähernden Flugzeuges wird direkt auf das so genannte Navigationsdisplay übertragen und der Pilot erkennt eine mögliche Kollision im angezeigten gelben Kreis. Das Display zeigt sofort eine Ausweichmöglichkeit an, die der Pilot dann nur noch zu bestätigen braucht. Die Kommunikation mit dem Lotsen am Boden über knisternden Kurzwellenfunk entfällt. Die Piloten machen das in der Luft unter sich aus, indem sie ihre Daten direkt austauschen.

Wissenschaftler der Deutschen Forschungsanstalt für Luft- und Raumfahrt in Braunschweig gehen sogar noch einen Schritt weiter. Ihr Ziel ist es, den ganzen Flug von einem Flughafen

*Flugsimulator des Flugzeugtyps Airbus A 320*

zum anderen über einen Bildschirm zu steuern. Einem drohendem Gewitter weicht der Pilot mittels Touchpad aus und verschiebt die Flugroute einfach etwas nach rechts. Muss das Flugzeug bei schlechter Sicht landen, wird ein Radarbild der Landebahn auf das Display übertragen und mit einer im Bordcomputer gespeicherten, elektronischen Karte der Piste verglichen. Während der Pilot im Cockpit zur virtuellen Landung ansetzt, setzt sein Flieger ganz real auf. Den Weg zum Flughafengebäude über das Rollfeld zeigt ihm ebenfalls eine elektronische Karte. Der Lotse im Flughafentower schickt dem Piloten per Funk die notwendigen Daten in seinen Bordrechner. Der Flugkapitän braucht nur noch dem grünen Pfeil zu folgen.

Doch bevor die neuen Bordinstrumente zum Einsatz kommen, müssen sie nicht nur im Simulator, sondern auch in der Praxis weiter erprobt werden. Die Piloten müssen sich auf ihre Instrumente hundertprozentig verlassen können. Das konservative Verhalten der Fluggesellschaften im Bereich Technik ist vor allem eine Frage der Sicherheit. Bis die neuen Bordinstrumente im realen Cockpit Einzug halten, wird es wohl noch ein Weilchen dauern. Die neuen Fluginstrumente könnten in einigen Jahren trotz des immer größeren Gedränges im Luftraum den Sicherheitsstandard weiter erhöhen. Aber sie könnten noch mehr bewirken: Bisher fliegen die Flugzeuge auf so genannten Luftstraßen. Dank der besseren Kommunikation der Flugzeuge untereinander könnten die Flieger die Straßen verlassen und ihr Ziel direkt ansteuern. Die Folgen: kürzere Flugzeiten und weniger Treibstoffverbrauch. Doch bis dahin wird noch so manches Flugzeug mit altbewährter Technik landen.

**1** *a) Übt das überfliegende Lesen: Bildet Arbeitsgruppen mit jeweils vier Schülern und klärt in der Gruppe, wer welchen Text liest. Nehmt euch dann etwa fünf Minuten Zeit zum überfliegenden Lesen.*

*b) Besprecht anschließend in der Gruppe, welche Sichtweisen zum Thema „Flugsicherheit" die beiden Sachtexte jeweils verdeutlichen.*

**2** *Klärt gemeinsam die Bedeutung unbekannter Wörter und Begriffe. Versucht zuerst, ihre Bedeutung aus dem Textzusammenhang (Kontext) zu klären, schlagt gegebenenfalls in einem Lexikon nach. Haltet eure Ergebnisse in einer Liste fest.*

**3** *Klärt innerhalb eurer Arbeitsgruppe, wer von euch welchen der beiden Sachtexte („Die Risikogesellschaft" auf S. 293 f., „Verbesserte Flugsicherheit" auf S. 294 f.) genauer untersucht. Bearbeitet dann folgende Aufgaben:*

*a) Ermittelt den Gedankengang des Textes und stellt eure Ergebnisse in einem Schaubild dar. Notiert zentrale Fakten, Thesen, Argumente und Beispiele und ordnet sie in einer grafischen Übersicht, sodass gedankliche Bezüge (z. B. Ursachen und Folgen, Argumente und Beispiele) deutlich werden. Der unten stehende Tipp hilft euch dabei.*
*Beispiele:*

**Die Risikogesellschaft**

Thema: Sicherheit im Luftverkehr

Wunsch der Passagiere nach Billigflügen

↓ Folge

Airlines bieten Flüge zu Dumpingpreisen an

...

**Verbesserte Flugsicherheit**

These: Neue Technologien sollen Flugsicherheit verbessern

| Argument: aktuelle Flugsicherheit unbefriedigend | → | Beispiel: Radarüberwachung zwischen ... |
| --- | --- | --- |

...

*b) Stellt eure Schaubilder zu den beiden Sachtexten in der Klasse vor. Diskutiert über eure Ergebnisse und erstellt dann gemeinsam ein Schaubild zu jedem Sachtext.*

**4** *Diskutiert über den Informationsgehalt der einzelnen Sachtexte, indem ihr die angeführten Fakten, Thesen und Argumente auf ihre Stichhaltigkeit hin überprüft.*
*Holt bei strittigen Punkten zusätzliche Informationen ein, z. B. mit Hilfe des Internets (▷ Tipps zur Informationsrecherche auf Seite 371/372).*

**TIPP**

**Textinformationen in einem Schaubild zusammenfassen**

Der Gedankengang eines Textes lässt sich oft in einem Schaubild veranschaulichen. Dabei werden wichtige Textinformationen grafisch angeordnet.
Durch Kästchen und Pfeile, die beschriftet werden können, werden die gedanklichen Zusammenhänge zwischen den einzelnen Aussagen deutlich gemacht.

## Textinformationen in Diagramme übersetzen

# Eine Frage des Gefühls

**Das Image einer Fluggesellschaft, Sauberkeit oder Service – wie Passagiere ihr subjektives Sicherheitsempfinden begründen**

*von Tobias Opitz*

Scharfe Kontrollen auf den Flughäfen, das Verbot selbst kleinster Nagelscheren, hermetisch verriegelte Cockpittüren an Bord der Passagierjets – die Angst vor Terroranschlägen ist spätestens seit dem 11. September 2001 allgegenwärtig. Allerdings: Neben solchen objektiven und unmittelbar zu beobachtenden Maßnahmen, die für höhere Sicherheit sorgen, spielen bei Passagieren vor der Entscheidung über einen Ticketkauf und für eine bestimmte Fluggesellschaft auch subjektive Betrachtungen eine entscheidende Rolle – das jedenfalls zeigt eine Untersuchung der Meinungsforscher von „sozioland“.

Immerhin 48 Prozent der insgesamt 2800 per Internet Befragten halten demnach das Fliegen für die sicherste Reiseform; 24 Prozent geben der Bahn den Vorzug, nur 9 Prozent sehen das Auto als sicherste Reisealternative im europäischen Raum auf Platz eins.

Vorrangig für das Gefühl, sicher fliegen zu können, sind für 70 Prozent der Befragten der Name der Airline, deren Image und der äußerlich sofort erkennbare Zustand des Flugzeugs – Letzterer wird zum Beispiel aus der Sauberkeit der jeweiligen Maschine geschlossen. Die Einhaltung technischer Mindeststandards durch die Fluggesellschaften oder auch die uneingeschränkte Funktionstüchtigkeit eines Jets setzen der „sozioland“-Umfrage zufolge drei Viertel aller Fluggäste voraus und nur bei 40 Prozent würde sich das persönliche Sicherheitsempfinden noch steigern, wenn das Flugzeug ausgewiesenermaßen von einem deutschen Wartungsbetrieb betreut werden würde. In diesem Zusammenhang allerdings ist die Bereitschaft, mehr für Tickets zu bezahlen, eher gering – Sicherheit dürfe keine Frage des Preises sein, hieß es mehrheitlich.

Die Frage nach der subjektiv als grundsätzlich sicher empfundenen Fluggesellschaft beantworteten 85 Prozent der gesamten Befragten – die Gruppe setzte sich aus Urlaubspassagieren und solchen, die geschäftlich

***Wer sich wohl fühlt, denkt nichts Schlimmes:***
*Viele der Passagiere setzen schlicht voraus, dass der Jet technisch in Ordnung ist. Daher entscheiden so genannte weiche Faktoren wie Image oder Sauberkeit in der Kabine darüber, ob der Flug auch tatsächlich Spaß macht.*

unterwegs sind, zusammen – mit dem Namen Lufthansa. Unternehmen wie LTU, Germanwings und Air Berlin lagen auf den folgenden Plätzen. Auf internationaler Ebene lagen Airlines wie Air France oder United Airlines zwar hinter den deutschen Mitbewerbern, konnten sich aber noch vor den asiatischen Gesellschaften wie beispielsweise Singapore Airlines behaupten.

Auch das zunehmende Angebot so genannter Billigflieger und dessen Nutzung waren Thema der Umfrage. Mehr als 60 Prozent gaben in diesem Zusammenhang an, einen umfassenden Service zu vermissen; für ein Drittel sind zudem die oft abgelegenen Start- und Zielflughäfen ein Ärgernis. Allerdings gingen rund 50

Prozent davon aus, dass die unmittelbare technische Sicherheit der Jets trotz der geringen Ticketpreise nicht in Frage gestellt werden könne und somit trotz der Serviceeinschränkungen das Fliegen insgesamt attraktiver geworden sei.

Wie relativ sicher sich die Deutschen insgesamt an Bord einer Passagiermaschine fühlen, zeigen die Antworten auf die Frage nach Flugangst: 70 Prozent aller Befragten kennen diese Angst nach eigenem Bekunden überhaupt nicht; nur ein Viertel gestand zu, vor dem Abheben ein ungutes Gefühl zu haben, das sich nach dem Start allerdings legt. Und auch die Sorge, an Bord eines Flugzeugs zum Opfer eines Terroranschlags zu werden, ist überraschend gering: 95 Prozent gehen davon aus, dass das Fliegen nach den Anschlägen in New York sicherer geworden ist.

**1** *Lest den Zeitungstext und notiert,*

- *welche Fragen die Meinungsforscher von „sozioland" den Flugpassagieren jeweils gestellt haben*
- *und das jeweilige statistische Ergebnis der Umfrage.*

*Beispiel:*

Frage: Welche Reiseform halten Sie für die sicherste: Flugzeug, Bahn oder Auto?
Ergebnis: Flugzeug = 48 %; Bahn = 24 %; Auto = 9 %

**2** *Stellt die Umfrageergebnisse, die „sozioland" ermittelt hat, in Form von Diagrammen anschaulich dar.*

*a) Überlegt, welche Art von Diagramm (z. B. Torten- oder Balkendiagramm) für die Präsentation der Ergebnisse geeignet ist.*

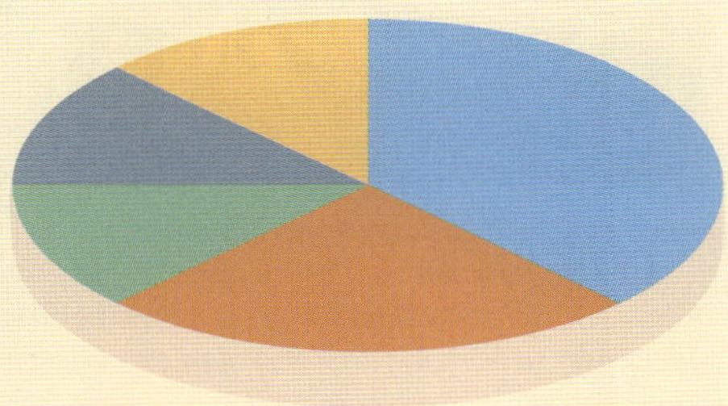

Torten- oder Kreisdiagramm

Balkendiagramm

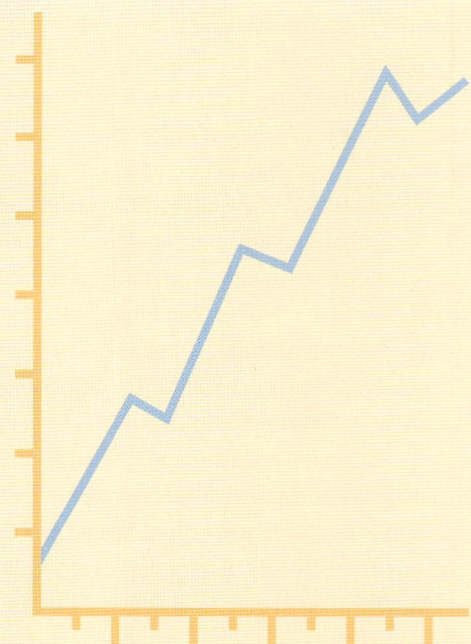

Kurvendiagramm

*b) Achtet auf eine gut lesbare Gestaltung und tragt die Erklärungen (Titel, Zahlenangaben, Anzahl der Befragten etc.) gut sichtbar ein.*

## Einen Sachtext zum Thema „Flugsicherheit" entwerfen

**1** *In diesem Teilkapitel (▷ S. 293–298) habt ihr drei Sachtexte zum Thema „Flugsicherheit" ausgewertet. Konzipiert auf der Basis eurer Ergebnisse einen eigenen Sachtext zum Thema „Flugsicherheit". Arbeitet in Gruppen und geht folgendermaßen vor:*

**A Planung**

Plant eure Sachtexte, indem ihr folgende Fragen klärt:

- Für welche Adressaten wollt ihr schreiben?
- Welche Informationen zum Thema „Flugsicherheit" wollt ihr in euren Text aufnehmen? Stellt Schwerpunkte zusammen.
- Sind die Informationen aus den Sachtexten von Seite 293–298 ausreichend oder müsst ihr weiteres Informationsmaterial zum Thema „Flugsicherheit" recherchieren?
- Wie wollt ihr das Thema visualisieren, damit der Leser die wichtigsten Informationen im Blick hat (Grafiken, Fotos etc.)?
- Erstellt einen Arbeitsplan, in dem ihr festhaltet, was getan werden muss und wer welche Aufgaben übernimmt.

**B Recherche**

- Wenn ihr für eure Sachtexte weiteres Informationsmaterial oder Abbildungen sammeln wollt, nutzt dabei unterschiedliche Medien, z. B. das Internet, Lexika, Sachbücher, Zeitschriften etc. (▷ Tipps zur Informationsrecherche findet ihr auf S. 371/372).

**C Informationsmaterial ordnen, eine Gliederung erstellen**

- Ordnet die Informationen (Texte, Grafiken, Fotos etc.), die ihr für euren Sachtext verwenden wollt, nach Sachaspekten. Formuliert dazu Gliederungspunkte.

**D Den Sachtext schreiben**

- Schreibt auf Grundlage eures Informationsmaterials und eurer Gliederung einen Sachtext.
- Überlegt, ob euer Schreibstil eher „sachlich" oder eher „journalistisch" sein soll. Beachtet dabei, welche Adressaten ihr mit eurem Text ansprechen wollt.
- Formuliert Bildunterschriften oder Überschriften für eure Grafiken, Fotos etc., sodass die Leser/-innen die Abbildungen richtig einordnen können.

**E Das Layout des Sachtextes**

- Entwerft das Layout (Text- und Bildgestaltung) eures Sachtextes. Gestaltet eure Texte so,
  - dass der Leser die wichtigsten Informationen „im Blick" hat und
  - dass der gedankliche Aufbau eures Textes klar wird.

  Schneidet z. B. das Material aus und „montiert" nach euren Vorstellungen das Layout oder nutzt die Gestaltungsmöglichkeiten eures Computerprogramms.

> Layoutgestaltung
>
> Schriftgröße
> Schriftarten
> Absätze
> Hervorhebungsarten (**fett**, *kursiv* etc.)
> Platzierung der Fotos, Grafiken etc.

**F Textüberarbeitung**

- Überarbeitet eure Texte und führt die Verbesserungen nach Möglichkeit gemeinsam aus. Die Tipps zur Textüberarbeitung auf Seite 300 helfen euch dabei.

TIPP

**Tipps zur Textüberarbeitung**

- Ist die **Überschrift** kurz und prägnant und macht neugierig auf den Text?
- Ist der **Einstieg** in das Thema so gewählt, dass der Leser in das Thema „reingezogen" wird, z. B. durch eine interessante Information, ein aussagekräftiges Zitat, eine charakteristische Schilderung ...?
- Ist der **Gedankengang** schlüssig und für den Leser nachvollziehbar?
- Fehlen zum Textverständnis evtl. noch weitere Informationen?
- Überarbeitet schwer verständliche Schachtelsätze.
- Vermeidet inhaltliche Wiederholungen und Wortwiederholungen.
- Tauscht missverständliche oder unpassende Wörter aus.
- Überprüft Rechtschreibung und Zeichensetzung.

## Wie man mit Sachtexten arbeiten kann

In diesem Teilkapitel habt ihr euch nicht nur zum Thema „Flugsicherheit" informiert, sondern ihr habt auch intensiv mit Sachtexten gearbeitet. Tragt nun – als Wiederholung und Abrundung – zusammen, wie ihr mit Sachtexten arbeiten könnt.

**1** *Im nebenstehenden Schema wird dargestellt, wie ihr Schritt für Schritt mit einem Sachtext arbeiten könnt. Übertragt das Schema in euer Heft und ordnet die unten stehenden Tätigkeiten und Begriffe den einzelnen Schritten zu.*

**Umgang mit Sachtexten**

1. Techniken des aktiven Lesens
   – ...
2. Untersuchungsaspekte: Was könnt ihr an einem Sachtext alles untersuchen?
   – ...
3. Möglichkeiten, die wesentlichen Informationen zusammenzufassen
   – ...
4. Produktiver Umgang: Welche weiterführende Aufgabe könnt ihr zu einem oder mehreren Sachtext(en) bearbeiten?
   – ...

Text in Sinnabschnitte gliedern und Überschrift für jeden Abschnitt finden; wichtige Stichpunkte notieren

aus mehreren Sachtexten einen neuen Sachtext entwerfen

am Rand Zeichen machen (Ausrufe- und Fragezeichen), Randbemerkungen notieren

Sprache

unbekannte Begriffe klären

im Anschluss an einen Sachtext argumentieren

wichtige Textinformationen in einem Schema veranschaulichen

gedanklicher Aufbau

Informationen aus Sachtexten zusammenstellen und präsentieren

Schlüsselwörter und wichtige Textstellen markieren

Inhalt (Informationsgehalt)

# 13 Immer auf dem Laufenden – Umgehen mit Medien

## 13.1 Bloggen, chatten, taggen – Mit dem Internet und über das Internet recherchieren

**jetzt** – das Magazin

Weblog | Technik |
(17 Kommentare)

### Gefahren aus dem Chat

*Mädchen leben gefährlicher – jedenfalls wenn sie sich in öffentlichen Internetchats herumtreiben. Eine neue Studie der University of Maryland besagt, dass Userinnen mit offensichtlich weiblichen Nicks sehr viel öfter bedroht werden als ihre männlichen Chatgenossen. Sie werden öfter mit sexuellen Anspielungen belästigt und sie erhalten mehr – potenziell gefährlichen – Spam.*
*Bisher gab es zu diesem Internetbereich noch keine ausführlichen Untersuchungen – deswegen ist Bob Meyer, 19 Jahre alt, in der Netzwelt auf einmal ziemlich bekannt. „jetzt.de" hat er von seinem ersten Forschungsprojekt erzählt.*

Als ich mich letzten Sommer entschied, an Professor Cukiers Projekt teilzunehmen, wollte ich eigentlich herausfinden, wie man Computer besser vor Virenangriffen schützt. Konkret ging es um Computer, deren Besitzer öffentliche Chatrooms besuchen. Diese Chats verwenden das „Internet Relay Chat"-System. Der Internet Relay Chat, kurz IRC, ermöglicht die Echtzeitkommunikation verschiedener Internetnutzer auf Textbasis mit einer beliebigen Anzahl von Teilnehmern in so genannten Channels (Gesprächskanäle), aber auch Gespräche zwischen zwei Teilnehmern (Privatchat). Das bedeutet, dass Gespräche nicht nur zwischen zwei Leuten stattfinden, sondern Hunderte von Teilnehmern sich gleichzeitig in einem Kanal aufhalten können.
Das Ziel des Projektes war, den Zusammenhang zwischen der Aktivität eines Chatbenutzers und den Angriffen, denen er ausgesetzt wird, zu untersuchen. Um das zu tun, programmierte ich eine große Menge so genann-

ter Bots. Das sind kleine Programme, die selbstständig im Netz unterwegs sind und einfache Aufgaben erledigen, die man ihnen gibt. Um die Studie durchzuführen, musste man nämlich mit sehr vielen Benutzern in sehr vielen Chatrooms gleichzeitig sein – das hätte ich alleine nicht geschafft. Meinen Bots gab ich alphabetisch geordnete Namen: Andy, Brad, Cathy. Sie erhielten unterschiedliche Befehle. Manche sollten sich extrem passiv verhalten, andere waren so programmiert, dass sie hin und wieder andere User ansprachen: „Hey, wie geht's dir", so etwas. Immer freundlich jedenfalls. Ich setzte meine Bots also in verschiedene IRC-Chats und ließ sie erst mal machen.

In meinen Freistunden besuchte ich sie und schaute nach, wie oft sie angegriffen worden waren. Unter einem Angriff verstehe ich jede Art von unaufgeforderter Kontaktaufnahme. Das können Links und Dateien sein, die Viren enthalten, oder jede Form von Drohung. Auch sexuell explizite Äußerungen wurden als Angriff gewertet.

Mir wurde ziemlich schnell klar, dass es keinen großen Unterschied machte, ob ein Bot besonders kommunikativ war oder nicht. Gesprächige User wurden nur unwesentlich häufiger bedroht als stille. Aber eines Tages verglich ich Brads Ergebnisse mit Cathys Bilanz – und Cathy bekam durchschnittlich hundert bedrohliche Nachrichten pro Tag – Brad dagegen etwa drei. Der Unterschied lag also am Geschlecht des User-Namens. Um sicher zu sein, gab ich nun allen Bots dieselben Befehle: Sie sollten sich absolut ruhig verhalten und alle immer online sein. Fünf von ihnen bekamen einen eindeutig weiblichen Namen, wie Stephanie oder Irene, fünf waren eindeutig Jungs. Die restlichen vier waren nicht eindeutig zu identifizieren, ich gab ihnen neutrale Namen wie Orgoth oder Stargazer. Die neutralen User wurden tatsächlich häufiger attackiert als Andy und Brad, aber Hauptzielscheibe blieben definitiv die Mädchen.

Welche Bedeutung unsere Studie abseits der virtuellen Welt hat? Na ja, weibliche Internetnutzer werden ganz offensichtlich eher als Opfer wahrgenommen. Daher raten wir Mädchen grundsätzlich, sich neutrale User-Namen zuzulegen – und sich vor Angriffen auf ihre Person und auf ihre Rechner zu schützen. Denn sexuelle Andeutungen können sich auch auf die reale Ebene übertragen. So wurden Mädchen, die im Internet Männer kennen lernten, dann beim Treffen von ihnen bedroht. Aber vor allem erhöht sich die Gefahr für die Software! Die Leute haben gar keine Ahnung, was solche Viren mit dem Computer anstellen können. Es sind genügend junge Mädchen im Netz unterwegs, die sich zum Beispiel einfach Musik herunterladen wollen. Die besuchen dann große Filesharing-Foren und bekommen vielleicht gefährliche Links zugeschickt, die unter Umständen ihren PC zerstören. Die dramatischste Erkenntnis der Studie war für mich ehrlich gesagt die Tatsache, dass da draußen so viele Leute herumlaufen, die einfach Bock haben, anderen Leuten die Computer zu sabotieren. Deswegen will ich nach dem Studium auch im Bereich Netzwerksicherheit arbeiten. Ich freue mich, dass unsere Studie so viel Aufmerksamkeit erregt hat – jetzt wird den Menschen vielleicht noch stärker bewusst, welchen Gefahren sie ihre Rechner aussetzen.

**1** *Verschafft euch einen ersten Überblick über den Text: Lest den „Kopf" des Online-Artikels und formuliert – ohne den Text ganz durchzulesen – möglichst genau, was ihr von dem Artikel erwartet.*

**2** *Übt das überfliegende Lesen. Lest den Text also möglichst schnell und ohne genau auf jedes einzelne Wort zu achten. Überlegt, was ihr beim ersten Lesen behalten habt und was ihr beim genaueren Lesen klären möchtet.*

**3** *a) Lest den Text ein zweites Mal gründlich. Notiert dabei, was ihr über die Studie der „University of Maryland" erfahrt. Orientiert euch dabei an den folgenden Leitfragen:*
- *Welches Ziel verfolgte die Studie?*
- *Wie wurde die Untersuchung durchgeführt?*
- *Welche Ergebnisse konnten festgestellt werden?*

*b) Tauscht euch über eure Ergebnisse aus.*

**4** *Fachbegriffe aus der Computerwelt sind englischsprachiger Herkunft.*
*a) Einige Fachbegriffe könnt ihr aus dem Kontext heraus erschließen. Erklärt die folgenden Fachbegriffe: Internet Relay Chat (▷ Z. 18), Bots (▷ Z. 34).*
*b) Manche Fachbegriffe aus der Computerwelt sind weniger geläufig. Sucht im Internet nach Erklärungen und Informationen zu den folgenden Begriffen und fertigt eine Übersetzungsliste an. Der unten stehende Tipp zur Internetrecherche hilft euch dabei:*

| | |
|---|---|
| Weblog (Z. 2): | engl. Wortkreuzung aus „Web" und „Log", oft einfach nur „Blog" genannt. Eine Webseite, die periodisch neue Einträge enthält. Neue Einträge stehen an oberster Stelle. Die Tätigkeit des Schreibens in einem Blog wird als „bloggen" bezeichnet. |
| Chat (Z. 4): | ... |
| Nick = Abk. für Nickname (Z. 7): | ... |
| Spam (Z. 8): | ... |
| Chatroom (Z. 17): | ... |
| Links (Z. 53): | ... |
| Filesharing-Foren (Z. 95): | ... |

**5** *a) Fasst zusammen, was bei der Untersuchung festgestellt wurde, und bewertet das Ergebnis.*
*b) Diskutiert über die Schlussbemerkung von Bob Meyer (▷ Z. 97–107).*

**6** *a) Stellt fest, wer von euch Chatrooms besucht, und tauscht euch darüber aus, was das Chatten reizvoll macht. Sammelt Vor- und Nachteile des Chattens und stellt sie in einer Liste einander gegenüber.*
*b) Stellt eine Liste mit Tipps zusammen, wie man sich beim Chatten verhalten sollte und was man keinesfalls machen sollte. Vergleicht eure Tipps mit den Regeln der Chatiquette, die man auf Internetseiten zum Jugendschutz findet, wie z. B. bei www.klickx.net oder www.jugendschutz.net.*

**!**

**Internetrecherche**
Um im Internet gezielt nach Informationen zu suchen, braucht man die Hilfe von Suchmaschinen, z. B. www.google.de. Um tatsächlich fündig zu werden, muss man sich geeignete Suchbegriffe überlegen. Die Suchmaschine ordnet die gefundenen Links nach Wichtigkeit. Oft kann man an den Adressen und den mitgelieferten Kurzbeschreibungen erkennen, ob eine Seite brauchbar ist.

# Jugendliche im Internet – Grafiken auswerten

Die folgenden Grafiken informieren über die Internetnutzung Jugendlicher. Befragt wurden Kinder und Jugendliche im Alter zwischen 6 und 15 Jahren.

**1** *a) Betrachtet die Diagramme genau, lest jeweils den Titel und die übrigen Angaben.*
*b) Formuliert die Kernaussage der einzelnen Diagramme in eigenen Worten. Der Tipp im Grundwissen auf Seite 374 hilft euch dabei.*
*c) Versprachlicht die Ergebnisse der Diagramme in einem zusammenhängenden Text.*

**2** *Diskutiert darüber, wie ihr das Chatverhalten der Befragten beurteilt.*

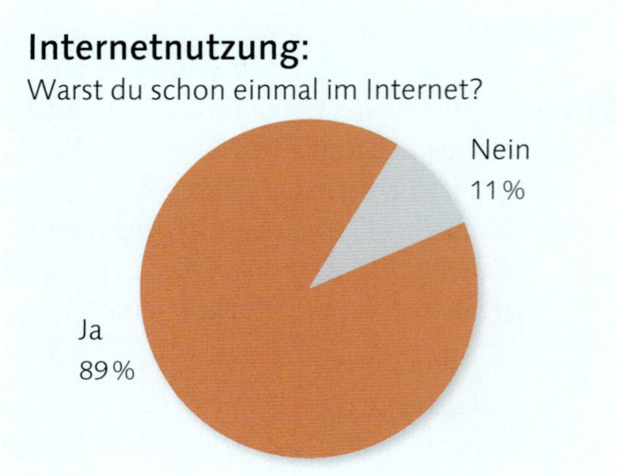


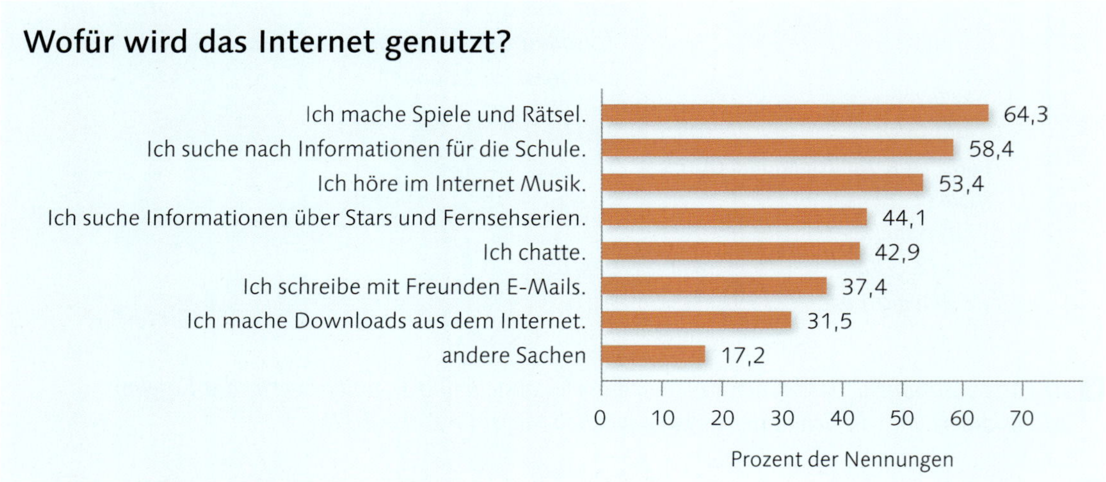


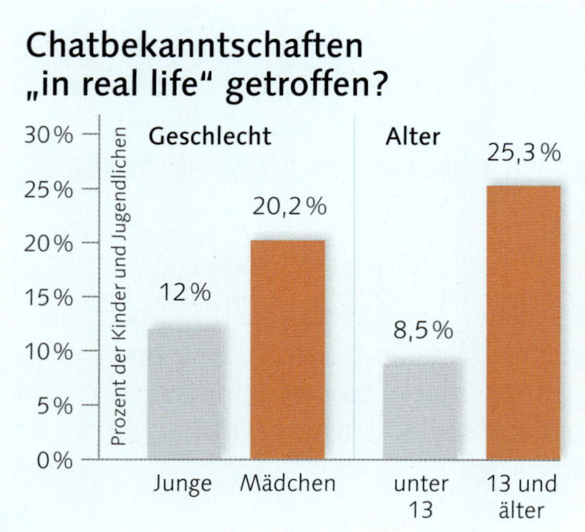


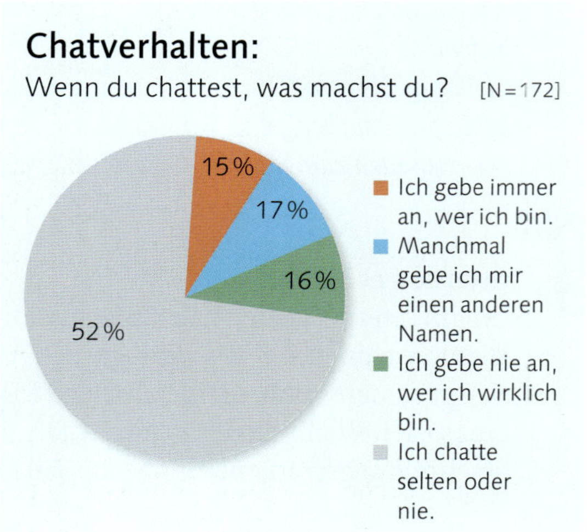

## Das Internet – Medium mit vielen Möglichkeiten

### Die Funktionen des Mediums Internet

| Kommunikation | Information | Unterhaltung | Handel | Werbung |
|---|---|---|---|---|
| Chatten<br>Mailen<br>Telefonieren | Enzyklopädien<br>Online-Zeitungen u. -Zeitschriften<br>Ratgeberseiten | Spielen<br>Musik hören<br>Filme ansehen | eBay<br>Online-Shops | Unternehmen<br>Privatpersonen |

**1** a) *Bildet Gruppen und recherchiert über die verschiedenen Funktionen des Mediums Internet. Geht dabei folgendermaßen vor:*
- ☐ *Benutzt bei eurer Suche verschiedene Suchmaschinen (▷ s. unten „Suchmaschinen im Überblick") und verfeinert eure Suche mit Hilfe von Operatoren (▷ s. Tipp auf S. 306/307).*
- ☐ *Wendet bei eurer Internetrecherche verschiedene Lesetechniken an. Lest dazu den Tippkasten „Lesetechniken" auf Seite 306.*
- ☐ *Dokumentiert euer Vorgehen und die ermittelten Ergebnisse stichwortartig.*

b) *Stellt die Ergebnisse eurer Recherche vor. Besprecht auch, welche Suchmaschinen für eure Recherche besonders ergiebig waren.*

**2** a) *Vergleicht das Internet und seine technischen Möglichkeiten mit anderen Medien.*
- ☐ *Welche anderen Medien haben dieselbe Funktion wie das Internet? Wo liegen hier die Vor- bzw. Nachteile des Internets?*
- ☐ *Welche Funktionen bietet allein das Internet?*

b) *Diskutiert, ob sich die Art und Weise der Kommunikation, der Informationssuche, der Unterhaltung, des Handels und der Werbung durch das Internet verändert hat. Wenn ja, wie?*

### Suchmaschinen im Überblick

| Internetadressse | Beschreibung |
|---|---|
| www.google.de | Sehr großer Index, sehr schnelle Suche, Ranking der Treffer nach Anzahl der Links auf die Seiten. Suche nach Bildern, Nachrichten (News), Diskussionsgruppen (Groups) und Dateiformaten möglich |
| www.yahoo.de | Redaktionell betreute Katalog-Suchmaschine. Gliederung nach Kategorien, wie Bildung & Ausbildung, Staat & Politik usw. |
| www.altavista.de | Maschinelle Volltextsuche in einzelnen Kategorien (Bilder, Musik, Nachrichten), lässt sich gut eingrenzen, macht Suchvorschläge |
| www.metager.de | MetaGer (Meta Germany): Suche in deutschsprachigen Suchmaschinen, wissenschaftliche und damit sehr seriöse Meta-Suchmaschine, die von der Universität Hannover betrieben wird |
| Search.msn.de | Suche im Web, auf dem Desktop, nach News, Bildern, Videos, im Lexikon „Encarta" sowie nach Musik und Dateiformaten |

TIPP

## Lesetechniken

Bei der Suche im Internet stößt man auf eine Flut von Texten. Um sich schnell einen Überblick zu verschaffen, sollte man Texte zunächst **diagonal** lesen und später nur die wichtigen Texte eingehend studieren. Wendet bei eurer Internetrecherche beide Lesetechniken an.

### Überfliegendes (diagonales) Lesen:

- **Verfahren:** Der Text wird rasch überflogen. Mit dieser Lesetechnik werden die wichtigsten Informationen (Schlüsselwörter) erfasst.
  Wenn man während des raschen Überfliegens eines Textes auf Stellen stößt, die von besonderem Interesse sind, werden diese Passagen in Form einer Stichprobe gelesen.
- **Ziel:** Ziel ist es, einen ersten Überblick über einen Text und dessen Thema zu erhalten. Wenn das diagonale Lesen eines Textes abgeschlossen ist, kann man entscheiden, ob der Text in einem weiteren Lektüredurchgang genauer erschlossen werden soll oder nicht.

### Genaues Lesen:

- **Verfahren:** Der Text wird vollständig gelesen. Es soll der Inhalt des gesamten Textes erfasst werden. Beim Lesen werden mit dem Stift Schlüsselwörter und Textstellen markiert, die zur inhaltlichen Erfassung des Textes oder zur Erfassung eines Gedankenganges dienen. Unbekannte Begriffe markiert man mit einem Fragezeichen am Rand.
- **Ziel:** Ziel ist es, eine umfassende Textkenntnis zu erlangen. Das genaue Lesen gehört zu den Arbeitstechniken, die bei einer Vielzahl von Aufgaben im Umgang mit Texten benötigt werden (z. B. Inhaltsangabe, strukturierte Textwiedergabe, Textanalyse usw.).

TIPP

## Internetrecherche mit Operatoren

Bei der Nutzung von Suchmaschinen fallen unter Umständen mehrere hunderttausend Nachweise an. Für die Sichtung und Prüfung wäre ein sehr großer Zeitaufwand erforderlich. Je präziser die Suchbegriffe eingegeben werden, desto treffender sind die Ergebnisse.

Operatoren sind Elemente, die zwei oder mehr Suchbegriffe miteinander verbinden und damit die Suche verfeinern. Weil das Internet ein internationales Medium ist, werden Operatoren in englischer Sprache verwendet. Einige Operatoren gibt es aber auch in Deutsch oder als mathematisches Zeichen.

| Operatoren | Beispiel | Erklärung |
|---|---|---|
| AND | Internet AND Chatten | Er werden Seiten angegeben, die beide Begriffe enthalten. |
| UND | Internet UND Chatten | |
| + | Internet + Chatten | |
| OR | Weblog OR Blog | Es werden Seiten angezeigt, die entweder den einen oder den anderen Begriff enthalten. |
| ODER | Weblog ODER Blog | |
| „…“ | „Was ist Chatten?“ | Das Setzen von Anführungszeichen ermöglicht die Suche nach Wortgruppen oder vollständigen Namen.<br>Es werden Seiten angezeigt, die exakt die angegebene Wortfolge enthalten. |

## Informationen suchen, sichten und bewerten

# Wikipedia – kreative Anarchie für den freien Informations- und Wissensaustausch

von Jacob Voss

*Wikipedia ist ein mehrsprachiges Nachschlagewerk, das frei im Internet verfügbar ist. Die Enzyklopädie unterscheidet sich in mehreren Punkten von herkömmlichen Nachschlagewerken. Ihre Artikel können von jedem erweitert, korrigiert und verändert werden. Darüber hinaus ist die freie Weiterverbreitung ihres Inhalts nicht nur erlaubt, sondern sogar erwünscht. Mit dieser offenen Philosophie ist Wikipedia innerhalb von wenigen Jahren zu einer Institution als universelles Nachschlagewerk im frei zugänglichen Bereich des Internets geworden.*

**Das Wiki-Prinzip**

Unter „Wikis“ versteht man eine Sammlung von Webseiten, die von jedem Besucher einer Webseite online überarbeitet werden können. Dazu enthält jede Seite eines Wikis einen Link, durch den ein Textfenster geöffnet wird, in dem sich der Inhalt der Seite bearbeiten lässt. Dies geschieht in einer vereinfachten Syntax, die es auch ohne Kenntnisse von HTML erlaubt, Formatierungen und Links zu anderen Seiten oder ins Internet anzulegen.
Alle Veränderungen werden dabei protokol-

liert und einem angemeldeten Benutzer oder einer IP-Adresse zugeordnet. Die Bearbeitungen erscheinen in einer Liste der letzten Änderungen und auf den persönlichen Beobachtungslisten von Benutzern, die Änderungen an von ihnen ausgewählten Artikeln beobachten möchten. Auf diese Weise sind alle Änderungen in der Wikipedia nachvollziehbar und können notfalls rückgängig gemacht werden. Dies macht es möglich, dass sich die Wikipedianer – so nennen sich die Autoren der Wikipedia – gegenseitig kontrollieren und begutachten können.

Zusätzlich gibt es zu jedem Artikel eine Diskussionsseite, auf der strittige Fragen geklärt und Kommentare hinterlassen werden können.

Wikipedia ist ein internationales Projekt, das inzwischen in mehr als 80 Sprachen und Dialekten vorliegt. Am weitesten fortgeschritten sind die englische und deutsche Wikipedia mit rund 300 000 bzw. 125 000 Artikeln. Weitere Versionen mit bislang mehr als 20 000 Einträgen sind die Wikipedias in Japanisch, Französisch, Polnisch, Niederländisch, Schwedisch, Spanisch, Italienisch und Dänisch.

Die Wikipedia ist von Grund auf als Hypertextmedium konzipiert. In den meisten Artikeln gibt es zu den wesentlichen Begriffen und Namen Verweise auf andere Wikipedia-Artikel.

## Geregelte Anarchie

In der Wikipedia gibt es als einzig feste Regel den so genannten „Neutralen Standpunkt" (auch NPOV für „Neutral Point of View"). Der neutrale Standpunkt besagt, dass ein Artikel alle wesentlichen Positionen und Argumente zu einem Thema enthalten soll. Dies schließt auch Positionen ein, die nicht dem „Stand der Wissenschaft" entsprechen oder kontrovers sind.

Weiterhin fordert der NPOV, dass jeder Artikel einem Vertreter zugeschrieben und neutral formuliert wird. Es dürfen also keine eigenen Wertungen vorgenommen werden. In diesem

Punkt unterscheidet sich die Wikipedia wesentlich von anderen Enzyklopädien.

Beispielsweise sollte statt „Picasso war der größte Maler des 20. Jahrhunderts" besser „Picasso wird in der Kunstwelt als einer der größten Maler des 20. Jahrhunderts angesehen" geschrieben werden.

## Themenspektrum und Qualität

Sowohl das Themenspektrum als auch die Qualität der Artikel ist sehr unterschiedlich. Da der gesamte Inhalt von Freiwilligen erstellt und korrigiert wird, bilden sich naturgemäß Schwerpunkte. Allgemein ist der technisch-naturwissenschaftliche Bereich stärker vertreten als die Geisteswissenschaften und über populäre Personen aus Film- und Fernsehen wird sich eher ein Eintrag finden als z. B. über Schriftsteller der Vergangenheit.

Grundsätzlich kann jedoch davon ausgegangen werden, dass allgemeine Themen des Schulwissens zumindest mit einem kurzen Beitrag vorhanden sind. In vielen Teilbereichen geht die Wikipedia in Umfang und Tiefe deutlich über herkömmliche Enzyklopädien hinaus und erreicht eher den Charakter eines Fachbuches. Auch zu aktuellen Ereignissen entstehen oft sehr schnell Artikel mit Hintergrundinformationen bzw. schon bestehende Artikel werden aus aktuellem Anlass ausgebaut. Viele dieser Einträge würden allein aus Platzgründen und zu geringer Enzyklopädiewürdigkeit in keinem anderen Nachschlagewerk auftauchen.

Einseitige Wertungen und Falschaussagen sind auf Grund des neutralen Standpunktes weniger ein Problem. Da ausdrücklich alle wesentlichen Meinungen zu einem Thema erwähnt und ihren Anhängern zugeschrieben werden sollen, ergibt sich oft ein umfassendes Bild.

Von der Community als besonders gelungen angesehene Artikel und Bilder werden als „exzellent" gekennzeichnet. Zur Beurteilung der Glaubwürdigkeit eines Artikels sollten vor allem bei strittigen Themen seine Versionsgeschichte und die Diskussionsseite herangezogen werden. Auch die Recherche, wie viel und in welchen Bereichen ein Wikipedia-Autor bislang tätig war, kann Hinweise auf die Verlässlichkeit seiner Beiträge liefern. Haben mehrere Autoren gemeinsam über einen längeren Zeitraum an einem Artikel gearbeitet und diskutiert, kann man davon ausgehen, dass der Inhalt relativ ausgewogen ist.

Zu vielen Fachbegriffen tauchen Wikipedia-Artikel auf den ersten Plätzen von Internetsuchmaschinen auf und bilden somit ein häufig genutztes Informationsmittel für normale Benutzer. Als alleinige Quelle für gesicherte Informationen ist die Wikipedia jedoch sicherlich nicht geeignet. Hier gilt allgemein der journalistische Grundsatz, sich nie auf eine Quelle allein zu verlassen.

Ihre Stärken spielt die Wikipedia vor allem aus, wenn es darum geht, sich schnell einen Überblick über unbekannte Themen und Begriffe zu verschaffen.

**Wissen im Wandel**

Die Unfertigkeit und Dynamik vieler Bereiche ist nicht nur Zeichen dafür, dass das Projekt noch stark in der Entwicklung begriffen ist, sondern gleichzeitig Ausdrucksform dafür, dass Wissen nicht in Form von reinen Daten vermittelbar ist, sondern lernend kommuniziert werden muss und in einem ständigen Wandel begriffen ist. Nicht zuletzt verschwindet in der Wikipedia die Grenze zwischen Autor und Leser. Jeder Leser ist gleichzeitig Korrekturleser und potenzieller Autor.

Für Bibliotheken eignet sich die Wikipedia damit nicht nur als Nachschlagewerk, sondern sie kann auch zur Vermittlung von Informations- und Recherchekompetenz eingesetzt werden. Auf jeden Fall bleibt spannend, wie sich das Projekt in den nächsten Jahren weiterentwickeln wird.

**1** *Lest den Artikel genau und formuliert dann selbst eine knappe, aber möglichst genaue Definition der Internet-Enzyklopädie „Wikipedia".*

**2** *a) Schlagt alle Begriffe, deren Bedeutung ihr nicht kennt, in der Wikipedia-Enzyklopädie (www.wikipedia.de) und in einer herkömmlichen Enzyklopädie nach.*
*b) Taucht euch über eure Recherche aus. Wo seid ihr schnell zu geeigneten Informationen gekommen?*

**3** *Diskutiert, worin die „geregelte Anarchie" (▷ Z. 55) von Wikipedia besteht, von der im Text die Rede ist.*

**4** *a) Listet mit Hilfe des Textes die Vor- und Nachteile auf, die eine Internet-Enzyklopädie wie Wikipedia hat.*
*b) Diskutiert über den Nutzen und die Gefahren eines Nachschlagewerkes wie Wikipedia.*

## Surfen ist gut, Kontrolle ist besser – Bewerten von Quellen aus dem Internet

Im Internet kann prinzipiell jeder alles veröffentlichen, was nicht gegen Gesetze verstößt. Besonders wenn man in Referaten oder anderen Arbeiten Texte oder Grafiken aus dem Internet nutzen möchte, muss man deshalb die Qualität und Glaubwürdigkeit der Internetquellen prüfen.

**1** *Überprüft mit Hilfe der Checkliste zur Beurteilung von Internetquellen die Qualität der folgenden Internetadressen:*

www.ups-schulen.de

www.girlsday.de

www.qualipass.info

**2** *a) Schreibt zu einer Adresse eurer Wahl eine zusammenfassende Beurteilung der Qualität und Glaubwürdigkeit der Internetquelle.*
*b) Besprecht anhand eurer Beurteilungen, welche Kriterien häufig und welche gar nicht erfüllt wurden. Sammelt Gründe, woran das liegen könnte.*

### Checkliste zur Beurteilung von Internetquellen

**1. Wird der/die Verfasser/-in genannt?**
- Ist der/die Verfasser/-in klar erkennbar?
- Wird eine E-Mail-Adresse oder Kontaktadresse angegeben?

**2. Wird die Seite regelmäßig „gepflegt" und aktualisiert?**
- Wie lange liegt die letzte Bearbeitung zurück?
- Wie alt ist die Linkliste?
- Funktionieren die Links noch?

**3. Was ist das Ziel der Seite?**
- Information, Überzeugung, Werbung für den Verkauf von Produkten …?

**4. Wie werden die Inhalte präsentiert?**
- Übersichtlich, verständlich, gut gegliedert?

**3** *a) In diesem Teilkapitel (▷ S. 301–310) habt ihr euch ausführlich mit dem Medium Internet auseinandergesetzt. Mit welchem Thema wollt ihr euch eingehender beschäftigen oder welche anderen interessanten Themen fallen euch im Zusammenhang mit dem Medium Internet ein? Sammelt Themen für Kurzreferate und erstellt eine Themenliste.*
*b) Recherchiert im Internet und in anderen Medien nach geeignetem Informationsmaterial zu einem Thema eurer Wahl und erstellt ein Kurzreferat.*

# 13.2 Macht Fernsehen schlau? – Informierende Fernsehsendungen untersuchen

## DIE QUOTENSIEGER 2005

1. TV-Duell zwischen Gerhard Schröder und Angela Merkel (20,98 Mio Zuschauer)
2. Bekanntgabe der Auflösung des Bundestags durch Bundespräsident Horst Köhler am 21.7.05 (19,13 Mio)
3. Wetten, dass ...? vom 19.2.2005 (14,87 Mio)
4. Wetten, dass ...? vom 22.1.2005 (14,5 Mio)
5. „Tagesschau" am Wahlabend (13,97 Mio)
6. Confederations-Cup: Argentinien – Deutschland (13,09 Mio)
7. Wetten, dass ...? vom 19.3.2005 (13,02 Mio)
8. Confederations-Cup: Deutschland – Brasilien (12,77 Mio)
9. Wetten, dass ...? vom 10.12.2005 (12,75 Mio)
10. Wetten, dass ...? vom 5.11. 2005 (12,61 Mio)

**1** *Diskutiert darüber, warum die angeführten Sendungen Spitzenplätze in der Gunst der Fernsehzuschauer eingenommen haben.*

**2** *a) Ermittelt eure „Quotensieger". Notiert, welche Sendungen ihr gestern oder in der vergangenen Woche im Fernsehen angeschaut habt. Erstellt daraus eure Fernseh-Hitliste.*

*b) Markiert in zwei unterschiedlichen Farben informierende und unterhaltende Sendungen. Welche Arten von Sendungen dominieren in der Liste der Quotensieger 2005, welche Arten von Sendungen liegen bei euch ganz oben? Vergleicht die beiden Ergebnisse.*

## Die meistgesehene Sendung 2005 – Unterhaltung oder Information?

### TV-Duell der Kanzlerkandidaten (Auszug 1)
### Thema „Solidarität und soziale Gerechtigkeit“

*Fast 21 Millionen Zuschauer verfolgten am Sonntagabend, den 4. September 2005, die rund neunzigminütige Auseinandersetzung zwischen den beiden Kandidaten für das Kanzleramt, also zwischen dem regierenden Bundeskanzler Gerhard Schröder (SPD) und der CDU-Vorsitzenden Angela Merkel. Alle vier großen Fernsehkanäle, ARD, ZDF, SAT.1 und RTL, richteten die Veranstaltung gemeinsam aus und stellten jeweils einen der vier Moderatoren, die Schröder und Merkel gegenübersaßen: Sabine Christiansen (ARD) und Maybrit Illner (ZDF), Thomas Kausch (SAT.1) und Peter Kloeppel (RTL).*

KAUSCH: Herr Bundeskanzler, bevor wir uns komplett auch in den Zahlen verheddern, das Thema Arbeitslosigkeit ist ganz wichtig, aber ich möcht Sie auch mal fragen. Äh, Sie sagen, Ihre Regierung steht für soziale Gerechtigkeit und Solidarität. Aber nach sieben Jahren Rot-Grün ist das Leitmotiv dieser Gesellschaft „Geiz ist geil“ und „Ich bin doch nicht blöd“. In einer mutigen Phase haben Sie das übrigens auch schon mal als „Mitnahme-Mentalität“ bezeichnet, die sich durch alle Schichten hindurchzieht. Ist das nicht neben allen Zahlen auch eine traurige psychologische Bilanz gerade für Rot-Grün?

SCHRÖDER: Ich kann nun nicht verantwortlich gemacht werden für dümmliche Werbesprüche. Das kann ich nun wirklich nicht.

KAUSCH: Das drückt aber auch eine Gesellschaftshaltung aus. *(Schröder und Kausch sprechen gleichzeitig.)*

SCHRÖDER: Das ist ganz interessant, dass Sie das fragen. Wir tragen ja durch solche Diskussionen selber dazu bei. In der Tat ist es so, der Blick aus dem Ausland auf Deutschland ist weit besser, als wir ihn uns selbst leisten. Und genau das muss sich ändern. Nun, da kann Politik etwas dazu tun. Wir versuchen, das auch zu tun, indem wir die positiven Aspekte unserer Gesellschaft betonen. Das gelingt ja auch. Deutschland ist inzwischen ein geachtetes Land in der Welt. Das hat auch etwas mit unserer Friedenspolitik zu tun, keine Frage. Es hat etwas mit unserer Entwicklungspolitik zu tun. Es hat etwas zu tun mit unserer wirtschaftlichen Kraft. Und nun noch einmal zum Wachstum. Das, worauf wir setzen, das hab ich doch sehr deutlich gesagt. Wir setzen darauf, dass wir die Forschungsinvestitionen erhöhen. In meiner Regierungszeit sind die um 30 – ist der entsprechende Haushalt um 30 Prozent erhöht worden – einschließlich das, was Studenten ... *(Rest unverständlich).* Wir haben inzwischen 30 Prozent mehr Studentinnen und Studenten, als wir sie 1998 hatten. Wir sind die gewesen, die gesagt haben, wenn wir mittelfristig wieder noch stärker werden wollen, dann müssen wir mehr tun und in Betreuung von Kindern investieren, damit Frauen eine Chance haben, erwerbstätig zu sein. Und wir haben das gemacht. Wir haben 4 Milliarden in die Hand genommen und haben die Ganztagsbetreuung ... *(Rest verschluckt).* Und das sind die Dinge, die über die Zukunft unserer Gesellschaft entscheiden.

KAUSCH: Trotzdem, Herr Bundeskanzler, ich hab so ein bisschen das Gefühl, tausendmal gehört, tausendmal ist nix passiert. Und tausendundeine Nacht ist auch schon vorbei.

SCHRÖDER: Dann wirken Sie daran mit, dass dieser Geist, den ich sehr wohl haben will, nämlich ein Geist, der nach vorne gerichtet ist, wirklich das Land erfasst. Das ist doch gar keine Frage, dass man das muss, und ich finde, mit all dem, was wir getan haben, so-

wohl in der Außenpolitik als vor allen Dingen auch in dem, was wir in den ökologischen Fragen tun, ist dieses Land stärker geworden und das wird auch so bleiben. Denn ich bin fest davon überzeugt, dass wir einen erneuten Auftrag bekommen, diese Politik, die das Land nach vorne gebracht hat, die es erneuert hat, auch wirklich fortzusetzen.

CHRISTIANSEN: Aber es hat ja nicht genug Arbeit gebracht und genau darum sind wir bei dieser Frage, was ist eigentlich „solidarisch" zukünftig in unserem Land. Ist „solidarisch" das allein, was Arbeit schafft, oder ist Solidarität das, was wir an Arbeitnehmerrechten über die Jahre erworben haben und was nun die CDU in ihrem Wahlprogramm reduzieren will, Frau Merkel. Dort gibt es weniger Kündigungsschutz, weniger Macht für die Gewerkschaften, die Untertariflöhne für die Langzeitarbeitlosen, die eine Stelle annehmen. Wenn wir alles das einmal nehmen und das, was der Bundeskanzler Ihnen auf dem Parteitag an Kritik zugeworfen hat, nämlich dass Sie eine Gesellschaft wollen, die unsozial, ja sogar unmenschlich ist. Sollen bei Ihnen nur noch die Arbeitgeber Rechte haben?

MERKEL: Also ich finde eine Gesellschaft, die fast 5 Millionen Arbeitslose hat und die viele, viele Menschen hat, die um ihren Arbeitsplatz bangen, die ist verpflichtet, wenn sie eine menschliche Gesellschaft sein will, sich darüber Gedanken zu machen, wie wir das verändern können. Und natürlich sage ich auch, sozial ist, was Arbeit schafft, aber es muss eine menschenwürdige Arbeit sein und was heißt das? Dann müssen wir besser sein als Andere, weil wir teurer sind. Wir werden immer teurer sein, wenn wir unseren Wohlstand erhalten wollen. Und deshalb liegt der Schlüssel bei Innovation. Und hier muss man nun sagen, der Etat des entsprechenden Ressorts ist zwar um 30 Prozent gestiegen, aber darin ist jetzt die Ganztagsbetreuung. Das kann ich nun nur ganz bedingt als Innovationsförderung sehen. Real sind die Innovations- und Forschungsausgaben gleich geblieben. Was wir brauchen, ist aber vor allem eine Mentalität, die Rot-Grün nicht aufbringt. Dort ist man vielleicht bereit, die Windenergie zu fördern. Das finde ich okay, das können wir machen. Aber wir müssen vor allen Dingen überlegen, wo liegen die zukunftsträchtigen Bereiche. Und da dürfen wir nicht EU-Richtlinien dauernd mit Bürokratie umsetzen. Da dürfen wir nicht die Chemikalienrichtlinie so kompliziert machen, wie das der Herr Trittin bei Rot-Grün gerne möchte. Vielleicht würde es ja der Herr Bundeskanzler gern anders haben, aber er kann sich da nicht durchsetzen. Da kann muss ich das Gentechnikgesetz ändern, damit ich hier die Dinge auch wirklich auf die Reihe kriege, und das sagen selbst Gewerkschaftsvorsitzende wie der Herr Schmoll von der Chemiegewerkschaft. Und dann,

Frau Christiansen, geht's in der Tat um folgende Frage: Was hat sich bewährt und was muss ich vielleicht auf den Prüfstand stellen unter Bedingungen eines weltweiten Handels, einer Globalisierung, die wir heute haben, damit Arbeitsplätze hier gehalten werden können, die hier sein könnten, wenn die Arbeitnehmerinnen und Arbeitnehmer vor Ort selbst darüber bestimmen könnten? Und insofern haben wir Änderungen beim Kündigungsschutz, nicht für die, die Arbeit haben, da bleibt alles, wie es ist, aber für die, die draußen sind. Da überlegen wir, ob wir andere Einstellungsbedingungen machen, zum Beispiel dadurch, dass man die Abfindung bei Einstellung verabredet, damit niemand aufs Arbeitsgericht gehen muss und dann Schwierigkeiten hat. („Frau Merkel ..." *Frau Christiansen versucht, die nächste Frage zu beginnen.)* Ich finde, das ist nur fair gegenüber den Vielen, die keine Chance im Augenblick in dieser Gesellschaft haben.

## TV-Duell der Kanzlerkandidaten (Auszug 2) Thema „Kinder, Frauen und Familie"

KLOEPPEL: Herr Bundeskanzler, wir kommen zu einem anderen Interview, das eine Dame gegeben hat, die Ihnen persönlich sehr nahesteht, nämlich Ihre eigene Frau, die gesagt hat: „Frau Merkel verkörpert mit ihrer Biografie nicht die Erfahrungen der meisten Frauen, die beschäftigt, wie sie Familie und Job unter einen Hut bekommen, ob sie nach der Geburt für mehrere Jahre aussteigen wollen oder wie sie ihre Kinder am besten erziehen. Das ist nicht Merkels Welt." Wieso mischt sich Ihre Frau mit solchen Thesen in den Wahlkampf ein?

SCHRÖDER: Das ist eine sehr merkwürdige Betrachtungsweise. Also meine Frau, die politische Journalistin ist, klug ist und die engagiert ist, die darf sich nicht einmischen. Das ist ja sehr merkwürdig. Natürlich darf sie das, wie jeder Andere von uns auch. Und ich will Ihnen sagen, ich bin stolz auf ihr Engagement. Ich bin stolz darauf, dass sie sich in dieser Weise äußert und sich einmischt in eine ja wirklich notwendige Diskussion, die im Übrigen ja auch wahrhaftig ist. Meine Frau sagt, was sie denkt, und sie lebt, was sie sagt, und das ist nicht zuletzt ...

*(Stimmengewirr mehrerer Moderatoren, Schröder wiederholt die zuletzt gesprochenen Worte, kann aber den Satz nicht beenden. Kloeppel setzt sich schließlich durch.)*

KLOEPPEL: Sie lebt das schon in einer Form, wo man den Eindruck hat, also Frauen nach dem Bild von Doris Schröder-Köpf bringen Familie und Job unter einen Hut. Gleichzeitig sagt sie aber auch: Ich bin eine sozialdemokratische Frau. Das hat sie dann später auch noch gesagt: Sozialdemokratische Frauen ... (*Schröder spricht bereits:* Das ist doch ihr gutes Recht ...) ... bleiben zu Hause, schmieren Butterbrote ... *(Kloeppel spricht weiter, aber Schröder setzt sich durch.)*

SCHRÖDER: Warum darf eigentlich meine Frau sich nicht äußern, wie jeder von Ihnen das auch darf. Das ist doch sehr merkwürdig.

KLOEPPEL *(während Schröder weiterspricht):* Aber damit disqualifizieren Sie ja bewusst Ihre Gegnerin.

SCHRÖDER *(gleichzeitig):* Aber darf ich das jetzt mal zu Ende führen. Sie äußert ... Sie äußert ...
*(Nach der Aussage Kloeppels)* Ja, aber ich meine, Frau Merkel wird doch noch Kritik ertragen können, ich muss sie doch auch ertragen. Was haben wir nicht alles erleben müssen, mitten aus der CDU heraus, was unsere Familie angeht. Also, so mimosenhaft sollte man nun wirklich da nicht ...

ILLNER: Aber ist es klug ...

SCHRÖDER *(gleichzeitig):* Darf ich ... Ob es klug ist oder nicht ...

ILLNER *(spricht weiter):* ... ihrer Gegenkandidatin Kinderlosigkeit vorzuwerfen?

SCHRÖDER: ... darf ich sagen, um was es wirklich geht. Ich sage, meine Frau hat das gute Recht, erstens die Wahrheit zu sagen, denn es ist die Wahrheit. Und zweitens sich zu äußern, wann immer sie das für richtig hält. Und sie äußert sich engagiert, ich sag's noch einmal: Sie lebt das, was sie sagt, und ich füg hinzu, das ist nicht zuletzt der Grund, warum ich sie liebe.

ILLNER *(nach kurzer Pause):* Wie flexibel, Frau Merkel, muss man eigentlich sein in der Zukunft? Wir sollen flexibel arbeiten, wir kriegen flexiblere Arbeitszeiten. Wie gut lässt sich das vereinbaren mit jemandem, der tatsächlich den Wunsch hat, Kinder zu kriegen. Wie sehr haben Sie da das Gefühl, ein widersprüchliches Programm anzubieten?

MERKEL: Also ich will vielleicht an der Stelle nochmal drauf hinweisen, als der heutige Bundeskanzler noch Ministerpräsident war, da hat er Familien- und Frauenpolitik noch als „Gedöns" bezeichnet, Lehrer als „faule Säcke". Da habe ich als Jugendministerin den Rechtsanspruch ...

SCHRÖDER *(gleichzeitig):* Frau Merkel, was soll das ... Frau Merkel ... Frau Merkel ...

MERKEL *(spricht weiter):* ... auf einen Kindergartenplatz eingeführt. Ich bin da heute noch sehr stolz ...

SCHRÖDER *(gleichzeitig):* ... irgendwann werfen Sie mir noch meine Kindheit vor.

MERKEL: ... ich bin da heute noch sehr stolz drauf und ich bin auch froh, dass Sie dazugelernt haben, das muss ich ganz einfach sagen. Denn jetzt haben wir wenigstens in einer breiten Phalanx[1] in der Union, aber auch bei Anderen die Tatsache, dass wir eine Vereinbarkeit von Beruf und Familie wollen. Wir haben den Rechtsanspruch für einen Kindergartenplatz eingeführt ...

SCHRÖDER *(gleichzeitig):* Aber nicht Sie ...

MERKEL: Ich als Jugendministerin, ich als Jugendministerin, eine meiner wirklichen Leistungen zwischen 1990 und 1994 ...

SCHRÖDER *(gleichzeitig):* Das war eine überparteiliche, überfraktionelle Initiative, Sie wissen das ganz genau.

MERKEL: ... und es haben Gott sei Dank viele dabei zugestimmt (*Schröder gleichzeitig:* „Aha!"), aber ich war die verantwortliche Ministerin. Und ich möchte das auch weiterentwickeln, Betreuung für unter Dreijährige, alles ganz wichtige Felder. Und ich glaube, ich habe eben schon drüber gesprochen, es gibt rechtliche Maßnahmen, die wir ergreifen können. Wir können aber auch dafür sorgen als Politikerinnen und Politiker, dass die Wirtschaft, dass die Gesellschaft hier ein offeneres Ohr bekommt und dass vor allem das, was vom Arbeitnehmer im 21. Jahrhundert erwartet wird,

1 **Phalanx:** geschlossene Schlachtreihe

Nervenstärke, Organisationskraft, Kreativität, dass all das den Frauen mal zugestanden wird, die Kinder erziehen und wieder in den Beruf wollen. Ich hab zum Beispiel im akademischen Bereich den Vorschlag zu sagen: Man kann nicht Berufungskarrieren zum Beispiel zum Professor für einen Mann, der nie ausgesetzt hat wegen der Kindererziehung, genauso gestalten, wie man das zum Beispiel für Frauen macht, die einige Jahre aussetzen, Kinder erziehen und trotzdem den Kontakt zur Wissenschaft behalten. Hier muss sich in unserm Land noch viel ändern. Dafür werd ich kämpfen und ich glaub, dass eine Frau als Bundeskanzlerin da auch ein gutes Beispiel sein kann.

CHRISTIANSEN: Wir alle sehen jetzt ...

SCHRÖDER *(gleichzeitig)*: Darf ich mal sagen zu dem Thema, was wir gemacht haben ...

CHRISTIANSEN *(gleichzeitig)*: Ich möchte da ganz gerne noch einmal eine Zäsur machen. Wenn Sie 'ne kurze Anmerkung noch machen würden, Herr Bundeskanzler.

SCHRÖDER: Ich möchte gerne zu dem Thema sagen, was wir gemacht haben. Wir haben nicht nur das Kindergeld erhöht. Wir sind hergegangen und haben gesagt, 4 Milliarden gibt es für Ganztagsbetreuung. Hat bisher keiner gemacht. Wir haben ein Gesetz gemacht, in dem die Kommunen verpflichtet werden, von den 2,5 Milliarden, die sie bekommen, weil wir die Arbeitslosenhilfe mit der Sozialhilfe zusammengelegt haben, 1,5 Milliarden in die Betreuung der unter Dreijährigen zu investieren. Das ist diskreditiert worden, dieses Gesetz, und ich finde, man sollte dann wenigstens sagen, wenn ich schon was vorhabe, dann hab nicht ich gelernt, sondern Frau Merkel hat gelernt. Und das, was wir dort angefangen haben, gerade auf dem Sektor der Betreuung, das wurde höchste Zeit, das muss fortgeführt werden. Nur wir werden es fortführen ...

CHRISTIANSEN *(beginnend, während Schröder noch spricht)*: Nehmen wir es doch als Endpunkt, dass beide dazugelernt haben ...

**1** *a) Stellt die „Szenen" aus dem TV-Duell nach. Geht dabei folgendermaßen vor:*

- ☐ *Bestimmt drei Schülerinnen und drei Schüler, die mit verteilten Rollen die Fragen und Aussagen der Beteiligten lesen. Der Rest der Klasse bildet das Publikum.*
- ☐ *Die Kanzlerkandidaten und Moderatoren positionieren sich gut sichtbar vor dem Publikum, die Kanzlerkandidaten stehend, die Moderatoren ihnen gegenübersitzend.*
- ☐ *Das „Publikum" verfolgt das Kanzlerduell bei geschlossenem Buch.*
- ☐ *Anschließend notiert das „Publikum" in Stichpunkten, an welche Fragen oder Aussagen es sich erinnert. Haltet auch fest, was ihr außerdem wahrgenommen habt (Verhalten, Gestik, Mimik u. Ä.).*

*b) Tauscht euch darüber aus, was von dem Gesagten im Gedächtnis geblieben ist und was ihr sonst noch wahrgenommen habt.*

**2** *a) Bildet Gruppen und untersucht die Argumentation der Beteiligten in den beiden Auszügen (Auszug 1, S. 312–314; Auszug 2, S. 314–316).*

- ☐ *Analysiert, was und wie der/die Moderator/-in fragt und was der/die Kandidat/-in darauf antwortet: Bezieht er/sie sich genau auf die gestellte Frage? Argumentiert er/sie überzeugend, indem er/sie aufgestellte Behauptungen begründet und belegt?*
- ☐ *Überlegt, welches Ziel der jeweilige Sprecher verfolgt und mit welchen Mitteln er es zu erreichen versucht.*

*b) Stellt die Ergebnisse der Gruppenarbeit in der Klasse vor.*

*c) Besprecht, ob sich die Moderatoren des öffentlich-rechtlichen Fernsehens, ARD und ZDF, in ihrem Fragestil von den Vertretern des Privatfernsehens, RTL und SAT.1, unterscheiden.*

TV-Duelle zwischen Spitzenkandidaten spielen in den Wahlkämpfen inzwischen eine wichtige Rolle und werden in den Medien mit größter Aufmerksamkeit verfolgt.
Die folgenden Diagramme wurden von den beiden öffentlich-rechtlichen Sendern, der ARD und dem ZDF, in Auftrag gegeben.

**3** *Wertet die Diagramme aus und vergleicht dann die Ergebnisse der Umfragen. Wer hat eurer Meinung nach von dem Kanzlerduell profitiert – Gerhard Schröder oder Angela Merkel?*

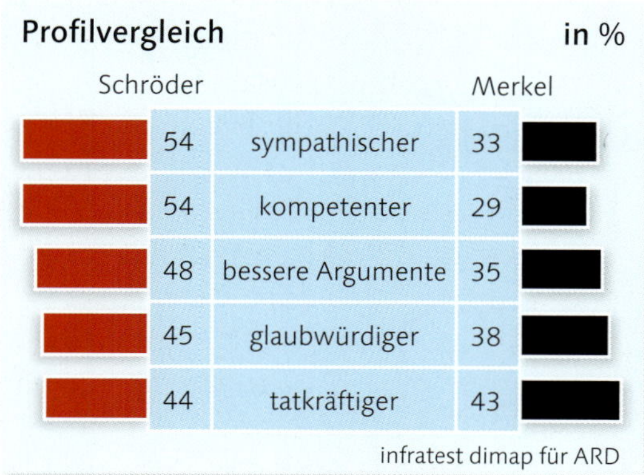

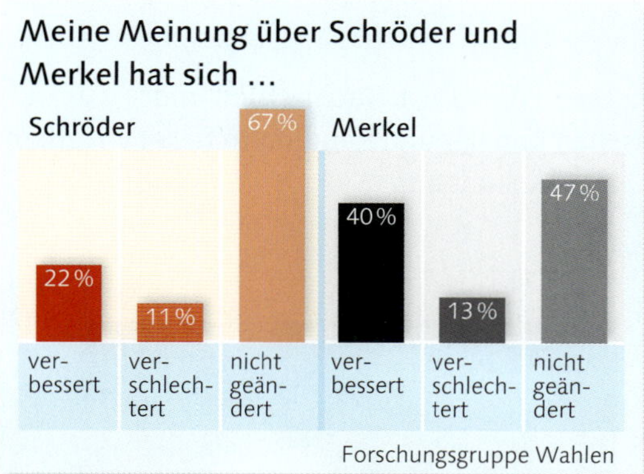


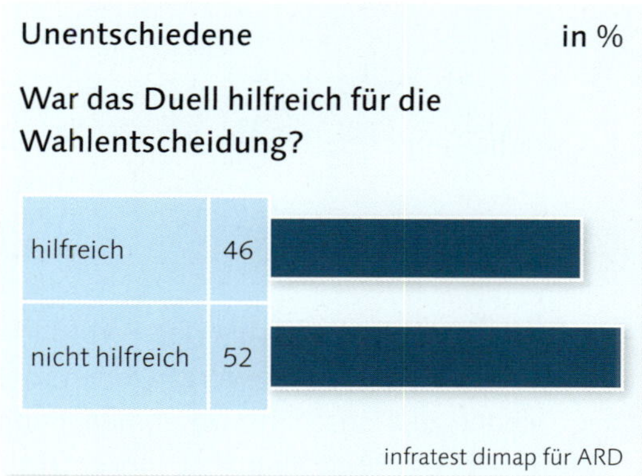


**4** *Diskutiert darüber, welchen Eindruck ihr über die beiden Kontrahenten auf Grund der Auszüge aus dem Kanzlerduell (▷ S. 312–316) erhalten habt, und vergleicht euren Eindruck mit den Umfrageergebnissen. Besprecht, welche Faktoren bei der Beurteilung der Kandidaten eine Rolle gespielt haben könnten.*

***Roger Schawinski über die Bedeutung des Kanzlerduells***

„An diesem Abend wird wohl die Wahl entschieden", sagte Roger Schawinski, der Chef des Privatsenders SAT.1, in einem Interview über die Ausstrahlung des Kanzlerduells am 4. September 2005. Im selben Interview schränkte er jedoch die Bedeutung des Fernsehens für die Meinungsbildung ein. Er sagte: „Die Meinungsbildung erfolgt in erster Linie nicht übers Fernsehen, sondern über die Zeitung."

**5** *Soll man das Fernsehen oder die Zeitung nutzen, um sich eine eigene Meinung zu einem Thema zu bilden? Stellt in einer Übersicht zusammen, welche Argumente jeweils für und gegen das Medium Fernsehen bzw. Zeitung sprechen.*

## Informationen im öffentlich-rechtlichen Fernsehen und im Privatfernsehen

**1** *Informiert euch in Lexika, im Internet oder mit Hilfe von anderen Quellen über die folgenden Typen von Fernsehsendern.*
*(▷ Tipps zur Informationsrecherche im Grundwissen auf Seite 371/372)*

| | Free-TV | | Pay-TV |
|---|---|---|---|
| | öffentlich-rechtliche Sender | private Sender | |
| Definition/Merkmale | … | … | … |
| Sender | … | … | … |

# Die schwere Leichtigkeit

Sat.1-Moderator Thomas Kausch beherrscht die Kunst, Nachrichten und Unterhaltung zu verbinden. Beim TV-Duell zwischen Kanzler und Kandidatin fiel er vor allem mit dem Versprecher des Abends auf.

*von Christoph Amend*

Es ist nach Mitternacht, als der Fernsehmoderator Thomas Kausch am vergangenen Sonntag wieder zu Hause im vornehmen Berlin-Grunewald ist. Seine Frau hat ihn gefahren, der Tag liegt hinter ihm und während der Fahrt ist es ihm durch den Kopf geschossen: Man bereitet sich tagelang auf alle Eventualitäten vor, feilt an den Fragen – und dann das.

Thomas Kausch, 42, war einer von vier Moderatoren des TV-Duells zwischen Gerhard Schröder und Angela Merkel. Es sollte sein Tag werden, der einzige neue Moderator in der Runde, gleichzeitig auf allen vier großen Kanälen zu sehen. Politische Interviews gehören zu seinem Job, täglich präsentiert er die Nachrichten des Privatsenders Sat.1. Ein News-anchor, wie das neudeutsch heißt, ein Anker in der Nachrichtenflut. Und doch hat all die Routine nicht verhindern können, dass ihm um

20.41 Uhr der Versprecher des Abends passiert. Er spricht Angela Merkel versehentlich mit „Nun mal ehrlich, Frau Kirchhof" an. Die Angesprochene lacht, Gerhard Schröder lacht, selbst Sabine Christiansen lacht. 600 Journalisten, die die Übertragung in Berlin-Adlershof verfolgen, wenige Schritte vom Fernsehstudio entfernt, lachen auch, und zwar sehr laut.

Noch am selben Abend verselbstständigt sich der Versprecher. Minister Wolfgang Clement nutzt in der ARD die Chance zu betonen, dass Angela Merkel ihren Kirchhof nicht mehr loswerde, Friedrich Nowottny scherzt, dass Merkel sich bei den Kirchhofs eingeheiratet habe, und Zeitungskritiker von „BILD" bis „Berliner Zeitung" werden am Montag gnadenlos sein.

Um halb acht ist Thomas Kausch an diesem Sonntag von der Tochter geweckt worden, Frühstück mit Familie auf dem Balkon, ein paar Runden geschwommen, um den Kopf frei zu bekommen. Mittags im Büro war die Nervosität gestiegen. Später, hinter den Kulissen im Studio Adlershof, hat er auf einem Laptop letzte Fragen notiert, die Stimmung war aufgekratzt. Maybrit Illner vom ZDF hatte ein sehr konzentriertes Gesicht, Peter Kloeppel von RTL auch. Und Thomas Kausch zog sich um für die große Show. Als alles vorbei war und der Abspann lief, hat Sabine Christiansen ihm einen Zettel zugeschoben, auf dem stand: „dazu die ganze Aufregung". Im Sinne von: Wochenlange Aufregung, am Ende kann jeder nur ein paar Fragen stellen und das war's.

Wer sind diese Leute, die uns täglich aus dem Fernseher die Welt erklären, deren Macht in einer Medienrepublik wächst und wächst? Vielleicht steht Thomas Kausch für einen neuen Typ Nachrichtenmoderator: Er will informieren und unterhalten, experimentieren auch für jene jüngeren Zuschauer, für die die „Tagesschau" eine Sendung ist, die sie nur vom Zappen kennen.

## Bei den privaten Sendern „wird heftiger und schneller geschossen"

Ein gutes Jahr zuvor, Sommer 2004, eine Geburtstagsfeier in Berlin, viele Medienleute sind da, Politiker, Lobbyisten.

Thomas Kausch ist neu in der Hauptstadt. Er ist aus dem beschaulichen Wiesbaden hierhergezogen. Beim ZDF moderierte er die Nachrichten „heute nacht" zu später Stunde und er machte seine Sache so gut und locker, dass ihm viele eine große Karriere voraussagten. Die will er jetzt machen. Er hat das Angebot angenommen, Leiter und Präsentator der „Sat.1 News" zu werden, eines neuerlichen Versuchs des Senders, seriöses Profil zu gewinnen.

Thomas Kausch hat einen Ruf zu verlieren und zögert. Soll er sich dem Druck aussetzen? Jeden Morgen die Abrechnung der Marktanteile? Bei den Privaten „wird heftiger und schneller geschossen", weiß er. „Und wenn ich das nur der Kohle wegen machen würde, wäre das zu kurz gedacht. Okay, ich könnte mir zwei Jahre lang jeden Abend Sushi leisten, aber wenn das schiefgeht, gibt's anschließend nur Knäckebrot."

Der Start gelingt. Kausch hat sich beim ZDF einen eigenen Moderationsstil angewöhnt, lässig, frech, mit großer Distanz zum politischen Betrieb. Diesen Stil behält er bei Sat.1 bei. Er beginnt die Nachrichten mit einer Art einleitendem Feuilleton, das die Stimmung des Tages wiedergeben soll, erst die Einordnung, dann die Nachricht. Oskar Lafontaine hinterlasse doch einen denkbar zwiespältigen Eindruck, sagt er in der ersten Sendung Ende August, protestiere er doch gegen eine Politik, die er einst selbst mitgetragen habe. Die „FAZ" urteilt: „Die Präsenz des Moderators prägt den Charakter der Sendung." Die „Süddeutsche" lobt nach vier Wochen, er sei „ein Gewinn für Sat.1". Also läuft alles rund?

In den ersten Wochen und Monaten erlebt man einen oft mittags schon gestressten

Kausch. Im ZDF hat er nur jede zweite Woche moderiert, nun ist er fünfmal die Woche dran, einmal kurz mittags, dann um halb sieben. Dazu der Druck: Das ist seine Sendung, Sat.1 schaltet Anzeigen mit seinem Gesicht und dem Spruch „Kausch zeigt's zuerst". Der öffentlich-rechtliche Kausch knallt mit seiner Privatsender-Redaktion öfter aneinander. Seine Redaktion würde die Sendung am liebsten mit spektakulären Bildern beginnen, Kausch drängt auf politische Themen. „Wir halten unseren Kurs", sagt er und meint *seinen Kurs*. „Wenn gestern der Aufmacher eine Pressekonferenz von Müntefering war und keine dollen Quoten hatte, dann machen wir deshalb am nächsten Tag nicht mit dem Autounfall auf der A96 auf."

### Wird er nun der Ulrich Wickert der MTV-Generation?

Zwei Wochen vor dem Duell, ein Mittagessen im „Borchardt", dort, wo sich die Berliner Politik- und Medienszene trifft. Man kennt Thomas Kausch hier längst. Ein Interview mit dem Kanzler hat er bekommen, weil er dessen Sprecher Bela Anda zufällig im „Café Einstein" in einem günstigen Moment traf. Nach einem frechen Live-Gespräch mit Angela Merkel wurde er von allen Seiten gelobt für seinen neuen Ton, den er in das politische Berlin einbringe. Oft erzählt er von den Erfolgen, die die „Sat.1 News" mittlerweile erzielen. Angefangen hat er mit 12,5 Prozent Marktanteilen bei den 14- bis 49-Jährigen, ein Jahr später sind es 14,2. Dazu wurde am Dienstag bekannt, dass er für den Deutschen Fernsehpreis nominiert ist.

Das Duell sollte nun die Krönung seines Jahres werden. Sein Versprecher war nicht peinlich wie Stoibers „Frau Merkel", er war nur ein Zeichen von Nervosität. Aber das nagt so an ihm, dass er am nächsten Vormittag unaufgefordert einen Kommentar mailt: „Ein durchaus komischer, wenn auch nur unfreiwilliger Versprecher, wie sich herausstellte, denn immer wieder brachte ja Frau Merkel Herrn Kirchhof ins Gespräch."

Montagmorgen, Kausch hat gerade die Quotenauswertung gelesen. Sie liefert für die Privatsender ein erschütterndes Ergebnis. Dass die ARD vorn liegen würde, hatte er erwartet, aber dass RTL und Sat.1 so weit abgeschlagen sein würden, bringt ihn ins Grübeln. Das Erste hatten 9,7 Millionen Zuschauer eingeschaltet, das ZDF 6, RTL 3,8. Bei Sat.1 saßen 1,4 Millionen. Glaubwürdigkeit suchten sie woanders.

**1** *Kommentiert das „erschütternde Ergebnis" (▷ Z. 157) der Quotenauswertung für die Privatsender bei dem Kanzlerduell.*
*Informationen zum Thema „Quote" findet ihr im folgenden Kasten „Quotendeutsch".*

## Quotendeutsch

- **Einschaltquote:** Zahl der Haushalte, die eine Sendung eingeschaltet hatten. Hochrechnungen aus dem Fernsehverhalten von 4 400 Haushalten in Prozent und Millionen
- **Sehbeteiligung:** Zahl der Zuschauer einer Sendung
- **Marktanteil:** Anteil eines Programms oder einer Sendung im Verhältnis zur Gesamtnutzung (Angabe in Prozent)

## Wie werden die Einschaltquoten ermittelt?

**AGF** und **GfK:** In der „Arbeitsgemeinschaft Fernsehforschung" (AGF) haben sich ARD und ZDF sowie die überregionalen Privatsender „ProSiebenSat.1 Media AG" und „RTL" zusammengeschlossen. Die private „Gesellschaft für Konsumforschung" (GfK) untersucht im Auftrag der AGF das Fernsehverhalten der deutschen Zuschauer sowie in Deutschland lebender EU-Ausländer und errechnet daraus eine Vielzahl von auswertbaren Daten, die den Sendern zur Verfügung gestellt und auch an andere Interessierte (andere Sender, Werbeagenturen, Verlage, Landesmedienanstalten etc.) weitergegeben werden.

**2** *Der Zeitungsartikel „Die schwere Leichtigkeit" (▷ S. 318–320) enthält viele Informationen über das öffentlich-rechtliche Fernsehen und das Privatfernsehen.*
*a) Lest den Text aufmerksam durch und stellt in einer Übersicht alle Informationen zum öffentlich-rechtlichen Fernsehen und zum Privatfernsehen zusammen.*
*b) Tauscht euch über eure Ergebnisse aus. Wenn ihr zu unterschiedlichen Erkenntnissen gekommen seid, zieht zur Klärung den Text heran.*

**3** *Bildet Arbeitsgruppen und erarbeitet folgende Aufgaben:*
*a) Informiert euch über das Thema „Information und Unterhaltung im öffentlich-rechtlichen Fernsehen und im Privatfernsehen" anhand der folgenden Statistiken, der Grafik und des Textes (▷ S. 321–323).*
*b) Formuliert die Kernaussage der einzelnen Statistiken, des Diagramms und des Textes in eigenen Worten.*
*c) Analysiert eure Ergebnisse, setzt sie zueinander in Beziehung, zieht Schlussfolgerungen und bewertet sie.*
*d) Dokumentiert eure Ergebnisse und präsentiert sie in einem Kurzreferat (▷ Tipps zum Referat S. 375).*

### Marktanteile der Fernsehprogramme nach Sendersystem 2005
Angaben in Prozent

| | **14- bis 49-Jährige** | | **50-Jährige und älter** | |
|---|---|---|---|---|
| | Westdeutschl. | Ostdeutschl. | Westdeutschl. | Ostdeutschl. |
| öffentlich-rechtliche Sender[1] | 24,1 | 23,1 | 59,4 | 55,1 |
| Privatsender[2] | 57,9 | 60,3 | 29,7 | 35,2 |

1 Zusammengefasste Werte für ARD, ZDF, 3sat und die dritten Programme
2 Zusammengefasste Werte für RTL, SAT.1, ProSieben, RTL II, VOX und kabel eins

## Information und Fiction sind meistgenutzte Sparten

Erweitert man den Blick auf die 100 meistgesehenen Sendungen, stellen fiktionale Produktionen mit 34 Sendungen die größte Gruppe, wobei allein „Tatort"-Krimis die Hälfte ausmachen. Sportübertragungen – ausnahmslos Fußballspiele und Formel-1-Rennen – kommen 26 Mal vor und Unterhaltungssendungen, zu denen in dieser Rangliste ausschließlich „Wetten, dass ...?" und die RTL-Quizsendung „Wer wird Millionär?" gehören, 21 Mal. Die Informationssparte ist schließlich mit 19 Sendungen vertreten. Allerdings läge ihre Zahl viel höher, wenn beispielsweise für die Hauptnachrichtensendungen von ARD und ZDF nicht nur die Reichweite im Ersten (ARD) und im ZDF, sondern auf Grund der zeitgleichen Ausstrahlung in den dritten Programmen, 3sat und Phönix auch die dortigen Zuschauer berücksichtigt würden. In einem solchen Fall wäre allein die „Tagesschau" 84 Mal in der Liste der 100 meistgesehenen Sendungen vertreten – ein Anteil, der dem tatsächlichen Stellenwert der Informationsnachfrage bei der Fernsehnutzung eher entspricht. Dies gilt jenseits der Hitlisten auch für die Fernsehnutzung des Jahres 2005.

Fasst man die Nachfrage zusammen und differenziert nach der Art der gesehenen Sendungen, wird deutlich, dass die Zuschauer ab 14 Jahre auch im Jahr 2005 in erster Linie fernsahen, um sich zu informieren. Jedenfalls entfiel mit täglich 66 Minuten die meiste Fernsehzeit auf Informationssendungen (vgl. Statistik „Zusammensetzung des Fernsehkonsums nach Programmsparten"). Fast ebenso groß war das Interesse an Filmen und Serien, für die eine tägliche Nutzungsdauer von durchschnittlich 65 Minuten gemessen wurde. Nur für diese beiden Genres ist das Interesse im letzten Jahr zumindest etwas gestiegen. Für Sport- und Unterhaltungssendungen waren dagegen die Nutzungsdaten leicht rückläufig.

### Zusammensetzung des Fernsehkonsums[1] nach Programmsparten

Zuschauer ab 3 Jahre, Sehdauer in Minuten

| | Deutschland gesamt | | | Deutschland West | | | Deutschland Ost | | |
|---|---|---|---|---|---|---|---|---|---|
| | 2004 | 2005 | Differenz | 2004 | 2005 | Differenz | 2004 | 2005 | Differenz |
| Information | 65 | 66 | +1 | 63 | 64 | +1 | 70 | 73 | +3 |
| Unterhaltung | 32 | 31 | -1 | 31 | 30 | -1 | 38 | 37 | -1 |
| Fiction | 63 | 65 | +2 | 61 | 64 | +3 | 70 | 72 | +2 |
| Sport | 13 | 10 | -3 | 14 | 10 | -4 | 12 | 9 | -3 |
| Werbung | 15 | 15 | 0 | 15 | 14 | -1 | 19 | 18 | -1 |
| Sonstiges | 6 | 6 | 0 | 5 | 6 | +1 | 7 | 7 | 0 |

1 Zusammengefasste Werte für ARD, ZDF, die dritten Programme, RTL, SAT.1, ProSieben, RTL II, VOX und kabel eins

## Durchschnittliche Reichweiten und Marktanteile der Fernsehnachrichten 2004 und 2005

Zuschauer ab 3 Jahre

| | | Zuschauer in Mio. | | Marktanteile in % | |
|---|---|---|---|---|---|
| | | 2004 | 2005 | 2004 | 2005 |
| heute im ZDF | Mo–So, 19.00 Uhr | 4,49 | 4,51 | 19,3 | 19,6 |
| heute gesamt[1] | Mo–So, 19.00 Uhr | 4,72 | 4,74 | 20,3 | 20,5 |
| Tagesschau im Ersten | Mo–So, 20.00 Uhr | 6,01 | 5,96 | 20,9 | 20,6 |
| Tagesschau gesamt[2] | Mo–So, 20.00 Uhr | 9,87 | 9,76 | 34,4 | 33,8 |
| RTL aktuell | Mo–So, 18.45 Uhr | 3,79 | 3,77 | 17,3 | 17,4 |
| SAT.1 News | So–Fr, 18.30 Uhr | 2,09 | 2,30 | 10,6 | 11,6 |
| ProSieben Newstime | Mo–So, 19.30/19.55 Uhr | 1,50 | 1,36 | 5,30 | 4,70 |
| heute-journal | Mo–So, 21.45 Uhr | 3,67 | 3,81 | 12,9 | 13,5 |
| heute-journal gesamt[3] | Mo–So, 21.45 Uhr | 3,73 | 3,88 | 13,1 | 13,7 |
| Tagesthemen[4] | Mo–So, 22.30 Uhr | 2,29 | 2,33 | 11,2 | 11,5 |

1 Einschließlich 3sat.
2 Einschließlich fünf dritte Programme, 3sat und Phönix.
3 Einschließlich Phönix.
4 Ohne Ausgaben mit dem „Bericht aus Berlin".

## InfoMonitor März 2006 · Themenstruktur der Nachrichtensendungen

Sendeanteile in %

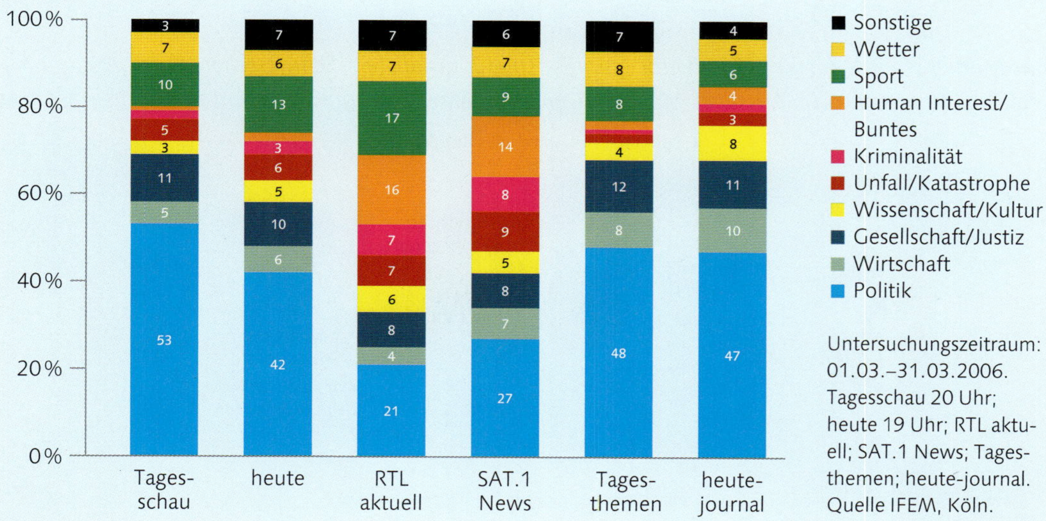


Untersuchungszeitraum: 01.03.–31.03.2006. Tagesschau 20 Uhr; heute 19 Uhr; RTL aktuell; SAT.1 News; Tagesthemen; heute-journal. Quelle IFEM, Köln.

**4** *Bildet Arbeitsgruppen und zeichnet an einem Tag Nachrichtensendungen verschiedener Sender auf. Untersucht, welche Themen behandelt werden, in welcher Reihenfolge sie präsentiert werden und wie ausführlich (Dauer des Beitrags) sie dargestellt werden. Orientiert euch dabei an der obigen Grafik zur Themenstruktur der Nachrichtensendungen im März 2006.*

# 13.3 Massenmedien unter der Lupe – Mediengebrauch kritisch untersuchen

## Was sind Massenmedien?

Die Presse, der Hörfunk, das Fernsehen und das Internet werden als Massenmedien bezeichnet. Ihre gemeinsamen Merkmale sind, dass sie sich über ein technisches Verbreitungsmittel, öffentlich, indirekt und einseitig an ein disperses (lat. „fein verteilt") Publikum wenden.

Massenmedien stellen Massenkommunikation her, die von der Individualkommunikation zu unterscheiden ist.

Das Fernsehpublikum und auch die Leser von Zeitungen/Zeitschriften bilden keine Masse im soziologischen Sinn. Das Publikum ist verstreut über ein ganzes Land, es kann nicht wie beispielsweise eine auf einem Platz versammelte Masse, die einer Rednerin oder einem Redner zuhört, untereinander kommunizieren und gegenseitige Handlungen hervorrufen, z.B. Applaus, der von den Anderen aufgenommen wird, etc. Beim weit verstreuten Fernseh-, Radio- oder Zeitungspublikum fällt dieser Aspekt direkter Kommunikation völlig weg.

Der Kommunikationswissenschaftler und Psychologe Gerhard Maletzke definierte den Begriff Massenmedien 1963 in etwa so:

Massenmedien sind
- öffentlich (nicht privat, allgemein zugänglich),
- medial (durch Nutzung eines technischen Verbreitungsmediums),
- einseitig (vom Sender zum Empfänger und nicht umgekehrt),
- indirekt (Zeit und Ort von Produktion und Rezeption sind nicht identisch),
- an ein weiter verteiltes, „disperses" Publikum gerichtet (verstreute und individuelle Nutzung).

### Das Feldmodell der Massenkommunikation

*Im Modell steht **K** für Kommunikator (zum Beispiel Journalisten, Schriftsteller, Künstler) und **A** für die von **K** produzierte Aussage, die durch ein Medium **(M)** zum Rezipienten **(R)** geleitet wird.*

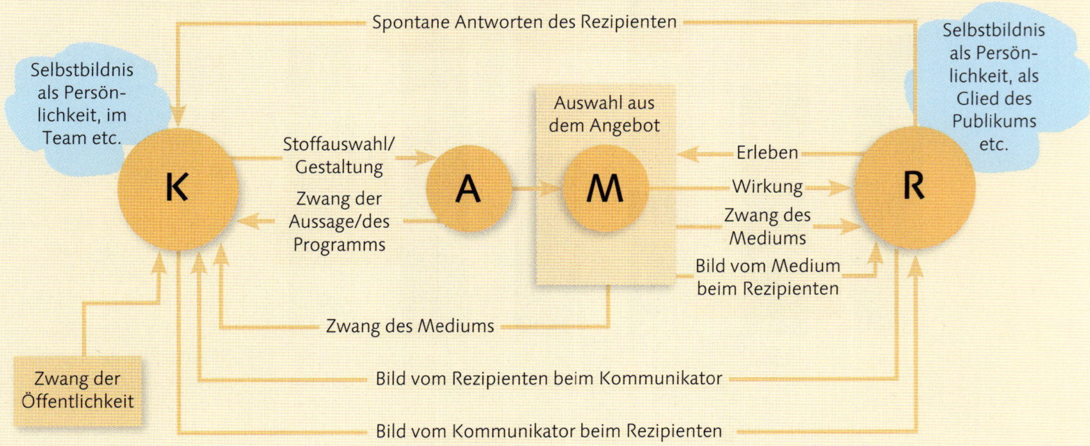


**1** *Lest den Text und gebt in eigenen Worten wieder, was unter dem Begriff „Massenmedien" zu verstehen ist. Berücksichtigt dabei auch die Begriffe „Massenkommunikation" und „Individualkommunikation".*

**2** *a) Bildet Gruppen und beschäftigt euch arbeitsteilig mit dem „Feldmodell der Massenkommunikation". Jede Gruppe bearbeitet jeweils eine der folgenden Aufgaben:*

- *Befasst euch mit den Linien, die ohne Unterbrechung zwischen dem Kommunikator (K) und dem Rezipienten (R) verlaufen. Versucht, mit eigenen Worten darzustellen und an Beispielen zu erläutern, in welcher Beziehung Kommunikator und Rezipient zueinander stehen.*
  *Wählt die Beispiele möglichst aus dem Bereich „Nachrichten/Information" und berücksichtigt jeweils unterschiedliche Medien (Fernsehen, Hörfunk, Zeitung).*

- *Beschäftigt euch mit den Linien, die Kommunikator (K), Aussage (A) und Medium (M) verbinden, und der „Wolke" bei K. Versucht, anhand von Beispielen zu erklären, wie Kommunikator und Medium eine Aussage beeinflussen.*
  *Wählt die Beispiele möglichst aus dem Bereich „Nachrichten/Information" und berücksichtigt jeweils unterschiedliche Medien (Fernsehen, Hörfunk, Zeitung).*

- *Befasst euch mit den zwischen Medium (M) und Rezipienten (R) gezogenen Linien und der „Wolke" bei R. Erläutert mit Hilfe selbst gewählter Beispiele, was die Aufnahme einer durch ein Massenmedium vermittelten Aussage bei einem Rezipienten beeinflusst.*
  *Wählt die Beispiele möglichst aus dem Bereich „Nachrichten/Information" und berücksichtigt jeweils unterschiedliche Medien (Fernsehen, Hörfunk, Zeitung).*

*b) Stellt euch eure Gruppenergebnisse gegenseitig vor und diskutiert sie.*

**3** *Zeichnet jeweils am gleichen Tag eine Nachrichtensendung im öffentlich-rechtlichen Fernsehen, im privaten Fernsehen sowie im Hörfunk auf und besorgt euch die Ausgabe einer Tageszeitung desselben Tages. Vergleicht die Darstellung der Nachrichten und Ereignisse in den verschiedenen Medien. Bezieht dabei auch das „Feldmodell der Massenkommunikation" (▷ S. 324) mit ein.*

# Theoretische Ansätze der Mediennutzung

*Michael Meyen*

**Einleitung**

Mediennutzung, Schlafen und Arbeiten: Nimmt man nur das Zeitbudget als Maßstab, dann dominieren diese drei Beschäftigungen unser Leben. Sich ausruhen muss der Mensch und Geld verdienen meistens auch. Was aber bringen uns die Massenmedien? Etwas mehr als drei Stunden Fernsehen, knapp dreieinhalb Stunden Radio hören und 30 Minuten Zeitung lesen, dazu ein wenig in Zeitschriften oder in Büchern blättern, vielleicht eine CD einlegen und im Internet surfen, manchmal ins Kino gehen – alles in allem rund acht Stunden, und das jeden Tag. Welche Bedürfnisse befriedigen die Angebote der Massenmedien? Medien sind Tröster, Zufluchtsort und Ersatz für sozialen Kontakt, sie füllen die Zeit und bekämpfen die Langeweile, sie liefern Gesprächsstoff, eine Beschäftigung und das Gefühl, informiert zu sein – das Gefühl, die Umwelt aller Erfahrung zum Trotz doch kontrollieren zu können und nichts Wesentliches versäumt zu haben.

**Theoretische Ansätze**

*1. Uses-and-Gratifications-Approach*

Dieser Ansatz geht davon aus, dass Medien-

nutzung über Motive und Bedürfnisse der Rezipienten erklärt werden kann. Gefragt wird nach den Belohnungen (gratifications), die Menschen erhalten, wenn sie sich Medienangeboten zuwenden.
In dieser Forschungstradition sind zwar teilweise sehr lange Kataloge mit Bedürfnissen entstanden, die von den Medien befriedigt werden sollen, in der Regel beruhen aber diese Kataloge auf Befragungen und setzen damit voraus, dass die Menschen in der Lage sind, über ihre Bedürfnisse Auskunft zu geben. Was sagt man einem Interviewer, der wissen will, warum man gestern die Tagesschau gesehen hat? Selbst wenn man es weiß: Werden wir nicht vor allem solche Beweggründe nennen, die akzeptabel erscheinen? Die Tagesschau als ein Muss für den verantwortungsbewussten Staatsbürger beschreiben, als eine Sendung, die unentbehrlich ist, um über die Lage in Deutschland und der Welt informiert zu sein?
Dazu kommt, dass Fernsehen genau wie Zeitunglesen oder Radiohören oft Routine ist. Unbewusstes, beiläufiges Verhalten wird schnell vergessen und bei Befragungen schlecht erinnert. Welche Bedürfnisse der Forscher findet, hängt deshalb stark davon ab, welche Vorgaben er vorher in den Fragebogen geschrieben hat.
Sosehr sich deshalb die Untersuchungsergebnisse unterscheiden, eine Konstante gibt es: Fast keine Studie kommt an der Eskapismusthese vorbei. Diese geht davon aus, dass Menschen wenigstens vorübergehend aus der Realität aussteigen wollen (escape). Da dieser Wunsch offensichtlich auch dann besteht, wenn wir im Wohlstand leben, ist anzunehmen, dass es sich hierbei um ein menschliches Grundbedürfnis handelt.

*2. Identitätstheorien*
Den Identitätstheorien zufolge nutzen wir Medien, um uns mit unseren Lebensumständen und unserer Biografie auseinanderzusetzen. Auf diese Weise festigen wir unsere eigene Persönlichkeit. Dazu eignen sich sowohl Personen, denen es schlechter geht (Selbstwerterhöhung), als auch Personen, die uns sehr ähnlich sind. Die Fernseh-Seifenopern der Gegenwart bieten genau wie die Shows, in denen „Menschen wie du und ich" auftreten, ein ganzes Set von möglichen Vergleichsobjekten.
In die gleiche Richtung argumentiert das Konzept der „parasozialen Interaktion"[1], das die Begegnung von Medienakteur und Rezipient beschreibt. Der Zuschauer nimmt die Serienheldin oder den Quizkandidaten ähnlich wahr wie reale Personen. Er kann sie beobachten, mit anderen darüber sprechen und so eigene Werte bestärken, Verhaltensunsicherheit abbauen und Menschenkenntnis erwerben. Da parasoziale Interaktionen keinerlei Verpflichtungen mit sich bringen (man muss nicht reagieren und kann sich jederzeit zurückziehen), gehen keineswegs nur sozial isolierte Menschen solche Medienbeziehungen ein.

*3. Erregungstheorien*
Die Erregungstheorien begründen Handlungen damit, dass Menschen Erregungszustände herbeiführen wollen, die sie als wohltuend empfinden. Da Reizarmut äußerst unangenehme Folgen hat und Neugier ein angeborenes menschliches Bedürfnis ist, bietet es sich an, Medienangebote als Futter für die Neugier zu betrachten. Nachrichten oder Filmhandlungen lösen Reaktionen aus und damit Erregung. Den größten Lustgewinn zieht der Be-

1 **parasoziale Interaktion** bedeutet, dass Zuschauer und Medienfiguren so tun, als ob sie in einer direkten sozialen Beziehung zueinander stehen

obachter dabei aus Dingen mit mittlerem Erregungspotenzial. Was darunterliegt, was nicht komplex genug, nicht neu und nicht überraschend ist, das langweilt, und was darüberliegt, überfordert. Die Erregungsqualität von Medienangeboten hängt damit auch von der Bildung und den geistigen Fähigkeiten des Einzelnen ab.

Vor allem Männer und jüngere Personen suchen in den Medien besonders starke Reize (sensation seeking) oder körperliche und seelische Erfahrungen, die im Alltag nicht oder kaum möglich sind (Erlebnisthese). Die „Mood-Management"-Theorie nimmt dagegen an, dass Menschen Medien nutzen, um ihre Stimmung (mood) zu manipulieren. Auch wenn ihnen das nicht immer bewusst ist, wählen sie die Angebote aus, die sich positiv auf ihre Stimmung auswirken.

**Schluss**

Mediennutzung muss irgendeinen Nutzen haben, auch wenn dieser nicht immer bewusst ist und vielleicht nur darin besteht, den Tagesablauf zu strukturieren und eine Geräuschkulisse zu haben.

**1** *Lest den Text aufmerksam durch und klärt anschließend die Bedeutung unbekannter Wörter.*

**2** *a) Die Informationen des Textes lassen sich ordnen. Notiert gemeinsam mit einer Partnerin oder einem Partner zu jedem Gliederungspunkt einige wichtige Stichworte:*

*Theoretische Ansätze der Mediennutzung*

*1. Uses-and-Gratifications-Approach: ...*
*- Eskapismusthese: ...*

*2. Identitätstheorien: ...*
*- Soziale Vergleichsprozesse: ...*
*- Konzept der „parasozialen Interaktion" ...*

*3. Erregungstheorien: ...*
*- Erlebnisthese: ...*
*- Mood-Management-Theorie: ...*

*b) Erläutert eure Ergebnisse in eigenen Worten und tauscht euch anschließend darüber aus.*

**3** *Versucht, anhand dieser theoretischen Ansätze der Mediennutzung zu erklären, weshalb die auf Seite 311 aufgeführten „Quotensieger 2005" von so vielen Menschen gesehen wurden.*

**4** *Vergleicht unterschiedliche Medien der Massenkommunikation hinsichtlich ihrer Möglichkeiten, die in den angeführten Theorien dargelegten Bedürfnisse zu befriedigen.*

**5** *Im Zusammenhang mit den „Identitätstheorien" führt der Autor „Seifenopern" (Soaps), „Quiz-Shows" und „Serien" als Beispiele an (▷ vgl. S. 326, Z. 64–89).*
*Diskutiert anhand von Beispielen, ob auch die anderen theoretischen Ansätze auf diese Art von Sendungen anwendbar sind.*

# Motive für die Mediennutzung

*Michael Meyen*

### Unterhaltung und Information

Die empirische Medienforschung hat seit Anfang des 20. Jahrhunderts stets die gleichen Muster gefunden. Die meisten Menschen nutzen die Medien zur Unterhaltung. Der Begriff „Unterhaltung" ist negativ besetzt. Der Kulturwissenschaftler Hermann Bausinger hat den „Rufmord an der Unterhaltung" mit der Grundforderung religiösen Ernstes im Mittelalter begründet („Christus hat nicht gelacht") sowie, eng damit zusammenhängend, mit der Entstehung einer besonderen Arbeitsmoral vor allem im Einflussbereich des Protestantismus („Müßiggang ist aller Laster Anfang").

Der Soziologe Kaspar Maase hat darauf hingewiesen, dass die Wahrnehmung der „populären Unterhaltung" gewissermaßen vom anderen Ufer geprägt wurde: Schund und Schmutz, Hintertreppenroman und Gassenhauer, Kitsch und Traumfabrik – diese Urteile seien von Wissenschaftlern und Publizisten gekommen, von Pädagogen und Pfarrern. Diese Gruppen hätten um die gesellschaftlichen Grundwerte gefürchtet und dafür gesorgt, dass die modernen Massenkünste mit allerlei Gefahren verbunden worden seien: mit Verführung und Verbrechen, mit Vergnügungssucht und Verschwendung. Unterhaltung, das war (und ist) das Gegenstück zu Kunst und Hochkultur, das Billige, das Minderwertige, das Triviale – eine Kategorie zur Beschreibung von Medienangeboten.

Wer den Unterhaltungsbegriff verwendet, um das Medienangebot zu beschreiben, vermischt die Ebenen. Jedes Angebot kann zur Unterhaltung werden: die „Tagesschau", die Titelgeschichte im „Spiegel" und natürlich all die Angebote, die mit dem Label „Unterhaltung" geliefert werden. Der Gegensatz von Unterhaltung ist nicht Information, sondern Langeweile.

Ob eine Mitteilung für den Empfänger informativ ist, ob sie sein Wissen erweitert, hängt vom jeweiligen Kenntnisstand ab. Genauso entscheiden der Alltag und die persönlichen Voraussetzungen über das Unterhaltungsempfinden. Nicht jede Beschäftigung kann zur Unterhaltung werden, sondern nur das, was uns von einer anderen Seite beansprucht als die täglich notwendigen Verrichtungen, was für einen „Bruch mit dem Alltag" sorgt und gleichzeitig für Genuss und Erbauung, für Vergnügen, Kurzweil und Zerstreuung. Oliver Kahn wird sich kaum im Fußballtor entspannen und der Bildschirmarbeiter wahrscheinlich eher in der Turnhalle oder beim Spaziergang als mit Computerspielen.

### Erwerbsarbeit in modernen Gesellschaften

Moderne Gesellschaften sind in erster Linie Arbeitsgesellschaften, heute vielleicht stärker als je zuvor. Bezahlte Erwerbsarbeit entscheidet über das soziale Ansehen und über den persönlichen Spielraum.

Erwerbsarbeit ist gekennzeichnet durch Arbeitsteilung und Spezialisierung sowie durch den Zwang zur Anpassung an die alles beherrschende Realität. „Der Gegensatz zur Arbeit ist nicht Muße, sondern freie, selbstbestimmte Tätigkeit", schreibt der Soziologe Ulrich Beck.

Wem erlaubt die Arbeitsteilung, selbst darüber zu entscheiden, was er tut? Die Spezialisierung zwingt uns, Zeitpläne einzuhalten und ein „Fachmensch" zu werden, und lässt die Fähigkeit schrumpfen, die wir für die „Muße" bräuchten. Eigeninitiative erfordert ganz andere Qualifikationen als der Arbeitstag und sie braucht mehr Platz, als die Stadtwohnung und die Reihenhaussiedlung auf dem Lande normalerweise haben. Bietet es sich da nicht geradezu an, die Medien zur Entspannung und Zerstreuung zu nutzen, zumal der Trend eher in Richtung Kleinfamilie geht und damit weg von einem Umfeld, in dem ständig genug Gesprächspartner da sind? Wo lässt sich der Wunsch nach Alleinsein und Ruhe am Feierabend besser mit dem „Familienleben" verbinden als vor dem Fernsehgerät?

Mediennutzung ist außerdem die mit Abstand billigste Freizeitbeschäftigung und Medien erlauben, faul zu sein. Man muss sich nicht vorbereiten, muss nicht reagieren und keine Verpflichtungen eingehen. Kein Mensch kann 16 oder 18 Stunden hintereinander „aktiv" sein. Passive Entspannung ist deshalb kein schaler Ersatz für irgendetwas Besseres (etwa für aktive Freizeitbeschäftigung), nichts, was zähneknirschend in Kauf genommen wird, sondern Primäraktivität.

**Überblickswissen**

Medien befriedigen nicht nur das Bedürfnis nach Unterhaltung, sondern auch das nach Überblickswissen. Dieses Bedürfnis wurzelt in dem Gefühl, den sozialen, politischen und kulturellen Prozessen ausgeliefert zu sein und das Leben nicht mehr überschauen zu können.

Was kann mehr Sicherheit geben als eine Nachrichtensendung, die uns nach ein paar Minuten mit der Gewissheit entlässt, Bescheid zu wissen?

Der Münchener Kommunikationswissenschaftler Hans-Gerd Brosius hat 1995 festgestellt, dass nicht politische Meinungsbildung der Grund für die Nachrichtenrezeption sei, sondern die Frage: Was gibt es Neues in der Welt? Die Antwort laute in der Regel: Alles wie gehabt. Folgt man dem Modell von Brosius, dann geht es den meisten Menschen in erster Linie um das Gefühl, informiert zu sein, um die Sicherheit, nichts Wesentliches versäumt zu haben, und um das Wissen, dass die Welt noch steht.

Auch der „mündige Bürger" ist am Abend meist ein müder Bürger. Warum sollte er sich aufraffen, Informationen zu sammeln, die er nicht verwerten kann?

In Krisenzeiten verschieben sich allerdings die Nutzungsmotive. Der Unterhaltungscharakter tritt zurück, das Bedürfnis nach Information gewinnt die Oberhand und die Nutzungsfrequenz steigt. Das war in den Bombennächten des Zweiten Weltkrieges, als die Radionachrichten Leben oder Tod bedeuten konnten, nicht anders als im Herbst 1989 in der DDR. Zum Bedürfnis nach Überblickswissen gehört auch das Bedürfnis nach einem „Frühwarnsystem": Wenn etwas wirklich Wichtiges passiert, etwas, das mich betrifft und vielleicht mein Leben verändert, dann werden es mir die Medien sagen.

**Weitere Motive für die Mediennutzung**

Minimale Informiertheit, nicht nur über Politik, sondern über die Medienthemen überhaupt, ist allerdings eine soziale Norm. Der französische Sozialpsychologe Gabriel Tarde schrieb schon zu Beginn des 20. Jahrhunderts, dass die Leute vor allem deshalb zur Zeitung greifen würden, um Gesprächsstoff zu haben. Jeder könne darauf vertrauen, dass der Andere am Morgen dieselbe Geschichte gelesen habe. Das Fernsehen ist auch mit dem Wetter verglichen worden. Beides sei „Kleingeld der Konversation". Worüber wollte man auch mit dem Nachbarn sprechen und mit den Verwandten, wenn jeder in einem Bereich arbeitet, von dem der Andere nichts versteht und der ihn nichts angeht?

Unterhaltung, Überblickswissen, Gesprächsstoff: Medien können unterschiedliche Bedürfnisse befriedigen und mehrere gleichzeitig (siehe Tabelle auf S. 330). Wer wollte bestreiten, dass Presse, Radio, Fernsehen und Online-Angebote nicht nur in Krisenzeiten Informationen im oben beschriebenen Wortsinn liefern? Welche anderen Quellen sagen dem Durchschnittsbürger nach Schule und Ausbildung, was Menschen erforschen, erfinden und entdecken, wo sonst kann man Wissen über andere Länder und Kulturen erwerben, über all das, was man nicht aus eigener Anschauung und eigenem Erleben kennt? Und verschafft es nicht auch ein Stück Sozialprestige, wenn man die „Frankfurter Allgemeine" in der Hand hält (oder sogar seinen „klugen Kopf" dahinter versteckt) und über die aktuellen Themen Bescheid weiß?

Gerade die Nachrichtenzeiten sind zudem Fixpunkte im Tagesablauf. Der Soziologe Erwin K.

Scheuch hat hierin eine wichtige Funktion der Funkmedien gesehen. Der Mensch brauche feste Zeiten zur Orientierung und müsse deshalb nach der Arbeit „neue Notwendigkeiten" schaffen – eine schwere Aufgabe, die für viele das Fernsehen löse. Die Nähe zur Religion ist offensichtlich: Fast alle Kirchen rufen den Menschen zu bestimmten Stunden zur Besinnung und gliedern nicht nur den Tag, sondern auch die Woche und das Jahr.

| Medium | Funktionen |
|---|---|
| alle Medien | ☐ Unterhaltung und Überblickswissen<br>☐ Gesprächsstoff<br>☐ Information, Bildung, Ratgeber, Zeitgeber |
| Fernsehen | ☐ Tagesbegleiter, Geräuschkulisse, Kontaktersatz<br>☐ Geschichten, Verhaltensmodelle<br>☐ Überblick und schnelle Information |
| Hörfunk | ☐ Musikautomat: Alltagsbegleiter, Wecker, Aufmunterung, Arbeitserleichterung, Geräuschkulisse<br>☐ Überblick und schnelle Information: Verkehr, Wetter, Schlagzeilen<br>☐ Kunstgenuss |
| Tageszeitung | ☐ Lokalinformationen, Orientierung für den Einkauf<br>☐ „Lesen als befriedigende Tätigkeit", Sozialprestige, Wissensspeicher<br>☐ „Zusatznutzen": Schutzschild, Papierbedarf, Fliegenklatsche |
| Online-Angebote | ☐ Post, Einkaufen<br>☐ Informationssuche, Wissensspeicher<br>☐ Arbeitsmittel, Kontaktersatz |

**1** *a) Lest den ersten Abschnitt des Textes (▷ S. 328, Z. 1–55) aufmerksam durch.*
*b) Diskutiert über die Aussage Michael Meyens, dass Unterhaltung und Information zwar oft als Gegensätze gesehen werden, aber keine Gegensätze sind. Bezieht dabei eigene Beispiele aus dem Angebot unterschiedlicher Medien mit ein.*

**2** *Lest nun den zweiten Textabschnitt (▷ S. 328/329, Z. 56–96) und gebt mit eigenen Worten wieder, welchen Einfluss – laut Text – die Erwerbsarbeit auf die Freizeitgestaltung der Menschen heute hat.*

**3** *„Unterhaltung, Überblickswissen, Gesprächsstoff: Medien können unterschiedliche Bedürfnisse befriedigen und mehrere gleichzeitig" (▷ S. 329, Z. 152–154).*
*a) Ermittelt in Partnerarbeit den Gedankengang des gesamten Textes. Notiert, welche Kernthesen aufgestellt werden und durch welche Argumente und Beispiele diese belegt werden.*
*b) Stellt eure Ergebnisse vor und diskutiert sie. Erscheinen euch die Aussagen des Textes plausibel und nachvollziehbar?*

**4** *Zu Beginn des 20. Jahrhunderts war die Situation, was die Massenmedien betrifft, eine ganz andere als heute. Diskutiert darüber, ob die in Zeile 140–145 zitierte Aussage von Gabriel Tarde auch noch heute gilt.*

**5** *a) Führt eine Woche lang ein Medientagebuch und haltet fest,*
- *wann und wie lange ihr welches Medium (Fernsehen, Hörfunk, Tageszeitungen, Zeitschriften, Online-Angebote) nutzt*
- *und welche Angebote ihr auswählt (Musik, Information, Sport, nicht fiktionale Unterhaltung, Fiktion).*

*b) Ermittelt Ranglisten: Welche Medien habt ihr zeitlich am längsten genutzt und welche Angebote habt ihr am häufigsten gewählt?*

*c) Setzt eure Ergebnisse in Bezug zu den Angaben in der Tabelle auf Seite 330 und diskutiert, welche Funktionen die Medien und ihre Angebote bei euch jeweils erfüllen.*

**6** *Diskutiert über die Aussage von Michael Meyen. Geht dabei von eurer Mediennutzung aus.*

**Michael Meyen**

„Das Fernsehen ist das Leitmedium unserer Tage, weil es die beiden wichtigsten Erwartungen der Menschen an die Medien am besten erfüllt: Es unterhält besser als alle Alternativen und ist den anderen Medien in Sachen Überblickswissen mindestens ebenbürtig."

**7** *a) Wählt eine Nachrichtensendung im Fernsehen aus, zeichnet sie auf und analysiert, inwiefern sie den Motiven der Mediennutzung entgegenkommt, die im Text auf Seite 328–330 angeführt sind.*
- *Haltet fest, an welche Informationen ihr euch erinnert, nachdem ihr die Sendung angeschaut habt.*
- *Notiert in einem zweiten Durchgang bei Nachrichten, die von Filmen oder Fotos begleitet werden, was im Beitrag gesagt wird und was zu sehen ist. Achtet darauf, bei welchen Beiträgen das Bild zum Text passt und bei welchen das nicht der Fall ist.*

  ***TIPP:*** *Wenn die durch Ton/Text und Bild übermittelten Informationen nicht identisch sind, spricht man von einer Ton-Bild-Schere.*

*b) Stellt eure Ergebnisse vor und diskutiert darüber,*
- *weshalb bei den Nachrichtensendungen Bilder oder Filme eingespielt werden, die nicht exakt zu den Textinformationen passen,*
- *und welche Beiträge euch in Erinnerung geblieben sind und welche Gründe dies hat.*

**8** *a) Informiert euch im Internet über Rupert Murdoch und seinen Medienkonzern, die „News Corporation", sowie über andere Medienkonzerne, z. B. Time Warner (www.timewarner.com) oder Bertelsmann (www.bertelsmann.com).*

*b) Klärt, was es bedeutet, wenn Murdoch ein „Direktor im Informationszirkus" genannt wird, und diskutiert darüber, welchen Einfluss solche Medienkonzerne haben und wie sich dieser auswirken kann.*

**Die globalen Medienkonzerne**

Keith Rupert Murdoch, geboren 1931 in Melbourne (Australien), gilt derzeit als der größte international agierende Medienunternehmer. Es wird geschätzt, dass heute bis zu 3/4 der global vertriebenen Medien unter seinem Einfluss stehen. Sein Lebenswerk ist die „News Corporation" (www.newscorp.com), einer der globalen Medienkonzerne.
Ein Biograf bezeichnete Murdoch einmal als „Direktor im Informationszirkus".

# Grundwissen Klasse 5–9

Das Grundwissen der Klasse 9 ist mit dem Piktogramm **Grundwissen 9** gekennzeichnet.

## 1 Sprechen und Schreiben

### 1.1 Diskutieren

▷ S. 55–60

Grundwissen 9

Wer erfolgreich an Diskussionen und Gesprächen teilnehmen möchte, sollte folgende Ratschläge beachten:

1. **Konzentriertzuhören,** um die Positionen der anderen Teilnehmer sowie deren zentrale Argumente und mögliche Angriffspunkte zu erkennen.
2. Eigene **Diskussionsbeiträge überzeugend** und wirkungsvoll **gestalten** durch:
   - überlegten Zeitpunkt des Eingreifens,
   - Bezug zum Vorredner bzw. zu den bisherigen Standpunkten,
   - klare Gedankenführung,
   - Beachtung der Redezeit durch möglichst knappe und pointierte Formulierungen.
3. Beachten der **Diskussionsregeln:**
   - Unfaire Strategien vermeiden (z. B. persönliche Angriffe, Unterstellungen etc.),
   - sachlich formulieren und argumentieren,
   - auf Thema- und Problembezug achten.

### 1.2 Sachliche Briefe schreiben

Bei **sachlichen Briefen** hält man sich strenger als im persönlichen Brief an bestimmte Regeln.

- Man bringt sein Anliegen genau, aber **knapp** und **sachlich** vor.
- Man verwendet die **Anredepronomen** der Höflichkeitsform („Sie", „Ihnen" usw.). Sie werden **großgeschrieben.**
- Wenn man nicht weiß, wer den Brief bearbeitet, verwendet man die Anrede „Sehr geehrte Damen und Herren".
- Das Schriftbild ist ordentlich, die Seitenaufteilung **übersichtlich.** Meistens werden sachliche Briefe mit dem PC oder der Schreibmaschine geschrieben.
- Der Brief wird handschriftlich unterschrieben.
- Für die äußere Form gibt es die nebenstehenden Vorgaben.

Name des Absenders — Ort, Datum
Straße und Hausnummer
PLZ und Ort

Name des Empfängers
Straße und Hausnummer
PLZ und Ort

**Betreff** (in möglichst wenigen Stichworten, worum es geht)

Sehr geehrte Frau …, /
Sehr geehrter Herr …,

Text

Mit freundlichen Grüßen

Unterschrift

# 1.3 Protokolle schreiben

▷ S. 56

Das Protokoll ist eine Sonderform des Berichts. Es gibt **knapp und sachlich** das Wesentliche einer Diskussion, einer Sitzung, eines Versuchs oder einer Unterrichtsstunde wieder. Protokolle haben eine feste äußere Form.

**1** Die äußere Form eines Protokolls:

- **Protokollkopf:** Der Kopf des Protokolls enthält genaue Angaben, und zwar: **Anlass** (Titel der Veranstaltung), **Datum, Zeit, Ort, Anwesende, Abwesende, Protokollführer/-in,** evtl. **Thema** (z. B. der Unterrichtsstunde), Auflistung der **Tagesordnungspunkte** (TOPs); beim Protokollieren von Unterrichtsstunden werden die Stundeninhalte als TOPs aufgeführt.
- **Hauptteil:** die eigentliche Niederschrift
- **Schluss** des Protokolls: **Ort, Datum, Unterschrift** der Protokollführerin oder des Protokollführers

**2** Verschiedene Protokollarten:

- **Das Ergebnisprotokoll** ist kürzer als das Verlaufsprotokoll, da es nur die Endergebnisse einer Veranstaltung, einer Diskussion oder eines Vortrags knapp und übersichtlich zusammenfasst. Dabei wird das Ergebnisprotokoll nach thematischen Gesichtspunkten (z. B. den Tagesordnungspunkten) gegliedert, d. h., man fasst verschiedene Aussagen zu einem Themenaspekt zusammen, auch wenn sie im Verlauf des Gesprächs zeitlich getrennt voneinander geäußert wurden.
  Das **Tempus** des Ergebnisprotokolls ist das **Präsens** (bei Vorzeitigkeit Perfekt).
- Das **Verlaufsprotokoll** hält den genauen Ablauf und die Ergebnisse einer Diskussion oder Veranstaltung fest. Dabei wird der Ablauf z. B. einer Veranstaltung nicht wortwörtlich wiedergegeben, sondern es wird kurz und sachlich in der richtigen Reihenfolge der Gesprächsbeiträge zusammengefasst, was gesagt oder beschlossen wurde.
  Das **Tempus** des Verlaufsprotokolls ist grundsätzlich das Präsens.
  Wichtige **Gesprächsbeiträge** einzelner Teilnehmer/-innen werden in der **indirekten Rede** (Konjunktiv I mit Angabe der Sprecherin oder des Sprechers) wiedergegeben.
- Das **Unterrichtsprotokoll** ist meist eine Mischung aus Verlaufs- und Ergebnisprotokoll. Es hält nicht nur die Ergebnisse einer Stunde fest, sondern berichtet auch, wie man zu den Ergebnissen gekommen ist (Festhalten der wichtigsten Erarbeitungsschritte).
  Das **Tempus** des Unterrichtsprotokolls ist das Präsens (ggf. auch das Präteritum).
  Wichtige **Gesprächsbeiträge** einzelner Teilnehmer/-innen werden in der **indirekten Rede** (Konjunktiv I mit Angabe der Sprecherin oder des Sprechers) wiedergegeben.

# 1.4 Erörtern

▷ S. 27–54

## Steigernde (lineare) und antithetische (Pro- und-Kontra-)Erörterung

Grund-wissen 9

**Steigernde oder antithetische Erörterung?**
Aus der Formulierung des Themas ist zu erkennen, um welche Art der Erörterung (steigernde oder antithetische Erörterung) es sich handelt:

- Der **steigernden Erörterung** liegt eine **Sachfrage** zu Grunde. Sie verlangt die Darlegung der verschiedenen Aspekte, Ursachen und Folgen eines Problems, der möglichen Maßnahmen, die ergriffen werden können, in steigernder (linearer) Anordnung.
  Beispiel: Lege die Risiken des Boxsportes dar. → *Sachfrage:* Welche Risiken birgt der Boxsport?
- Der **antithetischen Erörterung** liegt eine **Entscheidungsfrage** zu Grunde. Sie verlangt eine Stellungnahme zu einem Problem, die aus einem Erwägen des Für und Wider **(Pro und Kontra)** hervorgeht. Dabei muss sich der Verfasser auch in die Position eines möglichen Kontrahenten versetzen, der Einwände hervorbringen könnte.
  Beispiel: Sieg um jeden Preis? Sollten Boxwettkämpfe nach schweren Verletzungen der Sportler generell abgebrochen werden? → *Entscheidungsfrage:* Sollten Boxwettkämpfe nach schweren Verletzungen der Sportler generell abgebrochen werden oder nicht?

## Die steigernde (lineare) Erörterung

▷ S. 27–41

Grund-wissen 9

Bei der steigernden Erörterung geht es nicht um die Gegenüberstellung von Pro- und Kontra-Argumenten, sondern darum, **einen Standpunkt** zu begründen.

- Die **Einleitung** soll das Interesse des Lesers für das Thema wecken und gezielt zum Thema hinführen, jedoch keine Argumente aus dem Hauptteil vorwegnehmen.
  Eine Einleitung beginnt mit dem **Einleitungsgedanken** und leitet **(Überleitung)** dann zur **Themafrage** über, die die Einleitung abschließt.
  Für die Einleitung gibt es verschiedene Möglichkeiten: ein aktuelles Ereignis, ein persönliches Erlebnis, eine allgemeine Feststellung, die Annäherung über ein verwandtes Thema, die Annäherung über das Gegenteil, ein historischer Rückblick.
- Im **Hauptteil** wird zur Themafrage **eine These** aufgestellt und die **Argumente steigernd** angeordnet, d. h.: das weniger wichtige Argument zuerst, das wichtigste am Schluss.
  Durch die Steigerung der Argumente wird das Interesse des Lesers wachgehalten und der eigenen Position Nachdruck verliehen. Gegenargumente werden nur am Rande eingebracht, um mögliche Bedenken gleich auszuräumen.
  Am **Ende des Hauptteils** fasst man das **Ergebnis der Erörterung** als **Fazit** zusammen. Bei der steigernden Erörterung muss dieses Ergebnis der These vom Anfang des Hauptteils entsprechen und sich aus dem gedanklichen Aufbau ergeben. Hierbei kann man wichtige Argumente des Hauptteils zwar wieder aufgreifen, sollte sie aber nicht wörtlich wiederholen.

- Der **Schluss** soll das Thema abrunden, indem die dargelegten Gedanken in einen größeren zeitlichen oder thematischen Zusammenhang eingeordnet werden. Auch der Schluss muss sich auf das Thema beziehen, darf aber keine neuen Argumente beinhalten. Einleitung und Schluss sollten sich vom Umfang her ungefähr entsprechen. Zur Gestaltung des Schlusses gibt es z. B. folgende Möglichkeiten: ein persönlicher Wunsch oder eine Forderung, ein Ausblick auf künftige Entwicklungen oder ein weiterführender Gedanke, ein Hinweis auf ein verwandtes Thema, das Aufgreifen des Einleitungsgedankens, sodass Einleitung und Schluss einen Rahmen bilden, die eigene Stellungnahme zum Thema.

**Aufbau einer steigernden (linearen) Erörterung:**

**1. Einleitung:**
- Aktualität/Bedeutsamkeit der Problematik
- Themafrage

**2. Hauptteil:**
- Formulierung der These
- Argumentation für die These:

Argument 1
Argument 2 → zunehmende Wichtigkeit, Stützung durch Beispiele
Argument 3
...
Fazit: Ergebnis der Erörterung (muss der These entsprechen)

**3. Schluss:**
- abschließende Stellungnahme
- Ausblick

## Die antithetische (Pro-und-Kontra-)Erörterung

▷ S. 42–54

Grund-wissen 9

Bei der antithetischen Erörterung geht es darum, **Pro- und Kontra-Argumente gegenüberzustellen.**
Auch die antithetische Erörterung besteht aus **Einleitung, Hauptteil** und **Schluss.**
- **Hauptteil:** Anders als bei der steigernden Erörterung gliedert sich die Darlegung der Argumente im Hauptteil in **zwei Blöcke:** einen **Pro- und einen Kontra-Teil.** Bevor man die Gliederung erstellt, muss man sich für Pro oder Kontra entscheiden, denn die Argumente für die eigene Position stellt man ans Ende des Hauptteils, weil die zuletzt genannten Begründungen dem Leser besser im Gedächtnis bleiben. Innerhalb der Pro- und Kontra-Blöcke geht man in der Regel folgendermaßen vor:
- Bei der Darstellung der Gegenposition (Gegenthese) beginnt man mit dem stärksten Argument und geht Schritt für Schritt zu den schwächeren über.
  Bei der Darlegung der eigenen Position fängt man mit dem schwächsten Argument an und lässt dann immer stärkere folgen.

**Aufbau einer antithetischen Erörterung:**

**1. Einleitung:**
- Aktualität/Bedeutsamkeit der Problematik
- Themafrage (Verdeutlichung von These und Gegenthese)

**2. Hauptteil:**

| | | |
|---|---|---|
| Gegenthese | Argument 1<br>Argument 2<br>Argument 3 | ↓ abnehmende Wichtigkeit |
| | Überleitung | |
| These | Argument 1<br>Argument 2<br>Argument 3 | ↓ zunehmende Wichtigkeit |

Fazit: Entscheidung für die Pro- oder Kontra-Position

**3. Schluss**
- Ausblick, Wunsch etc.

## Der Leserbrief

▷ S. 58, 60

In einem **Leserbrief** äußern die Leserinnen und Leser einer Zeitung oder Zeitschrift ihre **Meinung** zu einem Thema, das dort behandelt wurde.
Sachliche Leserbriefe haben folgenden **Aufbau:**

**Einleitung:** In der Einleitung wird knapp dargestellt, worauf sich der Leserbrief bezieht, z. B. auf ein bestimmtes Thema, über das in einem Zeitungsartikel berichtet wurde.

**Hauptteil:**
- **Behauptung (Meinung)** zum entsprechenden Thema.
- **Argumente (Begründungen) und Beispiele:** Mit den Argumenten begründet die Verfasserin oder der Verfasser ihre/seine Meinung. Häufig ordnet man die Argumente nach dem Steigerungsprinzip an (von den weniger wichtigen zu dem wichtigsten Argument). Die Beispiele veranschaulichen und stützen die Argumente.

**Schluss:** Der Schluss rundet das Thema ab. Man kann einen **Vorschlag** bzw. eine **Empfehlung** für die Zukunft geben. Oder man knüpft an die Einleitung an und **bekräftigt** noch einmal die **Behauptung.**

Hinweise zur **sprachlichen Gestaltung:**
Leserbriefe sollten klar und verständlich formuliert sein. Die Argumente und Beispiele werden durch Konjunktionen und Adverbien sinnvoll miteinander verknüpft.

### Freiere Formen des Erörterns

Im Unterschied zu fest vorgegebenen Formen des Erörterns ist bei freieren Formen des Erörterns die Struktur der Argumentation (steigernd oder antithetisch) nicht von vornherein festgelegt.
So kann der Schreiber beispielsweise in Kommentaren (▷ 367), Leserbriefen (▷ S. 336), Aufrufen, Stellungnahmen oder anderen meinungsbildenden Schreibformen seinen subjektiven Standpunkt zu einem Thema oder zu einem Text äußern und vertreten.
Auch die freieren Formen des Erörterns verlangen neben einer klaren Gliederung die Fähigkeit, Thesen zu formulieren und eine überzeugende Argumentation aufzubauen, in der Beispiele angeführt und Gegenargumente berücksichtigt werden.

## 1.5 Erweiterte Inhaltsangaben schreiben ▷ S. 61–94

und- ssen 9

**Erweiterte Inhaltsangabe von literarischen Texten** ▷ S. 61–78
Die erweiterte Inhaltsangabe eines literarischen Textes informiert **kurz** und **sachlich** über den Inhalt des Textes und bearbeitet zusätzlich eine weiterführende Aufgabe zum Text.

**Aufbau:**

- Die **Einleitung** macht Angaben über den Autor, den Titel, die Textart, ggf. das Erscheinungsdatum und benennt die Kernaussage des Textes.
- Im **Hauptteil** werden die wichtigsten Ereignisse der Handlung mit eigenen Worten in chronologischer Reihenfolge zusammengefasst. Dabei wird der Leser über die Gründe der Handlung und der Ereignisse informiert.
- Im **dritten Teil** wird eine weiterführende Aufgabe bearbeitet, z. B.: ausführlichere Behandlung eines Untersuchungsaspekts, Erörterung einer zentralen Textaussage etc.

**Interpretierende Aussagen** im dritten Teil **müssen** anhand des Textes **belegt werden,** entweder als wörtliche Zitate mit Anführungszeichen oder als indirekte Zitate (mit eigenen Worten wiedergegebene Textstellen). Alle Textbelege werden mit Zeilenangaben angeführt.

Die erweiterte Inhaltsangabe wird als zusammenhängender Text verfasst. Einzelne Aussagen oder Feststellungen werden durch **sinnvolle Überleitungen** miteinander verbunden. Inhaltlich neue Gliederungspunkte werden durch **Absätze** kenntlich gemacht.

**Stil und Sprache**
Die Zeitform ist das **Präsens** (bei Vorzeitigkeit Perfekt). In der Zusammenfassung erscheint **keine wörtliche Rede.** Sind Äußerungen von Figuren besonders wichtig, werden sie in der indirekten Rede wiedergegeben oder in einem Aussagesatz zusammengefasst.

Grundwissen 9

**Erweiterte Inhaltsangabe von Sachtexten** ▷ S. 79–91

Die erweiterte Inhaltsangabe eines Sachtextes informiert **kurz** und **sachlich** über den Inhalt und den Gedankengang des Textes und bearbeitet eine weiterführende Aufgabe zum Text.

**Aufbau:**

- Die **Einleitung** macht Angaben über den Autor, den Titel, die Textsorte, ggf. die Quelle und benennt das Thema des Textes.
- Im **Hauptteil** werden der Inhalt und der Gedankengang des Textes in eigenen Worten zusammengefasst.
- Im **dritten Teil** wird eine weiterführende Aufgabe bearbeitet, z. B.: ausführlichere Behandlung eines Untersuchungsaspekts, Erörterung einer zentralen Textaussage etc.

**Interpretierende Aussagen** im dritten Teil **müssen** anhand des Textes **belegt werden,** entweder als wörtliche Zitate mit Anführungszeichen oder als indirekte Zitate (mit eigenen Worten wiedergegebene Textstellen). Alle Textbelege werden mit Zeilenangaben angeführt.

Die erweiterte Inhaltsangabe wird als zusammenhängender Text verfasst. Einzelne Aussagen oder Feststellungen werden durch **sinnvolle Überleitungen** miteinander verbunden. Inhaltlich neue Gliederungspunkte werden durch **Absätze** kenntlich gemacht.

**Stil und Sprache**

Die Zeitform ist das **Präsens** (bei Vorzeitigkeit Perfekt). In der Zusammenfassung erscheint keine wörtliche Rede. Unverzichtbare Äußerungen werden als indirekte Rede oder in einem Aussagesatz wiedergegeben.

## Textbelege richtig zitieren

▷ S. 92–94

Grundwissen 9

Wenn ihr eine Erschließungsfrage zum Text bearbeitet, müsst ihr eure interpretierenden Aussagen anhand des Textes durch Zitate belegen.

Es gibt zwei Möglichkeiten des Zitierens:

- Das **indirekte Zitat,** das den Inhalt einer Textstelle mit eigenen Worten wiedergibt. Hier werden keine Anführungszeichen gesetzt, sondern nur die Textstelle genannt, auf die man sich bezieht, z. B.: *Zuletzt aber ist er dann doch von Frau und Kind verlassen worden (vgl. Z. 13–15).*
- Das **wörtliche (direkte) Zitat** übernimmt ein Wort, eine Textstelle oder einen ganzen Satz wörtlich aus dem Text. Das Zitat steht in Anführungszeichen, Auslassungen, Ergänzungen oder Veränderungen werden mit eckigen Klammern markiert, z. B.: *Der Autor beurteilt den Mann ausdrücklich als „braven, bescheidenen Angeklagten" (Z. 82). „Es stellte sich heraus, dass der Malermeister auch andere Personen [...] hineingelegt hatte" (Z. 30– 33).*
- Der Schlusspunkt steht – wie in den obigen Beispielen – erst nach der Zeilenangabe.

# 2 Nachdenken über Sprache

## 2.1 Sprachgeschichte

### Die Zusammensetzung unseres Wortschatzes

**Erbwort – Lehnwort – Fremdwort**

Der Wortschatz des Deutschen besteht aus

- Wörtern, die **in der deutschen Sprache selbst geprägt** worden sind. Diese Wörter hat das Deutsche aus dem Germanischen oder Indogermanischen geerbt, man nennt sie **Erbwörter.**
- Wörtern, die **aus fremden Sprachen übernommen** worden sind. Man unterscheidet bei diesen Wörtern zwischen **Lehnwörtern** und **Fremdwörtern.**
  - Als **Lehnwörter** bezeichnet man Wörter, die zwar aus fremden Sprachen stammen, sich aber in der Aussprache und Schreibweise so **stark an die deutsche Sprache angepasst** haben, dass sie als deutsche Wörter betrachtet werden können, z. B.: „Fenster" (aus lat. *fenestra*) oder „Maske" (aus frz. *masque*).
  - **Fremdwörter** hingegen haben ihre **fremde Gestalt beibehalten.** Sie haben sich in der **Aussprache,** der **Betonung** oder der **Schreibweise** nicht der deutschen Sprache angeglichen. Bei dem Fremdwort „Computer" weicht z. B. die Aussprache vom Deutschen ab und bei Wörtern wie „Di**ä**t" oder „reform**ie**ren" liegt die Betonung nicht auf der ersten Silbe oder der Stammsilbe.

### Bedeutungswandel

Im Lauf der Zeit haben sich nicht nur die Schreibweise und die Aussprache der Wörter verändert, sondern auch deren Bedeutung. Verändert ein Wort im Laufe seiner Geschichte seine Bedeutung, nennt man dies Bedeutungswandel. Dabei kann sich die Bedeutung in unterschiedlicher Weise verändern, sodass wir **verschiedene Arten des Bedeutungswandels** unterscheiden:

- **Bedeutungsverengung:** Das Wort „muos" bezeichnete im Mittelhochdeutschen alle Arten von Speisen. Heute versteht man darunter nur noch eine breiartige Speise.
- **Bedeutungserweiterung:** Das mhd. Wort „horn" bezeichnete nur das Horn des Tieres. Heute gebrauchen wir das Wort zur Bezeichnung vieler Gegenstände, z. B. Horn des Tieres, Horn als Blasinstrument, Horn als Trinkgefäß.
- **Bedeutungsverbesserung:** Das mhd. Wort „marschalc" (Marschall) bedeutete Pferdeknecht. Heute bezeichnet dieses Wort einen sehr hohen militärischen Rang.
- **Bedeutungsverschlechterung:** Das mhd. Wort „merhe" (Mähre) bedeutete ursprünglich Pferd. Heute verstehen wir unter einer „Mähre" ein altes, abgemagertes Pferd.
- **Bedeutungsverschiebung:** Die eigentliche Bedeutung des Wortes ist kaum mehr feststellbar. Es sind z. B. Wörter, die durch ihren metaphorischen Sprachgebrauch ihre Bedeutung geändert haben. Ein Beispiel hierfür ist das Wort „Flaschenhals": Die Bezeichnung für den Körperteil „Hals" wird hier auch auf nicht menschliche Objekte (den „Flaschenhals") übertragen.

# 2.2 Sprache, Stil und Wortbedeutung

## Sprachvarianten

▷ S. 121–125

Grund-wissen 9

Alterstypische **Gruppensprachen** (Jugend-, Szenesprachen), **Dialekte** und **Fachsprachen** sowie die **Standardsprache** (auch: Hochsprache) und die **Umgangssprache** sind verschiedene **Sprachvarianten** (auch: Sprachvarietäten), die sich beim aktuellen Sprechen unterschiedlich überlagern und mischen.

## Verschiedene sprachliche Stilebenen

Grund-wissen 9

Man unterscheidet verschiedene sprachliche Stilebenen:
- gehobene (dichterische oder poetische) Sprache, z. B.: Antlitz" für Gesicht und „hinscheiden" für sterben
- normalsprachliche Ebene, z. B.: „Gesicht" und „sterben"
- Umgangssprache, z. B.: „kriegen" für bekommen
- Vulgärsprache, z. B.: „Fresse" für Gesicht und „verrecken" für sterben

## Stereotype Formulierungen

▷ S. 147–150

Grund-wissen 9

Stereotype Formulierungen sind **abgegriffene, verschlissene Bilder und Ausdrucksweisen,** die einer differenzierten Ausdrucksweise im Weg stehen. Beispiele für stereotype Formulierungen:
- abgegriffene Redensarten und Wendungen, z. B.: „arm, aber glücklich"
- schematische Bilder und Wortgruppen, z. B.: „Perle des Mittelmeers"
- Adjektive (oft als Superlativ), z. B.: „toll"
- leere Phrasen, z. B.: „nichts für ungut"

## Konnotation

▷ S. 126–134

Grund-wissen 9

**Konnotation** (lat. con = mit; notatio = Anmerkung) bezeichnet die **Nebenbedeutung eines Wortes,** die die Hauptbedeutung eines Wortes (Denotation) begleitet, z. B. Palmen → Insel, weißer Sand, Sonne, baden ...
Konnotationen sind mit dem Wort zugleich mit erinnerte Erfahrungen, Empfindungen und Assoziationen. Sie schwingen bei der Verwendung des Begriffs unterbewusst mit. Dadurch können Wörter in ihrer Bedeutung positiv oder negativ aufgeladen werden.
Die konnotative Bedeutung eines Wortes kann allen Sprecherinnen und Sprechern einer Sprache geläufig sein oder auch nur einzelnen Menschen.

## 2.3 Rhetorische Figuren

▷ S. 206–216

und- ssen 9

Eine **rhetorische Figur** (Stilfigur) ist ein **sprachliches Gestaltungsmittel,** das vom üblichen Sprachgebrauch abweicht. Es wird vom Autor/Redner gezielt eingesetzt, um die Aufmerksamkeit der Leser/Zuhörer auf eine bestimmte Textstelle oder Aussage zu lenken. Im Folgenden findet ihr Beispiele für einige rhetorische Figuren.

| Rhetorische Figur | Definition | Beispiel |
|---|---|---|
| Akkumulation, die | Reihung von Begriffen zu einem – genannten oder nicht genannten – Oberbegriff | Nennt's Glück! Herz! Liebe! Gott! |
| Alliteration, die | Wiederholung der Anfangsbuchstaben bei Wörtern | dunkle Dinge |
| Anapher, die | Wiederholung eines oder mehrerer Wörter an Satz- oder Versanfängen | Er schaut nicht die Felsenriffe/ Er schaut nur hinauf ... |
| Anrede, die | | Willst du ... |
| Antithese, die | Gegenüberstellung gegensätzlicher Begriffe | heiß und kalt |
| Chiasmus, der | symmetrische Überkreuzstellung von gedanklichen oder syntaktischen Elementen | Ich schlafe am Tag, in der Nacht wache ich. |
| Ellipse, die | grammatisch unvollständiger Satz, Auslassung eines Satzgliedes/Wortes, das leicht ergänzbar ist | Je früher der Abschied, desto kürzer die Qual. |
| Euphemismus, der | Beschönigung | „sanft entschlafen“ für sterben |
| Exklamation, die | Ausruf als Affektausdruck | „Oh!“; „Ach!“ |
| Hyperbel, die | starke Übertreibung | ein Meer von Tränen |
| Inversion, die | Umkehrung der geläufigen Wortstellung im Satz | Der Schultern warmer Schnee wird werden kalter Sand. |
| Metapher, die | bildhafte Bedeutungsübertragung | Mauer des Schweigens |
| Neologismus, der | Wortneuschöpfung | Berufsjugendlicher |
| Parallelismus, der | Wiederholung gleicher syntaktischer Fügungen | Das Schiffchen fliegt, der Webstuhl kracht. |

| Rhetorische Figur | Definition | Beispiel |
|---|---|---|
| Personifikation, die | Vermenschlichung | Vater Staat; Mutter Natur |
| rhetorische Frage, die | Scheinfrage, die nur eine Antwort zulässt | Wer ist schon perfekt? |

## 2.4 Wortarten

### Wortarten im Überblick

▷ S. 159–160

**Wortarten**

**flektierbar** (durch Beugung veränderbar)

**deklinierbar**
- Nomen („Gabel“, „Lamm“)
- Artikel („eine“, „das“)
- Pronomen („ich“, „unser“)
- Adjektiv („schnell“, „gut“)

**konjugierbar**
- Verb („essen“, „üben“)

**nicht flektierbar** (unveränderbar)
- Adverb („morgen“, „stets“)
- Präposition („auf“, „nach“)
- Konjunktion („und“, „weil“)

### Nomen

Die meisten Wörter in unserer Sprache sind **Nomen** (Substantive, Hauptwörter). Sie bezeichnen
- Personen und Eigennamen, z. B.: „Mitschüler“, „Lehrerin“, „Jan“,
- andere Lebewesen, z. B.: „Delfin“, „Baum“,
- Gegenstände, z. B.: „Schreibtisch“, „Kassettenrekorder“,
- gedachte oder vorgestellte Dinge, Begriffe, z. B.: „Traum“, „Freundschaft“, „Schönheit“.

**Nomen** werden immer **großgeschrieben.**

**Flexion der Nomen**
- **Genus**
  Jedes Nomen hat ein Genus (grammatisches Geschlecht), das man an seinem Artikel (Begleiter) erkennen kann: Ein Nomen ist entweder
  - **Maskulinum** (männlich), z. B. „*der* Löffel“, oder
  - **Femininum** (weiblich), z. B. „*die* Gabel“, oder
  - **Neutrum** (sächlich), z. B. „*das* Messer“.

  Das grammatische Geschlecht muss mit dem natürlichen Geschlecht nicht übereinstimmen; so kann „*das* Kind“ sowohl einen Jungen als auch ein Mädchen bezeichnen.

- **Numerus**
  Nomen haben einen Numerus (Anzahl):
  - **Singular** (Einzahl), z. B. „*das* Kind“,
  - **Plural** (Mehrzahl), z. B. „*die* Kinder“.

- **Kasus**
  In Sätzen erscheinen Nomen immer in einem bestimmten Kasus (grammatischer Fall). Der Kasus ist meist am Artikel des Nomens zu erkennen und manchmal auch an der Endung des Nomens. Im Deutschen gibt es **vier Kasus.**

  Man kann den Kasus eines Nomens und seines Begleiters durch Fragen ermitteln:
  - Der **Nominativ** antwortet auf die Fragen **„Wer ...?“ oder „Was ...?“:**
    „*Wer* rettete den Jungen? – *Die Feuerwehrleute* retteten den Jungen.“ – „*Was* hat zuerst nicht funktioniert? – *Eine Drehleiter* ...“
  - Nach dem **Genitiv** fragt man mit **„Wessen ...?“:**
    „*Wessen* Drehleiter funktionierte nicht? – Die Drehleiter *der Feuerwehrleute* ...“
  - Mit der Frage **„Wem ...?“** ermittelt man den **Dativ:**
    „*Wem* dankten die Eltern für die Rettung? – Die Eltern dankten *den Feuerwehrleuten* ...“
  - Den **Akkusativ** erhält man auf die Fragen **„Wen ...?“ oder „Was ...?“:**
    „*Wen* haben die Anwohner benachrichtigt? – Die Anwohner haben *die Feuerwehrleute* ...“ – „*Was* haben die Feuerwehrleute repariert? – Die Feuerwehrleute haben *die Drehleiter* ...“

Wenn man ein Nomen und seinen Artikel in einen Kasus setzt, nennt man das **deklinieren** (beugen).

| Kasus | Singular | Plural |
|---|---|---|
| 1. Fall<br>**Nominativ**<br>„Wer?“ oder „Was?“ | *der Löffel*<br>*die Gabel*<br>*das Messer* | *die Löffel*<br>*die Gabeln*<br>*die Messer* |
| 2. Fall<br>**Genitiv**<br>„Wessen?“ | *des Löffels*<br>*der Gabel*<br>*des Messers* | *der Löffel*<br>*der Gabeln*<br>*der Messer* |
| 3. Fall<br>**Dativ**<br>„Wem?“ | *dem Löffel*<br>*der Gabel*<br>*dem Messer* | *den Löffeln*<br>*den Gabeln*<br>*den Messern* |
| 4. Fall<br>**Akkusativ**<br>„Wen?“ oder „Was?“ | *den Löffel*<br>*die Gabel*<br>*das Messer* | *die Löffel*<br>*die Gabeln*<br>*die Messer* |

## Adjektive

**Adjektive** (Eigenschaftswörter) benennen die Merkmale von Personen, Gegenständen und Vorgängen.
Sie lassen sich wie Nomen **deklinieren** (beugen): „ein *neues* Bett", „eine *neue* Lampe".
Bis auf Ausnahmen wie „einzig" und „tot" kann man sie **steigern:** „Pferde sind *groß* (= Positiv), Elefanten sind *größer* (= Komparativ), Giraffen sind *am größten* (= Superlativ)."
Adjektive können im Satz als **Attribute** verwendet werden. Sie stimmen dann in Kasus, Numerus und Genus mit ihrem Bezugswort, meist einem Nomen, überein: „das *schnelle* Pferd".
Als **adverbiale Bestimmungen** können Adjektive zwar gesteigert werden, bleiben ansonsten aber endungslos: „Das Pferd läuft *schnell.*"
Auch als **Prädikative** sind Adjektive steigerbar, aber ansonsten unveränderlich: „Das Pferd ist *schnell.*"

## Pronomen

▷ S. 160

- **Personalpronomen** (persönliche Fürwörter) sind Stellvertreter von Personen und Gegenständen und ersetzen sie im Satz: „ich", „du", „er/sie/es", „wir", „ihr", „sie" ...
- **Possessivpronomen** (besitzanzeigende Fürwörter) drücken die Zugehörigkeit zu einer Person oder Sache aus. Sie begleiten Nomen: „*mein* Freund", „*deine* Mutter", „*sein* Fahrrad", „*unsere* Lehrerin", „*euer* Album", „*ihr* Andenken".
- **Reflexivpronomen** (rückbezügliche Fürwörter) beziehen sich meist auf das Subjekt des Satzes: „Sie beeilt *sich.*"
- **Demonstrativpronomen** (hinweisende Fürwörter) sind Pronomen, mit denen man auf etwas zeigen bzw. hinweisen kann: „dies"/„dieses", „jene", „der"/„die"/„das" ...
- **Indefinitpronomen** (unbestimmte Fürwörter) drücken ungefähre Mengenangaben aus: „etwas", „einige", „manche", „andere", „kein" ...
- **Interrogativpronomen** (Fragepronomen) leiten Frage- und Ausrufesätze ein: „wer", „was", „welche/-r" ...
- **Relativpronomen** leiten Nebensätze (Relativsätze) ein und beziehen sich auf ein Nomen oder Pronomen zurück:

  „Das Haus, *das* am Kanal lag, wurde verkauft."

## Präpositionen

Wörter wie „in", „auf", „nach", „vor" nennt man **Präpositionen** (Verhältniswörter).
Sie bezeichnen oft **räumliche Verhältnisse:** „*vor* der Kiste". Präpositionen können aber auch **zeitliche Beziehungen** ausdrücken („*in* drei Stunden"), einen **Grund** angeben („*wegen* der Hausaufgaben") oder die **Art und Weise** bezeichnen („*mit* Tomatensoße").
Präpositionen bestimmen den Kasus des nachfolgenden Worts oder der Wortgruppe: „in das Haus", „neben dem Haus", „wegen des Hauses".

## Verben

**Verben** bezeichnen eine Tätigkeit *(Mein Roboter* ***rechnet.****)*, einen Zustand *(Mein Roboter* ***funktioniert.****)*, einen Vorgang *(Mein Roboter* ***fällt aus.****)*.
Verben werden **gebeugt** (konjugiert). Dabei bildet man aus der Grundform, dem **Infinitiv,** die **Personalform:** *Du* ***rechnest*** *schnell. Ich* ***rechne*** *schnell. Ein Roboter* ***rechnet*** *schneller. Zwei Roboter* ***rechnen*** *am schnellsten.*
Ungebeugte Formen des Verbs sind der **Infinitiv,** z. B. *gehen*, das **Partizip I,** z. B. *gehend*, und das **Partizip II,** z. B. *gegangen.* Das **Partizip Präsens** (Partizip I) wird aus dem Verbstamm und der Endung **-(e)nd** gebildet, z. B.: *brems**end**, trag**end**, zitter**nd**.*
Das **Partizip Perfekt** (Partizip II) wird aus der Vorsilbe **ge-**, dem Verbstamm und der Endung **-(e)t** oder **-en** gebildet, z. B.: ***ge**bau**t**, **ge**schwomm**en**.*
Die Befehlsform des Verbs ist der **Imperativ.** Er kann an einzelne oder an mehrere Personen gerichtet sein: *Geh(e)! – Geht!*
Achte auf den richtigen Imperativ: *geben* → *gib, sehen* → *sieh, essen* → *iss*

**Die Tempora**
Verben lassen sich in verschiedene **Tempora** (Zeitformen) setzen. Sie sagen uns, wann das im Satz Mitgeteilte passiert.

- **Präsens** ist das Tempus der Gegenwart und allgemein gültiger Aussagen: *Ich* ***lese*** *gerade.*
  Bildung des Präsens: Verbstamm + Personalendung, z. B.:
  *Ich* ***les-e*** *gerade.*

- **Perfekt** drückt in mündlichen Erzählungen Vergangenes aus: *Ich* ***habe*** *ihn* ***gesehen.***
  Bildung des Perfekts: Personalform von „haben“ oder „sein“ im Präsens + Partizip II des Verbs, z. B.:
  *Ich* ***habe*** *mir die Schürze* ***umgebunden.***

- **Präteritum** wird bei schriftlichen Erzählungen und Berichten für die Wiedergabe von Vergangenem genutzt: *ich* ***ging,*** *ich* ***sah.*** Bildung des Präteritums:
  - Bei schwachen Verben ändert sich der Stammvokal nicht. Sie werden durch die Endung **-te** konjugiert, z. B.:
    *wandern* → *wander**te**, reden* → *rede**te**, spielen* → *spiel**te**.*
  - Bei starken Verben ändert sich der Stammvokal beim Konjugieren, z. B.:
    *helfen* → *half, binden* → *band, reiten* → *ritt.*
  - Bei unregelmäßigen Verben ändert sich nicht nur der Stammvokal, sondern sie weisen auch die **te**-Endung der schwachen Verben auf, z. B.:
    *bringen* → *brach**te**, denken* → *dach**te**, mögen* → *moch**te**.*

- **Plusquamperfekt** verwendet man für den Ausdruck der Vorzeitigkeit: *Nachdem ich alles* ***erledigt hatte,*** *ging ich los.*
  Bildung des Plusquamperfekts: Personalform von „haben“ oder „sein“ im Präteritum + Partizip II des Verbs, z. B.:
  *Davor* ***hatte*** *Jesper Zeitungen* ***ausgetragen.***

- Das **Futur** dient der Wiedergabe von zukünftigem Geschehen: *Ich* ***werde*** *ans Meer* ***fahren.***
  Bildung des Futurs: Personalform von „werden“ im Präsens + Infinitiv des Verbs, z. B.:
  *Nach dem Sprung* ***wird*** *er auf einem Luftkissen* ***landen.***

**Die Handlungsrichtungen: Aktiv und Passiv**
Aktiv und Passiv sind zwei Verbformen, die man bei der Darstellung von Handlungen und Vorgängen unterscheidet.

- Sätze, in denen die Handlungsträger als Subjekt erscheinen, stehen in der Verbform **Aktiv,** z. B.: *Sonja* ***sucht*** *das Heft.*
- Sätze, in denen mit dem Subjekt des Satzes etwas geschieht, stehen in der Verbform **Passiv,** z. B.: *Das Heft* ***wird*** *(von Sonja)* ***gesucht.*** In Passiv-Sätzen kann der Handlungsträger mit „von“ oder „durch“ genannt werden.

| **Bildung** | **Aktiv**<br>Handlungsverb *(suchen)* in der entsprechenden Tempusform | **Passiv**<br>*werden* in der entsprechenden Tempusform + Partizip II des Handlungsverbs *(suchen)* |
|---|---|---|
| **Präsens** | *Sonja* ***sucht*** *das Heft.* | *Das Heft* ***wird*** *(von Sonja)* ***gesucht.*** |
| **Perfekt** | *Sonja* ***hat*** *das Heft* ***gesucht.*** | *Das Heft* ***ist*** *(von Sonja)* ***gesucht worden.*** |
| **Präteritum** | *Sonja* ***suchte*** *das Heft.* | *Das Heft* ***wurde*** *(von Sonja)* ***gesucht.*** |
| **Funktion** | Das Subjekt des Satzes handelt. Der Sprecher richtet den Blick auf den Handlungsträger. | Das Subjekt des Satzes verhält sich passiv. Der Blick wird auf die Handlung gerichtet. |

**Der Modus: Indikativ und Konjunktiv**
Man unterscheidet in der Sprache verschiedene Aussageweisen des Verbs, die so genannten Modi (Sg.: der Modus). Indikativ und Konjunktiv sind zwei Aussageweisen des Verbs. Sie ermöglichen es uns auszudrücken, ob ein Geschehen wirklich (Indikativ) oder möglich (Konjunktiv) ist.

- **Indikativ (Wirklichkeitsform)**
  Wenn man ausdrücken möchte, dass etwas wirklich geschieht oder eine Aussage uneingeschränkt gültig ist, steht das Verb im Indikativ, z. B.:
  *Weil die Sonne* ***scheint, fahren*** *wir ins Freibad.*
  *Ich* ***heiße*** *Anja.*
- **Konjunktiv (Möglichkeitsform)**
  Wenn man ausdrücken möchte, dass etwas möglich, wünschenswert oder unwahrscheinlich ist, steht das Verb im Konjunktiv II, z. B.:
  *Wenn die Sonne* ***schiene, führen*** *wir ins Freibad.*
  *Ach,* ***wäre*** *ich doch schon 15 Jahre alt.*
  ***Hätte*** *ich Flügel,* ***flöge*** *ich auf und davon.*
- **Bildung des Konjunktivs II**
  Der Konjunktiv II wird vom Indikativ Präteritum des Verbs abgeleitet (oft mit Umlaut, d. h. Wechsel von a, o, u, au zu ä, ö, ü, äu).
  Beispiele:
  *sie ging* → *sie ginge,*
  *wir fuhren* → *wir führen,*
  *sie waren* → *sie wären.*

| Indikativ Präteritum | Konjunktiv II |
|---|---|
| ich gab | ich gäb-e |
| du gabst | du gäb-est |
| er/sie/es gab | er/sie/es gäb-e |
| wir gaben | wir gäb-en |
| ihr gabt | ihr gäb-et |
| sie gaben | sie gäb-en |

- **Umschreibung mit „würde"**
  Wenn der Konjunktiv II (im Textzusammenhang) nicht vom Indikativ Präteritum zu unterscheiden ist, wählt man die Umschreibung mit „würde".
  Beispiel: *Wenn ich viel Geld hätte, **machte** ich eine große Reise.* (Konjunktiv II)
  *Wenn ich viel Geld hätte, **würde** ich eine große Reise **machen.*** (Umschreibung mit „würde")
  Die Umschreibung mit „würde" wählt man auch, wenn die Konjunktiv-II-Form ungebräuchlich ist oder als „geziert" empfunden wird, z. B.:
  *ich empfähle → ich würde empfehlen, er höbe → er würde heben.*

**Der Konjunktiv in der indirekten Rede**
Wenn man wiedergeben möchte, was jemand gesagt hat, verwendet man die indirekte Rede. Das Verb steht im Konjunktiv I.
*Anja sagt: „Ich **komme** heute etwas später zu euch."* (wörtliche Rede im Indikativ)
↘
*Anja hat gesagt, sie **komme** heute etwas später zu uns.* (indirekte Rede im Konjunktiv I)
Bei dem Wechsel von der direkten Rede zur indirekten Rede verändert sich oft das Personalpronomen.

**Bildung des Konjunktivs I**
Der Konjunktiv I wird durch den Stamm des Verbs (Infinitiv ohne „-en") und die entsprechende Personalendung gebildet, z. B.: kommen → er komme, haben → sie habe, gehen → sie gehen.

| Indikativ Präsens | Konjunktiv I |
|---|---|
| ich komm-e | ich komm-e |
| du komm-st | du komm-est |
| er/sie/es komm-t | er/sie/es komm-e |
| wir komm-en | wir komm-en |
| ihr komm-t | ihr komm-et |
| sie komm-en | sie komm-en |

**Ersatzformen**
Wenn der Konjunktiv I (im Textzusammenhang) nicht vom Indikativ Präsens zu unterscheiden ist, wählt man den Konjunktiv II als Ersatzform oder die Umschreibung mit „würde".
*Die Politiker sagen: „Wir **denken** nicht an eine Beschwerde."* (wörtliche Rede im Indikativ)
↓
*Die Politiker sagten, sie ~~denken~~ nicht an eine Beschwerde.* (Konjunktiv I geht nicht)
↓
*Die Politiker sagten, sie **dächten** nicht an eine Beschwerde.* (Konjunktiv II als Ersatzform)
*Die Politiker sagten, sie **würden** nicht an eine Beschwerde **denken.*** (Umschreibung mit „würde" als Ersatzform)

### Konjunktionen

**Konjunktionen** (Bindewörter) wie „und", „aber", „oder", „weil", „sondern" verbinden Wörter, Satzglieder und ganze Sätze miteinander. Konjunktionen sind nicht flektierbar (durch Beugung nicht veränderbar). Man unterscheidet:

- **nebenordnende Konjunktionen,** z. B.: „und", „aber", „oder", „denn". Sie verbinden Wörter, Wortgruppen und Sätze, die grammatisch gleichrangig nebeneinanderstehen, z. B.: „Hund *und* Katze spielen im Garten."
- **unterordnende Konjunktionen,** z. B.: „weil", „da", „obwohl", „wenn", „als", „nachdem", „dass". Sie leiten Nebensätze ein und binden diese Nebensätze an einen übergeordneten Hauptsatz, z. B.: „*Weil* ich müde bin, gehe ich ins Bett."

### Adverbien

Wörter, die nähere Angaben zu einem Geschehen machen, bezeichnet man als **Adverbien** (Umstandswörter, Singular: das Adverb). Sie **erklären** genauer, **wo, wann, wie** oder **warum etwas geschieht,** und sind nicht flektierbar (veränderbar). Wir unterscheiden:

- **Lokaladverbien** (Adverbien des Ortes), z. B.: „hier", „dort" ...
- **Temporaladverbien** (Adverbien der Zeit), z. B.: „heute", „abends", „erst" ...
- **Modaladverbien** (Adverbien der Art und Weise), z. B.: „genauso", „einigermaßen" ...
- **Kausaladverbien** (Adverbien des Grundes), z. B.: „folglich", „daher" ...

Adverbien werden im Satz oft als adverbiale Bestimmungen verwendet. Der Begriff „Adverb" bezeichnet also eine Wortart, der Begriff „adverbiale Bestimmung" ein Satzglied.

## 2.5 Satzglieder

### Satzglieder im Überblick

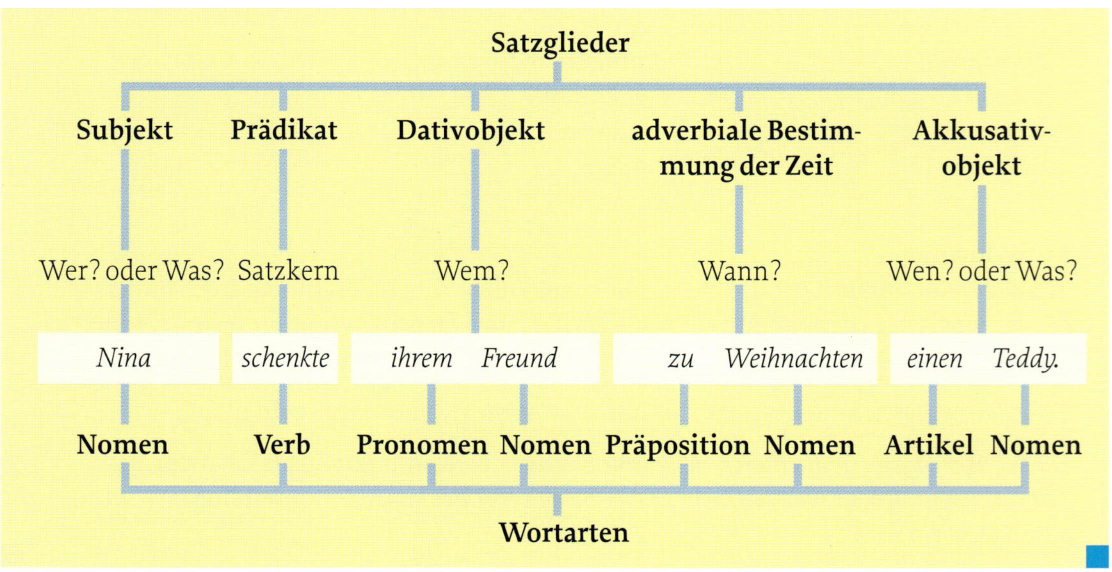

## Satzglieder: Umstellprobe – Satzgliedfrage

Ein Satz setzt sich aus verschiedenen **Satzgliedern** zusammen. Ob ein einzelnes Wort oder eine Wortgruppe ein Satzglied bildet, erkennt man durch die **Umstellprobe:**
Satzglieder lassen sich umstellen, ohne dass sich der Sinn des Satzes ändert. Zu den Satzgliedern gehören:

- Das **Prädikat;** es stellt den Kern des Satzes dar. Prädikate werden durch Verben gebildet. Es gibt einteilige Prädikate (z. B. „Sie *baut* einen Drachen.") und mehrteilige Prädikate (z. B. „Sie *hat* einen Drachen *gebaut.*"). Die Personalform des Verbs („*hat*") steht im Aussagesatz immer nach dem ersten Satzglied an zweiter Stelle.

Um die weiteren Satzglieder zu bestimmen, stellen wir vom Prädikat ausgehend Fragen.

- Das **Subjekt;** es ist die wichtigste Ergänzung zum Prädikat. Es steht im Nominativ. Wir ermitteln es durch die Frage **„Wer ...?" oder „Was ...?":** „*Wer* hat einen Drachen gebaut? – *Sie* hat ihn gebaut."
- Das **Akkusativobjekt;** wir erfragen es mit **„Wen ...?" oder „Was ...?".**
- Das **Dativobjekt;** wir erfragen es mit **„Wem ...?".**
- Das **Präpositionalobjekt;** wir erfragen es mit **„Worüber ...?", „Worauf ...?"** usw.
- Das **Genitivobjekt;** es wird nur noch selten gebraucht. Wir erfragen es mit **„Wessen ...?".**

## Adverbiale Bestimmungen

Adverbiale Bestimmungen (Umstandsbestimmungen) sind Satzglieder, die man mit den Fragen **„Wann ...?", „Wo ...?", „Warum ...?", „Wie ...?"** ermittelt. Sie geben die näheren Umstände eines Geschehens oder einer Handlung an. Man unterscheidet:

- **adverbiale Bestimmungen der Zeit:** „Wann ...? – Wir treffen uns *am Montag.*"
- **adverbiale Bestimmungen des Ortes:** „Wo ...? – Wir sehen uns *in der Schule.*"
- **adverbiale Bestimmungen des Grundes:** „Warum ...? – *Wegen des Regens* kam er nicht."
- **adverbiale Bestimmungen der Art und Weise:** „Wie ...? – Er folgte uns *neugierig.*"

## Attribute (Teil des Satzglieds)

▷ S. 162

**Attribute** geben nähere Angaben über ihr **Bezugswort** (z. B. Nomen). Ein Attribut kann vor oder nach seinem Bezugswort stehen. Das Attribut ist nur **Teil eines Satzglieds** und bleibt bei der Umstellprobe mit seinem Bezugswort verbunden.
Bis auf das Prädikat kann jedes Satzglied durch ein Attribut erweitert werden.
Es gibt verschiedene **Formen des Attributs,** z. B.:

- Adjektive: „*spannende* Bücher", „*große* Freude"
- Nomen im Genitiv (Genitivattribut): „die Abfahrt *des Zuges*"
- Nomen mit Präposition (Präpositionalattribut): „das Spiel *ohne Grenzen*"
- Adverb: „das Mädchen *dort*", „der Tag *danach*"
- Pronomen: „*unsere* Schule", „*dein* Geburtstag"
- Zahlwörter: „*drei* Äpfel", „*viele* Menschen"
- Apposition (in Kommas eingeschlossen): „Ruth, *meine Freundin,* ..."

## 2.6 Der zusammengesetzte Satz

### Satzreihe

Eine **Satzreihe** besteht aus **aneinandergereihten Hauptsätzen.** Sie werden durch **Komma** voneinander getrennt, z. B.: „Er war ein gütiger Herrscher, das Volk liebte ihn." Hauptsätze werden oft durch nebenordnende Konjunktionen verbunden, z. B.: „Arthur war noch sehr jung, aber er war ein guter König."
Das **Komma kann entfallen,** wenn die Hauptsätze durch Konjunktionen wie „und", „oder", „entweder ... oder" oder „weder ... noch" verbunden sind, z. B.: „Das Volk liebte ihn und während seiner Regierungszeit herrschte Frieden."

### Satzgefüge

**Satzgefüge** sind Sätze, die aus mindestens einem **Hauptsatz und einem Nebensatz** zusammengesetzt sind. Der Nebensatz ist dem Hauptsatz untergeordnet und wird durch **Komma** vom Hauptsatz getrennt. Nebensätze werden oft mit unterordnenden Konjunktionen wie „dass", „weil", „wenn", „als", „bevor" eingeleitet, z. B.: „Als Igraine ihren Sohn gebar, erschien Merlin am Hof."

## 2.7 Nebensätze

### Adverbialsätze

Nebensätze nehmen oft die Stelle eines Satzglieds ein; man nennt sie dann Gliedsätze. Wenn ein Gliedsatz die Stelle einer adverbialen Bestimmung einnimmt, heißt er Adverbialsatz. Adverbialsätze lassen sich genau wie adverbiale Bestimmungen nach ihrer Zusatzinformation näher bestimmen. **Adverbialsätze** werden mit einer Konjunktion eingeleitet. Sie werden vom Hauptsatz durch ein **Komma** getrennt.

- **Temporalsätze** geben Zeitverhältnisse an. Einleitende Konjunktionen sind z. B.: „als", „während", „nachdem", „seitdem". Beispiel: „*Als beide Ritter nicht mehr kämpfen konnten,* brachte Merlin den verwundeten König zu einem Einsiedler."
- **Kausalsätze** geben den Grund oder die Ursache an. Einleitende Konjunktionen sind z. B.: „weil", „da". Beispiel: „Merlin blieb sehr lange bei Arthur, *weil der junge König mit dem Tod kämpfte.*"
- **Konditionalsätze** geben eine Bedingung an. Einleitende Konjunktionen sind z. B.: „wenn", „falls", „sofern". Beispiel: „ *Wenn Arthur bei diesem Kampf gestorben wäre,* hätte England seinen König verloren."
- **Finalsätze** geben einen Zweck an. Einleitende Konjunktion ist z. B.: „damit". Beispiel: „*Damit der Schwarze Ritter dem König nicht mehr gefährlich werden konnte,* ließ Merlin ihn durch einen Zauberspruch in einen tiefen Schlaf sinken."
- **Konsekutivsätze** geben die Folge oder Wirkung an. Einleitende Konjunktion ist z. B.: „sodass" (auch: „so ..., dass"). Beispiel: „Arthur war krank und schwach, *sodass er die unbekannte Dame nur verschwommen erkennen konnte.*"

- **Modalsätze** geben die Art und Weise an. Einleitende Konjunktionen sind z. B.: „indem", „wie", „als". Beispiel: „Die schöne Gwinever trug viel zu seiner Genesung bei, *indem sie Tag und Nacht an seinem Lager wachte.*"
- **Konzessivsätze** geben eine Einräumung an. Einleitende Konjunktionen sind z. B.: „obwohl", „obgleich", „wenn auch". Beispiel: „*Obwohl Arthur die schöne Dame nur undeutlich erkennen konnte,* beeindruckte ihn deren Schönheit sehr."
- **Adversativsätze** geben einen Gegensatz an. Einleitende Konjunktion ist z. B.: „während". Beispiel: „*Während Arthur den Kampf so bald wie möglich fortsetzen wollte,* war Merlin ganz und gar gegen eine erneute Gefährdung des Königs von England."

## Subjektsätze und Objektsätze

Subjektsätze und Objektsätze sind **Gliedsätze,** weil sie die Stelle eines Satzgliedes einnehmen. Sie übernehmen die Rolle des Subjekts bzw. des Objekts für den Hauptsatz und lassen sich genauso wie Subjekt oder Objekt durch Satzgliedfragen ermitteln.
Subjekt- und Objektsatz werden durch ein **Komma** vom Hauptsatz abgetrennt.
Beispiel: „Wer dieses Schwert aus dem Amboss zieht, ist der König von England."
Frageprobe: „Wer oder was (= Subjekt) ist der König von England?"
Beispiel: „Sich zu verstellen, hatte er nie gelernt."
Frageprobe: „Wen oder was (= Objekt) hatte er nie gelernt?"
Subjekt- und Objektsätze können unterschiedliche Gestalt annehmen:

| Satzform | **Subjektsatz** | **Objektsatz** |
|---|---|---|
| **indirekter Fragesatz** | *Wer diesen Ritter schlägt,* ist ein Held. | Niemand wusste, *wie er hieß.*<br>Er wusste nicht, *ob er überleben würde.* |
| **dass-Satz** | *Dass er kämpfen wollte,* erstaunte Gwinever. | Er erkannte, *dass er kämpfen musste.* |
| **Infinitivsatz** | *Auf einem Pferd zu reiten,* machte ihm Freude. | Er erklärte, *nichts zu wissen.* |

## Relativsätze

Nebensätze, die mit einem Relativpronomen (z. B. „der"/„die"/„das" oder „welcher"/„welche"/„welches") eingeleitet werden, heißen **Relativsätze.**
Ein Relativsatz wird durch **Komma(s)** vom übergeordneten Satz, der das Bezugswort enthält, abgetrennt. Beispiele:

„Die Mädchen schliefen in einem Turm, ***der*** *sehr streng bewacht wurde.*"

# 2.8 Zeichensetzung

## Kommaregeln im Überblick

▷ S. 163

**Satzreihe**

Eine **Satzreihe** besteht aus **aneinandergereihten Hauptsätzen.** Sie werden durch **Komma** voneinander getrennt,
z. B.: „Er war ein gütiger Herrscher, das Volk liebte ihn."
Hauptsätze werden oft durch nebenordnende Konjunktionen verbunden,
z. B.: „Arthur war noch sehr jung, aber er war ein guter König."
Das **Komma kann entfallen,** wenn die Hauptsätze durch Konjunktionen wie „und", „oder", „entweder ... oder" oder „weder ... noch" verbunden sind,
z. B.: „Das Volk liebte ihn und während seiner Regierungszeit herrschte Frieden."

**Satzgefüge**

**Satzgefüge** sind Sätze, die aus mindestens einem **Hauptsatz und einem Nebensatz** zusammengesetzt sind. Der Nebensatz ist dem Hauptsatz untergeordnet und wird durch **Komma** vom Hauptsatz getrennt. Nebensätze werden oft mit unterordnenden Konjunktionen wie „dass", „weil", „wenn", „als", „bevor" eingeleitet,
z. B.: „Als Igraine ihren Sohn gebar, erschien Merlin am Hof."

**Infinitivsätze**

Ein Infinitivsatz, der aus einem Infinitiv mit *zu* und mindestens einem weiteren Wort besteht, muss häufig durch Kommas abgetrennt werden, und zwar immer dann,
- wenn der Infinitivsatz durch ein *um, ohne, statt, anstatt, außer, als* eingeleitet wird, z. B.: „Ich möchte das Buch lesen, *um* mehr über Haie zu erfahren."
- wenn der Infinitivsatz von einem Nomen abhängt, z. B.: „Wir hatten *den Plan, uns gründlich über Haie zu informieren.*"
- wenn durch ein hinweisendes Wort wie *daran, darauf, dazu* oder *es* auf den Infinitivsatz Bezug genommen wird, z. B.: „Wir hatten uns *darauf* gefreut, den Film über Haie anzusehen."

In allen anderen Fällen ist das Komma freigestellt. **Es empfiehlt sich, die Kommas immer zu setzen,** weil sie die Gliederung des Satzes verdeutlichen und niemals falsch sind.

**Partizipialsätze**

Ein Partizipialsatz muss normalerweise nicht durch ein Komma vom übergeordneten Satz getrennt werden. Ein Komma kann gesetzt werden, wenn der Partizipialsatz als Zusatz gekennzeichnet werden soll. **Ein Komma muss stehen,**
- wenn durch ein **hinweisendes Wort** auf den Partizipialsatz Bezug genommen wird, z. B. mit „so". Beispiel: „Um Worte ringend, *so* stellte sich Arthur der Lady vor."
- wenn der Partizipialsatz als **Einschub** die gewöhnliche Satzstellung unterbricht. Beispiel: „Der König, *vor Freude lächelnd,* lief auf sie zu."
- wenn der Partizipialsatz einen **Nachtrag** darstellt. Beispiel: „Er verweilte im Garten, *nach ihren Blicken heischend.*"

**Aufzählungen**

Aufzählungen können aus Wörtern oder aus Wortgruppen bestehen. Sie werden durch ein **Komma** getrennt. Beispiel: „Sie wollte um sechs Uhr nach Hause kommen, Aufgaben machen, dann schwimmen gehen."

Wenn die Wörter oder Wortgruppen in Aufzählungen durch nebenordnende Konjunktionen wie „und“, „oder“, „entweder ... oder“, „sowohl ... als auch“ oder „weder ... noch“ verbunden sind, entfällt das Komma. Beispiel: „Wir fahren bei sonnigem *oder* trübem Wetter los.“

**Wörtliche Rede**

Die wörtliche Rede steht in **Anführungszeichen.** Der Redebegleitsatz kann der wörtlichen Rede vorangestellt, nachgestellt oder in die wörtliche Rede eingeschoben sein.

Nach einem **vorangestellten Redebegleitsatz** weist ein **Doppelpunkt** auf die folgende wörtliche Rede hin. Beispiel: *Sie sagte:* „Ich besuche dich bald.“

Der **nachgestellte Redebegleitsatz** wird durch **ein Komma** von der wörtlichen Rede abgetrennt. Beispiel: „Halt! Stehen bleiben!“, *riefen die Polizisten.*

Der **eingeschobene Redebegleitsatz** wird durch **zwei Kommas** von der wörtlichen Rede abgetrennt. Beispiel: „Ich suche das Buch“, *sagte sie*, „weißt du, wo es sein könnte?“

**Das Komma bei Zusätzen und Nachträgen**

Zusätze oder Nachträge grenzt man mit Komma ab; sind sie eingeschoben, so schließt man sie in Kommas ein.
Durch Kommas abgetrennt werden:

- **Appositionen** sind im Kern nachgestellte Nomen und stehen im gleichen Kasus wie ihr Bezugswort, z. B.: „Wen Jiabo, *der Regierungschef*, lebt in Peking.“
- **Nachgestellte Erläuterungen** werden oft mit Wörtern wie „nämlich“, „das heißt“, „und zwar“, „vor allem“, „besonders“, „insbesondere“, „genauer“, „zum Beispiel“, „beispielsweise“, „also“ eingeleitet, z. B.: „In China leben weltweit die meisten Menschen, *nämlich 1,3 Milliarden.*“
- **Nachgestellte Partizipien, Partizip- oder Adjektivgruppen** und entsprechende Wortgruppen, z. B.: „Der Glaubensausübung, *buddhistisch, taoistisch, islamisch, christlich oder konfuzianisch*, sind in China noch immer strenge Grenzen gesetzt.“
- **Parenthesen** sind Einfügungen in einen Satz, die auch alleine stehen könnten und damit vom Gesamtsatz unabhängig sind, z. B.: „Eines Tages, *es war mitten im Sommer*, hagelte es.“

**Das Komma bei Anreden und Ausrufen**

Anreden, Ausrufe oder Ausdrücke einer Stellungnahme, die besonders hervorgehoben werden sollen, grenzt man mit Komma ab; sind sie eingeschoben, so schließt man sie in Kommas ein. Durch Kommas abgetrennt werden:

- **Anreden,** z. B.: „Leute, hört doch mal zu.“ „Für heute sende ich dir, lieber Christoph, die herzlichsten Grüße.“
- **Ausrufe oder Ausdrücke einer Stellungnahme,** z. B.: „Oh, ganz schön viel los hier!“ „Tatsächlich, das ist es!“ „Leider, das hat er gesagt.“

**Das Komma bei mehrteiligen Orts-, Zeit- und Literaturangaben**

Mehrteilige Orts-, Zeit- und Literaturangaben gliedert man durch Kommas.
Das abschließende Komma kann entfallen, z. B.:
„Das Vorbereitungstreffen findet am Mittwoch, dem 25. Juli, um 14 Uhr(,) in der Bibliothek statt.“ „Der Artikel ist im ‚Spiegel‘, Heft 48, 2005, S. 25(,) erschienen.“

# 3 Rechtschreiben

## 3.1 Silbentrennung

Grundregel: Mehrsilbige Wörter trennt man nach **Sprechsilben,** die man bei langsamem, betontem Sprechen hören kann, z. B.: „Spa-zier-gang", „Rei-he", „heu-te". Ein einzelner Vokalbuchstabe am Wortanfang oder -ende wird nicht abgetrennt, z. B.: „Igel", „Abend". Von mehreren Konsonanten trennt man nur den letzten ab, z. B.: „Damp-fer", „Kat-ze".
**Achtung:** Die Buchstabenverbindung „ck" steht für einen Laut und wird nicht getrennt, z. B.: „ba-cken", „De-ckel", „Zu-cker".

## 3.2 Laute und Buchstaben

### Die Schärfung: Schreibung nach kurzen Vokalen

**Nach betontem kurzem Vokal** stehen meist **zwei Konsonanten;** entweder zwei gleiche Konsonanten (Konsonantenverdoppelung) oder zwei verschiedene Konsonanten (Konsonantenhäufung).

- In den meisten Fällen kann man die zwei verschiedenen Konsonanten beim Hören gut voneinander unterscheiden, z. B.: *Hu**nd**, To**pf**, Ka**rt**e, de**nk**en.*
- Hörst du beim Sprechen nur einen Konsonanten, so wird er verdoppelt, z. B.: *kna**bb**ern, Pu**dd**ing, Ko**ff**er, Ba**gg**er, schwi**mm**en, Bru**nn**en, Su**pp**e, i**rr**en, verge**ss**en, schü**tt**eln.*

**Achtung:**
Statt verdoppeltem **k** schreibt man **ck,** z. B.: *Glü**ck**, He**ck**e, wa**ck**eln, zwi**ck**en, A**ck**er, ho**ck**en.*
Statt verdoppeltem **z** schreibt man **tz,** z. B.: *Ka**tz**e, Schu**tz**, Hi**tz**e, ä**tz**end, tro**tz**, plö**tz**lich.*
**Ausnahme:** Bei manchen Fremdwörtern folgt nach einem kurzen Vokal nur ein Konsonant, z. B.: *April, Praxis.* Bei vielen Fremdwörtern schreibt man nach kurzem Vokal nur ein einfaches **k,** manchmal auch **kk,** z. B.: *Anora**k**, Lyri**k**, dire**k**t, he**k**tisch, A**kk**usativ, A**kk**ordeon, Mo**kk**a.*

### Die Dehnung: Schreibung nach langen Vokalen

Lang gesprochene Vokale **(a, e, i, o, u)** oder Umlaute **(ä, ö, ü)** können mit einfachem Buchstaben geschrieben werden wie in *Sp**u**r, w**ä**r, T**o**r.* Oder sie werden mit einem **Dehnungs-h** verbunden wie in *S**ah**ne, f**eh**len* oder *b**oh**ren.*
Folgende Tipps können euch helfen, Wörter mit langen Vokalen richtig zu schreiben.

- **Verwandte Wörter bilden**
  Wenn man sich bei der Schreibung eines Wortes unsicher ist, ob es mit oder ohne Dehnungs-h geschrieben wird, kann einem die Schreibung eines verwandten Wortes aus der Wortfamilie helfen. Das Dehnungs-h im Wortstamm bleibt erhalten.
  ***wohn**en: die **Wohn**ung, **wohn**lich, be**wohn**en, **Wohn**ungsbau, Miet**wohn**ung, Ein**wohn**er*
- Den lang gesprochenen Vokal **u** im Präfix **ur**- und das lang gesprochene **a** und **u** in den Suffixen -**bar, -sal, -sam, -tum** schreibt man ohne Dehnungs-h, z. B.: *sonder**bar**, grau**sam**.*

- Nur wenige Wörter werden mit **Doppelvokal** geschrieben, z. B.: *Haar, Paar, Saal.*
  - Wenn sich von diesen Wörtern Ableitungen mit Umlaut bilden lassen, entstehen **einfache Umlaute,** z. B.: *Paar – Pärchen; Saal – Säle; Boot – Bötchen.*

Für das **lang gesprochene i** gilt:

- Die meisten Wörter mit lang gesprochenem **i** werden mit **ie** geschrieben, z. B.: *Kies, Wiese, kriechen, Tier, lieb, hier, viel, vielleicht, ziemlich.*
- Nur in den Pronomen **ihm/ihn/ihr** wird das lang gesprochene **i** als **ih** geschrieben, z. B.: *Wir schenken **ihm** ein Buch und **ihr** eine CD.*
- Sehr selten sind Wörter mit **ieh,** z. B.: *ziehen, fliehen, geliehen, Vieh.*
- In **Fremdwörtern** wird das lang gesprochene **i** oft mit einfachem **i** geschrieben, z. B.: *Maschine, Bleistiftmine, Apfelsine, Ski, Rosine, Klima, Motiv, Stil.*

## Schreibung der s-Laute

**Der s-Laut im Wortinneren**

- Der **stimmhafte s-Laut** wird im Wortinneren immer mit einfachem **s** geschrieben, z. B.: *Rasen, leise, losen.*
- Beim **stimmlosen s-Laut** musst du auf den vorangehenden Vokal achten.
  **Nach kurzem Vokal** schreibt man **ss,** z. B.: *er hasst, Wasser, er frisst.*
  **Nach langem Vokal** oder **Diphthong** schreibt man **ß,** z. B.: *Klöße, spaßen, draußen.*

**Der s-Laut am Wortende**

Die Schreibung des s-Lautes am Wortende richtet sich danach, ob dem s-Laut ein kurzer Vokal oder ein langer Vokal oder ein Diphthong vorangeht.
**Nach kurzem Vokal** steht fast immer **ss,** z. B.: *der Biss – die Bisse.*
**Nach einem langen Vokal** oder **Diphthong** stehen die Buchstaben **s** oder **ß.**
Die Verlängerungsprobe hilft dir bei der Schreibung:
Wenn der **s-Laut** in der Wortverlängerung **stimmlos** ist, schreibst du **ß,**
z. B.: *sie heißt – heißen, der Spaß – die Späße.*
Wenn der **s-Laut** in der Wortverlängerung **stimmhaft** ist, schreibst du **s,**
z. B.: *das Haus – die Häuser, er niest – niesen.*

**„dass“ oder „das“?**

**„das“** wird mit **s** geschrieben, wenn es sich

- um den **bestimmten Artikel** „das“ handelt, z. B.: „*das* Äffchen“.
- um das **Demonstrativpronomen** „das“ handelt, z. B.: „*Das* ist das Äffchen von vorhin.“
  Das Demonstrativpronomen „das“ kann durch „dieses“ ersetzt werden.
- um das **Relativpronomen** „das“ handelt,
  z. B.: „Das Äffchen, *das* ich vorhin gesehen habe, klammert sich gerade am Gitter fest.“
  Das Relativpronomen „das“ kann durch „welches“ ersetzt werden.

**„dass“** wird mit **ss** geschrieben, wenn es sich

- um die **Konjunktion** „dass“ handelt. Durch „dass“ wird immer ein Nebensatz eingeleitet, z. B.: „Ich glaube, *dass* ich jetzt im Zoo genug erlebt habe.“

# 3.3 Groß- und Kleinschreibung

▷ S. 156–158

## Nominalisierungen

Verben, Adjektive, Partizipien und andere Wörter können als Nomen gebraucht werden. Man schreibt sie dann groß. Ihr könnt solche nominalisierten Wörter häufig an denselben **Signalwörtern** erkennen wie Nomen, z. B.:

- an einem vorausgehenden **Artikel:** „gehen", „gähnen", „13-jährig" – „*das* Gehen", „*ein* Gähnen", „*die* 13-Jährige"
- an einer vorausgehenden **Präposition** (die auch mit einem Artikel verschmolzen sein kann): „gut", „böse" – „*im* (in dem) Guten", „*im* (in dem) Bösen"
- an einem vorangestellten **Pronomen:** „lachen", „arbeiten", „jammern" – „*mein* Lachen", „*dieses* Arbeiten", „*kein* Jammern" „schön", „neu", „alt" – „*viel* Schönes", „*wenig* Neues", „*nichts* Altes"
  - In Verbindung mit den **Indefinitpronomen** „etwas", „alles", „nichts", „einige", „kein", „viel", „wenig", „allerlei", „ein paar", „genug", „manches" werden Verben und Adjektive großgeschrieben. Weil solche Wortgruppen häufig vorkommen, ist es am einfachsten, du lernst diese Pronomen als Signalwörter auswendig.

Nicht immer wird ein nominalisiertes Wort durch ein Signalwort angekündigt. Mache die Probe: Wenn du ein Signalwort ergänzen könntest, schreibst du groß, z. B.: „Wenn man *(das)* Gelb mit *(einem)* Blau mischt, entsteht *(ein)* Grün."

**Achtung:**
Nominalisierungen, die aus zwei Wörtern zusammengesetzt sind, schreibt man zusammen, z. B.: „das Radfahren", „das Schlangestehen".

## Schreibung von Zahlwörtern

- Zahlwörter (Numeralia) verteilen sich auf die Wortarten Nomen („die *Million*"; „der *Zehnte*"), Adjektiv („*zwei* Gruppen"; „der *zweite* Platz") und Adverb („*fünfmal*"; „*erstens*"). Man unterscheidet unter anderem:
  **Kardinalzahlen;** sie legen eine Anzahl fest, z. B.: „*eins*", „*hundert*", „zwei *Millionen*".
  **Ordinalzahlen;** sie legen eine Reihenfolge fest, z. B.: „der/die/das *Erste*", „der *achte* Tag".
- **Zahlwörter,** die **Nomen** sind oder als Nomen verwendet werden (Nominalisierung), schreibt man groß, z. B: „die *Million*" (Nomen), „der *Zehnte*" (Nomen), „am *Zehnten*" (Nominalisierung), „zum *Zweiten*" (Nominalisierung).
- **Zahlwörter,** die **Adjektive** oder **Adverbien** sind, schreibt man klein, z. B.: „*sechs* Monate" (Adjektiv), „Sie hat *zweimal* angerufen." (Adverb).
- Die Zahlwörter „hundert", „tausend" oder „Dutzend" können groß- oder kleingeschrieben werden, wenn mit ihnen unbestimmte, nicht in Ziffern auszudrückende Mengen angegeben werden, z. B.: „Es gab *Dutzende/dutzende* von Verletzungen."; „Viele *Hundert/hundert* mussten auf halber Strecke aufgeben."; „Einige *Tausend/tausend* Zuschauer kamen."

## Schreibung von Zeitangaben

- **Zeitangaben,** die **Nomen** sind, werden großgeschrieben. Ihr könnt sie häufig an den Signalwörtern erkennen:
  - an einem vorausgehenden Artikel: „*der* Mittwoch“, „*ein* Sonntag“
  - an einer vorausgehenden Präposition (mit Artikel): „*am* Abend“
  - an einem vorangestellten Adjektiv (oft mit Artikel) oder Partizip: „an einem *schönen* Morgen“, „*kommenden* Freitag“
  - an einem vorangestellten Pronomen oder einer Mengenangabe: „*jeden* Morgen“, „*dieser* Abend“, „*drei* Sonntage“
- **Zeitangaben,** die **Adverbien** oder **Adjektive** sind, werden kleingeschrieben, z. B.: „früher“, „später“, „stündlich“, „gestern“, „übermorgen“, „heute“, „sonntags“, „mittags“, „abends“. ***TIPP:*** Adverbien, die Tageszeiten oder Wochentage bezeichnen, erkennt ihr an der Endung -s.
- Bei kombinierten Zeitangaben schreibt man entsprechend der Regel die Adverbien oder Adjektive klein und die Nomen groß, z. B.: „gestern Abend“, „heute Nachmittag“.

## Eigennamen

**Eigennamen** werden **großgeschrieben,** z. B.: „Thomas“, „Indien“, „München“. Bei mehrteiligen Eigennamen werden die Adjektive, Partizipien, Pronomen und Zahlwörter großgeschrieben, wenn sie Bestandteile des Eigennamens sind, z. B.: „Peter der Große“, „die Chinesische Mauer“, „der Siebenjährige Krieg“. Eigennamen sind:

- Personennamen, z. B.: „Friedrich der Zweite“, „der Alte Fritz“, „Alexander der Große“
- geografische Begriffe (Namen), z. B.: „der Bayerische Wald“, „das Tote Meer“
- Namen von Institutionen und Einrichtungen, z. B.: „das Rote Kreuz“, „die Schweizerischen Bundesbahnen“, „das Europäische Parlament“
- geschichtliche Ereignisse, z. B.: „der Zweite Weltkrieg“, „der Westfälische Friede“
- Titel und Ehrenbezeichnungen, z. B.: „der Heilige Vater“, „der Regierende Bürgermeister“
- besondere Kalendertage, z. B.: „der Heilige Abend“, „der Erste Mai“
- feste fachsprachliche Begriffe, z. B.: „der Rote Milan“ (Vogel), „das Fleißige Lieschen“ (Pflanze)

## Herkunftsbezeichnungen

- Die von geografischen Namen abgeleiteten Herkunftsbezeichnungen mit dem Suffix **„-er“** schreibt man groß, z. B.: *Hamburg**er** Hafen, Schwarzwäld**er** Rauchschinken, München**er** Olympiastadion.*
- Die von geografischen Namen und Personennamen abgeleiteten Adjektive auf **„-(i)sch“** werden kleingeschrieben, z. B.: *ind**isch**er Tee, bay(e)r**isch**es Bier, platon**isch**e Liebe.* **Ausnahme:** Wenn die Adjektive auf „-(i)sch“ Teil eines Eigennamens sind, werden sie großgeschrieben, z. B.: „der Bay(e)rische Wald“, „der Indische Ozean“.

# 3.4 Getrennt- und Zusammenschreibung

▷ S. 153–155

## Wortgruppen

**Wortgruppen aus Nomen und Verb**
Wortgruppen aus Nomen und Verb werden in der Regel getrennt geschrieben, z. B.: „Rad fahren“, „Angst haben“, „Eis essen“.
**Achtung:** Werden diese Verbindungen wie Nomen gebraucht (nominalisiert), schreibt man sie zusammen, z. B.: „Soll ich dich *zum Fußballspielen* abholen?“

**Wortgruppen aus Verb und Verb**
Wortgruppen aus Verb und Verb können immer getrennt geschrieben werden, z. B.: „laufen lernen“, „liegen lassen“, „lesen üben“.

**Wortgruppen mit „sein“**
Wortgruppen mit ***sein*** werden immer getrennt geschrieben, z. B.: „da sein“, „glücklich sein“, „gesund sein“.

**Wortgruppen aus Adjektiv und Verb**
Wortgruppen aus Adjektiv und Verb werden meist getrennt geschrieben, z. B.: „besser verdienen“, „richtig machen“, „klar denken“.
Bei der Schreibung von **Adjektiv und Verb** kann man eine **Probe** machen:
- Wenn Adjektiv und Verb wörtlich genommen einen Sinn ergeben, schreibt man sie getrennt, z. B.: „schwarz anstreichen“ → „Er möchte die Wand schwarz anstreichen.“
- Wenn durch das Zusammentreten von Adjektiv und Verb eine neue Gesamtbedeutung entsteht, schreibt man sie **zusammen,** z. B.: „richtigstellen (= berichtigen)“, „schwarzfahren (= ohne Fahrkarte fahren)“, „schwerfallen (= Probleme bereiten)“.

**Wortgruppen aus Adverb und Verb oder Präposition und Verb**
- Wortgruppen aus Adverb und Verb oder Präposition und Verb werden **zusammengeschrieben,** wenn die Hauptbetonung auf dem Adverb bzw. der Präposition liegt, z. B:
  „abwarten“, „hereinkommen“, „weitersagen“, „zurückkommen“, „auseinandersetzen“, „wiedersehen“, „dabeisitzen“. Das betrifft auch Wortbausteine wie „kund-“, „fehl-“, „heim-“, „preis-“.
- **Getrennt geschrieben** wird dagegen in der Regel, wenn die Hauptbetonung auch auf dem Verb liegen kann, z. B.: „Nach der OP konnte er wieder sehen.“ „Sie wollte dabei sitzen (= diese Arbeit im Sitzen verrichten).“
  Man erkennt diese Fälle auch daran, dass zwischen den ersten Wortbaustein und das Verb ein Satzglied geschoben werden kann, z. B.: „Sie wollte dabei *nicht immer* sitzen.“

## Zusammengeschrieben werden:

Wortkombinationen aus Nomen und Adjektiv wie „butterweich“, „eiskalt“.
Wortkombinationen aus zwei Adjektiven wie „lauwarm“, „superbequem“.

# 4 Umgehen mit Texten und Medien

## 4.1 Erzählende Literatur

### Die Anekdote

Eine **Anekdote** ist eine **kurze Geschichte mit einer heiteren Pointe,** d. h. einem überraschenden und geistreichen Höhepunkt. Anekdoten erzählen über bedeutende Persönlichkeiten, gesellschaftliche Gruppen oder über interessante Ereignisse. Bestimmte Eigenschaften oder Eigenarten einer bekannten Persönlichkeit oder eines denkwürdigen Ereignisses werden dabei scharf und blitzlichtartig charakterisiert. Bei der knappen Schilderung des Geschehens wird als **sprachliches Mittel** häufig der **Dialog** (Rede und Gegenrede) verwendet.

### Die Kurzgeschichte

▷ S. 181–184

und-
ssen 9

Die **Kurzgeschichte** ist eine **knappe, moderne Erzählung,** die sich ab Mitte des 20. Jhdt. als Erzählform durchsetzt. Sie zeigt eine Momentaufnahme, einen krisenhaften Ausschnitt oder eine wichtige Episode aus dem Alltagsleben einer oder mehrerer Menschen. Kurzgeschichten haben meist folgende **Merkmale:**

- **geringer Umfang**
- Ausschnitt aus einem **alltäglichen Geschehen,** der für die dargestellten Figuren von besonderer Bedeutung ist
- **unmittelbarer Einstieg** in das Geschehen, der schlagartig eine Situation aufreißt
- **zielstrebiger Handlungsverlauf** hin zu einem Höhe- oder Wendepunkt
- **offener Schluss,** der viele Deutungsmöglichkeiten zulässt
- **meist Alltagssprache** mit einfachem Satzbau und umgangssprachlichen Elementen in der direkten Rede (passend zur alltäglichen Thematik der Kurzgeschichte)

### Die Novelle

▷ S. 172–181

und-
ssen 9

Die Novelle (von ital. *novella* = Neuigkeit) gehört zu den Kleinformen des Erzählens im Gegensatz zum Roman. Die Novelle, die im 19. Jhdt. ihre Blütezeit hatte, ist eine relativ kurze, in straffer Form erzählte, dramatische Begebenheit.

**Novellen haben meist folgende Merkmale:**

- Sie erzählen von einer tatsächlichen oder möglichen **Einzelbegebenheit** (im Gegensatz zum Märchen).
- Im Zentrum der Handlung steht ein **Konflikt.**
- Sie weisen eine **strenge Bauform** auf, die **dem Drama verwandt** ist: knappe Exposition, zeitraffende, zielgerichtete Hinführung zum Höhe- bzw. Wendepunkt, Verzögerung, Lösung/Katastrophe.
- Oft wird ein Gegenstand zum **Bedeutungsträger** (Dingsymbol, Leitmotiv).
- Sie haben eine **geschlossene Form** (im Gegensatz zur offenen Form der Kurzgeschichte).

## Erzählende Texte untersuchen

▷ S. 249–274

Grundwissen 9

Um einen Text besser verstehen zu können, muss man ihn erschließen. Dazu untersucht man, wovon er handelt und wie er erzählt wird. Folgende Analyseaspekte können dabei in den Blick genommen werden:

**Texterschließung anfertigen**

- Thema bzw. zentralen Konflikt bestimmen
- die Einstellung des Erzählers gegenüber dem Erzählten erkennen:
  - distanziert
  - kritisch
  - einfühlend
  - humorvoll
  - …
- Handlungsort und -zeit, Atmosphäre ermitteln
- Erzählverhalten
- Figuren und ihre Konstellation untersuchen
- sprachliche Besonderheiten untersuchen (Stilebene, Metaphorik, Wiederholungen etc.)
- die Zeitgestaltung (Verhältnis Erzählzeit zur erzählten Zeit)
  - zeitraffend
  - zeitdeckend
  - zeitdehnend
- Aufbau der Handlung klären:
  - linear
  - Rückblenden/Vorausdeutungen
  - gleichzeitiges Darbieten mehrerer Handlungsstränge
  - Funktion von Anfang und Ende ermitteln (vor allem bei Kurzgeschichten)

und-
ssen 9

## Merkmale des Erzählens untersuchen

▷ S. 249–274

Das wesentliche Merkmal für einen epischen (erzählenden) Text ist der **Erzähler**/die **Erzählerin,** der/die nicht mit dem Autor/der Autorin gleichgesetzt werden darf. Ein erwachsener Autor kann zum Beispiel eine Geschichte von einem Kind, ein männlicher Autor die von einer Frau erzählen lassen oder umgekehrt. Immer ist der Erzähler/die Erzählerin eine vom Autor erfundene Figur und gehört zur Welt der erzählten Geschichte.
Der Erzähler/die Erzählerin und seine/ihre Erzählweise lassen sich nach den folgenden Aspekten genauer bestimmen:

| Merkmale des Erzählens | Erklärung | Beispiel |
|---|---|---|
| **Erzählform**<br>a) Er-/Sie-Form | Der Erzähler tritt als Person ganz in den Hintergrund, sodass die Leser und Leserinnen nichts oder kaum etwas über seinen Charakter und sein Leben erfahren. Der Erzähler ist Vermittler der Geschichte und erscheint hauptsächlich in Kommentaren zum Erzählten. | Peter S. betrat den Gerichtssaal. Er fühlte sich ungemütlich, denn ... Das war auch verständlich, weil ...<br>*(Friedrich Dürrenmatt: Der Verdacht)* |
| **Erzählform**<br>b) Ich-Form | Der Erzähler erscheint gleichzeitig als erlebende und erzählende Person. Dabei kann zwischen dem erlebenden und dem erzählenden Ich ein großer oder ein kleiner Abstand bestehen, je nachdem, ob der Ich-Erzähler unmittelbar aus der dargestellten Situation heraus erzählt oder später mit zeitlichem Abstand auf die Situation zurückblickt. | Als ich Jenö kennen lernte, war ich neun ...<br>*(Wolfdietrich Schnurre: Jenö war mein Freund)* |
| **Erzählverhalten (Erzählperspektive)**<br>a) auktorial | Der Er-/Sie-Erzähler greift in den Erzählvorgang ein, er leitet den Leser mehr oder weniger sanft mit Hilfe von Kommentaren, Vorausdeutungen, Urteilen über die Personen und Ansprachen an den Leser. | Die Hitze war unmäßig, soll ich das anführen? Sie war afrikanisch; die Schreckensherrschaft der Sonne ... Mögen Sie das?<br>*(Thomas Mann: Mario und der Zauberer)* |

| Merkmale des Erzählens | Erklärung | Beispiel |
|---|---|---|
| b) personal | Der Erzähler erzählt aus der Sicht (Perspektive) einer Person oder abwechselnd aus der Sicht mehrerer Personen. Hierbei tritt der Erzähler nicht unmittelbar auf, kommentiert nicht, sondern bleibt in der Sichtweise einer Figur verhaftet. | Sie sind da. Pille kann das sehen. Was draußen ist, sieht er sowieso besser als das, was hier drin geschieht. Auch wenn die Rollläden fast ganz heruntergelassen sind. Alles nur wegen dieser öden Dias ... *(Peter Grosz: Unerlaubter Weitschuss)* |
| c) neutral | Fakten und Vorgänge werden sachlich beschrieben bzw. berichtet. Oder der Erzählvorgang besteht darin, dass Gespräche ohne Zwischenbemerkungen wie protokolliert wiedergegeben werden (szenisches Erzählen). | 10.53 Uhr<br>Ein kanariengelber Fiat tastete sich vorsichtig in die Kurve, schlitterte trotzdem, die junge Frau am Steuer hatte Mühe, das Fahrzeug in der Gewalt zu behalten. *(Max von der Grün: Das Stenogramm)* |
| **Formen der Darbietung**<br>a) Erzählbericht | Der Erzähler vermittelt den Erzählgegenstand. Er wendet sich der Handlung und den Figuren zu, streut als auktorialer Erzähler Kommentare, Überlegungen, Betrachtungen ein. | (s. Beispiel zum auktorialen Erzählen) |
| b) Figurenrede | Der Erzähler lässt die Figuren zu Wort kommen. Dazu hat er verschiedene Möglichkeiten: | (alle folgenden Beispiele aus: *Renate Welsh: Was geht's dich an?*) |
| □ direkte Rede | Gespräche werden wie bei kleinen Dramenszenen in direkter Dialogform wiedergegeben und stehen meistens in Anführungszeichen. | „So wie die sich anmalen, ist es kein Wunder, wenn der Eine oder Andere ...“; „Hör auf, du siehst doch, es sind Kinder im Wagen ...“ |

| | | |
|---|---|---|
| □ indirekte Rede | Wiedergabe im Konjunktiv bzw. durch redeeinleitende Sätze; hier kann der Erzähler wieder etwas stärker in den Vordergrund treten. | Hemma [...] erklärte mit lauter Stimme, [...] ich solle doch dran denken, dass der arme Mann wahrscheinlich eine ganz schreckliche Kindheit gehabt habe. |
| □ innerer Monolog | Wie die erlebte Rede (s. u.) eine im modernen Erzählen häufig angewandte Technik der Wiedergabe von Gedanken, Gefühlen usw. in der 1. Person (Ich-Form). | Wer würde auf uns hören? Trotzdem müssten wir etwas sagen. |
| □ erlebte Rede | Wiedergabe von Gedanken, Gefühlen in der 3. Person. | Es war nicht möglich, dass Hemma resignierte. Nicht Hemma, sie doch nicht. |

## Sprachliche Gestaltungsmittel untersuchen

▷ S. 206–216; 263–270

…und-…issen 9

Um einen Text vollständig verstehen und deuten zu können, muss man die sprachliche Gestaltung des Textes untersuchen. Es reicht allerdings nicht aus, diese sprachlichen Auffälligkeiten nur zu benennen. Ihr müsst vor allem die **Wirkung,** die diese sprachlichen Gestaltungsmittel haben, erläutern. Im Folgenden findet ihr einige sprachliche Gestaltungsmittel.

**Textebene:**
- □ Wiederholung von Sätzen, Wortgruppen oder Wörtern

**Satzbau:**
- □ auffällige Häufung bestimmter Satzarten, z. B. Fragesätze
- □ Parataxe (aneinandergereihte Hauptsätze)
- □ Hypotaxe (Satzgefüge aus Haupt- und Nebensätzen)
- □ Inversion (Umstellung der geläufigen Wortstellung im Satz)
- □ Ellipse (unvollständiger Satz, Auslassung eines Satzgliedes/Wortes, das leicht ergänzt werden kann)

**Aussageweisen des Verbs,** z. B. Konjunktiv oder Imperativ

**Wortwahl,** z. B.:
- □ auffällige Häufung bestimmter Wortarten, z. B. Adjektive
- □ Verwendung von Jugendsprache oder Dialekt

**Bildlichkeit der Sprache,** z. B.:
- □ Metapher (Bedeutungsübertragung)
- □ Personifikation (Vermenschlichung)
- □ Hyperbel (Übertreibung)

(▷ mehr Informationen zu sprachlichen Gestaltungsmitteln auf den S. 341/342)

# 4.2 Gedichte

▷ S. 197–224

## Merkmale von Gedichten

Grundwissen 9

Gedichte bezeichnet man auch als lyrische Texte oder Lyrik. Der Begriff „Lyrik" geht auf ein altes Saiteninstrument, die Lyra (Leier), zurück. Das bestimmende Merkmal lyrischer Texte ist die gebundene, rhythmische Sprache in **Versen.** Die deutsche Bezeichnung „Gedicht" verweist auf das „verdichtete" Sprechen in Bildern.

Folgende Merkmale kennzeichnen die Lyrik:

- **Strophe:**
  Die meisten Gedichte sind in Strophen gegliedert. Häufig bestehen Gedichte aus mehreren gleich langen Strophen.
- **Vers:**
  Besonders in älteren Gedichten haben alle Verse eines Gedichts oft annähernd dieselbe Länge, d. h., die Anzahl der Silben bleibt in jeder Zeile nahezu gleich.
- **Reim:**
  In vielen Gedichten werden die Verse durch einen Endreim miteinander verbunden. Die regelmäßige Abfolge von Endreimen ergibt verschiedene Reimschemata: Paarreim *(aabb)*, Kreuzreim *(abab)* und umarmender Reim *(abba).*
- **Metrum (Versmaß):**
  Je nachdem, wie betonte und unbetonte Silben wechseln, unterscheidet man verschiedene Metren, z. B.
  Jambus („Ăm gráuĕn Stránd, ăm gráuĕn Méer"),
  Trochäus („Méinĕ Glóckĕn láutĕn")
  und Daktylus („Gótĭschĕ Fénstĕr ŭnd máurĭsch vĕrzíertĕs Pŏrtál").
- **Rhythmus:**
  Betonungen, Sprechpausen und Sprechtempo geben beim Vortrag den Rhythmus eines Gedichts wieder.
- **Lyrisches Ich:**
  Zu jedem Gedicht gehört eine Sprecherin oder ein Sprecher, der nicht mit der Autorin oder dem Autor gleichzusetzen ist. Oft stellt sich dieser Sprecher als ein Ich vor, das seine Gefühle, Beobachtungen und Gedanken so mitteilt, dass die Leserinnen und Leser sie mitempfinden können.
- **Sprache des Gedichts:**
  Die Sprache von Gedichten ist oft durch Vergleiche und Bilder (Metaphern) geprägt. Sie sind besonders dazu geeignet, Gefühle und Stimmungen auszudrücken oder eine bestimmte Atmosphäre entstehen zu lassen.
  So werden zur Darstellung von Liebe, Freude, Angst oder Einsamkeit z. B. oft Bilder aus dem Bereich der Natur verwendet (▷ mehr Informationen zu sprachlichen Gestaltungsmitteln auf den S. 341/342).

### Die Ballade

Die **Ballade** ist ein Gedicht, das eine **handlungsreiche Geschichte erzählt** und damit epischen Texten nähersteht, als es Gedichte sonst tun.
Charakteristisch für die Ballade ist, dass die **Handlung zeitlich gerafft** ist und in einer **dramatisch zugespitzten Form** dargestellt wird. Durch **spannungssteigernde Momente** und wörtliche Rede werden die Leser wie bei einer **szenischen Darstellung** in das Geschehen hineinversetzt.
Wie andere Gedichte kennzeichnet auch die Ballade eine gebundene Form: Sie hat in der Regel ein festes **Metrum,** ist in **Strophen** gegliedert und besitzt einen **Reim,** oft auch einen Refrain.

### Das Sonett

Das **Sonett** (von ital. *sonetto* = Tönchen, kleiner Tonsatz) ist eine Gedichtform, die vor allem im Barock häufig verwendet wurde. Es besteht aus 14 Zeilen, die in **zwei Quartette** (zwei vierzeilige Strophen) und **zwei Terzette** (zwei dreizeilige Strophen) gegliedert sind. Während für die Quartette der umarmende **Reim** (abba) vorherrschend ist, variiert in den Terzetten das Reimschema (z. B.: ccd/eed; cdc/ded; cde/cde).
Die gängigste Versform der Sonette ist der **Alexandriner,** ein sechshebiger Jambenvers, der eine Zäsur nach der dritten Hebung aufweist. Beispiel:
x x́ x x́ x x́ x x́x x́ x x́ x
*Du siehst, wohin du siehst, nur Eitelkeit auf Erden. (Gryphius: Es ist alles eitel.)*

Die innere Struktur des Sonetts ist die **Antithese:** These (Behauptung) und Antithese (Gegenbehauptung) in den Quartetten und eine Synthese (Vereinigung von These und Antithese) in den Terzetten. Der **letzte Vers** enthält oft eine **Schlussfolgerung** oder eine **Pointe.**

## 4.3 Drama/Theater

▷ S. 228–248

Das Drama gehört neben der erzählenden Literatur (Epik) und der Lyrik zu den drei literarischen Großgattungen.
Dramentexte sind in Dialogform verfasst und bilden damit die Gespräche der auftretenden Figuren ab.

Für das Verstehen eines Dramas sind folgende Aspekte wichtig:
- **Exposition:** Eingangsszene eines Stückes. In ihr werden die Hauptpersonen, der Ort, die Zeit und häufig auch die Vorgeschichte der Handlung vorgestellt.
- **Konflikt:** Auseinandersetzung oder Streit, der den Kern der Handlung auf der Bühne bildet.
- **Akt:** auch Aufzug genannt; Hauptabschnitt eines Dramas; geschlossene Handlungseinheit, die meist aus mehreren Szenen besteht.
- **Szene:** Kurzer abgeschlossener Teil eines Theaterstücks. Eine Szene endet, wenn Schauspieler auf- oder abtreten oder wenn das Licht ausgeht.

- **Rolle:** Gestalt oder Figur, die ein Schauspieler auf der Bühne verkörpert.
- **Dialog:** Gespräch zwischen den Personen auf der Bühne. Ein Selbstgespräch auf der Bühne nennt man **Monolog.**
- **Regieanweisung:** Anweisung an Regisseure und Schauspieler, wie eine bestimmte Szene gespielt werden soll. Regieanweisungen helfen außerdem dem Leser, sich die Personen und das Geschehen vorzustellen.

## 4.4 Sachtexte

▷ S. 185–193; 277–300

### Merkmale von Sachtexte

**Sachtexte** unterscheiden sich von literarischen Texten dadurch, dass sie vorwiegend informieren wollen und sich deshalb auf das Wesentliche (wichtige Tatsachen, Fakten) beschränken. Oft werden bestimmte Sachverhalte mit Fremdwörtern oder Fachbegriffen treffend benannt. Sachtexte haben häufig folgende Merkmale:

- Sachtexte sind meist in Abschnitte unterteilt, die Zwischenüberschriften haben können. Der erste Abschnitt führt oft in das Thema ein, die weiteren Abschnitte informieren dann über spezielle Themen.
- Wichtige Wörter oder Wortgruppen (so genannte Schlüsselwörter) sind oft hervorgehoben.
- Manche Begriffe oder Fachausdrücke werden in einer Fußnote oder in einer Randspalte erklärt.
- Es gibt oft Abbildungen, Grafiken und Tabellen, die wichtige Informationen enthalten.

**Das Layout eines Sachtextes**

Ob ein Sachtext leicht zu lesen ist, hängt nicht nur von seinem Inhalt, sondern auch von seinem Layout (Text- und Bildgestaltung) ab. Viele verschiedene Elemente können das Textbild prägen, z. B.:

- Überschriften und Zwischenüberschriften
- Unterteilung in Absätze
- Hervorhebungen durch **Fettdruck,** *Kursivdruck*, GROSSBUCHSTABEN
- Schaubilder, Tabellen und Grafiken
- Fotos und andere Abbildungen

Durch diese Gestaltungselemente wird Wichtiges hervorgehoben.

### Sachtexte auswerten

Folgende Schritte können euch helfen, Schritt für Schritt einen Sachtext zu verstehen:
1. Schritt: sich einen Überblick verschaffen (Überschriften, Bilder, Grafiken beachten)
2. Schritt: den Text genau lesen und Randbemerkungen machen
3. Schritt: Unverstandenes klären
4. Schritt: Aussagen einzelner Sinnabschnitte erkennen
5. Schritt: Kerninformationen entnehmen und ordnen, z. B. in einer Tabelle.

# 4.5 Medien

## Zeitungen

### Zeitungstypen

**Boulevardzeitung:**
wird meist ohne Abonnement in Geschäften oder Kiosken gekauft, „reißerische" Aufmachung (Neugier erweckende Schlagzeilen, hoher Bildanteil), z. B. „BILD", „Abendzeitung", „tz".

**Regionale/lokale Tageszeitung:**
erscheint täglich in einer bestimmten Region, wird vorwiegend an Abonnenten verkauft, z. B. „Fränkischer Tag", „Nordbayerische Nachrichten".

**Überregionale Zeitung:**
erscheint täglich oder wöchentlich und ist in ganz Deutschland erhältlich, z. B. „Süddeutsche Zeitung" (täglich), „Frankfurter Allgemeine Zeitung" (täglich), „Die Zeit" (wöchentlich).

## Journalistische Textsorten

### Die Nachricht

Die Nachricht **informiert knapp und sachlich über ein aktuelles Ereignis.** Der Nachrichtenstil ist geprägt durch die Beschränkung auf Tatsachen sowie das Bemühen um Objektivität, mit dem man den Tatsachen unvoreingenommen und unparteiisch gerecht werden will. Nachrichten sind meist im **Lead-Stil** (engl. lead = führen) aufgebaut, d. h.: Die **wichtigsten Informationen** stehen **am Textanfang** (Vorspann oder Lead), dann folgen weitere Detailinformationen.

### Der Kommentar

Ein Kommentar ist **ein subjektiv wertender Text,** in dem ein namentlich genannter **Autor** zu einem aktuellen Thema **Stellung nimmt.**
Kommentare ordnen Nachrichtenmeldungen in Zusammenhänge ein, erhellen die Hintergründe und führen Argumente für die eigene Meinung (argumentative Sprache) an. Häufig wird die Meinungsäußerung auch in Form von Aufforderungen oder Wünschen (appellative Sprache) zum Ausdruck gebracht.
**Ziel** des Kommentars ist es, die **Meinung des Lesers zu beeinflussen.**
Eine Sonderform des Kommentars ist der Leitartikel.

### Die Glosse

Die Glosse (von griech. „glossa" = Zunge, Sprache) ist ein **ironisch-witziger, oft auch polemischer Kurzkommentar** zu einem Thema. In erster Linie unterscheidet sich eine Glosse vom Kommentar also nicht in der Themenwahl, sondern in ihrer sprachlichen Form. Eines der beliebtesten Stilmittel von Glossenschreibern ist die Ironie. Eine bekannte Glossenrubrik ist z. B. das „Streiflicht" in der „Süddeutschen Zeitung".

**Die Reportage** ▷ S. 275–276; 285–287

Eine Reportage **informiert in besonders lebendiger und anschaulicher Weise** über ein Ereignis oder eine Person. Dabei kann auch das persönliche Erleben der Reporterin oder des Reporters deutlich werden. Reportagen führen mitten in ein Geschehen ein; die Leserinnen und Leser sollen gedanklich und emotional in das Geschilderte hineingezogen werden. In der Themenwahl ist der Journalist bei der Reportage frei: Alles kann zum Gegenstand seiner Schilderungen werden.

**Die Merkmale einer Reportage sind:**

- Recherche am Ort des Geschehens, Befragung von Beteiligten oder Fachleuten,
- Hintergrundinformationen und Zusammenhänge werden aufgezeigt,
- Wechsel zwischen sachlich informierenden und persönlich schildernden Textteilen,
- subjektive Meinung der Verfasserin oder des Verfassers,
- Zeitform: Präsens,
- wörtliche Rede,
- Angabe des Verfassernamens.

**Das Interview** ▷ S. 18–22; 108–111; 288–290

Bei einem Interview handelt es sich um eine **Befragung durch einen oder mehrere Fragesteller** (so genannte Interviewer) mit dem Ziel, persönliche Informationen oder Sachverhalte zu ermitteln. Es gibt verschiedene Formen des Interviews, z. B.:

- **Das Interview zur Person:** dient dazu, ein möglichst klares Bild des Gesprächspartners zu zeichnen, z. B. durch Erfragen der persönlichen Lebensumstände, Meinungen etc.
- **Das Interview zur Sache:** Experten werden zu einem bestimmten Thema (z. B. aktuelles Tagesgeschehen, Entscheidungen, Ereignisse) befragt.

Nur die wenigsten Interviews erscheinen wortwörtlich in den Medien. Die meisten Interviews führen die Journalisten zu Recherchezwecken, z. B. um Zitate zu bekommen oder sich komplizierte Sachverhalte von Experten erklären zu lassen.

## Zeitschriften

Zeitschriften sind **Printmedien** oder **elektronische Medien** (Online-Zeitschriften), die in regelmäßigen Abständen, z. B. wöchentlich oder monatlich, erscheinen und sich mit ihren Beiträgen an bestimmte Lesergruppen wenden. Oft wird auch der Begriff „Magazin" verwendet. Im Gegensatz zu Zeitungen sind sie weniger auf Nachrichten, sondern mehr auf Hintergrundberichterstattung zu aktuellen Themen ausgelegt. Auf dem Zeitschriftenmarkt unterscheidet man in der Regel zwei große Zeitschriftentypen:

- **Publikumszeitschriften** richten sich an ein sehr breites Publikum und setzen kein bestimmtes fachliches Interesse voraus. Typische Publikumszeitschriften sind Jugendmagazine, Fernsehzeitschriften, Frauen- und Männerzeitschriften und Illustrierte.

- **Fachzeitschriften** informieren über ein spezielles Fachgebiet und wenden sich an einen kleinen Leserkreis von Fachleuten, z. B. bestimmte Berufsgruppen.

# 5 Arbeitstechniken und Methoden

## 5.1 Texte überarbeiten

### Texte gezielt überarbeiten

▷ S. 166–170

Das Verfassen von Texten ist immer ein Prozess, der in mehreren Phasen abläuft: Planung, Niederschrift und Überarbeitung. Die Überarbeitung erfolgt am besten in mehreren Schritten. Wenn man den Text mit Abstand liest oder ihn anderen zum Gegenlesen gibt, zeigt sich meistens, dass eine weitere Überarbeitung nötig ist, um das angestrebte Schreibziel zu erreichen.
Bei der Überarbeitung sind mehrere Bereiche zu berücksichtigen, in denen Schwächen eines Textes liegen können und Verbesserungen nötig sind.

| | |
|---|---|
| **Inhalt** | ☐ **Stimmen alle Aussagen** des eigenen Textes mit denen der Vorlage überein?<br>☐ Ist dem Leser oder der Leserin ohne besondere Mühe **verständlich,** worum es in dem Text geht? |
| **Aufbau/ Logik** | ☐ Ist der Text **übersichtlich gegliedert,** z. B. nach Einleitung, Hauptteil, Schluss?<br>☐ Sind alle wichtigen **Informationen an der richtigen Textstelle platziert** oder wird etwas vorweggenommen oder nachgeschoben (Gedankensprünge)?<br>☐ Sind die einzelnen **Teile** (Aussagen/Informationen) richtig miteinander **verknüpft** (Ursache – Folge; Anlass – Ergebnis; Täter – Opfer) oder gibt es Widersprüche in der Gedankenführung?<br>☐ Wird ein wichtiger Gedanke zu knapp oder ein unwichtiger zu ausführlich dargestellt?<br>☐ Ist der **Gedankengang schlüssig** und für den Leser nachvollziehbar? |
| **Zitate** | ☐ Werden interpretierende Aussagen anhand des Textes belegt?<br>☐ Sind die Zitate sinnvoll gewählt und an der richtigen Stelle verwendet, d. h.: Passen die Zitate zu der jeweiligen Textaussage?<br>☐ Wird das Zitat korrekt angeführt (Anführungszeichen, Zeilenangaben, Kenntlichmachen von Auslassungen)? |
| **Ausdruck/ Satzbau/ Stil** | ☐ Ist die **Wortwahl** abwechslungsreich, genau, anschaulich, angemessen?<br>☐ Gibt es missverständliche oder **unpassende Wörter?**<br>☐ Ist der **Satzbau** klar und abwechslungsreich?<br>☐ Können die **Sätze stilistisch** noch verbessert werden (z. B. aus einem „Bandwurm“ zwei Sätze machen)?<br>☐ Werden unnötige **Wiederholungen vermieden?** |

| | |
|---|---|
| **Grammatik** | □ Sind die **Sätze grammatisch korrekt** in Hinblick auf Tempus, Modus (Indikativ oder Konjunktiv), grammatische Beziehungen, Wortstellung usw.? |
| **Recht-schreibung** | □ Sind **Rechtschreibung** und **Zeichensetzung** einwandfrei? |

Bei einem Text, der Schwächen im Aufbau und in der Genauigkeit der gedanklichen Verknüpfung aufweist, ist ein Vorgehen, bei dem die Fehler Zeile für Zeile bearbeitet werden, nicht sinnvoll. Denn oft muss man ganze Abschnitte umstellen, Teile weglassen, Sätze neu formulieren, andere Ausdrücke wählen usw., sodass manche Einzelfehler aus der ursprünglichen Fassung „von selbst" wegfallen. Darum sollte man zunächst den Text ganz lesen und dann die Textüberarbeitung planen.

## Schreibkonferenz

**1. Eigene Textproduktion**
Vor Beginn der Schreibkonferenz verfasst ihr selbst Texte. Die können ganz unterschiedlich aussehen, z. B.: Beschreibungen, Berichte, Textzusammenfassungen, Gedichte ...
Wichtig: Damit genügend Platz für die Korrekturen bleibt, klebt euren Text auf ein DIN-A3-Blatt oder lasst beim Schreiben rechts und links einen breiten Rand für Anmerkungen frei.

**2. Gruppenbildung**
Teilt euch in Arbeitsgruppen zu höchstens vier Personen auf. Die Gruppenbildung kann durch Los- bzw. Auszählverfahren oder durch freie Einteilung erfolgen.

**3. Konferenzrunde**
Lest in der Arbeitsgruppe eure Texte vor. Die Anderen hören aufmerksam zu und können anschließend Fragen zum Textverständnis stellen.
Durch Markierungen und Notizen am Textrand werden dann Verbesserungsvorschläge gemacht. Ihr könnt Korrekturzeichen verwenden, z. B.
I (Inhalt/Aufbau/Logik), A (Ausdruck), T (Tempus), Sb (Satzbau/Satzverknüpfungen), R (Rechtschreibung), Z (Zeichensetzung).
Wichtig: Vergesst nicht zu sagen, was euch an den Texten gefällt.

**4. Textüberarbeitung**
Der Text geht an die Verfasserin oder an den Verfasser zurück. Diese/r schreibt den Text noch einmal ab und berücksichtigt dabei die Verbesserungsvorschläge aus der Konferenzrunde. Ihr könnt eure Texte auch mit Hilfe des Computers überarbeiten.
Wichtig: Verbesserungsvorschläge können von der Verfasserin oder vom Verfasser auch abgelehnt werden, wenn es Gründe dafür gibt.

### Texte am PC überarbeiten

▷ S. 106

**Rechtschreibprüfung am Computer**
Korrekturhinweise gibt das Programm „Word“ unter „Extras“ → „Rechtschreibung und Grammatik“.
Während der Rechtschreibüberprüfung werden die Wörter in eurem Dokument mit den Einträgen im Wörterbuch des Programms verglichen. Da dieses Wörterbuch jedoch nur die gebräuchlichsten Wörter enthält, werden oft Eigennamen und Fachbegriffe als Fehlerwörter markiert, obwohl diese korrekt geschrieben sind.
Andererseits erkennt das Rechtschreibprogramm viele Fehler nicht, z. B. das/dass-Fehler, falsche Wortendungen, falsche Groß- oder Kleinschreibung, falsche Zeichensetzung usw. Überprüft also jedes markierte Wort und schlagt im **Wörterbuch** nach, wenn ihr unsicher seid.

**„Allerweltswörter“ mit Hilfe des Thesaurus ersetzen**
Die meisten Textverarbeitungsprogramme bieten einen **Thesaurus** (griech.: Wortschatz) an. Der Thesaurus ist eine Art Wörterbuch sinnverwandter Wörter, mit dessen Hilfe man häufig benutzte Wörter wie „sagen“ durch sinnverwandte Wörter ersetzen kann. Den Thesaurus findet ihr unter „Extras“ → „Sprache“.

**Layout-Gestaltung am Computer**
Die Breite der **Seitenränder** könnt ihr unter „Datei“ → „Seite einrichten“ festlegen.
Die **Schriftgröße** findet ihr unter „Format“ → „Zeichen“ → „Schriftgrad“.
Die **Schriftart** wird unter „Format“ → „Zeichen“ → „Schriftart“ aktiviert.
Es gibt unterschiedliche **Hervorhebungen.** Unter „Format“ → „Zeichen“ findet ihr verschiedene Möglichkeiten, z. B. **fett** oder *kursiv.*
Den **Zeilenabstand** könnt ihr unter „Format“ → „Absatz“ → „Zeilenabstand“ einstellen.

## 5.2 Informationsmaterial recherchieren und auswerten

### Tipps zur Informationsrecherche

- **Bibliothek:**
  Der OPAC (Online Public Access Catalogue) gibt Auskunft über den gesamten Medienbestand der betreffenden Bibliothek und funktioniert ähnlich wie eine Suchmaschine im Internet. Auf dem Bildschirm erscheinen Suchmasken, hier kannst du verschiedene Suchbegriffe eingeben, z. B. ein bestimmtes Schlagwort, den Namen eines Autors oder einen Buchtitel.
- **Bücher/Zeitschriften:**
  Das Inhaltsverzeichnis und/oder das Register zeigen dir, ob das Informationsmaterial für deine Zwecke brauchbar ist. Schreibe wichtige Informationen heraus und notiere dir die Textquelle. Wichtige Beiträge kannst du auch für deine Materialsammlung kopieren.
- **Lexika/Enzyklopädien:**
  In einem gedruckten Nachschlagewerk führen dich so genannte Querverweise (→) zu anderen Artikeln, in denen du weiterführende Informationen findest. In einem elektronischen Lexikon nennt man diese Querverweise Links.

- **Internet:**
  Um im Internet gezielt nach Informationen zu suchen, braucht man die Hilfe von Suchmaschinen, z. B. www.google.de. Um tatsächlich fündig zu werden, musst du dir geeignete Suchbegriffe überlegen. Die Suchmaschinen ordnen die gefundenen Links nach Wichtigkeit. Oft kann man an den Adressen und den mitgelieferten Kurzbeschreibungen erkennen, ob eine Seite brauchbar ist.

### Informationsmaterial auswerten

Beim Auswerten eures Informationsmaterials wendet ihr die üblichen Textbearbeitungsmethoden an.

- Markiert auf einer Kopie oder auf einem Ausdruck der Texte die wichtigsten Informationen.
- Notiert am Rand Stichworte, sodass ihr den Inhalt der Texte überblicksartig erfassen könnt.
- Verseht unbekannte Wörter und unverständliche Textstellen mit einem Fragezeichen und klärt ihren Sinn. Schlagt z. B. in einem Wörterbuch oder in einem Lexikon nach.
- Fasst die wesentlichen Informationen mit euren eigenen Worten zusammen.
- Schreibt Sätze, die ihr zitieren wollt, wörtlich heraus und notiert euch die Quelle.
- Wichtige Texte oder Statistiken solltet ihr für eure Stoffsammlung kopieren oder ausdrucken.

## 5.3 Eine Stoffsammlung anlegen

▷ S. 31; 44–45

In einer Stoffsammlung werden zu einem Thema möglichst viele Stichpunkte (Informationen, Gedanken und Ideen) gesammelt. Folgende Tipps können euch helfen, eine ausführliche Stoffsammlung anzulegen:

- Notiert, was euch zum Thema spontan einfällt.
- Stellt W-Fragen zum Thema (Wer ...? Was ...? Wo ...? Wie ...? Warum ...?).

Die Stoffsammlung kann auf verschiedene Art und Weise erstellt werden, z. B.:

- **Brainstorming:** Man schreibt das Thema als Überschrift auf ein Blatt Papier. Alle Gedanken und Ideen zum Thema werden dann ungeordnet als Liste niedergeschrieben.
- **Cluster:** Das Thema wird in die Mitte eines Blattes geschrieben und eingekreist. Dann werden dem Thema weitere Begriffe, Ideen und Gedanken zugeordnet. Dazu schreibt man Stichpunkte auf, die durch einen Strich mit dem Thema (dem Ausgangskreis) verbunden werden. Zu jedem Stichpunkt können wiederum Gedanken notiert werden.
- **Mind-Map:** Die Mind-Map (engl. = Gedanken-Landkarte) ist im Gegensatz zum Cluster stärker geordnet. Besonders nützlich ist eine Mind-Map, wenn es darum geht, die Ideen für die Gliederung einer schriftlichen Arbeit vorzustrukturieren. Das Thema wird in die Mitte eines Blattes geschrieben. Ausgehend vom Thema werden Äste gezeichnet, die mit den Oberbegriffen beschriftet werden. Von den Ästen gehen Zweige ab, die mit Unterbegriffen oder zusätzlichen Informationen beschriftet werden.

## 5.4 Techniken des Mitschreibens

- nur das Wesentliche mitschreiben
  (Aber Vorsicht: Lieber zu viel als zu wenig mitschreiben.)
- klar und kurz formulieren (häufig Stichpunkte möglich)
- **Abkürzungen** verwenden und Zusammenhänge durch geeignete **Zeichen** (z. B. Pfeile) deutlich machen
- Aufzeichnungen inhaltlich und **optisch ordnen,** z. B. durch Nummerierungen, Spiegelstriche
- **Wichtiges hervorheben,** z. B. durch Unterstreichungen, durch ein Ausrufezeichen
- Raum (z. B. eine Randspalte) für nachträgliche Ergänzungen lassen
- Ergebnisse von Abstimmungen in Zahlen festhalten
- wichtige Gesprächsbeiträge mit Namen der Sprecherin/des Sprechers notieren
- Methoden (Diskussion, Medien wie OH-Projektor, Tafel etc.) vermerken

## 5.5 Texte auswerten

### Sachtexte auswerten

▷ S. 185–193; 277–300

Folgende Schritte können euch helfen, Schritt für Schritt einen Sachtext zu verstehen:

1. Schritt: sich einen **Überblick verschaffen** (Überschriften, Bilder, Grafiken betrachten)

2. Schritt: den **Text genau lesen** und Randbemerkungen machen
   - wichtige Informationen (Schlüsselwörter) markieren, am Rand Stichworte notieren, sodass der Textinhalt überblickartig erfasst werden kann
   - unbekannte Wörter und Textstellen am Rand mit einem Fragezeichen versehen

3. Schritt: **unbekannte Wörter klären**
   - Versucht, die Bedeutung unbekannter Wörter aus dem Kontext (Textzusammenhang) heraus zu erschließen.
   - Schlagt gegebenenfalls im Wörterbuch nach.

4. Schritt: **Text in Sinnabschnitte gliedern**
   - Die Schlüsselwörter machen oft deutlich, wo etwas Neues beginnt.
     Vorsicht: Ein Sinnabschnitt muss nicht einem Druckabschnitt entsprechen.

5. Schritt: **Aussagen** einzelner Sinnabschnitte erkennen und **zusammenfassen**
   - Fasst die Kernaussage jedes Sinnabschnitts in einer kurzen Überschrift, einem Satz oder in Stichworten zusammen.

6. Schritt: **Kerninformationen** entnehmen und **ordnen,** z. B. in einer Tabelle oder in einem Schaubild

(▷ siehe unten stehenden Tipp „Textinformationen in einem Schaubild zusammenfassen“)

### Diagramme und Statistiken auswerten ▷ S. 194–195; 304; 317; 321–323

Ein Diagramm ist eine grafische Darstellung von statistischen Angaben. Man unterscheidet z. B. Kreis-, Balken- und Kurvendiagramme. Folgende Punkte helfen euch bei der Auswertung eines Diagramms oder einer Statistik:

- Lest den Titel des Diagramms/der Statistik und die übrigen Erklärungen. Wozu macht das Diagramm/die Statistik Aussagen, was wurde untersucht? Für welche Zeit(spanne) und/oder Personen(gruppen) etc. gilt es?
- Prüft bei Zahlenangaben, um welche Einheiten es sich handelt (z. B. absolute Zahlen oder Prozentzahlen). Was sagen die Zahlenwerte im Vergleich aus? Wie groß war die Zahl der Befragungen/Stichproben?

### Textinformationen in einem Schaubild zusammenfassen ▷ S. 293–296

Der Gedankengang eines Textes lässt sich oft in einem Schaubild zusammenfassen. Dabei werden **wichtige Textinformationen grafisch angeordnet.**
Durch Kästchen und Pfeile, die beschriftet werden können, werden die gedanklichen Zusammenhänge zwischen den einzelnen Aussagen deutlich gemacht.

## 5.6 Vortragen, Präsentieren, Interviews führen

### Eine Rede/einen Vortrag vorbereiten und halten ▷ S. 9–17; 23–26

In einer Rede oder in einem Vortrag wendet man sich mit einer bestimmten Absicht an seine Zuhörerinnen und Zuhörer. Eine Rede oder ein Vortrag sollte daher das Interesse der Zuhörer treffen, verständlich sein und die Zuhörerinnen und Zuhörer weder überfordern noch langweilen.

**Schritte zur Erarbeitung einer Rede/eines Vortrags:**

1. **Vorüberlegungen:**
   - Worüber will ich sprechen? (Thema/Anlass)
   - Zu wem spreche ich? (Zuhörerinnen und Zuhörer und ihre Erwartungen/Interessen)
   - Was möchte ich mit meiner Rede/meinem Vortrag erreichen? (Ziel/Absicht)
2. **Informationen** zum Thema **einholen** und **auswerten.**
3. Die Rede oder den Vortrag gliedern: **Einleitung** (kurz), **Hauptteil** (ausführlicher), **Schluss** (kurz).
4. Die Rede oder den Vortrag **sprachlich gestalten:** passende Wortwahl und kurze, verständliche Sätze (keine Schachtelsätze).
5. Die **Rede** oder den **Vortrag üben:** Wer so frei wie möglich sprechen möchte und Blickkontakt zu seinem Publikum halten will, der muss seine Rede/seinen Vortrag weitgehend im Kopf haben.
6. Der Vortrag: Sprich möglichst frei, langsam und klar und nimm mit den Zuhörern Blickkontakt auf.

## Ein Referat halten

**Einleitung**
- ☐ Nenne deine wichtigsten Ziele.
- ☐ Gib einen Überblick über das Thema deines Referats.
- ☐ Nenne allgemein Bekanntes.

**Hauptteil**
- ☐ Lesende können zurückblättern, Hörende nicht. Wiederhole deshalb wichtige Informationen.
- ☐ Erkläre Fachbegriffe.
- ☐ Antworte auf: Was? Wer? Wo? Wie? Warum?
- ☐ Schreibe wichtige Schlüsselwörter oder Gliederungspunkte an die Tafel oder benutze eine Overheadfolie.
- ☐ Verwende dein Anschauungsmaterial.

**Schluss**
- ☐ Knüpfe wieder an den Anfang an: Fasse die wichtigsten Punkte zusammen.
- ☐ Gib eine persönliche Einschätzung.

**Tipps für den Vortrag**
- ☐ Versuche, frei vorzutragen, und orientiere dich dabei an deinen Notizen.
- ☐ Sprich langsam und deutlich und versuche, sinnvolle Pausen zu machen.
- ☐ Blicke dein Publikum an, dann siehst du auch, ob es Zwischenfragen gibt.

## Ein Interview führen

▷ S. 22

[Gr]und-[w]issen 9

Bei einem Interview handelt es sich um eine Befragung durch einen oder mehrere Fragesteller (so genannte Interviewer) mit dem Ziel, persönliche Informationen oder Sachverhalte zu ermitteln.
Wer ein gutes Interview führen will, muss gut vorbereitet sein und bereit sein, auf seinen Gesprächspartner einzugehen. Die Fragen, die in einem Interview gestellt werden, sollten im Allgemeinen möglichst kurz, in jedem Fall so präzise wie möglich sein.

Der folgende Interviewleitfaden hilft euch dabei, ein gutes Interview zu führen:

**Interviewleitfaden**
- ☐ Stellt **offene Fragen** (W-Fragen), keine Entscheidungsfragen, die mit Ja oder Nein beantwortet werden können.
- ☐ Stellt zu Beginn des Interviews eine **unproblematische Einleitungsfrage,** die es dem Gegenüber ermöglicht, ins Reden zu kommen.
- ☐ Schafft eine **angenehme Atmosphäre.**
- ☐ Nehmt euch als Interviewer zurück und **hört** eurem Interviewpartner **gut zu** und zeigt Interesse, z. B. Blickkontakt, Nicken usw.
- ☐ Stellt **keine Fragenketten.**
- ☐ **Fragt nach,** wenn euch etwas unklar ist oder euch etwas besonders interessant erscheint.
- ☐ **Seid flexibel** und stellt euch auf euer Gegenüber ein, d. h.: Seid nicht darauf fixiert, euren Fragenkatalog „abzuarbeiten“.

AMEND, CHRISTOPH
318 Die schwere Leichtigkeit
aus: Die Zeit vom 08.09.2005 (Nr. 37) (gekürzt)

BALL, HUGO (1886–1927)
16 Wolken
aus: Gesammelte Gedichte. Hrsg. von Annemarie Schütt-Hennings. Arche Verlag, Zürich 1963, S. 24

BECKER, JUREK (1937–1997)
137 Jakob der Lügner
aus: Jakob der Lügner. Suhrkamp Verlag, Frankfurt a. M. 2000

BEN-CHORIN, SCHALOM (1913–1999)
224 Wenn wir die Heimat erreichten
aus: Lyrik des Exils. Hrsg. von Wolfgang Emmerich und Susanne Heil. Reclam Verlag, Stuttgart 1985, S. 213

BEVEREN, TIM VAN
293 Die Risiko-Gesellschaft
aus: Süddeutsche Zeitung vom 02.10.2005 (Nr. 227) (gekürzt)

BEYELER, ANDRI (*1976)
247 The killer in me is the killer in you my love
aus: The killer in me is the killer in you my love. Übersetzt aus dem Schweizerdeutsch v. Martin Frank und Juliane Schwerdtner. Theaterverlag Brigitte Korn-Wimmer, München 2002, S. 9f.

BIERMANN, WOLF (*1936)
199 Mein Vaterland, mein Vaterland
aus: Alle Lieder. Kiepenheuer & Witsch, Köln 1991

BRASCH, THOMAS (1945–2001)
204 Eulenspiegel
aus: Wer durch mein Leben will, muss durch mein Zimmer. Hrsg. von Katharina Thalbach und Fritz J. Raddatz. Suhrkamp Verlag, Frankfurt a. M. 2002

BRECHT, BERTOLT (1898-1956)
200 Die Lösung
aus: Gedichte 2. Sammlungen 1938–1956. Wissenschaftliche Buchgesellschaft, Darmstadt 1953
221 Über die Bezeichnung Emigranten
aus: Gedichte 2. Sammlungen 1928–1956. Wissenschaftliche Buchgesellschaft, Darmstadt 1937

BRUSSIG, THOMAS (*1965)
131 Am kürzeren Ende der Sonnenallee
aus: Am kürzeren Ende der Sonnenallee. Volk und Welt Verlag, Berlin 1999, S. 77–81

BÜRGER, GOTTFRIED AUGUST (1747–1794)
206 Der Bauer an seinen durchlauchtigen Tyrannen
aus: Sämtliche Werke. Band 1. Hrsg. von Dr. Wolfgang von Wurzbach. Hesse Verlag, Leipzig 1902

DÜFEL, STEPHAN
121 Das Letzte: „Wörterbuch der Jugendsprache“
aus: http://www.rbb-online.de/_/stilbruch/beitrag_jsp/key=4325482/print=yes.html (Stand: 22.09.2006)

EHMANN, HERMANN (*1964)
123 Endgeil. Das voll korrekte Lexikon der Jugendsprache
aus: Das voll korrekte Lexikon der Jugendsprache. Verlag C.H. Beck, München 2005, S. 9–10

FALLERSLEBEN, AUGUST HEINRICH HOFFMANN VON (1798–1874)
211 Das Lied der Deutschen
aus: Ausgewählte Werke in 4 Bänden. Hrsg. von H. Benzmann. Bd. 1. Hesse Verlag, Leipzig 1905

FRANCK, JULIA (*1970)
184 Streuselschnecke
aus: Bauchlandung. DuMont Verlag, Köln 2000

FREIDANK, MICHAEL (*1974)
124 Dem Benz und dem 3er
aus: Wem ist dem geilste Tuss im Land? Märchen auf Kanakisch und so. Eichborn Verlag, Frankfurt a. M. 2003

FRISCH, MAX (1911–1991)
225 Der andorranische Jude
228 Andorra (erstes Bild)
233 Andorra (zweites Bild)
235 Andorra (siebtes Bild)
238 Andorra (neuntes Bild)
242 Du sollst dir kein Bildnis machen
243 Andorra (Zwischenszenen)
aus: Gesammelte Werke in zeitlicher Folge. Suhrkamp Verlag, Frankfurt a. M. 1976, Bd. IV/2, S. 461–560; Bd. II/2, S. 372, Bd. II/2, S. 271

GERT GLANER
42 Kieferbruch, WM-Titel, Flüssignahrung
aus: www.stern.de/sport-motor/sportwelt/570906.html (Stand: 24.09.2006) (gekürzt)

GOETHE, JOHANN WOLFGANG VON (1749–1832)
151 Meine liebe Freundin
aus: Goethes Briefe. Hrsg. von Karl Robert Mandelkow. Wegner Verlag, Hamburg 1962
209 Venezianische Epigramme
aus: Gesammlete Werke. Hrsg. von Erich Trunz. Hamburger Ausgabe in 14 Bänden, Bd. I. Wegner-Verlag, Hamburg 1960

GRASS, GÜNTER (*1927)
275 1995
aus: Mein Jahrhundert. Steidl Verlag, Göttingen 1999

HAAS, WOLF (*1960)
164 Silentium
aus: Silentium, Rowohlt Verlag, Hamburg 1999, S. 5

HEIN, CHRISTOPH (*1944)
249 Die Vergewaltigung
aus: Exekution eines Kalbes und andere Erzählungen, Aufbau Verlag, Berlin 1994

HEINE, HEINRICH (1797–1856)
199 Es waren zwei Königskinder
aus: Reisebilder. Dritter Teil. Werke und Briefe in 10 Bänden. Hrsg. von Hans Kaufmann. Bd. 3. Aufbau Verlag, Berlin und Weimar 1961, S. 277
214 Die schlesischen Weber
aus: Historisch-kritische Ausgabe der Werke. Hrsg. von Manfred Windfuhr. Bd. 2. Hoffmann & Campe, Hamburg 1973, S. 225
216 Deutschland. Ein Wintermärchen
aus: Ich hatte einst ein schönes Vaterland. Heines Werke in fünf Bänden. Hrsg. unter Mitarbeit von H. Holtzhauer und K.-H. Klingenberg. Bd. 1. Berlin und Weimar 1964, S. 137.
218 In der Fremde
aus: Sämtliche Schriften I. Hrsg. von Klaus Briegleb und Günter Häntzschel. Hanser Verlag, München 1969, S. 279

Rowling, Joanne K. (*1965)

28 Ist „dick“ schlimmer als „nachtragend“, „neidisch“, „oberflächlich“, „eitel“, „langweilig“ oder „grausam“?
aus: www.jkrowling.com/textonly/en/extrastuff_view.cmf?id=22 (Stand: 01.12.2006)

Schirrmacher, Frank (*1959)

188 Die Familie als Überlebensgemeinschaft
aus: Minimum. Vom Vergehen und Neuentstehen unserer Gesellschaft. Blessing Verlag, München 2006, S. 7–17

Schlesinger, Paul (1878–1928)

92 Die Wut des kleinen Mannes
aus: Sling: Richter und Gerichtete. Gerichtsreportagen aus den zwanziger Jahren. Neu eingeleitet und kommentiert von Robert M. W. Kemper. Rogner & Bernhard Verlag, München 1969

Schöne, Thomas

282 Wenn Archäologen in die Luft gehen
aus: http://www.stern.de/?id=532601&q=Luftbildarchäologie (Stand: 15.01.2007)

Schrader, Julie (1881–1939)

197 Mein Veilchen
aus: Wenn ich liebe, seh ich Sterne. Gedichte der Julie Schrader. Hrsg. von Berndt H. Wessling. Deutscher Taschenbuch Verlag, München 1971, S. 45

Segalen, Martin

186 Die Vielfalt der westlichen Familien
aus: Geschichte der Familie. Band 5. Hrsg. von André Burguière u. a. Campus Verlag 1997, S. 54 f.

Steenfatt, Margret (*1935)

261 Im Spiegel
aus: Augen aufmachen. Siebtes Jahrbuch der Kinderliteratur. Hrsg. von H.-J. Gelberg. Beltz & Gelberg Verlag, Weinheim 1984, S. 218

Storm, Theodor (1817–1888)

177 Hans und Heinz Kirch
aus: Hans und Heinz Kirch. Reclam Verlag, Stuttgart 2004

Süskind, Patrick (*1949)

161 Das Parfum
aus: Das Parfum. Diogenes Verlag, Zürich 1985

Treat, Lawrence

61 Miss Behlers Fehler
aus: Das Mordsbuch. Alles über Krimis. Hrsg. von Nina Schindler. Claassen Verlag, Hildesheim 1997, S. 354-355

Voss, Jacob (*1979)

307 Wikipedia – Kreative Anarchie für den freien Informations- und Wissensaustausch
aus: http://www.bsz-bw.de/ifb (Stand: 25.09.2006)

Weigel, Silvia/Fuchs, Eva Maria

79 Die Sherlock Holmes unserer Zeit
aus: Passauer Neue Presse vom 17.6 2006

Weizsäcker, Richard v. (*1920)

142 Rede zum 8. Mai 1985
aus: http://www.bundestag.de/geschichte/parlhist/dokumente/doko8.html (Stand: 11.01.2007)

Wessel, Claudia (*1958)

285 Der Flug der Frauen
aus: Süddeutsche Zeitung vom 15.02.1999

Wohmann, Gabriele (*1932)

254 Verjährt
aus: Deutschland erzählt. Von Rainer Maria Rilke bis Peter Handke. Hrsg. v. Benno von Wiese. Fischer Verlag, Frankfurt a. M. 1975, S. 220–222

**Unbekannte/ ungenannte Autorinnen und Autoren**

197 Auf, Proletarier, Arbeitsleute! (1849)
aus: Die Achtundvierziger. Ein Lesebuch für unsere Zeit. Hrsg. von Bruno Kaiser. Thüringer Volksverlag, Weimar 1952

131 Aus dem „Beschluss über die Standortplanung über die Entwicklung von Kleingartenanlagen 1978“
aus: Isolde Dietrich: Hammer, Zirkel, Gartenzaun. Die Politik der SED gegenüber den Kleingärtnern, Berlin 2003, S. 244–255

59 Darf man heute noch Pelze tragen?
aus: www.brigitte.de/mode/mode_trends/streitgespraech_pelze/index.html (Stand: 02.05.2007) (gekürzt)

11 Das Jugendrotkreuz
aus: http://www.djrk.de (Stand: 18.10.2006)

323 Durchschnittliche Reichweite und Marktanteile der Fernsehnachrichten 2004 und 2005
aus: Camille Zubayr und Heinz Gerhard: Tendenzen im Zuschauerverhalten. In: Media Perspektiven 3/2006, S. 133

291 Frauen in Männerberufen, Männer in Frauenberufen
aus: http://www.br-online.de/alpha/job/20041108.shtml (Stand: 15.01.2007)

301 Gefahren aus dem Chat
aus: http://jetzt.sueddeutsche.de/texte/anzeigen/316526 (Stand: 15.01.2006)

154 Getrennt- und Zusammenschreibung
aus: Wahrig. Die deutsche Rechtschreibung. Wissen Media Verlag, Gütersloh/München 2006, S. 96 f.

156 Groß- und Kleinschreibung
aus: Wahrig. Die deutsche Rechtschreibung. Wissen Media Verlag, Gütersloh/ München 2006, S. 100–103

323 InfoMonitor März 2006
aus: http://www.ifem.de/projekte/infomonitor2005/nachrichtenprofile2005/index_ger.html (Stand: 15.01.2007)

322 Information und Fiction sind meistgenutzte Sparten
aus: Camille Zubayr und Heinz Gerhard: Tendenzen im Zuschauerverhalten. In: Media Perspektiven 3/2006, S. 131

150 Karahanci, Gülcan (*1982)
Mein Tag bei den Engeln
aus: BRAVO Nr. 39/2006

181 Lexikoneintrag „Kurzgeschichte“
aus: Literaturlexikon. Hrsg. von Wieland Zirbs. Scriptor Verlag, Berlin 2004, S. 219

176 Lexikoneintrag „Novelle“
aus: Literaturlexikon. Hrsg. von Wieland Zirbs. Scriptor Verlag, Berlin 2004, S. 274 f.

321 Marktanteile der Fernsehprogramme nach Sendersystem 2005
aus: Camille Zubayr und Heinz Gerhard: Tendenzen im Zuschauerverhalten. In: Media Perspektiven 3/2006, S. 130

98 Physiotherapeut/ Physiotherapeutin
aus: Beruf aktuell. Hrsg. von der Bundesagentur für Arbeit

55 Tierversuche in der Kosmetikindustrie
aus: www.aerzte-gegen-tierversuche.tierrechte.de (Stand: 23.04.2006)

312 TV-Duell der Kanzlerkandidaten
aus: Aufzeichnung der Sendung von der Homepage des ZDF (www.zdf.de; Stand: 01.12.2006)

294 Verbesserte Flugsicherheit
aus: http://www.3sat.de/3sat.php?http://www.3sat.de/nano/cstuecke/07498/index.html (Stand: 28.11.2006) (gekürzt)

324 Was sind Massenmedien?
aus: http://de.wikipedia.org/wiki/Massenmedien (Stand: 15.01.2007)

152 Wörterbucheinträge „Balg", „Bambus", „Denkansatz", „Konto"
aus: Duden. Die deutsche Rechtschreibung. Dudenverlag, Mannheim u.a. 2006, S. 225 f., 309, 600

# BILDQUELLENVERZEICHNIS

**S. 9 oben links, 19, 29, 42, 45, 95 unten rechts, 126, 150, 301, 311 unten, 331:** picture-alliance/ dpa
**S. 9 oben Mitte, 104, 105, 116, 117, 119, 120:** Thomas Schulz, Berlin
**S. 9 oben rechts, 95 oben links, 95 Mitte rechts:** picture-alliance/ZB
**S. 9 unten:** ullstein – AP
**S. 12, 15:** DRK – Jugendrotkreuz, Berlin
**S. 13:** Deutsche Rote Kreuz e. V., Berlin
**S. 16, 89, 189, 190, 200:** picture-alliance/ akg-images
**S. 18 oben links:** Olaf Doering, Düsseldorf; **oben rechts:** Das Fotoarchiv, Essen; **unten links:** Michael Kneffel, Essen; **unten rechts:** Avenue Images GmbH, Hamburg
**S. 23:** Giribas/images.de
**S. 27 links oben:** getty images, Sinisha; **unten links:** getty images, David Young-Wolff; **unten Mitte:** www.Bilderbox.com; **unten rechts:** Chromorange/Arco Images
**S. 27 rechts: oben und unten:** Bildagentur-online/Cyberphoto; **Mitte links:** getty images, Peter Beavis; **Mitte rechts:** STOCK4B; **Mitte unten:** Avenue Images/ Index Stock/Khornak, Lucille
**S. 28, 272:** picture-alliance/Berliner Zeitung
**S. 55:** Caro/Hoffmann
**S. 58:** Okapia, Frankfurt a. M.
**S. 95 Mitte links, 282, 295, 311 oben, 313, 315:** picture-alliance/dpa/dpaweb
**S. 62:** Peter Peitsch/ peitschphoto.com
**S. 72:** © Johanna Mayer
**S. 79:** Silvia Weigel, Kaufering
**S. 92, 171, 197, 231, 217, 219, 270:** ullstein bild
**S. 95 oben rechts:** archivberlin/Antonius, Berlin; **unten links:** picture-alliance: dpa-Bildarchiv KPA/Chromorange
**S. 98:** Rainer Weisflog, Cottbus
**S. 108/109:** Gerhard Ruhland, Freyung
**S. 110:** Thomas Koehler/ photohek.net
**S. 123 Cover:** Hermann Ehmann „Endgeil", Verlag C. Beck, München 2005, © Lauffer Fotografie, Puchheim
**S. 124:** Dieter Mayr/Agentur Focus
**S. 125 oben:** © Eichborn AG, Frankfurt am Main, **unten:** EVA Europäische Verlagsanstalt GmbH & Co KG, © Rotbuch Verlag, Hamburg
**S. 127:** Gerhard Medoch, Berlin
**S. 130:** ullstein – Klöppel
**S. 134:** picture-alliance/akg-images/Gardi
**S. 137, 141, 164:** Cinetext
**S. 142:** picture-alliance/Berliner_Kurier
**S. 145:** ullstein bild – Imagno
**S. 147:** M. Klinnert, Köln
**S. 158:** Michael Reusse/Westend61
**S. 159:** plus 49/terra images
**S.159:** picture-alliance/Bildagentur Huber
**S. 163:** Buchcover „Das Parfum" von Patrick Süskind, © Diogenes Verlag AG, 1985 Zürich, Schweiz
**S. 151, 171 oben links, 174, 179, 209, 210, 277 oben links und unten, 281:** akg-images
**S. 172:** Bildarchiv Preußischer Kulturbesitz, Berlin
**S. 177:** Theodor Storm Gesellschaft, Husum
**S. 187:** Christoph Busse/transit
**S. 192:** Sotheby's/akg-images
**S. 197 rechts:** akg images/Erich Lessing
**S. 198:** ullstein – ADN
**S. 199:** Ute Mahler/Ostkreuz
**S. 202:** ullstein – dpa
**S. 203:** ullstein – Schneider
**S. 204:** Ullstein – Schleyer
**S. 205:** Constantin Beyer – ARTOTHEK
**S. 212:** picture alliance/dpa
**S. 215:** akg-images
**S. 216 ©:** Photobusiness – ARTOTHEK
**S. 217 Erich Maria Remarque:** ullstein bild; **Kurt Tucholsky:** ullstein bild; **Else Lasker-Schüler:** ullstein bild; **Hilde Domin:** ullstein – Schiffer – Fuchs; **Nelly Sachs:** ullstein bild; **Thomas Mann:** ullstein – Imagno; **Erich Fried:** ullstein – Friedrich
**S. 218:** Süddeutscher Verlag Bilderdienst, München
**S. 220, 293:** ullstein – AP
**S. 222 links:** akg-images/Erich Lessing, L. Meidner-Archiv, Jüdisches Museum Frankfurt/Main
**S. 222 rechts:** akg-images, VG Bildkunst Bonn
**S. 224:** ullstein – Friedrich
**S. 225 oben, 228, 230, 235, 243:** Dumont-Lindemann-Archiv, Theatermuseum Düsseldorf
**S. 225 unten:** René Haury, Zürich/Suhrkamp Verlag, Frankfurt a. M.
**S. 233, 238:** René Haury/Stadtarchiv Zürich
**S. 246:** Württembergische Landesbühne, Esslingen
**S. 246:** ullstein – dpa
**S. 259:** getty images/Anne Ackermann
**S. 262:** getty images/Brad Wilson
**S. 263:** Peter Peitsch/peitschphoto.com
**S. 265:** picture alliance/dpa
**S. 266:** Columbus Museum of Art, Ohio
**S. 268:** www.photothek.net
**S. 271 oben:** W. M. Weber/TV-yesterday; **unten:** Stefan Boness/Ipon
**S. 277 oben rechts:** VISUM
**S. 278:** www.bilderbox.com
**S. 286:** © Lufthansa /Rolf Bewersdorf
**S. 288, 290:** dba Berlin 2003
**S. 297:** ullstein – CARO/Blume
**S. 310:** Bildagentur-online
**S. 311 Mitte:** ullstein – Dagmar Scherf;
**S. 318:** Dietmar Gust
**S. 326:** vario images

### Sachbuchauszüge



### Sachtexte (siehe auch Sachbuch Lexikonartikel, Zeitschriften- und Zeitungsartikel, Essays)



### Satiren



### Statements



### Streitgespräche



### szenesprachliche Texte



### Tagebuchauszüge



### Dramatische Texte



### Wörterbucheinträge



### Zeitschriften- und Zeitungsartikel



## SACHREGISTER

### A

Zu diesem Buch gibt es ein passendes Arbeitsheft (ISBN 978-3-464-60361-1), den Schulaufgabentrainer (ISBN 978-3-464-60412-0), das Grundwissen zum Nachchlagen (ISBN 978-3-464-60376-5) sowie ein Hörbuch (ISBN 978-3-464-60379-6).

Die Grundlage für das Kapitel 10 „Max Frischs ‚Andorra' – Eine Gesellschaft auf dem Prüfstand" wurde erarbeitet von Markus Lagner, Birgit Neugebauer und Norbert Pabelick.

Redaktion: Kirsten Krause
Bildrecherche: Eireen Junge
Illustrationen: Thomas Binder (S. 280, 283, 284), Amelie Glienke (S. 121), Maja Bohn (S. 67), Dorina Teßmann (S. 61, 75), Hans Wunderlich (S. 24)
Umschlaggestaltung und Layoutkonzept: Katharina Wolff (Umschlagfoto: Thomas Schulz; Illustration: Maja Bohn)
Layout und technische Umsetzung: werkstatt für gebrauchsgrafik, Berlin

**www.cornelsen.de**



1. Auflage, 6. Druck 2017

Alle Drucke dieser Auflage sind inhaltlich unverändert und können im Unterricht nebeneinander verwendet werden.



Druck und Bindung: Livonia Print, Riga

ISBN 978-3-464-60355-0

PEFC
PEFC/12-31-006

**PEFC zertifiziert**
Dieses Produkt stammt aus nachhaltig bewirtschafteten Wäldern und kontrollierten Quellen.
www.pefc.de

17. Juni 1990
Tag der deutschen
Einheit"

ARMUT:
SCHAU
NICHT WEG!
DAS JUGENDROTKREUZ+ MACHT SICH STARK FÜR
ARME KINDER UND JUGENDLICHE IN DEUTSCHLAND

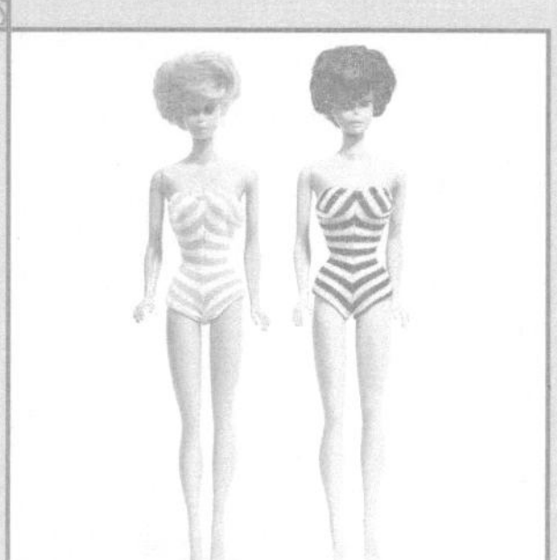